Außenpolitisch motiviert Sanktionen der EU

SCHRIFTEN UND MATERIALIEN ZUM ÖFFENTLICHEN RECHT

Herausgegeben von Herbert Bethge

Band 42

PL ACADEMIC RESEARCH

Susanne Pech

Außenpolitisch motivierte Sanktionen der EU

PL ACADEMIC RESEARCH

Bibliografische Information der Deutschen Nationalbibliothek
Die Deutsche Nationalbibliothek verzeichnet diese Publikation in der DeutschenNationalbibliografie; detaillierte bibliografische Daten sind im Internet über http://dnb.d-nb.de abrufbar.

Zugl.: Passau, Univ., Diss., 2013

D 739
ISSN 1617-1433-1500
ISBN 978-3-631-64175-0 (Print)
E-ISBN 978-3-653-03349-6 (E-Book)
DOI 10.3726/978-3-653-03349-6

PL Academic Research ist ein Imprint der Peter Lang GmbH.
Peter Lang – Frankfurt am Main · Bern · Bruxelles · New York · Oxford · Warszawa · Wien

www.peterlang.de

Meinen Eltern

Vorwort

Die Arbeit wurde im Wintersemester 2012/2013 von der Juristischen Fakultät der Universität Pasau als Dissertation angenommen. Literatur und Rechtsprechung konnten bis März 2013 berücksichtigt werden.

Mein Dank gilt vor allem meinem Doktorvater Herrn Professor Dr. Müller-Terpitz, der mich während der Entstehung der Dissertation stets förderte. Die Zeit als Mitarbeiterin an seinem Lehrstuhl hat mich fachlich sehr bereichert und wird mir immer in guter Erinnerung bleiben.

Ferner danke ich Herrn Professor Dr. Dederer für das zügige Erstellen des Zweitgutachtens. Mein Dank gilt auch Herrn Professor Dr. Bethge, der mich freundlicherweise in seine Schriftenreihe aufgenommen hat.

Für die Hilfe beim Korrekturlesen des Manuskripts danke ich Helen Loose, Wilhelm Arnold und Philip Schmidt.

Abschließend möchte ich besonders herzlich meinen Eltern danken, die mich – nicht nur beim Erstellen dieser Arbeit – stets unterstützt haben.

Hamburg, Juni 2013 Susanne Pech

Inhaltsübersicht

Inhaltsverzeichnis

Abkürzungsverzeichnis

a.	am
a.A.	andere Ansicht
a.a.O.	am angegebenen Ort
a.F.	alte Fassung
ABl.	Amtsblatt
Abs.	Absatz
Abschn.	Abschnitt
AEUV	Vertrag über die Arbeitsweise der Europäischen Union
AJIL	American Journal of International Law
Anm.	Anmerkung
AO	Abgabenordnung
AöR	Archiv des öffentlichen Rechts
ArbRAktuell	Arbeitsrecht Aktuell
Art.	Artikel
AstV	Ausschuss der Ständigen Vertreter der Mitgliedstaaten
AT	Allgemeiner Teil
AVR	Archiv des Völkerrechts
AWG	Außenwirtschaftsgesetz
AWV	Verordnung zur Durchführung des Außenwirtschaftsgesetzes
BAFA	Bundesamt für Wirtschaft und Ausfuhrkontrolle
BayVBl.	Bayerische Verwaltungsblätter
BB	Betriebs-Berater
Bd.	Band
BDSG	Bundesdatenschutzgesetz

BGB	Bürgerliches Gesetzbuch
BGBl.	Bundesgesetzblatt
BGH	Bundesgerichtshof
BGHSt	Entscheidungen des Bundesgerichtshofs in Strafsachen
BnatSchG	Bundesnaturschutzgesetz
BT	Besonderer Teil
BT-Drucks.	Drucksache des Deutschen Bundestags
BverfG	Bundesverfassungsgericht
BverfGE	Entscheidungen des Bundesverfassungsgerichts
bzw.	beziehungsweise
ca.	circa
CIA	Central Intelligence Agency
CMLR	Common Market Law Review
ders.	derselbe
dies.	dieselbe; dieselben
DnotZ	Deutsche Notar Zeitschrift
DÖV	Die öffentliche Verwaltung
DriZ	Deutsche Richterzeitung
DVBl.	Deutsche Verwaltungsblätter
EEA	Einheitliche Europäische Akte
EG	Europäische Gemeinschaft
EGMR	Europäischer Gerichtshof für Menschenrechte
EGV	Vertrag zur Gründung der Europäischen Gemeinschaft
EJIL	European Journal of International Law
EMRK	Europäische Menschenrechtskonvention

engl.	englisch
EPIL	Encyclopedia of International Law
EPZ	Europäische Politische Zusammenarbeit
ESS	Europäische Sicherheitsstrategie
ETA	Euskadi Ta Askatasuna
EU	Europäische Union
EuG	bis 1.12.2009: Europäisches Gericht erster Instanz
	seit 1.12.2009: Gericht der Europäischen Union
EuGH	Europäischer Gerichtshof
EuGRZ	Europäische Grundrechte Zeitschrift
EuR	Europarecht
EUV	Vertrag über die Europäische Union
EuZW	Europäische Zeitschrift für Wirtschaftsrecht
EWG	Europäische Wirtschaftsgemeinschaft
EWGV	Vertrag zur Gründung der Europäischen Wirtschaftsgemeinschaft
EWR	Schriftenreihe zum europäischen Weinrecht
EWS	Europäisches Wirtschafts- und Steuerrecht
f.	folgende
FAZ	Frankfurter Allgemeine Zeitung
ff.	fortfolgende
Fn.	Fußnote
franz.	französisch
FS	Festschrift

GA	Generalanwalt
GASP	Gemeinsame Außen- und Sicherheitspolitik
GATS	General Agreement on Trade in Services
GATT	General Agreement on Tarrifs and Trade
GewO	Gewerbeordnung
GG	Grundgesetz
ggf.	gegebenenfalls
GK	Grundkurs
GRCharta	Charta der Grundrechte der Europäischen Union
GV	Generalversammlung
GwG	Gesetz über das Aufspüren von Gewinnen aus schweren Straftaten
GYIL	German Yearbook of International Law
HGB	Handelsgesetzbuch
HGR	Handbuch der Grundrechte in Deutschland und Europa
HRRS	Höchst Richterliche Rechtsprechung im Strafrecht
Hrsg.	Herausgeber
i.d.F.	in der Fassung
i.S.v.	im Sinne von
IAEO	Internationale Atomenergie-Organisation
ICLQ	International & Comparative Law Quarterly
IGH	Internationaler Gerichtshof
IPBPR	Internationaler Pakt über bürgerliche

	und politische Rechte
IRA	Irish Republican Army
JZ	Juristen Zeitung
K&R	Kommunikation & Recht
Kap.	Kapitel
KWG	Gesetz über das Kreditwesen
LG	Landgericht
m.w.N.	mit weiteren Nachweisen
MOG	Gesetz zur Durchführung der gemeinsamen Marktorganisationen und der Direktzahlungen
MüKo	Münchner Kommentar
m.V.a.	mit Verweis auf
n.F.	neue Fassung
NJOZ	Neue Juristische Online-Zeitschrift
NJW	Neue Juristische Wochenschrift
NLD	Nationale Liga für Demokratie
Nr.	Nummer
NStZ	Neue Zeitschrift für Strafrecht
NVV	Nuklearer Nichtverbreitungsvertrag
NVwZ	Neue Zeitschrift für Verwaltungsrecht
NVwZ-RR	Neue Zeitschrift für Verwaltungsrecht Rechtsprechungs-Report
OSZE	Organisation für Sicherheit und Zusammenarbeit in Europa
OwiG	Gesetz über Ordnungswidrigkeiten
PJZS	Polizeiliche und Justizielle Zusammenarbeit in Strafsachen
RAF	Rote Armee Fraktion
Res.	Resolution

Rn.	Randnummer
Rs.	Rechtssache
S.	Satz; Seite
Slg.	Sammlung
SR	Sicherheitsrat
StraFo	Strafverteidiger Forum
StGB	Strafgesetzbuch
SZ	Süddeutsche Zeitung
u.	und
u.a.	unter anderem
UAbs.	Unterabsatz
UNITA	National Union for the Total Independence of Angola
Urt.	Urteil
v.	vom;von
v.a.	vor allem
verb.	verbundene
vgl.	vergleiche
VN	Vereinte Nationen
VN-Charta	Charta der Vereinten Nationen
wistra	Zeitschrift für Wirtschafts- und Steuerstrafrecht
WTO	World Trade Organization
WVRK	Wiener Vertragsrechtskonvention
z.B.	zum Beispiel
ZaöRV	Zeitschrift für ausländisches öffentliches Recht und Völkerrecht
ZBJI	Zusammenarbeit in den Bereichen Justiz und Inneres
ZeuP	Zeitschrift für Europäisches Privatrecht

ZeuS	Zeitschrift für Europarechtliche Studien
ZfSR	Zeitschrift für Schweizerisches Recht
ZfZ	Zeitschrift für Zölle und Verbrauchersteuern
Ziff.	Ziffer
ZIS	Zeitschrift für internationale Strafrechtsdogmatik
ZollVG	Zollverwaltungsgesetz
ZÖR	Zeitschrift für Öffentliches Recht
ZRP	Zeitschrift für Rechtspolitik
ZStW	Zeitschrift für die gesamte Strafrechtswissenschaft
ZvglRWiss	Zeitschrift für vergleichende Rechtswissenschaft

Einleitung

1. Einführung

Anfang 2011 traf der „arabische Frühling“ die Welt völlig unerwartet. Ausgehend von der Revolution in Tunesien lehnten sich zahlreiche Staaten im Nahen Osten und Nordafrika gegen ihre diktatorischen Herrscher und die dort vorherrschenden sozialen und politischen Strukturen auf.[1] Tausende Menschen gingen auf die Straße, um durch friedliche Demonstrationen die alten Machtstrukturen zu Fall zu bringen. Während in Tunesien und Ägypten der Umsturz gelang, gingen in anderen arabischen Ländern die Diktatoren mit massiver Härte gegen die Demonstranten vor. Wie kann die Weltgemeinschaft in solch einer Situation reagieren und die Demonstranten unterstützen?

In Betracht kommt zunächst eine militärische Intervention. So ermächtigte beispielsweise die Resolution 1973 (2011) des Sicherheitsrats alle Mitglieder der VN zum Einsatz militärischer Gewalt, um die Zivilbevölkerung vor Angriffen durch Truppen des libyschen Staates zu schützen.[2] Ein solches Vorgehen ist gemäß Art. 42 VN-Charta jedoch nur möglich, wenn nichtmilitärische Maßnahmen als unzulänglich eingeschätzt werden. Zu den nichtmilitärischen Maßnahmen, die der Sicherheitsrat laut Art. 41 VN-Charta verhängen kann, gehören u.a. die Unterbrechung von Wirtschaftsbeziehungen, das Abschneiden von Verkehrswegen und der Abbruch diplomatischer Beziehungen.Ausgangspunkt für die weltweite Ergreifung solcher außenpolitisch motivierter Sanktionen sind die Beschlüsse des Sicherheitsrats der VN, dem gemäß Art. 24 VN-Charta die Hauptverantwortung für die Wahrung des Weltfriedens obliegt.

Die EU, die in ihrer Bedeutung längst über ein Wirtschaftsbündnis hinausgeht, ist jedoch diesbezüglich aus dem Schatten der VN hinausgetreten und sieht sich selbst in der Verantwortung „Frieden und Sicherheit auf internationaler Ebene (…) zu erhalten“[3]. Ein Blick in die Tagespresse verdeutlicht, wie aktiv die EU allein den „arabischen Frühling“ unterstützt und welch tragende Rolle ihr dabei zugeordnet wird:

„Europa drängt UN zu Sanktionen gegen Gaddafi – Waffenembargo und Einfrieren von Konten gefordert“[4],

„EU berät über Syrien-Sanktionen – Reiseverbote und Einfrieren von Vermögen erwogen“[5],

---

1 Zum Hintergrund *Tahar Ben Alloun*, Arabischer Frühling.

2 SR-Resolution 1973 (2011), Ziff. 4.

3 Dokument des Rats v. 7.6.2004 (10198/1/04), Rn. 1.

4 SZ v. 26.2.2011, S. 1.

„Kairo bittet um Kontensperrung – Europäer sollen Vermögen von Mubarak-Günstlingen einfrieren“[6].

2. Problemstellung

In der neueren Sanktionspraxis sowohl der VN als auch der EU werden verstärkt Finanzsanktionen verhängt. Dabei werden die Konten betroffener Personen und Einrichtungen – oftmals die Machthaber eines Landes und mit ihnen verbundene Personen und Unternehmen – eingefroren und eine Bereitstellung von Geldern und anderen Wirtschaftsgütern untersagt. Welche Konsequenzen dieses Ge- und Verbot auf private Dritte und Unternehmen haben kann, soll folgender Fall darstellen: A betritt einen kleinen „Tante Emma Laden“ und kauft verschiedene Waren für den täglichen Bedarf ein. Er geht zur Kasse bezahlt die Waren bei B, der Inhaberin des Ladens, und verlässt den Laden. Was B nicht weiß: der Name des A befindet sich auf der „Anti-Terror“-Liste der EU, durch die gegen verschiedene Personen und Einrichtungen u.a. Finanzsanktionen verhängt wurden. Was B ebenfalls nicht weiß: soeben hat sie den Tatbestand eines Strafgesetzes erfüllt. Ein Verstoß gegen durch die EU normierte Finanzsanktionen zieht nämlich erhebliche strafrechtliche Konsequenzen nach sich. Zur Vermeidung einer Strafbarkeit hätte B jedoch zunächst in § 34 Abs. 4 Nr. 2 des Außenwirtschaftsgesetzes, welcher einen Verstoß gegen die EU Verordnungen sanktioniert, blicken müssen. Sodann hätte B die jeweils geltende Fassung der entsprechenden Verordnung bestimmen und die dort zu findende aktuelle Namensliste studieren müssen. Um einen Abgleich des Kundennamens mit dieser Namensliste durchführen zu können, wäre sie verpflichtet gewesen, sich den Ausweis des A zeigen zu lassen und schließlich einen Verkauf der Waren abzulehnen. Die Frage nach der Praktikabilität des Vorgehens in der Praxis drängt sich förmlich auf.

Die vorliegende Arbeit will einen systematischen Gesamtüberblick zu den durch die EU ergriffenen Sanktionen geben und diese in den entsprechenden rechtlichen Kontext einbetten. Während bisher veröffentlichte monographische Abhandlungen entweder die staatenbezogenen[7] oder die individualgerichteten

---

5 FAZ v. 30.4.2011, S. 5.

6 SZ v. 16.2.2011, S. 8.

7 Vgl. u.a. *Garcon*, Handelsembargen der Europäischen Union auf dem Gebiet des Warenverkehrs gegenüber Drittstaaten, Baden-Baden 1997; *Bleckmann*, Zur Rechtmäßigkeit der EG-Sanktionen gegen Argentinien nach allgemeinem Völkerrecht und dem Recht der Europäischen Gemeinschaft, Saarbrücken 1982; *Kißler*, Die Zulässigkeit von Wirtschaftssanktionen der Europäischen Gemeinschaft gegenüber Drittstaaten, Frankfurt a. Main, 1984.

„Anti-Terror"-Sanktionsregime[8] behandeln, soll an dieser Stelle ein Überblick über beide Spielarten der Sanktionspraxis der EU gegeben werden. Insbesondere wird dabei auf das angesprochene Problem der strafrechtlichen Konsequenzen eines Verstoßes gegen Finanzsanktionen eingegangen und der Anwendungsbereich der Strafnorm kritisch hinterfragt.

Im Vordergrund stehen dabei insbesondere folgende Fragestellungen:

- Ist die EU völkerrechtlich und europarechtlich berechtigt, außenpolitisch motivierte Sanktionen zu verhängen?
- Wie sieht die konkrete Sanktionspraxis der EU aus?
- Welche Bedeutung haben Sanktionen im Kampf gegen den internationalen Terrorismus?
- Sind die in diesem Zusammenhang ergangenen Finanzsanktionen mit dem Primärrecht vereinbar?
- Wie ist die in den Rechtsakten der EU festgelegte Sanktionierung von Verstößen gegen die entsprechenden restriktiven Maßnahmen im deutschen Recht umgesetzt?
- Muss der Anwendungsbereich von Bereitstellungsverboten im Hinblick auf die strafrechtlichen Folgen restriktiv ausgelegt werden?

3. Gang der Untersuchung

Nach einer allgemeinen Begriffsbestimmung und einer Kategorisierung verschiedener Sanktionsarten werden im *ersten Kapitel* die Grundlagen der Sanktionierung auf Ebene der Vereinten Nationen und der Europäischen Union dargestellt.

Das *zweite Kapitel* behandelt die völkerrechtlichen und europarechtlichen Voraussetzungen zur Verhängung von außenpolitisch motivierten Sanktionen durch die EU. Bezüglich der völkerrechtlichen Rahmenbedingungen werden die Einhaltung der allgemeinen Völkerrechtsgrundsätze und eine mögliche Rechtfertigung völkerrechtswidriger Sanktionen der EU betrachtet. Da sich die europarechtliche Zulässigkeit nach dem Vorliegen einer Ermächtigungsgrundlage im Primärrecht richtet, erfolgt eine genaue Darstellung der tatbestandlichen Voraussetzungen und des zulässigen Inhalts der entsprechenden Rechtsgrundlagen.

---

8 Vgl. u.a. *Matiss*, Terrorismusbekämpfung und menschenrechtlicher Eigentumsschutz, Jena 2009; *Schulte*, Der Schutz individueller Rechte gegen Terrorlisten- internationale, europäische und nationale Menschenrechtsstandards im Spannungsverhältnis zwischen effektiver Terrorismusbekämpfung und notwendigem Individualrechtsschutz, Baden-Baden 2010; *Dahme*, Terrorismusbekämpfung durch Wirtschaftssanktionen, Witten 2007.

Das *dritte Kapitel* widmet sich der europäischen Sanktionspraxis. Es werden konkrete staatenbezogene Sanktionsregime erläutert und hinsichtlich ihrer geographischen Verteilung, der angewandten Mittel und Zielsetzungen analysiert und bewertet. Anschließend wird auf die individualgerichteten Sanktionen gegen den Terrorismus eingegangen. Nach einer Darstellung des „Anti-Terror"-Sanktionsregimes des Sicherheitsrats der Vereinten Nationen und der Umsetzung auf Ebene der Europäischen Union erfolgt auch hier eine Analyse und Bewertung im Vergleich mit den staatenbezogenen Sanktionsregimen.

Im *vierten Kapitel* soll der Frage nachgegangen werden, welche Folgen ein Verstoß gegen Finanzsanktionen für Privatpersonen und Unternehmen in Deutschland haben kann. Der im Außenwirtschaftsgesetz normierte Straftatbestand verweist auf die entsprechenden Verordnungen der EU. Welche Probleme eine solche dynamische Verweisung mit sich bringt wird ebenso erörtert, wie die Frage, ob die europäischen Verordnungen als tatbestandliche Ausfüllungsnormen mit dem Primärrecht in Einklang stehen. Im Anschluss wird diskutiert, ob der Anwendungsbereich der „Anti-Terror"-Verordnungen im Sinne einer teleologischen und grundrechtskonformen Auslegung eingeschränkt werden muss.

Abschließend werden im *fünften Kapitel* die wesentlichen Ergebnisse dieser Arbeit zusammengefasst. Insbesondere werden die soeben dargelegten Forschungsfragen einer Antwort zugeführt.

1. Kapitel: Grundlagen

A. Begriffsbestimmung und Kategorisierung von Sanktionen

Außenpolitisch motivierte Sanktionen werden in juristischen Beiträgen oftmals unterschiedlich bezeichnet. Dies ist darauf zurückzuführen, dass Begriffe wie Embargo, Boykott und Sanktion keine Rechtsbegriffe sind und daher einem stetigen Wandel unterliegen.[9] Die Unterschiede reichen von totaler Unterscheidung bis hin zu synonymer Verwendung.

Im Folgenden soll klar gestellt werden, wie die Termini in der vorliegenden Arbeit verwendet werden. Dabei wird zum einen der Sanktionsbegriff näher bestimmt (I.). Zum anderen werden, ausgehend von diesem Oberbegriff, die einzelnen Sanktionskategorien herausgearbeitet (II.). Abschließend wird eine Unterscheidung anhand von Umfang und Zielrichtung der Sanktionen vorgenommen (III.).

I. Der Sanktionsbegriff

Der Begriff Sanktion leitet sich aus dem Lateinischen ab: *sanctio* steht für Klausel, Strafbestimmung und Vorbehalt, während die Verbform *sancire* heiligen, festsetzen und strafen bedeutet.[10] In der Regel ist der Begriff strafrechtlich besetzt und meint die durch Gesetze angedrohte Strafmaßnahme. Im soziologischen Sinne ist der rein bestrafende Charakter jedoch zu eng, vielmehr können Sanktionen auch „gewünschtes, normkonformes Verhalten (...) erzielen und Abweichungen unterbinden“[11]. Die allgemeine Rechtslehre versteht unter dem Begriff die mit einer rechtlichen Regelung verbundene Rechtsfolge, die jener zur effektiven Geltung verhelfen soll.[12] Aufgrund des unterschiedlichen Verständnisses ist es also nötig, die Definition des Sanktionsbegriffs im Völker- und Europarecht zu klären.

1. Begriff der Sanktion im allgemeinen Völkerrecht

Da es keine positivrechtliche Festlegung des Sanktionsbegriffs in maßgeblichen Niederschriften des internationalen Rechts gibt, fehlt es an einer allgemein gül-

---

9 *Kißler*, Wirtschaftssanktionen der EG, S. 37.

10 *Menge*, Langenscheidts Taschenwörterbuch Latein, S. 466.

11 *Lamnek*, in: Endruweit/Trommsdorff, Wörterbuch der Soziologie, S. 464.

12 *Creifelds*, Rechtswörterbuch, Stichwort „Sanktion“, S. 1033.

tigen Definition des Sanktionsbegriffs im Völkerrecht.[13] Einleitend kann jedoch festgestellt werden, dass Sanktionen im Völkerrecht als ein Instrument zur Durchsetzung des Völkerrechts und als Reaktion auf ein vorheriges Verhalten eines anderen Völkerrechtssubjekts verstanden werden.[14]

Im Folgenden sollen die wichtigsten Merkmale des völkerrechtlichen Sanktionsbegriffs herausgestellt werden:

a) Hoheitliche Maßnahme

Die Initiative und Durchführung einer Sanktion hat hoheitlichen Charakter.[15]

b) Reaktion auf ein nachteiliges Verhalten

Überwiegend wird vertreten, dass eine Sanktion eine Reaktion eines oder mehrerer Völkerrechtssubjekte auf ein nachteiliges Verhalten eines anderen Völkerrechtssubjektes ist (weiter Sanktionsbegriff)[16]. Im Gegensatz dazu halten die Vertreter des engen Sanktionsbegriffs nicht schon jedes „unerwünschte" Verhalten als möglichen Auslöser für eine Sanktion ausreichend, vielmehr kann eine solche nur als Reaktion auf ein völkerrechtswidriges Verhalten ergehen.[17] Letztere Definition führt zu einer erheblichen Annäherung an den Begriff der Repressalie.[18] Auch ein Blick auf die im VN-Recht ergehenden Sanktionen gemäß Kapitel VII VN-Charta („Maßnahmen bei Bedrohung oder Bruch des Friedens und bei Angriffshandlungen") zeigt, dass diese Begriffsbestimmung zu eng gewählt ist: Nach Art. 39 VN-Charta können geeignete Sanktionen verhängt werden, wenn eine Bedrohung bzw. ein Bruch des Friedens oder eine Angriffshandlung festgestellt wurde. Der Begriff der Friedensbedrohung ist dabei weit auszu-

13 *Combacau*, in: Bernhardt (Hrsg.), EPIL, Vol. IV, „Sanctions", S. 311.

14 *Creifelds*, Rechtswörterbuch, Stichwort „Sanktion", S. 1033.

15 *Dahme*, Terrorismusbekämpfung, S. 144; *Schneider*, Wirtschaftssanktionen, S. 28 m.w.N.

16 *Schneider*, Wirtschaftssanktionen, S. 32; *Petersmann*, ZVglRWiss 80 (1981), 1 (10); *Ress*, Handelsembargo, 2000, S. 10 f.; *Beyerlin*, in: Wolfrum, Handbuch VN, Ziff. 98 Rn. 1; *Kißler*, Wirtschaftssanktionen der EG, S. 42.

17 *Stenger*, Handelsembargo, S. 12 f.; *Klein*, AVR 30 (1992), 101 (104); *Osteneck*, ZEuS 1998, 103 (104).

18 Zum Begriff der Repressalie vgl. BGHSt 23, 103 (107): Unter Repressalie versteht man ein völkerrechtswidriges Verhalten, das von einem Völkerrechtsubjekt als Beugemittel gegenüber dem völkerrechtswidrigen Verhalten eines anderen Völkerrechtssubjekts eingesetzt wird. Der Unterschied zur Sanktion wäre dann nur, dass die Repressalie selbst immer völkerrechtswidrig ist, die Sanktion nur potentiell; vgl. hierzu: 2. Kap. A. II. 3. a).

legen und setzt dabei gerade keine bereits vollzogene Verletzung des Völkerrechts voraus.[19]

In dieser Untersuchung soll folglich dem weiten Sanktionsbegriff gefolgt werden, der bereits jedes lediglich „unerwünschte“, nachteilige Verhalten als Anlass einer Sanktion ausreichen lässt.

c) Urheber

Eine weitere Eingrenzung kann der Sanktionsbegriff durch die Frage erfahren, von welchen Völkerrechtssubjekten Sanktionen verhängt werden können, ob also einzelne Staaten oder nur internationale Organisationen Urheber sein können. Teilweise wird der Begriff Sanktion ausschließlich mit kollektiven Maßnahmen, die aufgrund einer Entscheidung durch internationale Organisationen erfolgen, verbunden.[20] Ob dem zugestimmt werden kann, bedarf eines kurzen Ausblicks auf die im Völkerrecht gegebenen möglichen Formen der Rechtsdurchsetzung: Zum einen gibt es die Möglichkeit der horizontalen Rechtsdurchsetzung, bei der ein Völkerrechtssubjekt als *judex in causa sua* einen völkerrechtlichen Sachverhalt souverän beurteilt und nach seiner subjektiven Einschätzung eine Maßnahme trifft.[21] Geprägt ist das horizontale Verhältnis dadurch, dass die Maßnahme vom verletzten Völkerrechtssubjekt selbst gegen den Schädiger verhängt wird. Dagegen wird bei der vertikalen Rechtsdurchsetzung die objektive Beurteilung der Rechtslage durch eine am unmittelbaren Geschehen unbeteiligte Instanz vorgenommen. Diese Form der Durchsetzung findet sich vor allem innerhalb der VN und der EU.[22] Die Unterschiede sind offensichtlich: Bei der Rechtsdurchsetzung durch eine internationale Organisation ist die Verhängung von Maßnahmen nicht von der subjektiven Einschätzung des betroffenen Rechtssubjekts abhängig, sondern erfolgt nach Betrachtung durch eine objektive Instanz. Darüber hinaus hängt die Effizienz von den Machtverhältnissen der Antagonisten ab, schwächere Staaten werden gegenüber stärkeren deutlich benachteiligt.[23]

Um diese Unterschiede innerhalb der Rechtsdurchsetzung hervorzuheben, wird vertreten, den Begriff Zwangsmaßnahme (engl.: coercive measure) im völ-

---

19 Hierzu *Schneider*, Wirtschaftssanktionen, S. 31 f.; zum weiten Verständnis des Begriffs der Friedensbedrohung vgl. *Frowein/Krisch*, in: Simma, UN Charter, Art. 39 Rn. 16 ff.

20 Vgl. *Osteneck*, Umsetzung, S. 9; *Linsi*, Gegenmaßnahmen, S. 21 f.; *Daoudi/Dajani*, Economic Sanctions, S. 8.

21 *Combacau*, in: Bernhardt (Hrsg.), EPIL, Vol. IV, „Sanctions“, S. 314; *Linsi*, Gegenmaßnahmen, S. 21.

22 *Linsi*, Gegenmaßnahmen, S. 21; *Osteneck*, Umsetzung, S. 7 f.

23 *Combacau*, in: Bernhardt (Hrsg.), EPIL, Vol. IV, „Sanctions“, S. 314; *Beyerlin*, in: Wolfrum, Handbuch VN, Ziff. 98 Rn. 1.

kerrechtlichen System der Rechtsdurchsetzung als Oberbegriff zu wählen. Unter Sanktionen werden demzufolge nur kollektive Zwangsmaßnahmen von internationalen Organisationen im Wege vertikaler Rechtsdurchsetzung gegenüber einem ihrer Mitglieder verstanden.[24] Andere Stimmen in der Literatur sehen hingegen in Zwangsmaßnahmen Sanktionen, die vom Interventionsverbot erfasst sind und somit solche, bei denen erlaubter Druck in völkerrechtswidrigen Zwang umgeschlagen ist.[25] Die International Law Comission verwendet dagegen in Art. 49 ihres Entwurfs über die Staatenverantwortlichkeit[26] den neutraleren Begriff der „Gegenmaßnahme“ (engl.: counter measure).[27] In der Literatur wird der Begriff der Gegenmaßnahme ebenfalls benutzt. Jedoch hat sich auch hier keine klare Definition durchsetzen können.[28] Da die Begriffe Zwangsmaßnahme und Gegenmaßnahme nicht einheitlich verwendet werden, wird in der vorliegenden Arbeit sowohl die horizontale, als auch die vertikale völkerrechtliche Rechtsdurchsetzung als Sanktion verstanden und somit als einheitlicher Oberbegriff verwendet.[29] Synonym soll dabei der Begriff Zwangsmaßnahme gebraucht werden.

Aufgrund des in dieser Untersuchung vertretenen Begriffsverständnisses kommen als Urheber einer Sanktion folglich sowohl einzelne Staaten (unilaterale oder bilaterale Sanktionen) als auch internationale Organisationen in Betracht (multilaterale Sanktionen).

d) Intention

Als subjektives Element wohnt Sanktionen meist eine Schädigungsabsicht inne. Dem betroffenen Völkerrechtssubjekt soll durch die Sanktionierung ein Nachteil

---

24 *Osteneck*, Umsetzung, S. 9 f.

25 *Schneider*, Wirtschaftssanktionen, S. 40; *Bockslaff*, Völkerrechtliches Interventionsverbot, S. 84; *Fischer*, in: Ipsen, § 59 Rn. 61-63.

26 Draft Articles on responsibility of States for internationally wrongful acts, International Law Commission, in: ILC-Yearbook, Vol. II Part 2, S. 26 ff.

27 Der Begriff „counter measure” wurde bereits 1968 in Art. 44 Abs. 3 lit. b des International Coffee Agreement (UNTS Vol. 647, S. 3 ff.) benutzt.

28 *Delbrück*, AVR 30 (1992), 86 (90 f.) erstreckt Gegenmaßnahmen auf Repressalie, Retorsionen und Sanktionen; *Linsi*, Gegenmaßnahmen, S. 12 ff. verwendet sie dagegen als Oberbegriff für Repressalien und exceptio non adimpleti contractus, was *Annacker*, GYIL 37 (1994), 206 (237 ff.) ablehnt; *Zemanek*, ZaöRV 47 (1987), 32 (34 f.) erstreckt sie wiederum auf das Recht der Selbstverteidigung; zu den einzelnen Rechtsinstituten siehe: 2. Kap. A. II. 3.

29 Wie hier *Schneider*, Wirtschaftssanktionen, S. 29 f.; *Kißler*, Wirtschaftssanktionen, S. 27 f.; *Beyerlin*, in: Wolfrum, Handbuch VN, Ziff. 98 Rn. 1 f.; *Petersmann*, ZVglRWiss 80 (1981), 1 (10); wohl auch *Delbrück*, AVR 30 (1992), 86 (88 ff.).

zugefügt werden.[30] Sanktionen haben demnach einen strafenden bzw. repressiven Charakter.[31] Hauptintention ist jedoch nicht die strafende Funktion, vielmehr soll der Adressat durch die Androhung oder Zufügung von Nachteilen zur Einstellung oder Vornahme einer Handlung veranlasst werden.[32] Teilweise werden Maßnahmen gegen Staaten verhängt, deren missbilligten Handlungen bereits irreversible Schäden angerichtet haben. Größtenteils werden die Sanktionen jedoch in Situationen verhängt, in denen der Staat seine Maßnahmen aufheben kann. Es soll eine Drucksituation entstehen, in der die verhängten Sanktionen für das betroffene Völkerrechtssubjekt ein schlimmeres Übel darstellen als eine Abkehr vom missbilligten Verhalten.[33]

e) Zusammenfassung

Zusammenfassend fallen unter den völkerrechtlichen Sanktionsbegriff „hoheitliche Maßnahme" eines oder mehrerer Völkerrechtssubjekte als Reaktion auf ein nachteiliges Verhalten anderer Völkerrechtssubjekte, um diese durch Zufügung eines Nachteils zu einer Verhaltensänderung zu veranlassen.

2. Definition europäischer Sanktionen

Innerhalb der EU werden die Begriffe Sanktionen und restriktive Maßnahmen synonym benutzt, wobei eine rechtlich verbindliche Definition des Begriffs den EU-Rechtsakten nicht zu entnehmen ist.[34] Grundsätzlich ist der europäische Sanktionsbegriff nahezu identisch mit dem im Völkerrecht verwandten Begriff.[35] Im Allgemeinen werden im Rahmen der GASP mit dem Begriff Sanktionen Maßnahmen bezeichnet, „die dazu dienen, die diplomatischen oder wirtschaftlichen Beziehungen zu einem oder mehreren Drittländern auszusetzen, einzuschränken oder vollständig einzustellen, und die darauf abzielen, eine Änderung bei bestimmten Handlungen oder Politiken herbeizuführen, zum Beispiel bei Verstößen gegen das Völkerrecht oder gegen Menschenrechte oder bei politischen Maßnahmen der Regierungen von Drittländern, nichtstaatlichen Einrich-

30 *Kißler*, Wirtschaftssanktionen der EG, S. 37; *Lindemeyer*, Schiffsembargo und Handelsembargo, S. 205.

31 *Stein*, AVR 30 (1992), 38 (43); *Daoudi/Dajani*, Economic Sanctions, S. 8; *Schneider*, Wirtschaftssanktionen, S. 33.

32 *Dahme*, Terrorismusbekämpfung durch Wirtschaftssanktionen, S. 143 f.; *Beyerlin*, Handbuch VN, Ziff. 98 Rn. 3; *Osteneck*, ZEuS 1998, 103 (104).

33 Vgl. hierzu *Combacau*, in: Bernhardt (Hrsg.), EPIL, Vol. IV, „Sanctions", S. 314.

34 Entschließung des Europäischen Parlaments v. 4.9.2008 zur Evaluierung der EU-Sanktionen (2008/2031(INI)), ABl. 2009 C 295 E/49, Buchstabe I und K.

35 *Kreutz*, Sanctions Policy, S. 5.

tungen oder natürlichen oder juristischen Personen, die die Rechtsstaatlichkeit oder die demokratischen Grundsätze nicht achten".[36]

3. Wirtschaftssanktionen

Aufgrund der möglichen weitreichenden Folgen für die Betroffenen werden in der Praxis vornehmlich Wirtschaftssanktionen verhängt. Wirtschaftssanktionen sind Zwangsmaßnahmen, die das Verhalten eines anderen Staates durch Eingriff in die internationalen Wirtschaftsbeziehungen beeinflussen sollen. Umfasst sind davon alle außenwirtschaftspolitischen Maßnahmen eines Völkerrechtssubjekts, die auf den grenzüberschreitenden Waren-, Zahlungs- und Kapitalverkehr oder auf die Erbringung von Dienstleistungen aller Art Einfluss nehmen. Durch die Unterbrechung des staatlichen Handelns oder der Beschlagnahme des staatlichen Auslandsvermögens soll der Sanktionsadressat isoliert werden.[37] Charakteristisch ist, dass Wirtschaftssanktionen nicht innenpolitisch, sondern primär außenpolitisch motiviert sind. Wirtschaftliche Gesichtspunkte spielen eine untergeordnete Rolle. Dahinter steckt vielmehr die politische Idee, durch die Schwächung der Wirtschaft des anderen Staates dessen Stellung im Rahmen der internationalen Machtbeziehung zu schwächen. Nicht davon erfasst sind also Maßnahmen, die das interne Bedürfnis nach Wirtschaftsförderung gewährleisten und die eigene Versorgung[38] sicher stellen, wie z.B. Anti-Dumpingmaßnahmen[39]. Oftmals ergehen Wirtschaftssanktionen sogar unter Inkaufnahme einer Selbstschädigung der eigenen Wirtschaft. Im Gegensatz zu Schutzzöllen oder Devisenkontrollen wirken Wirtschaftssanktionen nicht gegen das Ausland allgemein, sondern gegenüber einem fest bestimmbaren Kreis an Völkerrechtssubjekten.[40]

---

36 Entschließung des Europäischen Parlaments v. 4.9.2008 zur Evaluierung der EU-Sanktionen (2008/2031(INI)), ABl. 2009 C 295 E/49, Buchstabe I.

37 *Oette*, Wirtschaftssanktionen, S. 15; *Wagner*, ZaöRV 63 (2003), 879 (888).

38 Vgl. hierzu § 8 Abs. 1 S. 1 AWG: „Die Ausfuhr von Waren kann beschränkt werden, um eine Gefährdung der Deckung des lebenswichtigen Bedarfs im Wirtschaftsgebiet oder in Teilen des Wirtschaftsgebiets im gesamtwirtschaftlichen Interesse vorzubeugen oder entgegenzuwirken."

39 Eine Ware gilt als gedumpt, wenn ihr Preis bei der Ausfuhr in die Union niedriger ist als der vergleichbare Preis der zum Verbrauch im Ausfuhrland bestimmten gleichartigen Ware im normalen Handelsverkehr (vgl. VO (EG) Nr. 1225/2009, Art. 1 Abs. 2).

40 Zur Wirtschaftssanktion als Mittel der Außenpolitik *Schneider*, Wirtschaftssanktionen, S. 34; *Lindemeyer*, Schiffsembargo und Handelsembargo, S. 188 ff.; zur Unterscheidung zwischen Wirtschaftssanktionen und handelspolitischen Schutzmaßnahmen vgl. auch *Kokott*, in: Streinz, EUV/AEUV, Art. 215 Rn. 14.

II. Sanktionsarten

Ausgehend vom hier vertretenen weiten Sanktionsbegriff sollen im Folgenden die unterschiedlichen Sanktionskategorien herausgearbeitet sowie eine Abgrenzung zu anderen Rechtsinstituten vorgenommen werden.

1. Embargo

Die wichtigste Form der Wirtschaftssanktion bildet das Embargo. Der Begriff leitet sich aus dem spanischen Wort *embargar* ab und bedeutet pfänden bzw. beschlagnahmen.[41] Ursprünglich wurde unter einem Embargo die Zurückhaltung und Beschlagnahme fremder Handelsschiffe verstanden, um auf den Flaggenstaat Druck auszuüben und ein bestimmtes Verhalten zu bewirken.[42] Heute wird dies unter dem Namen „Schiffsembargo" zusammengefasst.

Weitgehend abgelöst ist das Schiffsembargo heutzutage vom modernen Begriff des Handelsembargos - häufig auch nur Embargo genannt.[43] Das Handelsembargo wird definiert als hoheitliche Maßnahme auf dem Gebiet des Außenhandels, die von einem Völkerrechtssubjekt an die seiner Regelungshoheit unterworfenen Personen gerichtet wird und ein Verbot beinhaltet, mit dem sanktionierten Völkerrechtssubjekt Wirtschaftsbeziehungen zu unterhalten, in der Absicht, diesen zu einem bestimmten Handeln zu veranlassen.[44] Zusätzlich zu den Tatbestandsmerkmalen des Sanktionsbegriffs kommt beim Embargo also hinzu, dass der sanktionierende Staat ein Verbot aufstellt, meist in Form eines innerstaatlichen Gesetzes, das sich an die seiner Regelungshoheit unterworfenen natürlichen und juristischen Personen wendet.[45]

Je nachdem welches Wirtschaftsobjekt betroffen ist, lassen sich vier Gruppen des Handelsembargos unterscheiden:

a) Warenembargo

Eine der wichtigsten Formen des Embargos ist das Warenembargo. Es richtet sich gegen den Handel mit Erzeugnissen, Rohstoffen und Technologien. Meist besteht das Warenembargo aus einem Import- und einem Exportembargo. Ersteres enthält ein dem Verwaltungsrecht zuzurechnendes Einfuhrverbot für die vom Embargo erfassten Waren aus dem sanktionierten Staat, um dessen Volkswirt-

---

41 Langenscheidt, Taschenwörterbuch Spanisch, S. 287.

42 Vgl. allgemein zum Schiffsembargo *Lindemeyer*, Schiffsembargo und Handelsembargo, S. 29 ff.

43 *Kißler*, Wirtschaftssanktionen der EG, S. 38; *Osteneck*, Umsetzung, S. 43.

44 *Gornig*, JZ 1990, 113 (114 f.); *Meng*, ZaöRV 42 (1982), 780 (789); *Schneider*, Wirtschaftssanktionen, S. 35; *Stenger*, Handelsembargo, S. 3 ff.

45 *Osteneck*, Umsetzung, S. 43.

schaft durch Beschränkung der Absatzmöglichkeiten zu schädigen.[46] Das Exportembargo beinhaltet das Verbot von Verkauf und Lieferung der vom Embargo betroffenen Waren, unabhängig von ihrem Herkunftsort, vom eigenen Hoheitsgebiet aus an natürliche oder juristische Personen in den sanktionierten Staat.[47] Zweck ist hierbei, die Versorgung der Volkswirtschaft des betroffenen Staates mit bestimmten Waren des eigenen Landes zu verhindern.[48] Ausnahmen vom Exportembargo werden häufig aus humanitären Gründen gestattet, so z.B. für medizinische Güter oder Nahrungsmittel. Warenembargos können einzelne Güter (selektives Warenembargo) oder den gesamten Warenhandel (umfassendes Warenembargo) bzw. auch nur mengenmäßige Beschränkungen einzelner Waren betreffen. Umfassende Warenembargos belasten den betroffenen Staat meist stark. Exportembargos werden daher meist selektiv verhängt und betreffen Waren, deren Fehlen den betroffenen Staat besonders trifft, wie z.B. Erdöl, Stahl oder technische Geräte.[49]

Paradebeispiel für ein selektives Exportembargo stellt das Ausfuhrverbot für Waffen und Kriegsgeräte in Krisenregionen dar. Waffenembargos unterscheiden sich auch in ihrer Zielsetzung von den klassischen Embargos: Es geht hierbei weniger um den Aufbau von wirtschaftlichem Druck, vielmehr sollen die militärischen Mittel vorenthalten werden, um eine friedliche Konfliktlösung in der betroffenen Krisenregion zu forcieren.[50]

b) Kapitalembargo/Finanzsanktionen

Kapitalembargos bzw. Finanzsanktionen richten sich gegen den Transfer von Geldern und anderen Finanzmitteln. Dazu zählt das Verbot der autonomen Finanztransaktionen. Dieses untersagt der Regierung des betroffenen Staates, seinen Unternehmen sowie natürlichen Personen, Gelder und andere Finanzmittel zur Verfügung zu stellen und wird meist zusätzlich zu einem Warenembargo verhängt.[51] Zweck ist zu verhindern, dass der betroffene Staat den durch das Im- und Exportembargo entstandenen wirtschaftlichen Engpass durch Kredite zu überbrücken vermag und die ihm verweigerten Waren über Drittstaaten erhält.[52]

---

46 *Osteneck*, Umsetzung, S. 44 f.; *Lindemeyer*, Schiffsembargo und Handelsembargo, S. 237.

47 *Osteneck*, Umsetzung, S. 45.

48 *Lindemeyer*, Schiffsembargo und Handelsembargo, S. 234.

49 *Lindemeyer*, Schiffsembargo und Handelsembargo, S. 235; *Oette*, Wirtschaftssanktionen, S. 15.

50 *Oette*, Wirtschaftssanktionen, S. 15; *Ress*, Handelsembargo, S. 110; *De Jonge Oudraat*, in: Crocker/ Hampson/ Aall, Turbulent Peace, 323 (325).

51 *Osteneck*, Umsetzung, S. 48 f.

52 *Lindemeyer*, Schiffsembargo und Handelsembargo, S. 239.

Eine weitere Form des Kapitalembargos stellt die Sperre von Auslandsguthaben dar. Dabei wird die Möglichkeit des betroffenen Staates sowie seiner juristischen und natürlichen Personen über Auslandsguthaben zu verfügen, sprich Konten in in- oder ausländischer Währung, Wertpapiere, Banknoten, Edelmetalle, Vermögensrechte, Beteiligungen und Grundstücke, untersagt.[53] Im Ausland bestehendes Vermögen wird eingefroren und sämtliche Kapitalbewegung verboten.

Fraglich ist, ob das Kapitalembargo in Form der Sperrung von Auslandsguthaben unter den Begriff des Embargos zu subsumieren ist. Grundsätzlich stellt auch dieses ein hoheitliches Verbot an die eigenen Staatsangehörigen dar, Wirtschaftsbeziehungen mit dem Adressaten der Embargomaßnahmen zu unterhalten. Wie zuvor erörtert fallen unter außenwirtschaftspolitische Maßnahmen auch die Einflussnahme auf den Zahlungs- und Kapitalverkehr.[54] Eine völlige Unterbindung des Kapitalverkehrs durch Einfrieren von im Ausland bestehendem Vermögen sowie das Verbot sämtlicher Ein- und Auszahlungen und sonstiger Kapitalbewegungen stellt die radikalste Methode der Einflussnahme auf den Zahlungs- und Kapitalverkehr zwischen dem sanktionierenden und dem betroffenen Staat dar. Allerdings muss die Zweckrichtung hinterfragt werden, da der Begriff Embargo die Absicht beinhaltet, das sanktionierte Völkerrechtssubjekt zu einem bestimmten Handeln zu veranlassen. Bei der Sperre von Auslandsguthaben ist zwischen zwei Zielsetzungen zu differenzieren. Einerseits kann sie als Druckmittel auf den Adressaten gesehen werden, da dessen Liquidität durch die Maßnahme verringert wird. Dies entspricht der Zielsetzung eines Handelsembargos. Andererseits kann die Sperre aber auch zum Schutz des Verfügungsberechtigten ergehen. Der eigentliche Eigentümer der Vermögenswerte soll vor dem unrechtmäßigen Zugriff Dritter, etwa bei einer Besetzung des Landes, geschützt werden. Hierbei steht die Schutzwirkung im Vordergrund. Nur indirekt wird ein politisches Signal gesetzt, indem zugunsten des rechtmäßig Verfügungsbefugten Partei ergriffen wird.[55] Dieser indirekte Druck beruht nicht auf einer wirtschaftlichen Maßnahme, da bei fehlender Verfügungsbefugnis kein Anspruch auf Auszahlung der fremden Vermögenswerte besteht und folglich durch deren Sperrung keine originäre Beschränkung des Handels erfolgt.[56] Demzufolge handelt es sich bei der Sperre von Auslandsguthaben zum Schutz des Verfügungsberechtigten nicht um ein Embargo.[57] Da auch dem Sanktions-

---

53 *Linsi*, Gegenmaßnahmen, S. 221 f.

54 Vgl.: 1. Kap. A. I. 3.

55 Vgl. hierzu *Linsi*, Gegenmaßnahmen, S. 222.

56 *Osteneck*, Umsetzung, S. 51.

57 Vgl. *Osteneck*, Umsetzung, S. 51; a.A. *Linsi*, Gegenmaßnahmen, S. 222, der hierin eine zumindest embargoähnliche Vermögenssperre sieht.

begriff die Absicht, den betreffenden Staat durch wirtschaftlichen Druck zu einem Handeln zu zwingen, innewohnt, kann auch dieser keine Anwendung finden. Es handelt sich um ein Rechtsinstitut eigener Art.

Nicht um ein eigenständiges Kapitalembargo, sondern um einen untrennbaren Annex zu einem verhängten Waren- oder Dienstleistungsembargo handelt es sich bei dem sog. Verbot der Handelsfinanzierung. Der Transfer von Geldern in den sanktionierten Staat, bei dem ein direkter Zusammenhang mit dem gleichzeitig verbotenen Handelsaustausch besteht, ist untersagt.[58]

c) Verkehrsembargo

Das Verkehrsembargo kann den Landweg, Wasserweg oder den Luftverkehr betreffen. Unterschieden wird zwischen dem eingeschränkten und dem blockadeähnlichen Verkehrsembargo.[59] Da das Verkehrsembargo heute hauptsächlich als Luftverkehrsembargo bzw. Flugverbot verhängt wird, soll dieses zur Verdeutlichung der vorgenommen Unterscheidung herangezogen werden. Das Luftverkehrsembargo verbietet die Benutzung der Verkehrswege des sanktionierenden Staates. Den Flugzeugen des betroffenen Staates ist es somit untersagt, aus dem Hoheitsgebiet des das Embargo verhängenden Staates zu starten, darin zu landen oder selbiges zu überfliegen.[60] Das eingeschränkte Verkehrsembargo fällt unter den Begriff des Embargos, da es das Verbot an die eigenen Staatsangehörigen beinhaltet, die für die Nutzung der Verkehrswege erforderlichen Genehmigungen, beispielsweise Lande- und Starterlaubnis, zu erteilen.[61] Das blockadeähnliche vollständige Verkehrsembargo hingegen zielt darauf ab, sämtliche Transportwege in oder aus dem betroffenen Staat zu unterbrechen. Beispielsweise verwehrt der sanktionierende Staat allen Fluggesellschaften die Erlaubnis aus dessen Hoheitsgebiet zu starten, in diesem zu landen oder dieses zu überfliegen, wenn die Maschinen den sanktionierten Staat zum Ankunftsziel haben oder von diesem gestartet sind.[62] Diese Form des Verkehrsembargos steht der Blockade nahe. Entscheidender Unterschied ist jedoch, dass die Blockade außerhalb des Hoheitsgebiets wirkt[63], während bei dem vollständigen Verkehrsembargo sich die hoheitliche Maßnahme an die eigenen staatlichen Stellen sowie an die seiner Regelungsgewalt unterstellten natürlichen und juristischen Personen richtet, die innerhalb des eigenen Staatsgebiets den Vollzug des Verkehrsembargos gewährleisten sollen.

---

58 *Linsi*, Gegenmaßnahmen, S. 215.

59 Zu dieser Differenzierung vgl. *Osteneck*, Umsetzung, S. 52 f.

60 Vgl. z.B. VO (EU) Nr. 204/2011 (Libyen), Art. 4a.

61 *Osteneck*, Umsetzung, S. 52 f.

62 Vgl. z.B.: VO (EU) Nr. 204/2011 (Libyen), Art. 4b.

63 Siehe hierzu: 1. Kap. B. I. 3. b).

Als akzessorischer Teil des Warenembargos und damit nicht als eigenständige Form des Verkehrsembargos ist das Transportmittelembargo zu sehen. Dieses beinhaltet das hoheitliche Verbot an die eigenen Staatsangehörigen des sanktionierenden Staates und die unter seiner Flagge registrierten Flugzeuge und Schiffe, die vom Embargo betroffenen Waren von oder zu dem betroffenen Staat zu transportieren.[64]

d) Dienstleistungsembargo

Unter einem Dienstleistungsembargo wird das Verbot an die eigenen Staatsangehörigen verstanden, den Staatsangehörigen des sanktionierten Staates Dienstleistungen zur Verfügung zu stellen. Meist wird dies zusammen mit einem Waren- oder Kapitalembargo verhängt, um die hiermit verbundenen Dienstleistungen, z.B. „training or technical support service“[65], zu unterbinden.[66] Besonders häufig wird dabei zusammen mit einem Waffenembargo die Bereitstellung der diesbezüglichen technischen Unterstützung untersagt.[67]

2. Einreisebeschränkungen

Eine weitere Sanktionskategorie bilden die Reisesanktionen in Form eines Einreiseverbots für bestimmte Angehörige des jeweiligen betroffenen Landes. Ist für das Überschreiten der Grenze des sanktionierenden Staates für Staatsangehörige des sanktionierten Staates der Besitz eines Visums nötig, wird die Einreisebeschränkung in Form einer Visumssperre verhängt.[68] Beantragen die von der Einreisebeschränkung betroffenen Personen ein Visum, um in das sanktionierende Land einzureisen, wird dieser Antrag abgelehnt.

3. Diplomatische und kulturelle Sanktionen

Bei dieser Sanktionskategorie handelt es sich vor allem um symbolische Maßnahmen, die durch einen Staat oder die internationale Gemeinschaft verhängt

---

64 *Lindemeyer*, Schiffs- und Handelsembargo, S. 239.

65 Vgl. SR-Resolution 687 (1991) geg. Irak, Ziff. 24 lit. d; siehe auch das Verbot, Fachunterricht oder Fachausbildung in Disziplinen zu erteilen, die zu proliferationsrelevanten nuklearen Tätigkeiten befähigen: Gemeinsamer Standpunkt 2006/795/GASP (Nord Korea), Art. 5a.

66 Zum Dienstleistungsembargo vgl. *Osteneck*, Umsetzung, S. 55 f.

67 Vgl. hierzu ausführlich: 3. Kap. A. IV. 1.

68 Vgl. Dokument des Rats v. 15.6.2012 (11205/12), Rn. 79; für die Einreise in die EU enthält die VO (EG) Nr. 539/2001 (in der Fassung von VO (EU) Nr. 1211/2010) eine Liste der Drittländer, deren Staatsangehörige im Besitz eines Visums sein müssen.

werden, um die Missbilligung des Verhaltens eines anderen Staates auszudrücken.[69]

Diplomatische Sanktionen treten meist in Form einer Verringerung oder Schließung von Vertretungen oder der Aussetzung bilateraler Besuche auf.[70] Ferner zählen zu diesen symbolischen Maßnahmen vor allem der Ausschluss eines Staates von Sportveranstaltungen und kulturelle Boykotte[71] sowie die Aussetzung der Entwicklungszusammenarbeit durch Beendigung der finanziellen und technischen Hilfe.[72] Aufgrund des geringen Schadenspotentials[73] spielt diese Sanktionsart jedoch in der Praxis eine eher untergeordnete Rolle.

4. Erfüllungsverbote

Das Embargo greift für bereits vor dessen Inkrafttreten geschlossene Verträge meist nicht. Um nach der Aufhebung eines Embargos Unternehmen davor zu schützen, einem Schadensanspruch seitens des ehemals mit einem Embargo belegten Staates ausgesetzt zu sein, kann ein Erfüllungsverbot angeordnet werden.[74] Sie bezwecken, dem sanktionierten Land keinen Ausgleich für die negativen Folgen des Embargos zu gewähren. Verboten ist die Erfüllung von Schadensersatzansprüchen der Vertragspartner, die sich auf die Nichterfüllung von Verträgen wegen des Embargos stützen. Darüber hinaus bietet das Erfüllungsverbot Schutz davor, dass diese Ansprüche nach Aufhebung des Embargos gerichtlich durchgesetzt werden können. Nicht vom Erfüllungsverbot umfasst ist die Erfüllung von neuen Ansprüchen, die nach Aufhebung des Embargos entstanden sind.[75]

Das Erfüllungsverbot ist letztlich nicht als Wirtschaftssanktion zu werten, da mit ihm keine Verhaltensänderung des betreffenden Staates bezweckt werden soll. Durch die enge Verbundenheit mit dem Embargo, ohne dessen Verhängung

---

69 *Kreutz*, Sanctions Policy, S. 7; *Werthes*, Probleme und Perspektiven von Sanktionen, S. 27.

70 Vgl. SR-Resolution 1054 (1996), Art. 3 lit. a (Sudan); Gemeinsamer Standpunkt 2006/318/GASP (Myanmar), Art. 6.

71 Vgl. SR-Resolution 757 (1992), Art. 8 lit. b und lit. c (Ehemalige Republik Jugoslawien).

72 Gemeinsamer Standpunkt 2006/318/GASP (Myanmar), Art. 3.

73 *Werthes*, Probleme und Perspektiven von Sanktionen, S. 27.

74 Vgl. z.B. VO (EG) Nr. 1733/94 (ehemaliges Jugoslawien); VO (EG) Nr. 1264/94 (Haiti).

75 Vgl. zum Erfüllungsverbot: BAFA, Merkblatt: Außenwirtschaftsverkehr mit „Embargo Ländern", Stand 15.09.2009, unter: http://www.ausfuhrkontrolle.info/ ausfuhrkontrolle/de/arbeitshilfen/merkblaetter/merkblatt_embargo.pdf (zuletzt abgerufen am 6.3.2013).

ein Erfüllungsverbot denklogisch nicht ergehen kann, ist es jedoch als unselbständiger Annex zu diesem zu sehen.

5. Kündigung von Handelsverträgen

Die Kündigung von Handelsverträgen, die mit dem vom Embargo betroffenen Staat bestehen, ist ebenfalls dem Begriff der Wirtschaftssanktion zuzuordnen. Sie wirkt sich meist auf den Im- und Export des sanktionierten Völkerrechtssubjekts und demnach auf seine Volkswirtschaft aus. Vorrangig handelt es sich bei der Kündigung von Handelsverträgen jedoch um eine völkerrechtliche Maßnahme gegenüber dem Vertragspartner und ist Voraussetzung für die innerstaatliche Verhängung von Warenembargos, sodass eine eindeutige Zuordnung zum engeren Begriff des Embargos deshalb nicht erfolgen kann.[76]

6. Abgrenzung zu anderen Rechtsinstituten

Hiervon sind Rechtsinstitute abzugrenzen, bei denen die Einordnung als Sanktion zumindest zweifelhaft ist.

a) Boykott

Der Begriff des Boykotts lässt sich zurückführen auf den irischen Gutsverwalter Charles Boycott, dem gegenüber wegen seiner Rücksichtslosigkeit und Härte bei der Eintreibung von Pachtzahlungen von der irischen Landliga 1880 ein Bann mit dem Inhalt ausgesprochen wurde, niemand solle für ihn arbeiten oder mit ihm wirtschaftlich bzw. gesellschaftlich verkehren.[77] Im internationalen Sprachgebrauch werden mit wirtschaftlichem Boykott oft unterschiedliche Maßnahmen bezeichnet. Dem eben erörterten Ursprung des Wortes Rechnung tragend, wird der Boykott jedoch definiert als Initiative privater oder juristischer Personen, die Wirtschaftsbeziehungen zu einem Staat einzuschränken oder zu unterbrechen, um dessen Verhaltensweise zu beeinflussen. Er ist also Teil des nationalen und internationalen Privatrechts.[78]Im Unterschied zum Embargo wird der Boykott von Privatleuten durchgeführt. Mangels hoheitlicher Maßnahme ist der Boykott keine Wirtschaftssanktion im oben definierten Sinne.[79]

Der sog. „mehrstufige Boykott" stellt demzufolge keinen Boykott im klassischen Sinne dar, sondern ein Handelsembargo. Dieser zeichnet sich durch drei Phasen aus: Zunächst wird als „primärer Boykott" ein hoheitliches Verbot ver-

---

76 *Osteneck*, Umsetzung, S. 56 f.; vgl. auch *Meng*, ZaöRV 42 (1982), 780 (790).

77 *Hasse*, Theorie und Politik, S. 110 Fn. 1.

78 *Gornig*, JZ 1990, 113 (115) m.w.N; zur Definition *Bockslaff*, Völkerrechtliches Interventionsverbot, S. 20; *Garcon*, Handelsembargen der EU, S. 37.

79 Wie hier *Schneider*, Wirtschaftssanktionen, S. 42; *Osteneck*, Umsetzung, S. 59.

hängt, das den Gebietsansässigen den Handel mit einem Völkerrechtssubjekt verbietet. Sodann folgt der „sekundäre Boykott", der Gebietsansässige in Drittländern veranlassen soll, den Handel mit dem betroffenen Völkerrechtssubjekt einzustellen. Halten sich diese nicht daran, so werden sie in „schwarzen Listen" geführt. Der „tertiäre Boykott" richtet sich dann an natürliche und juristische Personen und ordnet an, keinen Handel mit Personen zu treiben, die auf diesen „schwarzen Listen" geführt werden. Hierzu sollen sich die Adressaten auch durch Abgabe einer sog. Boykott-Erklärung[80] verpflichten.[81] Dies entsprach der Vorgehensweise der Arabischen Liga bis Mitte der 90er Jahre, wonach ausländische Unternehmen mit Hilfe der „schwarzen Listen" in Drittländern bewegt werden sollten, keinen Handel mit Israel zu treiben.[82]

Zum Teil wird auch vertreten, dass der Begriff Boykott das Verbot des Güter*imports* umfasst und im Gegensatz hierzu das Embargo den Güter*export* bezeichnet[83], was vermutlich darauf zurückzuführen ist, dass der Boykott früher meist eine Verweigerung der Warenannahme beinhaltete. Dies wird jedoch dem klassischen Verständnis des Boykotts, als Maßnahme von Privaten, nicht gerecht. Nur nach der Richtung des Handelsverbots abzugrenzen, scheint im Übrigen wenig zielführend, da dieses in der gleichen Absicht erfolgt, nämlich den Handelspartner zu schwächen.[84]

Zweckmäßigerweise wird in dieser Untersuchung daher die Auffassung vertreten, dass der Boykott das freiwillige Abbrechen von Wirtschaftsbeziehungen durch Private in Bezug auf Im- sowie Export von Waren bezeichnet.

b) Blockade

Der ursprünglich aus dem Seekriegsrecht stammende Begriff der Blockade bezeichnet heute jede mit Hilfe von Schiffen oder Flugzeugen des sanktionieren-

---

80 In Deutschland wird die Abgabe solcher Boykotterklärungen als unvereinbar mit dem freien Außenwirtschaftsverkehr angesehen und gemäß § 4a AWV seit 1992 verboten; vgl. hierzu *Krumpholz*, NJW 1993, 113 (113 f.).

81 Vgl. hierzu *Schneider*, Wirtschaftssanktionen S. 43; *Neumann*, Internationale Handelsembargos, S. 37 ff.

82 *Dahme*, Terrorismusbekämpfung durch Wirtschaftssanktionen, S. 157; *Daoudi/Dajani*, Economic Sanctions S. 102; *Neumann*, Internationale Handelsembargos, S. 37; zwar wurde der sekundäre und tertiäre Boykott ab Mitte der 90er Jahre offiziell ausgesetzt, faktisch verbieten jedoch immer noch viele arabische Staaten den Handel mit Israel, vgl. die Informationen auf der Homepage der Deutsch-Israelischen Industrie und Handelskammer: http://israel.ahk.de/israel/wirtschaft/rahmenbedingungen/ (zuletzt abgerufen am 6.3.2013).

83 *De Jonge Oudraat*, in: Crocker/Hampson/Aall, Turbulent Peace, 323 (324).

84 Vgl. hierzu *Lindemayer*, Schiffsembargo und Handelsembargo, S. 228; *Garcon*, Handelsembargen der EU, S. 37 f.; *Hasse*, Theorie und Politik, S. 111 f.

den Völkerrechtssubjekts erfolgende Abriegelung der Küsten des betroffenen Staates durch zwangsweises Anhalten ein- und auslaufender Schiffe.[85] Im Gegensatz zum Handelsembargo erfolgt die Maßnahme außerhalb des Hoheitsgebiets des sanktionierenden Völkerrechtssubjekts, nämlich im gegnerischen Luftraum oder in den Küstengewässern des betroffenen Staates.[86] Auch der Umfang divergiert zwischen den beiden Maßnahmen: Während das Embargo ein Verbot an die eigenen Gebietsansässigen zum Handel mit dem betroffenen Staat darstellt, greift die Blockade lediglich in den Handel zu Luft oder zu See ein, bewirkt jedoch die vollständige Isolation des Sanktionsgegners. Allerdings muss dabei zwischen der friedlichen und der kriegerischen Blockade unterschieden werden. Gemein haben beide Formen, dass die Schiffe oder Flugzeuge des gegnerischen Staates und der sich an der Blockade beteiligenden Staaten aufgehalten werden dürfen. Nur die Blockade in Kriegszeiten erlaubt jedoch eine Überwachung aller Schiffe, die sich im gegnerischen Luft- oder Küstenraum befinden.[87]

Eine Einordnung der Blockade in die Kategorie der Wirtschaftssanktionen scheint zunächst naheliegend. Schließlich ist die Blockade Hilfsmittel zur Durchsetzung von Wirtschaftsembargos. Ein Ausweichen auf Ersatzmärkte ist dem gegnerischen Staat erschwert. Darüber hinaus kann bei einem kollektiven Embargo die Einhaltung des Embargos durch alle Staaten überprüft werden, da die sich am Embargo beteiligenden Schiffe auch bei einer friedlichen Blockade überprüft werden können.[88]Die Blockade selbst schränkt die Handelsbeziehungen jedoch nicht originär ein, sondern unterstützt nur die Verhängung eines Handelsembargos und stellt dessen Sicherungsinstrument dar. Das den Sanktionsmitteln innewohnende Element des Zwangs wird bei einer Blockade nicht durch wirtschaftlichen Druck als solchen, sondern durch Androhung begrenzter militärischer Gewalt bei Missachtung der wirtschaftlichen Sanktionsmaßnahmen vermittelt. Jedoch kann die Blockade auch nicht als bloßer unselbständiger Annex zur jeweiligen wirtschaftlichen Zwangsmaßnahme gesehen werden, da ihr ein eigenständiger Charakter zukommt. Das zeigt sich daran, dass die Verhängung einer Wirtschaftssanktion nicht schon für sich genommen die Verhängung einer Blockade ermöglicht. Vielmehr bedarf es hierfür eines ausdrücklichen Sicherheitsratsbeschlusses.[89]

---

85 *Kißler*, Wirtschaftssanktionen der EG, S. 40; *Schneider*, Wirtschaftssanktionen, S. 39.

86 *Hasse*, Theorie und Politik, S. 130; *Osteneck*, Umsetzung, S. 61.

87 *Garcon*, Handelsembargen der EU, S. 40; *Hasse*, Theorie und Politik, S. 130.

88 *Garcon*, Handelsembargen der EU, S. 41; *Hasse*, Theorie und Politik, S. 131.

89 Hierzu ausführlich *Scholz*, Durchsetzung von Zwangsmaßnahmen, S. 155 ff.

Die Blockade soll demgemäß als eigenständige Sanktionskategorie gesehen werden und nicht dem Begriff Wirtschaftssanktion untergeordnet werden.[90]

III. Umfang und Zielrichtung

Zu unterscheiden ist je nach Umfang und Zielrichtung, zwischen umfassenden, partiellen und zielgerichteten Sanktionen.

1. Umfassende Sanktionen

Unter dem Begriff „umfassende Sanktionen" wird die völlige Einschränkung aller wirtschaftlichen und diplomatischen Beziehungen zu dem betroffenen Drittstaat verstanden. Von Bedeutung sind vor allem umfassende Wirtschaftssanktionen, die durch den Abbruch sämtlicher Handelsbeziehungen mit dem Sanktionsadressaten geprägt sind. Solche totalen Ein- und Ausfuhrverbote treffen aber nicht alle Sanktionsadressaten gleich, vielmehr kommt es darauf an, wie stark die Staaten vom internationalen Kapitalmarkt abhängen. Dies wird bei Staaten, die ihre Wirtschaftsordnung marktwirtschaftlich ausgerichtet haben, stärker der Fall sein als bei Staaten, die sich an der Planwirtschaft orientieren. Denn im System der Marktwirtschaft hängt die Verteilung von Ressourcen von externen Preissignalen ab und nicht von der Entscheidung zentraler Behörden.[91]

Durch die enorme Verschlechterung der wirtschaftlichen Lage sind die Auswirkungen auf die Zivilbevölkerung bei umfassenden Sanktionen besonders hoch. Dies kann jedoch durchaus ein beabsichtigtes Mittel sein: Ein großes Leiden der Zivilbevölkerung durch schlechte Lebensverhältnisse kann dazu führen, dass die oppositionellen Kräfte eines Landes gestärkt werden, sodass die amtierende Regierung zu einer Verhaltensänderung gezwungen und das Sanktionsziel so erreicht werden kann.[92] Beispiele für umfassende Sanktionen sind die Anfang der 90er Jahre gegen den Irak, Jugoslawien und Haiti verhängten Resolutionen des VN-Sicherheitsrats.[93]

2. Partielle Sanktionen

Partielle Sanktionen schränken die wirtschaftlichen oder diplomatischen Beziehungen zu dem betroffenen Drittstaat nur in bestimmten Bereichen ein. Sie er-

90 *Osteneck*, Umsetzung, S. 62; a.A. *Schneider*, Wirtschaftssanktionen, S. 38 f.
91 *De Jonge Oudraat*, in: Crocker/Hampson/Aal, Turbulent Peace, S. 325 (336 f.).
92 *Gareis/Varwick*, Die Vereinten Nationen, S. 147.
93 SR-Resolution 661 (1990) gegen Irak; SR-Resolution 757 (1992) gegen Jugoslawien; SR-Resolution 917 (1994) gegen Haiti.

folgen insbesondere in Form von Erdölembargos sowie Ein- und Ausfuhrverboten anderer wichtiger Im- und Exportgüter.[94]

3. Gezielte Sanktionen

Vor allem umfassende Sanktionen haben durch die deutliche Verschlechterung der Wirtschaftslage eines Landes drastische Auswirkungen auf die Zivilbevölkerung: Die Sanktionen in Haiti und Irak lösten Notlagen wie steigende Kindersterblichkeit, Epidemien sowie Unterernährung aus und wurden deshalb heftig kritisiert.[95] Neben diesem ethischen Problem blieb der erwartete politische Druck durch das Erstarken einer innerstaatlichen Opposition zumeist aus. Vielmehr nutzten die Eliten des Landes den wirtschaftlichen Druck dazu, sich als „Opfer“ darzustellen und durch die Erweckung des Nationalstolzes eine negative Stimmung gegen den Urheber der Sanktionen, meist die VN, zu erzeugen. Oft wurde die ausländische Presse nicht mehr zugelassen, Bildungsmöglichkeiten reduziert und so die eigentlich hinter den Sanktionen stehenden Motive der Friedenssicherung und dem Vorgehen gegen Schreckensregime nicht verbreitet.[96] Die Opposition wurde damit geschwächt und wanderte oft ins Exil ab. Diese Gegenstrategie des sanktionierten Staates wird als „rally-around-the-flag-effect“ oder „Wagenburgeffekt“ bezeichnet.[97]

Um diese negativen Effekte der Sanktionierung zu umgehen, griff der Sicherheitsrat zum Mittel der zielgerichteten Sanktionen. Diese „Smart Sanctions“ (oder „Targeted Sanctions“) sind darauf fokussiert, nur die zur Verantwortung zu ziehen, von denen der Friedensbruch ausgeht und von denen eine Verhaltensänderung erwartet wird, um auf diese Weise das Leiden der Zivilbevölkerung möglichst gering zu halten.[98] Die Sanktionen sollen nicht mehr abstrakt gegen einen Staat, sondern ausschließlich gegen die tatsächlich Verantwortlichen gerichtet werden. Letztlich spricht für die Verhängung von Smart Sanctions die konsequente Anwendung des Verhältnismäßigkeitsprinzips: Gegenüber den umfassenden Sanktionen sind sie als milderes und wohl auch effektiveres Mittel zur Verwirklichung des Zieles, Druck auf die Machthaber eines Staates auszuüben, einzustufen.[99]

---

94 *Oette*, Wirtschaftssanktionen, S. 16; näheres zu den von den VN verhängten Erdölembargos *Oetjen*, UN-Sanktionen, S. 25 f.

95 *Cortright/Lopez*, Sanctions Decade, S. 25 f.

96 *Oetjen*, UN-Sanktionen, S. 38.

97 *Cortright/Lopez*, Sanctions Decade, S. 20; *Kulessa/Starck*, Frieden durch Sanktionen?, S. 6.

98 *Oette*, Wirtschaftssanktionen, S. 16; *Oetjen*, UN-Sanktionen, S. 25.

99 *Dahme*, Terrorismusbekämpfung durch Wirtschaftssanktionen, S. 148.

Gezielte Sanktionen stellen folglich immer partielle Sanktionen dar, können jedoch nicht synonym verwendet werden. Zwar fehlt es noch an einer allgemeingültigen Definition der Smart Sanctions, dennoch lässt sich ein Konsens über die damit bezeichneten Sanktionsarten finden: Das Einfrieren von Konten und Vermögenswerten, die Zugangsverweigerung bzw. -beschränkungen zu ausländischen Finanzmärkten, Waffenembargos, Ausfuhrverbote für Luxusgüter, Flug- und Einreiseverbote sowie diplomatische Sanktionen.[100]

Meist wird gegen einen Staat eine Kombination der genannten Sanktionsarten verhängt. Dies wird mit dem Begriff „Sanktionsregime" bezeichnet.[101]

a) Entwicklung

Vor diesem Hintergrund fanden Ende der 90er Jahre Zusammenkünfte von Expertengruppen und Untersuchungen statt, die bemüht waren, den gezielten Sanktionen Konturen zu verleihen. Drei wichtige internationale Initiativen zur Entwicklung und Verfeinerung der gezielten Sanktionen sind zu nennen: Der Interlaken-Prozess, der Bonn-Berlin-Prozess und der Stockholm-Prozess. Sie alle hatten das Ziel gemein, die Effektivität solcher Sanktionen zu steigern.[102] Auch die EU setzt bei der Konzipierung und Umsetzung ihrer Rechtsinstrumente auf die in diesen Prozessen erarbeiteten Ergebnisse.[103]

aa) Der Interlaken-Prozess

Den Grundstein der Sanktionsreformen wurde in Interlaken gelegt. Der Interlaken-Prozess wurde von der Schweizer Regierung 1998 initiiert und hatte vorwiegend die gezielten Finanzsanktionen zum Thema.[104] Anlass für die Konferenz war ein Aufruf von VN-Generalsekretär Kofi Anan, die Sanktionen effektiver zu gestalten.[105] In zwei Seminaren wurden Vertreter der VN, der Regierungen, der Wissenschaft, der Vereinigung der Banken und nicht-staatliche Organisationen (NGO) an einen Tisch gebracht, um zu diskutieren, inwiefern gezielte Finanzaktionen Wirkung zeigen können.[106] Die Ergebnisse des Interlaken-Prozesses wurden 2001 in einem Handbuch veröffentlicht, welches sich sowohl an die Mitglieder des Sicherheitsrats der VN als auch an die nationalstaatlichen

100 *Oette*, Wirtschaftssanktionen, S. 16 f.; *Wahl*, Individualsanktionen, S. 15 f.

101 *Werthes*, Probleme und Perspektiven von Sanktionen, S. 25.

102 *Bessler/Garfield/Mc Hugh*, Sanctions Assessment Handbook, S. 8.

103 Dokument des Rats v. 15.12.2009 (17464/09), Rn. 16.

104 *Bessler/Garfield/Mc Hugh*, Sanctions Assessment Handbook, S. 8.

105 *Matiss*, Terrorismusbekämpfung, S. 89.

106 Vgl. *Cortright/Lopez*, Sanctions and the search for security, S. 4.

Verantwortlichen für die Umsetzung solcher Sanktionen richtet.[107] Darin wird eine optimale Vorgehensweise für das Entwerfen und Formulieren von Finanzsanktionsregelungen sowie deren praktische Durchsetzung beschrieben.

Der Interlaken-Prozess ist aufgrund der effektiven Zusammenarbeit von Vertretern aus unterschiedlichen Expertenrichtungen als wichtiger erster Schritt zur internationalen Kooperation bezüglich gezielter Finanzsanktionen zu sehen.

bb) Der Bonn-Berlin-Prozess

Der Bonn-Berlin-Prozess wurde vom Deutschen Außenministerium initiiert und beschäftigte sich überwiegend mit Waffenembargos und Reisebeschränkungen. Hierfür wurden 1999 Seminare in Bonn und 2000 in Berlin durchgeführt.[108] Der abschließende Bericht enthält neben Modellformulierungen für Resolutionen des VN-Sicherheitsrats hinsichtlich Waffenembargos, Reisebeschränkungen und Flugverbote auch Formulierungsvorschläge für die nationale Umsetzung sowie Hinweise für das Sekretariat der VN zur effektiven Überwachung der nationalstaatlichen Umsetzung.[109]

Der Interlaken- und der Bonn-Berlin-Prozess sind als Wegbereiter für eine umfassende Analyse aller Arten von Sanktionen im nachfolgenden Stockholm-Prozess zu sehen.

cc) Der Stockholm-Prozess

Das schwedische Außenministerium gab 2002 den Anstoß zum Stockholm-Prozess.[110] Im Blickpunkt stand diesmal die eher praktische Frage der Durchführung und Durchsetzung von gezielten Sanktionen. Untersucht wurden die unterschiedlichen Sanktionsformen im Hinblick auf ihre Effektivität, um diesbezüglich eine Vielzahl von Empfehlungen abgeben zu können.[111]

Das Hauptaugenmerk lag dabei auf der Zusammenarbeit zwischen internationalen Organisationen und deren Mitgliedstaaten bei der Umsetzung der Sanktionen. Alle Beteiligten müssten bereits in einem frühen Stadium an dem Verfahren zum Erlass der Sanktionen mit einbezogen werden.[112] Als besondere

---

107 *Bierstecker et al.*, Targeted financial sanctions - a manual for design and implementation (2001), unter: http://www.seco.admin.ch/themen/00513/00620/00639/00641/index. html?lang=de (zuletzt abgerufen am 6.3.2013).

108 Vgl. *Cortright/Lopez*, Sanctions and the search for security, S. 4.

109 *Brzoska*, Design and implementation of arms embargos and travel and aviation related sanctions, Results of the Bonn-Berlin Process.

110 *Bessler/Garfield/Mc Hugh*, Sanctions Assessment Handbook, S. 8.

111 Zusammenfassender Abschlussbericht: *Wallensteen/Staibano/Erikson*, Making Targeted Sanctions Effective - Guidelines for the Implementation of UN Policy Options.

112 *Wallensteen/Staibano/Erikson*, Making Targeted Sanctions Effective - Guidelines for the Implementation of UN Policy Options, S. 29 ff.

Schwachstelle bei der Umsetzung des Sanktionsregimes wurde in den Expertengremien die Auswahl der Zielpersonen gesehen. Diese sei oft zu eng und ungenau, was wiederum die Frage eines effektiven Rechtsschutzes aufwerfe. Außerdem gelänge es den Betroffenen oft, das Sanktionsziel zu unterlaufen, indem u.a. Strohfirmen gegründet würden. Viele Staaten hätten dabei die Befürchtung, mit gezielten Sanktionen in die Menschenrechte ihrer Bürger einzugreifen. Diesen Bedenken müsse frühzeitig durch umfangreiche Stellungnahmen und Untersuchungen entgegengewirkt werden.[113]

b) Problem des geänderten Adressatenkreises

Als Adressat von Sanktionen im völkerrechtlichen Sinne kommt grundsätzlich nur ein Völkerrechtssubjekt in Betracht. Zielgerichtete Finanz- und Reisesanktionen richten sich jedoch häufig an Einzelpersonen, vor allem an die Führungspersonen eines Landes. Ob auch Individuen Völkerrechtssubjekte sein können, ist fraglich.

Völkerrechtssubjektivität bedeutet die Fähigkeit, völkerrechtliche Rechte und Pflichten innezuhaben.[114] Grundsätzlich soll das Völkerrecht das Recht zwischen Staaten regeln, sodass ursprünglich nur diese als Völkerrechtssubjekte zu sehen waren, während Individuen hingegen als bloße Objekte des Völkerrechts betrachtet wurden, die über keine völkerrechtlichen Rechte und Pflichten verfügen.[115] Eine Ausweitung des Kreises der Völkerrechtssubjekte erfolgte durch die Entstehung internationaler Organisationen, denen zur ordnungsgemäßen Funktionsfähigkeit Rechte und Pflichten und somit (partielle) Völkerrechtssubjektivität zuerkannt wurde.[116] Doch auch das Individuum hat wachsende Bedeutung als Akteur des Völkerrechts gefunden. Der Einzelne soll nicht mehr allein über das Medium Staat mit dem Völkerrecht verbunden sein und folglich nur als Angehöriger eines Staates Bedeutung erlangen (Objekttheorie)[117]. Zunehmend wurden dem Einzelnen völkerrechtliche Rechte, v.a. Menschenrechte zuerkannt, die ihn zum materiellen Rechtsinhaber machten. Beispielsweise ist die Genfer Flüchtlingskonvention anzuführen, die seit 1967 weltweit gilt. Die wichtigste Durchbrechung der Mediatisierung und damit die Anerkennung partieller Völkerrechtssubjektivität stellt die Europäische Menschenrechtkonvention (EMRK) von 1950 dar. Erstmals ist es einem Individuum ermöglicht worden, mit einer

113 *Wallensteen/Staibano/Erikson*, Making Targeted Sanctions Effective - Guidelines for the Implementation of UN Policy Options, S. 92 f., 97.

114 *Herdegen*, Völkerrecht, § 7 Rn. 1.

115 *Epping*, in: Ipsen, Völkerrecht, § 7 Rn. 1.

116 *Herdegen*, Völkerrecht, § 7 Rn. 4, 9; zur Anerkennung der EU als Völkerrechtssubjekt nach dem Vertrag von Lissabon *Calliess/Ruffert*, EUV/AEUV, Art. 47 Rn. 5 ff.

117 *Epping*, in: Ipsen, Völkerrecht, § 7 Rn. 1.

Individualbeschwerde (Art. 34 EMRK) Zugang zu einem internationalen Gerichtshof zu haben und gegen einen Vertragsstaat der EMRK vorzugehen.[118] Eine Pflichtenträgerschaft des Einzelnen kennt das Völkerrecht nur begrenzt. Im Statut des Internationalen Strafgerichtshofs von 2002 wurden jedoch einige Verbrechenstatbestände niedergelegt, bei deren Verletzung sich auch Individuen vor der internationalen Strafgerichtsbarkeit verantworten müssen.[119]

Zumindest kann das Individuum als partielles Völkerrechtssubjekt mit bestimmten, ihm zugeordneten Rechten und Pflichten in Bezug auf die Staaten, die diese Zuordnung vorgenommen haben, angesehen werden.[120]

Unklar bleibt jedoch, ob nichtstaatliche Akteure[121] – wie etwa bei individualgerichteten Sanktionen – in Resolutionen des Sicherheitsrats als beschränkte Völkerrechtssubjekte behandelt werden können. *Herdegen* fordert, „weniger die Frage der Völkerrechtssubjektivität als das Bestehen völkerrechtlicher Rechte und Pflichten in den Vordergrund (zu) stellen (...)" und spricht sich dabei aufgrund der „Einforderung von Verhaltensregeln durch den Sicherheitsrat" für eine Anerkennung der Völkerrechtssubjektivität in diesen Fällen aus.[122]

Im Ergebnis kann im Hinblick auf die Entwicklungen im modernen Völkerrecht die Einordnung der zielgerichteten Maßnahme als Sanktion im völkerrechtlichen Sinne nicht mit dem Hinweis der fehlenden Völkerrechtssubjektivität der Adressaten abgelehnt werden.

c) Übersicht über mögliche Anwendungsbereiche zielgerichteter Sanktionen

Nachfolgend soll dargestellt werden, was genau diese Sanktionen zu zielgerichteten macht und wo ihre Vor- bzw. Nachteile liegen.

aa) Waffenembargo mit Zielrichtung Streitkräfte

Waffenembargos gehören zu den am häufigsten verhängten Embargos. Die Zielgerichtetheit ergibt sich bei Waffenembargos daraus, dass sie nur auf Streitkräfte abzielen und diesen die Mittel für gewalttätige Aktionen entziehen. Das Waffenembargo richtet sich daher nicht direkt gegen die Eliten eines Landes, trifft diese faktisch aber besonders. Da ein Waffenembargo keine Gebrauchsgüter betrifft, greift es nicht in die Lebensbedingungen der Zivilbevölkerung ein. Ein weiteres Ziel, das mit der Verhängung von Waffenembargos verfolgt wird, ist die Schaffung einer sicheren Umgebung, um humanitäre Hilfsmaßnahmen

---

118 *Epping*, in: Ipsen, Völkerrecht, § 7 Rn. 8.

119 *Hailbronner/Kau*, in: Graf Vitzthum, Völkerrecht, 3. Abschnitt Rn. 22 ff.

120 Allgemein zur Völkerrechtssubjektivität des Individuums *Hobe*, in: Hofmann, Non-State Actors, S. 115 ff.; *Fleck*, in: FS Dau, 73 ff.

121 Zu nichtstaatlichen Akteuren als Adressaten einer Sanktion vgl.: 3. Kap. C.

122 *Herdegen*, Völkerrecht, § 7 Rn. 8.

einleiten zu können oder um die verfeindeten Parteien zu einem Dialog zu zwingen.[123]

Negativ zu bewerten ist allerdings die Durchsetzung: Oftmals werden Waffen auf illegalem Wege besorgt und dadurch lediglich die Preise in die Höhe getrieben.[124]

bb) Finanz- und Reisesanktion mit Zielrichtung Eliten und Einzelpersonen

Eine der wichtigsten Sanktionsarten nach neuerer Sanktionspolitik stellen Finanzsanktionen dar. Zum einen werden das ausländische Vermögen eines Regierungsregimes und die Auslandskonten von Schlüsselpersonen des von der Sanktion betroffenen Staates eingefroren. Zum anderen wird untersagt, diesen Personen Gelder oder sonstige wirtschaftliche Ressourcen zur Verfügung zu stellen. Voraussetzung für die Wirksamkeit ist, dass die Staatsführer über beträchtliches Vermögen im Ausland verfügen bzw. Geschäfte mit dem Ausland pflegen. Nur so werden sie die Folgen der gegen ihr Privatvermögen verhängten Sanktionen gewichtiger empfinden als die aus dem Weiterführen des friedensgefährdenden Verhaltens erlangten Vorteile. Darüber hinaus müssen die privaten Konten im Ausland identifizierbar sein.[125] Wichtig ist des Weiteren ein rasches Vorgehen: Durch technische Möglichkeiten wie „electronic banking" können Gelder und andere Finanzmittel schnell verschoben und somit „in Sicherheit" gebracht werden. Die Erfolg von Finanzsanktionen hängt demnach entscheidend von einem raschen Einfrieren der jeweiligen Konten ab.[126]

Die Effektivität von Finanzsanktionen ist meist bereits dann gewährleistet, wenn die wichtigsten Finanzzentren der Welt in den USA, Japan und Europa teilnehmen. Hier fließen die meisten Finanzströme zusammen, sodass die multinationale Koordination wesentlich geringer ist als beispielsweise bei Handelssanktionen.[127] Schwierigkeiten bei der Verhängung von Finanzsanktionen werden durch Geldwäsche und sonstige illegale Transaktionen verursacht, da sie die Kontrolle von Finanzströmen besonders erschweren.[128]

Gezielte Finanzsanktionen, bei denen zusätzlich zu den öffentlichen Konten auch die Privatkonten der sanktionierten Eliten betroffen sind, wurden zum ersten Mal gegenüber der Rebellenorganisation UNITA in Angola verpflichtend eingeführt: Neben der Organisation sollten die Maßnahmen auch deren Führer

123 *Oetjen*, UN-Sanktionen, S. 27 f.

124 *Kulessa/Starck*, Frieden durch Sanktionen?, S. 7.

125 Vgl. *Oetjen*, UN-Sanktionen, S. 28 f.

126 Vgl. hierzu *Breyer*, Gezielte Sanktionen, S. 49 f.

127 *Breyer*, Gezielte Sanktionen, S. 51.

128 *Cortright/Lopez*, Search for Security, S. 93.

und deren erwachsene Familienmitglieder betreffen.[129]Gezielte Finanzsanktionen gegen die Regierungseliten haben sich als wirkungsvolles wirtschaftliches Druckmittel erwiesen.

Reisesanktionen können dann als gezielt bezeichnet werden, wenn sie als Verbot von internationalen Reisen gegenüber bestimmten Gruppen und Personen verhängt werden, die dem sanktionierten Regierungsregime zuzurechnen sind. Ziel ist es dabei, die Herrschaftselite davon abzuhalten, wichtige ausländische Kontakte zu pflegen und dadurch finanzielle Transaktionen und militärische Unterstützung zu erschweren. Darüber hinaus stellen Reiseverbote ein empfindliches Übel für die betroffene Führungselite dar. Eine Durchsetzung erfolgt über Verweigerung von Visa oder Entzug von Reisepässen.[130]

cc) Die Funktion von „Konfliktgütern"

Eine besondere Fallgruppe innerhalb der gezielten Sanktionen stellt die Sanktionierung in Verbindung mit sog. „Konfliktgütern" dar. Darunter sind Rohstoffe wie Erdöl und Diamanten zu verstehen, aus deren Erlös gewalttätige Konflikte finanziert werden. Sie werden in Konfliktgebieten meist illegal gefördert und verkauft, um Rebellengruppen oder die Regierung selbst zu finanzieren und tragen so zur Verlängerung des Konfliktes bei. Aufgrund fehlender Mindeststandards bezüglich der Transparenz staatlicher Einnahmen und Ausgaben in Kriegssituationen haben die Führungseliten oft kein Interesse an der Beilegung eines für sie profitablen Krieges. Eine auf diese Güter gerichtete Sanktionierung zielt also auf die finanziellen Quellen von gewalttätigen Konflikten ab.[131] Genau wie ein Waffenembargo richten sich Sanktionen gegen diese Konfliktgüter nicht ausdrücklich gegen die Führungsriege eines Landes, treffen diese aber in besonderem Maße.

Im Fall Angolas bereicherten sich sowohl die Regierungspartei MPLA als auch die Rebellengruppe UNITA an den Diamantschätzen des Landes, sodass Anreize für eine friedliche Konfliktlösung völlig fehlten. Die VN verhängten im Fall Angola auch die erste gezielte Sanktion, die den Diamantenexport betraf: Den VN-Mitgliedern wurde die Einfuhr von Diamanten aus Angola verboten, die nicht der Kontrolle der Herkunftserzeugnisregelung der Regierung Angolas in Luanda unterlagen.[132] Durch diese Regelung konnte der Handel mit offiziel-

---

129 SR- Resolution 1173 (1998) gegen Angola, Ziff. 11.

130 *Oetjen*, UN-Sanktionen, S. 30.

131 Vgl. zu der Problematik der Konfliktgüter *Tamm*, Human Rights Quaterly, Heft 3/2004, S. 687 ff.

132 SR-Resolution 1173 (1998) gegen Angola, Ziff. 11.

len Diamanten weiter betrieben werden, sodass die negativen Auswirkungen auf die Zivilbevölkerung gering blieben.[133]

B. Sanktionen im Rechtssystem der VN

Bei der vertikalen Rechtsdurchsetzung spielen die VN aufgrund der Vielzahl ihrer Mitglieder[134] und der daraus resultierenden weltweiten Anwendbarkeit der VN-Charta eine große Rolle. Das Europäische Parlament fordert sogar, dass die EU-Sanktionspolitik auf dem Konzept der Vorrangstellung des Systems der VN beruhen soll, um die stärkere Wirkung eines koordinierten Vorgehens ausnutzen zu können.[135]

In der Praxis basiert die überwiegende Anzahl der europäischen Sanktionsregime auf einer zuvor ergangenen Resolution des Sicherheitsrats der VN. Folgend wird deshalb betrachtet, wie auf Ebene der VN der Sanktionsbegriff verwendet wird (I.). Sodann wird der rechtliche Rahmen, in welchen die außenpolitisch motivierten Sanktionen der VN eingebettet sind, dargestellt (II.).

I. Allgemeines

In der VN-Charta findet sich der Begriff der Sanktion nicht. Erwähnt wird allerdings der Begriff der „Zwangsmaßnahme", der jedoch in der Charta nicht definiert wird. Legt man jedoch die Entstehungsmaterialien der jeweiligen Vorschriften zu Grunde, ergibt sich, dass darunter meist die Maßnahmen des Kapitels VII der VN-Charta fallen.[136]

Unter den zuvor herausgearbeiteten völkerrechtlichen Sanktionsbegriff sind auch andere Maßnahmen, die die VN-Charta gegenüber ihren Mitgliedern vorsieht, zu subsumieren: Art. 6 eröffnet die Möglichkeit, ein Mitglied aus der Organisation auszuschließen, falls dieses die Grundsätze der Charta beharrlich verletzt. Ziel ist dabei den Staat zu veranlassen, zukünftig in Übereinstimmung mit der Charta zu agieren, um den VN wieder beitreten zu können.[137] Art. 5 VN-Charta sieht vor, dass die Generalversammlung einem Mitglied zeitweilig seine Rechte entziehen kann, wenn gegen dieses Vorbeugungs- oder Zwangsmaß-

---

133 *Oetjen*, UN-Sanktionen, S. 33.

134 Aktuell 192 Mitglieder, nachzulesen unter www.un.org (zuletzt abgerufen am 6.3.2013).

135 Entschließung des Europäischen Parlaments v. 4.9.2008 zur Evaluierung der EU-Sanktionen (2008/2031(INI)), ABl. 2009 C 295 E/49, Rn. 24.

136 Vgl. hierzu *Schütz*, in: Simma, The Charter of the United Nations, Art. 5 Rn. 8 ff.

137 *Osteneck*, Umsetzung, S. 16.

nahmen getroffen worden sind. Hier kann als vorrangiges Ziel zwar die Absicht gelten, den betreffenden Staat daran zu hindern, die gegen ihn verhängten Maßnahmen zu beeinträchtigen. Mithin soll jedoch auch der Druck auf den Staat erhöht werden, um ihn dadurch zu der gewünschten Verhaltensänderung zu drängen.[138]

In der Praxis des Sicherheitsrats findet sich der Begriff Sanktion z.B. in den zu den jeweiligen Resolutionen nach Kapitel VII gebildeten „sanction committees".

Da die dieser Arbeit zu Grunde liegenden Sanktionen im Rechtsrahmen des Kapitels VII der VN-Charta ergangen sind, soll im Weiteren der Begriff „Sanktion" nur noch in diesem Kontext gebraucht werden.

II. Sanktionen nach Kapitel VII der VN-Charta

1. Grundprobleme im Umgang mit Kapitel VII

Kapitel VII der VN-Charta trägt den Titel „Maßnahmen bei Bedrohung des Friedens und bei Angriffshandlungen". Obwohl gemäß Art. 10 VN-Charta die Generalversammlung für allzuständig erklärt wird, ist die zentrale Zuständigkeit für die internationale Sicherheit dem Sicherheitsrat übertragen. Dieser kann entscheiden, ob und welche Maßnahmen ergriffen werden. Es kommt dabei zu keiner Überschneidung mit den Kompetenzen der Generalversammlung, da diese sowieso nur unverbindliche Empfehlungen abgeben kann (Art. 14 VN-Charta). Ferner hat der Sicherheitsrat Vorrang, falls ihm die entsprechende Kompetenz durch die Charta zugewiesen worden ist (Art. 12 Abs. 1 VN-Charta).[139] Dass Art. 12 Abs.1 VN-Charta auf ein „checks and balance" der Gewalten verzichtet, ist von den Urhebern der VN-Charta bewusst so gestaltet worden, um dem Sicherheitsrat größtmögliche Effektivität bei der Sicherung des Weltfriedens zu garantieren.[140]

Ausgangspunkt ist Art. 39 VN-Charta. Der Sicherheitsrat muss zunächst feststellen, ob eine Friedensbedrohung, ein Friedensbruch oder eine Angriffshandlung vorliegt. Erst dann kann der Sicherheitsrat eine der in Art. 39 ff. VN-Charta gelisteten Maßnahmen verhängen. Dabei unterliegt beides, sprich die Auslegung der Tatbestände des Art. 39 VN-Charta und die Wahl der geeigneten

---

138 *Osteneck*, Umsetzung, S. 17; *v. Schenck*, ZaöRV 1969, 257 (261 f.) bezeichnet die Maßnahmen nach Art. 5 ebenfalls als Sanktion; zurückhaltender *Schütz*, in: Simma, The Charter of the United Nations, Art. 5 Rn. 19 f.

139 *Beyerlin*, in: Wolfrum, Handbuch VN, Ziff. 98 Rn. 7.

140 *Frowein/Krisch*, in: Simma, The Charter of the United Nations, Introduction to Chapter VII Rn. 16.

Maßnahme nach Art. 39 ff. VN-Charta, dem Ermessen des Sicherheitsrats.[141] Allerdings ist dies nicht so zu verstehen, dass der Sicherheitsrat in seiner Beurteilung völlig frei ist und seinem Ermessensspielraum keinerlei nachträgliche Kontrollmöglichkeit zukommt. Grenze muss immer der objektive Sinngehalt bleiben. In der Literatur gibt es unterschiedliche Ansätze für eine genaue Festlegung dieser Grenze: Vertreten wird, dass die Unwirksamkeit einer Resolution erst „bei einer evidenten Abweichung von gesicherten Wertungen in der Charta oder bei einer grob fehlerhaften Einschätzung von Tatsachenmaterial“[142] vorliegen soll. Behauptet wird ferner, die Auslegung des Art. 39 VN-Charta müsse sich an der Rechtsüberzeugung der Mehrheit der internationalen Gemeinschaft orientieren.[143] Welche Resolution möglicherweise über den Ermessensspielraum des Sicherheitsrats hinausgeht, muss im Ergebnis jedoch im konkreten Einzelfall entschieden werden.

Im Regelfall werden die Maßnahmen zeitlich unbegrenzt verhängt und benötigen zu ihrer Beendigung eine positive Entscheidung des Sicherheitsrats. Dies birgt oftmals Probleme, da durch die Ausübung des Vetorechts der ständigen Mitglieder die Beendigung der Maßnahme blockiert werden kann. Stehen jedoch nicht mehr alle Mitglieder hinter den verhängten Maßnahmen, eröffnet dies die Möglichkeit für den betroffenen Staat, die Sanktionen zu umgehen.[144] Um diesem Konflikt entgegenzuwirken, verhängt der Sicherheitsrat zunehmend zeitlich begrenzte Sanktionen.[145] Kritisch wird dabei jedoch die Effektivität solcher limitierten Sanktionen betrachtet, da ein Staat einfach das Zeitlimit abwarten kann, ohne sein beanstandetes Verhalten zu ändern, was der Intention der Maßnahme zuwiderlaufen würde.[146]

2. Feststellung von Friedensbedrohung, Friedensbruch oder Angriffshandlung

Die Begriffe „Bruch“ und „Bedrohung des Friedens“ sind weit gefasst und werden in der VN-Charta nicht weiter erläutert, sodass der Ermessensspielraum des Sicherheitsrats zum Tragen kommt. Klassischerweise wird als Friedensbruch die

---

141 *Beyerlin*, in: Wolfrum, Handbuch VN, Ziff. 98 Rn. 9.

142 *Herdegen*, in: FS Bernhardt, 103 (119).

143 *Martenczuk*, Rechtsbindung und Rechtskontrolle, S. 247.

144 *Frowein/Krisch*, in: Simma, The Charter of the United Nations, Introduction to Chapter VII Rn. 38.

145 Zum ersten Mal erfolgte dies in SR-Resolution 1298 (2000), Ziff. 12 gegen Äthiopien und Eritrea, welche die Sanktionen auf 12 Monate begrenzte; aktuell siehe z.B. SR-Resolution 1903 (2009) gegen Liberia, Ziff. 4.

146 Vgl. hierzu *Oette*, EJIL 13 (2002), 93 (100 ff.).

bewaffnete Auseinandersetzung zwischen militärischen Einheiten zweier Staaten bezeichnet.[147] Ein Friedensbruch ist ferner gegeben, wenn Militärgewalt von einem unabhängigen *de facto*-Regime, das nicht als eigenständiger Staat akzeptiert ist, ausgeht oder wenn dieses angegriffen wird.[148]

Die Variante des Art. 39 VN-Charta, die dem Sicherheitsrat am meisten Spielraum zugesteht, ist die der Bedrohung des Friedens. Eine solche liegt vor, wenn die Gefahr einer zwischenstaatlichen militärischen Auseinandersetzung besteht oder zunimmt.[149]

Die Angriffshandlung oder Aggression erfordert ebenfalls eine direkte oder indirekte Gewaltanwendung und stellt einen Unterfall des Friedensbruchs dar. Die Bezeichnung einer Handlung als Angriff hat den Vorteil, implizit damit die für den Friedensbruch verantwortliche Partei (Aggressor) festzustellen.[150] Die Generalversammlung hat in Resolution 3314 (XXIX) vom 14. Dezember 1974 eine Begriffsbestimmung der Aggression vorgenommen, die in einer nicht abschließenden Auflistung von Angriffstatbeständen besteht. Auch wenn diese nicht rechtlich bindend ist, dient sie dem Sicherheitsrat als Auslegungshilfe.[151]

Hinter diesen Begriffsbestimmungen steht das traditionelle Verständnis des Begriffs „Frieden" als Abwesenheit von Krieg und militärischen Konflikten.[152] In der Praxis des Sicherheitsrats ist dieses enge Verständnis des Friedensbegriffs einer dynamischen Sichtweise der Begriffe „Weltfrieden" und „internationale Sicherheit" (Art. 39 VN-Charta a.E.) gewichen.[153] So verzichtet der Sicherheitsrat seit Anfang der 90er Jahre auf das Merkmal der Zwischenstaatlichkeit eines Konflikts. Er verhängte vielmehr Sanktionen in Situationen, in denen ein innerstaatlicher Konflikt vorlag und eine Gefahr des Übergreifens auf einen anderen Staat oder eine Intervention von außen gegeben war. Beispiel hierfür ist der Bürgerkrieg in Jugoslawien, in dem der Sicherheitsrat eine Bedrohung für die in der Region angrenzenden Staaten sah.[154] Noch deutlicher zeigt sich der Verzicht auf das Merkmal der Zwischenstaatlichkeit in den Fällen, in denen eine Bürgerkriegssituation besteht, bei der die Gefahr des Übergreifens der innerstaatlichen Konfliktlage auf andere Staaten nicht gegeben ist.[155] Art. 39 VN-Charta kann

---

147 *Osteneck*, Umsetzung, S. 20; Ress, Handelsembargo, S. 48.

148 *Frowein/Krisch*, in: Simma, The Charter of the United Nations, Art. 39 Rn. 11.

149 *Frowein/Krisch*, in: Simma, The Charter of the United Nations, Art. 39 Rn. 16.

150 *Herdegen*, in: FS Bernhardt, 103 (114).

151 *Frowein/Krisch*, in: Simma, The Charter of the United Nations, Art. 39 Rn. 13 f.

152 *Frowein/Krisch*, in: Simma, The Charter of the United Nations, Art. 39 Rn. 6.

153 *Dederer*, JZ 2004, 421 (422); Herdegen, Völkerrecht, § 41 Rn. 10.

154 SR-Resolution 713 (1991), Erwägungsgründe.

155 Vgl. u.a. SR-Resolution 918 (1994) gegen Ruanda; SR-Resolution 841 (1993) gegen Haiti.

dabei nur eingreifen, wenn Fälle der massiven und systematischen Verletzung der Menschenrechte oder des humanitären Völkerrechts innerhalb eines Staates als ausreichend für eine Bedrohung des Friedens verstanden werden.

Zu hinterfragen ist, ob darin eine Überschreitung der Grenzen des Art. 39 VN-Charta zu sehen ist. Die Befugnisnormen der Charta werden allerdings in erster Linie von den hierdurch ermächtigten Organen ausgelegt, d.h. der Sicherheitsrat kann vorrangig die Reichweite des Art. 39 VN-Charta selbst bestimmen.[156] So rechtfertigte der Sicherheitsrat die Annahme einer Bedrohung des Weltfriedens neben den gravierenden Menschenrechtsverletzungen mit weiteren Gesichtspunkten, die zu negativen Auswirkungen nicht nur für den betreffenden Staat führen können, sondern für die Stabilität und den Frieden der ganzen Region.[157] Eine restriktive Auslegung der Friedensbedrohung würde die Reaktionsmöglichkeiten des Sicherheitsrats verringern und die Effektivität der Sicherung des Weltfriedens durch die VN schmälern.[158] Dies könnte als Vorwand zur Selbsthilfe durch einzelne Mitgliedstaaten benutzt werden und würde zur Aushöhlung des strikten Gewaltverbots des Art. 2 Nr. 4 VN-Charta führen.[159]

Der Präsident des Sicherheitsrats erklärte bereits 1992, dass die Abwesenheit von Krieg und militärischen Konflikten zwischen den Staaten für sich allein nicht den Weltfrieden und die internationale Sicherheit garantieren könnten, sondern nichtmilitärische Ursachen von Instabilität im wirtschaftlichen, sozialen, humanitären und ökologischen Bereich zur Bedrohung des Friedens und der Sicherheit geworden seien.[160] Daneben spiegelt sich in dem weiten Verständnis, auch schwere humanitäre Krisen als Friedensbedrohung zu sehen, die zunehmende Bedeutung des Individuums im Völkerrecht wider.[161]Letztlich spricht gegen eine restriktive Anwendung des Begriffes auch der allgemeine Grundsatz, dass in völkerrechtlichen Verträgen solche Bestimmungen, die für Begriffswandlungen offen sind, nach dem jeweils zurzeit der Auslegung geltenden Völkerrecht auszulegen sind.[162] Der auslegungsbedürftige Begriff der Friedensbe-

156 *Herdegen*, in: FS Bernhard, 103 (109 f.).

157 Vgl. z.B. SR-Resolution 918 (1994) gegen Ruanda, in deren Erwägungsgründe die Flüchtlingsströme in die angrenzenden Nachbarstaaten angeführt wurden; SR-Resolution 864 (1993) gegen Angola, in welcher der Sicherheitsrat ebenfalls mit dem Hinweis auf erwartete Flüchtlingsströme seine Überzeugung bekräftigt „that a reversal of this situation is needed to prevent its negative repercussions on the region", vgl. Erwägungsgründe.

158 *Ress*, Handelsembargo, S. 52.

159 *Herdegen*, in: FS Bernhard, 103 (114).

160 UN-Dok. S/23500 v. 31.1.1992, abgedruckt in VN 1992, 66.

161 *Frowein/Krisch*, in: Simma, The Charter of the United Nations, Art. 39 Rn. 21; hierzu bereits: 1. Kap. A. III. 3. b).

162 *Ipsen*, Völkerrecht, § 11 Rn. 21; IGH, ICJ Rep. 1971, S. 31 f. – Namibia Gutachten.

drohung muss daher im Sinne des übergeordneten Vertragszieles – die Sicherung des Weltfriedens – dynamisch interpretiert werden. Zu fragen ist daher immer, welche Ursachen gegenwärtig zu einer Bedrohung des Weltfriedens führen können.[163]

Zusammenfassend kann daher angenommen werden, dass der Sicherheitsrat seinen Ermessensspielraum im Rahmen des Art. 39 VN-Charta nicht überschritten hat, sondern dass es sich hierbei um eine begrüßenswerte Auslegung des Begriffs Friedensbedrohung handelt, die auf aktuelle Entwicklungen im Völkerrecht reagieren kann.[164]

Die Feststellung des Vorliegens der Voraussetzungen des Art. 39 VN-Charta muss nicht ausdrücklich aus der Entscheidung des Sicherheitsrats hervorgehen. Ausreichend ist vielmehr das tatsächliche Vorliegen der Voraussetzungen, sodass die Feststellung auch implizit erfolgen kann.[165] In der Praxis des Sicherheitsrats hat sich der Verweis eingebürgert, gemäß Kapitel VII der VN-Charta zu handeln.[166]

3. Zulässige Maßnahmen im Rahmen des Art. 39 VN-Charta

Sind die Voraussetzungen des Art. 39 VN-Charta gegeben, kann der Sicherheitsrat nach seinem Ermessen die ihm geeignet erscheinenden Maßnahmen nach Art. 39 ff. VN-Charta treffen, die untereinander in einem gewissen Rangverhältnis[167] stehen.

Bevor konkrete Sanktionen verhängt werden, eröffnet die Charta dem Sicherheitsrat die Möglichkeit, vorläufige Maßnahmen gemäß Art. 40 VN-Charta zu ergreifen, die darin bestehen, die beteiligten Parteien aufzufordern, den von ihm für notwendig oder erwünscht erachteten vorläufigen Maßnahmen Folge zu leisten. Bei der Verhängung der vorläufigen Maßnahmen ist der Sicherheitsrat

---

163 *Herdegen*, Völkerrecht, § 15 Rn. 32 f.

164 So auch *Ress*, Handelsembargo, S. 51; *Osteneck*, Umsetzung, S. 25 f.; *Bauer*, Effektivität und Legitimität, S. 198; *Tomuschat*, AVR 33 (1995), 1 (12 f.); *Herdegen*, in: FS Bernhard, 103 (114) fordert, dass zumindest ein zeitlicher und räumlicher Zusammenhang mit der völkerrechtswidrigen Anwendung physischer Gewalt besteht; *Frowein/Krisch*, in: Simma, The Charter of the United Nations, Art. 39 Rn. 21 geht noch darüber hinaus und fordert eine Verbindung zu einem bestehenden oder einem drohenden bewaffneten Konflikt oder eine Destabilisierung der Sicherheit eines Staates oder einer Region.

165 *Martenczuk*, Rechtsbindung und Rechtskontrolle, S. 165 f.; *Frowein/Krisch*, in: Simma, The Charter of the United Nations, Art. 39 Rn. 27.

166 *Osteneck*, Umsetzung, S. 18; vgl. z.B. SR-Resolution 1903 (2009) gegen Liberia, vor Ziff. 1.

167 *Beyerlin*, in: Wolfrum, Handbuch VN, Ziff. 98 Rn. 10.

nicht auf bestimmte Maßnahmen beschränkt. In der Praxis werden jedoch vor allem das Abziehen von Truppen, der Abschluss bzw. das Einhalten einer Waffenruhe oder die Einstellung von Feindseligkeiten angeordnet.[168] Der vorläufige Charakter der Maßnahmen zeigt sich darin, dass die Rechte, Ansprüche und Stellung der beteiligten Partei unberührt bleiben. Die Anordnung von vorläufigen Maßnahmen ist zwar keine Voraussetzung für die konkrete Sanktionierung gemäß Art. 41 VN-Charta oder 42 VN-Charta. Wird diese Reihenfolge jedoch eingehalten, ist der Sicherheitsrat gemäß Art. 40 S. 3 VN-Charta ermächtigt, die Nichtbeachtung des Art. 40 VN-Charta bei seinem weiteren Vorgehen mitzuberücksichtigen.[169]

Sodann kann der Sicherheitsrat Empfehlungen gemäß Art. 39 VN-Charta an die Mitgliedstaaten abgeben. Sie können dieselben Maßnahmen beinhalten wie nach Art. 41 und 42 VN-Charta, sind allerdings rechtlich unverbindlich.[170]

Möchte der Sicherheitsrat rechtlich verbindliche Maßnahmen verhängen, kann er zunächst gewaltlose Sanktionen gemäß Art. 41 VN-Charta beschließen. Der Katalog des Art. 41 VN-Charta offeriert Beispiele für nichtmilitärische Maßnahmen, stellt allerdings keine abschließende Regelung dar.[171] Möglich sind: vollständige oder teilweise Unterbrechung von Wirtschaftsbeziehungen, das Abschneiden von Verkehrswegen, Unterbrechung von Funk-, Post und Telegraphenverbindungen und der Abbruch diplomatischer Beziehungen.

Werden nichtmilitärische Maßnahmen als unzulänglich eingeschätzt, oder haben diese sich als solche erwiesen, können militärische Sanktionen nach Art. 42 VN-Charta verhängt werden. Ausweislich des Wortlauts ist es also nicht nötig, vor dem Einsatz militärischer Sanktionen gegen die betroffene Partei gewaltlose Sanktionen zu verhängen. Auch wenn die Entscheidung, ob militärische Mittel notwendig sind, wieder im Ermessen des Sicherheitsrats steht, darf dieser jedoch aufgrund des auch im Völkerrecht geltenden Verhältnismäßigkeitsprinzips nur ausnahmsweise zu militärischen Mitteln greifen.[172]

Ziel der Maßnahmen nach Kapitel VII ist es, ein Völkerrechtssubjekt, das durch sein Verhalten eine Situation herbeigeführt hat, die als Bruch oder Bedrohung des Friedens oder als Angriffshandlung zu qualifizieren ist, zur Abkehr von diesem missbilligten Verhalten zu veranlassen.[173] VN-Sanktionen wohnt

---

168 *Frowein/Krisch*, in: Simma, The Charter of the United Nation, Art. 40 Rn. 8.

169 *Frowein/Krisch*, in: Simma, The Charter of the United Nations, Art. 40 Rn. 12.

170 *Beyerlin*, in: Wolfrum, Handbuch VN, Ziff. 98 Rn. 10.

171 *Frowein/Krisch*, in: Simma,: The Charter of the United Nations, Art. 41 Rn. 14; *Osteneck*, Umsetzung, S. 29.

172 *Schmahl*, in: Seidl-Hohenveldern, Vereinte Nationen, Menschenrechte und Sicherheitspolitik, 153 (167).

173 *Osteneck*, Umsetzung, S. 26 m.w.N.

damit kein Vergeltungs- oder Strafcharakter inne. Sie sind vielmehr auf eine zukünftige Verhaltensänderung ausgerichtet, was sich insbesondere darin zeigt, dass die verhängten Sanktionen aufzuheben sind, sobald das betreffende Völkerrechtssubjekt sein Verhalten resolutionsgemäß verändert hat.[174] Im Vordergrund steht die Wiederherstellung des Friedens. Das Sanktionsverständnis der VN-Charta entspricht daher dem oben herausgearbeiteten allgemeinen völkerrechtlichen Sanktionsbegriff.

4. Wirkung der Resolutionen

Die Mitgliedstaaten sind grundsätzlich nach Art. 25 und 48 VN-Charta verpflichtet, die vom UN-Sicherheitsrat nach Kapitel VII der VN-Charta erlassenen Maßnahmen auszuführen. Sie müssen sich also dem Sanktionsadressaten gegenüber resolutionsgemäß verhalten und gegebenenfalls die beschlossenen Maßnahmen in ihre jeweilige nationale Rechtsordnung umsetzen.[175] Erfolgt dies nicht, ergibt sich daraus ein Verstoß gegen die VN-Charta und somit ein völkerrechtliches Delikt, für das die Mitgliedstaaten haftbar gemacht werden können.[176]

Nichtmitgliedstaaten sind generell nicht verpflichtet, die Resolutionen des Sicherheitsrats zu befolgen. Art. 25 und Art. 48 VN-Charta wenden sich ausdrücklich an die Mitgliedstaaten. Eine solche Verpflichtung erwächst auch nicht aus Art. 2 Ziff. 6 VN-Charta, da sich diese Norm ausschließlich an die VN als Organisation richtet und dieser den Auftrag erteilt, dafür Sorge zu tragen, dass Nichtmitglieder im Einklang mit den Grundsätzen der Charta handeln, soweit dies zur Wahrung des Weltfriedens und der internationalen Sicherheit erforderlich ist. Solange der VN-Charta kein Status einer verbindlichen Weltverfassung zugebilligt wird, kann aus ihr keine rechtliche Pflicht für Nichtmitgliedstaaten zur Teilnahme an den zu untersuchenden Wirtschaftssanktionen abgeleitet werden.[177] Auch wenn der Sicherheitsrat den Adressaten in seinen Resolutionen sehr weit fasst („all states shall ...“), kann dies nur als unverbindlicher Aufruf an Drittstaaten gesehen werden, sich an den Sanktionen zu beteiligen.[178] Freilich bleibt es den Staaten unbenommen, sich der Sanktionierung der Vereinten Nati-

---

174 *Beyerlin*, in: Wolfrum, Handbuch VN, Ziff. 98 Rn. 3.

175 *Oette*, Wirtschaftssanktionen, S. 20.

176 *Ress*, Handelsembargo, S. 64; *Osteneck*, Umsetzung, S. 33.

177 *Frowein/Krisch*, in: Simma, The Charter of the United Nations, Introduction to Chapter VII Rn. 41; *Oette*, Wirtschaftssanktionen, S. 22; *Ress*, Handelsembargo, S. 68 f.

178 *Ress*, Handelsembargo, S. 69; zur Formulierung siehe u.a.: Resolution 1903 (2009) gegen Liberia, Ziff. 4.

onen anzuschließen, so wie sich z.B. die Schweiz an den Resolutionen gegen den Irak in den 90er Jahren beteiligte.[179]

Von der Verpflichtungswirkung zu unterscheiden ist, welche rechtlichen Folgen eine Verhängung von Sanktionen *gegen* einen Drittstaat hat, der Sanktionsadressat also kein Mitglied der Vereinten Nationen ist. Der Wortlaut des Kapitel VII der VN-Charta schließt die Verhängung von Maßnahmen an Nichtmitgliedstaaten nicht aus. Es handelt sich lediglich um die Festsetzung der Tatbestandsmerkmale, die eine Maßnahme nach sich ziehen, unabhängig davon, durch wen die Friedensgefährdung erfolgte.[180] Ist der Sanktionsadressat Mitglied der VN, ist er gemäß Art. 25, 48 VN-Charta verpflichtet, diejenigen Bestimmungen der Resolution, die sich unmittelbar an ihn richten, wie z.B. die Pflicht zur Gestattung humanitärer Hilfslieferungen[181], zu befolgen. Dies gilt zumindest theoretisch, da nicht davon ausgegangen werden kann, dass der sanktionierte Staat sich ohne Weiteres an die für ihn nachteilige Resolutionsbestimmung halten wird.[182] Diese Verpflichtung der Charta trifft Drittstaaten nicht.

Angesichts der wachsenden Zahl der Mitglieder der VN, scheint das Problem der Wirkung von Resolutionen des Sicherheitsrats auf Drittstaaten an Relevanz verloren zu haben.[183]

5. Die Verwaltung der Sanktionen durch Sanktionsausschüsse

Mit Ausnahme der gegenüber dem Sudan erhobenen Resolutionen hat der Sicherheitsrat für jedes Sanktionsregime einen Ausschuss (Sanction Committee) eingerichtet. Dieser ist als Unterorgan des Sicherheitsrats gemäß Art. 29 VN-Charta zu qualifizieren und setzt sich aus dessen Mitgliedern zusammen, daher aus den fünf ständigen Mitgliedern und denjenigen Staaten, die gerade für eine Periode den nichtständigen Sitz inne haben.[184] Die in nichtöffentlichen Sitzungen einstimmig gefassten Beschlüsse binden sowohl die Mitgliedstaaten als auch den Sicherheitsrat selbst.[185]

Die spezifischen Aufgaben eines Sanktionsausschusses ergeben sich aus den Resolutionen des Sicherheitsrats, welche die Besonderheiten des jeweiligen Ein-

---

179 *Schindler*, ZfSR 1995, 237 (244); seit 10. September 2002 ist die Schweiz Mitglied der VN.

180 *Beyerlin*, in: Wolfrum, Handbuch VN, Ziff. 98 Rn. 9; *Osteneck*, Umsetzung, S. 37.

181 Siehe z.B. SR-Resolution 1333 (2000) gegen die Taliban in Afghanistan, Ziff. 13.

182 *Oette*, Wirtschaftssanktionen, S. 21 Fn. 76.

183 Keine Mitglieder der VN sind der Vatikanstaat und Taiwan, vgl. *Herdegen*, Völkerrecht, § 40 Rn. 7.

184 *Paulus*, in: Simma, The Charter of the United Nations, Art. 29 Rn. 37.

185 *Paulus*, in: Simma, The Charter of the United Nations, Art. 29 Rn. 20, 37.

zelfalls berücksichtigen. Grundsätzlich obliegt dem Ausschuss die Überwachung eines bestimmten Sanktionsregimes. Im Wesentlichen kommen dem Sanktionsausschuss dabei zwei Hauptaufgaben zu: Die Ermessensentscheidung über humanitäre Ausnahmegenehmigungen und die Überwachung der Durchführung der Sanktionsmaßnahmen durch die Staaten.[186] Letzteres erfolgt vor allem durch Auswertung sanktionsrelevanter Informationen der Mitgliedstaaten, wozu der Ausschuss deren Berichte und Anträge annimmt, um ihnen gegenüber beratend tätig werden zu können. Die Aufgabe der Überwachung des Handelsverkehrs trägt dabei der transportierende Staat, die Transitstaaten, die Nachbarstaaten des Sanktionsadressaten und die zu diesem Zweck eingesetzten Kontrollinstitutionen, auch wenn dadurch der illegale Schmuggel von Gütern in der Praxis nicht verhindert werden kann.[187]

Die Arbeitsweise der Ausschüsse, die vor allem durch Vertraulichkeit und der Einstimmigkeit der Entscheidungen geprägt ist, wird vielfach heftig kritisiert. Die Vertraulichkeit des Verfahrens innerhalb der Ausschüsse soll vor allem dessen Mitglieder vor den Reaktionen der betroffenen Länder und Unternehmen schützen. Die zu treffenden Entscheidungen bewegen sich häufig in einem hochsensiblen politischen Bereich, wie die Sanktionsverletzung durch Staaten oder juristische und natürliche Personen.[188] Da nur ein einziger Staat aufgrund des Konsensprinzips die Entscheidung kippen kann, ist das Interesse an dem Ausschluss der Öffentlichkeit sehr hoch. Diese mangelnde Transparenz, die sich auch an der fehlenden Veröffentlichung der Sitzungsprotokolle zeigt, führt dazu, dass der Arbeit der Ausschüsse Misstrauen entgegengebracht wird und den Ausschussmitgliedern oftmals opportunistische anstelle von problemorientierter Entscheidungsfindung unterstellt wird.[189] Um diesem Problem entgegenzuwirken, verabschiedete der Sicherheitsrat ab 1995 Reformvorschläge[190]. Seitdem wird u.a. im Internet ein Jahresbericht jedes Ausschusses veröffentlicht, der über deren jeweiliges Tätigkeitsfeld und Arbeitsweise informiert. Darüber hinaus geben die vereinzelt veröffentlichten Guidelines der Ausschüsse die Mög-

186 *Oette*, Wirtschaftssanktionen, S. 24.

187 *Oette*, Wirtschaftssanktionen, S. 26.

188 *Oetjen*, UN-Sanktionen, S. 54.

189 *Conlon*, Sanctions Management, S. 7 ff., 166; kritisch hierzu auch *Oette*, Wirtschaftssanktionen, S. 24.

190 S/1995/234, 29.3.1995; S/1995/438, 31.5.1995; S/1996/54, 24.1.1996; S/1998/1016, Ziff. 4, 30.10.1998; S/1999/92, 29.1.1999, jeweils als Note by the President of the Security Council.

lichkeit, die Entscheidungsfindung nachzuvollziehen.[191] Diese Reformen wurden positiv aufgenommen und verbesserten den Ruf der Sanktionsausschüsse deutlich.[192]

Ein weiterer Kritikpunkt leitet sich aus dem Konsensprinzip ab: Jedes Mitglied des Ausschusses hat ein Vetorecht. Folglich erweist sich die Entscheidungsfindung oft als schwierig und langwierig und spiegelt am Ende nur den kleinsten gemeinsamen Nenner wider.[193]

Schwierig gestaltet sich auch oftmals die Informationsbeschaffung. Zu Beginn der Sanktionspraxis in den 90er Jahren erhielten die Ausschüsse keine Mandate für eigene Ermittlungen, sondern waren auf die Meldebereitschaft der Mitgliedstaaten über etwaige Sanktionsverstöße angewiesen. Dieser Kontrollmechanismus wurde als ineffektiv empfunden. Der Sicherheitsrat setzte daher erstmals im Falle des Sanktionsregimes gegen Ruanda eine unabhängige Expertengruppe, die „UN International Comission of Inquiry" (UNICOI), ein, die ermächtigt war zu reisen, um Dokumente einzufordern oder Verantwortliche zu befragen und somit die passive Rolle des Sanktionsausschusses ausglich. Diese neue Ermittlungsmethode wurde in Bezug auf die Effizienz der verhängten Sanktionen als Erfolg empfunden, sodass in der Folge die meisten anderen Sanktionsregime mit Expertengruppen und Überwachungsmechanismen ausgestattet wurden.[194]

C. Grundlagen europäischer Sanktionspolitik

Nach dieser Einführung in das Sanktionssystem der VN sollen die Grundlagen der europäischen Sanktionspolitik herausgearbeitet werden. Deren Entstehung ist dabei mit der rechtlichen und institutionellen Entwicklung der EU verwurzelt[195], sodass zunächst die geschichtliche Entwicklung aufgezeigt wird (I.). Sodann werden die hinter der europäischen Sanktionspolitik stehenden Grundprinzipien und Zielsetzungen näher beleuchtet (II.).

---

191 Abzurufen sind die Jahresberichte, sowie die Guidelines im Internet auf der Homepage der UN-Sanktionsausschüsse unter dem jeweiligen Sanktionsregime: http://www.un.org/sc/committees/ (zuletzt abgerufen am 6.3.2013).

192 *Eitel*, in: v. Schorlemer, Praxishandbuch UNO, 707 (709).

193 *Oetjen*, UN-Sanktionen, S. 55 f.

194 Siehe zum Problem der Informationsbeschaffung der Ausschüsse auch: 3. Kap. C. II. 3. b).

195 *Kreutz*, Sanctions Policy, S. 7.

I. Geschichtliche Entwicklung

Der Beginn der Europäischen Sanktionspolitik lässt sich nicht auf ein spezielles Datum zurückführen. Gerade der außenpolitische Bereich der Union, dem die Sanktionspolitik zuzuordnen ist, stellt das Kernstück nationaler Souveränität dar. Die Entfaltung einer gemeinsamen, europäischen Außenpolitik war und ist folglich ein langwieriger Prozess.

1. Der Vertrag von Rom und die Europäische Politische Zusammenarbeit (EPZ)

Der Vertrag zur Gründung der Europäischen Wirtschaftsgemeinschaft (EWGV) trat 1958 in Kraft und war der erste Schritt auf dem Weg zur europäischen Integration. So kurz nach dem Zweiten Weltkrieg konnten sich die Nationalstaaten auf keine gemeinsamen politischen Ziele einigen, so dass sich die Gemeinschaft zunächst nur als wirtschaftliches Bündnis verstand. Es wurde jedoch früh erkannt, dass die wirtschaftliche Integration auch ein Mindestmaß an Übereinstimmung in der Außenpolitik erforderlich machte, um in der gemeinsamen Handelspolitik gegenüber Drittstaaten einheitliche Standpunkte vertreten zu können.[196] Der Davignon-Bericht (1970) gab den Anstoß für eine Europäische Politische Zusammenarbeit (EPZ), deren Ziel es war, durch Information und regelmäßige Konsultation zu einer Angleichung der in den Mitgliedstaaten propagierten Außenpolitik beizutragen.[197]

Die Gemeinschaft stand erstmals 1966 vor der Entscheidung, ob von den VN verhängte Wirtschaftssanktionen von ihr umgesetzt werden sollten, als die VN auf Druck Großbritanniens ein Wirtschaftsembargo gegen Rhodesien[198] verhängte. Im Ergebnis wurde jedoch eine Kompetenz zur Umsetzung der Sanktionen verneint. Um ihrer Verpflichtung aus Art. 25 VN-Charta nachzukommen, setzten die Mitgliedstaaten daher die Sanktionen des Sicherheitsrats, nach einer nicht sehr intensiven Konsultation im Rahmen der EPZ, jeweils individuell in innerstaatliches Recht um.[199] Auch bei den Sanktionen gegen Südafrika und gegen den Iran[200] konnte sich die Gemeinschaft nicht auf ein gemeinsames Vorgehen einigen. Zwar wurden bereits nach den Maßnahmen gegen Rhodesien

---

196 *Streinz*, Europarecht, Rn. 30.

197 *Streinz*, Europarecht, Rn. 32.

198 SR-Resolution 232 (1966).

199 Hierzu ausführlich und zur Umsetzung ins deutsche Recht *v. Schenk*, ZaöRV, 29 (1969), 257 ff.

200 SR-Resolution 418 (1977) gegen Südafrika; bei dem Vorgehen gegen den Iran handelte es sich um nationale Maßnahmen, eine Resolution des VN Sicherheitsrats scheiterte am 10.1.1980 am Veto der UdSSR.

Stimmen laut, ob nicht Art. 113 EWGV[201] taugliche Grundlage für die Verhängung von Wirtschaftssanktionen sein könne. Sowohl Rat als auch Kommission beharrten jedoch auf dem Standpunkt, die Sanktionen beträfen zwar den Handelsbereich, wären jedoch vor allem zur Erhaltung des Friedens und der Sicherheit getroffen worden und daher außenpolitisch motiviert. Der Anwendungsbereich des Art. 113 EWGV sei insofern nicht eröffnet.[202] Art. 113 EWGV legte die Grundsätze der gemeinsamen Handelspolitik fest. Die Beschlussfassung hierzu erfolgte durch den Rat, nachdem die Kommission diesem Vorschläge für die Durchführung der gemeinsamen Handelspolitik unterbreitet hatte.

2. Der Londoner Bericht 1981 und die Einheitliche Europäische Akte (EEA)

Im Londoner Bericht der Außenminister (1981) wurde die Struktur der EPZ zusammengefasst und 1987 mit der Einheitlichen Europäischen Akte (EEA) die vertragliche Grundlage der EPZ geschaffen.[203] In dem Regelwerk waren zum ersten Mal die europäische Gemeinschaft und die EPZ verbunden.

Innerhalb des Rats und der Kommission setzte sich immer mehr die Meinung durch, Art. 113 EWGV könne auch bei wirtschaftlichen Sanktionen, die aus außenpolitischen Gründen verhängt werden, als taugliche Rechtsgrundlage fungieren.[204] So entschied der EuGH bereits 1979 im Gutachten über das Naturkautschuk-Übereinkommen, dass außenpolitische Ziele und die Handelsbeziehungen mit einem Drittstaat untrennbar miteinander verbunden seien. Vielmehr müsse Gegenstand und Zielsetzung einer Maßnahme maßgebend dafür sein, ob diese als Instrument der Handelspolitik zu sehen sei und somit auf Art. 113 EWGV gestützt werden könne.[205] So kam es 1982 zum ersten Mal zu einer einheitlichen Verordnung der Gemeinschaft auf Grundlage des Art. 113 EWGV zur Reduzierung der Importe aus der UdSSR.[206] Allerdings fehlte es letztendlich an der Geschlossenheit der Mitgliedstaaten: Griechenland ließ sich durch eine parallele Verordnung von der Verpflichtung der Durchsetzung der Wirtschaftssanktionen befreien und Dänemark, das von Anfang an Art. 113 EWGV nicht

---

201 Nach dieser Vorschrift sollte die gemeinsame Handelspolitik nach einheitlichen Grundsätzen gestaltet werden; Art. 113 EWGV entspricht somit Art. 133 EGV in der Fassung von Nizza und wurde durch den Vertrag von Lissabon weitgehend in Art. 207 AEUV transferiert.

202 *Brandl*, AVR 38 (2000), 376 (381).

203 *Streinz*, Europarecht, Rn. 32 f.

204 *Meng*, ZaöRV 42 (1982), 780 (782).

205 Gutachten des EuGH v. 4.10.1979 (Internationales Kautschukübereinkommen), Slg. 1979, S. 2871 (2909 f.).

206 VO (EWG) Nr. 596/1982 v. 15.3.1982.

als Rechtsgrundlage akzeptierte, beendete die Durchführung der Maßnahmen eigenmächtig, ohne dass daraufhin ein Vertragsverletzungsverfahren eingeleitet worden wäre.[207]

Anlässlich des militärischen Angriffs Argentiniens auf die Falklandinseln erließ der Rat unter Berufung auf die Resolution 502 (1982) des VN-Sicherheitsrats am 16. April 1982 auf der ausdrücklichen Grundlage von Art. 113 EWGV die Verordnung 877 (1982) zur Aussetzung der Einfuhr aller Erzeugnisse mit Ursprung in Argentinien. Doch auch dabei zeigte sich die Zerrissenheit zwischen den Mitgliedstaaten: Italien und Irland beendeten die Umsetzung der Verordnung frühzeitig und Dänemark, das noch immer eine Kompetenz der Gemeinschaft ablehnte, erließ entsprechende nationale Embargobeschlüsse. Spätestens jedoch nach der folgenden Sanktionierung Südafrikas 1986[208] hatte sich die Auffassung durchgesetzt, in Art. 113 EWGV eine taugliche Rechtsgrundlage zu sehen.

Diesen Maßnahmen war gemein, dass ein vorheriger Beschluss im Rahmen der EPZ erfolgte, der dann durch die Gemeinschaft gemäß Art. 113 EWGV mittels einer Verordnung umgesetzt wurde.[209] Dieses zweistufige Verfahren kann wohl weniger als Gewohnheitsrecht qualifiziert werden. Vielmehr stellt es „eine pragmatische Lösung, um der Gemengelage von gemeinschaftlichen handelspolitischen und nationalen außenpolitischen Kompetenzen gerecht zu werden“[210], dar. Ein „einstufiges“ Vorgehen in Form eines alleinigen Vorschlags eines politisch motivierten Embargos durch die Kommission ohne vorherige Konsultation im Rahmen der EPZ wäre aufgrund der außenpolitischen Souveränität der Mitgliedstaaten in der Praxis nicht möglich gewesen.[211]

Die junge europäische Sanktionspolitik hatte allerdings mit einigen Problemen zu kämpfen: Die Beschlüsse innerhalb der EPZ konnten nur einstimmig gefasst werden und waren auch dann allenfalls politisch, jedoch nicht rechtlich verbindlich. Der Erlass einer Verordnung erforderte hingegen nur eine qualifizierte Mehrheit im Rat, entfaltete dann aber rechtliche Bindungswirkung (Art. 189 Abs. 2 EWG). Allerdings blieb, trotz dieser für alle Mitgliedstaaten gleich geltenden Bindungswirkung, die Missachtung durch einige Mitgliedstaaten (vgl. oben Dänemark, Irland, Italien), wohl aufgrund politischer Opportunität, ohne rechtliche Konsequenzen.[212] Des Weiteren stellte sich die Frage, ob

207 *Schneider*, Wirtschaftssanktionen, S. 67; *Stein*, in: FS Bernhardt, 1129 (1130 f.).

208 Der Rat erließ die VO (EWG) Nr. 3302/86 v. 27.10.1986, in der ein Importembargo für die Einfuhr von Goldmünzen aus Südafrika festgesetzt wurde.

209 *Brandl*, AVR 38 (2000), 376 (382 f.).

210 *Stein*, in: FS Bernhardt, 1129 (1133).

211 *Stein*, in: FS Bernhardt, 1129 (1133).

212 *Stein*, in: FS Bernhardt, 1129 (1135).

durch Art. 113 EWGV eine ausschließliche Zuständigkeit für die Gemeinschaft begründet wurde und folglich ein individuelles Tätigwerden der Mitgliedstaaten ausgeschlossen war. Nach allgemeiner Auffassung wurde dies bejaht.[213] Falls eine Rechtssetzung durch die Gemeinschaft nicht erfolgen sollte, etwa weil eine entsprechende Verordnung keine qualifizierte Mehrheit bekam oder schon innerhalb der EPZ kein Konsens gefunden werden konnte, wäre der Weg für individualstaatliche Wirtschaftssanktionen versperrt gewesen.[214] Die Mitgliedstaaten waren aber wiederum aufgrund des Art. 25 VN-Charta zur Umsetzung verpflichtet.

3. Inkrafttreten des Vertrags über die Europäische Union (EUV)

Mit dem 1993 in Kraft tretenden Maastrichter Vertrag wurde die EU gegründet (Art. 1 Abs. 1 EUV). Unter dem Oberbegriff der Europäischen Union wurden drei Säulen miteinander verknüpft: Die Europäische Gemeinschaft (der Vertrag zur Gründung der Europäischen Wirtschaftsgemeinschaft [EWGV] wurde dabei in Vertrag über die Gründung der Europäischen Gemeinschaft [EGV] umbenannt), die Gemeinsame Außen- und Sicherheitspolitik (GASP) sowie die Zusammenarbeit der Mitgliedstaaten in den Bereichen Justiz und Inneres (ZBJI, seit dem Vertrag von Amsterdam PJZS). Die zweite und dritte Säule wurden jeweils im Vertrag über die Europäische Union (EUV) geregelt.

Durch den neuen Unionsvertrag wurde das bisher bereits praktizierte zweistufige Vorgehen in Art. 228a EGV kodifiziert: Zunächst war eine Beschlussfassung innerhalb der GASP (2. Säule des EUV) in Form eines Gemeinsamen Standpunkts oder einer Gemeinsamen Aktion vorgesehen. Sodann musste der Rat die erforderlichen Sofortmaßnahmen innerhalb der Europäischen Gemeinschaft treffen. Dabei setzte Art. 228a EGV eindeutig fest, dass die innerhalb der GASP erfolgten Beschlüsse, anders als zuvor innerhalb der EPZ, für die Gemeinschaft bindend waren und die Gemeinschaft entsprechend dem Inhalt des Gemeinsamen Standpunkts oder der Gemeinsamen Aktion tätig werden musste.[215] Durch die Einführung des Art. 228a EGV wurde der Streit beendet, was im Einzelnen noch als handelspolitisch gelten sollte oder ob schon die Grenze zu rein außenpolitisch motivierten Maßnahmen überschritten war. Art. 228a EGV galt für alle Arten von Wirtschaftssanktionen („...um die Wirtschaftsbeziehungen zu einem oder mehreren dritten Ländern auszusetzen, einzuschränken oder vollständig einzustellen...“).[216]

---

213 *Meng*, ZaöRV 42 (1982), 780, (792); *Stein*, in: FS Bernhardt, 1129 (1134).
214 *Brandl*, AVR 38 (2000), 376 (388).
215 *Brandl*, AVR 38 (2000), 376 (390).
216 *Stein*, in: FS Bernhardt, 1129 (1136).

Die erste auf Art. 228a EGV basierende Wirtschaftssanktion wurde 1993 gegen Libyen verhängt. Sie diente der Umsetzung der Resolution 748 (1992) des VN-Sicherheitsrats.[217] Mit Inkrafttreten des Vertrags von Amsterdam 1999 wurde Art. 228a EGV in Art. 301 EGV umbenannt, was an den inhaltlichen Voraussetzungen jedoch nichts änderte.

II. Zielsetzung und Grundprinzipien der europäischen Sanktionspolitik

Obwohl sich, wie gerade aufgezeigt, seit Anfang der 80er Jahre eine rege Sanktionspraxis eingebürgert hatte, wurde diese lange weder dokumentiert noch europarechtlich kodifiziert. Erst im Dezember 2003 wurde das Dokument des Rats „Leitlinien zur Umsetzung und Bewertung restriktiver Maßnahmen (Sanktionen) im Rahmen der Gemeinsamen Außen- und Sicherheitspolitik der EU"[218] veröffentlicht, das vornehmlich die Standardisierung der Umsetzung der Maßnahmen zum Ziel hatte. Im Juni 2004 folgte das Dokument des Rats „Grundprinzipien für den Einsatz restriktiver Maßnahmen (Sanktionen)"[219]. Dabei bleibt letzteres Dokument jedoch recht allgemein und verzichtet auf eine Darstellung der konkreten Sanktionspraxis.

In diesem Zusammenhang soll kurz auf die vom Hohen Vertreter für die GASP der EU, Javier Solana, am 8. Dezember 2003 vorgelegte und vom Rat am 12. Dezember 2003 angenommene Europäische Sicherheitsstrategie (ESS)[220] hingewiesen werden. Diskutiert werden neben militärischen Mitteln auch zivile Instrumente der europäischen Politik zur Verteidigung der Sicherheit in Europa. Zwar fehlt ein ausdrücklicher Verweis auf wirtschaftsbezogene Sanktionen, diese sind jedoch als wichtiges außenpolitisches Druckmittel zu sehen, um das Ziel der ESS, ein „sicheres Europa in einer besseren Welt"[221], zu erreichen.[222] Die ESS sieht fünf Hauptbedrohungen für die Sicherheit Europas: Terrorismus, Verbreitung von Massenvernichtungswaffen, regionale Konflikte, Scheitern von Staaten und organisierte Kriminalität.[223] Um die Sicherheit innerhalb der EU zu

217 VO (EG) Nr. 3274/1993 v. 29.11.1993 zur Verhinderung der Versorgung Libyens mit bestimmten Waren und Dienstleistungen; am 22.11.1993 erging zuvor ein Gemeinsamer Standpunkt des Rats.

218 Dokument des Rats v. 3.12.2003 (15579/03).

219 Dokument des Rats v. 7.6.2004 (10198/1/04).

220 Dokument des Rats v. 8.12.2003 (15895/03).

221 Vgl. den Titel der ESS, Dokument des Rats v. 8.12.2003 (15895/03), S. 2.

222 *Brzoska*, in: Mutz/Schoch/Hauswedell/Hippler/Ratsch, Friedensgutachten 2006, S. 248.

223 Dokument des Rats v. 8.12.2003 (15895/03), S. 5-7.

gewährleisten, werden dabei drei strategische Ziele verfolgt: Die Abwehr von Bedrohungen, die Stärkung der Sicherheit innerhalb der angrenzenden Länder und die Schaffung einer Weltordnung auf der Grundlage eines wirksamen Multilateralismus.[224] Inwieweit die europäische Sanktionspolitik die Ziele der ESS unterstützt, wird im Weiteren erläutert.

1. Verhältnis zwischen den VN und der EU als Sanktionsgeber

Wie bereits erörtert, nimmt die EU, aufgrund der stärkeren Wirkung eines koordinierten Vorgehens der internationalen Gemeinschaft ihre Sanktionspolitik als auf dem Konzept der Vorrangstellung des Systems der VN beruhend wahr.[225] EU-Sanktionen sind demnach subsidiär, sodass die Union zunächst, vor allem auch durch die ständigen Mitglieder des Sicherheitsrats Frankreich und Großbritannien, immer auf eine Verhängung von Sanktionen durch die VN hinwirkt. Die EU sieht sich dabei verpflichtet, die vom Sicherheitsrat der VN gemäß Kapitel VII der VN-Charta verhängten Sanktionen uneingeschränkt, unverzüglich und wirkungsvoll umzusetzen.[226] Ausdrücklich betont wird, dass die EU auch nach dem Inkrafttreten des Vertrages von Lissabon durch die Bestimmungen der VN-Charta und insbesondere durch die Hauptverantwortung des Sicherheitsrats und seiner Mitglieder für die Wahrung des Weltfriedens und der internationalen Sicherheit gebunden ist.[227]

Andererseits sieht sich die EU jedoch darüber hinaus berechtigt, unter Beachtung des Völkerrechts, eigene Sanktionen zu verhängen. In der Praxis ist dies vor allem dann der Fall, wenn dem Sicherheitsrat die Berechtigung fehlt, entsprechende Maßnahmen zu ergreifen, falls beispielsweise keine Bedrohung oder ein Bruch des Friedens i.S.v. Art. 39 VN-Charta festgestellt oder keine Einigung im Sicherheitsrat erzielt wird.[228] Dabei zeigt sich der größere politische und rechtliche Spielraum der Union: Sie kann die Verhängung eines Sanktionsregimes auch „nur“ mit schwerwiegenden Verletzungen grundlegender und individueller Menschenrechte begründen.[229] Somit schließt die EU-Sanktionspolitik die vom Sicherheitsrat der VN erlassenen Sanktionen ein. Ihr Umfang und ihre

224 Dokument des Rats v. 8.12.2003 (15895/03), S. 8-12.

225 Entschließung des Europäischen Parlaments v. 4.9.2008 zur Evaluierung der EU-Sanktionen (2008/2031(INI)), ABl. 2009 C 295 E/49, Rn. 24.

226 Dokument des Rats v. 7.6.2004 (10198/1/04), Rn. 2.

227 Erklärung der Regierungskonferenz, Schlussakte zum Vertrag von Lissabon, ABl. 2008 C 115/335, Nr. 13.

228 Vgl. auch *Portela*, Politique europeénnee 3/2005, 83 (84).

229 *Brzoska*, in: Mutz/Schoch/Hauswedell/Hippler/Ratsch, Friedensgutachten 2006, S. 251.

Ziele sind jedoch umfassender als die der Politik des Sicherheitsrats, die sich auf internationalen Frieden und Sicherheit beschränkt.[230] Des Weiteren herrscht innerhalb der EU kein dem Sicherheitsrat der VN vergleichbares Mächteverhältnis. Die Union kann demnach ein Sanktionsregime auch gegen einen Verbündeten der 5 Vetomächte der VN beschließen.[231]

Die EU versteht sich also nicht als konkurrierender Sanktionsgeber. Vielmehr steht bei ihrer Sanktionspolitik die internationale Kooperation im Vordergrund. Hierbei sieht sie ihre eigene Rolle aufgrund des größeren Einflusses der VN realistisch, versucht jedoch, wie später noch zu zeigen sein wird, ihren Zielsetzungen treu zu bleiben und an den Stellen, an denen sie es für nötig erachtet, auch über die Sanktionspolitik der VN hinauszugehen.

2. Allgemeine Zielsetzung der Sanktionspolitik

Die EU verhängt restriktive Maßnahmen, um im Einklang mit den Zielen des GASP-Beschlusses des Rats eine Änderung in der Politik oder der Verhaltensweise des betreffenden Landes, eines Teils dieses Landes, der Regierung oder von Organisationen sowie Einzelpersonen zu bewirken.[232] Die Sanktionen sollen dabei die Ziele der GASP verwirklichen.[233]

Vor dem Reformvertrag von Lissabon lauteten die Ziele der GASP gemäß Art. 11 EUV a.F. wie folgt:

- Wahrung der gemeinsamen Werte der grundlegenden Interessen, der Unabhängigkeit und der Unversehrtheit der Union im Einklang mit den Grundsätzen der Charta der Vereinten Nationen;
- Stärkung der Sicherheit der Union in allen ihren Formen;

---

230 Entschließung des Europäischen Parlaments v. 4.9.2008 zur Evaluierung der EU-Sanktionen (2008/2031(INI)), ABl. 2009 C 295 E/49, Buchstabe G.

231 Immer wieder scheitert die Verhängung von Sanktionen an den Differenzen innerhalb des Sicherheitsrats. So kann sich dieser jüngst aufgrund des Widerstandes Russlands nicht auf eine Sanktionierung Syriens einigen; zu den restriktiven Maßnahmen gegen den Russland Verbündeten Weißrussland vgl. 3. Kap. B I. 2. d); auch Sanktionen der EU gegen Mitglieder des Sicherheitsrats selbst sind denkbar, vgl. z.B. das Waffenembargo gegen China, Erklärung des Europäischen Rates von Madrid bezüglich China v. 27.6.1989; Bulletin der EG 6-1989, Nr. 1.1.24.

232 Dokument des Rats v. 15.6.2012, (11205/12), Rn. 4; Entschließung des Europäischen Parlaments v. 4.9.2008 zur Evaluierung der EU-Sanktionen (2008/2031(INI)), ABl. 2009 C 295 E/49, Rn. 16.

233 *Breyer*, Gezielte Sanktionen, S. 97; Dokument des Rats v. 15.6.2012 (11205/12), Rn. 2; Dokument des Rats v. 7.6.2004 (10198/1/04 REV 1), Rn. 1.

– Wahrung des Friedens und Stärkung der internationalen Sicherheit entsprechend den Grundsätzen der Charta der Vereinten Nationen sowie den Prinzipien der Schlussakte von Helsinki und den Zielen der Charta von Paris, einschließlich derjenigen, welche die Außengrenzen betreffen;
– Förderung der internationalen Zusammenarbeit;
– Entwicklung und Stärkung von Demokratie und Rechtsstaatlichkeit sowie die Achtung der Menschenrechte und Grundfreiheiten.

Durch den Vertrag von Lissabon wurde Art. 11 EUV a.F. in den Art. 21 EUV n.F. transferiert, der nun die „Grundsätze europäischer Außenpolitik" bestimmt. Diese Grundsätze beziehen sich künftig auf das gesamte auswärtige Handeln der Union, also auch solche Bereiche, die vorher unter das Gemeinschaftsrecht fielen.[234] Diese Grundsätze gelten auch für die Verhängung restriktiver Maßnahmen. In Art. 21 Abs. 3 EUV n.F. wird explizit erwähnt, dass die in Art. 21 Abs. 1 und 2 EUV n.F. festgelegten Grundsätze und Ziele auch für den fünften Teil im AEUV gelten. Wiederholt wird dieses Bekenntnis in Art. 205 AEUV, dem ersten Artikel des mit „Das auswärtige Handeln der Union" überschriebenen fünften Teils des AEUV, in welchem sich mit Art. 215 AEUV die Rechtsgrundlage zur Verhängung von restriktiven Maßnahmen befindet.[235]

Gemäß Art. 21 Abs. 1 EUV n.F. wird das Handeln der Union von den Grundsätzen geleitet, die für ihre eigene Entstehung, Entwicklung und Erweiterung maßgebend waren, namentlich Demokratie, Rechtsstaatlichkeit sowie die Achtung der Menschenrechte. In Art. 21 Abs. 2 EUV n.F. werden diese Ziele konkretisiert, indem festgelegt wird, dass die Union die gemeinsame Politik festlegt sowie Maßnahmen trifft, um

– ihre Werte, ihre grundlegenden Interessen, ihre Sicherheit, ihre Unabhängigkeit und ihre Unversehrtheit zu wahren;
– Demokratie, Rechtsstaatlichkeit, die Menschenrechte und die Grundsätze des Völkerrechts zu festigen und zu fördern;
– nach Maßgabe der Ziele und Grundsätze der Charta der Vereinten Nationen sowie der Prinzipien der Schlussakte von Helsinki und der Ziele der Charta von Paris, einschließlich derjenigen, die die Außengrenzen betreffen, den Frieden zu erhalten, Konflikte zu verhüten und die internationale Sicherheit zu stärken;

---

234 *Terhechte*, in: Schwarze, EU-Kommentar, Art. 21 EUV Rn. 1; *Geiger*, in: Geiger/Khan/Kotzur, EUV/AEUV, Art. 21 EUV, Rn. 2, 5; *Kaufmann-Bühler*, in: Grabitz/Hilf/Nettesheim, Das Recht der EU, Art. 21 EUV, Rn. 1.

235 Vgl. hierzu: 2. Kap. B. II.

– die nachhaltige Entwicklung in Bezug auf Wirtschaft, Gesellschaft und Umwelt in den Entwicklungsländern zu fördern mit dem vorrangigen Ziel, die Armut zu beseitigen;
– die Integration aller Länder in die Weltwirtschaft zu fördern, unter anderem auch durch den schrittweisen Abbau internationaler Handelshemmnisse;
– zur Entwicklung von internationalen Maßnahmen zur Erhaltung und Verbesserung der Qualität der Umwelt und der nachhaltigen Bewirtschaftung der weltweiten natürlichen Ressourcen beizutragen, um eine nachhaltige Entwicklung sicherzustellen;
– den Völkern, Ländern und Regionen, die von Naturkatastrophen oder von vom Menschen verursachten Katastrophen betroffen sind, zu helfen; und
– eine Weltordnung zu fördern, die auf einer verstärkten multilateralen Zusammenarbeit und einer verantwortungsvollen Weltordnungspolitik beruht.

Neu hinzugefügt wurden – bei der Verhängung von Sanktionen wohl weniger relevant – das Ziel des Umweltschutzes sowie die nachhaltige Förderung von Entwicklungsländern mit dem Ziel, die Armut zu beseitigen. Gerade letztgenannte Länder sind aufgrund ihrer oft instabilen politischen Lage häufig Adressaten von restriktiven Maßnahmen. Generell rückt die Achtung von Menschenrechten mehr in den Fokus des Handelns der EU. Die Union entwickelt sich somit zunehmend über ein reines Wirtschaftsbündnis hinaus: Art. 2 EUV n.F. nennt die Wahrung der Menschenrechte als einen der Werte, auf den sich die Union gründet. Art. 21 Abs. 1 EUV n.F. betont die universelle Gültigkeit und Unteilbarkeit der Menschenrechte als einen der Grundsätze, der für die Entstehung und Entwicklung der EU maßgebend war und sich deshalb auch bei ihrem auswärtigen Handeln widerspiegeln soll. Als Konsequenz hieraus kann gezogen werden, dass die Menschenrechte vor allem bei individualgerichteten Sanktionen beachtet werden müssen, um die Sanktionierung in Einklang mit den Zielen der GASP zu formulieren.

Gleich an zwei Stellen findet sich in Art. 21 EUV n.F. eine deutliche Absage an den außenpolitischen Unilateralismus: In Abs. 1 a.E. heißt es hierzu: „(Die Union) setzt sich insbesondere im Rahmen der Vereinten Nationen für multilaterale Lösungen bei gemeinsamen Problemen ein“. Die Union setzt sich des Weiteren in Abs. 2 lit. h die Förderung einer Weltordnung, „die auf einer verstärkten multilateralen Zusammenarbeit und einer verantwortungsvollen Weltordnungspolitik beruht“, explizit zum Ziel. Dies unterstützt die zuvor herausgearbeitete These, dass die EU als Sanktionsgeber eine subsidiäre Rolle übernimmt und zunächst einen Konsens innerhalb der VN anstrebt.

Ferner ist in Art. 21 Abs. 3 EUV n.F. zusätzlich zum allgemeinen Kohärenzgebot in Art. 13 Abs. 1 EUV n.F. und Art. 7 AEUV eine außenpolitische

Kohärenz vorgesehen. Dabei soll nicht nur eine Abstimmung zwischen den einzelnen Bereichen des auswärtigen Handelns, sondern auch eine Abstimmung mit den im Binnenraum der Union wirkenden Politiken erfolgen. Auch in der Sanktionspolitik setzt die Union auf diese Verzahnung der Politiken, indem in Art. 215 AEUV als neue Rechtsgrundlage zur Verhängung von restriktiven Maßnahmen weiterhin eine zweistufige Beschlussfassung innerhalb der GASP und dem supranationalen Bereich der EU vorgesehen ist.[236]

3. Grundprinzipien der Sanktionspolitik

Wichtige Grundprinzipien, auf denen die EU Sanktionspolitik basiert oder zumindest basieren sollte, lassen sich aus dem oben bereits zitierten Dokument des Rats „Grundprinzipien für den Einsatz restriktiver Maßnahmen (Sanktionen)" vom 7. Juni 2004 (10198/1/2004) und der Entschließung des europäischen Parlaments vom 4. September 2008 zur Evaluierung der EU-Sanktionen entnehmen:

Der wirkungsvolle Einsatz von Sanktionen ist als wichtiges Mittel zu sehen, um Frieden und Sicherheit auf internationaler Ebene zu erhalten oder wieder herzustellen.[237] Dabei können nicht nur Sicherheitsbedenken die Verhängung von EU-Sanktionen auslösen. Auch Menschenrechtsverletzungen sollen eine ausreichende Grundlage für die Verhängung von Sanktionen sein.[238] Die Anwendung von Sanktionen darf grundsätzlich nur das letzte Mittel darstellen, das der EU bei der Verfolgung ihrer Ziele innerhalb der GASP zur Verfügung steht. Sie muss dem Verhältnismäßigkeitsgrundsatz entsprechen, sodass vor allem Ausnahmen von einer Sanktionierung aus humanitären Gründen ermöglicht werden müssen.[239]

Im Mittelpunkt der Prinzipien steht der Anspruch, die Sanktionspolitik möglichst wirksam zu gestalten. Vor der Verhängung einer Sanktion soll daher eine Vorabanalyse der jeweiligen Situation erfolgen, um die zu verhängenden Maßnahmen flexibel und den Erfordernissen des jeweiligen Einzelfalls entsprechend

---

236 Einzelheiten zum Verfahren nach Art. 215 AEUV: 2. Kap. B. II 1. a); näheres zum Kohärenzgebot des Art. 21 Abs. 3 EUV n.F. bei *Geiger*, in: Geiger/Khan/Kotzur, EUV/AEUV, Art. 21 EUV Rn. 18 f.; *Kaufmann-Bühler*, in: Grabitz/Hilf/Nettesheim, Das Recht der EU, Art. 21 EUV Rn. 18.

237 Dokument des Rats v. 7.6.2004 (10198/1/04), Rn. 1; die Sanktionspolitik kann somit die Europäische Sicherheitsstrategie unterstützen, Dokument des Rats v. 8.12.2003 (15895/03).

238 Entschließung des Europäischen Parlaments v. 4.9.2008 zur Evaluierung der EU-Sanktionen (2008/2031(INI)) , ABl. 2009 C 295 E/49, Rn. 15.

239 Entschließung des Europäischen Parlaments v. 4.9.2008 zur Evaluierung der EU-Sanktionen (2008/2031(INI)) , ABl. 2009 C 295 E/49, Buchstabe H und R.

einsetzen zu können.[240] In die ermächtigenden Rechtsakte sollen klar festgelegte Bezugsnormen als Bedingung für die Aufhebung der Sanktionen aufgenommen werden. Somit wird sichergestellt, dass die Sanktionierung zu den Zielen beiträgt, die mit ihnen erklärtermaßen erreicht werden sollen.[241]

Staaten und internationale Organisationen sollten bei der Umsetzung der Sanktionen rechenschaftspflichtig sein.[242]

Wenn Wirtschaftssanktionen mit dem Ziel der Umgestaltung des politischen Regimes verhängt werden, soll dies darüber hinaus mit anderen politischen Instrumenten koordiniert werden, um einen nachhaltigen Erfolg zu gewährleisten. Jede Anwendung von Sanktionen gegen Regierungsstellen müsse mit der systematischen Unterstützung der Zivilgesellschaft einhergehen.[243]

Schon in dem Dokument des Rats von 2004 wird darauf hingewiesen, dass die größte Wirksamkeit mit zielgerichteten Sanktionen wie Waffenembargos, Verbot der Visumserteilung und das Einfrieren von Geldern bewirkt werden kann. Hierdurch können des Weiteren negative Folgen für die Zivilbevölkerung und Nachbarländer vermieden werden.[244] Um das Sanktionsinstrumentarium an die neuen Sicherheitsgefahren anzupassen, sollen auch nichtstaatliche Akteure Adressaten von Sanktionen sein können.[245] Gegen restriktive Maßnahmen muss jedoch ein ausreichender Rechtsschutz gewährleistet sein, einschließlich eines ordnungsgemäßen Verfahrens und des Rechts auf einen wirksamen Rechtsbehelf.[246]

---

240 Entschließung des Europäischen Parlaments v. 4.9.2008 zur Evaluierung der EU-Sanktionen (2008/2031(INI)) , ABl. 2009 C 295 E/49, Rn. 30.

241 Entschließung des Europäischen Parlaments v. 4.9.2008 zur Evaluierung der EU-Sanktionen (2008/2031(INI)) , ABl. 2009 C 295 E/49, Rn. 32 u. 33; Rat der Europäischen Union, Grundprinzipien für den Einsatz restriktiver Maßnahmen (Sanktionen), v. 7.6.2004 (10198/1/04), Rn. 9.

242 Entschließung des Europäischen Parlaments v. 4.9.2008 zur Evaluierung der EU-Sanktionen (2008/2031(INI)) , ABl. 2009 C 295 E/49, Rn. 36.

243 Entschließung des Europäischen Parlaments v. 4.9.2008 zur Evaluierung der EU-Sanktionen (2008/2031(INI)) , ABl. EU Nr. C 295 E/49, Rn. 14.

244 Rat der Europäischen Union, Grundprinzipien für den Einsatz restriktiver Maßnahmen (Sanktionen) v. 7.6.2004 (10198/1/04), Rn. 6.

245 Rat der Europäischen Union, Grundprinzipien für den Einsatz restriktiver Maßnahmen (Sanktionen) v. 7.6.2004 (10198/1/04), Rn. 7.

246 Entschließung des Europäischen Parlaments v. 4.9.2008 zur Evaluierung der EU-Sanktionen (2008/2031(INI)), ABl. 2009 Nr. C 295 E/49, Buchstabe R.

D. Zwischenresümee

Der Begriff der Sanktion ist weder völkerrechtlich noch auf europäischer Ebene legaldefiniert. Auf völkerrechtlicher Ebene haben sich in Literatur und Praxis vier Grundelemente herausgebildet, die eine Sanktion definieren. Unter dem Begriff Sanktion wird zusammenfassend eine hoheitliche Maßnahme eines oder mehrerer Völkerrechtssubjekte verstanden, die auf ein nachteiliges Verhalten anderer Völkerrechtssubjekte reagieren und diese durch Zufügung eines Nachteils zu einer Verhaltensänderung veranlassen wollen.Auch auf europäischer Ebene sind diese Kernelemente Bestandteil des Sanktionsverständnisses. Darüber hinaus muss die synonyme Verwendung des Begriffs der restriktiven Maßnahme beachtet werden.

Wirtschaftssanktionen stellen eine spezielle Art der Sanktionierung dar, die in die internationalen Wirtschaftsbeziehungen eingreifen, indem wirtschaftspolitische Maßnahmen getroffen werden, die auf den grenzüberschreitenden Waren-, Zahlungs- und Kapitalverkehr oder auf die Erbringung von Dienstleistungen aller Art Einfluss nehmen. Die Intention von Wirtschaftssanktionen ist dabei nicht der innenpolitische Schutz der eigenen Wirtschaft, sondern das außenpolitische Ziel, durch die Schwächung der Wirtschaft des betroffenen Staates, diesen zu einer Verhaltensänderung zu bewegen.

Das Embargo als Unterart der Wirtschaftssanktionen zeichnet sich dadurch aus, dass der sanktionierende Staat ein Handelsverbot aufstellt, das sich an die seiner Regelungshoheit unterworfenen natürlichen und juristischen Personen wendet. Wichtigste Ausformungen hierzu sind das Warenembargo, das den Im- und Export von Erzeugnissen, Rohstoffen und Technologien regelt sowie das Kapitalembargo, das die Regulierung des Transfers von Geldern und anderen Finanzmitteln umfasst.

Sanktionen können umfassend in Form eines Abbruchs sämtlicher diplomatischer bzw. wirtschaftlicher Beziehungen oder partiell in Form einer nur teilweisen Beschränkung dieser Beziehungen mit dem Sanktionsadressaten verhängt werden.

Seit Ende der 90er Jahre haben sich vor allem gezielte Sanktionen (sog. „Targeted Sanctions“ oder „Smart Sanctions“) durchgesetzt. Die Besonderheit der zielgerichteten Sanktionen besteht darin, dass diese nicht abstrakt gegen einen Staat gewendet sind. Vielmehr sollen gezielt nur diejenigen zur Rechenschaft gezogen werden, die für den Friedensbruch verantwortlich sind. Somit sollen negative Folgen für die Zivilbevölkerung eines Landes und angrenzende Staaten vermieden werden. Um Smart Sanctions handelt es sich insbesondere bei Finanz- und Reisesanktionen gegen die Führungseliten eines Landes sowie Waffenembargos, die zwar nicht direkt gegen die Führungseliten eines Landes verhängt werden, faktisch diese aber besonders treffen, da sie den Streitkräften die militärischen Mittel entziehen.

Die Sanktionspolitik der EU ist eng mit dem Sanktionssystem der VN verbunden. Für die Effektivität einer Sanktionierung ist aufgrund der Vielzahl der Mitglieder der VN eine Kooperation zwischen den beiden internationalen Organisationen zwingend. Die VN verhängt Wirtschaftssanktionen im Rahmen des Kapitels VII der VN-Charta. Demnach muss der Sicherheitsrat zunächst einen Bruch oder eine Bedrohung des Friedens i.S.v. Art. 39 VN-Charta feststellen, um daraufhin nach seinem Ermessen eine der in Art. 39 ff. VN-Charta normierten Maßnahmen treffen zu können. Rechtsgrundlage für die Verhängung von Wirtschaftssanktionen ist Art. 41 VN-Charta.

Die erste Wirtschaftssanktion der Europäischen Gemeinschaft erging 1982 gegen die UdSSR (Verordnung (EWG) Nr. 596/1982). Bis zum Inkrafttreten des Vertrags über die EU durch den Vertrag von Maastricht im Jahr 1993 erfolgte die Sanktionierung aufgrund eines zweistufigen Verfahrens: Einem vorherigen Beschluss im Rahmen der EPZ folgte eine Verordnung der Gemeinschaft auf der Grundlage des Art. 113 EWGV. Ob Art. 113 EWGV eine taugliche Rechtsgrundlage für den Erlass von Wirtschaftssanktionen darstellen konnte, war allerdings umstritten, da dieser die Durchführung der gemeinsamen Handelspolitik betraf, Wirtschaftssanktionen jedoch primär außenpolitische Zielsetzungen verfolgen. Mit Inkrafttreten des EUV wurde durch Art. 228a EGV eine ausdrückliche Rechtsgrundlage für alle Arten von Wirtschaftssanktionen geschaffen und das zweistufige Verfahren kodifiziert. Einer Beschlussfassung im Rahmen der 2. Säule der EU (GASP) in Form eines für die EG bindenden Gemeinsamen Standpunkts oder einer Gemeinsamen Aktion sollte eine Verordnung im Rahmen der 1. Säule folgen. Art. 228a EGV wurde durch den Vertrag von Amsterdam im Jahr 1999 wortgetreu in Art. 301 EGV transformiert und bildete bis zum Inkrafttreten des Vertrags von Lissabon die Rechtsgrundlage für den Erlass von Wirtschaftssanktionen.

Die EU verfolgt mit ihrer Sanktionspolitik das Ziel, die Politik oder die Verhaltensweisen des Adressaten so zu ändern, dass sie mit den Zielen der GASP in Einklang stehen. Diese sind in Art. 11 EUV a.F. bzw. Art. 21 EUV n.F. festgelegt. Die wichtigsten Punkte dabei sind zum einen die Wahrung des Friedens und die Stärkung der internationalen Sicherheit, zum anderen die Entwicklung und Stärkung von Werten, wie Demokratie, Rechtsstaatlichkeit und Menschenrechte. Die Sanktionierung eines Landes muss dabei erforderlich sein, es darf demzufolge kein weniger belastendes Mittel zur Verfügung stehen, um die Ziele der GASP durchzusetzen. Darüber hinaus müssen Vorkehrungen wie Vorabanalysen getroffen werden, um die Effektivität einer Sanktionierung zu steigern. Diese Effektivität soll vor allem durch zielgerichtete Sanktionen erreicht werden.

Im nachfolgenden Kapitel wird die völkerrechtliche und europarechtliche Berechtigung der EU zur Verhängung außenpolitisch motivierter Sanktionen hinterfragt.

2. Kapitel: Völkerrechtliche und europarechtliche Berechtigung der EU zur Verhängung restriktiver Maßnahmen

A. Völkerrechtliche Berechtigung

Vor der Darstellung und Bewertung der europäischen Sanktionspolitik[247] soll geklärt werden, ob die EU zur Verhängung von Wirtschaftssanktionen völkerrechtlich berechtigt ist und die dadurch implizierten Grenzen bei der Sanktionierung herausgearbeitet werden. Zu unterscheiden ist dabei zwischen Sanktionsregimen, die auf einem Sicherheitsratsbeschluss der VN beruhen (I.) oder einen solchen erweitern (III.) und originär durch die EU verhängten Sanktionsregimen (II.).

I. Sanktionen zur Umsetzung von VN-Resolutionen

Fraglich ist zunächst, ob die EU berechtigt ist, die Resolutionen des Sicherheitsrats umzusetzen, obwohl sie kein Mitglied der VN ist. Gemäß Art. 25 VN-Charta sind nur die Mitgliedstaaten an die Beschlüsse des Sicherheitsrats gebunden. Aus Art. 48 Abs. 1 VN-Charta ergibt sich dann die Verpflichtung, geeignete Maßnahmen zur Durchführung der Beschlüsse des Sicherheitsrats zu ergreifen. Nach Art. 48 Abs. 2 VN-Charta können jedoch die Beschlüsse nicht nur von den Mitgliedstaaten selbst, sondern auch durch geeignete internationale Einrichtungen, deren Mitglieder sie sind, durchgeführt werden. Daraus ergibt sich sogar eine Verpflichtung der Mitgliedstaaten, die Durchführung der Beschlüsse auch in internationalen Organisationen zu ermöglichen, um so die Effektivität zu steigern. Die EU fällt unter den Begriff der internationalen Einrichtung i. S. v. Art. 48 Abs. 2 VN-Charta.[248] Die Umsetzung der Resolutionen des Sicherheitsrats durch die EU ist demnach völkerrechtlich zulässig.

Völkerrechtswidrige Sanktionen können durch das Vorliegen eines verbindlichen Sanktionsbeschlusses des Sicherheitsrats gerechtfertigt werden, dem insofern „konstitutive Legalisierungswirkung“[249] zukommt. Diese Rechtfertigungswirkung gegenüber dem Adressaten der Maßnahme erstreckt sich auch auf in-

247 Vgl.: 3. Kap.

248 *Epping*, in: Ipsen, Völkerrecht, § 6 Rn. 15 ff.; *Schneider*, Wirtschaftssanktionen, S. 95.

249 *Schneider*, Wirtschaftssanktionen, S. 115; allgemein zur Rechtfertigungswirkung von Resolutionen des Sicherheitsrats *Petersmann*, ZVglRWiss 80 (1981), 1 (17 f.).

ternationale Organisationen, die gemäß Art. 48 Abs. 2 VN-Charta die Resolution des Sicherheitsrats umsetzen.[250]

II. Originäre Sanktionen der EU

Neben der Umsetzung von Sanktionen, die auf den Sicherheitsrat der VN zurückzuführen sind, verhängt die EU auch originär Sanktionen.[251] Solch ein Vorgehen der EU kann dann nicht mehr unter Bezugnahme auf die dahinterstehende Ermächtigungswirkung von Resolutionen des Sicherheitsrats gerechtfertigt werden. Deren Zulässigkeit muss sich vielmehr am allgemeinen Völkerrecht messen lassen.[252]

1. Völkerrechtliche Schranken

Bis zum Vertrag von Lissabon war die EG (1. Säule der EU) für die verbindliche Festsetzung von Sanktionen durch Verordnungen zuständig. Diese war, als anerkanntes Völkerrechtssubjekt, bei der Verhängung von Wirtschaftssanktionen an die allgemeinen Regeln des Völkerrechts gebunden.[253] Mit Inkrafttreten des Vertrags von Lissabon am 1. Dezember 2009 wurde die Säulenstruktur aufgelöst und die EU als solche hat Völkerrechtssubjektivität erlangt. Somit ist auch diese nun an die Regeln des Völkerrechts gebunden. Im Folgenden wird aufgezeigt, gegen welche völkerrechtlichen Ge- und Verbote außenpolitisch motivierte Sanktionen verstoßen können und inwiefern ein möglicher Verstoß nach allgemeinem Völkerrecht gerechtfertigt werden kann.

a) Gewaltverbot

Eine völkerrechtlich anerkannte und in Art. 2 Ziff. 4 VN-Charta verankerte Schranke jeglichen völkerrechtlichen Handelns stellt das Gewaltverbot dar. Demzufolge ist jegliche Anwendung oder Androhung militärischer Gewalt verboten.[254] Das Gewaltverbot kann allerdings nur eine Schranke für die Verhän-

---

250 *Ress*, Handelsembargo, S. 116 f.

251 Vgl. u.a. Beschluss 2011/72/GASP u. VO (EU) 101/2011 gegen Tunesien; ausführlich hierzu: 3. Kap. B.

252 *Meng*, ZaöRV 57 (1997), 269 (274).

253 *Petersmann/Spennemann*, in: v. d. Groeben/Schwarze, EU-/EG-Vertrag, Art. 307 Rn. 24; allgemein zur Bedeutung des Völkerrechts für das Handeln der EG *Petersmann*, EuZW 1997, 325 (325 ff.); *Hoffmeister*, EWS 1998, 365 (365 ff.); auch der EuGH erkennt in ständiger Rechtsprechung die Verbindlichkeit des allgemeinen Völkerrechts für die EG bzw. EU an, grundlegend hierzu EuGH, Urt. v. 12.12.1972, verb. Rs. 21-24/72, Slg. 1972, 1219 Rn.18 - International Fruit Company u.a.

254 *Fischer*, in: Ipsen, Völkerrecht, § 59 Rn. 1073; *Herdegen*, Völkerrecht, § 34 Rn. 1.

gung von wirtschaftlichen Sanktionen darstellen, wenn diese unter den Begriff „Gewalt“ zu subsumieren sind. Die früher vertretene Ansicht, auch die Fälle „wirtschaftlicher Aggression“ als Gewalt zu sehen, konnte sich jedoch zu Recht nicht durchsetzen. Begründet wurde diese Auffassung damit, dass die Folgen wirtschaftlichen Drucks, aufgrund der vielfältigen Abhängigkeiten zwischen Staaten, für den Adressaten und seine Bevölkerung sogar gravierender sein können als militärische Sanktionen.[255] Dieser weite Gewaltbegriff lässt sich jedoch weder mit der Entstehungsgeschichte[256] des Art. 2 Ziff. 4 VN-Charta, noch mit der Präambel der VN-Charta vereinbaren. Diese verfügt, dass lediglich die Anwendung militärischer Gewalt ausgeschlossen ist, sofern sie nicht im gemeinsamen Interesse angewendet wird. Darüber hinaus würde eine derartige Ausdehnung des Gewaltbegriffs zur völligen Konturenlosigkeit führen. Wirtschaftliche Maßnahmen müssten nämlich eine gewisse Intensität aufweisen um eine derartige Knebelwirkung auf den Zielstaat ausüben zu können, dass der Vergleich mit militärischem Zwang gerechtfertigt wäre. Anders als bei militärischer Gewalt lässt sich jedoch die „wirtschaftliche Gewalt“ nicht mit alleinigem Blick auf das verwendete Mittel definieren. Ob die Schwelle einer gewissen Intensität überschritten wurde, ergibt sich vielmehr nur aus einer rückwirkenden Analyse der Folgen für den Zielstaat.[257]

Nach überwiegender Auffassung findet daher die völkerrechtliche Schranke des Gewaltverbots auf Wirtschaftssanktionen keine Anwendung.[258]

b) Interventionsverbot

Eine Einschränkung der Zulässigkeit von Wirtschaftssanktionen könnte sich jedoch aus dem völkergewohnheitsrechtlich anerkannten und in Art. 2 Ziff. 7 VN-Charta für die Organe der VN normierten Interventionsverbot ergeben. Dieses Verbot besagt, dass in die Angelegenheiten eines souveränen Staates, die ihrem Wesen nach zu dessen inneren Zuständigkeiten gehören, nicht eingegriffen werden darf. Grundsätzlich ist hiervon nicht nur die Intervention mit militärischen Mitteln, sondern auch die Einflussnahme auf andere Staaten mit Hilfe von wirt-

---

255 *Neuss*, Handelsembargos, S. 49 ff.; *Paust/Blaustein*, AJIL 68 (1974), 410 (415 ff.), die in den Erdölembargos der arabischen Staaten einen Verstoß gegen das Gewaltverbot i.S.v. Art. 2 Ziff. 4 VN-Charta sehen.

256 Vgl. hierzu *Garcon*, Handelsembargen der EU, S. 156 f.; *Schadtle*, JURA 2009, 686 (687).

257 *Ress*, Handelsembargo, S. 14.

258 So z.B. *Gornig*, JZ 1990, 113 (115 f.); *Meng*, ZaöRV 57 (1997), 269 (274); *Randelzhofer*, in: Simma, The Charter of the United Nations, Art. 2 (4) Rn. 18-20; *Schneider*, Wirtschaftssanktionen, S. 96 f.; *Schadtle*, JURA 2009, 686 (687).

schaftlichem Zwang umfasst, da ansonsten das Interventionsverbot neben dem Gewaltverbot keinen eigenen Anwendungsbereich hätte.[259]

Jedoch besteht Einigkeit darüber, dass nicht jede Form von wirtschaftlicher Einflussnahme als völkerrechtswidrig qualifiziert werden kann. Die vielschichtige, wirtschaftliche Verflechtung zwischen Staaten ermöglicht Maßnahmen, die rechtmäßigerweise die Ausübung von Druck auf den Handelspartner zulassen.[260] Wo jedoch die Grenze zwischen zulässigem wirtschaftlichem Druck und völkerrechtswidriger Intervention zu ziehen ist, ist gleichwohl schwierig wie umstritten. Als mögliche Abgrenzungskriterien werden u.a. die Intensität der Maßnahme, die Mittel-Zweck Relation, der Schädigungswille und der tatsächlich erreichte Erfolg genannt.[261] Die Abgrenzung mittels rein subjektiver Kriterien vorzunehmen, ist jedoch nicht praktikabel, da diese sich jeglicher Nachweisbarkeit entziehen.[262] Als sinnvolles Abgrenzungskriterium hat sich die Intensität des Eingriffs herausgestellt. In diesem Sinne entscheidet auch die Generalversammlung der VN, die in der inzwischen zum Völkergewohnheitsrecht zählenden „Friendly Relations Declaration“ [263] u.a. fordert: „No state may use or encourage the use of economic, political or any other type of measures to coerce another state in order to obtain from it the subordination of the exercise of its sovereign rights and to secure from it advantages of any kind.“[264]

Eine völkerrechtswidrige Intervention ist also anzunehmen, wenn durch wirtschaftlichen Zwang die Entscheidungsfreiheit des betroffenen Staates so erheblich eingeschränkt wird, dass die freie Ausübung seiner souveränen Rechte verhindert wird und seine Entscheidungsfindung sich dem Willen des Urhebers der Zwangsmaßnahme unterordnet.[265]

---

259 *Ress*, Handelsembargo, S. 16 f.; zum weiten Interventionsbegriff vgl. *Fischer*, in: Ipsen, Völkerrecht, § 59 Rn. 61; *Petersmann*, ZVglRWiss 80 (1981), 1 (8).

260 U.a. *Bryde*, in: FS Schlochauer, 227 (236); *Epping*, in: Heintze, Von der Koexistenz zur Kooperation, 89 (107 ff.); *Gornig*, JZ 1990, 113 (117).

261 Siehe dazu die Übersichten bei *Dicke*, Intervention, S. 177 ff.; *Bryde*, in: FS Schlochauer, 227 (237 ff.).

262 *Gornig*, JZ 1990, 113 (118); *Garcon*, Handelsembargen der EU, S. 176 f.; *Kißler*, Wirtschaftssanktionen der EG, S. 56.

263 *Bryde*, in: FS Schlochauer, 227 (231); *Garcon*, Handelsembargen der EU, S. 176.

264 Declaration on Principles of International Law concerning Friendly Relations and Cooperation among States in accordance with the Charter of the United Nations (GV-Resolution 2625 (XXV) v. 24.10.1970); vgl. auch die Formulierung von Art. 32 der GV-Resolution 3281 (XXIX) v. 12.12.1974.

265 *Epping*, in: Heintze, Von der Koexistenz zur Kooperation, 89 (108); *Ress*, Handelsembargo, S. 19.

Die Praxis zeigt jedoch, dass eine Einflussnahme mit solch gravierenden Auswirkungen, die dazu führen, dass ein Staat seiner Entscheidungsfreiheit beraubt wird, allein durch Wirtschaftssanktionen kaum erreicht werden kann. Vor allem nach der heute vorherrschenden Bemühung, Sanktionen möglichst zielgerichtet vorzunehmen, treffen die negativen Auswirkungen einer wirtschaftlichen Maßnahme einen Staat nicht mehr in derart umfassender Weise wie ein Totalembargo. Doch auch bei letzterem hat sich gezeigt, dass selbst bei von nahezu allen Staaten befolgten Sanktionen, wie das von den VN initiierte Embargo gegen den Irak oder Serbien und Montenegro, zwar ein erheblicher Druck auf die Zielstaaten ausgeübt wurde; dies führte jedoch u.a. aufgrund meist vorhandener alternativer Beschaffungsmöglichkeiten nicht zum Verlust der eigenen Entscheidungsmacht.[266] Eine solche Wirkung ist bei nur von der EU verhängten Wirtschaftssanktionen, die lediglich die Mitgliedstaaten der Union verpflichten, wohl noch weniger zu erwarten.

Die VN-Charta sieht in Art. 2 Ziff 7 2. HS sogar ausdrücklich vor, dass die vom *Sicherheitsrat* nach Kapitel VII verhängten Maßnahmen nicht unter das Interventionsverbot fallen.

c) Völkerrechtliches Diskriminierungsverbot

Wirtschaftssanktionen könnten des Weiteren aufgrund der bewussten Schlechterstellung einzelner Staaten im Verhältnis zu anderen gegen das Diskriminierungsverbot verstoßen und somit unzulässig sein.

Das völkerrechtliche Diskriminierungsverbot ist verwurzelt in dem Grundsatz der souveränen Gleichheit aller Staaten und ist niedergelegt in Art. 2 Ziff. 1 VN-Charta. Dieser Gleichheitsgrundsatz umfasst jedoch nach herrschender Auffassung nur die *rechtliche* Gleichheit der Staaten und nicht die *tatsächliche*. Er legt also fest, dass alle Staaten die gleichen völkerrechtlichen Rechte und Pflichten haben.[267] Die Verpflichtung zur materiellen Gleichbehandlung im Bereich von Handel und Wirtschaft ergibt sich in der Staatenpraxis oftmals aus in Handels- und Freundschaftsverträgen ausdrücklich festgesetzten Diskriminierungsverboten. Dies ist als Indiz dafür zu werten, dass eine grundsätzlich unterschiedliche handelspolitische Behandlung einzelner Staaten zulässig ist.[268]

Wirtschaftssanktionen verstoßen demnach nicht gegen den Grundsatz der souveränen Gleichheit der Staaten.

---

266 *Osteneck*, Umsetzung, S. 81; *Ress*, Handelsembargo, S. 19.

267 *Gornig*, JZ 1990, 113 (118 f.); *Lindemeyer*, Schiffsembargo und Handelsembargo, S. 404 ff.; *Kißler*, Wirtschaftssanktionen der EG, S. 64 f.

268 *Ress*, Handelsembargo, S. 20.

d) Pflicht zur wirtschaftlichen Zusammenarbeit

Von der Unzulässigkeit der Verhängung von Wirtschaftssanktionen könnte ausgegangen werden, wenn Staaten aufgrund von Völkergewohnheitsrecht oder der VN-Charta verpflichtet wären, wirtschaftlich zusammenzuarbeiten. Ein solches Grundrecht der Staaten auf Verkehr (*ius communicationis* bzw. *ius commercii*) wurde damit begründet, dass die Gemeinschaft der Staaten und das Völkerrecht ohne ein Mindestmaß an Verkehr nicht denkbar wären und so die Selbstisolierung der Staaten sowie der Ausschluss bestimmter Staaten vom Handel verboten seien.[269]

Eine solche Verpflichtung ist jedoch abzulehnen. Allein die Tatsache, dass das Völkerrecht einen gewissen Verkehr voraussetzt, begründet dahingehend noch keine positive Pflicht. Vielmehr muss die staatliche Souveränität, wonach es einem Staat freisteht, ob und mit wem er Handel treiben möchte, im Vordergrund stehen.[270] Auch aus der VN-Charta ergibt sich keine diesbezügliche Verpflichtung. Art. 1 Nr. 3 und Art. 55 lit. a, lit. b VN-Charta normieren zwar die Förderung der internationalen wirtschaftlichen Zusammenarbeit als eine Aufgabe der VN. Eine Pflicht der Mitgliedstaaten lässt sich hieraus jedoch nicht ableiten.[271]

Folglich steht eine etwaige Pflicht zur wirtschaftlichen Zusammenarbeit der Verhängung von Wirtschaftssanktionen nicht entgegen.

e) Eingriff in ausländisches Privateigentum

Wirtschaftssanktionen wirken sich nicht nur auf den sanktionierten Staat negativ aus, sie schädigen auch private Vermögensinteressen, indem z.B. das Erfüllen laufender Verträge unmöglich gemacht wird oder Absatzmärkte nicht mehr bedient werden können. Zu klären ist demgemäß, ob dieser Eingriff, der mitunter zu erheblichen Verlusten führen kann, ein unzulässiger Eingriff in fremdes Privateigentum ist. Der Eigentumsschutz der eigenen Staatsangehörigen richtet sich ausschließlich nach innerstaatlichem Recht und berührt so keine völkerrechtlichen Maßstäbe. Diese müssen daher nur bei Eingriffen in das private Eigentum von Ausländern beachtet werden.[272]

Der völkerrechtliche Eigentumsbegriff umfasst sog. wohlerworbene Rechte, zu denen neben der Sachsubtsanz auch schuldrechtliche Ansprüche und Forderungen zählen, nicht jedoch künftige Gewinnchancen sowie Kunden- und Liefe-

---

269 Vgl. Hinweise bei *Epping*, in: Heintze, Von der Koexistenz zur Kooperation, 89 (97 ff.).

270 So z.B. *Lindemeyer*, Schiffsembargo und Handelsembargo, S. 371 f.; *Ress*, Handelsembargo, S. 21; *Epping*, in: Heintze, Von der Koexistenz zur Kooperation, 89 (100).

271 *Schneider*, Wirtschaftssanktionen, S. 98 f.; *Gornig*, JZ 1990, 113 (121).

272 *Osteneck*, Umsetzung, S. 86 Fn. 331; *Ress*, Handelsembargo, S. 22 f.

rantenbeziehungen.[273] Eine Enteignung im völkerrechtlichen Sinne liegt vor, wenn durch einen Hoheitsakt konkrete Vermögenswerte entzogen werden oder eine rechtliche, bzw. faktische Beschränkung der Eigentumsnutzung vorliegt, die einer Entziehung gleichkommt.[274] Diese ist nicht *per se* unzulässig, sondern bei Einhaltung gewisser Mindeststandards völkerrechtsgemäß. Zu diesen Mindeststandards zählt, dass die Enteignung im öffentlichen Interesse vorgenommen werden muss. Sie darf weder diskriminierend noch willkürlich durchgeführt werden und muss eine angemessene, prompte sowie effektive Entschädigung gewährleisten (sog. „Hull Doctrin").[275]

Wirtschaftssanktionen beeinträchtigen nicht die Sachsubstanz des Eigentums, wohl aber wird die Erfüllung von Verträgen verboten. Folglich liegt ein Eingriff in wohlerworbene Rechte vor. Ob dieser Eingriff jedoch die Schwelle zur Enteignung überschreitet oder eine bloße Konkretisierung der Sozialbindung des Eigentums darstellt, ist umstritten. Zum Teil wird das Vorliegen einer Enteignung mit dem Argument abgelehnt, eine Wirtschaftssanktion greife lediglich mittelbar in die Rechte aus bestehenden Verträgen ein, da die Forderungen aus dem Vertrag bei ihren Gläubigern verblieben. Lediglich deren Erfüllung sei untersagt, sodass die Sachsubstanz an sich unberührt bleibe. Vielmehr liege eine Bestimmung des Inhalts und Umfangs des Eigentums vor, die somit entschädigungslos zulässig sei.[276] In der Praxis wird jedoch die Unterscheidung zwischen einer direkten und einer indirekten Enteignung nicht mehr vorgenommen. Es wird stattdessen darauf abgestellt, ob der Eigentümer aufgrund der Maßnahme sein Eigentum nicht mehr nutzen, genießen oder veräußern kann.[277] Für die Unterscheidung zwischen Enteignung und Sozialbindung spielt ein anderer Faktor die entscheidende Rolle: Nach allgemeinem Völkerrecht stellen Regelungen zur Erhebung von öffentlichen Abgaben, währungspolitische Maßnahmen aufgrund der Devisengesetzgebung sowie Benutzungsbeschränkungen des Eigentums zum Erhalt der öffentlichen Sicherheit und Ordnung keine entschädigungspflichtige Enteignung dar.[278] Zwar dienen Wirtschaftssanktionen nicht dem Erhalt der inneren Sicherheit eines Staates, jedoch der äußeren, da der Adressat meist zur

---

273 *Gornig*, JZ 1990, 113 (120); *Kißler*, Wirtschaftssanktionen der EG, S. 74.

274 *Dolzer*, in: Graf Vitzthum, Völkerrecht, 6. Abschn. Rn. 43.

275 *Dolzer*, in: Graf Vitzthum, Völkerrecht, 6. Abschn. Rn. 44; *Gloria*, in: Ipsen, Völkerrecht, § 47 Rn. 18 ff.

276 *Ress*, Handelsembargo, S. 24; *Lindemeyer*, Schiffsembargo und Handelsembargo, S. 439.

277 Zusammenfassend *Appleton*, New York University Environmental Law Journal Vol. 11 (2002), 35 (40 ff.).

278 *Kißler*, Wirtschaftssanktionen der EG, S. 75 f.; *Verdross/Simma*, Völkerrecht, § 1219 m.w.N.

Beendigung eines völkerrechtswidrigen Verhaltens veranlasst und so die Geltung des Völkerrechts durchgesetzt werden soll.[279]

Ein anderes Ergebnis würde auch den Zweck der Sanktionen unterlaufen: der Adressat soll zur Verhaltensänderung gezwungen werden. Würde jedoch der Urheber zur Entschädigung möglicher Vermögenseinbußen verpflichtet werden, könnte kein derartiger wirtschaftlicher Druck aufgebaut werden.

Ein völkerrechtswidriger Eingriff in ausländisches Privateigentum liegt folglich nicht vor.

f) Humanitäre Rechte

Wirtschaftssanktionen können, vor allem wenn sie als Totalembargo verhängt werden, schwerwiegende Folgen für die Bevölkerung des betroffenen Staats haben.[280] Diese Folgen sind bis zu einem gewissen Grad völkerrechtlich unproblematisch, soll doch gerade auch dadurch eine „Revolution von innen“ gegen bestehende Schreckensregime erreicht werden. Der Mangel an Lebensmitteln und Medikamenten kann jedoch in Ausnahmefällen in das Recht auf körperliche Unversehrtheit der betroffenen Bevölkerung eingreifen. Um den Schutz dieser elementaren humanitären Rechte zu gewährleisten, ist es völkerrechtlich geboten, eine Grundversorgung mit Lebensmitteln und Medikamenten zu gewährleisten.[281] In der Praxis sehen die Sanktionsregime sowohl der VN als auch der EU Ausnahmeklauseln aus humanitären Gründen vor.[282]

2. Vorgaben des Vertragsvölkerrechts

Die Zulässigkeit von Wirtschaftssanktionen kann ferner durch das Vertragsvölkerrecht begrenzt sein. In Betracht kommen einerseits die Regelungen des GATT 1994 und der WTO, andererseits individuell vereinbarte Verträge zwischen dem sanktionierenden und dem sanktionierten Staat.

a) GATT 1994, GATS und WTO

Das „General Agreement on Tarrifs and Trade“ (GATT) stellt das wohl bedeutendste internationale Handelsabkommen dar. In seiner gegenwärtigen Fassung von 1994 bildet das Abkommen einen integralen Bestandteil der 1995 gegründeten Welthandelsorganisation (WTO). Bei dieser handelt es sich um eine internationale Organisation im Sinne des Völkerrechts, die Völkerrechtssubjektivität

---

279 *Osteneck*, Umsetzung, S. 89; a. A. *Garcon*, Handelsembargen der EU, S. 192 f., die für das Vorliegen der Gefahr für die öffentliche Sicherheit nur eine Gefahr für die innere Sicherheit eines Staates ausreichen lässt.

280 Vgl.: 1. Kap. A. III. 3.

281 *Schneider*, Wirtschaftssanktionen, S. 102; *Osteneck*, Umsetzung, S. 91.

282 Vgl.: 3. Kap. B. III. 2. b und C. IV. 3. a).

genießt (Art. VIII Nr. 1 WTO-Übereinkommen).[283] Die EU (vor Inkrafttreten des Vertrags von Lissabon die EG) ist seit 1. Januar 1995 Mitglied der WTO und demnach an ihr Regelwerk gebunden.[284]

Das GATT 1994 dient der Förderung und Liberalisierung des Welthandels durch den Abbau von Handelshemmnissen und mengenmäßigen Beschränkungen und beruht dabei auf sechs Prinzipien: Meistbegünstigung, Diskriminierungsverbot, Verbot mengenmäßiger Ein- und Ausfuhrbeschränkungen, Dumping- und Subventionsabwehr, Zollsenkungen, sowie bedingte Zulässigkeit von Zollunion und Freihandelszonen.[285]

Für die Verhängung von Wirtschaftssanktionen bedeutsam ist das Meistbegünstigungsprinzip. Gemäß Art. I Abs. 1 GATT sind die Vertragsstaaten verpflichtet, alle Vorteile, Vergünstigungen, Vorrechte oder Befreiungen, die eine Vertragspartei für eine Ware gewährt, die aus irgendeinem anderen Land stammt oder für irgendein anderes Land bestimmt ist, bedingungslos und unverzüglich für alle gleichwertigen Waren zu gewähren. Des Weiteren können Wirtschaftssanktionen auch Art. XI ff. GATT tangieren: Außer Zöllen, Abgaben und sonstigen Belastungen einer Vertragspartei bei der Ein- oder Ausfuhr einer Ware dürfen keine Beschränkungen und Verbote wie mengenmäßige Ein- und Ausfuhrbeschränkungen erhoben werden. Über den Wortlaut hinaus verbietet die Norm jegliche Form von Handelshemmnissen.[286]

Wirtschaftssanktionen, die den zwischenstaatlichen Handel von Vertragsstaaten unterbinden, können daher sowohl gegen das Meistbegünstigungsprinzip als auch gegen das Verbot mengenmäßiger Ein- und Ausfuhrbeschränkungen verstoßen.[287] In dem GATT finden sich jedoch Schutz- und Ausnahmeklauseln, die erhebliche Einschränkungen dieser Prinzipien zulassen. Für die Verhängung von Wirtschaftssanktionen ist die „security exception"-Klausel des Art. XXI (b) Abs. III GATT relevant.[288] Demnach hindern die Bestimmungen des Abkommens eine Vertragspartei nicht daran, Maßnahmen zu ergreifen, „(...)

283 Zur geschichtlichen Entwicklung von GATT und WTO *Herdegen*, Internationales Wirtschaftsrecht, § 10 Rn. 1 ff.

284 Vgl. die Angaben auf der Homepage der WTO: http://www.wto.org/english/thewto_e/countries_e/european_communities_e.htm (zuletzt abgerufen am 6.3.2013).

285 *Gloria*, in: Ipsen, Völkerrecht, § 45 Rn. 1.

286 *Hahn*, GATT-Verpflichtungen, S. 122.

287 *Osteneck*, Umsetzung, S. 92; *Gornig*, JZ 1990, 113 (122); *Ress*, Handelsembargo, S. 26.

288 Handelt es sich bei der Sanktionierung um eine reine Umsetzung von Sanktionen des Sicherheitsrats der VN gemäß Art. 39, 41 VN-Charta, ist Art. XXI (c) Abs. III GATT einschlägig, der den Vertragsparteien erlaubt, Maßnahmen zu treffen „(...) in pursuance of its obligations under the United Nations Charter for the maintenance of international peace and security"; vgl. *Hahn*, GATT-Verpflichtungen, S. 288 ff.

which it considers necessary for the protection of its essential security interests (...) taken in time of war or other emergency in intenational relations." Diese Klausel gestattet ein Abweichen von jeglichen Vorschriften des GATT, folglich auch vom Meistbegünstigungsprinzip und dem Verbot mengenmäßiger Ein- und Ausfuhrbestimmungen. Bei der Bewertung, wann die Vertragspartei eine ernste Krise in den internationalen Beziehungen gegeben sieht und welche Maßnahmen dann angewendet werden können, steht dieser ein nicht nachprüfbarer Ermessensspielraum zu. Diese Einschätzungsprärogative wird zu Recht kritisiert, da so letztlich jede Vertragspartei selbst über den Umfang ihrer Bindung an das GATT bestimmen kann.[289] Die Einräumung dieser weiten Definitionsmacht ist jedoch im Wortlaut eindeutig angelegt („which it considers necessary") und gewollt.[290]

Da Wirtschaftssanktionen wohl immer in Situationen verhängt werden, in denen der Urheber eine ernste Krise in den internationalen Beziehungen sieht, stellt das GATT in aller Regel keine völkervertragliche Grenze für deren Verhängung dar.

Wird kein Handelsembargo, sondern ein Dienstleistungsembargo verhängt, ist anstelle des GATT das „General Agreement on Trade in Services" (GATS) heranzuziehen, das den Handel mit Dienstleistungen betrifft. Auch hier findet sich jedoch eine mit der Bestimmung aus dem GATT inhaltsgleiche „security exception"-Klausel in Art. XIV bis I b) (iii) GATS, sodass sich die Vertragsparteien auch beim Handel mit Dienstleistungen auf eine Ausnahmeklausel berufen können.

b) Bilaterale Handelsverträge

Völkerrechtlich relevant für die Zulässigkeit von Wirtschaftssanktionen sind nur Handelsabkommen zwischen Staaten und/oder internationalen Organisationen. Ein völkerrechtlicher Verstoß kann dann vorliegen, wenn vertraglich zugesicherte Handelsfreiheiten missachtet sowie vereinbarte Meistbegünstigungs- und Gleichbehandlungspflichten oder Diskriminierungsverbote verletzt werden.[291] Aus diesem Grund enthalten bilaterale Handelsverträge meist ausdrückliche Ausnahmeklauseln, in denen den Vertragsparteien die Möglichkeit vorbehalten bleibt, trotz des Abkommens die Maßnahmen zu ergreifen „which it considers essential to its own security in the event of serious internal disturbances affec-

289 *Hahn*, GATT-Verpflichtungen, S. 342 ff.; *Paust/Blaustein*, AJIL 68 (1974), 410 (423) u. Fn. 58 fordern eine Überprüfung anhand objektiver Kriterien.

290 So auch *Herdegen*, Internationales Wirtschaftsrecht, § 10 Rn. 79 f.; *Garcon*, Handelsembargen der EU, S. 199 f.

291 *Petersmann*, ZVglRWiss 80 (1981), 1, (15); *Kißler*, Wirtschaftssanktionen der EG, S. 82.

ting the maintenance of law and order, in time of war or serious international tension (...)".[292]

Falls eine Ausnahmeklausel nicht vereinbart worden ist, wird vertreten, dass eine solche kraft Völkergewohnheitsrecht Bestandteil des Handelsvertrags wird.[293] Dagegen spricht aber, dass in Handelsverträgen gerade ausdrückliche „security exceptions" vereinbart werden, was nach vorhergehender Argumentation ansonsten überflüssig wäre. Eine so weitreichende Abweichung vom Grundsatz *pacta sunt servanda* kann nicht im Interesse der Vertragsstaaten liegen.

Als weitere Möglichkeit, um sich von einem bilateralen Handelsvertrag zu lösen, wird die Anwendung des allgemein anerkannten Völkerrechtsgrundsatz der *clausula rebus sic stantibus* (Wegfall der Geschäftsgrundlage) diskutiert, nach dem die grundlegende Änderung wesentlicher Umstände eines völkerrechtlichen Vertrags eine Vertragspartei berechtigt, sich einseitig von der Verpflichtung zu lösen.[294] Ob allerdings eine veränderte politische Situation in einem Staat, die zur Verhängung einer Wirtschaftssanktion führt, eine grundlegende Änderung der Umstände in diesem Sinne darstellt, ist vom Einzelfall abhängig.[295]

Ein Verstoß gegen bilaterale Handelsverträge durch die Verhängung von Wirtschaftssanktionen ist aufgrund der vielfach normierten Ausnahmeklauseln folglich nur selten denkbar.

3. Rechtfertigung nach allgemeinem Völkerrecht

Wenn, wie in den meisten Fällen, durch Wirtschaftssanktionen der EU das Völkerrecht nicht verletzt wird, liegt eine völkerrechtskonforme Retorsion vor. Als Retorsion wird eine völkerrechtskonforme Maßnahme bezeichnet, die als Antwort auf eine Völkerrechtsverletzung oder ein unfreundliches Verhalten der Gegenseite vorgenommen wird. Sie stellt dabei die mildeste Form der Selbsthilfe dar und greift nicht in die Rechte des betroffenen Staates ein. Retorsionen be-

292 Vgl. z.B. Art. 101 lit. c des Europa-Mittelmeer-Abkommens zur Gründung einer Assoziation zwischen der Europäischen Gemeinschaft und ihren Mitgliedstaaten einerseits und der Demokratischen Volksrepublik Algerien andererseits, ABl. 2005 Nr. L 265/2.

293 *Kißler*, Wirtschaftssanktionen der EG, S. 84; kritisch hierzu *Garçon*, Handelsembargen der EU, S. 200; *Osteneck*, Umsetzung, S. 95 f.

294 *Dahm/Delbrück/Wolfrum*, Völkerrecht, Band I/3, S. 742.

295 Ausführlich hierzu *Osteneck*, Umsetzung, S. 96 ff.

dürfen, als *a priori* rechtmäßige Maßnahmen, keiner völkerrechtlichen Legitimation.[296]

Sollte man im Einzelfall jedoch trotzdem zum Ergebnis kommen, eine Sanktion greife in Völkergewohnheits- oder Völkervertragsrecht ein, steht deren Völkerrechtswidrigkeit noch nicht fest. Möglich ist dann nämlich ein Eingreifen völkerrechtlicher Rechtfertigungsgründe in Form einer Repressalie oder dem Recht der Selbstverteidigung.

a) Repressalie

Mit dem Begriff Repressalie wird eine völkerrechtswidrige Maßnahme bezeichnet, mit der auf einen vorangegangenen Völkerrechtsbruch eines Völkerrechtssubjekts reagiert wird.[297] Um ihre rechtfertigende Wirkung zu erlangen, muss ihr Urheber innerhalb der völkerrechtlich gezogenen Schranken handeln[298]:

Zunächst muss das mit der Repressalie verfolgte Ziel sein, den Adressaten zur Aufgabe seines völkerrechtswidrigen Tuns und zu einer Wiedergutmachung zu veranlassen, wodurch die Repressalie über den Charakter einer reinen Vergeltungsmaßnahme hinausgeht. Logische Konsequenz hieraus ist, dass die Repressalie beendet werden muss, sobald das mit ihr verfolgte Ziel erreicht ist und somit keine Maßnahmen ergriffen werden dürfen, die nicht rückgängig zu machen sind. Ferner muss ihr im Vorfeld eine Aufforderung vorangegangen sein, das Unrecht wiedergutzumachen. Überdies ist bei der Anwendung der Repressalie der Verhältnismäßigkeitsgrundsatz zu beachten. Die Repressalie darf demnach das ursprüngliche Unrecht nach Art, Umfang und Intensität nicht wesentlich überschreiten. Eine darüber hinausgehende Gleichartigkeit der Maßnahmen wird nicht gefordert. Da die Repressalie immer mit der Intention angewandt werden muss, eine Verhaltensänderung bei dem Adressaten herbeizuführen, ist diese nur gegen den Urheber der ursprünglichen völkerrechtswidrigen Handlung zulässig. Eine völkerrechtswidrige Maßnahme gegen einen unbeteiligten Drittstaat kann nicht gerechtfertigt werden. Nach überwiegender Ansicht ist das Mittel der militärischen Gewalt bei Repressalien unzulässig.[299]

---

296 Zum Begriff der Retorsion und deren möglichem Inhalt vgl. *Partsch*, in: Bernhardt (Hrsg.), EPIL, Vol. IV, „Retorsion", S. 232 f.; *Schröder*, in: Graf Vitzthum, Völkerrecht, 7. Abschn. Rn. 108.

297 *Schröder*, in: Graf Vitzthum, Völkerrecht, 7. Abschn. Rn. 109.

298 Zu den folgenden Voraussetzungen der Repressalie vgl. *Fischer*, in: Ipsen, Völkerrecht, § 59 Rn. 45 f.; *Garcon*, Handelsembargen der EU, S. 216 f.; *Steinkamm*, in: Seidl-Hohenveldern, LexR/VR, „Repressalie", S. 339 ff.; instruktiv auch *Bleckmann*, in: FS Schlochauer, 193 ff.

299 Vgl. u.a. *Petersmann*, ZVglRWiss 80 (1981), 1 (16); *Tomuschat*, ZaöRV 33 (1973), 179, (182 Fn. 11).

Grundsätzlich kann die Vornahme einer völkerrechtswidrigen Wirtschaftssanktion unter Zuhilfenahme des Instituts der Repressalie gerechtfertigt werden. Wirtschaftssanktionen haben immer eine Verhaltensänderung des Adressaten zum Ziel und schaffen in aller Regel keine unverrückbaren Tatsachen. Darüber hinaus handelt es sich nicht um ein militärisches Mittel. Eventuell könnte ein Totalembargo allerdings gegen den Verhältnismäßigkeitsgrundsatz verstoßen.

Indes ergeben sich im Zusammenhang mit der Repressalienbefugnis der EU einige Schwierigkeiten. Das Repressalienrecht ist vom Grundsatz der Reziprozität geprägt, d.h. nur dasjenige Völkerrechtssubjekt ist zur Verhängung von Repressalien befugt, welches durch das vorhergehende Verhalten des gegnerischen Völkerrechtssubjekts in seinen Rechten verletzt wurde.[300] Somit ist die Repressalienbefugnis der EU unstreitig gegeben, sobald sie durch das vorangegangene völkerrechtliche Verhalten selbst in ihren Rechten verletzt ist, etwa beim Bruch eines mit der Union geschlossenen Vertrages.[301] Anerkannt ist auch, dass eine Repressalie zulässig ist, wenn *erga omnes*-Normen verletzt werden. Der IGH hat neben den völkerrechtlichen Verpflichtungen, die gegenüber einzelnen Staaten oder Gruppen von Staaten bestehen, auch „obligations of another State towards the international communiy as a whole"[302] anerkannt. Bei diesen *erga omnes*-Verpflichtungen haben alle Staaten ein Interesse an deren Durchsetzung, sodass bei einer Verletzung dieser Normen nicht nur der direkt betroffene Staat als verletzt anzusehen ist, sondern auch die Staatengemeinschaft. Welchen völkerrechtlichen Pflichten eine *erga omnes*-Wirkung zukommt, ist im Einzelfall umstritten. Allgemein anerkannt ist jedoch, dass beispielsweise das Gewaltverbot, Verbrechen gegen die Menschlichkeit oder Völkermord hierunter fallen.[303] Demnach ist die EU auch bei der Verletzung von *erga omnes*-Normen befugt, Repressalien zu verhängen.

Schwierig ist die Repressalienbefugnis zu beurteilen, wenn nicht die Rechte der Union an sich, sondern – nicht zu den *erga omnes*-Normen zählende – Rechte eines oder mehrerer Mitgliedstaaten verletzt sind. Aufgrund des hohen Integrationsniveaus innerhalb der EU wird zum Teil auf eine Durchgriffswirkung der Rechtsverletzung abgestellt.[304] Daneben wird vertreten, dass ein Recht zur Nothilfe der EU gegenüber ihren Mitgliedern bestehe.[305] Abgelehnt wird die Re-

300 Vgl. u.a. *Kißler*, Wirtschaftssanktionen der EG, S. 92.

301 *Stein*, in: FS Bernhardt, 1129 (1139).

302 IGH, Case concerning the Barcelona Traction, Light and Power Company, ICJ Reports 1970, S. 3 (32).

303 *Garcon*, Handelsembargen der EU, S. 220 ff.

304 *Schneider*, Wirtschaftssanktionen, S. 113; *Geiger*, in: Geiger/Khan/Kotzur, EUV/AEUV, Art. 215 Rn. 6.

305 *Bleckmann*, EG-Sanktionen gegen Argentinien, S. 16.

pressalienbefugnis der EU u.a. mit dem Argument, ein Eingreifen der Union anstelle individueller oder kollektiver Maßnahmen der betroffenen Mitgliedstaaten berge die Gefahr einer Eskalation des Streitfalls.[306] Wirtschaftliche Sanktionen sind allerdings das einzig effektive Mittel, um auf andere Staaten friedlich Druck ausüben zu können. Die Mitgliedstaaten haben jedoch ihre außenwirtschaftlichen Kompetenzen weitgehend an die EU abgegeben, sodass ihnen jedes effektive Machtpotenzial zur Durchsetzung ihrer Ansprüche fehlt. Vermittelnd ist daher von einer Repressalienbefugnis der Union unter besonderer Beachtung des Verhältnismäßigkeitsgrundsatzes auszugehen.[307]

Die letzte denkbare Fallkonstellation ist die Verletzung von Rechten eines Nichtmitgliedstaats der EU. Aufgrund des Grundsatzes der Reziprozität muss jedoch, abseits der Verletzung von *erga omnes*-Normen, eine Repressalienbefugnis abgelehnt werden.[308]

b) Recht der Selbstverteidigung

Genügen wirtschaftliche Zwangsmaßnahmen nicht den hohen Anforderungen des Repressalienrechts, kommt eine Rechtfertigung mittels des Rechts zur kollektiven Selbstverteidigung in Frage. Dieses Recht besagt, dass ein Völkerrechtssubjekt auf einen bewaffneten Angriff mit militärischen Mitteln antworten darf, um Gefahren für seine territoriale Integrität, seine Unabhängigkeit oder seine Existenz abzuwehren.[309] Dieses Selbstverteidigungs- oder Notwehrrecht ist völkerrechtlich anerkannt sowie in Art. 51 VN-Charta festgeschrieben. Erlaubt das Selbstverteidigungsrecht eine militärische Reaktion, muss *a maiore ad minus* auch die Verhängung von Wirtschaftssanktionen als weniger schwerwiegendes Mittel zulässig sein.[310] Da es für einen Staat unzumutbar ist, zunächst einen militärischen Angriff abzuwarten, umfasst das Recht zur Notwehr auch die präventive Selbstverteidigung. Gemeint sind damit Situationen, in denen ein bewaffneter Angriff unmittelbar bevorsteht.[311]

---

306 *Osteneck*, Umsetzung, S. 107.

307 *Tomuschat*, in: v. d. Groeben/Schwarze, EU-/EG-Vertrag, Art. 281 EG Rn. 14; für eine diesbezgl. Repressalienbefugnis auch *Garcon*, Handelsembargen der EU, S. 219.

308 *Osteneck*, Umsetzung, S. 108; a.A. *Schneider*, Wirtschaftssanktionen, S. 113, der eine Repressalienbefugnis bejaht bei enger politischer, wirtschaftlicher oder geographischer Verbindung zum Drittstaat.

309 Zum Begriff *Klein*, in: Seidl-Hohenveldern, LexR/VR, „Selbstverteidigung", S. 371 ff.; *Fischer*, in: Ipsen, Völkerrecht, § 59 Rn. 28 ff.

310 Vgl. u.a. *Bleckmann*, EG-Sanktionen gegen Argentinien, S. 22.

311 *Klein*, in: Seidl-Hohenveldern, LexR/VR, „Selbstverteidigung", S. 371; *Kißler*, Wirtschaftssanktionen der EG, S. 103; kritisch hierzu *Fischer*, in: Ipsen, Völkerrecht, § 59 Rn. 29 f.

Das Ziel der Selbstverteidigung ist enger zu ziehen als bei der Repressalie: Maßgeblich ist die Wiederherstellung des *status quo ante* und eine reine Abwehr des Angriffs, keinesfalls eine darüberhinausgehende Wiedergutmachung. Die Selbstverteidigung ist daher als defensives Mittel zu sehen, im Gegensatz zur Repressalie, die ein offensives Mittel der Selbsthilfe darstellt.[312]

Art. 51 VN-Charta umfasst zwar nur das Selbstverteidigungsrecht bei bewaffneten Angriffen. Liegt jedoch ein gegenwärtiger, rechtswidriger, nichtmilitärischer Angriff vor, ermöglicht der völkergewohnheitsrechtliche Notwehrgedanke, dass dieser abgewehrt werden darf.[313] Aufgrund des Verhältnismäßigkeitsgrundsatzes ist jedoch nur eine nichtmilitärische Reaktion möglich, deren Zulässigkeit sofort erlischt, sobald der Angriff abgewehrt ist.

Internationale Organisationen wie die EU sind grundsätzlich berechtigt, kollektive Selbstverteidigung auszuüben. Teilweise wird eine hinreichende geographische, politische oder wirtschaftliche Verbindung zwischen dem betroffenen Staat und der Organisation gefordert.[314] Eine solche Einschränkung widerspricht aber dem Institut der Selbstverteidigung, da hier der Grundsatz der Reziprozität nicht gilt.[315] Der Aggressor soll sich gerade einer breiten Front gegenübersehen, die einem anderen Staat, auf den sich der Angriff bezieht, zur Hilfe eilt.

c) Leistungsverweigerung

Besteht die vorangegangene Maßnahme eines Völkerrechtssubjekts in der Verletzung eines mit der EU bestehenden völkerrechtlichen Vertrags, kann diese mit dem völkergewohnheitsrechtlich anerkannten – und für Verträge zwischen Staaten in Art. 60 WVRK kodifizierten – Recht, die Erfüllung zu verweigern oder ein außerordentliches Kündigungsrecht auszuüben, reagieren (*exceptio non adimpleti contractus*). Der Unterschied zur Repressalie liegt darin, dass Letztgenannte nur die temporäre Erfüllungsverweigerung, nicht die dauernde Umgestaltung der gegenseitigen Rechtsbeziehungen zulässt. Bei einem gegenseitigen Vertragsverhältnis ist jedoch das Vertrauensklima zerstört, sodass eine generelle Vertragskündigung möglich sein muss.[316] Zwar steht dabei weniger der Zwang zur Verhaltensänderung im Vordergrund als vielmehr die Wiederherstellung des

---

312 *Osteneck*, Umsetzung, S. 112; *Bowett*, AJIL 66 (1972), 1 (3); *Zemanek*, ZaöRV 1987, 32 (34 f.).

313 *Garcon*, Handelsembargen der EU, S. 225.

314 *Schneider*, Wirtschaftssanktionen, S. 114 m.w.N.

315 *Osteneck*, Umsetzung, S. 113; *Garcon*, Handelsembargen der EU, S. 224; *Kißler*, Wirtschaftssanktionen der EG, S. 102.

316 *Tomuschat*, ZaöRV 33 (1973), 179 (188); allgemein zur exceptio vgl. *Hahn*, GATT-Verpflichtungen, S. 55 ff.

vertraglichen Gleichgewichts. Dennoch kann eine durch Wirtschaftssanktionen missachtete völkerrechtliche Vertragspflicht dadurch ihre Rechtfertigung finden.

III. VN-Resolutionen erweiternde Sanktionen

Zu erörtern bleibt die völkerrechtliche Berechtigung der EU zur Verhängung von Maßnahmen, die einen bestehenden Beschluss des VN-Sicherheitsrats erweitern.

Ist eine solche Maßnahme völkerrechtmäßig, liegt eine zulässige Retorsion vor, die unbedenklich neben einem bereits bestehenden Beschluss des Sicherheitsrats verhängt werden kann.[317] Liegt jedoch eine völkerrechtswidrige Maßnahme vor, stellt sich die Frage, inwiefern die allgemeinen völkerrechtlichen Rechtfertigungsgründe anwendbar sind. Erörtert werden muss an dieser Stelle insbesondere, ob der Sicherheitsratsbeschluss der VN Sperrwirkung für Sanktionen der EU entwickelt. Über diesen Beschluss hinausgehende völkerrechtswidrige Maßnahmen könnten somit nicht mehr nach allgemeinen völkerrechtlichen Grundsätzen gerechtfertigt werden. Die EU wäre folglich nicht berechtigt, völkerrechtswidrige Sanktionen zu verhängen, die bestehende Resolutionen des Sicherheitsrats der VN erweitern. Eine Sperrwirkung wäre zu bejahen, wenn der Sicherheitsrat in seiner Resolution verbindlich darüber entscheidet, ob eine Sanktionierung stattfindet und insbesondere deren Modalitäten abschließend festlegt, sodass auf völkerrechtlich anerkannte Rechtfertigungsgründe nicht mehr zurückgegriffen werden darf.

1. Unselbstständige Durchführungsmaßnahmen

Nicht alle parallel erlassenen Sanktionen, die über den Wortlaut der Resolution des Sicherheitsrats hinausgehen, erweitern diese auch inhaltlich. Vielmehr sollen diese die Effektivität und die praktische nationale Durchführung gewährleisten. Art. 48 Abs. 1 VN-Charta gebietet den Mitgliedstaaten – und i.V.m. Art. 48 Abs. 2 VN-Charta auch der EU als internationale Organisation – sogar, die Maßnahmen zu treffen, die „für die Durchführung der Beschlüsse des Sicherheitsrats zur Wahrung des Weltfriedens und der internationalen Sicherheit erforderlich sind“. Für diese resolutionsbezogenen Durchführungsmaßnahmen bedarf es keiner allgemeinen völkerrechtlichen Rechtfertigung, vielmehr sind diese von der Rechtfertigungswirkung der Sicherheitsratsresolution gedeckt.[318]

317 *Osteneck*, Umsetzung, S. 119.

318 Vgl. ausführlich auch zu der freilich in der Praxis häufig schwierigen Abgrenzung zwischen unselbstständigen nationalen Durchführungsbestimmungen und eigenständigen materiellen Regelungen *Osteneck*, Umsetzung, S. 117 f.

2. Eigenständige materielle Regelungen

Ob eine entsprechende VN-Resolution Sperrwirkung gegenüber weitergehenden Maßnahmen der EU entwickelt und daher völkerrechtswidrige Sanktionen nicht mehr nach allgemeinen völkerrechtlichen Grundsätzen gerechtfertigt werden können, wird vornehmlich im Zusammenhang mit dem Selbstverteidigungsrecht und dem Repressalienrecht diskutiert.

a) Selbstverteidigungsrecht

Der Ansatz, ein Sicherheitsratsbeschluss entfalte Sperrwirkung für eine weitergehende Sanktionierung der EU, findet vor allem im Selbstverteidigungsrecht nach Art. 51 S. 1 VN-Charta Anhaltspunkte. Dort wird normiert, dass das „Recht zur individuellen oder kollektiven Selbstverteidigung (nicht beeinträchtigt wird) *bis* der Sicherheitsrat die zur Wahrung des Weltfriedens und der internationalen Sicherheit erforderlichen Maßnahmen getroffen hat." Aus dieser Formulierung lässt sich ableiten, dass der autonomen Selbstverteidigung grundsätzlich subsidiärer Charakter zukommt und eine solche nur bis zum Eingreifen der Vereinten Nationen möglich ist.[319] Der Sicherheitsrat soll zentraler Hauptakteur zur Wahrung des Weltfriedens bleiben. Unterstützt wird diese Prämisse durch Art. 51 S. 2 VN-Charta, demzufolge die Mitglieder der VN ihre autonom angewandten Maßnahmen sofort dem Sicherheitsrat anzuzeigen haben.

Bisweilen wird diskutiert, diese Subsidiarität gelte nur, wenn der Sicherheitsrat militärische Maßnahmen nach Art. 42 VN-Charta beschlossen habe. Wirtschaftssanktionen nach Art. 41 VN-Charta könnten der subsidiären Wirkung des Art. 51 VN-Charta nicht unterfallen.[320] Dem ist allerdings entgegenzuhalten, dass Art. 51 VN-Charta den Abschluss des Kapitels VII der VN-Charta darstellt, in dem sich der Begriff der Maßnahme („measure" im engl. Wortlaut) sowohl auf militärische Maßnahmen i.S.v. Art. 42 VN-Charta als auch auf friedliche Maßnahmen i.S.v. Art. 41 VN-Charta bezieht.[321]

Des Weiteren wird angeführt, die Subsidiarität greife nur, wenn die vom Sicherheitsrat ergriffenen Maßnahmen genauso wirksam seien wie die eigenstän-

319 *Randelzhofer*, in: Simma, Art. 51 VN-Charta, Rn. 41.

320 *Frowein*, in: Delbrück, International Law Enforcement, S. 111 (118) und Diskussionsbeitrag S. 183.

321 So auch *Lapidoth*, AVR 30 (1992), 114 (126); a.A. *Klein*, AVR 29 (1991), 421 (425), der ein Zurücktreten des Rechts der Selbstverteidigung nur dann bejaht, wenn die Maßnahmen des Sicherheitsrats die Gefahr für den angegriffenen Staat eindeutig reduzieren.

dig verhängten Maßnahmen.[322] Hiergegen ist einzuwenden, dass dann die Entscheidungskompetenz, ob die VN hinreichend wirksame Maßnahmen ergriffen haben, nicht mehr oder nicht ausschließlich beim Sicherheitsrat liegen kann – dieser wird seine eigenen Maßnahmen kaum als unzureichend bezeichnen – sondern beim angegriffenen Staat selbst. Dies widerspricht aber wiederum dem in der VN-Charta verankerten Grundgedanken, wonach dem Sicherheitsrat die Hauptverantwortung für die Wahrung des Weltfriedens obliegt (Art. 24 Abs. 1 VN-Charta).

Folglich ist grundsätzlich anzuerkennen, dass der Sicherheitsrat darüber entscheiden muss, ob ausreichende Maßnahmen i.S.d. Art. 51 VN-Charta getroffen worden sind. Beschließt der Sicherheitsrat Maßnahmen zur Selbstverteidigung, ist für die individuelle Selbstverteidigung grundsätzlich kein Raum mehr.[323]

b) Repressalienrecht

Darüber hinaus bleibt die Frage, ob die EU weitergehende völkerrechtswidrige Maßnahmen unter Berufung auf das Repressalienrecht treffen kann oder ob eine Sperrwirkung eines Beschlusses des Sicherheitsrats eintritt. Da das Repressalienrecht zwar zum Völkergewohnheitsrecht gehört, aber in der VN-Charta nicht ausdrücklich normiert wurde, kann sich die Diskussion nicht in ähnlicher Weise wie bei Art. 51 VN-Charta am Wortlaut (*bis* zum Eingreifen des Sicherheitsrats) entzünden.

Auch hier lässt sich jedoch wieder mit der besonderen Stellung des Sicherheitsrats bei der Wahrung des Weltfriedens (Art. 24 Abs. 1 VN-Charta) argumentieren. Dieser Aufgabe kann der Sicherheitsrat, wie bereits festgestellt, nicht nur durch militärische Maßnahmen – die im Repressalienrecht gerade unzulässig sind[324] – gerecht werden, sondern vorrangig sogar durch friedliche Wirtschaftsmaßnahmen. Das spricht für eine Subsidiarität autonomer Maßnahmen, auch im Bereich des Repressalienrechts.[325]

c) Vermittelnder Ansatz

Vor allem in Bezug auf Art. 51 VN-Charta werden die Grenzen autonomer Selbstverteidigung größtenteils jedoch nur in Bezug auf militärische Maßnahmen problematisiert. Grund hierfür ist, dass das Recht der Selbstverteidigung eine der wenigen Ausnahmen zum völkerrechtlichen Gewaltverbot

---

322 *Schadtle*, JURA 2009, 686 (694); *Klein*, AVR 29 (1991), 421 (425 f.); vgl. die Diskussionsbeiträge von *Stein*, S. 163; *Morrison*, S. 176; *Schreuer*, S. 177; *Simma*, S. 181 f., in: Delbrück, International Law Enforcement.

323 *Schneider*, Wirtschaftssanktionen, S. 117; im Ergebnis auch *Randelzhofer*, in: Simma, UN-Charter, Art. 51 Rn. 41.

324 Vgl. 2. Kap. A. III. 2. b).

325 So auch *Schneider*, Wirtschaftssanktionen, S. 118 ff.

i.S.v. Art. 2 Nr. 4 VN-Charta darstellt.[326] Wirtschaftssanktionen sind in ihrer Wirkung, wenngleich sie oftmals auf den betroffenen Staat erheblichen Druck auszuüben vermögen, nicht mit der Intensität militärischer Maßnahmen zu vergleichen. Die VN-Charta enthält gerade kein grundsätzliches Verbot für die Verhängung von Wirtschaftssanktionen. Sie sind vielmehr anerkannte Mittel zur Wahrung des Weltfriedens. Aus diesem Grund ist im Gegensatz zu militärischen Maßnahmen ein zentralisiertes Vorgehen der VN bei Wirtschaftssanktionen nicht zwingend. Vielmehr ist es den Mitgliedstaaten bzw. entsprechenden internationalen Organisationen vorbehalten, diese unter Beachtung des Völkerrechts eigenständig zu verhängen. Ein solches nationalstaatliches Vorgehen kann im Einzelfall sogar sinnvoller sein, wenn es sich etwa um einen regionalen Konflikt handelt. Einzelne Staaten bzw. die entsprechenden internationalen Organisationen können zudem oftmals schneller und flexibler agieren als der Sicherheitsrat, dessen Beschlussverfahren oft langwierig sein können.[327] Nähme man ferner eine Sperrwirkung an, würde dies im Zusammenhang mit Wirtschaftssanktionen dazu führen, dass bereits jede vom Sicherheitsrat getroffene Sanktion – sei es auch nur ein Embargo bezüglich eines bestimmten Gutes – eine weitergehende wirtschaftliche Sanktionierung verhinderte. Dies wird jedoch oftmals nicht im Interesse des angegriffenen Staates sein. Gerade im Verhältnis zur EU darf dabei nicht außer Acht bleiben, dass aufgrund steigender Mitgliederzahlen[328] und ihrer weitgehenden Rechtssetzungsbefugnisse vor allem im Wirtschaftssektor ihr Einfluss im internationalen Geschehen zunimmt. Unterhält beispielsweise der Aggressor bedeutende Beziehungen mit der EU und kann sich der Sicherheitsrat lediglich auf die Verhängung eines Embargos in Bezug auf Luxusgüter einigen, wäre es der EU verwehrt, weitere wirtschaftliche Maßnahmen zu treffen, obwohl aufgrund der bestehenden Beziehungen der Druck auf den Aggressor dadurch enorm erhöht würde. Dies führte zu dem Schluss, dass der angegriffene Staat letztlich in einer solchen Situation ein Eingreifen des Sicherheitsrats zu verhindern suchte. Dieses Ergebnis ist jedoch wohl letztlich nicht gewollt.[329] Eine uneingeschränkte Sperrwirkung der Beschlüsse der VN in Bezug auf Wirtschaftssanktionen ist somit abzulehnen.

Allerdings ist die zentrale Stellung des Sicherheitsrats bei der Wahrung des Weltfriedens nicht ohne Belang. Die Mitgliedstaaten sind verpflichtet, bei ihrem Tätigwerden die vom Sicherheitsrat verfolgten Ziele zu berücksichtigen.[330] Dies

326 Vgl. die Darstellung in *Schadtle*, JURA 2009, 686 (691 ff.).

327 Vgl. hierzu *Osteneck*, Umsetzung, S. 124.

328 Aktuell 27 Mitgliedstaaten, vgl.: http://europa.eu/about-eu/27-member-countries/index_de.htm (zuletzt abgerufen am 6.3.2013).

329 Vgl. hierzu *Klein*, AVR 29 (1991), 421 (425).

330 *Osteneck*, Umsetzung, S. 126.

ergibt sich vor allem aus Art. 2 Ziff. 5 VN-Charta, der eine Beistandspflicht der Mitglieder für sämtliche Maßnahmen festlegt, welche die VN im Einklang mit der VN-Charta ergreift. Die VN-Mitgliedstaaten sind also verpflichtet, entsprechend der vom Sicherheitsrat nach Art. 41 VN-Charta verhängten Wirtschaftssanktionen zu handeln.[331] Diese Verpflichtung übernimmt die EU, wenn sie an ihrer Stelle die Beschlüsse des Sicherheitsrats durchführt (Art. 48 Abs. 2 VN-Charta). Wirtschaftssanktionen der EU, die inhaltlich über die Resolutionen des Sicherheitsrats hinausgehen, dürfen also deren Zielsetzung nicht unterlaufen. Dies wäre zum Beispiel der Fall, wenn die VN bewusst nur gezielte Maßnahmen gegen die Eliten eines Lands einsetzen, um die Bevölkerung zu schonen und oppositionelle Kräfte eines Landes zu fördern, die EU hingegen ein umfassendes Warenembargo verhängen würde und dadurch der „Wagenburgeffekt“[332] eintreten kann. Doch nicht jede eigenständige Maßnahme muss die Ziele der VN konterkarieren. Pflegt beispielsweise der Aggressor viele Geschäftskontakte mit Unternehmen in den EU-Staaten, kann zusätzlich zu einer durch die VN initiierten Finanzsanktion die Verhängung von Reisesanktionen durch die EU sinnvoll sein. Der Druck auf die Führungsriege des sanktionierten Landes kann durch die damit einhergehende Erschwerung der Geschäftsabwicklung erhöht werden.

Abschließend ist also festzuhalten, dass Beschlüsse des Sicherheitsrats keine uneingeschränkte Sperrwirkung gegenüber weitergehenden Maßnahmen der EU entfalten. Völkerrechtswidrige autonome Wirtschaftssanktionen der EU, die bereits beschlossene Sanktionen des VN-Sicherheitsrats *ratione materiae* erweitern, können deshalb nach Maßgabe des allgemeinen Völkerrechts gerechtfertigt werden. Die Maßnahmen dürfen allerdings die Zielsetzung der VN nicht unterlaufen. Andernfalls tritt eine Sperrwirkung hinsichtlich des Sicherheitsratsbeschlusses ein.

B. Rechtsgrundlage für die Verhängung von Wirtschaftssanktionen durch die EU

Nach der Bejahung der völkerrechtlichen Berechtigung der EU zur Verhängung von Wirtschaftssanktionen soll die europarechtliche Berechtigung untersucht werden. Der EU kommt nach dem Grundsatz der begrenzten Einzelermächtigung (Art. 5 Abs. 1 EUV n.F.) keine allgemeine Rechtsetzungskompetenz zu. Vielmehr bedürfen die Rechtsetzungsorgane der EU einer ausdrücklichen Kompetenzzuweisung im Primärrecht. Die Möglichkeit, Wirtschaftssanktionen zu

331 *Frowein*, in: Simma, VN-Charta, Art. 2 Ziff. 5, Rn. 4.

332 Vgl.: 1. Kap. A. III. 3.

beschließen, müsste also in die durch die Mitgliedstaaten zugewiesene sachliche Verbandskompetenz der EU fallen.

Vor der Darstellung der aktuellen Rechtslage seit Inkrafttreten des Vertrags von Lissabon am 1. Dezember 2009 (II.) soll die bis dahin geltende Rechtslage analysiert werden (I.), da viele der sich aktuell in Kraft befindenden Sanktionsregime auf Grundlage des zuvor geltenden EU- bzw. EG-Vertrages verhängt wurden.

I. Rechtslage seit Inkrafttreten des Vertrags von Maastricht

Mit dem Vertrag über die Europäische Union (Vertrag von Maastricht, 1993) wurde Art. 228a in den EGV eingefügt, der erstmals eine ausdrückliche primärrechtliche Kompetenz zur Verhängung von Wirtschaftssanktionen begründete. Durch den Vertrag von Amsterdam 1999 wurde der Art. 228a EGV inhaltsgleich in Art. 301 EGV übernommen.

1. Tatbestandliche Voraussetzungen und zulässiger Inhalt

a) Art. 301 EGV

Art. 301 EGV normierte, dass die „erforderlichen Sofortmaßnahmen" getroffen werden können, „um die Wirtschaftsbeziehung zu einem oder mehreren dritten Ländern auszusetzen, einzuschränken oder vollständig einzustellen".

Der Begriff „Wirtschaftsbeziehung" war weit zu verstehen und umfasste nicht nur den Handelsverkehr, sondern auch die Bereiche Verkehr, Dienstleistung und Kapital.[333]

Die Formulierung „Sofortmaßnahme" stellte keine Einschränkung in zeitlicher Hinsicht dar, im Sinne von befristeten Maßnahmen oder einer Zeitspanne, in der etwaige Maßnahmen zu erfolgen haben.[334] Vielmehr war der Zusatz „Sofort" auch im Hinblick auf die englische und französische Fassung („urgent" bzw. „urgentes") als Ausdruck besonderer Dringlichkeit und Wichtigkeit zu sehen.[335] Insbesondere war darum die aktuelle Praxis der jahrelang unveränderten Aufrechterhaltung von Wirtschaftssanktionen zulässig.[336]

---

333 *Gilsdorf/Brandtner*, in: v. d. Groeben/Schwarze, EUV/EGV, Art. 301 Rn. 3; *Osteneck*, Umsetzung, S. 181.

334 *Kokott*, in: Streinz, EUV/EGV, Art. 301 Rn. 39; *Osteneck*, Umsetzung, S. 183.

335 *Osteneck*, in: Schwarze, EU-Kommentar, Art. 301 EGV Rn. 7.

336 Vgl. z.B. die Finanzsanktionen gegen Weißrussland gemäß Art. 2 Verordnung (EG) Nr. 765/2006 i.V.m. Anhang i.d.F. der Verordnung (EG) Nr. 1587/2006.

Das Merkmal der „Erforderlichkeit“ stellte einen deklaratorischen Verweis auf den allgemeinen Verhältnismäßigkeitsgrundsatz dar und war dahingehend auszulegen, dass die Intensität der von der Gemeinschaft verhängten Sanktionen den Schweregrad des vorangegangenen Völkerrechtsverstoßes nicht übersteigen durfte.[337]

Die zu ergreifenden Maßnahmen mussten ferner friedlicher Natur sein.[338]

Als *actus contrarius* konnten auch die Suspendierung und die Aufhebung der Sanktionen auf Art. 301 EGV gestützt werden.[339] Auch Anordnungen, die den Mitgliedstaaten vorschrieben, Verstöße gegen restriktive Maßnahmen mit Sanktionen zu bewehren, waren vom Kompetenztitel des Art. 301 EGV umfasst, da diese die Wirksamkeit der Wirtschaftssanktionen garantieren können.[340]

Adressat einer Maßnahme konnten nach dem Wortlaut des Art. 301 EGV ein oder mehrere *dritte* Länder sein. Eine Kompetenz zur Verhängung von Wirtschaftssanktionen gegenüber Mitgliedstaaten der Gemeinschaft war ausdrücklich ausgenommen.[341]

Ferner waren gemäß dem Wortlaut Sanktionen nur gegenüber *Ländern* möglich. Unstreitig waren davon souveräne Staaten erfasst. Der Begriff „Länder“ gab jedoch lediglich einen territorialen Bezug vor und erlaubte somit auch gegen solche Gebiete Maßnahmen zu ergreifen, die keine Staaten i.S.d. Völkerrechts sind. Eine Einbeziehung von *de facto*-Regimen und Bürgerkriegsparteien, die über ein bestimmtes Territorium herrschen, war daher möglich.[342]

Darüber hinaus waren von Art. 301 EGV auch gezielte Maßnahmen erfasst, die sich gegen die Machthaber oder gegen Personen oder Gruppen richteten, die mit den Eliten eines Landes verbunden waren und zwar unabhängig von ihrem Aufenthaltsort. Voraussetzung hierfür war aber, dass das auslösende Moment der Sanktion einem Drittland zugerechnet werden konnte[343] und die Sanktionen

---

337 *Osteneck*, Umsetzung, S. 183; *Schneider*, Wirtschaftssanktionen, S. 136 f.; a.A. *Zeleny*, ZÖR 52 (1997), 197 (219); *Kokott*, in: Streinz, EUV/EGV, Art. 301 Rn. 40, die die Erforderlichkeit nur darauf beziehen, dass diejenigen Maßnahmen zu treffen sind, die zur Umsetzung der im GASP-Beschluss angeordneten Sanktionen geboten sind.

338 *Stein*, in: FS Bernhardt, 1129 (1138 f.).

339 *Gilsdorf/Brandtner*, in: v.d. Groeben/Schwarze, EUV/EGV, Art. 301 Rn. 13.

340 *Cremer*, in: Callies/Ruffert, EUV/EGV, Art. 301 Rn. 16.

341 Eine Suspendierung von Mitgliedsrechten, bei der auch die Aussetzung von wirtschaftlich relevanten Rechtspositionen denkbar ist (vgl. hierzu *Osteneck*, Umsetzung, S. 138 f. Fn. 528), ist nur unter den Voraussetzungen des Art. 309 Abs. 2 EGV i.V.m. Art. 7 Abs. 2 EUV a.F. bzw. Art. 354 AEUV i.V.m. Art. 7 Abs. 3 EUV n.F. möglich.

342 *Osteneck*, in: Schwarze, EU-Kommentar, Art. 301 EGV Rn. 6; *Kokott*, in: Streinz, EUV/EGV, Art. 301 Rn. 3; auch die englische („countries“) und die französische Fassung („pays“) ließen diese Interpretation zu.

343 *Schulte*, Schutz individueller Rechte, S. 397.

somit tatsächlich das Ziel verfolgten, die Wirtschaftsbeziehung zu einem oder mehreren Drittländern ganz oder teilweise einzuschränken.[344] Dies wurde beispielsweise in Bezug auf die Verordnung (EG) Nr. 467/2001 nicht nur für das Taliban Regime anerkannt, die damals Afghanistan größtenteils beherrschten, sondern auch für Osama bin Laden und das Al-Qaida Netzwerk als Teil des Regimes.

Fehlte jedoch die Verbindung zwischen den zu ergreifenden Sanktionen und dem Hoheitsgebiet oder dem Regime eines Drittlandes, bildete Art. 301 EGV keine ausreichende Rechtsgrundlage.[345]

b) Art. 60 EGV

Falls ein Tätigwerden der Gemeinschaft in den in Art. 301 EGV vorgesehenen Fällen für erforderlich erachtet wurde, konnten gemäß Art. 60 EGV die notwendigen Sofortmaßnahmen auf dem Gebiet des Kapital- und Zahlungsverkehrs ergriffen werden. Art. 60 Abs.1 EGV war folglich für Sanktionen aus außenpolitischen Gründen im Kapital- und Zahlungsverkehr lex specialis zu Art. 301 EGV. Zweifelhaft war, ob es der Regelung bedurft hätte, da auch der Kapital- und Zahlungsverkehr zu den Wirtschaftsbeziehungen i.S.v. Art. 301 EGV gehörte, sodass Einschränkungen in diesem Bereich bereits von Letztgenanntem erfasst gewesen wären.[346] In der Praxis wurden Sanktionen im Bereich des Kapital- und Zahlungsverkehrs auf Art. 60 i.V.m. Art. 301 EGV gestützt.[347]

Einen eigenständigen Anwendungsbereich erhielt Art. 60 EGV durch Abs. 2. Demzufolge konnten die Mitgliedstaaten selbst aus außenpolitischen Gründen Dringlichkeitsmaßnahmen im Bereich des Kapital- und Zahlungsverkehrs gegenüber Drittstaaten ergreifen. Voraussetzung war, dass schwerwiegende politische Umstände vorlagen und die Maßnahmen aus Gründen der Dringlichkeit geboten waren. Die Befugnis der Mitgliedstaaten war jedoch subsidiär ausgestaltet. Die Möglichkeit eigenständige Maßnahmen zu ergreifen, galt nur, solange der Rat keine Maßnahmen nach Abs. 1 getroffen hatte. Diese mussten zudem spätestens bei deren Inkrafttreten der Kommission und den anderen Mitgliedstaaten mitgeteilt werden.

---

344 EuG, Urt. v. 21.9.2005, Rs. T-315/01, Slg. 2005, II-3649 Rn. 89 - Kadi; zum Ergebnis vgl. auch *Cremer*, in: Calliess/Ruffert, EUV/EGV, Art. 301 Rn. 11; *Osteneck*, in: Schwarze, EU-Kommentar, Art. 301 EGV Rn. 6.

345 Vgl. EuG, Urt. v. 21.9.2005, Rs. T-306/01, Slg. 2005, II-3533 Rn. 129 f. - Yusuf u. Al Barakaat sowie EuG, Urt. v. 21.9.2005, Rs. T-315/01, Slg. 2005, II-3649 Rn. 93 f. - Kadi, in Bezug auf die nach dem Sturz des Taliban-Regimes in Afghanistan verhängten Sanktionen; ausführlich hierzu: 3. Kap. C. II. 2. a).

346 *Bröhmer*, in: Callies/Ruffert, EUV/EGV, Art. 60 Rn. 1; *Gilsdorf/Brandtner*, in: v. d. Groeben/Schwarze, EUV/EGV, Art. 301 Rn. 3 und 18.

347 Vgl. u.a. VO (EG) Nr. 765/2006 (Weißrussland); VO (EG) Nr. 194/2008 (Myanmar).

2. Zuständigkeit und Verfahren

Die Schwierigkeit bei der Frage nach der Rechtsgrundlage ergab sich daraus, dass Wirtschaftssanktionen grundsätzlich außenpolitisch motiviert sind. Fragen der Außenpolitik waren aber der zweiten Säulen zuzuordnen, während die Gemeinschaft im Rahmen der ersten Säule im Wesentlichen nur die Kompetenz für handelspolitische Angelegenheiten inne hatte. Art. 301 EGV sah dabei ein zweistufiges Verfahren vor: Nachdem innerhalb der GASP ein Gemeinsamer Standpunkt (Art. 15 EUV a.F.) bzw. eine Gemeinsame Aktion (Art. 14 EUV a.F.) angenommen worden war, die ein Tätigwerden der Gemeinschaft vorsahen, erließ der Rat auf Vorschlag der Kommission die erforderlichen Maßnahmen. Somit fungierte Art. 301 EGV als Bindeglied zwischen der GASP (2. Säule) und der EG (1. Säule): Die Handlungsformen[348] und der Anwendungsvorrang des Gemeinschaftsrechts konnten für die Verhängung von Wirtschaftssanktionen genutzt werden, ohne die Kompetenz für außenpolitische Sachverhalte gänzlich auf Organe der ersten Säule zu übertragen.[349]

Art. 60 EGV verwies bezüglich des Verfahrens auf Art. 301 EGV, sodass wiederum ein zweistufiges Verfahren vollzogen wurde. Eine Beteiligung des europäischen Parlaments war dabei nicht vorgesehen.

a) GASP-Beschluss

Der Beschluss im Rahmen der GASP – nach ständiger Praxis immer ein Gemeinsamer Standpunkt i.S.v. Art. 15 EUV a.F. – entschied über das „Ob“ einer Sanktionierung. Dabei war dieser im Wesentlichen darauf zu beschränken, die Sanktionsart gemäß der in Art. 301 EGV angegebenen Alternativen (Aussetzung, Einschränkung oder vollständige Einstellung der Wirtschaftsbeziehungen), den Sanktionsadressaten, Ziel und Reichweite vorzugeben. Die genaue Ausgestaltung blieb der Gemeinschaft überlassen, insbesondere die Frage der technischen Durchführung der Maßnahmen.[350]

Des Weiteren musste der Beschluss ein Tätigwerden der Gemeinschaft vorsehen. Ausreichend dabei war aber, dass sich dies aus dem Zusammenhang ergab, vor allem aus der behandelten Materie und der Tatsache, dass nicht die Mitglieder selbst angesprochen wurden. Eine ausdrückliche Handlungsermächtigung war demnach nicht erforderlich.[351]

---

348 Im Gegensatz zur GASP konnten im Rahmen der 1. Säule unmittelbar in den Mitgliedstaaten geltende Verordnungen erlassen werden, vgl. Art. 249 EGV.

349 *Cremer*, in: Calliess/Ruffert, EUV/EGV, Art. 301 Rn. 2.

350 *Zeleny*, ZÖR 52 (1997), 197 (211 ff.); *Osteneck*, Umsetzung, S. 185.

351 *Osteneck*, in: Schwarze, EU-Kommentar, Art. 301 EGV Rn. 8; in den Erwägungsgründen des GASP-Beschlusses findet sich regelmäßig nach neuerer Sanktionspraxis folgender Hinweis: „Ein weiteres Vorgehen der Union ist erforderlich, um bestimmte

Für das Tätigwerden der Gemeinschaft gemäß Art. 301 EGV war der Beschluss innerhalb der GASP zwingend nötig. Die der Gemeinschaft verliehene Kompetenz ist also abhängig von einem zuvor ergangenen Beschluss im Rahmen der GASP, sodass der zweiten Säule folglich eine „Kompetenzkompetenz" eingeräumt wurde.[352]

Gemäß Art. 23 Abs. 1 EUV a.F. oblag es dem Rat, den Beschluss innerhalb der GASP zu treffen. Oftmals ergriff jedoch die Kommission die Initiative. Gemäß Art. 22 Abs. 1 EUV a.F. unterbreitete die Kommission dem Rat einen Vorschlag für die Verhängung von Wirtschaftssanktionen. Diese Vorgehensweise barg den Vorteil, dass das langwierig anmutende Verfahren des Art. 301 EGV abgekürzt werden konnte, denn der Vorschlag der Kommission gemäß Art. 22 Abs. 1 EUV a.F. konnte – bei stillschweigendem Einverständnis der Kommission – zugleich als Vorschlag gemäß Art. 301 EGV gewertet werden. So war es dem Rat möglich, in nur einer Sitzung die gewünschten Wirtschaftssanktionen festzulegen, indem er zunächst den GASP-Beschluss fällte und danach als Ministerrat deren Umsetzung innerhalb der ersten Säule vollzog, ohne einen zeitlich zwischengeschalteten Vorschlag der Kommission abwarten zu müssen.[353]

Gemäß Art. 23 Abs. 1 EUV a.F. wurden die Beschlüsse innerhalb der GASP vom Rat einstimmig gefasst. Abweichend von diesem Grundsatz konnte der Rat gemäß Art. 23 Abs. 2 EUV a.F. mit qualifizierter Mehrheit beschließen, insbesondere auf der Grundlage einer gemeinsamen Strategie.

b) Vorschlag der Kommission

Bei nicht abgekürztem Verfahren musste die Kommission zur Umsetzung des GASP-Beschlusses dem Rat einen Vorschlag unterbreiten.

Ob und inwieweit die Kommission bei Vorliegen eines GASP-Beschlusses auch *verpflichtet* war, dem Rat einen entsprechenden Vorschlag zu unterbreiten, war umstritten. Der Wortlaut des Art. 301 EGV („(…) so trifft der Rat (…)") räumte dem Rat keinerlei Ermessen für ein Tätigwerden ein. Es lag folglich nahe, dass die Gemeinschaftsorgane generell verpflichtet sein sollten, einen GASP-Beschluss auch umzusetzen. Eine rechtliche Bindungswirkung von

---

Maßnahmen durchzuführen", vgl. z.B. Beschluss 2011/172/GASP (Ägypten), Erwägungsgrund Nr. 3.

352 *Zeleny*, ZÖR 52 (1997), 197 (207 u. 216); *Garcon*, Handelsembargen der EU, S. 122; ausführlich hierzu *Osteneck*, Umsetzung, S. 187 f.

353 *Osteneck*, in: Schwarze, EU-Kommentar, Art. 301 EGV Rn. 12; *Kokott*, in: Streinz, EUV/EGV, Art. 301 Rn. 19.

GASP-Beschlüssen gegenüber Gemeinschaftsorganen gab es jedoch nicht.[354] Dies ergab sich zum einen aus dem Initiativmonopol der Kommission innerhalb der Gemeinschaft, das der Kommission das Recht zuschrieb, die inhaltliche Ausgestaltung und den Ablauf der Gemeinschaftsarbeit in den entsprechenden Bereichen nach ihrem politischen Willen zu bestimmen.[355] Zum anderen wäre die grundsätzliche Aufgabenverteilung zwischen beiden Säulen unterlaufen worden, da der Verlust der Eigenständigkeit der Gemeinschaft im auswärtigen Bereich gedroht hätte.[356] Doch auch wenn davon ausgegangen wird, der GASP-Beschluss könne grundsätzlich die Gemeinschaftsorgane nicht binden, ergab sich aus dem Kohärenzgebot gemäß Art. 3 Abs. 2 EUV a.F. und der besonderen Verantwortung der Kommission für die Kohärenz gemäß Art. 3 Abs. 2 S. 2 EUV a.F. deren Pflicht, dem Rat einen Vorschlag zu unterbreiten.[357] Wenn also innerhalb der GASP die Verhängung einer Sanktion gegen einen Drittstaat beschlossen wurde, musste auch die Gemeinschaft die Beziehungen aussetzen, andernfalls wäre die in Art. 301 EGV angestrebte Übereinstimmung des Handelns von Union und Gemeinschaft leergelaufen.[358] Dies bedeutete jedoch nicht, dass der Kommission keinerlei Entscheidungs- und Ermessensspielraum zustand. Vielmehr war sie befugt, innerhalb der politischen Grundsatzentscheidung des GASP-Beschlusses Einzelheiten und Durchführungsmaßnahmen auszugestalten.[359]

In der Praxis war es allerdings zu keinem Kollisionsfall gekommen. Die GASP-Beschlüsse wurden vollständig von der Gemeinschaft umgesetzt, sodass dieses Problem wohl eher theoretischer Natur war.

Die Frage nach einer etwaigen Verpflichtung der Kommission ergab sich bei Art. 60 EGV nicht. Nach dem klaren Wortlaut des Art. 60 EGV konnte der Rat die erforderlichen Sofortmaßnahmen ergreifen, war dazu aber nicht verpflichtet.

---

354 *Cremer*, in: Callies/Ruffert, EUV/EGV, Art. 301 Rn. 14; *Ress*, Handelsembargo, S. 173 f.; *Schneider*, Wirtschaftssanktionen, S. 143; a.A. *Osteneck*, Umsetzung, S. 192; *Zeleny*, ZöR 52 (1997), 197 (219 ff.).

355 Ausführlich hierzu *Harnier/Jacqué*, in: v. d. Groeben/Schwarze, EUV/EGV, Art. 211 Rn. 41 ff.

356 *Krenzler/Schneider*, EuR 1994, 144 (152); *Gilsdorf/Brandtner*, in: v. d. Groeben/Schwarze, EUV/EGV, Art. 301 Rn. 6.

357 *Cremer*, in: Callies/Ruffert, EUV/EGV, Art. 301 Rn. 15; *Kokott*, in: Streinz, EGV/EUV, Art. 301 Rn. 20; *Garcon*, Handelsembargen der EU, S. 123.

358 *Osteneck*, in: Schwarze, EU-Kommentar, Art. 301 EGV Rn. 10; *Garcon*, Handelsembargen der EU, S. 123.

359 *Osteneck*, Umsetzung, S. 193; *Gilsdorf/Brandtner*, in: v. d. Groeben/Schwarze, EUV/EGV, Art. 301 EGV Rn. 7.

Selbiges musste auch für das Vorschlagsrecht der Kommission gelten.[360] Art. 60 Abs. 2 EGV sah dabei vor, dass die Mitgliedstaaten selbst entsprechende Maßnahmen auf dem Gebiet des Kapital- und Zahlungsverkehrs treffen konnten, falls der Rat keine Maßnahmen nach Abs. 1 ergriffen hatte. Da überdies aber keine Regelung in Abs. 2 für den Fall getroffen wurde, dass die Gemeinschaft die Maßnahmen abweichend von einem GASP-Beschluss umsetzte, ließ sich folgern, dass zwar ein Entschließungsermessen des Rats nach Abs. 1 dahingehend bestand, überhaupt tätig zu werden. Setzte er jedoch einen Beschluss um, hatte er sich an dessen Vorgaben zu halten.[361]

c) Entscheidung des Rats

Gemäß Art. 301 EGV beschloss der Rat mit qualifizierter Mehrheit. Da er als Organ der EG handelte (im Rahmen der GASP erfolgen die Beschlüsse des Rats gemäß Art. 23 EUV einstimmig), bestimmte sich diese nach Art. 205 Abs. 2 EGV. Dem Rat kam im Verfahren nach Art. 301 EGV eine doppelfunktionale Stellung zu: Innerhalb der GASP entschied er, ob überhaupt eine Sanktionierung erfolgen sollte, während er als Ministerrat der EG die erforderlichen Sanktionen tatsächlich verhängte.

Dem Wortlaut zufolge war die konkrete Umsetzung nicht auf eine bestimmte Handlungsform des Rats begrenzt. Aus Gründen der Rechtssicherheit und der Transparenz empfahl sich jedoch - wie in der Praxis auch ausnahmslos geschehen – die Umsetzung des GASP-Beschlusses durch unmittelbar geltende Verordnungen.[362]

Der Rat war ebenfalls aufgrund des Kohärenzgebots zum Erlass der notwendigen Sofortmaßnahmen verpflichtet.[363] Dem oben bereits erwähnten Initiativmonopol der Kommission war es geschuldet, dass der Rat nicht eigenständig tätig werden konnte. Blieb ein Vorschlag der Kommission aus, konnte der Rat daher zu einer förmlichen Aufforderung gemäß Art. 228 EGV verpflichtet sein.

Rein technische Änderungen bezüglich einer verhängten Wirtschaftssanktion konnte der Rat auf Vorschlag der Kommission treffen, inhaltliche Änderungen bedurften wiederum eines Beschlusses im Rahmen der GASP.[364]

---

360 *Osteneck*, Umsetzung, S. 194; *Zeleny*, ZÖR 52 (1997), 197 (222); a.A. bezüglich der Verpflichtung zum Tätigwerden bei Art. 60 EGV *Bröhmer*, in: Callies/Ruffert, EUV/EGV, Art. 60 Rn. 2.

361 *Zeleny*, ZÖR 52 (1997), 197 (222 f.).

362 Vgl. Rat der Europäischen Union, Leitlinien zur Umsetzung und Bewertung restriktiver Maßnahmen (Sanktionen) im Rahmen der Gemeinsamen Außen- und Sicherheitspolitik der EU v. 8.12.2003 (15579/03) Rn. 27.

363 *Zeleny*, ZÖR 52 (1997), 197 (219 f.); *Osteneck*, Umsetzung, S. 194.

364 *Zeleny*, ZÖR 52 (1997), 197 (224).

3. Verhältnis zu anderen Vorschriften und Befugnissen der Mitgliedstaaten

a) Verhältnis zu Art. 133 und 308 EGV

Vor dem Inkrafttreten des Vertrages von Maastricht ging außenpolitisch motivierten Wirtschaftssanktionen ein Beschluss im Rahmen der EPZ voraus, der dann durch die Gemeinschaft gemäß Art. 113 EWGV mittels einer Verordnung umgesetzt wurde. Art. 113 EWGV wurde durch den Vertrag von Amsterdam inhaltsgleich in Art. 133 EGV transferiert und regelte die Gestaltung der gemeinsamen Handelspolitik.[365]

Es stellte sich die Frage, ob nach Einführung des Art. 301 EGV die Verhängung von Wirtschaftssanktionen durch die Gemeinschaft weiterhin auch auf Art. 133 EGV gestützt werden konnte. Unstreitig war dies bei Vorliegen eines Beschlusses im Rahmen der GASP zu verneinen, da dann Art. 301 EGV als *lex specialis* Art. 133 EGV verdrängte. Hätte die Gemeinschaft auch bei Vorliegen eines GASP-Beschlusses Wirtschaftssanktionen aufgrund des Art. 133 EGV erlassen können, wäre die Kohärenz des auswärtigen Handelns der Union nicht mehr gewährleistet gewesen, da die Gemeinschaft dann keiner Bindung durch einen GASP-Beschluss unterlegen hätte.[366]

Der Rückgriff auf Art. 133 EGV wäre jedoch in Betracht gekommen, falls kein GASP-Beschluss vorgelegen hätte. Dies wurde zum Teil mit dem Argument verneint, mit der Einführung des Art. 301 EGV hätten die Mitgliedstaaten die Kompetenz zur Verhängung von Wirtschaftssanktionen abschließend festlegen wollen.[367] Darüber hinaus liefe ansonsten der Anwendungsbereich des Art. 301 EGV leer, sodass dieser zu einer disponiblen Verfahrensvorschrift degradiert würde.[368] Gegen letzteres Argument spricht jedoch bereits, dass der Anwendungsbereich des Art. 301 EGV viel größer war: Art. 133 EGV betraf nur die Außenwirtschaftsbeziehungen im Bereich der Handelspolitik und ließ deshalb nur Beschränkungen bezüglich des Warenhandels zu. Demgegenüber fand Art. 301 EGV auf Beschränkungen aller Arten von Wirtschaftsbeziehungen Anwendung und umfasste insbesondere auch Dienstleistungsembargos und –

---

365 Ausführlich hierzu: 1. Kapitel, C. I.

366 *Garcon*, Handelsembargen der EU, S. 130; im Ergebnis auch *Kokott*, in: Streinz, EUV/EGV, Art. 301 Rn. 14; *Ress*, Handelsembargo, S. 180.

367 *Stein*, in: FS Bernhardt, 1129 (1136); *Schweitzer*, in: FS Everling, 1379 (1384 f.); vgl. auch *Schulte*, Schutz individueller Rechte, S. 365, der in dem Rückgriff auf Art. 133 EGV einen Verstoß gegen den durch die Vorschaltung eines GASP-Beschlusses dokumentierten Willen der Vertragsstaaten, derartige Entscheidung zunächst intergouvernemental zu treffen, sieht.

368 *Schweitzer*, in: FS Everling, 1379 (1385); *Schneider*, Wirtschaftssanktionen, S. 153.

i.V.m. Art. 60 EGV – Kapitalembargos.[369] Eine Überschneidung lag damit nur partiell im Bereich des Warenhandels vor.

Wäre die Gemeinschaft ohne GASP-Beschluss nicht mehr befugt gewesen, Wirtschaftssanktionen zu verhängen, hätten keine gemeinschaftlichen Maßnahmen mehr beschlossen werden können. Die Mitgliedstaaten wären auf ein nationales Vorgehen nach Maßgabe von Ausnahmeklauseln wie Art. 297 EGV angewiesen gewesen. Dies hätte einen Rückschritt zu der bis zum Inkrafttreten des Vertrags von Maastricht geltenden Praxis bedeutet und hätte somit den Integrationsstand unterlaufen, was dem Prinzip der Wahrung des gemeinschaftlichen Besitzstandes gemäß Art. 3 EUV a.F. zuwidergelaufen wäre.[370] Zu beachten waren jedoch die unterschiedlichen Intentionen, die Wirtschaftssanktionen und handelspolitische Schutzmaßnahmen verfolgen. Während erstere den Adressaten zu einem bestimmten Verhalten zu zwingen versuchen, soll durch handelspolitische Schutzmaßnahmen die eigene Wirtschaft vor der Wirtschaft anderer Staaten geschützt werden.[371] Allerdings sind außenpolitische von wirtschaftspolitischen Absichten nicht immer voneinander zu trennen. So stellte der EuGH fest: „Somit kann eine Maßnahme, die die Verhinderung oder Beschränkung der Ausfuhr bestimmter Güter (...) bewirkt, dem Bereich der gemeinsamen Handelspolitik nicht mit der Begründung entzogen werden, daß mit ihr außen- und sicherheitspolitische Zwecke verfolgt würden.“[372]

Die Verhängung von Wirtschaftssanktionen, insbesondere Warenembargos, konnte folglich auf Art. 133 EGV gestützt werden, wenn es zu keiner Einigung im Rahmen der GASP gekommen war.

Ferner stellte sich die Frage, ob darüber hinaus bei Fehlen eines GASP-Beschlusses Art. 308 EGV Anwendung fand. Dem Wortlaut zufolge mussten im EG-Vertrag die erforderlichen Befugnisse fehlen, um im Rahmen des Gemeinsamen Marktes ein Ziel zu verwirklichen. Mit dem Fehlen der erforderlichen Befugnisse waren nicht nur materielle Lücken gemeint, sondern auch formell unzureichende Normierungen, beispielsweise wenn der Gemeinschaft die erforderlichen Mittel zum Erreichen des Zieles fehlten.[373] Die Anwendung des Art. 308 EGV durfte aber nicht dazu führen, dass Kompetenznormen, die formell und materiell abschließende Voraussetzungen normierten, umgangen werden konnten.[374] Setzte Art. 301 EGV also das Vorliegen eines GASP-

369 *Osteneck*, Umsetzung, S. 204 f.

370 *Garcon*, Handelsembargen der EU, S. 131; *Ress*, Handelsembargo, S. 182 f.

371 Zur Zielsetzung handelspoltischer Schutzmaßnahmen vgl. *Weiß*, in: Grabitz/Hilf/Nettesheim, Das Recht der EU, Art. 207 AEUV Rn. 152.

372 EuGH, Urt. v. 17.10.1995, Rs. C-70/94, Slg. 1995, I-3189 Rn. 10 - Werner.

373 *Geiss*, in: Schwarze, EU-Kommentar, Art. 308 EGV Rn. 22.

374 *Streinz*, in: ders., EUV/EGV, Art. 308 Rn. 29.

Beschlusses voraus, konnte bei dessen Fehlen demnach nicht auf den subsidiären Art. 308 EGV zurückgegriffen werden, da der Gemeinschaft mit Art. 301 EGV die ausreichenden materiellen und instrumentellen Befugnisse zur Verfügung standen.[375]

b) Bindungswirkung der Entscheidung für die Mitgliedstaaten

Art. 301 EGV normierte grundsätzlich eine ausschließliche Gemeinschaftskompetenz für Wirtschaftssanktionen – allerdings aufschiebend bedingt durch den Erlass eines GASP-Beschlusses – [376], sodass für ein nationales Tätigwerden eine vertragliche Ausnahmeklausel, insbesondere Art. 296, 297 EGV, einschlägig sein musste.

Auch wenn der Wortlaut des Art. 297 EGV[377] in erster Linie eine Konsultationspflicht aufzuerlegen schien, beschrieb dieser vielmehr Situationen, in denen die Mitgliedstaaten von sämtlichen Vertragsbestimmungen abweichen konnten.[378] Grundsätzlich mussten die Mitgliedstaaten sich daher auch im Rahmen des Art. 301 EGV auf Art. 297 EGV berufen können. Uneingeschränkt galt dies für den Fall, dass keine Einigung zu einem gemeinsamen Vorgehen innerhalb der GASP erzielt wurde.[379] Anders musste entschieden werden, sobald die Mitgliedstaaten einen einstimmigen Beschluss zum Tätigwerden innerhalb der GASP getroffen hatten. Dieser bewirkte, dass ein einzelstaatliches Tätigwerden nicht mehr erforderlich war, selbiges vielmehr als Verfälschung der Wettbewerbsbedingungen i.S.v. Art. 298 EGV gewertet worden wäre, die dem Verbot des *venire contra factum proprium* widersprochen hätte.[380] Ein Mitgliedstaat konnte dann nur noch von seiner Kompetenz gemäß Art. 297 EGV Gebrauch machen, wenn die Umstände, auf die er sich berief, erst *nach* Erlass des GASP-

---

375 So auch *Osteneck*, Umsetzung, S. 206 f.; *Schneider*, Wirtschaftssanktionen, S. 156.

376 *Osteneck*, in: EU-Kommentar, Art. 301 Rn. 2; *Kokott*, in: Streinz, EUV/EGV, Art. 301 Rn. 9 f.

377 Gemäß Art. 297 EGV müssen sich die Mitgliedstaaten miteinander ins Benehmen setzen, „um durch gemeinsames Vorgehen zu verhindern, dass das Funktionieren des Gemeinsamen Marktes durch Maßnahmen beeinträchtigt wird, die ein Mitgliedstaat bei einer schwerwiegenden innerstaatlichen Störung der öffentlichen Ordnung, im Kriegsfall, bei einer ernsten, eine Kriegsgefahr darstellenden internationalen Spannung oder in Erfüllung der Verpflichtungen trifft, die er im Hinblick auf die Aufrechterhaltung des Friedens und der internationalen Sicherheit übernommen hat."

378 *Ress*, Handelsembargo, S. 146 f.; *Karpenstein*, in: Schwarze, EU-Kommentar, Art. 297 Rn.1.

379 *Cremer*, in: Calliess/Ruffert, EUV/EGV, Art. 301 Rn. 19; *Zeleny*, ZÖR 52 (1997), 197 (228).

380 *Osteneck*, Umsetzung, S. 197 m.w.N; vgl. auch *Schulte*, Schutz individueller Rechte, S. 371, der insofern auch auf das Treuegebot des Art. 10 EGV verweist.

Beschlusses eingetreten waren. Solche Umstände konnten einerseits in der Änderung der tatsächlichen Situation liegen[381] oder darin, dass die Gemeinschaft einen GASP-Beschluss nicht oder nur unzureichend umgesetzt hatte.[382] Dies ergab sich zum einem aus der Überlegung, dass dem Sicherheitsinteresse der Mitgliedstaaten nur dann genüge getan worden wäre, wenn die Gemeinschaft auch wirklich gehandelt hätte, andernfalls konnte ein eigenständiges Handeln nicht rechtsmissbräuchlich sein i.S.v. Art. 298 EGV[383].[384] Vor allem den nationalstaatlichen Verpflichtungen im Rahmen der VN war nur mit einem GASP-Beschluss nicht genüge getan, sodass ein Berufen auf Art. 297 Alt. 3 EGV möglich bleiben musste.

Ferner ließ sich auch mit dem Wortlaut des Art. 60 Abs. 2 EGV argumentieren. Dieser ermöglichte den Mitgliedstaaten, bei Untätigkeit der Gemeinschaft „(...) unbeschadet des Art. 297 (...)", Maßnahmen auf dem Gebiet des Kapital- und Zahlungsverkehrs zu treffen. Die parallele Anwendung von Art. 297 EGV neben den speziellen Voraussetzungen des Art. 60 Abs. 2 EGV war somit nicht ausgeschlossen und musste auch für Art. 301 EGV, der nur keine speziellere Möglichkeit zum nationalen Tätigwerden vorsah, gelten.[385] Wurde jedoch die Gemeinschaft nachträglich tätig, musste der Mitgliedstaat seine nationale Gesetzgebung revidieren, da diese insoweit nicht mehr erforderlich war und so wieder gegen Art. 298 EGV verstoßen konnte.

Möglich blieb, für einzelne betroffene Staaten eine im GASP-Beschluss enthaltene ausdrückliche Ausnahmeregelung vorzusehen. Ein gemeinsames Vorgehen der Mitgliedstaaten war auch dadurch denkbar, dass diese im Rahmen der GASP Gemeinsame Aktionen oder Standpunkte beschließen konnten, ohne eine Umsetzung durch die Gemeinschaft vorzusehen.[386] Allerdings war dies im Bereich der Wirtschaftssanktionen nicht möglich: Aufgrund der Kollisionsklausel des Art. 47 EUV a.F.[387] konnte es zu keiner Übertragung der ausschließlichen handelspolitischen Zuständigkeit der Gemeinschaft auf die GASP kommen.[388]

381 *Thun-Hohenstein*, ZfRV 1996, 238 (242).

382 *Osteneck*, in: Schwarze, EU-Kommentar, Art. 301 EGV Rn. 19.

383 Gemäß Art. 298 EGV konnte der Gerichtshof unmittelbar angerufen werden, wenn die Kommission oder ein Mitgliedstaat der Auffassung war, ein anderer Mitgliedstaat habe die in Art. 297 EGV vorgesehenen Befugnisse missbraucht.

384 *Osteneck*, Umsetzung, S.198 f.

385 *Zeleny*, ZÖR 52 (1997), 197 (228 f.); *Ress*, Handelsembargo, S. 178.

386 *Hummer*, in: FS Everling, 511 (524); *Schweitzer*, in: FS Everling, 1379 (1385 f.).

387 Gemäß Art. 47 EUV a.F. ließ der EU-Vertrag die Anwendung des EG-Vertrags unberührt.

388 *Hummer*, in: FS Everling, 511 (524); *Schweitzer*, in: FS Everling, 1379 (1386); *Kokott*, in: Streinz, EUV/EGV, Art. 301 Rn. 11.

Die Mitgliedstaaten konnten demnach aufgrund Art. 297 EGV eigenstaatliche Regelungen bezüglich Wirtschaftssanktionen treffen. Wenn jedoch im Rahmen der GASP ein Tätigwerden beschlossen worden war, war eine nationalstaatliche Maßnahme nur noch bei relevanter Änderung der Umstände möglich.

4. Waffenembargo und Reisesanktionen

Waffenembargos und Reisesanktionen wurden in der Praxis abweichend von dem erörterten zweistufigen Verfahren festgesetzt.

Grundsätzlich konnten Waffenembargos auch auf Art. 301 EGV gestützt werden.[389] Tatsächlich wurden jedoch alle restriktiven Maßnahmen betreffend Waffen und Kriegsmaterial ausschließlich durch einen GASP-Beschluss verhängt und aufgrund der Ausfuhrkontrollvorschriften der Mitgliedstaaten durchgeführt. Zwar fiel der Handel mit Industrieerzeugnissen in den ausschließlichen Zuständigkeitsbereich der Gemeinschaft, wodurch einem gemeinsamen Vorgehen der Mitgliedstaaten innerhalb der GASP die Kollisionsklausel des Art. 47 EUV a.F. entgegenstehen hätte können. Gemäß Art. 296 Abs. 1 lit. b EGV konnten allerdings Embargos für militärische Waren auch durch eigene Maßnahmen der Mitgliedstaaten verhängt werden.[390]

Diese Praxis wurde insofern etwas aufgeweicht, als die Gemeinschaft zunehmend Maßnahmen, welche die Waffenembargos unterstützten, durch Verordnungen verhängte. Hierunter fielen insbesondere Verbote technischer Hilfe und Dienstleistungen im Kontext militärischer Aktivitäten sowie Verbote finanzieller Mittel oder Hilfe in diesem Zusammenhang.[391]

Reisesanktionen konnten jedoch nicht auf Art. 301 EGV gestützt werden, da dadurch keine Wirtschaftsbeziehungen betroffen waren.[392] Sie wurden in der Praxis lediglich in den GASP-Beschluss aufgenommen und mussten von den Mitgliedstaaten selbst umgesetzt werden.

II. Rechtslage nach dem Vertrag von Lissabon

Eine der wichtigsten Neuerungen nach dem Inkrafttreten des Vertrags von Lissabon am 1. Dezember 2009 stellt die Abschaffung der Säulenstruktur dar. Die Gemeinschaft und die Union wurden nunmehr zu einer Europäischen Union mit

---

389 *Gilsdorf/Brandtner*, in: v. d. Groeben/Schwarze, EUV/EGV, Art. 301 Rn. 3; *Kokott*, in: Streinz, EUV/EGV, Art. 301 Rn. 15.

390 In gleicher Weise wird auch bei Visabeschränkungen vorgegangen, obwohl auch hier eine Kompetenz der Gemeinschaft gemäß Art. 62 Abs. 2 lit. b EGV vorliegt, vgl. *Gilsdorf/Brandtner*, in: v. d. Groeben/Schwarze, EUV/EGV, Art. 301 Rn. 3.

391 Vgl.: 3. Kap. A. IV. 1.

392 *Cremer*, in: Calliess/Ruffert, EUV/EGV, Art. 301 Rn. 16.

einheitlicher Rechtspersönlichkeit zusammengefasst. Der bisherige Titel V des EUV a.F. (GASP) wurde umbenannt in „Allgemeine Bestimmungen über das auswärtige Handeln der Union und besondere Bestimmungen über die Gemeinsame Außen- und Sicherheitspolitik".

Dabei zeigt sich jedoch, dass die Mitgliedstaaten im Bereich der Außenpolitik (noch) nicht bereit sind, auf ihre nationale Souveränität zu verzichten. Das Handeln der GASP verbleibt im intergouvernementalen Bereich, in dem die supranationalen Handlungsformen nicht anwendbar sind. So machten die Mitgliedstaaten in der Erklärung der Regierungskonferenz zur Schlussakte zum Vertrag von Lissabon deutlich, dass „der Kommission durch die Bestimmungen zur Gemeinsamen Außen- und Sicherheitspolitik keine neuen Befugnisse zur Einleitung von Beschlüssen übertragen (werden)" und „dass die Bestimmungen über die Gemeinsame Sicherheits- und Verteidigungspolitik den besonderen Charakter der Sicherheits- und Verteidigungspolitik der Mitgliedstaaten unberührt lassen werden und dass diese Bestimmungen die Rolle des Europäischen Parlaments nicht erweitern."[393]

1. Inhalt und Verfahren

a) Art. 215 AEUV

Durch den Vertrag von Lissabon wurde Art. 301 EGV in Art. 215 AEUV transferiert. Das Verfahren, das sich nach Abs. 1 richtet, erfolgt weiterhin zweistufig: Zunächst muss ein einstimmiger Beschluss innerhalb der GASP[394] gefasst werden, der die Aussetzung, Einschränkung oder vollständige Einstellung der Wirtschafts- und Finanzbeziehungen zu einem oder mehreren Drittländern vorsieht. Sodann erlässt der Rat die erforderliche Maßnahme mit qualifizierter Mehrheit auf gemeinsamen Vorschlag des Hohen Vertreters der Union für Außen- und Sicherheitspolitik[395] und der Kommission. Der Beschluss im Rahmen der GASP verpflichtet auch nach der neuen Regelung den Rat bzw. die Kommission, die geforderten Maßnahmen durchzuführen bzw. vorzuschlagen, um die Kohärenz des außenpolitischen und des außenwirtschaftlichen Vorgehens der Union zu

---

393 Erklärung der Regierungskonferenz, Schlussakte zum Vertrag von Lissabon, ABl. 2008 C 115/343, Nr. 13.

394 Der Beschluss tritt gemäß Art. 25 lit. b EUV als Handlungsform der GASP an Stelle der Annahme Gemeinsamer Aktionen (Art. 14 Abs. 1 EUV a.F.) und Standpunkte (Art. 15 EUV a.F.) sowie der Gemeinsamen Strategie (Art. 13 Abs. 2 EUV a.F.).

395 Das Amt des Hohen Vertreters der Union für Außen und Sicherheitspolitik wurde durch den Vertrag von Lissabon eingefügt und vereinigt die früheren Ämter des Hohen Vertreters für die GASP und des Kommissars für Außenbeziehungen; seine Aufgaben sind in Art. 18 und 27 EUV n.F. festgelegt.

sichern.[396] Das Erfordernis der allgemeinen Kohärenz für auswärtiges Handeln ist nun in Art. 21 Abs. 3 EUV n.F. geregelt.

Neu eingeführt wurde die Pflicht zur Unterrichtung des Europäischen Parlaments über die beschlossenen Maßnahmen durch den Rat. Allerdings bleibt die Kompetenz des Parlamentes hinter den im AEUV eröffneten Möglichkeiten zurück: Grundsätzlich wird das Europäische Parlament gemäß Art. 289 Abs. 2 AEUV als gleichberechtigter Gesetzgeber im ordentlichen Gesetzgebungsverfahren neben dem Rat tätig. Im Zusammenhang mit Wirtschaftssanktionen sieht Art. 215 Abs. 1 EUV jedoch ein besonderes Gesetzgebungsverfahren gemäß Art. 289 Abs. 2 AEUV vor und weist dem Parlament „nur" ein Konsultationsrecht zu.

Art. 215 Abs. 1 AEUV ermöglicht die Aussetzung, Einschränkung oder Einstellung der Wirtschafts- und Finanzbeziehungen. Die Anwendungsbereiche von Art. 301 EGV und Art. 60 EGV wurden nun eindeutig zusammengefasst und eine einzige Rechtsgrundlage für den Erlass von Wirtschaftssanktionen aller Art geschaffen.[397]

Ersetzt wurde auch der zweideutige Begriff der „Sofortmaßnahmen" durch „erforderliche Maßnahmen". Dies macht zum einen deutlich, dass keine zeitliche Einschränkung bezüglich der Vornahme von Maßnahmen besteht, zum anderen wurden die einzelnen Sprachversionen einander angepasst (engl.: „necessary measures", franz.: „mesures nécessaires").[398]

Eine Neuerung stellt Art. 215 Abs. 2 AEUV dar, der ausdrücklich normiert, dass Adressaten von restriktiven Maßnahmen auch natürliche oder juristische Personen sowie Gruppierungen oder nichtstaatliche Einheiten sein können.[399] Auch für die Maßnahmen gegen Personen und Personengruppen ist das zweistufige Verfahren des Abs. 1 vorgesehen.

b) Art. 75 AEUV

Anstelle des Art. 60 EGV tritt Art. 75 AEUV, der jetzt jedoch in einem anderen Zusammenhang steht. Zwar normiert er wie bisher eine Kompetenz zur Einschränkung des Kapital- und Zahlungsverkehrs. Diese Kompetenz ist aber sach-

---

396 *Geiger*, in: Geiger/Khan/Kotzur, EUV/AEUV, Art. 215 Rn. 8; *Cremer*, in: Calliess/Ruffert, EUV/AEUV, Art. 215 Rn. 14 u. 16; *Kokott*, in: Streinz, EUV/AEUV, Art. 215 Rn. 18.

397 *Osteneck*, in: Schwarze, EU-Kommentar, Art. 301 EGV Rn. 25; *Hummer*, in: Vedder/Heintschel v. Heinegg, Art. III-322 Rn. 2; *Steinbarth*, ZEuS 2006, 269 (282); *Kokott*, in: Streinz, EUV/AEUV, Art. 215 Rn. 13.

398 *Müller-Ibold*, in: Lenz/Borchardt, EU-Verträge, Art. 215 Rn. 4.

399 Vgl. hierzu und zu den neuen Anforderungen an den Rechtsschutz gemäß Art. 215 Abs. 3 und 75 UAbs. 3 AEUV: 4. Kap. B II 3. bzw. III 5.

lich beschränkt auf ein Vorgehen gegen Terrorismus und damit verbundene Aktivitäten[400], wenn dies nötig ist, um einen gemeinsamen Raum der Freiheit, der Sicherheit und des Rechts i.S.v. Art. 67 AEUV zu verwirklichen. Die restriktiven Maßnahmen gemäß Art. 75 AEUV werden also außerhalb der GASP verhängt.[401] So findet sich in der Norm kein Verweis mehr auf das zweistufige Verfahren des Art. 215 AEUV.

Zunächst sollen das Europäische Parlament und der Rat gemäß dem ordentlichen Gesetzgebungsverfahren durch Verordnungen einen Rahmen für Verwaltungsmaßnahmen in Bezug auf Kapitalbewegung und Zahlungen schaffen, wozu insbesondere – aber nicht ausschließlich[402] – das Einfrieren von Geldern, finanziellen Vermögenswerten oder wirtschaftlichen Erträgen gehören kann. Dieser Rahmen soll dann durch Maßnahmen des Rats auf Vorschlag der Kommission ausgefüllt werden, so dass konkrete Maßnahmen erst aufgrund der vom Rat erlassenen sekundärrechtlichen Ermächtigungsgrundlage getroffen werden können.[403] Im Gegensatz zu dem Verfahren nach Art. 215 AEUV wird bei der Schaffung des Rechtsrahmens auch das Parlament miteinbezogen.

Art. 75 AEUV macht dabei deutlich, dass die Adressaten keine Staaten sein müssen, sondern dass als Sanktionsgegner natürliche oder juristische Personen, Gruppierungen oder nichtstaatliche Einheiten in Frage kommen. Entscheidend ist Eigentum und Besitz der Vermögenswerte, nicht die Rechtsfähigkeit, die Staatenzugehörigkeit oder der Sitz der nichtstaatlichen Akteure.[404]

Zu klären bleibt das Verhältnis zwischen Art. 215 AEUV und Art. 75 AEUV. Nachdem gemäß Art. 215 AEUV nun ausdrücklich die Einstellung der Finanzbeziehungen möglich ist, kann nicht mehr das *lex specialis*-Verhältnis wie bei Art. 60 EGV und Art. 301 EGV gelten. Vielmehr obliegt Art. 75 AEUV ein gänzlich eigenständiger Anwendungsbereich.[405] Art. 215 AEUV setzt Beschlüsse um, die die Mitgliedstaaten auf Ebene der Ge-

400 Ursprünglich war im Verfassungsvertrag eine Ausweitung auch auf die Bereiche „organisierte Kriminalität“ sowie „Menschenhandel“ vorgesehen; im Lauf der Verhandlungen der Regierungskonferenz wurde der Anwendungsbereich jedoch reduziert, vgl. Dokument zur Konferenz der Vertreter der Regierungen der Mitgliedstaaten v. 29.4. 2004 CIG 73/04, Anlage 48.

401 *Geiger*, in: Geiger/Khan/Kotzur, EUV/AEUV, Art. 215 Rn. 4; *Cremer*, in: Calliess/Ruffert, EUV/AEUV, Art. 75 Rn. 1.

402 *Kotzur*, in: Geiger/Khan/Kotzur, EUV/EGV, Art. 75 Rn. 3.

403 Vgl. auch *Kotzur*, in: Geiger/Khan/Kotzur, EUV/EGV, Art. 75 Rn. 4.

404 *Kotzur*, in: Geiger/Khan/Kotzur, EUV/AEUV, Art. 76 Rn. 3.

405 So auch *Schulte*, Schutz individueller Rechte, S. 448 f.; a.A. *Khan*, in: Vedder/Heintschel v. Heinegg, Europäischer Verfassungsvertrag, Art. III-160 Rn. 2; unklar *Kokott*, in: Streinz, EUV/AEUV, Art. 215 Rn. 49 ff., die die Frage nach dem Verhältnis der beiden Vertragsbestimmung letztlich offen lässt.

meinsamen Außen- und Sicherheitspolitik gefasst haben, sodass hiervon die Durchführung von UN-Resolutionen und autonomen Sanktionen mit außenpolitischem Schwerpunkt abschließend gedeckt ist.[406] Art. 75 AEUV hat wiederum das alleinige Ziel, einen Raum für Freiheit und Sicherheit zu verwirklichen. Seinen eigenständigen Anwendungsbereich wird Art. 75 AEUV in Zukunft vor allem darin haben, dass nunmehr explizit auch der Kapital- und Zahlungsverkehr innerhalb der Union erfasst ist sowie Unionsbürger mit restriktiven Maßnahmen belegt werden können.[407]

2. Verhältnis zu anderen Vertragsbestimmungen

Die Grundsätze der allgemeinen Handelspolitik (ex-Art. 133 EGV) werden nun in Art. 207 AEUV festgelegt. Nachdem dieser inhaltlich zwar erweitert aber nicht verändert wurde, gilt für dessen Anwendung das oben Gesagte: Wird im Rahmen der GASP kein Beschluss über die Verhängung von Wirtschaftssanktionen getroffen, muss es der EU möglich sein, die von ihr verfolgten Politiken auf Art. 207 AEUV stützen zu können.[408]

Im Rahmen des Art. 215 AEUV kann die EU auch Waffenembargos beschließen.[409] Da allerdings Art. 296 Abs. 1 lit. b EGV inhaltsgleich in Art. 346 Abs. 1 lit. b AEUV transferiert wurde, können Embargos für militärische Waren auch künftig durch eigene Maßnahmen der Mitgliedstaaten verhängt werden. Ob sich die Praxis fortsetzt, dass Waffenembargos durch einen Beschluss innerhalb der GASP beschlossen werden und danach von den Mitgliedstaaten ohne Umsetzung auf Ebene des EU-Rechts vollzogen werden, bleibt abzuwarten.

Da auch Art. 215 AEUV weiterhin eine Einschränkung von Wirtschafts- bzw. Finanzbeziehungen fordert, können Reisesanktionen nicht auf diese Ermächtigungsgrundlage gestützt werden.[410] Diese werden vielmehr wie bisher in dem entsprechenden GASP-Beschluss verhängt und durch die Mitgliedstaaten selbst umgesetzt.

---

406 Vgl. zum Verhältnis Art. 215 und 75 AEUV *Schulte*, Schutz individueller Rechte, S. 449.

407 *Kotzur*, in: Geiger/Khan/Kotzur, EUV/AEUV, Art. 75 Rn. 2; *Khan*, in: Vedder/Heintschel v. Heinegg, Europäischer Verfassungsvertrag, Art. III-160 Rn. 2 f.

408 *Müller-Ibold*, in: Lenz/Borchardt, EU-Verträge, Art. 215 Rn. 17; *Kokott*, in: Streinz, EUV/AEUV, Art. 215 Rn. 12 u. Rn. 52.

409 *Cremer*, in: Calliess/Ruffert, EUV/AEUV, Art. 215 Rn. 18; *Kokott*, in: Streinz, EUV/AEUV, Art. 215 Rn. 13.

410 *Cremer*, in: Calliess/Ruffert, EUV/AEUV, Art. 215 Rn. 18; *Kokott*, in: Streinz, EUV/AEUV, Art. 215 Rn. 37.

Auch nach Maßgabe des Vertrages von Lissabon ist die Union zur Verhängung von Sanktionen ausschließlich zuständig (Art. 3 Abs. 1 lit. e AEUV). Die Mitgliedstaaten sind nur unter der Prämisse des Art. 347 AEUV, der an die Stelle des Art. 297 EGV tritt, berechtigt, eigene Sanktionen zu ergreifen. Wie bei Art. 297 EGV ist also für das Eingreifen des Art. 347 AEUV Voraussetzung, dass entweder kein GASP-Beschluss ergangen ist oder einer der Fälle des Art. 347 AEUV erst nach Erlass des GASP-Beschlusses eintritt.[411]

C. Zwischenresümee

Bei der Frage, ob die EU völkerrechtlich berechtigt ist, außenpolitisch motivierte Sanktionen zu verhängen, ist zwischen Sanktionen, die lediglich eine Resolution des Sicherheitsrats der VN umsetzen oder diese erweitern und Sanktionen, die originär durch die Union verhängt werden, zu unterscheiden.

Dienen die Sanktionen der Umsetzung einer Resolution des Sicherheitsrats der VN, können auch völkerrechtswidrige Sanktionen durch das Vorliegen eines verbindlichen Sanktionsbeschlusses gerechtfertigt werden.

Diese Legalisierungswirkung kann bei durch die EU autonom verhängten Sanktionen nicht zur Rechtfertigung von völkerrechtswidrigen Sanktionen herangezogen werden. Somit ist in einem ersten Schritt zu prüfen, ob Sanktionen gegen allgemeine Regeln des Völkerrechts verstoßen, an die die Union generell gebunden ist.

In Frage kommt zunächst eine Verletzung des Gewaltverbots. Die herrschende Meinung subsumiert unter dem Begriff „Gewalt" jedoch lediglich militärische Gewalt, sodass das Gewaltverbot auf „wirtschaftliche Aggression" in Form von Sanktionen keine Anwendung findet.

Es könnte jedoch ein Verstoß gegen das Interventionsverbot vorliegen, welches den Eingriff in Angelegenheiten, die ihrem Wesen nach zu den inneren Zuständigkeiten eines Staates gehören, verbietet. Eine völkerrechtswidrige Intervention liegt in Abgrenzung zu zulässigem wirtschaftlichen Druck dann vor, wenn durch wirtschaftlichen Zwang die Entscheidungsfreiheit des betroffenen Staates so erheblich eingeschränkt wird, dass die freie Ausübung seiner souveränen Rechte verhindert wird und seine Entscheidungsfindung sich dem Willen

411 *Cremer*, in: Calliess/Ruffert, EUV/AEUV, Art. 215 Rn. 29; *Kokott*, in: Streinz, EUV/AEUV, Art. 215 Rn. 8 f., die drauf hinweist, dass bei Nichtvorliegen einer Unionsmaßnahme zu prüfen ist, ob eine außenpolitisch motivierte Untätigkeit der Union gegeben ist, i.S. eines „beredten Schweigens", wodurch ein mitgliedstaatliches Vorgehen gemäß Art. 347 AEUV wiederum ausgeschlossen ist.

des Urhebers der Zwangsmaßnahme unterordnet. Nach neuerer Sanktionspolitik werden allerdings meist keine umfassenden, sondern partielle, gegen die Eliten eines Landes gerichteten Sanktionen verhängt. Ferner sind an die allein durch die EU verhängten Sanktionen vergleichsweise wenige Staaten gebunden. Folglich wird durch Wirtschaftssanktionen ein Staat kaum derart seiner Entscheidungsfreiheit beraubt sein, dass eine völkerrechtswidrige Intervention vorliegt.

Da durch Wirtschaftssanktionen die Erfüllung laufender Verträge untersagt werden kann, liegt möglicherweise ein Eingriff in privates Eigentum vor. Nach allgemeinem Völkerrecht stellen Benutzungsbeschränkungen des Eigentums zum Erhalt der öffentlichen Sicherheit jedoch keine entschädigungspflichtige Enteignung dar. Wirtschaftssanktionen dienen zumindest der äußeren Sicherheit eines Staates, da der Adressat meist zur Beendigung eines völkerrechtswidrigen Verhaltens veranlasst und so die Geltung des Völkerrechts durchgesetzt werden soll.

Neben diesen allgemeinen völkerrechtlichen Grundsätzen können Regeln des Vertragsvölkerrechts die Zulässigkeit von Wirtschaftssanktionen begrenzen. Wirtschaftssanktionen, die den zwischenstaatlichen Handel unterbinden, können sowohl gegen das Meistbegünstigungsprinzip als auch gegen das Verbot mengenmäßiger Ausfuhrbeschränkungen gemäß Art. I Abs. 1 GATT bzw. Art. XI ff. GATT verstoßen. Allerdings gewährt die „security exception"-Klausel des Art. XXI (b) Abs. III GATT den Vertragsstaaten bei einer ernsten Krise in den internationalen Beziehungen die Möglichkeit, von jeglicher Vorschrift der GATT abzuweichen. Ob die Voraussetzungen einer solchen Krise vorliegen, steht dabei im Ermessen des jeweiligen Vertragsstaates, sodass die Kriterien der „security exception"-Klausel bei der Verhängung von Wirtschaftssanktionen meist gegeben sein werden.

Wird, wie in den meisten Fällen, durch Wirtschaftssanktionen der Union das Völkerrecht nicht verletzt, liegt eine völkerrechtskonforme Retorsion vor. Sollte jedoch durch die Maßnahmen gegen das Völkerrecht verstoßen werden, stellt sich die Frage nach völkerrechtlichen Rechtfertigungsgründen. Zum einen kommt eine Rechtfertigung in Form einer Repressalie in Frage. Zum anderen kann das Recht zur kollektiven Selbstverteidigung rechtfertigende Wirkung entfalten.

Sanktionen der EU, die über die vom Sicherheitsrat verhängten Sanktionen hinausgehen, sind immer dann unproblematisch zulässig, wenn sie völkerrechtsgemäß sind. Bei völkerrechtswidrigen Sanktionen der EU, ist zu prüfen, ob der Sicherheitsrat die sanktionsauslösende Situation abschließend regeln wollte und somit eine Rechtfertigung völkerrechtswidriger Maßnahmen der EU nicht möglich ist. Der Wortlaut des Art. 51 S. 1 VN-Charta gewährt ein eigenständiges Selbstverteidigungsrecht nur bis der Sicherheitsrat selbst Maßnahmen ergreift.

Auch im Repressalienrecht spricht die besondere Stellung des Sicherheitsrats bei der Wahrung des Weltfriedens für eine Subsidiarität eigenständiger Maßnahmen der einzelnen Staaten. Allerdings ist die Bedeutung des Art. 51 S. 1 VN-Charta als Ausnahme zum Gewaltverbot vor allem im Zusammenhang mit militärischen Sanktionen des Sicherheitsrats zu sehen. Ein zentralisiertes Vorgehen der VN bei Wirtschaftssanktionen erscheint aufgrund der weniger gravierenden Auswirkungen nicht zwingend. Eine Sperrwirkung würde zudem dazu führen, dass bereits jede vom Sicherheitsrat getroffene Sanktion eine weitergehende wirtschaftliche Sanktionierung verhinderte. Gerade im Zusammenhang mit der enormen wirtschaftlichen Rolle der EU und der damit bestehenden Möglichkeit, Druck auf den Aggressor auszuüben, hätte dies unbillige Ergebnisse zur Folge. Eine uneingeschränkte Sperrwirkung der Beschlüsse des Sicherheitsrats gegenüber weitergehenden Maßnahmen der EU ist daher abzulehnen. Allerdings muss die EU dabei die Zielsetzung der durch den Sicherheitsrat der VN ergriffenen Maßnahmen beachten.

Die europarechtliche Berechtigung der EU zur Verhängung von Wirtschaftssanktionen hängt davon ab, ob im Primärrecht eine ausdrückliche Kompetenzzuweisung vorgenommen wurde. Vor dem Inkrafttreten des Vertrags von Lissabon war hierfür Art. 301 EGV einschlägig, demzufolge die Wirtschaftsbeziehungen zu einem oder mehreren Drittländern eingeschränkt oder vollständig eingestellt werden konnten. Der Begriff „Länder" gab lediglich einen territorialen Bezug vor, sodass auch Maßnahmen gegen völkerrechtlich nicht anerkannte *de facto*-Staaten und Bürgerkriegsparteien zulässig waren. Auch gezielte Maßnahmen, die sich gegen die Machthaber eines Staates richten, konnten auf Art. 301 EGV gestützt werden. Voraussetzung war jedoch immer, dass das auslösende Moment einer Sanktion einem Drittland zugeordnet werden konnte. Art. 60 Abs. 1 EGV begründete die Kompetenz zum Erlass der notwendigen Sofortmaßnahmen auf dem Gebiet des Kapital- und Zahlungsverkehrs und war demnach im Verhältnis zu Art. 301 EGV *lex specialis*. Da der Kapital- und Zahlungsverkehr allerdings auch unter den Begriff der Wirtschaftsbeziehung gemäß Art. 301 EGV zu subsumieren war, wurden in der Praxis Sanktionen in diesem Bereich auf beide Ermächtigungsgrundlagen gestützt.

Beide Normen sahen dabei ein zweistufiges Verfahren vor: Zunächst bedurfte es eines Gemeinsamen Standpunkts oder einer Gemeinsamen Aktion innerhalb der GASP, die ein Tätigwerden der Gemeinschaft beinhalteten. Sodann erließ der Rat auf Vorschlag der Kommission die erforderlichen Maßnahmen innerhalb der ersten Säule der EU. Sowohl die Kommission, als auch der Rat waren aufgrund des Kohärenzgebotes verpflichtet, die innerhalb der GASP beschlossenen Maßnahmen umzusetzen.

Grundsätzlich normierte Art. 301 EGV eine ausschließliche Gemeinschaftskompetenz für Wirtschaftssanktionen. Die Mitgliedstaaten konnten jedoch unter den Voraussetzungen des Art. 297 EGV eigenstaatliche Maßnahmen treffen. Ein einzelstaatliches Vorgehen war jedoch dann nicht mehr erforderlich, wenn im Rahmen der GASP ein gemeinsames Tätigwerden beschlossen worden war, sondern stellte vielmehr eine rechtsmissbräuchliche Verfälschung der Wettbewerbsbedingungen i.S.v. Art. 298 EGV dar.

Die Verhängung von Reisesanktionen und Waffenembargos wurde nicht auf Art. 301 EGV gestützt. Es erfolgte lediglich ein Beschluss innerhalb der GASP, der sodann unmittelbar durch die Mitgliedstaaten selbst umgesetzt wurde.

Durch den Vertrag von Lissabon wurde Art. 301 EGV durch Art. 215 AEUV ersetzt. Obwohl die Säulenstruktur der EU abgeschafft wurde, sieht Art. 215 AEUV weiterhin ein zweistufiges Verfahren vor: Zunächst muss ein einstimmiger Beschluss im Rahmen der GASP erfolgen, der sodann durch den Rat umgesetzt wird. Auch in Zukunft verbleibt also die Initiative zur Verhängung von Sanktionen im intergouvernementalen Bereich. Die Anwendungsbereiche des Art. 301 und des Art. 60 EGV werden nunmehr eindeutig zusammengefasst, indem Art. 215 Abs. 1 AEUV die Aussetzung, Einschränkung oder Einstellung der Wirtschafts- und Finanzbeziehungen ermöglicht. Eine Neuerung sieht ferner Art. 215 Abs. 2 AEUV vor, der ausdrücklich normiert, dass auch natürliche und juristische Personen sowie nichtstaatliche Einheiten Adressaten restriktiver Maßnahmen sein können. Art. 60 EGV wird durch Art. 75 AEUV ersetzt, der weiterhin eine Einschränkung des Kapital- und Zahlungsverkehrs vorsieht, allerdings sachlich beschränkt auf ein Vorgehen gegen den Terrorismus und damit verbundene Aktivitäten. Während Art. 215 AEUV künftig die alleinige Kompetenzgrundlage für aus außenpolitischen Gründen verhängte Wirtschaftssanktionen bleibt, soll Art. 75 AEUV einen Raum für Freiheit und Sicherheit schaffen und findet seinen eigenständigen Anwendungsbereich in der Regulierung des Kapital- und Zahlungsverkehrs innerhalb der Union und der Sanktionierung von Unionsbürgern.

Im Übrigen ergeben sich keine Neuerungen der Rechtslage durch das Inkrafttreten des Vertrags von Lissabon.

Im folgenden Kapitel wird die Praxis der europäischen Sanktionspolitik aufgezeigt, welche zum einen länderbezogene und zum anderen individualgerichtete Sanktionen gegen den Terrorismus umfasst.

3. Kapitel: Die europäische Sanktionspolitik

A. Grundlagen

Theoretische Vorgaben, welche Gestalt eine europäische Sanktionspolitik annehmen sollte, finden sich neben entsprechenden wissenschaftlichen Abhandlungen in der Fachliteratur vor allem in den von der Gruppe der Referenten für Außenbeziehungen vorgelegten und vom Ausschuss der ständigen Vertreter (AStV)[412] bestätigten „Leitlinien zur Umsetzung und Evaluierung restriktiver Maßnahmen (Sanktionen) im Rahmen der Gemeinsamen Außen- und Sicherheitspolitik".[413] Der Rat hat diese Leitlinien am 8. Dezember 2003 angenommen. Die umfassende Erfahrung der EU auf dem Gebiet der Planung, Umsetzung, Durchsetzung und Überwachung restriktiver Maßnahmen im Rahmen der GASP habe deutlich gemacht, dass sich eine „Standardisierung der Umsetzung der Maßnahmen" und eine „Festigung der Umsetzungsmethoden" empfiehlt.[414] Inhaltich beziehen sich die Leitlinien auf allgemeine Fragen sowie Standardformulierungen und Definitionen, die in den Rechtsakten zur Umsetzung restriktiver Maßnahmen verwendet werden sollen.[415] Zum letzten Mal aktualisiert wurden die Leitlinien im Juni 2012[416].

Im Folgenden sollen jedoch zuerst die Anforderungen an den Ablauf eines Sanktionsregimes skizziert werden (I.), bevor die in den Leitlinien zu beachtenden Aspekte bei der Erstellung der Rechtsakte (II.) und bei der Listung betroffener Personen und Organisationen (III.) sowie die Standardformulierungen für Rechtsinstrumente (IV.) dargestellt werden.

---

412 Der AStV (auch COREPER) hat die Aufgabe, die Arbeiten des Rats vorzubereiten (Art. 240 Abs. 1 AEUV/Art. 207 Abs. 1 EGV), er kann wiederum gem. Art. 19 Abs. 3 GO-Rat Ausschüsse oder Arbeitsgruppen zur Unterstützung der Vorbereitungsaufgaben einsetzen, zu denen die Gruppe der Referenten für Außenbeziehungen gehört.

413 Dokument des Rats v. 3.12.2003 (15579/03).

414 Dokument des Rats v. 3.12.2003 (15579/03), Rn. 1.

415 Dokument des Rats v. 3.12.2003 (15579/03), Rn. 1.

416 Dokument des Rats v. 15.6.2012 (11205/12).

I. Entwicklung und Ablauf eines Sanktionsregimes

In den drei Phasen, in die ein Sanktionsregime idealerweise eingeteilt ist – Planung, Durchführung und Beobachtung[417] —, müssen verschiedene Aspekte beachtet werden, um dessen Effektivität zu gewährleisten.

1. Planung

Im Stockholm-Prozess wurde betont, eine vernünftige Vorabeinschätzung der Durchführbarkeit und der möglichen Folgen einer Sanktionierung sei entscheidend für die Umsetzung eines Sanktionsregimes.[418] Eine derartige Vorabanalyse ist auch deshalb essentiell, da nach Einleitung eines Sanktionsverfahrens Maßnahmen schwer wieder zurückgenommen werden können, ohne dass die Union an Glaubwürdigkeit einbüßt.[419] Die Bewertung der Verhältnisse in einem Zielland muss dabei sämtliche Beziehungen des Landes zu der Union, d.h. Handelsbeziehungen, finanzielle Leistungen sowie politische Kontakte umfassen.[420] Je enger die Verbindungen des Ziellandes zur EU sind, desto größer ist die Abhängigkeit des Landes von der EU und desto effektiver kann ein Sanktionsregime sein.

Im Einzelnen sollten folgende Fragen in der Planungsphase erörtert werden[421]:

- Welche Konfliktsituation soll durch eine Sanktionierung verändert werden (schwere Menschenrechtsverstöße etc.)?
- Wer trägt die Hauptverantwortung für diese Situation (Einzelpersonen, Einrichtungen etc.)?
- Welche Methoden wenden die verantwortlichen Personen/Einrichtungen dabei an?
- Welche Mittel stehen dem Sanktionierenden zur Verfügung, um gegen die Konfliktsituation vorzugehen?

---

417 *Wallensteen/Staibano/Erikson*, Making Targeted Sanctions Effective - Guidelines for the Implementation of UN Policy Options, § 270.

418 *Wallensteen/Staibano/Erikson*, Making Targeted Sanctions Effective - Guidelines for the Implementation of UN Policy Options, § 271.

419 Entschließung des Europäischen Parlaments v. 4.9.2008 zur Evaluierung der EU-Sanktionen (2008/2031(INI)), ABl. 2009 C 295 E/49, Rn. 30.

420 *Brzoska*, in: Mutz/Schoch/Hauswedell/Hippler/Ratsch, Friedensgutachten 2006, S. 253.

421 Vgl. *de Vries/Hazelet*, in: Wallensteen/Staibano, International Sanctions, S. 101 f.; *Wallensteen/Staibano/Erikson*, Making Targeted Sanctions Effective - Guidelines for the Implementation of UN Policy Options, S. 94 f.

– Wie könnte der Sanktionierte versuchen, die Maßnahmen zu umgehen oder Gegenstrategien anzuwenden?
– Gibt es außenstehende Parteien, die ein Interesse am Fortbestehen der Konfliktsituation haben und somit eine wirksame Durchführung der Sanktionierung (bis hin zur Umgehung der Sanktionen) verhindern können?
– Gibt es andere Maßnahmen, die zeitgleich oder versetzt die Effektivität des Sanktionsregimes unterstützen können?
– Wie können die geplanten Sanktionen umgesetzt werden?
– Welche Kosten kommen auf den Sanktionierenden zu?
– Wie können mögliche positive und negative Folgen gesteuert werden?
– Welche Folgen können die Sanktionen auf andere als die anvisierten Personen haben?

Die Vorabanalyse bildet daher eine Kombination zwischen den Erfahrungen der Sanktionsforschung und der Kenntnis der jeweils spezifischen lokalen Bedingungen.[422]

Angemessenheit, Art und Wirksamkeit der vorgeschlagenen Sanktionen werden im Rat gemäß der Bewertung durch die Missionsleiter der EU-Mitgliedstaaten in den betreffenden Drittländern erörtert. Hilfreich wäre auch die Einbeziehung von Berichten unabhängiger Sachverständiger.[423]

Dabei ist jedoch darauf zu achten, dass die Planungsphase nicht zu einer Verzögerung der Annahme der Sanktionen führen darf.[424] Dies muss insbesondere vor dem Hintergrund gelten, dass durch öffentlich bekannt gegebene Vorabanalysen die betroffenen Personen und Einrichtungen „gewarnt“ werden und somit Maßnahmen zur Umgehung der Sanktionen treffen könnten.[425]

Der ursprüngliche Gedanke hinter der Gründung einer europäischen Gemeinschaft war die Liberalisierung wirtschaftlicher und politischer Beziehungen, wohingegen Sanktionen den gegenteiligen Effekt bewirken. Die europäische Sanktionspolitik muss berücksichtigen, dass die einzelnen Mitgliedstaaten unterschiedliche wirtschaftliche und politische Beziehungen mit dem Zielland pflegen und ihr Interesse an einer Sanktionierung des Staates deshalb unter-

---

422 *Brzoska*, in: Mutz/Schoch/Hauswedell/Hippler/Ratsch, Friedensgutachten 2006, S. 253.

423 Entschließung des Europäischen Parlaments v. 4.9.2008 zur Evaluierung der EU-Sanktionen (2008/2031(INI)), ABl. 2009 C 295 E/49, Rn. 30.

424 Entschließung des Europäischen Parlaments v. 4.9.2008 zur Evaluierung der EU-Sanktionen (2008/2031(INI)), ABl. 2009 C 295 E/49, Rn. 31.

425 *Wallensteen/Staibano/Erikson*, Making Targeted Sanctions - Effective Guidelines for the Implementation of UN Policy Options, § 273.

schiedlich groß sein kann.[426] Eine Herausforderung, vor der die VN jedoch in weit größerem Umfang stehen.

Sicherlich spielt dabei die EU in der Planungsphase der durch den Sicherheitsrat der VN verhängten Sanktionen eine geringere Rolle[427], sodass die soeben aufgeführten Grundsätze vermehrt auf durch die EU originär verhängte restriktive Maßnahmen Anwendung finden.

2. Durchsetzung

Die Durchführung von Sanktionen obliegt den Mitgliedstaaten. Eine effektive Durchsetzung verlangt, dass die Mitgliedstaaten Vorschriften erlassen, die Verstöße gegen die verhängten restriktiven Maßnahmen wirksam, verhältnismäßig und abschreckend sanktionieren.[428] Neben der Aufgabe, die rechtlichen Voraussetzungen für eine etwaige Sanktionierung zu schaffen, muss, um die erfolgreiche Durchsetzung eines Sanktionsregimes zu gewährleisten, auch die Einhaltung der Vorschriften durch die Mitgliedstaaten überprüft werden. Diese Kontrolle gestaltet sich bei den verschiedenen Sanktionsarten unterschiedlich schwierig. So ist die Überprüfung von Waffenembargos oder Reisesanktionen verhältnismäßig leicht, da die Waffenexporteure oder die Antragsteller für ein Visum die jeweiligen nationalen Behörden schon vorab kontaktieren müssen, um die gewünschte Genehmigung bzw. das gewünschte Visum zu erhalten, unabhängig davon, ob ein Sanktionsregime in Kraft ist.[429] Bedeutend schwieriger hingegen gestaltet sich die Kontrolle von Handels-, Dienstleistungs- oder Kapitalembargos, die keiner Grenzkontrolle unterliegen, so dass zusätzliche Ressourcen zur Überprüfung bereitgestellt werden müssen. In der Praxis wird die Aufgabe der Sanktionskontrolle Behörden und Einrichtungen übertragen, die jedoch bereits mit Aufgaben wie der Verhinderung von Drogenschmuggel oder Steuerhinterziehung betraut sind und so der Durchsetzung europäischer (Wirtschafts-) Sanktionen nicht die nötige Priorität einräumen können.[430] Zu beachten ist dabei auch, dass weder die EU noch die Mitgliedstaaten im Vorfeld finanzielle Beiträge für die Durchführung der Sanktionen bereitstellen.[431]

---

426 *de Vries/Hazelet*, in: Wallensteen/Staibano, International Sanctions, S. 102 f.; *Brzoska*, in: Mutz/Schoch/Hauswedell/Hippler/Ratsch, Friedensgutachten 2006, S. 253 f.

427 *de Vries/Hazelet*, in: Wallensteen/Staibano, International Sanctions, S. 102.

428 *de Vries/Hazelet*, in: Wallensteen/Staibano, International Sanctions, S. 99; vgl. hierzu ausführlich: Kap. 4. A.

429 *de Vries/Hazelet*, in: Wallensteen/Staibano, International Sanctions, S.99.

430 *de Vries/Hazelet*, in: Wallensteen/Staibano, International Sanctions, S. 99.

431 *de Vries/Hazelet*, in: Wallensteen/Staibano, International Sanctions, S. 99 f.

Eine effektive Durchführung erfordert ferner die Zusammenarbeit mit privaten Unternehmen. Vor allem bei der Umsetzung von Finanzsanktionen ist die Unterstützung durch die Banken- und Finanzindustrie unerlässlich. Die in der Realität bestehende gute Kooperation zwischen der EU und dem privaten Finanzsektor basiert größtenteils auch auf dem Wunsch, eine Rufschädigung, die sich bei gegenteiligem Verhalten ergeben könnte, zu vermeiden.[432]

3. Überwachung und Bewertung der Sanktionen

Auf Unionsebene muss schließlich die Um- und Durchsetzung der restriktiven Maßnahmen in den einzelnen Mitgliedstaaten überwacht werden. Hierfür wurde ein spezielles Ratsgremium mit dem Erfahrungsaustausch und der Entwicklung vorbildlicher Praktiken bezüglich der Durchführung und Anwendung restriktiver Maßnahmen beauftragt.[433] Die Gruppe der Referenten für Außenbeziehungen tagt in ihrer Zusammensetzung „Sanktionen" in regelmäßigen Abständen und ist ausweislich ihres Mandats[434] mit folgenden Aufgaben betraut:

- Informations- und Erfahrungsaustausch im Zusammenhang mit der Umsetzung von speziellen restriktiven Maßnahmen der EU;
- Beiträge zur Entwicklung vorbildlicher Praktiken zur Umsetzung restriktiver Maßnahmen in den Mitgliedstaaten;[435]
- Sammeln aller verfügbaren Informationen über angebliche Versuche betroffener Staaten, Personen oder Organisationen, restriktive Maßnahmen der EU und andere internationale Sanktionsregelungen, die für die EU von Interesse sind, zu umgehen;
- Informations- und Erfahrungsaustausch, gegebenenfalls auch mit Drittstaaten und internationalen Organisationen, über die Umsetzung internationaler Sanktionsregelungen, die für die EU von Interesse sind;
- Unterstützung bei der Bewertung der Ergebnisse der Umsetzung restriktiver Maßnahmen und der dabei aufgetretenen Schwierigkeiten;
- Gedankenaustausch über Mittel und Wege zur Sicherstellung eines effizienten Managements der Regelungen für restriktive Maßnahmen, einschließlich der darin vorgesehenen humanitären Bestimmungen;
- Prüfung aller relevanten technischen Fragen im Zusammenhang mit der Umsetzung restriktiver Maßnahmen der EU.

---

432 *Breyer*, Gezielte Sanktionen, S. 140.

433 Dokument des Rats v. 15.6.2012 (11205/12), Rn. 94.

434 Dokument des Rats v. 22.1.04 (5603/04), Anlage.

435 Vgl. Dokument des Rats v. 24.4.2008 (8666/1/08 REV 1), das vor allem bewährte Praktiken zur Umsetzung restriktiver Finanzmaßnahmen festlegt.

Um ferner sicherzustellen, dass die Maßnahmen in den Mitgliedstaaten einheitlich angewendet werden, ist der Austausch einschlägiger Informationen zwischen den zuständigen Behörden der Mitgliedstaaten und der Kommission, der im Einklang mit dem entsprechenden GASP-Beschluss oder der entsprechenden Verordnung erfolgen muss, unerlässlich.[436] Dementsprechende Bestimmungen zum Informationsaustausch sollen in den Rechtsinstrumenten der EU aufgenommen werden. Insbesondere sind die Mitgliedstaaten aufgefordert, die Daten weiterzuleiten, die sie bei der Anwendung von Ausnahmeregelungen gesammelt haben.[437]

Die Überwachung durch die EU sollte eine Beurteilung ermöglichen, ob die restriktiven Maßnahmen die nötige Wirkung entfalten. Dies bildet die Grundlage für die Entscheidung, ob Rechtstexte verbessert werden müssen und letztendlich auch, ob die Aufrechterhaltung der Maßnahmen sinnvoll erscheint.[438]

Die EU kann dabei, anders als der Sicherheitsrat der VN, der nur auf einen gewissen „Gruppenzwang" hoffen kann, einen erheblichen Druck auf die Mitgliedstaaten ausüben: Die Kommission kann nämlich bei einer Nichtumsetzung des Sanktionsregimes in nationales Recht gemäß Art. 258 AEUV (Art. 226 EGV)[439] den EuGH anrufen.

4. Aufhebung

Da Sinn und Zweck einer Sanktionierung eine Verhaltensänderung des betroffenen Ziellandes ist, muss der Rat die Entwicklung der Lage verfolgen und die Sanktionen bei einer positiven Änderung gegebenenfalls aufheben. Dabei können in den Rechtsinstrumenten spezielle Kriterien, die für die Aufhebung der restriktiven Maßnahmen erfüllt sein müssen, normiert werden. In der Regel ist jedoch die klare Formulierung des mit der Sanktionierung verfolgten Zieles ausreichend.[440]

Der jeweilige Gemeinsame Standpunkt soll dabei entweder eine Ablauffrist oder eine Überprüfungsklausel enthalten, um sicher zu stellen, dass in angemessenen Zeitabständen über eine mögliche Verlängerung der Maßnahmen beraten

436 Dokument des Rats v. 15.6.2012 (11205/12), Rn. 29.

437 Dokument des Rats v. 15.6.2012 (11205/12), Rn. 29.

438 Dokument des Rats v. 15.6.2012 (11205/12), Rn. 95.

439 Art. 258 AEUV normiert, dass die Kommission eine mit Gründen versehene Stellungnahme abgeben kann, wenn ein Mitgliedstaat, nach ihrer Auffassung gegen eine Verpflichtung aus den Verträgen verstoßen hat. Kommt der Staat dieser Stellungnahme nicht innerhalb der von der Kommission gesetzten Frist nach, so kann diese den EuGH anrufen.

440 Dokument des Rats v. 15.6.2012 (11205/12), Rn. 33.

wird. Dabei kann die Ablauffrist oder die Überprüfungsklausel von wichtigen Fakten oder Ereignissen, wie das Abhalten demokratischer Wahlen, abhängig gemacht werden.[441]

Eine Ablauffrist sollte dabei aus zwei Gründen nur in dem Gemeinsamen Standpunkt bzw. Beschluss und nicht in der ihn umsetzenden Verordnung enthalten sein, sodass Letztere in Kraft bleibt, bis sie aufgehoben wird: Zum einen müsste die Verordnung ohnehin aufgehoben werden, wenn der Gemeinsame Standpunkt bzw. Beschluss weggefallen wäre, da diese der Durchführung des GASP-Instruments dient. Zum anderen würde im gegenteiligen Fall – der Verlängerung des GASP-Rechtsinstruments – die Änderung der Ablauffrist der Verordnung oder die Annahme einer neuen Verordnung mit denselben Rechtsvorschriften unnötigen Verwaltungsaufwand bedeuten. Wird die Verlängerung eines Gemeinsamen Standpunkts kurzfristig entschieden, kann sogar eine Zeitspanne entstehen, in der die Maßnahmen nicht anwendbar sind, solange die Verordnung nicht entsprechend geändert wurde.[442]

Da die Union bei der Umsetzung von Resolutionen der VN bezüglich der Aufhebung der Maßnahmen an die Vorgaben des Sicherheitsrats gebunden ist, gelten die eben gemachten Ausführungen primär für autonome Sanktionen der EU.[443]

II. Rechtliche Aspekte bei der Formulierung der Rechtsakte

Die „Leitlinien zur Umsetzung und Evaluierung restriktiver Maßnahmen" beinhalten ein mit dem Titel „Rechtsfragen" umschriebenes Kapitel.[444]

Zunächst finden sich allgemeine Bemerkungen zu den Rechtsgrundlagen und zum zweistufigen Verfahren des Art. 215 AEUV.[445]

In einem nächsten Punkt wird gefordert, dass bei einer Verhängung restriktiver Maßnahmen „im Interesse von Klarheit und Transparenz"[446] eine möglichst ausführliche Darstellung des entsprechenden rechtlichen Zusammenhangs erfolgen soll. Deshalb sind die einschlägigen Bestimmungen des EUV bzw. AEUV

441 Dokument des Rats v. 15.6.2012 (11205/12), Rn. 34; vgl. auch Entschließung des Europäischen Parlaments v. 4.9.2008 zur Evaluierung der EU-Sanktionen (2008/2031(INI)), ABl. 2009 C 295 E/49, Rn. 32 f.

442 Dokument des Rats v. 15.6.2012 (11205/12), Rn. 36.

443 Dokument des Rats v. 15.6.2012 (11205/12), Fn. 9.

444 Dokument des Rats v. 15.6.2012 (11205/12), Rn. 7 ff.

445 Dokument des Rats v. 15.6.2012 (11205/12), Rn. 7.

446 Dokument des Rats v. 15.6.2012 (11205/12), Rn. 8.

sowie der relevanten Resolutionen des VN-Sicherheitsrats in den Rechtsakten aufzuführen.[447]

Die Einführung und Umsetzung restriktiver Maßnahmen muss dabei im Einklang mit internationalem Recht sowie unter Achtung von Grundrechten, insbesondere dem Recht auf ein ordentliches Verfahren sowie dem Recht auf wirksame Beschwerde erfolgen.[448] Diese Forderung ist erst seit 2005[449] Inhalt der Leitlinien. In der ursprünglichen Fassung fehlt ein Verweis auf Grund- bzw. Verfahrensrechte.

Im Vorfeld muss abgewogen werden, welche Maßnahmen oder welches Maßnahmenpaket sich am besten eignet. Dabei müssen die konkret verhängten Maßnahmen in einem angemessenen Verhältnis zum angestrebten Ziel stehen.[450] Ferner sind die internationalen Verpflichtungen der Union und ihrer Mitgliedstaaten, insbesondere die Bestimmungen des WTO Abkommens, zu beachten.[451]

Die Rechtsinstrumente über Finanzrestriktionen, Einreisebeschränkungen und andere restriktive Maßnahmen müssen angemessene Ausnahmen enthalten: zum einen zu Gunsten der betroffenen Personen aus humanitären Gründen oder, bei Finanzsanktionen, zur Deckung außergewöhnlicher Kosten wie Rechtskosten; zum anderen zu Gunsten der zur Durchführung verpflichteten Mitgliedstaaten, um internationalen Verbindlichkeiten, einschließlich als Gastländer internationaler Organisationen oder der OSZE, nachkommen zu können.[452] Das Verfahren zur Erteilung von Ausnahmegenehmigungen, die gemäß den einschlägigen gesetzlichen Bestimmungen gewährt werden, soll aufgrund von Einzelfallentscheidungen erfolgen. Nur so können die Interessen aller Betroffenen berücksichtigt und zugleich verhindert werden, dass die Ausnahmeregelungen die restriktiven Maßnahmen vereiteln.[453]

III. Listung der betroffenen Personen und Organisationen

Einige Sanktionsarten wie Finanzsanktionen und Reisebeschränkungen erfordern eine Listung betroffener Personen und Organisationen. Da in besonderem Maße individuelle Rechte betroffen sind, müssen die Grundrechte, insbesondere die einschlägigen Verfahrensrechte[454], gewahrt bleiben.[455]

447 Dokument des Rats v. 15.6.2012 (11205/12), Rn. 8.
448 Dokument des Rats v. 15.6.2012 (11205/12), Rn. 9 f.
449 Dokument des Rats v. 2.12.2005 (15114/05).
450 Dokument des Rats v. 15.6.2012 (11205/12), Rn. 9.
451 Dokument des Rats v. 15.6.2012 (11205/12), Rn. 11; vgl. hierzu: 2. Kap. A. 2. a).
452 Dokument des Rats v. 15.6.2012 (11205/12), Rn 24.
453 Dokument des Rats v. 15.12.2009 (11205/12), Rn. 25.
454 Vgl. hierzu: 4. Kap. B III.

Aus dem entsprechenden GASP-Rechtsinstrument müssen die eindeutigen, auf den Einzelfall zugeschnittenen Kriterien, welche Personen und Organisationen mit gezielten Sanktionen belegt werden, hervorgehen.[456]

Zur Verbesserung der Wirksamkeit restriktiver Maßnahmen und zur Vermeidung einer Namensverwechslung sollen möglichst viele Identifikationsmerkmale in den entsprechenden Listen veröffentlicht werden. Bei der Listung natürlicher Personen sollten insbesondere die Namen, möglichst auch in der Originalsprache, Aliasname, Geschlecht, Geburtsdatum und -ort, Staatsangehörigkeit, Anschrift sowie Ausweisnummer angegeben werden. Bei Vereinigungen, juristischen Personen und Organisationen der vollständige Name, Ort des Hauptsitzes, Ort der Registrierung und die Registriernummer.[457]

Die Mitgliedstaaten und die Kommission sollten Verfahren einführen, die im Falle einer behaupteten Identitätsverwechslung gewährleisten, dass ihre Ermittlungen in Bezug auf die Beschwerde zu übereinstimmenden Ergebnissen führen.[458] Die von der Gruppe der Referenten für Außenbeziehungen verfassten „Bewährten Praktiken der EU für die wirksame Umsetzung restriktiver Maßnahmen" enthält hierzu Empfehlungen, die insbesondere vorsehen, dass die zuständigen Behörden des betreffenden Mitgliedstaates andere Mitgliedstaaten sowie die Kommission unterrichten, falls aufgrund einer Beschwerde tatsächlich eine Personenverwechslung ermittelt wird.[459] Kann die zuständige Behörde eine Personenverwechslung nicht abschließend feststellen, ist die Kommission zu informieren und der Fall im Rat zu erörtern bzw. bei restriktiven Maßnahmen, die aufgrund eines Sicherheitsratsbeschlusses getroffen wurden, im entsprechenden VN-Sanktionsausschuss.[460]

Die Identifikationsmerkmale sind unter Einbeziehung aller Stellen, die dazu beitragen können – insbesondere die Leiter der Missionen der EU-Mitgliedstaaten in den betreffenden Drittländern, die zuständigen Behörden sowie Agenturen und Finanzinstitute der Mitgliedstaaten – , ständig zu überprüfen, um sie näher bestimmen und ergänzen zu können.[461]

Die Leitlinien beinhalten als Anlage ferner die vom Ausschuss der ständigen Vertreter gebilligten „Empfehlungen für die Aufnahme in oder die Streichung

---

455 Dokument des Rats v. 15.6.2012 (11205/12), Rn. 15.

456 Dokument des Rats v. 15.6.2012 (11205/12), Rn. 16.

457 Dokument des Rats v. 15.6.2012 (11205/12), Rn. .; Dokument des Rats v. 24.4.2008 (8666/1/08 REV 1), Rn. 5.

458 Dokument des Rats v. 15.6.2012 (11205/12), Rn. 20.

459 Dokument des Rats v. 24.4.2008 (8666/1/08 REV 1), Rn. 12 f.

460 Dokument des Rats v. 24.4.2008 (8666/1/08 REV 1), Rn. 14 f.

461 Dokument des Rats v. 15.12.2012 (11205/12), Rn. 22; Dokument des Rats v. 24.4.2008 (86666/1/08), Rn. 6.

aus Listen betreffend eigene länderspezifische Sanktionen der EU oder Ergänzungen der EU zu von den Vereinten Nationen festgelegten Sanktionen“[462]. Demnach müssen im Falle von Finanzsanktionen einzelfallbezogen und spezifisch die Gründe für die Listung in einer eigenen Spalte im Anhang des Rechtsakts erläutert werden. Die Gründe für die Aufnahme in die Liste sind den Betroffenen mitzuteilen, wobei die Benachrichtigung durch Veröffentlichung einer Mitteilung im Amtsblatt erfolgt.[463]

Des Weiteren sollen die betroffenen Personen, Organisationen und Vereinigungen über ihr Recht informiert werden, ihre Standpunkte wirksam bekannt zu machen. Am Tag der Veröffentlichung des betreffenden Rechtsaktes soll hierzu eine Mitteilung im Amtsblatt veröffentlicht werden, in der auch darauf hingewiesen wird, dass die Betroffenen gegen den Beschluss des Rats Klage erheben können.[464]

Für die Bearbeitung von Anträgen auf Streichung aus der Liste wird wiederum auf die „Bewährten Praktiken der EU für die wirksame Umsetzung restriktiver Maßnahmen“ hingewiesen.[465] Diese legen jedoch lediglich fest, dass für die Glaubwürdigkeit und Rechtmäßigkeit restriktiver Maßnahmen das Verfahren für die Streichung aus den Listen transparent und effizient gestaltet sein muss. Gründe für die Streichung aus einer Liste sind dabei v.a. eine nachgewiesene irrtümliche Listung, eine anschließende relevante Änderung des Sachverhalts, das Vorliegen weiterer Beweise, der Tod einer gelisteten Person oder die Auflösung einer gelisteten juristischen Person. Unabhängig von konkreten Anträgen auf Streichung aus einer Liste sollten die Listen in Zusammenarbeit mit allen Mitgliedstaaten regelmäßig dahingehend überprüft werden, ob Gründe für die Streichung betroffener Personen oder Vereinigungen vorliegen.[466]

IV. Standardformulierungen für Rechtsinstrumente

Die „Leitlinien zur Umsetzung und Evaluierung restriktiver Maßnahmen (Sanktionen) im Rahmen der Gemeinsamen Außen- und Sicherheitspolitik“ beinhalten ferner Standardformulierungen und gemeinsame Definitionen, die in den Rechtstexten der Union zur Durchführung der restriktiven Maßnahmen verwendet werden sollen, außer die ordnungsgemäße Umsetzung einer Resolution des

462 Dok. 11054/07, v. AStV am 27.6.2007 gebilligt; vgl. ferner Dok. 7697/07, v. AStV am 17.4.2007 gebilligt.

463 Dok. 11054/07, Rn. 4 f.

464 Dok. 11054/07, Rn. 12.

465 Dok. 11054/07, Rn. 15.

466 Dokument des Rats v. 24.4.2008 (8666/1/08 REV 1), Rn. 17.

VN-Sicherheitsrats macht eine Verwendung anderer Formulierungen erforderlich. Eine solche Vorgehensweise ermöglicht eine schnellere Umsetzung gerade auch von Sanktionen des VN-Sicherheitsrats.[467]

Im Folgenden sollen diese Standardformulierungen für die von der Union eingesetzten Maßnahmen erläutert werden, um bei der Darstellung einzelner Sanktionsregime darauf zurückgreifen zu können. Erfolgt dabei kein weiterer Hinweis, entsprechen die vorgesehenen Maßnahmen und ihre Ausnahmefälle in den Rechtsinstrumenten den Vorgaben der Leitlinien.

1. Waffenembargos

Ein durch einen Gemeinsamen Standpunkt festgesetztes und von den Mitgliedstaaten selbst umgesetztes Waffenembargo sollte folgendem Wortlaut entsprechen:

„Der Verkauf, die Lieferung, die Weitergabe oder die Ausfuhr von Rüstungsgütern und dazugehörigen Gütern aller Art, einschließlich Waffen und Munition, Militärfahrzeugen und -ausrüstung, paramilitärischer Ausrüstung und entsprechender Ersatzteile, an (Land) durch Staatsangehörige der Mitgliedstaaten oder vom Hoheitsgebiet der Mitgliedstaaten aus oder unter Einsatz von Schiffen oder Luftfahrzeugen ihrer Flagge ist unabhängig davon, ob diese Güter ihren Ursprung im Hoheitsgebiet der Mitgliedstaaten haben oder nicht, untersagt."[468]

Damit in den einzelnen Mitgliedstaaten darüber hinaus ein einheitliches Verständnis herrscht, welche Güter unter das Embargo fallen, wird in den Leitlinien festgesetzt[469], dass sich Waffenembargos mindestens auf alle in der Gemeinsamen Militärgüterliste der EU[470] erfassten Güter und Technologien beziehen. Diese Güterliste wurde im Juni 2000 im Rahmen des Verhaltenskodex der EU für Waffenausfuhren[471], der eine verstärkte Kontrolle bezüglich Waffenausfuhren als Beitrag zur Bekämpfung des illegalen Waffenhandels vorsieht, festgelegt.

Im Zusammenhang mit einem klassischen Waffenembargo wird meist auch die Bereitstellung diesbezüglicher technischer Unterstützung und anderer

467 Dokument des Rats v. 15.6.2012 (11205/12), Rn. 42.

468 Dokument des Rats v. 15.6.2012 (11205/12), Rn. 65.

469 Dokument des Rats v. 15.6.2012 (11205/12), Rn. 63.

470 Angenommen vom Rat am 13.6.2000, ABl. 2000 C 191/1, zuletzt aktualisiert am 27.2.2012, ABl. 2012 C 85/01.

471 Dokument des Rats v. 5.6.1998 (8675/2/98).

Dienstleistungen untersagt. Eine Standardformulierung sollte hier wie folgt aussehen:

„Es ist untersagt,

(a) technische Hilfe, Vermittlungsdienste und sonstige Dienste im Zusammenhang mit militärischen Tätigkeiten und der Bereitstellung, Herstellung, Instandhaltung und Verwendung von Rüstungsgütern und dazugehörigen Gütern aller Art, einschließlich Waffen und Munition, Militärfahrzeugen und -ausrüstung, paramilitärischer Ausrüstung und entsprechender Ersatzteile, unmittelbar oder mittelbar an natürliche oder juristische Personen, Organisationen oder Einrichtungen in (Land) oder zur Verwendung in (Land) zu erbringen;

(b) Finanzmittel oder Finanzhilfen im Zusammenhang mit militärischen Tätigkeiten, insbesondere Zuschüsse, Darlehen und Ausfuhrkreditversicherungen, für den Verkauf, die Lieferung, die Weitergabe oder die Ausfuhr von Rüstungsgütern und dazugehörigen Gütern oder für damit zusammenhängende technische Hilfe, Vermittlungsdienste und sonstige Dienste, die unmittelbar oder mittelbar Personen, Organisationen oder Einrichtungen in (Land) oder zur Verwendung in (Land) bereitgestellt werden, zu gewähren.

(c) wissentlich und vorsätzlich an Aktivitäten teilzunehmen, mit denen die Umgehung der unter den Buchstaben a oder b genannten Verbote bezweckt oder bewirkt wird."[472]

Die meisten Rechtsakte, die ein Waffenembargo beinhalten, sehen auch Ausnahmen für die Ausfuhr von Rüstungsgütern vor. In Postkonfliktgebieten können diese nämlich unter Umständen zur Sicherheit der Zivilbevölkerung und zum Wiederaufbau der Wirtschaft gebraucht werden. Daher sollten sich Ausnahmen auf nichtletales Gerät und Schutzkleidung für den persönlichen Gebrauch beschränken. Eine Ausnahmeregelung kann je nach Bedarf folgenden Wortlaut umfassen:

„ Artikel ... gilt nicht für:

a) den Verkauf, die Lieferung, die Weitergabe oder die Ausfuhr von nichtletalem militärischen Gerät, das ausschließlich humanitären oder Schutzzwecken dient oder für die Programme der VN und der EU zum Aufbau von Institutionen oder für Krisenbewältigungsoperationen der EU und der VN bestimmt ist;

b) den Verkauf, die Lieferung, die Weitergabe oder die Ausfuhr von Minenräumgeräten und Minenräummaterial für Minenräumaktionen;

c) die Bereitstellung von Finanzmitteln und Finanzhilfen im Zusammenhang mit derartigen Ausrüstungen oder mit derartigen Programmen und Operationen;

---

472 Dokument des Rats v. 15.6.2012 (11205/12), Rn. 67.

d) die Bereitstellung technischer Hilfe im Zusammenhang mit derartigen Ausrüstungen oder mit derartigen Programmen und Operationen; unter der Voraussetzung, dass solche Ausfuhren vorab von (zuständige Behörde) genehmigt wurden."[473]

Die Ausnahmen können entsprechend angepasst werden, wenn Krisenbewältigungsoperationen oder ein Programm der VN sowie der Aufbau von Institutionen der EU die Ausfuhr von nichtletalem Gerät erforderlich macht. Eine hierfür nötige Ausnahmeklausel für Schutzkleidung kann folgendermaßen lauten:

„Artikel ... gilt nicht für Schutzkleidung, einschließlich Körperschutzwesten und Militärhelmen, die vom Personal der Vereinten Nationen, vom Personal der EU oder ihrer Mitgliedstaaten, von Medienvertretern, humanitärem Hilfspersonal und Entwicklungshelfern und damit in Verbindung stehendem Personal ausschließlich zum persönlichen Gebrauch vorübergehend nach (Land) ausgeführt wird."[474]

2. Beschränkungen im Zusammenhang mit interner Repression

Der Anlass für die Verhängung von Sanktionen kann in einer Politik interner Repression im betroffenen Land liegen. Gemäß Art. 2 Abs. 2 lit. b des Gemeinsamen Standpunkts 2008/944/GASP betreffend gemeinsamer Regeln für die Kontrolle der Ausfuhr von Militärtechnologie und Militärgütern umfasst interne Repression u. a. „Folter sowie andere grausame, unmenschliche und erniedrigende Behandlung oder Bestrafung, willkürliche oder Schnell-Hinrichtungen, das Verschwindenlassen von Personen, willkürliche Verhaftungen und andere schwere Verletzungen der Menschenrechte und Grundfreiheiten, wie sie in den einschlägigen Menschenrechtsübereinkünften (...) niedergelegt sind."

Beschränkungen im Zusammenhang mit zur internen Repression verwendbarer Ausrüstung können wie folgt formuliert werden:

„Es ist untersagt,

(a) zu interner Repression verwendbare Ausrüstungen gemäß der Liste in Anhang I mit oder ohne Ursprung in der Gemeinschaft unmittelbar oder mittelbar an natürliche oder juristische Personen, Organisationen oder Einrichtungen in [Land] oder zur Verwendung in [Land] zu verkaufen, zu liefern, weiterzugeben oder auszuführen;

473 Dokument des Rats v. 15.6.2012 (11205/12), Rn. 70.
474 Dokument des Rats v. 15.6.2012 (11205/12), Rn. 72.

(b) technische Hilfe im Zusammenhang mit Ausrüstungen gemäß Buchstabe a unmittelbar oder mittelbar an natürliche oder juristische Personen, Organisationen oder Einrichtungen in [Land] oder zur Verwendung in [Land] bereitzustellen;

(c) Finanzmittel oder Finanzhilfen im Zusammenhang mit Ausrüstungen gemäß Buchstabe a unmittelbar oder mittelbar an natürliche oder juristische Personen, Organisationen oder Einrichtungen in [Land] oder zur Verwendung in [Land] bereitzustellen.

(d) wissentlich und vorsätzlich an Aktivitäten teilzunehmen, mit denen die Umgehung der unter den Buchstaben a, b oder c genannten Verbote bezweckt oder bewirkt wird."[475]

Welche Güter von den Beschränkungen erfasst sind, soll durch Anhang einer Liste in dem entsprechenden Rechtsakt festgelegt werden.[476]

3. Reisebeschränkungen

Die in einem GASP-Rechtsakt bestimmten und von den Mitgliedstaaten umzusetzenden Einreisebeschränkungen einschließlich der dazugehörigen Ausnahmeregelungen können wie folgt formuliert werden:

„1. Die Mitgliedstaaten ergreifen die erforderlichen Maßnahmen, um den im Anhang aufgeführten Personen die Einreise in oder die Durchreise durch ihr Hoheitsgebiet zu verweigern (Angabe der Kriterien/Kategorien, falls nicht im Text spezifiziert).

2. Absatz 1 verpflichtet die Mitgliedstaaten nicht dazu, ihren eigenen Staatsangehörigen die Einreise in ihr Hoheitsgebiet zu verweigern.

3. Absatz 1 lässt die Fälle unberührt, in denen für einen Mitgliedstaat eine völkerrechtliche Verpflichtung besteht, und zwar:

(i) als Gastland einer internationalen zwischenstaatlichen Organisation ,

(ii) als Gastland einer internationalen Konferenz , die von den Vereinten Nationen einberufen worden ist oder unter deren Schirmherrschaft steht; oder

(iii) im Rahmen eines multilateralen Abkommens, das Vorrechte und Immunitäten verleiht, oder

(iv) im Rahmen des 1929 zwischen dem Heiligen Stuhl (Staat Vatikanstadt) und Italien geschlossenen Lateranvertrags.

4. Absatz 3 gilt auch in den Fällen, in denen ein Mitgliedstaat Gastland der Organisation für Sicherheit und Zusammenarbeit in Europa (OSZE) ist.

---

475 Dokument des Rats v. 15.6.2012 (11205/12), Rn. 74.

476 Dokument des Rats v. 15.6.2012 (11205/12), Rn. 73.

5. Der Rat ist in allen Fällen, in denen ein Mitgliedstaat eine Ausnahme aufgrund der Absätze 3 oder 4 gewährt, ordnungsgemäß zu unterrichten.

6. Die Mitgliedstaaten können Ausnahmen von den Maßnahmen nach Absatz 1 in den Fällen zulassen, in denen die Reise aufgrund einer humanitären Notlage oder aufgrund der Teilnahme an Tagungen auf zwischenstaatlicher Ebene sowie an Tagungen, die von der EU unterstützt oder ausgerichtet werden oder aber von einem Mitgliedstaat, der zu dem Zeitpunkt den OSZE-Vorsitz innehat, ausgerichtet werden – gerechtfertigt ist, wenn dort ein politischer Dialog geführt wird, der die Politikziele der restriktiven Maßnahmen, einschließlich Demokratie, Menschenrechte und Rechtsstaatlichkeit in (Land) unmittelbar fördert.

7. Ein Mitgliedstaat, der Ausnahmen nach Absatz 6 zulassen möchte, unterrichtet den Rat schriftlich hiervon. Die Ausnahme gilt als gewährt, wenn nicht von einem oder mehreren Mitgliedern des Rates innerhalb von zwei Arbeitstagen nach Eingang der Mitteilung über die vorgeschlagene Ausnahme schriftlich Einwand erhoben wird. Wenn von einem oder von mehreren Mitgliedern des Rates Einwand erhoben wird, kann der Rat mit qualifizierter Mehrheit beschließen, die vorgeschlagene Ausnahme zu gewähren.

8. In den Fällen, in denen ein Mitgliedstaat aufgrund der Absätze 3, 4, 6 und 7 den im Anhang aufgeführten Personen die Einreise in oder die Durchreise durch sein Hoheitsgebiet genehmigt, gilt die Genehmigung nur für den Zweck, für den sie erteilt wurde, und nur für die davon betroffenen Personen."[477]

4. Finanzsanktionen

Besonders oft werden innerhalb eines Sanktionsregimes Finanzsanktionen verhängt, die sich in ein Gebot zum Einfrieren von Geldern und wirtschaftlichen Ressourcen und ein diesbezügliches Bereitstellungsverbot gliedern. Eine Standardformulierung sollte hier Folgendes beinhalten:

„1. Sämtliche Gelder und wirtschaftliche Ressourcen, die im Besitz oder im Eigentum der in Anhang X aufgeführten [einzelne Mitglieder der Regierung von (Land) und][mit ihnen verbundenden] natürlichen oder juristischen Personen, Organisationen oder Einrichtungen stehen oder von diesen gehalten werden, werden eingefroren. .

2. Den in Anhang X aufgeführten natürlichen oder juristischen Personen, Organisationen oder Einrichtungen dürfen weder unmittelbar noch mittelbar

477 Dokument des Rats v. 15.6.2012 (11205/12), Rn. 80.

Gelder oder wirtschaftliche Ressourcen zur Verfügung gestellt werden oder zugute kommen."[478]

Da Finanzsanktionen einen erheblichen Eingriff in die Eigentumsrechte der betroffenen natürlichen und juristischen Personen darstellen, bedarf es einer ausführlichen Ausnahmeregelung. Die denkbaren Fälle, in denen Ausnahmen vom Einfriergebot oder Bereitstellungsverbot gemacht werden sollten, lassen sich in drei grobe Kategorien einteilen:

– Grundbedürfnisse und Zinserträge:

Abweichend von Artikel ... (Einfrieren von Geldern und wirtschaftlichen Ressourcen gelisteter Personen und Organisationen) können die auf den Websites in Anhang Y angegebenen zuständigen Behörden die Freigabe bestimmter eingefrorener Gelder oder wirtschaftlicher Ressourcen oder die Zurverfügungstellung bestimmter Gelder oder wirtschaftlicher Ressourcen unter ihnen geeignet erscheinenden Bedingungen genehmigen, nachdem sie festgestellt haben, dass die betreffenden Gelder oder wirtschaftlichen Ressourcen

(a) zur Befriedigung der Grundbedürfnisse von in Anhang X aufgeführten natür-lichen oder juristischen Personen, Organisationen oder Einrichtungen sowie von unterhaltsberechtigten Familienangehörigen jener natürlichen Personen, u. a. für die Bezahlung von Nahrungsmitteln, Mieten oder Hypotheken, Medikamenten und medizinischer Behandlung, Steuern, Versicherungsprämien und Gebühren öffentlicher Versorgungseinrichtungen notwendig sind,

(b) ausschließlich der Bezahlung angemessener Honorare und der Rückerstattung von Ausgaben im Zusammenhang mit der Bereitstellung rechtlicher Dienste dienen,

(c) ausschließlich der Bezahlung von Gebühren oder Kosten für die routinemäßige Verwahrung oder Verwaltung eingefrorener Gelder oder wirtschaftlicher Ressourcen dienen,

(d) für die Deckung außerordentlicher Ausgaben erforderlich sind, vorausgesetzt, dass die relevante zuständige Behörde den zuständigen Behörden der anderen Mitgliedstaaten und der Kommission mindestens zwei Wochen vor Erteilung der Genehmigung mitgeteilt hat, aus welchen Gründen sie der Auffassung ist, dass eine spezifische Genehmigung erteilt werden sollte.

(e) auf Konten oder von Konten einer diplomatischen Vertretung oder einer Konsularstelle oder einer internationalen Organisation überwiesen werden sollen, die Immunitäten nach dem Völkerrecht genießt, soweit diese Zahlungen für amtliche Zwecke dieser diplomatischen Vertretung oder Konsularstelle oder internationalen Organisation bestimmt sind,

---

478 Dokument des Rats v. 15..2012 (11205/12), Rn. 82.

(f) zur Gewährleistung der humanitären Sicherheit oder des Schutzes der Umwelt erforderlich sind."

Die Mitgliedstaaten informieren die anderen Mitgliedstaaten und die Kommision über jede nach diesem Artikel erteilte Genehmigung.

2. Artikel .. (Verbot der Zurverfügungstellung von Geldern oder wirtschaftlichen Ressourcen an gelistete Personen und Organisationen) gilt nicht für die auf einge-frorenen Konten eingehenden

a) Zinsen und sonstigen Erträge dieser Konten oder

b) Zahlungen aufgrund von Verträgen, Vereinbarungen oder Verpflichtungen, die vor dem Datum, ab dem die Bestimmungen dieses Beschlusses/dieser Verordnung auf die Konten Anwendung finden, geschlossen wurden oder entstanden sind, oder

c) Zahlungen aufgrund einer in einem EU-Mitgliedstaat ergangenen oder in diesem Mitgliedstaat rechtskräftigen gerichtlichen, behördlichen oder schiedsgerichtlichen Entscheidung und sofern solche Zinsen, sonstigen Erträge und Zahlungen weiterhin Artikel .. (Einfrieren von Geldern und wirtschaftlichen Ressourcen gelisteter Personen und Organisationen) unterliegen."[479]

– Gutschriften auf eingefrorenen Konten:

"Artikel ...(Verbot der Zurverfügungstellung von Geldern oder wirtschaftlichen Ressourcen an gelistete natürliche oder juristische Personen, Organisationen oder Ein-richtungen) hindert Finanz- oder Kreditinstitute nicht daran, Gelder, die von Dritten zugunsten einer gelisteten Person, Organisation oder Einrichtung überwiesen werden, auf eingefrorenen Konten gutzuschreiben, sofern die auf diesen Konten gutgeschriebenen Beträge ebenfalls eingefroren werden. Die Finanz- oder Kreditinstitute setzen die zuständigen Behörden unverzüglich von solchen Transaktionen in Kenntnis."[480]

– Gelder oder wirtschaftliche Ressourcen, die Gegenstand eines vor dem Inkrafttreten der entsprechenden Verordnung von einem Gericht, einer Verwaltungsstelle oder einem Schiedsgericht beschlossenen Zurückbehaltungsrechts sind:

„Abweichend von Artikel ... (Einfrieren von Geldern und wirtschaftlichen Ressourcen gelisteter natürlicher oder juristischer Personen, Organisationen oder Einrichtungen) können die in Anhang Y aufgeführten zuständigen Behörden der Mitgliedstaaten die Freigabe bestimmter eingefrorener Gelder oder wirtschaftlicher Ressourcen genehmigen, wenn die nachstehenden Voraussetzungen erfüllt sind:

479 Dokument des Rats v. 15.6.2012 (11205/12), Rn. 83.

480 Dokument des Rats v. 15.6.2012 (11205/12), Rn. 84.

a) die Gelder oder wirtschaftlichen Ressourcen sind Gegenstand einer schiedsgerichtlichen Entscheidung, die vor dem Datum ergangen ist, an dem die in Artikel ... (Einfrieren von Geldern und wirtschaftlichen Ressourcen gelisteter natürlicher oder juristischer Personen, Organisationen oder Einrichtungen und Verbot der Zurverfügungstellung von Geldern oder wirtschaftlichen Ressourcen an diese Personen, Organisationen oder Einrichtungen) genannte natürliche oder juristische Person, Organisation oder Einrichtung in die Liste in Anhang X aufgenommen wurde oder Gegenstand einer vor oder nach diesem Datum in der EU ergangenen gerichtlichen oder behördlichen Entscheidung oder einer vor oder nach diesem Datum in dem betreffenden Mitgliedstaat vollstreckbaren gerichtlichen Entscheidung,

b) die Gelder oder wirtschaftlichen Ressourcen werden im Rahmen der geltenden Gesetze und sonstigen Rechtsvorschriften über die Rechte des Gläubigers ausschließlch für die Erfüllung der Forderungen verwendet, die durch eine solche Entscheidung gesichertsind oder deren Bestand in einer solchen Entscheidung bestätigt worden ist,

c) die Entscheidung begünstigt nicht eine in Anhang X aufgeführte Person,Organisation oder Einrichtung,

d) die Anerkennung der Entscheidung steht nicht im Widerspruch zur öffentlichen Ordnung des betreffenden Mitgliedstaats.

Die zuständige Behörde setzt die zuständigen Behörden der anderen Mitgliedstaaten und die Kommission von jeder nach diesem Artikel erteilten Genehmigung in Kenntnis."[481]

B. Länderbezogene Sanktionspolitik der EU im Überblick

Im Folgenden wird ein Überblick über die länderbezogene Sanktionspraxis der EU anhand der sich aktuell in Kraft befindenden Sanktionsregimen gewährt. Dabei sollen ihre Unterschiede und Gemeinsamkeiten herausgearbeitet werden. Die Diskussion wird die geographische Verteilung und die angewandten Mittel (I.), die verfolgten Ziele und die Übereinstimmungen mit den Zielen der europäischen Außenpolitik (II.) sowie die Übereinstimmung der Rechtsakte mit den theoretischen Vorgaben (III.) fokussieren. Besonderes Augenmerk wird dabei auf die durch die EU autonom verhängten Sanktionsregime gelegt werden, da sich hier aufgrund der fehlenden Vorgaben des VN-Sicherheitsrats die Praxis der *europäischen* Sanktionspolitik besonders zeigt.

---

481 Dokument des Rats v. 15.6.2012 (11205/12), Rn. 85.

I. Geographische Verteilung und angewandte Mittel

1. Allgemeines

Es befinden sich aktuell 21 Sanktionsregime in Kraft.[482] Davon beruhen elf auf einem Sicherheitsratsbeschluss der VN und zehn[483] wurden originär durch die EU verhängt. Zur Verdeutlichung sollen die betroffenen Länder und die jeweils verhängten Sanktionsarten in einer Tabelle zusammengefasst werden:

Sanktionsregime zur Umsetzung eines SR-Beschlusses der VN:

Land	**Waffenembargo**	**techn. Hilfe i.Z.m. einem Waffenembargo**	**Ausrüstung/techn. Hilfe i.Z.m. int. Repression**	**Finanzsanktionen**	**Reisebeschränkungen**	**Sonstiges**
Elfenbeinküste	X	X	X	X	X	Diamantenembargo
Eritrea	X	X		X	X	

482 Nicht eingeschlossen sind hier die Sanktionsregime, bei denen nur noch ein Erfüllungsverbot (vgl.: 1. Kap. A II. 4.) besteht. Betroffen sind das ehemalige Jugoslawien (vgl. VO (EG) Nr. 1733/94) und Haiti (vgl. VO (EG) Nr. 1264/94). Ebenfalls nicht mit einbezogen sind die Reise- und Finanzsanktionen gegen bestimmte Personen, die der Beteiligung an der Ermordung des ehemaligen libanesischen Ministerpräsidenten Rafiq Hariri verdächtig sind, da diese nicht als „länderbezogene" Sanktionen i.e.S. betrachtet werden können. Zwar werden libanesische und syrische Amtsträger verdächtigt, eine konkrete Listung ist jedoch noch nicht erfolgt, vgl. VO (EG) Nr. 305/2006 bzw. den Gemeinsamen Standpunkt 2005/888/GASP.

483 Dabei soll hier auch das gegen Guinea-Bissau verhängte Sanktionsregime als autonomes Sanktionsregime betrachtet werden; zwar hat der VN-Sicherheitsrat gegen Guinea- Bissau Reisesanktionen verhängt; die EU hatte zuvor jedoch bereits ein Sanktionsregime etabliert, welches neben Reisesanktionen auch Finanzsanktionen enthält.

Irak	X			X		Beschränkungen für Kulturgüter Immunität irakischen Erdöls, vor Pfandrechten, Gerichtsverfahren etc. Einzahlung des Erlöses aus dem Export irakischen Erdöls in einen Entwicklungsfond Erfüllungsverbot
Iran	X	X	X	X	X	Ein- und Ausfuhrbeschränkungen Investitionsverbote Beschränkungen für Geldtransfers und Finanzdienstleistungen Verkehrsbeschränkungen Erfüllungsverbot
Kongo	X	X		X	X	
Libanon	X	X		X		

Liberia	X	X		X	X	
Libyen	X	X	X	X	X	Erfüllungs-verbot
Nordkorea	X	X		X	X	Ausfuhrver-bote
Somalia	X	X		X	X	Holzeinfuhr-verbot
Sudan/ Süd-sudan	X	X		X	X	

Originär durch die EU verhängte Sanktionsregime:

Land	**Waffen-embargo**	**techn. Hilfe i.Z.m. einem Waffenem-bargo**	**Ausrüs-tung/techn. Hilfe i.Z.m. int. Repres-sion**	**Finanz-sanktionen**	**Reise-beschrän-kungen**	**Sonstiges**
Ägypten				X		
Ehem. Jugoslawien				X		Erfüllungs-verbot
Guinea	X	X	X	X	X	
Guinea-Bissau				X	X	
Moldau					X	
Myanmar	X	X	X	X	X	Ein- und Ausfuhrver-bote Beschrän-kung der Finanzierung bestimmter

						Unternehmen Diplomatische Sanktionen
Simbabwe	X	X	X	X	X	
Syrien	X	X	X	X	X	Ein- und Ausfuhrverbote Verkehrsbeschränkungen Investitionsverbote Beschränkungen für Infrastrukturbereiche Beschränkung der finanziellen Unterstützung für den Handel
Tunesien				X		
Weißrussland	X	X	X	X		

Von den aufgezeigten 21 Sanktionsregimen ist der afrikanische Kontinent mit zwölf sanktionierten Ländern am stärksten betroffen. Weitere sechs Sanktionsregime wurden in Asien installiert sowie drei innerhalb Europas.

Unterscheidet man in der Betrachtung die elf von der EU aufgrund eines entsprechenden Sicherheitsratsbeschlusses verhängten und die zehn durch die EU autonom verhängten Sanktionsregime, zeigt sich, dass innerhalb Europas nur die EU als Sanktionsgeber auftritt. Alle drei in Europa installierten Sanktionsregime zählen nämlich zu den EU-autonomen Sanktionsregimen. Originär durch die EU wurden ferner fünf Länder in Afrika sowie zwei in Asien sanktioniert.

In 75 % der gesamten Sanktionsregime wurde dabei ein Waffenembargo verhängt. Alle Sanktionsregime die kein Waffenembargo beinhalten, fallen unter die Kategorie der EU-autonomen Sanktionsregime.

Die meisten Sanktionsregime bestehen dabei aus einer Kombination von Waffenembargo und einer diesbezüglichen Untersagung der Bereitstellung technischer Unterstützung und anderer Dienstleistungen sowie Reise- und Finanzsanktionen gegen die Machthaber des jeweiligen Landes. Herrscht oder herrschte in dem betroffenen Land eine Politik der internen Repression (Elfenbeinküste, Guinea, Myanmar, Iran, Libyen und Simbabwe), wird zusätzlich ein Embargo bezüglich zur internen Repression verwendbarer Ausrüstung verhängt.

Die umfassendsten Sanktionen wurden auf internationaler Ebene gegen Nordkorea und den Iran, auf Ebene der EU gegen Syrien verhängt. Hier treten zu der oben genannten Kombination noch weitere Ein- und Ausfuhrbeschränkungen bestimmter Güter hinzu. Die Sanktionsregime gegen Iran und Syrien enthalten zusätzliche Investitionsverbote bezüglich bestimmter Industriezweige. Die Rechtsakte gegen Iran und Nordkorea sehen des Weiteren eine erhöhte Wachsamkeit europäischer Banken im Geschäftsverkehr mit iranischen bzw. nordkoreanischen Banken vor sowie die Überprüfung des Frachtverkehrs und die Verhinderung von Fachunterricht in Disziplinen, die nuklearen Zwecken dienen können.

2. Darstellung einzelner Sanktionsregime

Im Folgenden sollen beispielhaft Sanktionsregime dargestellt werden, um die konkrete Umsetzung durch den europäischen Gesetzgeber in der Praxis aufzuzeigen. Dabei werden zuerst zwei VN determinierte Regime und sodann zwei EU-autonome Regime besprochen. Nach einem kurzen Einblick zum geschichtlichen und politischen Hintergrund des jeweiligen Sanktionsregimes werden zusammenfassend die wichtigsten Punkte der diesbezüglich erlassenen europäischen Rechtsakte aufgezeigt.

a) Somalia

aa) Hintergrund

Seit 1960 die beiden Kolonien Italienisch- und Britisch-Somaliland zusammengeführt und gemeinsam als Somalia unabhängig wurden, ist die Politik durch die Bildung verschiedener Clans geprägt. Zwar versuchte Diktator Siad Barre nach einem Militärputsch 1969 mit dem alten Clansystem aufzuräumen, besetzte jedoch die politischen Schlüsselpositionen wieder mit Mitgliedern seines eigenen

Clans. Die drei wichtigsten Clanmilizen (SNM, USC und SPM)[484] stürzten Barre schließlich 1991. Die Allianz zwischen den drei Milizen zerbrach jedoch sehr schnell. Im Mai 1991 rief die SNM im Nordwesten des ehemaligen britischen Teils die „Republik Somaliland“ aus, die bis heute jedoch nicht international anerkannt ist. Der Bürgerkrieg zwischen den verschiedenen Clans eskalierte Ende 1991 vollends und führte zu einer humanitären Katastrophe.

Der Sicherheitsrat der VN verhängte 1992 ein Waffenembargo gegen Somalia.[485] Die Friedensmission „United Nations Operation for Somalia (UNOSOM)“, die 1992 eingerichtet worden war[486], wurde 1995 beendet, ohne dass stabile Zustände im Land erreicht werden konnten.[487] Das Waffenembargo blieb jedoch in Kraft. Friedensverhandlungen brachten 2000 eine erste Übergangsregierung hervor. Diese war jedoch von Anfang an gespalten und galt als vom Nachbarland Äthiopien gesteuert. Im Juni 2006 wurde die Übergangsregierung von der Union der islamischen Gerichtshöfe (ICU) verjagt. Äthiopien erklärte aus Angst vor einer Islamisierung der eigenen muslimischen Bevölkerung der ICU den Krieg, marschierte in Somalia ein und entmachtete in nur wenigen Tagen die Union.

Unter Vermittlung der VN kam es 2008 zum Dschibuti-Abkommen, in dem u.a. der Abzug der äthiopischen Truppen und die Bildung einer neuen Übergangsregierung beschlossen wurden. Im Januar 2009 wurde durch das Übergangsparlament Sheikh Sharif Ahmed zum Präsidenten gewählt. Zur Unterstützung der Übergangsregierung beschloss die EU Anfang 2010 die „EU Somalia Training Mission“, bei der somalische Sicherheitskräfte in Uganda militärisch ausgebildet werden.[488] Im September 2012 wurde Hassan Sheikh Mohamud zum neuen Präsidenten der nunmehr amtierenden somalischen Nationalregierung (Somali National Government) gewählt. Eine Beruhigung der Lage ist jedoch nicht in Sicht. Die Regierung wird weiterhin von islamistischen Gruppierungen bekämpft. Die radikal islamische „al-Shabaab“-Miliz, die sich Anfang 2012 der Al-Qaida angeschlossen hat, kontrolliert weite Teile Zentral- und Südsomalias und verübt immer wieder Anschläge auf die Hauptstadt Mogadischu. „Al-

484 SNM: Somali National Movement, USC: United Somali Congress, SPM: Somali Patriotic Movement.

485 SR-Resolution 733 (1992), Ziff. 5.

486 SR-Resolution 751 (1992), Ziff. 2.

487 In der SR-Resolution 954 (1994) wurde das Mandat für UNOSOM ein letztes Mal bis 31.3.1995 verlängert (vgl. Ziff. 1).

488 Beschluss 2010/96/GASP.

Shabaab" setzt sich für die Bildung eines auf der Scharia beruhenden streng islamischen Gottesstaates ein.[489]

Seit 2008 führt Somalia das Ranking des „failed state index"[490] an, eine Liste der Staaten, deren nationale Institutionen vom Kollaps bedroht sind oder die sich auf dem Weg zu einem Bürgerkrieg befinden.[491] [492]

bb) Sanktionsregime

Die Umsetzung des durch die zuvor zitierten Resolutionen verhängten Waffenembargos gegen Somalia erfolgte auf europäischer Ebene erst im Dezember 2002 durch den Gemeinsamen Standpunkt 2002/960/GASP, nachdem die VN die Mitgliedstaaten dazu aufgerufen hatten, die Einhaltung des Embargos sicherzustellen.[493] Dieser wurde durch den Gemeinsamen Standpunkt 2009/138/GASP aufgehoben, um das Waffenembargo und die durch die SR-Resolution 1844 (2008) verhängten restriktiven Maßnahmen in einem Rechtsinstrument zusammenzufassen. Auch dieser Rechtsakt wurde bereits im April 2010 durch Beschluss 2010/231/GASP aufgehoben, wiederum um ein einheitliches Rechtsinstrument zu schaffen, nachdem durch die SR-Resolution 1916 (2010) weitere Änderungen beschlossen worden waren.[494]

Art. 1 Abs. 1 des Beschlusses 2010/231/GASP regelt nun das Waffenembargo gegen Somalia. Gemäß Abs. 2 ist ferner jegliche technische Beratung, finanzielle oder sonstige Hilfe im Zusammenhang mit dem Waffenembargo untersagt. Dabei werden die Mitgliedstaaten durch Art. 3 verpflichtet, die erforderlichen Maßnahmen zur Kontrolle des Waffenembargos und der damit zusammenhängenden Hilfe zu treffen.

Art. 2 setzt die Kriterien fest, gegen wen die in dem Beschluss im Weiteren vorgesehenen Maßnahmen verhängt werden: Betroffen sind Personen und Ein-

---

489 Spiegel online v. 10.9.2012, „Wahl in Somalia: Hassan Sheik Mohamud ist neuer Präsident", http://www.spiegel.de/politik/ausland/hassan-sheik-mohamud-ist-neuer-praesident-in-somalia-a-855050.html (zuletzt abgerufen am 6.3.2013).

490 Seit 2005 veröffentlicht der private Think Tank „Fund for peace" in Zusammenarbeit mit der Zeitschrift „Foreign Policy" eine Liste der sog. „failed states".

491 Vgl. *Jiménez*, Eine Welt aus verlorenen Ländern, SZ v. 25.06.2011, S. 11.

492 Zum Hintergrund vgl. *Höhne*, Konfliktporträt Somalia (4.10.2011); *Birkhäuser*, Sanktionen gegen Individuen, S. 89 ff., jeweils m.w.N.

493 Vgl. SR-Resolution 1356 (2001), Ziff. 1 und SR-Resolution 1425 (2002), Erwägungsgründe.

494 Durch SR-Resolution 1916 (2010) wurden vor allem einige Beschränkungen im Rahmen der Sanktionsregelung gelockert, damit internationale, regionale und subregionale Organisationen Versorgungsgüter und technische Hilfe bereitstellen können und die Bereitstellung dringend benötigter humanitärer Hilfe durch die VN sichergestellt werden kann.

richtungen, die nach Feststellung des Sicherheitsrats entweder an Handlungen beteiligt sind oder unterstützen, die den Frieden, die Sicherheit oder die Stabilität in Somalia bedrohen. Eingeschlossen sind hiervon v.a. Handlungen, die das Abkommen von Dschibuti oder den politischen Prozess sowie die Übergangs-Bundesinstitutionen oder die AMISOM mit Gewalt bedrohen. Die Sanktionen richten sich zudem an Personen und Einrichtungen, die gegen das Waffenembargo und die damit zusammenhängenden Maßnahmen nach Art. 1 verstoßen haben oder die Gewährung humanitärer Hilfe an Somalia behindern. Durch den Beschluss 2011/635/GASP[495] wurde der Kreis der betroffenen Personen auf politische und militärische Führer, die in Somalia Kinder in bewaffneten Konflikten einziehen, und auf Personen ausgeweitet, die für Verstöße gegen das anwendbare Völkerrecht in Somalia verantwortlich sind. Gemeint ist damit vor allem das gezielte Vorgehen gegen Zivilpersonen, insbesondere Kinder und Frauen, in Situationen bewaffneten Konflikts, einschließlich Tötung und Verstümmelung, sexueller und geschlechtsspezifischer Gewalt, Angriffen auf Schulen und Krankenhäuser sowie Entführung und Vertreibung. Gegen diese im Anhang gelisteten Personen und Einrichtungen sind gemäß Art. 5 Abs. 1 Reisesanktionen und gemäß Art. 6 Finanzsanktionen vorgesehen.

In Umsetzung von SR-Resolution 1907 (2009) werden durch Art. 4 die Mitgliedstaaten verpflichtet, bei entsprechenden Hinweisen in ihrem Hoheitsgebiet alle Ladungen nach oder aus Somalia auf vom Waffenembargo umfasste Güter zu überprüfen (Abs. 1). Des Weiteren besteht für Flugzeuge und Schiffe eine Pflicht zur Vorabanmeldung aller Güter, die aus Somalia in einen Mitgliedstaat verbracht werden oder aus einem Mitgliedstaat nach Somalia (Abs. 2).

Durch den Beschluss 2012/388/GASP[496] wurde ein Einfuhrverbot für Holzkohle aus Somalia eingeführt.

Die Vorgaben der Rechtsakte der GASP wurden durch zwei Verordnungen in unmittelbar geltendes europäisches Recht umgesetzt:

Die Verordnung (EU) Nr. 356/2010[497] setzt in Art. 2 i.V.m. Anhang I die personenbezogenen Finanzsanktionen um. Zudem ist es gem. Art. 8 untersagt, diesen Personen und Einrichtungen technische bzw. finanzielle Hilfe sowie Investitionsdienstleistungen im Zusammenhang mit militärischen Aktivitäten oder der Lieferung von Rüstungsgütern bereitzustellen.

Das im Zusammenhang mit dem Waffenembargo festgelegte Verbot jeglicher technischer Beratung, finanzieller oder sonstiger Hilfe wird in Art. 1 der

---

495 Dient der Umsetzung der SR-Resolution 2002 (2011).

496 Dient der Umsetzung der SR-Resolution 2036 (2012).

497 Siehe Erwägungsgrund Nr. 5; die Verordnung gilt aktuell in der Fassung von Durchführungsverordnung (EU) Nr. 941/2012.

Verordnung (EG) Nr. 147/2003 festgelegt. Zur Sicherstellung der Einhaltung dieser Vorschriften wurde durch die Verordnung (EU) Nr. 1137/2010 ein Vorabanmeldeverfahren für Güter aus Somalia bei den jeweiligen Zollbehörden eingeführt. Ferner wurde durch die Änderungsverordnung (EU) Nr. 642/2012 das Einfuhrverbot für Holzkohle aus Somalia hinzugefügt.

Das Waffenembargo selbst wird, wie bereits hervorgehoben, durch die Mitgliedstaaten in unmittelbar geltendes Recht umgesetzt. In Deutschland erfolgte dies durch § 69a Abs. 1 AWV.

b) Nordkorea (Demokratische Volksrepublik Korea)

aa) Hintergrund

Seit 2002 verschlechterten sich die internationalen Beziehungen zur kommunistischen Regierung Nordkoreas unter Führung von Kim Jong-Il aufgrund der Weitergabe von militärischer Raketentechnologie und der Entwicklung eines Kernwaffenprogramms. Im Oktober 2002 gab Nordkorea die Existenz eines geheimen Atomwaffenprogramms zu und wies im Dezember die IAEO-Inspekteure aus. Wenig später trat die Regierung in Pjöngjang aus dem Nuklearen Nichtverbreitungsvertrag (NVV) aus, dem das Land bereits 1985 beigetreten war. Im Februar 2005 verkündete Nordkorea schließlich einsatzfähige Atomwaffen zu besitzen. Das Regime erklärte sich im Herbst 2005 nach Verhandlungen in den Sechs-Parteien-Gesprächen, an denen Südkorea, China, Russland, Japan und die USA teilnahmen, bereit, sein Atomwaffenprogramm einzustellen, forderte jedoch im Gegenzug Wirtschaftshilfen, Sicherheitsgarantien und die Lieferung ziviler Leichtwasserreaktoren durch die USA. Trotzdem kündigte Nordkorea für Oktober 2006 einen Atomwaffentest an. Er soll nach nordkoreanischen Angaben am 9. Oktober durchgeführt worden sein. Amerikanische und südkoreanische Seismologen bestätigen den Test insoweit, als dass außergewöhnliche Messwerte auf der koreanischen Halbinsel an diesem Tag verzeichnet wurden. In der Folge verhängte der Sicherheitsrat der VN Sanktionen gegen Nordkorea.[498] Nachdem infolgedessen die Sechs-Parteien-Gespräche weitergeführt wurden und Nordkorea zu Zugeständnissen bereit war, verbesserte sich die Situation zunächst. Am 25. Mai 2009 führte das Regime allerdings erneut einen Atomwaffentest durch. Zusätzlich wurden mehrere Kurzstreckenraketen abgefeuert. Die durch die Zündung hervorgerufenen seismischen Aktivitäten fielen dabei deutlich stärker aus als 2006. Die VN verschärften daraufhin ihre Sanktionen.[499] Ende 2010 veröffentlichte Nordkorea Berichte, wonach die Anstrengungen bezüglich der Entwicklung der Atomtechnik weiter verstärkt werden sollen.

498 SR-Resolution 1718 (2006).

499 SR-Resolution 1874 (2009).

Zuvor hatte Nordkorea bei einem Besuch des früheren Direktors des US-Atomwaffenlabors Los Alamos, Siegfried Hecker, die Baustelle eines neuen Leichtwasserreaktors sowie eine Urananreicherungsanlage mit angeblich 2000 Zentrifugen vorgeführt.[500]

Auch nach dem Tod Kim Jong Ils im Dezember 2011 und der Machtübernahme durch seinen Sohn, Kim Jong Un, zeigte sich keine Veränderung in der Atompolitik Nordkoreas. Nach einem Nukleartest im Februar 2013 verschärfte die EU ihr Sanktionsregime gegen die Regierung in Pjöngjang erneut.[501] [502]

bb) Sanktionsregime

Umsetzung der SR-Resolution 1718 (2006)

Auch der Rat der EU verurteilte den Atomwaffentest Nordkoreas vom 9. Oktober 2006 scharf und forderte das Regime auf, zu den Sechs-Parteien-Gesprächen zurückzukehren sowie alle Kernwaffen und Nuklearprogramme aufzugeben.[503] Der umfangreiche Maßnahmenkatalog der Resolution wurde durch den Gemeinsamen Standpunkt 2006/795/GASP umgesetzt. Festgesetzt werden ein Verbot der Ausfuhr von Gütern und Technologien, die zu den Nuklearprogrammen, Programmen für ballistische Flugkörper oder anderen Massenvernichtungswaffen beitragen können (Art. 1 Abs. 1 lit. b) sowie ein generelles Waffenembargo (Art. 1 Abs. 1 lit. a). Des Weiteren wird die Erbringung der damit zusammenhängenden Dienstleistungen verboten (Art. 1 Abs. 2). Untersagt wird weiterhin die Beschaffung von Gütern und Technologien aus Nordkorea (Art. 1 Abs. 3). Gemäß Art. 2 ist der Verkauf, die Lieferung oder die Weitergabe von Luxusgütern untersagt. Verhängt werden ferner Reise- (Art. 3) und Finanzsanktionen (Art. 4) gegen diejenigen, die nach Feststellung des Sanktionsausschusses oder des Sicherheitsrats an den Nuklearprogrammen, Programmen für ballistische Flugkörper und anderen Massenvernichtungswaffenprogrammen in Nordkorea beteiligt sind. Die Mitgliedstaaten werden aufgerufen, Maßnahmen zu ergreifen, um den unerlaubten Handel mir nuklearen, chemischen und biologischen Waffen zu verhüten (Art. 5).

Die zur Umsetzung auf Gemeinschaftsebene nötige Verordnung wurde erst vier Monate später beschlossen. Umgesetzt durch die Verordnung (EG) Nr. 329/2007 wurden dabei alle Maßnahmen des Gemeinsamen

---

500 Vgl. *Krüger*, Nordkorea prahlt mit Atomanlagen, SZ v. 1.12.2010, S. 10.

501 Vgl. Beschluss 2013/88/GASP, Erwägungsgrund Nr. 4.

502 Zum Hintergrund vgl. *Hertwig*, Bekämpfung der Verbreitung von Massenvernichtungswaffen, S. 105 ff. m.w.N; Eintrag „Korea, North“ im CIA Factbook, unter: https://www.cia.gov/library/publications/ the-world-factbook/geos/kn.html (zuletzt abgerufen am 6.3.2013).

503 Vgl. Gemeinsamer Standpunkt 2006/795/GASP, Erwägungsgrund Nr. 2.

Standpunkts 2006/795/GASP, bis auf das Waffenembargo und die Reisesanktionen. Dabei werden die vom Ausfuhrverbot betroffenen Güter und Technologien in dem Sinne konkretisiert, als dass die vom Sanktionsausschuss oder vom VN-Sicherheitsrat festgelegten Gegenstände, Materialien, Ausrüstungsgegenstände, Güter und Technologien, einschließlich Software betroffen sind, die Güter mit doppeltem Verwendungszweck im Sinne der Verordnung (EG) Nr. 1334/2000[504] sind. Zudem müssen diese für Nordkoreas Nuklearprogramme oder seine Programme für andere Massenvernichtungswaffen oder für ballistische Flugkörper verwendet werden können.[505] Diese sollen in Anhang I geführt werden. In Anhang III sollen die vom Ausfuhrverbot betroffenen Luxusgüter gelistet werden sowie in Anhang IV die von den Finanzsanktionen betroffenen Personen, Organisationen und Einrichtungen.

Umsetzung der SR-Resolution 1874 (2009)

Mit den weiteren Atomtests Nordkoreas im Mai 2009 wurden die Maßnahmen verschärft. In Umsetzung von SR-Resolution 1874 (2009) wurde zur Änderung des Gemeinsamen Standpunkts 2006/795/GASP der Gemeinsame Standpunkt 2009/573/GASP erlassen.

Nunmehr gelten folgende Bestimmungen: Das Ausfuhrverbot wird auf weitere Güter und Technologien ausgeweitet (Änderung des Art. 1a). Ferner umfasst das Verbot der Beschaffung von Gütern und Technologien aus Nordkorea nun auch Dienstleistungen (Art. 1 Abs. 3). Die Mitgliedstaaten sollen in Zukunft keine neuen Verpflichtungen in Bezug auf Zuschüsse, finanzielle Hilfe und Kredite für Nordkorea eingehen (Art. 1a). Um die Einhaltung der Ein- und Ausfuhrverbote zu gewährleisten, soll eine Reihe von Maßnahmen ergriffen werden: Die Mitgliedstaaten überprüfen in ihrem Hoheitsgebiet alle Ladungen auf dem Weg in die oder aus Nordkorea, falls sie über Informationen verfügen, die hinreichende Gründe für die Annahme liefern, dass die Ladung Gegenstände enthält, deren Lieferung, Verkauf, Weitergabe oder Ausfuhr nach dem Gemeinsamen Standpunkt verboten ist (Art. 5 Abs. 1). Des Weiteren sollen die Mitgliedstaaten mit Zustimmung des Flaggenstaats auf hoher See Schiffe überprüfen, falls sie über einschlägige Informationen im obigen Sinne verfügen (Art. 5 Abs. 2). Eventuell gefundene, verbotene Ladungen sind zu beschlagnahmen (Art. 5 Abs. 5). Die Bereitstellung von Bunkerdiensten, Schiffsversorgungsdiensten oder anderen Wartungsdiensten für Schiffe aus Nordkorea ist verboten (Art. 5 Abs. 6).

---

504 Aufgehoben und ersetzt durch die Verordnung (EG) Nr. 428/2009.

505 Vgl. VO (EG) Nr. 329/2007, Art. 2 Abs. 2.

Durch Vorkehrungen der Mitgliedstaaten soll verhindert werden, dass Staatsangehörige aus Nordkorea in ihrem Hoheitsgebiet oder durch ihre Staatsangehörigen Fachunterricht oder Fachausbildung in Disziplinen erhalten, die nuklearen Tätigkeiten und zur Entwicklung von Trägersystemen für Kernwaffen dienen (Art. 5a). Um die Bereitstellung von Finanzdiensten zur Unterstützung der Nuklearprogramme zu verhindern, sind die Mitgliedstaaten angehalten, die Tätigkeiten der ihrer Hoheitsgewalt unterstehenden Finanzinstitute mit Finanzinstituten mit Sitz in Nordkorea, deren Zweigstellen und mit diesen verbundenen Finanzinstituten zu überprüfen (Art. 4a Abs. 1). Zu diesem Zweck sind die Finanzinstitute selbst dazu aufgerufen, bei ihren Geschäften mit diesen Banken und Finanzinstituten verdächtige Kontobewegungen und Transaktionen zu überprüfen und Auffälligkeiten zu melden (Art. 4a Abs. 2).

Die Reise- und Finanzsanktionen sollen in Zukunft nicht nur Personen betreffen, die durch den VN-Sicherheitsrat oder den Sanktionsausschuss benannt werden, sondern auch von der EU bezeichnete Personen bzw. bei den Finanzsanktionen auch Einrichtungen und Organisationen, entweder weil sie Nuklearprogramme, Programme für ballistische Flugkörper oder andere Massenvernichtungswaffenprogramme Nordkoreas fördern oder unterstützen (Art. 3 Abs. 1 lit. b bzw. Art. 4 Abs. 1 lit. b) oder weil sie finanzielle Hilfen bereitstellen, die zu solchen Programmen beitragen könnten (Art. 3 Abs. 1 lit. c oder Art. 4 Abs. 1 lit. c). Insoweit erweitert die EU die Vorgaben der SR-Resolution.

Durch die Verordnung (EU) Nr. 1283/2009 wurde die Verordnung (EG) Nr. 329/2007 entsprechend geändert und die diversen Anhänge, in denen die vom Ausfuhrverbot umfassten Güter sowie die von den Reise- bzw. Finanzsanktionen betroffenen Personen und Einrichtungen aufgeführt werden, vervollständigt.

Nach einer gemäß Art. 7 Abs. 2 des Gemeinsamen Standpunkts 2006/795/GASP vorzunehmenden Überprüfung der Personen und Einrichtungen, die von den Reise- bzw. Finanzsanktionen betroffen sind, wurde der Beschluss 2010/800/GASP erlassen. Dieser Beschluss hebt die bis dato geltenden Rechtsakte der GASP auf und vereint die durch den Gemeinsamen Standpunkt 2006/795/GASP und den Beschluss 2009/1002/GASP verhängten Sanktionen in einem Rechtsakt. Das Waffenembargo gegen Nordkorea wurde in Deutschland durch § 69n AWV umgesetzt.

Aufgrund der Zuspitzung des Atomstreits nach der Machtübernahme durch Kim Jong Un wurde im Februar 2013 der Beschluss 2013/88/GASP zur Änderung des Beschlusses 2010/800/GASP angenommen. Der Beschluss dient zum einen der Umsetzung der SR-Resolution 2087 (2013), zum anderen werden aber auch autonome Maßnahmen der EU festgelegt. Die EU nimmt ein weiteres Kriterium für die von ihr eigenständig vorgenommene Bezeichnung von Personen und Einrichtungen, gegen die die restriktiven Maßnahmen Anwendung finden soll, auf: Betroffen sind Personen, die an der Lieferung von Rüstungsgütern und sonstigem Wehrmaterial jeglicher Art und von Gegenständen, Materialien, Geräten, Gütern und Technologien, die zu Nordkoreas Nuklearprogrammen nach oder aus Nordkorea beteiligt sind (Art. 4 Abs. 1 lit. d bzw. Art. 5 Abs. 1 lit. d). Der Beschluss verbietet ferner, an die Regierung Nordkoreas, von dieser oder für sie Gold, Edelmetalle und Diamanten zu verkaufen, zu kaufen, zu befördern oder zu vermitteln (Art. 1a). Verboten sind zudem die Lieferung von auf die Landeswährung Nordkoreas lautenden Banknoten und Münzen an die Zentralbank Nordkoreas (Art. 1b) sowie der An- oder Verkauf von staatlichen oder staatlich garantierten Anleihen Nordkoreas (Art. 2a). Überdies ist es nordkoreanischen Banken untersagt, neue Niederlassungen, Tochterunternehmen oder Vertretungen im Hoheitsgebiet der Mitgliedstaaten zu eröffnen oder neue Gemeinschaftsunternehmen mit der Hoheitsgewalt der Mitgliedstaaten unterstehenden zu gründen oder Beteiligungen an diesen Banken zu erwerben (Art. 6a Abs. 1). Banken, die im Hoheitsgebiet der Mitgliedstaaten ansässig sind, dürfen keine Vertretungen in Nordkorea gründen (Art. 6a Abs. 2).Die umfassenden Erweiterungen des Sanktionsregimes wurden durch die Verordnung (EU) Nr. 296/2013 in unmittelbar geltendes Recht umgesetzt.

c) Myanmar (Birma/Burma)

aa) Hintergrund

Seit der Unabhängigkeit von der britischen Kolonialherrschaft 1948 herrscht in Birma Bürgerkrieg aufgrund der konfrontativen Politik des Militärs gegenüber den ethnischen Minderheiten.

1962 gelang General Ne Win die Machtübernahme. Wegen des anhaltenden ökonomischen und sozialen Verfalls des Landes wurde das Militärregime Ne Wins nach Massenprotesten 1988 gestürzt. 1989 wurde das Land offiziell in Myanmar umbenannt.[506] Als bei Wahlen 1990 die Oppositionspartei National League for Democracy (NLD) einen überwältigenden Sieg erzielte, weigerte sich die Militärjunta den Sieg anzuerkennen und die Macht abzugeben. Im April 1992 wurde der General Than Shwes neuer Staats- und Regierungschef. Seitdem versuchte die Militärjunta, jegliche Opposition im Land zu unterdrücken, was darin gipfelte, dass die Anführerin der NLD und Friedensnobelpreisträgerin Aung San Suu Kyi immer wieder unter Hausarrest stand.

506 Im deutschsprachigen Raum, in England, in Australien und den USA werden auch noch die Länderbezeichnungen Birma beziehungsweise Burma verwendet, zum Teil als Zeichen der Missbilligung des Regimes.

Die sich 2007 bildenden friedlichen Massenproteste unter der Führung buddhistischer Mönche anlässlich der drastischen Preissteigerungen für Treibstoff wurden gewaltsam niedergeschlagen und führten zum Tod von mindesten 13 Demonstranten, viele weitere wurden verhaftet. Als 2008 das Land vom Zyklon Nargis verwüstet wurde, verweigerte die Militärjunta Helfern den Zugang zu den betroffenen Gebieten und beschlagnahmte Hilfsgüterlieferungen aus dem Ausland. Nach offiziellen Angaben starben 80.000 Birmanen, 50.000 wurden verletzt. Ungeachtet der Katastrophe wurde mittels Scheinreferendum durch die Militärjunta 2008 eine neue Verfassung verabschiedet, die dem Militär automatisch 25 Prozent der Sitze im Parlament und mehrere Schlüsselpositionen in der Regierung zubilligt.

Am 7. November 2010 fanden die ersten Wahlen in Birma seit 20 Jahren statt. Die Opposition boykottierte größtenteils die Wahl, da sie darin nur den Versuch der Militärjunta sehe, sich ein ziviles Antlitz zu geben.[507] Die NLD spaltete sich und wurde schließlich von der staatlichen Wahlkommission aufgelöst. Laut Angaben der birmanischen Regierung konnten die dem Militär angehörigen Parteien die überragende Mehrheit der Sitze im Parlament für sich gewinnen. Am 13. November 2010, also erst nach den Wahlen in Myanmar, wurde Aung San Suu Kyi nach 15 Jahren Isolation durch das Militär freigelassen.[508] Der ehemalige General und Ministerpräsident Thein Sein wurde durch die Volksversammlung in Myanmar zum neuen Staatspräsidenten gewählt.[509] Unter Thein Sein strebt das Land nun einen politischen und wirtschaftlichen Reformkurs an. So wurde die NLD Ende 2011 erneut zugelassen und konnte sich somit an den am 1. April 2012 stattfindenden Nachwahlen beteiligen, bei denen 45 der insgesamt 1160 Parlamentssitze neu vergeben wurden. Die NLD gewann fast alle Parlamentssitze für sich. Auch Aung San Suu Kyi setzte sich in ihrem Wahlkreis durch und zog nun erstmals ins Parlament ein.[510]

bb) Sanktionsregime

Die EU reagierte bereits 1996 auf die „mangelnden Fortschritte im Hinblick auf eine Demokratisierung sowie über die anhaltenden Verletzungen der Menschenrechte in Birma/Myanmar"[511] mit dem Gemeinsamen Standpunkt 96/635/GASP,

---

507 *Matern*, Wahlen in Birma weder frei noch fair, SZ v. 8.11.2010, S. 1.

508 Vgl. *Matern*, Geh und sei ruhig, SZ v. 15.11.2010, S. 3.

509 Vgl. zum Hintergrund *Reger*, Konfliktporträt Birma (1.11.2011); Eintrag „Burma" im CIA World Factbook, unter: https://www.cia.gov/library/publications/the-world-factbook/geos/bm.html (zuletzt abgerufen am 6.3.2013).

510 Vgl. Süddeutsche.de v. 2.4.2012, „Wahl in Myanmar, Suu Kyi prophezeit „Anfang einer neuen Ära"" (abgerufen am 2.6.2012).

511 Vgl. Gemeinsamer Standpunkt 96/635/GASP, Nr. 2.

indem vor allem das Verbot der Erteilung von Einreisevisa für Angehörige des Militärregimes festgelegt wurde. Die Maßnahmen wurden in der folgenden Zeit mehrfach verlängert sowie neue Sanktionen festgelegt. Die VN hingegen haben bisher keine Sanktionen gegen Myanmar beschlossen.

Das aktuelle Sanktionsregime basiert auf dem Beschluss 2010/232/GASP. Der Beschluss 2010/232/GASP setzt in Art. 1 ein Waffenembargo und ein Verbot technischer Hilfe und anderer Dienstleistungen in diesem Zusammenhang fest. Umfasst von dem Verbot ist dabei auch die zur internen Repression verwendbare Ausrüstung. Art. 3 verbietet den Verkauf und die Ausfuhr einschlägiger Ausrüstung und Technologie aus der EU nach Myanmar für Unternehmen, die in den Industriezweigen Holzeinschlag und -verarbeitung, Gewinnung von Metallen sowie Gewinnung von Edelsteinen oder Halbedelsteinen tätig sind, sowie die damit verbundene technische und finanzielle Unterstützung. Ein Investitionsverbot für in Anhang I gelistete birmanische Staatsunternehmen wird in Art. 5 geregelt. Gemäß Art. 8 werden nichthumanitäre Hilfe und Entwicklungsprogramme ausgesetzt, ausgenommen Programme der VN-Agenturen und Nichtregierungsorganisationen, die Menschenrechte und Demokratie (lit. a), Gesundheit und Bildung (lit. b) oder den Umweltschutz (lit. c) unterstützen. Gemäß Art. 9 wird den in Anhang II gelisteten Personen die Ein- bzw. Durchreise in die Mitgliedstaaten der EU verboten. Dabei handelt es sich überwiegend um Regierungsmitglieder und Angehörige der birmanischen Streitkräfte. Art. 10 legt Finanzsanktionen gegen die in Anhang II gelisteten natürlichen und juristischen Personen fest. Des Weiteren sind diplomatische Sanktionen vorgesehen: Bilaterale Besuche von hochrangigen Regierungsangehörigen in Myanmar bleiben ausgesetzt (Art. 11). Überdies bleibt die Entsendung von militärischem Personal für die diplomatischen Vertretungen Myanmars in den Mitgliedstaaten sowie bei den diplomatischen Vertretungen der Mitgliedstaaten in Myanmar eingestellt (Art. 12). Die restriktiven Maßnahmen sind zunächst auf zwölf Monate begrenzt (Art. 15).

Die Maßnahmen wurden durch den Beschluss 2011/239/GASP verlängert. Als Grund für die erneute Verlängerung werden insbesondere die Wahlen, die als nicht den international anerkannten Standards entsprechend beurteilt wurden, und die anhaltenden Bedenken hinsichtlich der Achtung von Menschenrechten und Grundfreiheiten in dem Land genannt.[512]

Angesichts des neuen Reformprozesses unter Präsident Thein Sein, insbesondere der freien Nachwahlen vom April 2012, erließ der Rat der EU am 26. April 2012 den Beschluss 2012/225/GASP. In diesem erkennt die EU die „historischen Veränderungen“ in Myanmar an und begrüßt die bereits getroffenen

512 Beschluss 2011/239/GASP, Erwägungsgrund Nr. 2.

Maßnahmen im Rahmen einer entstehenden Partnerschaft aus politischen Akteuren und Akteuren der Zivilgesellschaft.[513] Um diese Entwicklung zu würdigen und um den Reformprozess weiterhin zu fördern, sollen die gegen Myanmar verhängten Sanktionen zunächst für ein Jahr ausgesetzt werden. Ausgenommen hiervon sind das Waffenembargo und das Embargo für zur internen Repression verwendbare Ausrüstung.[514]

Die im Rahmen der GASP getroffenen Maßnahmen wurden durch die Verordnung (EG) Nr. 194/2008[515] umgesetzt. Aufgrund der Vielzahl der verhängten restriktiven Maßnahmen ist die Verordnung (EG) Nr. 194/2008 thematisch in sechs Kapitel unterteilt:

Neben allgemeinen Begriffsbestimmungen im ersten Kapitel werden im zweiten Kapitel die Einfuhr- und Erwerbsbeschränkungen für die oben genannten Kategorien von Gütern geregelt (Art. 1). Welche Güter genau hiervon betroffen sind, ist in Anhang I geregelt. Kapitel 3 regelt die zahlreichen Ausfuhrbeschränkungen. Art. 4 i.V.m. Anhang II verbietet die Ausfuhr von Ausrüstung, die zur internen Repression verwendet werden kann. Gemäß Art. 5 i.V.m. Anhang III ist es untersagt, die dort gelisteten Güter und Technologien an Unternehmen in Myanmar zu verkaufen, die in den Industriezweigen Holzeinschlag und -verarbeitung sowie Gewinnung von Metallen und Mineralien, Edelsteinen oder Halbedelsteinen tätig sind.

Mit Art. 7 wird die Bereitstellung von technischer Hilfe und anderen Dienstleistungen im Zusammenhang mit dem Waffenembargo (Abs. 1) sowie der internen Repression (Abs. 2) untersagt. Ferner ist die Bereitstellung von Finanzmitteln oder -hilfen an Unternehmen für den Verkauf, die Lieferung, die Ausfuhr oder die Weitergabe der in Anhang III gelisteten Güter und Technologien verboten (Art. 8). Die betroffenen Unternehmen werden ihrerseits in Anhang V gelistet.

In Kapitel 4 ist das Einfrieren von Geldern und wirtschaftlichen Ressourcen, die im Eigentum oder Besitz von Regierungsmitgliedern oder mit ihnen verbundenen, natürlichen und juristischen Personen sind, geregelt. Die genaue Listung erfolgt in Anhang IV.

Kapitel 5 beinhaltet Beschränkungen der Finanzierung von Regierungsunternehmen, die in Anhang VII gelistet sind. Untersagt ist vor allem die Gewährung von Darlehen oder Krediten (Art. 15 Abs. 2 lit. a), der Erwerb oder die Ausweitung einer Beteiligung an den Unternehmen (Art. 15 Abs. 2 lit. b) sowie die Gründung von Gemeinschaftsunternehmen (Joint Ventures)

513 Beschluss 2012/225/GASP, Erwägungsgrund Nr. 2.

514 Beschluss 2012/225/GASP, Erwägungsgrund Nr. 3 u. Art. 1 Abs. 3.

515 Gilt aktuell in der Fassung von DurchführungsVO (EU) Nr. 1345/2011.

(Art. 15 Abs. 2 lit. c). Die Beschränkungen gelten auch für die in Anhang V aufgeführten Unternehmen bestimmter Industriezweige.

Kapitel 6 beinhaltet schließlich Allgemeine und Schlussbestimmungen. Das Waffenembargo gegen Myanmar wurde durch § 69i AWV in deutsches Recht umgesetzt.

Die Maßnahmen sind, mit Ausnahme des Embargos für zur internen Repression verwendbarer Ausrüstung, gemäß Art. 1 der Verordnung (EU) Nr. 409/2012 bis zum 30. April 2013 ausgesetzt.

d) Weißrussland (Belarus)

aa) Hintergrund

Zunächst entwickelten sich die diplomatischen Beziehungen zwischen Belarus und der EU nach dem Zusammenbruch der Sowjetunion 1991 gut. Mitte der 90er Jahre wurde jedoch Aleksandr Lukaschenko zum Präsidenten gewählt, der den zunächst eingeschlagenen Weg der Demokratisierung Weißrusslands aufzuhalten versuchte. Durch eine 1996 von ihm selbst in einem manipulierten Referendum durchgesetzte Verfassung konzentrierte er die Regierungsmacht in seiner Person und schaffte wichtige andere grundlegende Prinzipien der Rechtsstaatlichkeit ab. Eine erneut von ihm selbst durchgesetzte Verfassungsänderung schuf die Voraussetzungen dafür, seine Amtszeit über das Jahr 2006 hinaus zu verlängern. Aufgrund der innenpolitischen Entwicklungen beschloss die EU 1996 die diplomatischen Beziehungen einzufrieren. Die Präsidentschaftswahlen 2004 und 2006, bei denen Lukaschenko jeweils die meisten Stimmen erzielte, wurden international nicht anerkannt, da sie nicht den OSZE-Standards für demokratische Wahlen entsprachen. Im Vorfeld wurden oppositionelle Parteien und Organisationen sowie nichtstaatliche Medien verstärkt unter Druck gesetzt. Ferner wurden Bürgerrechte vor allem in Bezug auf Vereinigungs- und Versammlungsrechte nicht beachtet. Erst im Vorfeld der Parlamentswahlen am 28. September 2008 kam erneut Bewegung in die Beziehung zwischen der EU und Weißrussland: Die EU kündigte an, die Sanktionen zu lockeren, falls die Wahlen demokratischen Grundsätzen entsprächen. Die Regierung Weißrusslands entschloss sich, im August 2008 politische Gefangene freizulassen und erlaubte der OSZE, die Wahlen zu beobachten. Im Ergebnis kam es jedoch auch 2008 zu Wahlmanipulationen, sodass „die demokratische Legitimität des in Belarus gewählten Parlaments fragwürdig ist“.[516] Trotzdem bemüht sich die EU weiterhin um einen politischen Dialog: Einen Besuch von Außenminister Sjarhej Martynau im Januar 2009 in Brüssel erwiderte die EU mit der Entsendung ihres Au-

516 Entschließung des Europäischen Parlaments vom 9.10.2008 zur Lage in Belarus nach der Parlamentswahl vom 28. September 2008, ABl. 2010 C 9 E/28, Rn. 3.

ßenbeauftragten Javier Solana nach Minsk, wo er sich mit Präsident Lukaschenko traf. Bei einem Besuch der EU-Außenkommissarin Benita Ferrero-Waldner im Juni 2009 betonte Lukaschenko sein Interesse an „guten Beziehungen" zur EU. Am 27. April 2009 besuchte Lukaschenko mit Italien das erste EU-Land seit 14 Jahren.[517]

Die Präsidentschaftswahl am 19. Dezember 2010 war jedoch erneut von den Festnahmen und der Gewalt gegen Oppositionelle und zahlreiche Präsidentschaftskandidaten überschattet. Nach Angaben der weißrussischen Wahlkommission siegte Lukaschenko mit 80% der Stimmen, die übrigen Kandidaten erreichten nur einstellige Prozentzahlen.[518] Bei der Parlamentswahl im September 2012, die von der deutschen Bundesregierung heftig kritisiert wurde, konnte die Opposition wiederum keinen der 110 Sitze im Parlament erringen.[519] [520]

bb) Sanktionsregime

In dem Gemeinsamen Standpunkt 2004/661/GASP entschied sich die Union dazu Reisesanktionen gegen einzelne belarussische Amtsträger zu verhängen. Betroffen von den Maßnahmen waren zum einen die Amtsträger, die dem Pourgourides-Bericht zufolge als Hauptverantwortliche für das Verschwinden von vier namhaften Persönlichkeiten in Belarus in den Jahren 1999/2000 und die anschließende Verschleierung der Vorfälle galten; zum anderen diejenigen, die für die Einleitung einer unabhängigen Untersuchung und einer strafrechtlichen Verfolgung der Tatvorwürfe verantwortlich, aber untätig geblieben sind.[521] Die

---

517 Fischer Weltalmanach, Weißrussland: Beziehungen zur EU, S. 542.

518 Zur Wahl in Weißrussland am 19.12.2010 vgl. *Nienhuysen*, Westen empört über Gewalt in Weißrussland, SZ v. 21.12.10, S. 1.

519 Zur Parlamentswahl am 23.9.2012 vgl. Spiegel online v. 24.9.2012, Weißrussland: Bundesregierung nennt Parlamentswahl eine Farce, http://www.spiegel.de/politik/ ausland/weissrussland-bundesregierung-nennt-parlamentswahl-eine-farce-a-857619.html (zuletzt abgerufen am 6.3.2013).

520 Vgl. zum Hintergrund *Eriksson*, in: Wallensteen/Staibano, International Sanctions, S. 109 f.; 7. Bericht der Bundesregierung über ihre Menschenrechtspolitik in den auswärtigen Beziehungen April 2002 bis Februar 2005, S. 284 ff., unter: https://www.auswaertiges-amt.de/cae/servlet/contentblob/382842/publicationFile/4287 /Menschenrechte7.pdf (zu- letzt abgerufen am 6.3.2013).

521 1999 und 2000 verschwanden drei belarussische Oppositionsführern und ein Journalist. Der im April 2004 von der Parlamentarischen Versammlung des Europarats angenommene Bericht des zypriotischen Abgeordneten Christos Pourgourides enthält Hinweise darauf, dass staatliche Stellen die Ermittlungen in diesen Fällen gezielt behindert haben bzw. einzelne Vertreter der Staatsführung unmittelbar verwickelt waren; vgl. 7. Bericht der Bundesregierung über ihre Menschenrechtspolitik in den auswärtigen Beziehungen April 2002 bis Februar 2005, S. 284 f., unter https://www.auswaertiges-

Maßnahmen waren zunächst auf zwölf Monate begrenzt. Die Reisesanktionen wurden durch den Gemeinsamen Standpunkt 2004/848/GASP auf die belarussischen Amtsträger, die für die Fälschungen bei den Wahlen und beim Referendum vom 17. Oktober 2004 in Belarus direkt verantwortlich sind, erweitert. Zudem sind von diesen Sanktionen die belarussischen Amtsträger betroffen, die für schwere Menschenrechtsverletzungen beim Vorgehen gegen friedliche Demonstranten im Anschluss an die Wahlen und das Referendum in Belarus die Verantwortung tragen. Aufgrund der neuerlichen Zwischenfälle bei den Wahlen 2006 wurde der Gemeinsame Standpunkt 2004/661/GASP aufgehoben und der Gemeinsame Standpunkt 2006/276/GASP angenommen. In diesem werden die zuvor beschlossenen restriktiven Maßnahmen übernommen (Art. 1 Nr. 1 lit. a und lit. b) und die Reisesanktionen auf diejenigen ausgedehnt, die für die Verletzung internationaler Wahlstandards bei den Präsidentschaftswahlen vom 19. März 2006 und das harte Vorgehen gegen die Zivilgesellschaft und die demokratische Opposition verantwortlich sind (Art. 1 Nr. 1 lit. c). Wenig später entschied sich der Rat, durch den Gemeinsamen Standpunkt 2006/362/GASP gegen Letztgenannte und die mit ihnen verbundenen natürlichen oder juristischen Personen, Organisationen oder Einrichtungen auch Finanzsanktionen zu erheben.

Die Finanzsanktionen wurden auf Gemeinschaftsebene durch die Verordnung (EG) Nr. 765/2006[522] über restriktive Maßnahmen gegen Präsident Lukaschenko und verschiedene belarussische Amtsträger umgesetzt.

Der Gemeinsame Standpunkt 2006/276/GASP wurde mehrmals verlängert und zuletzt durch den Beschluss 2010/639/GASP ersetzt. Inhaltlich ergeben sich durch den Beschluss 2010/639/GASP keine Neuerungen. Dieser sieht weiterhin Reise- (Art. 1) sowie Finanzsanktionen (Art. 2) vor.

Zu beachten ist, dass die Reisesanktionen, die gegen diejenigen verhängt wurden, denen 2006 Wahlmanipulation vorgeworfen wurde und gegen eine Person, die auf der Liste der Personen steht, denen 2004 Wahlmanipulation vorgeworfen wurde, seit 2008 ausgesetzt wurden, „um den Dialog mit den belarussischen Behörden und die Annahme von Maßnahmen zur Stärkung der Demokratie und der Achtung der Menschenrechte zu fördern."[523] Zunächst wurde die Aussetzung auf sechs Monate beschränkt. Danach sollte der Rat bei der erneuten Prüfung der Lage in Belarus beurteilen, „inwiefern die belarussischen Behörden Fortschritte in Bezug auf die Reform des Wahlgesetzes erzielt haben (...). Der Rat (soll) zudem jegliche andere konkrete Maßnahme bewerten, mit der die

amt.de/cae/servlet/contentblob/382842/publicationFile/4287/Menschenrechte7.pdf (zuletzt abgerufen am 6.3.2013).

522 Zuletzt geändert durch die Durchführungsverordnung (EU) Nr. 1017/2012.

523 Gemeinsamer Standpunkt 2008/844/GASP, Erwägungsgrund Nr. 2.

Achtung der demokratischen Werte, der Menschenrechte und Grundfreiheiten, einschließlich der Meinungs- und Pressefreiheit sowie der Versammlungs- und Vereinigungsfreiheit gefördert und die Rechtsstaatlichkeit gestärkt werden soll"[524]. Die Aussetzung wurde im Weiteren mehrmals wiederholt.

Aufgrund der Fälschungen bei den Präsidentschaftswahlen vom 19. Dezember 2010 und des gewaltsamen Vorgehens gegen die politische Opposition, die Zivilgesellschaft und die Vertreter unabhängiger Medien[525] wurde der Beschluss 2011/69/GASP erlassen. Mit diesem wurde die Aussetzung der Reisesanktionen aufgehoben.[526] Ferner werden die Reise- bzw. Finanzsanktionen auf die Personen und Einrichtungen, die für die Verletzung internationaler Wahlstandards bei den Präsidentschaftswahlen vom 19. Dezember 2010 und das harte Vorgehen gegen die Zivilgesellschaft und die Opposition verantwortlich sind, ausgeweitet.[527]

Angesichts des Ernstes der Lage in Belarus entschloss sich die EU ferner im Juni 2011, die bestehenden Sanktionen durch ein Waffenembargo sowie ein Embargo bezüglich zur internen Repression verwendbarer Ausrüstung zu erweitern, Beschluss 2011/357/GASP. Ebenso untersagt sind diesbezügliche technische und finanzielle Hilfen. Die Umsetzung erfolgte durch die Verordnung (EU) Nr. 588/2011.

Die Reise- bzw. Finanzsanktionen und das Waffenembargo wurden durch den Beschluss 2012/642/GASP zusammengefasst. In diesem Beschluss werden auch die Kriterien, mit denen festgelegt wird, wer von den Sanktionen betroffen ist, verallgemeinert. Demnach finden die Maßnahmen Anwendung auf Personen und Organisationen, die für schwerwiegende Menschenrechtsverletzungen oder die Repressionen gegen die Zivilgesellschaft und die demokratische Opposition verantwortlich sind oder deren Aktivitäten die Demokratie oder die Rechtsstaatlichkeit in Belarus auf andere Weise ernsthaft untergraben. Ferner sind natürliche Personen und Organisationen, die von dem Lukaschenko-Regime profitieren oder es unterstützen, betroffen (vgl. Art. 4 Abs. 1 lit a und b).

II. Übereinstimmung der Rechtsakte mit den Grundsätzen europäischer Außenpolitik

Wie bereits erläutert, soll die Sanktionspolitik die Ziele des auswärtigen Handelns der Union gemäß Art. 21 EUV n.F. (früher Ziele der GASP gem.

524 Gemeinsamer Standpunkt 2008/844/GASP, Erwägungsgrund Nr. 3.

525 Beschluss 2011/69/GASP, Erwägungsgrund Nr. 2.

526 Beschluss 2011/69/GASP, Erwägungsgrund Nr. 2.

527 Beschluss 2011/69/GASP, Art. 1.

Art. 11 EUV a.F.) verwirklichen.[528] Die Geltung dieser Ziele für die nach Art. 215 AEUV erfolgte Verhängung von restriktiven Maßnahmen wurde durch das Inkrafttreten des Vertrages von Lissabon in Art. 21 Abs. 3 EUV n.F. und Art. 205 AEUV auch ausdrücklich normiert.

Verstößt ein Gesetzgebungsakt gegen Primärrecht, kann dies mit einer Nichtigkeitsklage gem. Art. 263 AEUV (Art. 230 EGV) in Form einer Sachrüge geltend gemacht werden.[529] Zu prüfen ist daher, ob die Zielsetzung, die hinter den jeweiligen zur Umsetzung von restriktiven Maßnahmen erfolgten Rechtsakten steht, mit den in Art. 21 EUV n.F. vorgeschriebenen Zielen der Außenpolitik übereinstimmt.[530]

In den „Grundprinzipien für den Einsatz restriktiver Maßnahmen (Sanktionen)" heißt es zu möglichen Zielen der Sanktionierung: „Der Rat wird nötigenfalls autonome EU-Sanktionen verhängen, um damit Maßnahmen zur Bekämpfung des Terrorismus und der Verbreitung von Massenvernichtungswaffen zu unterstützen; solche Sanktionen sollen auch als restriktive Maßnahmen dienen, um die Achtung der Menschenrechte und die Einhaltung der Grundsätze der Demokratie, der Rechtsstaatlichkeit und der verantwortungsvollen Staatsführung zu gewährleisten."[531]

Ob dies bei der konkreten Umsetzung der Sanktionsregime tatsächlich intendiert ist, bedarf einer Betrachtung im Einzelfall.

1. Kategorisierung und Einordnung

Grundsätzlich werden Sanktionen gegen Länder erhoben, die sich in einer (Post-) Konfliktsituation befinden und/oder deren demokratische Entwicklung gestört ist.[532] Die Ziele, die in solchen Situationen durch eine Sanktionierung verwirklicht werden sollen, werden in der Wissenschaft in zwei Kategorien eingeteilt: direkte Schutzziele, unter die der Kampf gegen den Terrorismus, die Verhinderung der Verbreitung von Massenvernichtungswaffen, die Post-Konflikt-Stabilisierung sowie die Unterstützung von regionalem Frieden und Stabilität

528 Vgl.: 1. Kap. C. II. 2.

529 *Geiger*, in: Geiger/Khan/Kotzur,EUV/AEUV, Art. 263 Rn. 38.

530 Justiziabel sind per se nur die ergangenen Verordnungen, nicht die Gemeinsamen Standpunkte bzw. Beschlüsse, vgl.: 4. Kap. B. II. 2; die Zielsetzung der einzelnen Sanktionsregime ergibt sich jedoch aus einer Zusammenschau der Rechtsakte.

531 Dokument des Rats (10198/1/04 REV 1), Rn. 3.

532 *Portela*, Politique europeénne, 3/2005, 83 (88).

fallen.[533] Die andere Kategorie betrifft die indirekten Schutzziele wie die Durchsetzung von Menschenrechten und Demokratie.[534]

Die relevanten, in dem Katalog in Art. 21 Abs. 2 EUV aufgeführten Grundsätze des auswärtigen Handelns – wie auch die zuvor in Art. 11 Abs. 1 EUV a.F. aufgeführten Ziele der GASP – lassen sich in zwei Kategorien einteilen: zum einen selbstbezogene[535] bzw. defensive[536] Ziele, zum anderen solche, die das Bewusstsein der Einbindung Europas in die Verflechtungen der Globalisierung und die Mitverantwortung der EU für die Weltgemeinschaft widerspiegeln[537] bzw. nach außen wirken.[538] Zu erster Gruppe zählt die Wahrung der Werte, grundlegenden Interessen, Sicherheit, Unabhängigkeit und Unversehrtheit der Union gemäß Art. 21 Abs. 2 lit. a EUV n.F. (Art. 11 Abs. 1 Spiegelstrich 1 und 2 EUV a.F.) sowie die in Art. 21 Abs. 2 lit. c EUV n.F. erwähnte Sicherheit der Außengrenzen.[539] Letztere Gruppe beinhaltet die Festigung und Förderung von Demokratie, Rechtsstaatlichkeit, Menschenrechten und der Grundsätze des Völkerrechts (Art. 21 Abs. 2 lit. b EUV a.F./Art. 11 Abs. 1 Spiegelstrich 5 EUV n.F.) sowie die Friedenserhaltung, Konfliktverhütung und Stärkung der internationalen Sicherheit (Art. 21 Abs. 2 lit. c EUV n.F./Art. 11 Abs. 1 Spiegelstrich 3). Hierunter fällt auch Art. 21 Abs. 2 lit. h EUV n.F., der zusammenfassend die Förderung einer Weltordnung, die auf einer verstärkten multilateralen Zusammenarbeit und einer verantwortungsvollen Weltordnungspolitik beruht, nennt.[540]

---

533 Vgl. *Portela*, Politique europeénne, 3/2005, 83 (86), die den Begriff „directly security relevant goals“ benutzt; *Wolfers*, Discord and Collaboration, S. 73 nennt diese Ziele „posession goals“.

534 Vgl. *Portela*, Politique europeénne, 3/2005, 83 (88), die den Begriff „indirectly security relevant goals“ benutzt; *Wolfers*, Discord and Collaboration, S. 73 bezeichnet diese Ziele hingegen als „milieu goals“.

535 *Cremer*, in: Callies/Ruffert, EUV/AEUV, Art. 21 EUV Rn. 9; *Kaufmann-Bühler*, in: Grabitz/Hilf/Nettesheim, Das Recht der EU, Art. 21 EUV Rn. 9 spricht insofern von nach innen gerichteten Zielen.

536 *Geiger*, in: Geiger/Khan/Kotzur, EUV/AEUV, Art. 21 EUV Rn. 12.

537 *Cremer*, in: Callies/Ruffert, EUV/AEUV, Art. 21 EUV Rn. 9.

538 *Geiger*, in: Geiger/Khan/Kotzur, EUV/AEUV, Art. 21 EUV Rn. 12; *Kaufmann-Bühler*, in: Grabitz/Hilf/Nettesheim, Das Recht der EU, Art. 21 Rn. 9.

539 Unmittelbarer Beweggrund für das Einfügen der Sicherheit der Außengrenzen war die Besorgnis Griechenlands um die Sicherheit in der Ägäis, vgl. *Kaufmann-Bühler*, in: Grabitz/Hilf/Nettesheim, Das Recht der EU, Art. 21 EUV Rn. 9.

540 Zu Einteilung in die nach außen gerichteten Ziele, vgl. *Kaufmann-Bühler*, in: Grabitz/Hilf/Nettesheim, Das Recht der EU, Art. 21 EUV Rn. 10.

Hinter den zuvor aufgelisteten Sanktionsregimen steht meist das Ziel der Wahrung von regionalem Frieden und Stabilität[541] bzw. Post-Konflikt Stabilisierung.[542] Oft damit einhergehend wurde versucht, die Achtung von Menschenrechten sowie des humanitären Völkerrechts und/oder die Grundsätze der Demokratie[543] sowie einer verantwortungsvollen Staatsführung zu fördern. Als weiteres Ziel wurde die Bekämpfung der Verbreitung von Massenvernichtungswaffen[544] angestrebt.

Somit lassen sich die Ziele, die mit der Verhängung von Sanktionen erreicht werden sollen, in die Kategorie der nach außen wirkenden Ziele bzw. solche die das Bewusstsein der Mitverantwortung für die Weltgemeinschaft widerspiegeln, einordnen.

Ist Auslöser der Sanktionen, die Bekämpfung der Verbreitung von Massenvernichtungswaffen, kommt zusätzlich die defensive Zielsetzung der eigenen Sicherheit hinzu.

2. Zielsetzung der EU-autonomen Sanktionsregime

Der Auslöser für die Verhängung restriktiver Maßnahmen bei den durch die EU autonom verhängten Sanktionen ist stets ein rein innerstaatlicher Konflikt. Die VN sind nur bei einer weiten Auslegung des Begriffs „Friedensbedrohung" in Art. 39 VN-Charta befugt, Sanktionen zu erheben, wenn die Friedensbedrohung nur in einem innerstaatlichen Konflikt besteht. Diese Einschränkung geht aus dem europäischen Primärrecht nicht hervor, vielmehr stellt dieses gar keine Anforderungen an die eine Sanktionierung auslösende Situation. Auch ein rein innerstaatlicher Konflikt kann also ausreichend sein. Für die Verhängung von Sanktionen durch den VN-Sicherheitsrat ist dies zumindest zweifelhaft.[545] Hierin mag ein Grund liegen, warum die VN gegen Guinea, Myanmar und Simbabwe trotz erheblicher Menschenrechtsverstöße keine Sanktionen erhoben haben, die Union jedoch schon.[546]

---

541 Vgl. die Sanktionsregime gegen die Demokratische Republik Kongo, die Elfenbeinküste, Eritrea, Libanon, Liberia, Libyen, Moldau, Syrien, Somalia und Sudan.

542 Vgl. die Sanktionsregime gegen das Ehemalige Jugoslawien, Irak, Tunesien und Ägypten.

543 Vgl. die Sanktionsregime gegen die Demokratische Republik Kongo, die Elfenbeinküste, Eritrea, Guinea, Liberia, Libyen, Myanmar, Simbabwe, Sudan, Syrien und Weißrussland.

544 Vgl. die Sanktionsregime gegen Nordkorea und Iran.

545 Vgl. zum Begriff der Friedensbedrohung i.S.v. Art. 39 VN-Charta: 1. Kap. B. II. 2.

546 Ein weiterer Grund mag in einer fehlenden Einigkeit innerhalb des VN-Sicherheitsrats liegen.

Die Zielsetzung der EU divergiert dabei je nach Lage des betroffenen Landes. Die Sanktionsregime in Asien und Afrika sollen der Durchsetzung von Menschenrechten dienen und die demokratische Entwicklung sowie die verantwortungsvolle Staatsführung vorantreiben. Ein anderes Bild zeigt sich bei den innerhalb Europas verhängten Sanktionsregimen. Im Falle des ehemaligen Jugoslawien soll vor allem eine Post-Konflikt-Stabilisierung erzielt werden sowie im Falle Moldaus eine friedliche Lösung des Transnistrienkonflikts. Die Sanktionen gegen die Staatsführung Weißrusslands zielen vor allem auf demokratische Wahlen und eine verantwortungsvolle Staatsführung unter Beachtung diesbezüglicher Bürgerrechte ab.

Eine besondere Gruppe bilden die gegen Ägypten und Tunesien verhängten Sanktionsregime. Seit Ende 2010 war es in etlichen Ländern im Nahen Osten und Nordafrikas zu Protesten gegen die dortigen autoritären Machthaber sowie die politischen und sozialen Strukturen gekommen. In diesem Zusammenhang verhängte die EU Sanktionen gegen Syrien, Tunesien und Ägypten.[547] Die EU versucht den sowohl in Ägypten als auch in Tunesien vollzogenen Sturz des alten Regimes durch Finanzsanktionen gegen die ehemaligen Machthaber zu unterstützen. Die Maßnahmen richteten sich dabei „gegen Personen, die als für die rechtswidrige Verwendung staatlicher Gelder Ägyptens verantwortlich ermittelt worden sind und damit das ägyptische Volk um den Ertrag der nachhaltigen Entwicklung seiner Wirtschaft und Gesellschaft bringen und die Entwicklung der Demokratie im Land untergraben“.[548]

Im Vergleich zu den seit Jahren vorherrschenden schweren Menschenrechtsverletzungen im südlich der Sahara gelegenen Teil Afrikas mag die Sanktionierung Moldawiens aufgrund einer Einschüchterungskampagne an moldawischen Schulen, die die lateinische Schrift verwenden[549], vergleichsweise hart erscheinen. Hier und auch bei den anderen innerhalb Europas verhängten Sanktionsregimen kommt jedoch das Sicherheitsinteresse der Union zur Geltung. Die Interessen der Union sind vor allem betroffen, wenn es sich um ein der EU nahe gelegenes Gebiet handelt und die Union in Anbetracht ihrer eigenen Sicherheit an der politischen und wirtschaftlichen Stabilität einer Region oder eines Landes

547 Tunesien: Beschluss 2011/72/GASP, VO (EU) Nr. 101/2011; Ägypten: Beschluss 2011/172/GASP, VO (EU) Nr. 270/2011; Syrien: Beschluss 2011/273/GASP, VO (EU) Nr. 442/2011; in diesem Zusammenhang ergingen auch von Seiten der VN Sanktionen gegen Libyen, die durch die EU merklich erweitert wurden: Beschluss 2011/137/GASP, VO (EU) Nr. 204/2011.

548 Bezüglich Ägypten: Beschluss 2011/172/GASP, Erwägungsgrund Nr. 2; zum nahezu identischen Wortlaut des Beschlusses gegen Tunesien: Beschluss 2011/72/GASP, Erwägungsgrund Nr. 2.

549 Vgl. Gemeinsamer Standpunkt 622/2004/GASP (Moldau), Erwägungsgrund Nr. 2.

gelegen ist.[550] Dies lässt sich auch bei den erst kürzlich verhängten Sanktionen gegen Tunesien und Ägypten feststellen, durch welche die Union die Demokratiebewegungen in den ihrem Territorium nahen nordafrikanischen Staaten unterstützen möchte. Der Zusammenhang wird aber vor allem bei den sich erst seit dem Fall der Sowjetunion entwickelnden Staaten Osteuropas, die langfristig der EU angegliedert werden sollen, deutlich.[551] Dass hier die Sanktionen auf eine Verbesserung bestimmter Defizite in der Entwicklung von Demokratie und Rechtsstaatlichkeit abzielen, um politische Stabilität in diesen Regionen zu erreichen, zeigt sich auch daran, dass die Kriterien für eine Aufhebung, die eine Erreichung der Ziele des Sanktionsregimes voraussetzt, sehr viel präziser in den jeweiligen Rechtsakten dargestellt sind als bei außerhalb der Union wirkenden Sanktionsregimen. Grund für die Zurückhaltung der VN zur Sanktionierung ehemaliger Sowjetstaaten mag auch die mangelnde russische Unterstützung im Sicherheitsrat hierfür sein. In diesem Bereich fallen damit vor allem die nach außen wirkenden Ziele der Friedenssicherung sowie der Achtung von Menschenrechten und Demokratie mit dem defensiven Ziel der eigenen Sicherheit der Union zusammen. Obwohl die „Reizschwelle" für die Verhängung von Sanktionen innerhalb Europas damit niedriger erscheint[552], ist auch nicht außer Acht zu lassen, dass im Fall von Moldau „nur" die verantwortlichen Regimeanhänger sanktioniert wurden, die teilweise zugunsten eines diplomatischen Dialogs ausgesetzt sind.[553]

Die EU kann aufgrund dieser regionalen Akzentuierung jedoch nicht als Organisation mit rein regionalen Interessen gesehen werden.[554] Mit Blick auf das Engagement bezüglich der Förderung von Menschenrechten in Afrika und Asien kommt der EU vielmehr globaler Charakter zu.[555]

Betrachtet man die Situationen, in denen sich die Union zur Erweiterung von ursprünglich durch die VN verhängten Sanktionsregimen entschließt, stehen diese in Zusammenhang mit überwiegend innerstaatlichen Konflikten[556] oder

---

550 *Regelsberger/Kugelmann*, in: Streinz, EUV/AEUV, Art. 21 EUV Rn. 14.

551 2004 traten bereits Estland, Lettland, Litauen, Polen, Tschechien, Slowakei, Ungarn und Slowenien bei, 2007 folgten Bulgarien und Rumänien.

552 *Portela*, Politique europeénne, 3/2005, 83 (99 f.).

553 Beschluss 2010/573/GASP, Art. 4 Abs. 3 (Moldau); vgl. bezüglich einer Aussetzung der Maßnahmen zugunsten eines Dialogs auch Beschluss 2011/239/GASP (Myanmar), Erwägungsgrund Nr. 4 und Nr. 5.

554 *Eriksson*, in: Wallensteen/Staibano, International Sanctions, S. 109.

555 Vgl. zum globalen Selbstverständnis im Rahmen der GASP *Regelsberger/Kugelmann*, in: Streinz, EUV/EGV, Art. 21 EUV Rn. 13.

556 Vgl. die Rechtsakte betreffend die Elfenbeinküste und Libyen.

zur Bekämpfung der Verbreitung von Massenvernichtungswaffen[557]. Ersteres geht auf die oben beschriebenen größeren Handlungsmöglichkeiten der EU bei rein innerstaatlichen Konflikten zurück. Die vor allem gegen Iran verhängten Maßnahmen, die deutlich die Vorgaben des VN-Sicherheitsrats übertreffen, sind wiederum mit einem gesteigerten Sicherheitsinteresse der Union zu erklären.

Zusammenfassend lässt sich sagen, dass die EU eine besonders aktive Rolle als Sanktionsgeber einnimmt, wenn die Sanktionierung aus Gründen der eigenen Sicherheit in Verbindung mit Zielen erfolgt, die das Bewusstsein der Mitverantwortung für die Welt widerspiegeln.

III. Übereinstimmung der Rechtsakte mit den theoretischen Vorgaben der europäischen Sanktionspolitik

1. Bindungswirkung der ausgewerteten Dokumente

Fraglich ist, welche Folgen sich aus einem Verstoß gegen die zuvor ausgewerteten Dokumente[558] ergeben können. Hierfür muss zunächst die rechtliche Bindungswirkung der Dokumente erörtert werden.

Bei den „Bewährten Praktiken der EU für die wirksame Umsetzung restriktiver Maßnahmen“[559] handelt es sich um an die *Mitgliedstaaten* gerichtete, rechtlich unverbindliche Empfehlungen. Das Dokument enthält einen ausdrücklichen Hinweis, dass die „bewährten Praktiken (…) als nicht-erschöpfende Empfehlungen allgemeiner Natur für die wirksame Umsetzung restriktiver Maßnahmen im Einklang mit dem geltenden Gemeinschafts-/Unionsrecht und einzelstaatlichen Recht (…) nicht rechtlich bindend (sind)"[560].

Auch die vom AStV gebilligten „Empfehlungen für den Umgang mit länderspezifischen eigenen Sanktionen der EU oder Ergänzungen der EU zu den von den Vereinten Nationen festgelegten Sanktionen“[561] sind als unverbindliche Empfehlungen an den *Rat* zum Erstellen der Listen der betroffenen Personen und Organisationen zu sehen.

Die vom Rat angenommenen „Leitlinien zur Umsetzung und Evaluierung restriktiver Maßnahmen (Sanktionen) im Rahmen der Gemeinsamen Außen-

557 Vgl. die Rechtsakte betreffend Nordkorea und Iran.

558 Vgl.: 3. Kap. A.

559 Dokument des Rats v. 29.11.05 (15115/05), in der aktualisierten Fassung v. 24.4.2008 (8666/1/08 REV 1).

560 Dokument des Rats v. 24.4.08 (8666/1/08 REV 1), Rn. 3.

561 Dok. 7697/07, v. AStV am 17.4.07 gebilligt bzw. Dok. 11054/07, v. AStV am 27.6.07 gebilligt.

und Sicherheitspolitik der EU"[562] sowie die „Grundprinzipien für den Einsatz restriktiver Maßnahmen (Sanktionen)"[563] entfalten ebenfalls keine rechtlich bindende Außenwirkung.[564] Allerdings muss diesbezüglich eine Selbstbindung des Rats greifen, die von ihm angenommenen Umsetzungsmethoden zur Durchführung restriktiver Maßnahmen einzuhalten. Dieser Schluss ergibt sich letztlich aus dem in Art. 4 Abs. 3 UAbs. 1 EUV verankerten Loyalitätsgebot. Demnach sind die Unionsorgane und die Mitgliedstaaten bei der Erfüllung ihrer vertraglichen Aufgaben gegenseitig zur loyalen Zusammenarbeit und Unterstützung verpflichtet. Für die Unionsorgane ergibt sich daraus u.a. die Pflicht, die Mitgliedstaaten bei der Umsetzung und Durchführung des Unionsrechts zu unterstützen.[565] Die Leitlinien spiegeln die umfassende Erfahrung der EU wider, die bei der Umsetzung restriktiver Maßnahmen im Rahmen der GASP gesammelt wurde.[566] Werden daher die Vorgaben der Leitlinien bereits bei der Erstellung der Rechtsakte des jeweiligen Sanktionsregimes beachtet, wird die weitere, durch die Mitgliedstaaten zu treffende Umsetzung erleichtert. Die Beachtung der Leitlinien gewährleistet daher den effektiven und zielorientierten Vollzug der Sanktionen durch die Mitgliedstaaten, zu dem diese wiederum aufgrund des Art. 4 Abs. 3 UAbs. 2 u. 3 EUV verpflichtet sind. Das dort verankerte Effizienzgebot sieht vor, dass nationale Maßnahmen, die der Umsetzung von Unionsrecht dienen, dessen Tragweite und Wirksamkeit berücksichtigen müssen.[567] Darf die Verwirklichung eines hinter einem Unionsrechtsakt stehenden Ziels durch die Anwendung nationaler Umsetzungsmodalitäten nicht praktisch unmöglich[568] sein, muss dazu das EU-Recht seinerseits bereits so gefasst sein, dass eine Umsetzung effektiv möglich ist.

Aus dem Zusammenwirken von Loyalitätsgebot und Effektivitätsgrundsatz gemäß Art. 4 Abs. 3 EUV ergibt sich folglich, dass der Rat sich durch die oben genannten Dokumente selbst verpflichtet hat, die dort festgelegten Vorgaben in den Rechtsinstrumenten zur Durchführung restriktiver Maßnahmen zu beachten.

---

562 Dokument des Rats v. 15.6.2012 (11205/12).

563 Dokument des Rats v. 7.6.2004 (10198/1/04 REV 1).

564 Vgl. auch *Meyer/Macke*, HRRS 2007, 445 (460).

565 *Geiger*, in: Geiger/Khan/Kotzur, EUV/AEUV, Art. 4 EUV Rn. 7; *v. Bogdandy/Schill*, in: Grabitz/Hilf/Nettesheim, Das Recht der EU, Art. 4 EUV Rn. 106.

566 Vgl. Dokument des Rats v. 15.6.2012 (11205/12), Rn. 1.

567 EuGH, Urt. v. 21.9.1983, verb. Rs. 205 - 215/82, Slg. 1983, 2633 Rn. 22 - Deutsche Milchkontor; allgemein zum Effektivitätsgebot vgl. *v. Bogdandy/Schill*, in: Grabitz/Hilf/Nettesheim, Das Recht der EU, Art. 4 EUV Rn. 81 ff.; *Streinz*, Europarecht, Rn. 592 f.

568 EuGH, Urt. v. 21.9.1983, verb. Rs. 205 - 215/82, Slg. 1983, 2633 Rn. 22 - Deutsche Milchkontor.

2. Umsetzung

a) Entwicklung und Ablauf der Sanktionsregime

Bezüglich der konkreten Entwicklung bzw. des konkreten Ablaufs der Sanktionsregime ist nur wenig bekannt. Insbesondere im Hinblick auf die originär durch den Sicherheitsrat der VN verhängten Sanktionen dürfte der EU eine eher kleine Rolle zukommen. Vor allem am Zustandekommen der Beschlüsse wirken zwar die EU-Mitgliedstaaten mit, die gemäß Art. 32 EUV n.F. zur gegenseitigen Abstimmung in außen- und sicherheitspolitischen Fragen verpflichtet sind. Sie handeln im System der VN jedoch nicht als EU. Die Union tritt erst bei der Umsetzung der Beschlüsse des Sicherheitsrats in Erscheinung.[569]

Im Fall der Sanktionierung Simbabwes sind jedoch Fehler in der Planungsphase zu Tage getreten: Bereits zehn Monate vor der eigentlichen Sanktionierung wurde innerhalb der Union öffentlich der Frage nachgegangen, wie restriktive Maßnahmen gegen das Regime eingeführt und wie die Konten des Präsidenten Mugabe innerhalb der Union ausfindig gemacht werden können.[570] Dies führte dazu, dass die betroffenen Regimeführer ihre finanziellen Ressourcen rechtzeitig in Sicherheit bringen konnten und die beschlossenen Finanzsanktionen sodann ins Leere gingen.[571]

Ein weiteres Beispiel für Fehler bei der Durchsetzung der Sanktionen ist bezüglich der Sanktionierung Myanmars zu verzeichnen. Da der Union ein Überwachungsorgan vor Ort fehlt, konnte nicht verhindert werden, dass sog. „Joint Venture" mit europäischer Beteiligung auf dem birmanischen Markt tätig wurden.[572]

Die zum Zwecke der Überwachung und Bewertung von Sanktionen geforderten Bestimmungen zum Informationsaustausch der zuständigen Behörden der Mitgliedstaaten und der Kommission wurden in den jeweiligen Verordnungen der Sanktionsregime eingefügt. Dort heißt es: *„Die Kommission und die Mitgliedstaaten unterrichten einander unverzüglich über die nach dieser Verordnung getroffenen Maßnahmen und tauschen alle ihnen vorliegenden sonstigen sachdienlichen Informationen im Zusammenhang mit dieser Verordnung aus, insbesondere über Verstöße und Probleme bei der Durchsetzung von Vorschriften sowie über Entscheidungen nationaler Gerichte."*[573]

569 *Kaufmann-Bühler*, in: Grabitz/Hilf/Nettesheim, Das Recht der EU, Art. 21 EUV Rn. 16.

570 *Breyer*, Gezielte Sanktionen, S. 152.

571 *Eriksson*, in: Wallensteen/Staibano, International Sanctions, S. 116 m.w.N.

572 *Eriksson*, in: Wallensteen/Staibano, International Sanctions, S. 113.

573 Vgl. u.a. VO (EU) Nr. 1284/2009 (Guinea), Art. 13; VO (EU) Nr. 667/2010 (Eritrea), Art. 11; VO (EG) Nr. 560/2005 (Elfenbeinküste), Art. 10; ein etwas anderer Wortlaut

Bezüglich der geforderten Datenübermittlung bei der Anwendung von Ausnahmeregelungen werden die zuständigen Behörden weitgehend nach neuerer Sanktionspraxis im Anschluss an die jeweilige Ausnahmeregelung verpflichtet, die zuständigen Behörden der anderen Mitgliedstaaten und die Kommission über erteilte Genehmigungen zu informieren.[574]

Neben den Mitgliedstaaten selbst sind auch die dort ansässigen natürlichen und juristischen Personen, Einrichtungen und Organisationen verpflichtet, unverzüglich alle Informationen der Kommission direkt oder über die in ihrem Land zuständige Behörde bereitzustellen, die die Einhaltung der Verordnungen erleichtern. Beispielhaft für derartige Informationen werden dabei Angaben über eingefrorene Konten und Beträge genannt.[575]

In Bezug auf die Aufhebung von Sanktionsregimen wird gefordert, dass die Rechtsakte der GASP eine Ablauffrist oder eine Überprüfungsklausel enthalten. Da die Union bezüglich der durch die VN verhängten Sanktionsregime insofern an die Vorgaben des Sicherheitsrats gebunden ist, enthalten die entsprechenden Rechtsakte lediglich einen Hinweis, dass eine Überprüfung, Änderung oder Aufhebung im Einklang mit den einschlägigen Beschlüssen des Sicherheitsrats der VN erfolgt.[576]

Mit Ausnahme der Maßnahmen gegen Slobodan Milosevic und Personen seines Umfelds, die bereits seit 2000 und daher auch vor der Veröffentlichung der Leitlinien in Kraft sind, sind die EU-autonomen Sanktionsregime jeweils für zwölf Monate befristet. Die Rechtsakte sollen fortlaufend überprüft und gegebenenfalls verlängert oder geändert werden, wenn mit Ablauf der Frist die Ziele

---

erscheint nun in den neu installierten Sanktionsregimen der EU, vgl.: VO (EU) Nr. 101/2011 (Tunesien), Art. 10; VO (EU) Nr. 270/2011 (Ägypten), Art. 10.

574 Vgl. u.a. VO (EU) Nr. 356/2010 (Somalia), Art. 5 Abs. 3; VO (EU) Nr. 667/2010 (Eritrea), Art. 5 Abs. 3; VO (EU) Nr. 1284/2009 (Guinea), Art. 8 Abs. 2; VO (EU) Nr. 101/2011 (Tunesien), Art. 4 Abs. 2; VO (EU) Nr. 270/2011 (Ägypten), Art. 5 Abs. 2.

575 Vgl. u.a. VO (EG) Nr. 560/2005 (Elfenbeinküste), Art. 8 Abs. 1; VO (EG) Nr. 1184/2005 (Sudan), Art. 6 Abs. 1; VO (EG) Nr. 194/2008 (Birma/Myanmar), Art. 16 Abs. 1; VO (EU) Nr. 101/2011 (Tunesien), Art. 9 Abs. 1; VO (EU) Nr. 270/2011 (Ägypten), Art. 9 Abs. 1; in den jeweiligen Artikeln wird darauf hingewiesen, dass diese Pflicht unbeschadet der für die Berichterstattung, die Vertraulichkeit und das Berufsgeheimnis geltenden Bestimmungen gilt.

576 Vgl. u.a. Beschluss 2010/127/GASP (Eritrea), Art. 8; Beschluss 2010/231/GASP (Somalia), Art. 10; Gemeinsamer Standpunkt 2008/369/GASP (Kongo), Art. 8; Beschluss 2011/137/GASP (Libyen), Art. 12 I.

nicht erreicht wurden.[577] Die Ziele, auf die jeweils Bezug genommen wird, sind unterschiedlich präzise in den jeweiligen Erwägungsgründen der Rechtsakte ausgestaltet. Bezüglich der Maßnahmen gegen Birma, Simbabwe und Guinea wird eine allgemeine Verbesserung der Lage des Landes im Hinblick auf die Entwicklung von Demokratie und Rechtsstaatlichkeit sowie die Achtung der Menschenrechte erwartet.[578] Die Maßnahmen gegen Moldau werden hinsichtlich der Entwicklung einer politischen Lösung im Transnistrien-Konflikt, insbesondere durch die Bewältigung der Probleme in Bezug auf Schulen, die die lateinische Schrift verwenden und die Wiederherstellung des freien Personenverkehrs, überprüft.[579] Noch genauer sind die zu überprüfenden Ziele bezüglich der Maßnahmen gegen Belarus festgelegt, nämlich je nach Grund der zur Listung der betroffenen Personen geführt hat. Die Maßnahmen gegen die Personen, die die Strafverfolgung bezüglich des Verschwindens von namhaften Personen vereiteln, werden dahingehend überprüft, ob eine umfassende und transparente Aufklärung der Vorfälle erfolgt.[580] Bezüglich der Maßnahmen gegen Personen, die für die Verletzung internationaler Wahlstandards 2004 bzw. 2006 verantwortlich sind, erfolgt eine Überprüfung anhand von Reformen des Wahlgesetzes, Freilassung von politischen Häftlingen, Achtung von Versammlungs-, Meinungsäußerungs- und Medienfreiheiten sowie die Durchführung künftiger Wahlen.[581]

Erkennbar ist demgemäß eine unterschiedliche Umsetzung von Sanktionsregimen, die innerhalb Europas installiert werden. In den entsprechenden Rechtsakten sind die Kriterien, die zu einer Aufhebung der Sanktionen führen, präzise festgelegt, während in den Rechtsakten der außerhalb Europas wirkenden Sanktionsregime die Überprüfung lediglich anhand allgemeiner Zielvorstellungen erfolgt. Eine Ausnahme hierzu bilden wieder die gegen Ägypten und Tunesien verhängten Maßnahmen. Die Finanzsanktionen gegen die ehemaligen Machthaber des jeweiligen Landes sollen den Aufbau einer neuen, demokratischen und rechtstaatlichen Regierung gewährleisten[582], sodass auch hier die Kriterien zur Aufhebung der Sanktionen relativ präzise festgelegt werden.

577 Vgl. u.a. Beschluss 2010/639/GASP (Belarus), Art. 7 Abs. 2; Gemeinsamer Standpunkt 2004/161/GASP (Simbabwe), Art. 9; Beschluss 2011/72/GASP (Tunesien), Art. 5; Beschluss 2011/273/GASP (Syrien), Art. 8.

578 Beschluss 2010/232/GASP (Birma/Myanmar), Erwägungsgrund Nr. 3; Gemeinsamer Standpunkt 2004/161/GASP (Simbabwe), Erwägungsgrund Nr. 6 und 7; Gemeinsamer Standpunkt 2009/788/GASP (Guinea), Erwägungsgrund Nr. 2 und 3.

579 Beschluss 2010/573/GASP (Moldau), Erwägungsgrund Nr. 3.

580 Gemeinsamer Standpunkt 2006/276/GASP (Belarus), Erwägungsgrund Nr. 7.

581 Gemeinsamer Standpunkt 2006/276/GASP (Belarus), Erwägungsgrund Nr. 8 und 9.

582 Beschluss 2011/72 GASP (Tunesien), Erwägungsgrund Nr. 2; Beschluss 2011/72/GASP (Ägypten), Erwägungsgrund Nr. 2.

b) Rechtliche Aspekte

Sowohl in den Gemeinsamen Standpunkten (nach Inkrafttreten des Vertrages von Lissabon: Beschluss) als auch in den Verordnungen wird vor der inhaltlichen Darstellung des Rechtsaktes auf die zuvor ergangenen Rechtsakte des VN-Sicherheitsrats sowie der Union Bezug genommen. Die Verordnungen enthalten ferner Hinweise auf die entsprechenden Gemeinsamen Standpunkte. Des Weiteren werden die einschlägigen Rechtsgrundlagen aus dem EGV bzw. AEUV und dem EUV zitiert. Eine umfassende Darstellung des rechtlichen Zusammenhangs erfolgt demnach.

Die Sanktionspolitik zeigt bezüglich der Achtung von Grundrechten eine neue Entwicklung. In den Erwägungsgründen der entsprechenden Beschlüsse und Verordnungen wird jeweils folgende Textpassage eingefügt: *„Dieser (Beschluss) steht im Einklang mit den Grundrechten und Grundsätzen, die insbesondere mit der Charta der Grundrechte der EU anerkannt wurden, vor allem mit dem Recht auf einen wirksamen Rechtsbehelf und ein unparteiisches Gericht, dem Eigentumsrecht und dem Recht auf den Schutz personenbezogener Daten. Dieser (Beschluss) sollte unter Wahrung dieser Rechte und Grundsätze angewandt werden"*[583]. Ob die Achtung der Grundrechte tatsächlich erfolgt, soll am Beispiel der Finanzsanktionen später aufgezeigt werden.[584]

Auch im Hinblick auf die internationalen Verpflichtungen ergibt sich eine Änderung der Sanktionspolitik, indem in die Erwägungsgründe folgende Textpassage aufgenommen wird: *„Dieser (Beschluss) achtet ferner in vollem Umfang die Verpflichtungen der Mitgliedstaaten im Rahmen der Charta der Vereinten Nationen sowie den rechtlich bindenden Charakter der Resolutionen des Sicherheitsrates".*[585] Dieser Hinweis dürfte jedoch nur eine Wiederholung der bereits praktizierten Achtung des Vorrangs der VN als Sanktionsgeber sein.

Die gezielt eine natürliche Person betreffenden Rechtsinstrumente der Reise- bzw. Finanzsanktionen weisen angemessene Ausnahmen auf, um so im Einzelfall verhältnismäßig angewendet werden zu können. Alle Finanzsanktionen enthalten neben den geforderten Ausnahmen aus humanitären Gründen und zur Deckung außergewöhnlicher Kosten, Ausnahmen für eingehende Zinsen und

---

583 Vgl. u.a. Beschluss 2010/414/GASP, Erwägungsgrund Nr. 4 u. VO (EU) Nr. 667/2010, Erwägungsgrund Nr. 6 bezüglich Eritrea; Beschluss 2010/413/GASP, Erwägungsgrund Nr. 25 u. VO (EU) Nr. 961/2010, Erwägungsgrund Nr. 13 bezüglich Iran; VO (EU) Nr. 101/2011, Erwägungsgrund Nr. 3 bezüglich Tunesien.

584 Vgl.: 4 Kap. B. III.

585 Vgl. u.a. Beschluss 2010/414/GASP, Erwägungsgrund Nr. 5 u. VO (EU) Nr. 667/2010, Erwägungsgrund Nr. 7 bezüglich Eritrea; Beschluss 2010/413/GASP, Erwägungsgrund Nr. 26 u. VO (EU) Nr. 961/2010 Erwägungsgrund Nr. 14 bezüglich Iran; VO (EU) Nr. 204/2011, Erwägungsgrund Nr. 4 bezüglich Libyen.

Gutschriften auf eingefrorenen Konten und für Gelder bzw. wirtschaftliche Ressourcen, die bereits vor Inkrafttreten der entsprechenden Verordnungen Gegenstand eines Zurückbehaltungsrechts waren. Bei Reisesanktionen wird nur in den EU-autonomen Sanktionsregimen der oben dargestellte Wortlaut[586] für Ausnahmen benutzt. Die Ausnahmen beziehen sich also auf Reisen, die aus humanitären Notlagen oder aufgrund der Teilnahme an zwischenstaatlichen Tagungen, die den politischen Dialog fördern, gerechtfertigt sind.[587] Dient das Sanktionsregime der Umsetzung von SR-Resolutionen, heißt es in den entsprechenden Rechtsakten gemäß der Vorgaben des Sicherheitsrats, dass Ausnahmen aus humanitären Gründen genehmigt werden oder wenn der Sanktionsausschuss zu dem Schluss kommt, dass eine Ausnahme die Ziele der jeweiligen Resolution fördern würde.[588]

Die Forderung, dass im Vorfeld abgewogen werden muss, welche Maßnahmen geeignet und verhältnismäßig sind, kann nur in gewissem Maße bezüglich EU autonom verhängten Sanktionen bzw. solchen, die ein vom VN-Sicherheitsrat vorgegebenes Sanktionsregime erweitern, überprüft werden. Im anderen Falle setzt die Union lediglich die vom Sicherheitsrat vorgegebenen Maßnahmen um.

Bei den von der EU autonom verhängten Sanktionen ist zu erkennen, dass jedes Sanktionsregime mit unterschiedlichen Sanktionen bzw. unterschiedlichen Verknüpfungen von Maßnahmen belegt wurde, sodass sich hieraus schließen lässt, dass die Sanktionierung an die jeweiligen Gegebenheiten des Landes angepasst werden. So wurden beispielsweise gegen Ägypten und Tunesien lediglich Finanzsanktionen, gegen Moldau nur Reisesanktionen verhängt. Die Union setzte weiterhin einige der gegenüber Myanmar, Belarus und Moldau verhängten Sanktionen aus, um eine diplomatische Lösung der Konflikte zu forcieren. Auch hier zeigt sich, dass die Union flexibel auf die jeweiligen Konfliktsituationen und deren Ursachen reagiert.

Begrüßenswert sind des Weiteren die bei innerstaatlichen Konflikten von der Union zusätzlich erhobenen Embargos bezüglich Ausrüstungen, die zur internen Repression verwendet werden können, um den Konflikten entgegenzutreten.[589]

---

586 Vgl.: 3. Kap. A. IV. 3.

587 Vgl. u.a. Beschluss 2010/638/GASP (Guinea), Art. 3 Abs. 6; Beschluss 2010/573/GASP (Moldau), Art. 1 Abs. 6; Beschluss 2011/273/GASP (Syrien), Art. 3 Abs. 6.

588 Vgl. u.a.: Gemeinsamer Standpunkt 2005/411/GASP (Sudan), Art. 2 Abs. 3; Gemeinsamer Standpunkt 2006/795/GASP (Nordkorea), Art. 3 Abs. 3.

589 Vgl. u.a. VO (EU) Nr. 442/2011 (Syrien), Art. 2 Abs. 1.

Zusammenfassend lässt sich erkennen, dass die Union bei der Auswahl der Maßnahmen einzelfallbezogenen Maßstäben folgt und sich hierbei flexibler zeigt als die VN.

c) Listung

Die Listung erfolgt jeweils in Anhängen zu den entsprechenden Rechtsakten. Die in den Leitlinien statuierten Anforderungen an die Identifikationsmerkmale zur Verbesserung der Wirksamkeit restriktiver Maßnahmen und zur Vermeidung einer Namensverwechslung wurden in den Rechtsakten weitgehend eingehalten. Nach Möglichkeit werden also Name, Aliasname, Geburtsdatum, -ort, Pass- bzw. Ausweisnummer, Anschrift und Staatsangehörigkeit veröffentlicht. Bei juristischen Personen und Einrichtungen werden entsprechend Name, eventuell Tochterunternehmen, Ort des Hauptsitzes, Ort der Registrierung und Registriernummer veröffentlicht.[590] Hinzu kommt in einigen Fällen das Datum, an welchem die betroffene Person oder Organisation in die Liste aufgenommen wurde. Dies ist vor allem dann zweckmäßig, wenn Ausnahmen von Finanzsanktionen gewährt werden für Zahlungen auf ein Konto von betroffenen Personen und Vereinigungen aufgrund von Verträgen, Vereinbarungen oder Verpflichtungen, die bereits vor dem Einfrieren der Konten eingegangen worden sind.[591]

Des Weiteren werden die Gründe der Aufnahme in die Liste genannt. Diese Darstellung erschöpft sich meist in der Nennung der Funktion im jeweiligen Regime[592], in einigen Fällen werden jedoch auch nähere Angaben getätigt.[593]

Auch die durch die Sanktionsausschüsse des VN-Sicherheitsrats vorgenommene Listung erfolgt nach Möglichkeit unter Angabe von *Name, Alias, Place of Birth, Date of Birth, Nationality, Passport and Identifying Information, Designation and Justification.*[594]

---

590 Vgl. u.a. Gemeinsamer Standpunkt 2008/369/GASP (Kongo), Anhang; VO (EG) Nr. 560/2005 (Elfenbeinküste), Anhang I.

591 Vgl. u.a. VO (EU) Nr. 356/2010 (Somalia), Art. 6; VO (EU) Nr. 667/2010 (Eritrea), Art. 6.

592 Gemeinsamer Standpunkt 2005/411/GASP (Sudan), Anhang; VO (EU) Nr. 356/2010 (Somalia), Anhang I; letztere Verordnung enthält nicht einmal die genaue Bezeichnung der Funktion, obwohl in der Liste des Sanktionsausschusses genaue Gründe für die Listung gegeben sind, vgl. http://www.un.org/sc/committees/751/pdf/1844_cons_list.pdf (zuletzt abgerufen am 6.3.2013).

593 Vgl. u.a. Gemeinsamer Standpunkt 2008/369/GASO (Kongo), Anhang; Beschluss 2010/656/GASP (Elfenbeinküste), Anhang.

594 Vgl. u.a. die konsolidierten Listen betreffend die Sanktionsregime gegen den Sudan sowie gegen die Demokratische Republik Kongo, abzurufen auf der Homepage der Sanktionsausschüsse unter: http://www.un.org/sc/committees/ (zuletzt abgerufen am 6.3.2013).

Dennoch ist die Listung der Union bisweilen detaillierter und auf den Einzelfall zugeschnitten. So werden beispielsweise bei der Listung der von den Reise- bzw. Finanzsanktionen betroffenen Personen in Weißrussland auch die belarussische sowie die russische Schreibweise der jeweiligen Namen aufgenommen.[595] Bei den Sanktionen gegen den Iran ist den Rechtsakten jeweils eine Liste beigefügt, die durch den VN-Sanktionsausschuss erstellt wurde und eine Liste mit weiteren von der EU angefügten Namen. Während die Liste der VN neben dem Namen, den Gründen und dem Datum der Benennung wenig weitere Identifizierungsangaben enthält, erfolgt in der unionseigenen Liste nach Möglichkeit die Nennung von Geburtsdatum, -ort, Anschrift, Pass- bzw. Ausweisnummer.[596]

Mangels Vorgaben des Sicherheitsrats bzw. des jeweiligen Sanktionsausschusses ist noch keine Listung im Falle des Sanktionsregimes gegen Eritrea erfolgt sowie bezüglich der Ermordung Rafiq Hariris.[597] Trotz entsprechender Vorgaben auf Ebene der VN erfolgte keine Listung auf Ebene der Union im Hinblick auf die von den Reisesanktionen betroffenen Personen in Liberia.[598]

C. Individualgerichtete Sanktionen gegen den Terrorismus

Die zuvor erörterten Sanktionsregime richten sich entweder gegen einen Staat selbst oder zielgerichtet gegen die Eliten eines Landes bzw. deren Revolutionsführer. Gemein ist ihnen daher der Staatenbezug.

Fernab von der Gefahr, die von Schreckensregierungen einzelner Staaten ausging, führten jedoch vor allem die Anschläge des 11. September 2001 zu einer Änderung der Sanktionspolitik der internationalen Gemeinschaft. Die Auswirkungen des Terrorismus beschränken sich nicht mehr nur auf einen Staat oder eine Region, sodass die internationale Staatengemeinschaft aufgefordert war, innovative, gemeinsame Wege zu finden, um diese neue Form des grenz-

---

595 Vgl. Beschluss (EU) 2010/639/GASP, Anhang III.

596 Vgl. VO (EU) Nr. 961/2010 (Iran), Anhang VII B und Anhang VIII A; ob die mangelnde Nennung weitergehender Identifikationsmerkmale am Fehlen weiterer Informationen liegt, vermag hier nicht geklärt zu werden; vgl. auch das Sanktionsregime gegen Libyen, das ebenfalls eine durch die VN und eine durch die EU erstellte Namensliste enthält: VO (EU) Nr. 204/2011, Anhang II und Anhang III.

597 Vgl. VO (EU) Nr. 667/2010 (Eritrea) bzw. VO (EG) Nr. 305/2006 (Rafiq Hariri).

598 Gemeinsamer Standpunkt 2008/109/GASP (Liberia); eine Listung erfolgte allerdings in VO (EG) Nr. 872/2004, die Finanzsanktionen gegen Charles Taylor und mit ihm verbundenen Personen enthält.

überschreitenden internationalen Terrorismus effektiv zu bekämpfen.[599] Diese neue Art der Sanktionierung verzichtet schließlich gänzlich auf einen Staatenbezug und richtet sich nur gegen einzelne Personen.

Im Folgenden sollen diese individualgerichteten Sanktionen gegen den Terrorismus näher definiert werden (I.) und anschließend die konkrete Praxis der VN (II.) sowie die Umsetzung auf Ebene der EU (III.) aufgezeigt werden.

I. Begriffliches

Der Definition des Terrorismus, v.a. in der speziellen Ausformung des islamistischen Terrorismus, folgt die begriffliche Einordnung der individualgerichteten Sanktionen in die oben herausgearbeiteten Sanktionskategorien.[600]

1. Das Phänomen des islamistischen Terrorismus

a) Definition

Seit den 90er Jahren sieht sich die Welt einer ganz anderen, neuartigen Gefahr gegenüber: dem weltweit operierenden Terrorismus. Der Terrorismus ist kein neues Phänomen, der Begriff ist bereits seit der Französischen Revolution bekannt und lässt sich zurückführen auf das „régime de la terreur" der Jahre 1793/94, welches der Herrschaft des revolutionären Staats dazu diente, Ordnung und Festigkeit der Regierung wieder herzustellen.[601] Bis heute haben sich die Erscheinungsformen des Terrorismus jedoch stark verändert.

Schwierig gestaltet sich die Suche nach einer allgemeingültigen Definition des „neuen" Terrorismus, was vor allem der Vielgestaltigkeit und Wandelbarkeit des Begriffs geschuldet wird.[602] In der Literatur finden sich zahlreiche Ansätze politischer Definitionen des Terrorismus. Allen Definitionen gleich ist, dass es sich um eine überraschende und illegale Anwendung von Gewalt durch einen Zusammenschluss einer Mehrzahl von Personen handelt, welche die Bevölkerung einzuschüchtern versuchen, um so politische, soziale oder militärische Ziele zu erreichen.[603]

Weiterhin gibt es rechtswissenschaftliche Versuche einer Begriffsbestimmung des Terrorismus. Auf internationaler Ebene findet sich ein Minimalkonsens in der Konvention der VN zur Bekämpfung der Terrorismusfinanzierung

---

599 *Hübner*, Terrorismusbekämpfung, S. 9.

600 Vgl. 1. Kap. A. I und II. 1.

601 *Richardson*, Terroristen, S. 57 f.

602 *Hübner*, Terrorismusbekämpfung, S. 17.

603 *Hübner*, Terrorismusbekämpfung, S. 19.

vom 9. Dezember 1999: Terrorismus ist demnach jede Handlung, die darauf abzielt, den Tod oder schwere Verletzungen von Zivilisten oder anderen Personen, die nicht aktiv an bewaffneten Konflikten beteiligt sind, zu verursachen, um eine Bevölkerung einzuschüchtern oder einen Staat oder eine internationale Organisation zu zwingen, irgendeine Handlung vorzunehmen oder zu unterlassen.[604]

Auf europäischer Ebene finden sich in zwei Rechtsakten Ansätze einer Definition: Zum einen wird im Gemeinsamen Standpunkt 2001/931/GASP in Art. 1 Abs. 3 der Ausdruck terroristische Handlung definiert. Es handelt sich dabei um vorsätzliche Handlungen, die durch ihre Art oder durch ihren Kontext ein Land oder eine internationale Organisation ernsthaft schädigen können, wenn sie mit dem Ziel begangen werden, die Bevölkerung einzuschüchtern, Zwänge jeglicher Art aufzuerlegen, die politischen, verfassungsrechtlichen, wirtschaftlichen und sozialen Grundstrukturen ernsthaft zu destabilisieren oder zu zerstören.

Die in der Verordnung abschließend aufgezählten vorsätzlichen Handlungen sind dabei zusammengefasst:

- Anschläge auf das Leben oder die körperliche Unversehrtheit einer Person;
- Entführung oder Geiselnahme;
- weitreichende Zerstörungen an einer Regierungseinrichtung oder einer öffentlichen Einrichtung, einschließlich eines Informatiksystems;
- Kapern von Luft- und Wasserfahrzeugen oder von anderen öffentlichen Verkehrsmitteln;
- Herstellung, Besitz, Erwerb, Beförderung, Bereitstellung oder Verwendung von Schusswaffen, Sprengstoffen, Kernwaffen, biologischen und chemischen Waffen;
- Freisetzung gefährlicher Stoffe oder Herbeiführen eines Brandes, einer Explosion oder einer Überschwemmung;
- Manipulation oder Störung der Versorgung mit Wasser, Strom oder anderen lebenswichtigen natürlichen Ressourcen;
- Anführen einer terroristischen Vereinigung oder Beteiligung an deren Aktivitäten, auch durch Bereitstellung von Logistik oder Finanzmitteln.

Die Definition lässt sich folglich in objektive Kriterien – nämlich dem Vorliegen einer der aufgeführten vorsätzlichen Taten – und subjektive Kriterien – nämlich einem vorsätzlichen Handeln mit dem Ziel, die Bevölkerung einzuschüchtern, Zwänge jeglicher Art aufzuerlegen, die politischen, verfassungs-

---

604 International Convention for the Suppression of the Financing of Terrorism, A/RES/54/109 v. 25.2.2000, Art. 2 lit. b.

rechtlichen, wirtschaftlichen und sozialen Grundstrukturen ernsthaft zu destabilisieren oder zu zerstören – unterteilen.[605]

In einem zweiten Rechtsakt, dem Rahmenbeschluss 2002/475/JI vom 13. Juni 2002, werden die Mitgliedstaaten aufgefordert, diese vorsätzlichen Handlungen, die nach den einzelstaatlichen Rechtsvorschriften als Straftaten definiert werden, als terroristische Straftaten einzustufen (Art. 1 Abs. 1). Darüber hinaus wird in Art. 2 Abs. 1 dieses Rahmenbeschlusses der Begriff „terroristische Vereinigung" als ein auf längere Dauer angelegter organisierter Zusammenschluss von mehr als zwei Personen, die zusammenwirken, um terroristische Straftaten zu begehen, definiert.

Somit gibt es auch auf europäischer Ebene keine rechtlich verbindliche Definition von Terrorismus, zumindest jedoch wird festgelegt, was unter einer terroristischen Handlung, einer terroristischen Straftat und einer terroristischen Vereinigung zu verstehen ist.

Um den Rahmenbeschluss 2002/475/JI vom 13. Juni 2002 umzusetzen wurde 2003 in Deutschland § 129 a StGB[606], der die Bildung terroristischer Vereinigungen unter Strafe stellt, geändert. Die Definition der terroristischen Handlung entspricht dabei weitgehend der des Gemeinsamen Standpunkts 2001/931/GASP, nur die in § 129 a StGB aufgezählten vorsätzlichen Straftaten orientieren sich am deutschen Strafrecht.

b) Merkmale des islamistischen Terrorismus

Um zu verstehen, warum es notwendig war, neue Methoden gegen die Bekämpfung des Terrorismus zu finden und warum das Sanktionssystem der internationalen Staatengemeinschaft reformiert werden musste, soll an dieser Stelle kurz dargestellt werden, was diese neuartige Bedrohung ausmacht.

aa) Die Entwicklung des islamistischen Terrorismus

Die klassische Form des Terrorismus stellt der nationale oder interne Terrorismus dar. Merkmal hierfür ist, dass Terroristen innerhalb ihres Staates Gewalt gegen andere Bürger ausüben. Opfer und Täter stammen folglich aus dem gleichen Staat. Ziel des internen Terrorismus ist es, eine nationale Ordnung, durch Schaffung eines eigenen Staates, das Ende einer Fremdherrschaft oder eine veränderte Staats- und Regierungsform zu verändern. Typische Bespiele hierfür sind die baskische ETA, die nordirische IRA oder die deutsche RAF. Eine etwaige internationale Zusammenarbeit dieser Gruppen beschränkt sich meist auf

605 *Schulte*, Schutz individueller Recht, S. 123 f.

606 BGBl I S. 2836 v. 27.12.2003.

logistische Unterstützung, beispielsweise Ausbildung oder Waffentransfer, wie im Falle der RAF und der palästinensischen Terrorgruppen.[607]

Der internationale Terrorismus zeichnet sich dadurch aus, dass die Terroristen grenzüberschreitend agieren oder gezielt im eigenen Land Ausländer bzw. ausländische Einrichtungen angreifen. Hierunter fällt z.B. der palästinensische Terror seit Ende der 60er Jahre, bei dem u.a. die Olympischen Spiele in München 1972 Schauplatz von Attentaten waren, um palästinensische Häftlinge freizupressen. Der internationale Terrorismus verfolgt dabei die gleichen Ziele wie der interne, daher die Änderung einer nationalen Ordnung, versucht dabei aber diese nationalen Forderungen zum internationalen Schauplatz zu machen. Beide Formen unterscheiden sich also wesentlich durch ihre Strategien und Taktiken.[608]

Der islamistische Terror stellt eine Steigerung des internationalen Terrors dar, indem er dessen Strategien verfeinert, jedoch unterscheidet er sich grundlegend in seiner Zielsetzung: Es geht nicht mehr darum, eine nationale Ordnung durchzusetzen, vielmehr soll eine veränderte, islamistische Weltordnung in Kraft treten.[609]

Ergänzend sei hinzugefügt, dass sich die hier zu untersuchenden Sanktionen gegen die Terrorismusbekämpfung nicht nur auf den islamistischen Terror beziehen, vielmehr sind die SR-Resolution 1373 (2001)[610] und ihre Umsetzungsakte allgemein gegen den Terrorismus gewandt. Der islamistische Terror stellt jedoch die größte und einflussreichste Fallgruppe dar und hat insbesondere mit den Anschlägen am 11. September 2001 den Anstoß zu den danach ergangene Sanktionen gegeben.

bb) Die Merkmale im Einzelnen

Im Wesentlichen lassen sich sechs Merkmale herausarbeiten, die charakteristisch für den islamistischen Terror sind.

Der erste Punkt – die Internationalität – wurde schon mehrfach angesprochen. Besonders hervorzuheben ist dabei, dass der islamistische Terror gezielt Lücken in der zwischenstaatlichen Verbrechensbekämpfung ausnutzt und sich so den Strafverfolgungsbehörden durch Verlegung der Verbrechensschwerpunkte entzieht. Die Planung und Vorbereitung finden dabei oft in einem anderen

607 Vgl. zu den Ausführungen über den nationalen Terrorismus *Schneckener*, Netzwerke des Terrors, S. 15.

608 Vgl. zu den Ausführungen über den internationalen Terrorismus *Schneckener*, Netzwerke des Terrors, S. 16 ff.

609 *Schneckener*, Netzwerke des Terrors, S. 18.

610 Ausführlich hierzu: 3. Kap. C. II. 2. b).

Land statt, als die Ausübung des Anschlags selbst.[611] So wurde der Anschlag auf das World Trade Center 2001 weitgehend in Hamburg geplant, aber ausgeführt in den USA.

Des Weiteren zeichnet sich der islamistische Terror durch eine dezentrale, weltweite Netzwerkbildung aus. Dabei handelt es sich um global verstreute Netzwerke, die in unterschiedlicher Intensität miteinander verbunden sind und dabei den Austausch von Informationen, Know how und finanziellen Mitteln garantieren.[612] Ein innerer Führungszirkel, der quasi wie ein Vorstand oder Aufsichtsrat fungiert, gibt dabei eine von allen geteilte ideologische, taktische und strategische Richtung vor.[613] Die persönlichen Verbindungen zwischen den Knotenpunkten erfordert ein hohes Maß an Vertrauen und Loyalität. Den Prototyp eines solchen dezentralen Netzwerks stellt die Verbindung Al-Qaida dar. Diese Organisationsform erschwert die Bekämpfung des Terrorismus erheblich, da mehrere Anschläge parallel und unabhängig voneinander geplant und zeitgleich an unterschiedlichen Orten durchgeführt werden können.[614] Darüber hinaus ist die Struktur aufgrund der hohen Flexibilität weniger anfällig als zentral organisierte Netzwerke. Die einzelnen Terrorzellen können demzufolge bis zu einem gewissen Grad auch ohne zentrale Knotenpunkte weiter handeln, sodass sich die „Jagd" nach einigen Topterroristen oder das Ausschalten von Kommandozentralen nicht als effektive Maßnahme zur Terrorismusbekämpfung erwiesen hat.[615]

Eine weitere wichtige Strategie stellt die weltweite Rekrutierung von Personal dar, die sich nicht auf eine bestimmte Nation oder eine Region beschränkt. Die wichtigste Rekrutierungsmethode ist dabei die Anwerbung über islamistische Kreise, z.B. durch Islamschulen oder Moscheen, in denen bestimmte Geistliche gezielt versuchen, Personal zu finden, v.a. auch unter muslimischen Einwanderern und Studenten aus islamischen Staaten im Ausland.[616]

Wie bereits aufgeführt wurde, ist das verfolgte Ziel nicht die Änderung einer nationalen Ordnung, sondern der internationalen Ordnung. Gegner ist dabei der Westen selbst, insbesondere die USA und Israel, deren Einfluss auf die arabische und islamische Welt als zu groß empfunden wird. Dahinter steht eine radikale Version der Dschihad-Ideologie, bei welcher der Dschihad Kämpfer die „heilige Pflicht" besitzt, die bestehende Ordnung der Unwissenheit, die verur-

---

611 *Hübner*, Terrorismusbekämpfung, S. 25.
612 *Schneckener*, Netzwerke des Terrors, S. 5, S. 25.
613 *Schneckener*, Netzwerke des Terrors, S. 26.
614 *Schneckener*, Netzwerke des Terrors, S. 6.
615 *Hübner*, Terrorismusbekämpfung, S. 26.
616 *Schneckener*, Netzwerke des Terrors, S. 29 f.

sacht wurde durch die Vormachtstellung der USA, zu zerstören und durch eine neue „islamistische Weltordnung" zu ersetzen.[617]

Die Al-Qaida setzt dabei auf eine asymmetrische Kriegsführung: ein ansonsten überlegener Gegner soll dadurch ausgeschaltet werden, dass seine Schwachstellen erforscht werden, um geeignete Ziele anzuvisieren, sodann überraschend zuzuschlagen und im Folgenden unerkannt wieder abzutauchen.[618] Dies wird vor allem mit zwei Taktiken umgesetzt: Zum einen durch Einführen von „Schläfern", d.h. Mitglieder der Al-Qaida oder unterstützenden Terrorgruppen werden in anderen Ländern eingeschleust, besitzen einen legalen Aufenthaltsstatus und führen ein unauffälliges Leben indem sie einem Beruf nachgehen, Steuern zahlen etc. Sie sind aber auf Abruf bereit, gezielt Attentate durchzuführen bzw. sie zu planen. Zum anderen werden die Attentate in Form von Selbstmordattentaten verübt. Die Selbstmörder verstehen sich selbst als Märtyrer und werden im Sinne der Dschihad-Ideologie in diesem Sinne vorbereitet. Ein Selbstmordanschlag birgt die Vorteile, dass die Täter besonders entschlossen sind und zielgenau arbeiten können, da sie weder um ihr Leben fürchten, noch eine Flucht vorbereitet werden muss.[619]

Der letzte Punkt, dem für die Funktionsfähigkeit und dem dauerhaften Bestand von Terrororganisationen eine große Bedeutung beigemessen wird, ist die Finanzierung und externe Unterstützung. Im Gegensatz zu den Terrororganisationen der 70er und 80er Jahre ist der islamistische Terror nicht so stark auf die Hilfe von staatlichen Stellen, vor allem der Geheimdienste angewiesen. Er finanziert sich größtenteils über Zuwendungen von nichtstaatlichen Akteuren, was ihm ein hohes Maß an Ungebundenheit garantiert, da keine Abhängigkeit vom Wohlwollen eines bestimmten Unterstützerstaates entsteht.[620] Neben den Finanzquellen spielt der Finanztransfer eine große Rolle, der wie bei der organisierten Kriminalität über schwer kontrollierbare Finanzwege erfolgt. Der islamische Terror nutzt dabei vor allem auch Kontakte zu sowie Beteiligungen an Banken und Finanzdienstleistern in der islamistischen Welt.[621]

cc) Schlussfolgerung für die Terrorismusbekämpfung mittels Sanktionen

Aufgrund der Komplexität des Kampfes gegen die terroristische Bedrohung ist die internationale Staatengemeinschaft vor die Aufgabe gestellt, nach innovati-

---

617 *Gunaratna*, Al Qaeda, S. 85, 92 f., 230.

618 *Scheckener*, Netzwerke des Terrors, S. 35.

619 *Gunaratna*, Al Qaeda, S. 91 f.; ausführlich zum Phänomen der Selbstmordattentate *Richardson*, Terroristen, S. 146-182.

620 *Hübner*, Terrorismusbekämpfung, S. 29.

621 Ausführlich zu den Methoden des Finanztransfers *Schneckener*, Netzwerke des Terrors, S. 33 f.

von Lösungen zu suchen.[622] Damit der Terrorismus möglichst an seinen Wurzeln bekämpft werden kann, ist es dabei von großer Bedeutung, gegen die Finanzierungsquellen terroristischer Vereinigungen vorzugehen.[623]

Die EU hat hierfür eine Reihe von Maßnahmen erlassen, um die Finanzierung des Terrorismus zu unterbinden.[624] Unter anderem griff sie dabei auf bereits im Zusammenhang mit länderbezogenen Sanktionen gewählte Maßnahmen zurück: das Einfrieren von Geldern und wirtschaftlichen Ressourcen sowie ein diesbezügliches Bereitstellungsverbot im Hinblick auf Personen, Vereinigungen und Körperschaften, die an terroristischen Handlungen beteiligt sind.

2. Begriffliche Einordnung der finanziellen Individualsanktionen in Sanktionskategorien

In der Literatur werden die im Folgenden beleuchteten Maßnahmen gegen den Terrorismus vielfach als Sanktionen beschrieben und auch die VN, die Urheber der „Anti-Terrorismus"-Maßnahmen sind, richtete ein „Sanction Committee"[625] zur Verwaltung dieser Art von Sanktionierung ein und stellte die Maßnahmen insofern den länderbezogenen Sanktionen gleich. Fraglich ist jedoch, ob sich diese Maßnahmen tatsächlich unter die oben herausgearbeitete Begriffsbestimmung von Sanktionen[626] subsumieren lassen.

a) Übereinstimmung mit dem Sanktionsbegriff

Problematisch sind zwei Elemente des Sanktionsbegriffs: der Adressat und das Ziel der Sanktionierung.

Adressaten der „Anti-Terror"-Maßnahmen sind natürliche Personen, Organisationen und Vereinigungen. Ob diese grundsätzlich unter den Begriff Völkerrechtssubjekt fallen, wurde bereits im ersten Kapitel erörtert.[627] Nach der hier

---

622 Vgl. für die EU: Strategie der Europäischen Union zur Terrorismusbekämpfung, Dokument des Rats v. 30.11.2005 (14469/4/05 REV 4).

623 Vgl. Mitteilung der Kommission an den Rat und an das Europäische Parlament über bestimmte Maßnahmen, die zur Bekämpfung des Terrorismus und andere schwerwiegende Formen der Kriminalität insbesondere im Hinblick auf die Verbesserung des Informationsaustausches zu treffen sind, KOM/2004/0221 endg., Punkt 1.

624 Vgl. The Fight against Terrorist Financing, Dokument des Rats v. 14.12.2004 (16089/04); *Hübner*, Terrorismusbekämpfung, S. 82 ff.

625 Security Council Committee established pursuant to resolution 1267 (1999) concerning Al-Qaida and the Taliban and Associated Individuals and Entities, vgl. die Homepage der VN-Sanktionsausschüsse: http://www.un.org/sc/committees/1267/ index.shtml (zuletzt abgerufen am 6.3.2013).

626 Vgl.: 1. Kap. A. I. 1. e).

627 Vgl.: 1. Kap. A. III. 3. b).

vertretenen Auffassung kann im Ergebnis unter Hinweis auf die Entwicklungen im modernen Völkerrecht die Einordnung der „Anti-Terror"-Maßnahmen als Sanktion nicht mit der mangelnden Völkerrechtssubjektivität der Adressaten abgelehnt werden.

Ziel einer Sanktion ist es, eine Verhaltensänderung des Adressaten zu erreichen. Mit den Maßnahmen zur finanziellen Austrocknung des Terrorismus wird jedoch weniger das Ziel verfolgt durch wirtschaftlichen Druck eine politische Verhaltensänderung der Terroristen zu erreichen, sondern Terroranschläge zu verhindern und ferner Terrororganisationen zu zerschlagen.[628] Die Zielsetzung ist also im Gegensatz zu den länderbezogenen Maßnahmen präventiv. Durch fehlende Mittel können die Akteure des Terrorismus weder ausbilden, noch ihre Netzwerke aufrecht erhalten und keine Waffen zur Verübung von Attentaten erwerben, der Terrorismus wird so – in Theorie – durch sich selbst lahm gelegt. Letztlich dienen die Maßnahmen jedoch der Bekämpfung eines Phänomens, das nicht nur den Weltfrieden bedroht, sondern dessen Anhänger darüber hinaus gegen geltende Normen verstoßen. Somit gilt es, die Einhaltung der Rechtsordnung sicherzustellen, sodass es sich im Weiteren Sinne auch um strafende Sanktionen handelt.[629]

Der Begriff der Sanktion scheint aber schon alleine deshalb angemessen, da nach ständiger Rechtspraxis, die Maßnahmen des Sicherheitsrats nach Kapitel VII der Charta[630] und die zu ihrer Umsetzung erlassenen, unmittelbar wirksamen Rechtsakte als Sanktion bezeichnet werden.[631]

b) Individualsanktionen als Embargo

Vereinzelt werden die Maßnahmen auch als Embargo bezeichnet, so spricht z.B das Bundesamt für Wirtschaft und Ausfuhrkontrolle von „Länderunabhängigen Embargomaßnahmen zur Terrorismusbekämpfung."[632] Mit dem Begriff Embargo ergeben sich zunächst die gleichen Probleme wie bei dem Begriff Sanktion: Ursprünglich richtete sich auch das Embargo gegen ein Völkerrechtssubjekt in der Absicht, dieses zu einem bestimmten Handeln zu veranlassen. Insofern sei auf die Ausführungen zur Einordnung als Sanktion verwiesen.

---

628 *Gramlich*, in: Ehlers/Wolffgang/Lechleitner, Risikomanagement im Exportkontrollrecht, S. 135 (180 f.).

629 *Dahme*, Terrorismusbekämpfung durch Wirtschaftssanktionen, S. 145.

630 Zur Rechtsgrundlage der VN-Sanktionsregime gegen den Terror siehe ausführlich: 3. Kap. B. II.

631 *Dahme*, Terrorismusbekämpfung durch Wirtschaftssanktionen, S. 146.

632 Vgl. das gleichnamige Merkblatt des Bundesamtes, unter: http://www.ausfuhrkontrolle.info/ausfuhrkontrolle/de/arbeitshilfen/merkblaetter/ merkblatt_ebt.pdf (zuletzt abgerufen am 6.3.2013).

Die individualgerichteten Sanktionen gegen den Terror lassen einige Parallelen zu klassischen Embargoformen erkennen. Ein wesentliches Merkmal des bis Mitte des 19. Jahrhunderts weit verbreiteten Schiffsembargos ist die provisorische Beschlagnahme fremden Eigentums. Die Eigentumsverhältnisse blieben unberührt. Das Schiff konnte seine Fahrt nach der gewünschten Verhaltensänderung des Zielstaates fortsetzen, sodass im Vordergrund die Stilllegung, nicht die Ingebrauchnahme stand.[633] Auch die Finanzsanktionen der „Anti-Terror"-Maßnahmen lassen die Eigentumsverhältnisse unangetastet, vielmehr geht es um das (zeitweilige) Einfrieren von Konten ohne deren Ingebrauchnahme. Die Unterschiede zum Schiffsembargo ergeben sich dadurch, dass die Einfriermaßnahmen nicht als Faustpfand bis zu einer gewünschten Verhaltensänderung dienen und dass die Beschlagnahme nicht unbeteiligte Reeder, sondern die Friedensstörer, d.h. die Terroristen selbst, trifft.[634] Hinzu kommt, dass bei den Maßnahmen gegen Terroristen die Sanktionierung nicht bei der „Beschlagnahme" der Konten endet, sondern dass darüber hinaus auch Bereitstellungsverbote verhängt werden.

Auch zum Waffenembargo besteht ein bestimmtes Näheverhältnis. Dessen Intention liegt mehr darin, den Adressaten die Mittel für ihre kriegerische Auseinandersetzung zu entziehen, um so eine Beendigung des Krieges herbeizuführen, weniger, wie beim herkömmlichen Embargo, um eine Verhaltensänderung durch Aufbau von wirtschaftlichem Druck zu erreichen.[635] Mit einem Waffenembargo werden jedoch meist auch außenpolitische Ziele wie die Schaffung von Frieden oder zumindest die Schaffung einer Umgebung, in der Friedensgespräche stattfinden können, verfolgt. Die Bezeichnung als Embargo ist daher gerechtfertigt. Dies zeigt, dass das Kriterium der Willensbeeinflussung zumindest zurücktreten kann.[636] Auch bei den gezielten Finanzsanktionen gegen Terroristen soll diesen durch Austrocknen der finanziellen Ressourcen die - nicht nur militärischen - Mittel zur Fortführung ihres Terrorkampfes entzogen werden, sodass die Intention, vergleichbar mit dem Waffenembargo, nicht vorrangig auf eine Willensbeeinflussung abzielt.[637]

Die „Anti-Terror"-Maßnahmen erfüllen aber auch das Kriterium, das zu den Merkmalen des Sanktionsbegriffs beim Embargo hinzukommt: Der sanktionierende Staat muss ein Verbot aufstellen, meist in Form eines innerstaatlichen Gesetzes, das sich an die seiner Regelungshoheit unterworfenen natürlichen und

633 *Lindemeyer*, Schiffsembargo und Handelsembargo, S. 30

634 *Dahme*, Terrorismusbekämpfung durch Wirtschaftssanktionen, S. 153.

635 *Lindemeyer*, Schiffsembargo und Handelsembargo, S. 205; *Oette*, Wirtschaftssanktionen, S. 15 Fn. 37; siehe hierzu auch schon: 1. Kap. A. III. 3. c) aa).

636 *Lindemeyer*, Schiffsembargo und Handelsembargo, S. 206 f.

637 *Dahme*, Terrorismusbekämpfung durch Wirtschaftssanktionen, S. 155.

juristischen Personen wendet.[638] Beispielhaft sei hierfür die Verordnung (EG) Nr. 881 (2002) genannt, die durch ihre unmittelbare Wirkung geltendes Recht in den Mitgliedstaaten darstellt (Art. 288 Abs. 2 AEUV/ Art. 249 Abs. 2 EGV), und Banken, Unternehmen sowie Finanzdienstleister gebietet, Gelder und wirtschaftliche Ressourcen einzufrieren und diesen verbietet, den gelisteten Personen finanzielle Mittel bereitzustellen.

Deshalb und aufgrund der Ähnlichkeiten mit dem Schiffs- bzw. Waffenembargo ist die Bezeichnung der individualgerichteten Sanktionen als Embargo, trotz fehlendem Staatenbezug und fehlender Hauptintention zur Verhaltensänderung, vertretbar.[639]

3. Individualsanktionen als Unterfall der Smart Sanctions

Da die Bedrohung durch den internationalen Terrorismus von nichtstaatlichen Akteuren ausgeht, sollen die hinter dem Terror stehenden Drahtzieher persönlich und unmittelbar in die Verantwortung genommen werden. Dies kann durch Individualsanktionen erreicht werden, da diese sich ausschließlich gegen einzelne natürliche Personen und Organisationen wenden. Sie stellen dabei eine besondere Form der Smart Sancions dar. Folglich fällt jede Individualsanktion unter diesen Begriff, aber nicht jede Smart Sanction stellt eine Individualsanktion dar.[640]

Im Mittelpunkt stehen dabei die Finanzsanktionen, d.h. das Einfrieren individueller Vermögenswerte und das Verhängen eines Bereitstellungsverbots, um die wirtschaftliche Bewegungsfreiheit der betroffenen Personen einzuschränken und so dem internationalen Terrorismus die finanziellen Reserven zu entziehen.

Allerdings ist zumindest fraglich, ob die Sanktionen gegen den Terror wirklich als „smart“ bezeichnet werden können, zeichnen sich diese „intelligenten Sanktionen“ doch gerade dadurch aus, dass mögliche negative Folgen für die Zivilbevölkerung abgemildert werden sollen.[641] Zu bejahen ist dies sicherlich bei der SR-Resolution 1267 (1999) gegen die Taliban und den betrachteten Umsetzungsakten der EU. Die Resolution erfolgte zwar gegen die Taliban als Gruppe, diese waren zu dieser Zeit jedoch die Machthaber in Afghanistan und konnten so ausdrücklich einem Territorium zugeordnet werden. Die Sanktionen trafen daher gezielt die Herrschaftselite in Afghanistan und sparten negative Folgen für die Bevölkerung aus.

Die Resolution 1373 (2001) und deren Umsetzungsakte richten sich im Gegensatz hierzu allgemein gegen Personen und Organisationen, die einen terroris-

638 Vgl.: 1. Kap. A II. 1.

639 I.E. auch *Dahme*, Terrorismusbekämpfung durch Wirtschaftssanktionen, S. 155 f.

640 *Wahl*, Individualsanktionen, S. 16 f.; vgl. auch: 1. Kap. A. III. 3.

641 Vgl. auch: 1. Kap. A. III. 3.

tischen Akt begehen, zu begehen versuchen oder diese unterstützen. Folglich fehlt jeglicher Zusammenhang zwischen der Friedensbedrohung und einem bestimmten Land. Aufgrund dieser Entterritorialisierung, kann es aber gar keine Zivilbevölkerung des Terrorregimes geben, auf die sich die negativen Folgen der Sanktionierung nicht beziehen sollen.[642] Dadurch fällt ein wichtiges Kriterium weg, welches die neuartige Sanktionierung „smart" erscheinen lässt. Allerdings sind die Sanktionen insofern gezielt, als dass ihre Adressaten nicht ganze Staaten, sondern namentlich gelistete Terroristen und Unternehmen sind, die als Friedensstörer und somit als Verantwortliche eingestuft werden. Dass aufgrund mangelnder Zuweisung der Betroffenen zu einem Territorium keine Zivilbevölkerung geschützt werden muss, ist dabei der gewandelten Bedrohungslage geschuldet, die nunmehr von nichtstaatlichen Akteuren ausgeht. Der Vorteil der Smart Sanctions ist jedoch gerade, zielgerichtet auf spezielle Bedrohungslagen für den Weltfrieden einzugehen und nur die Maßnahmen zu ergreifen, die im Einzelfall erfolgversprechend sind. Der Begriff der Smart Sanctions muss folglich wandelbar sein und neue Entwicklungen aufnehmen, sodass das Kriterium, Schutz der Zivilbevölkerung, kein wesensimmanentes Merkmal darstellt.[643]

II. „Anti-Terror"-Regime des Sicherheitsrats der Vereinten Nationen

Einer der wichtigsten Akteure bei der Terrorismusbekämpfung durch zielgerichtete Individualsanktionen sind die VN. Die Mitgliedstaaten übertragen dem Sicherheitsrat der VN in Art. 24 Abs. 1 VN-Charta die Hauptverantwortung für die Wahrung des Weltfriedens und der internationalen Sicherheit. Zur Erfüllung dieser Aufgabe ist der Sicherheitsrat der neuen Form des Terrorismus durch individualgerichtete Sanktionen entgegengetreten.

1. Rechtsgrundlage zum Erlass individualgerichteter Resolutionen

Bisher hat der Sicherheitsrat auch seine individualgerichteten Sanktionen auf Kapitel VII der VN-Charta gestützt.[644]

Die Anwendung dieses Kapitels setzt jedoch die Feststellung des Sicherheitsrats voraus, dass durch den internationalen Terrorismus eine Bedrohung oder ein Bruch des Friedens oder eine Angriffshandlung i.S.v. Art. 39 VN-

642 *Dahme*, Terrorismusbekämpfung durch Wirtschaftssanktionen, S. 149.

643 A.A. *Dahme*, Terrorismusbekämpfung durch Wirtschaftssanktionen, S. 149 f., die den Begriff Smart Sanction für die „Anti-Terror"-Maßnahmen für „unpassend" hält.

644 Vgl. u.a. SR-Resolution 1390 (2002); SR-Resolution 1373 (2001).

Charta vorliegt. Ursprünglich waren diese Begriffe auf das Handeln von Staaten zugeschnitten, da nur diese klassischerweise die Voraussetzungen des Art. 39 VN-Charta provozierten.[645]

Internationaler Terrorismus mit staatlicher Unterstützung wurde indes schon früh durch den Sicherheitsrat als Bedrohung des Weltfriedens eingestuft.[646] Ferner kann eine Friedensbedrohung auch von *de facto*-Regimen, die ein Teilgebiet eines Staates kontrollieren, um die Regierungsgewalt im Gesamtstaat zu erlangen, ausgehen.[647] In den SR-Resolutionen 1267 (1999) und 1333 (2000) knüpft der Sicherheitsrat an die Taliban als *de facto*-Regime in weiten Teilen Afghanistans an[648], sodass er sich noch auf gewohntem Terrain der Auslegung des Begriffs der Friedensbedrohung befand.

Die staatliche Unterstützung oder der Rückgriff auf ein *de facto*-Regime fehlt jedoch bei der infolge der Anschläge des 11. Septembers 2001 erlassenen Resolution 1373 (2001) zur Bekämpfung des internationalen Terrorismus. Dieser zeichnet sich vielmehr dadurch aus, dass Personen zusammen agieren, die nur in losen „Netzwerken" zusammengeschlossen und in unterschiedlichen Staaten ansässig sind.[649] Eine Subsumtion unter Art. 39 VN-Charta ist demnach nur möglich, wenn die Anschläge im Zuge des internationalen Terrorismus eine Gefährdung des Friedens und der internationalen Sicherheit darstellen, Friedensgefährdungen durch nichtstaatliche Akteure unter die Regelung fallen sowie Art. 39 VN-Charta zur Bekämpfung abstrakter Phänomene wie dem internationalen Terrorismus ermächtigt.[650]

Wie bereits festgestellt, verfügt der Sicherheitsrat über einen weiten Ermessensspielraum bei der Auslegung der Tatbestandsmerkmale des Art. 39 VN-Charta. Die Grenze der Auslegung muss jedoch der objektive Sinngehalt der Regelung bleiben. Mit der Einschätzung in der Präambel der SR-Resolution 1373 (2001) - Terrorism constitutes a threat to international peace and security - müsste der Sicherheitsrat somit innerhalb seines Ermessensspielraums gehandelt haben.

Wird der Wortlaut des Art. 39 VN-Charta zu Grunde gelegt, erfordert dieser nicht, dass die Friedensbedrohung von einem Staat ausgehen muss, vielmehr wird überhaupt kein Bezug hergestellt zum möglichen Urheberkreis. Nach grammatikalischer Auslegung kann damit der Sicherheitsrat auch bei nichtstaat-

645 *Dannecker/Freitag*, ZStW 116 (2004), 797 (803).

646 SR-Resolution 748 (1992) gegen Libyen, Erwägungsgründe.

647 Hierzu bereits: 1. Kap. A. II. 2.

648 Ausführlich zum Inhalt dieser Resolutionen sogleich unter: 3. Kap. C. 2. a).

649 Vgl. hierzu: 3. Kap. C. I. 1. b) bb).

650 *Dahme*, Terrorismusbekämpfung, S. 180.

lichen friedensgefährdenden Akten tätig werden.[651] Unter das traditionelle Verständnis des Begriffs Frieden wurde allerdings allein die Abwesenheit zwischenstaatlicher Kriege und militärischer Konflikte subsumiert (negativer Friedensbegriff).[652] Der Sicherheitsrat hat sich jedoch von diesem engen Verständnis gelöst und ist durch eine dynamische Interpretation des Friedensbegriffs zu einer positiven Begriffsbestimmung übergegangen.[653] Nichtstaatliche Akteure als mögliche Urheber von Friedensbedrohungen zu sehen, ist vor allem im Hinblick auf Sinn und Zweck des Art. 39 VN-Charta zu beurteilen. Ziel von Maßnahmen nach Art. 39 VN-Charta ist ausweislich des Wortlauts die Wahrung und Wiederherstellung des Weltfriedens und der internationalen Sicherheit, womit das in Art. 1 Nr. 1 VN-Charta niedergelegte oberste Ziel der VN wiederholt wird. Unter Beachtung des sich aus der teleologischen Auslegung entwickelten Effektivitätsgrundsatzes (*effet utile*) ist Art. 39 VN-Charta so auszulegen, dass sein Gestaltungsziel und sein Regelungszweck bestmöglich erreicht werden und so der intendierte Nutzeffekt eintreten kann.[654] Entscheidend dürfen deshalb nicht formelle Kriterien wie die Staatlichkeit sein, sondern ergebnisorientierte materielle Kriterien und damit, ob der Urheber unabhängig von seinen Eigenschaften eine Friedensbedrohung verursachen kann, die der Intensität eines zwischenstaatlichen Konflikts ähnelt.[655] Anschläge vom Ausmaß des 11. Septembers 2001, in denen sich der internationale Terrorismus realisiert hat, kommen in ihrer verheerenden Wirkung zwischenstaatlichen Konflikten gleich.[656] Die Einbeziehung von nichtstaatlichen Friedensbedrohungen in den Anwendungsbereich des Art. 39 VN-Charta entspricht auch der Praxis des Sicherheitsrats, Individuen nicht mehr nur zunehmend Rechte im Völkerrecht zuzugestehen, sondern ihnen gleichzeitig auch Pflichten aufzuerlegen.[657]

Nach der Feststellung, dass Friedensbedrohungen grundsätzlich von Individuen ausgehen können, bleibt zu klären, ob die Einbeziehung einer abstrakten Gefahrenquelle wie die des internationalen Terrorismus, ein Handeln nach Art. 39 VN-Charta auslösen kann. In der SR-Resolution 1373 (2001) wird erst-

---

651 *Dahme*, Terrorismusbekämpfung, S. 189.

652 *Frowein/Krisch*, in: Simma, The Charter of the United Nations, Art. 39 Rn. 6; *Herdegen*, Völkerrecht, § 41 Rn. 10.

653 *Dederer*, JZ 2004, 421 (422); *Schulte*, Schutz individueller Rechte, S. 215; *Dahme*, Terrorismusbekämpfung, S. 199.

654 Zum Effektivitätsgrundsatz *Heintschel von Heinegg*, in: Ipsen, Völkerrecht, § 11 Rn. 16.

655 *Dahme*, Terrorismusbekämpfung, S. 194; *Schulte*, Schutz individueller Rechte, S. 216; ähnlich auch *Bruha*, AVR 40 (2002), 383 (398).

656 *Bruha*, AVR 40 (2002), 383 (394); *Frowein*, ZaöRV 62 (2002), 879 (889).

657 Vgl. hierzu bereits: 1. Kap. A. III. 3. b).

mals keine konkrete friedensbedrohende Situation zum Anlass genommen, sondern ein abstraktes Phänomen aufgegriffen. Auch hier ist jedoch wieder auf den Sinn und Zweck der Regelung abzustellen. Soll der Sicherheitsrat Bedrohungen des Friedens verhüten (Art. 1 Nr. 1 VN-Charta) und den Weltfrieden wahren (Art. 39 VN-Charta), müssen ihm auch präventive Befugnisse zukommen.[658] Diese präventive Funktion der Friedenssicherung verdeutlichen auch die Rechtsakte zur Verhütung der Verbreitung von Massenvernichtungswaffen.[659] Ferner hat der Sicherheitsrat zwar allgemein Sanktionen gegen Terroristen verhängt, Auslöser der SR-Resolution 1373 (2001) waren jedoch die Anschläge des 11. Septembers 2001, in denen sich die Gefahren des internationalen Terrorismus für den Weltfrieden konkretisiert haben, sodass der Sicherheitsrat nicht völlig losgelöst von einem konkreten Fall beschlossen hat, ein abstraktes Phänomen zu bekämpfen.[660]

Der Sicherheitsrat hat daher seinen Ermessenspielraum bei der Feststellung, eine Friedensbedrohung i.S.v. Art. 39 VN-Charta könne auch von nichtstaatlichen Akteuren des internationalen Terrorismus ausgehen, nicht überschritten.[661]

Die Feststellung einer Friedensbedrohung i.S.d. Art. 39 VN-Charta ermächtigt den Sicherheitsrat, gewaltlose Sanktionen gemäß Art. 41 VN-Charta zu erlassen. Auch hier gilt wieder, dass die verhängten Maßnahmen unter Berücksichtigung des Effektivitätsgrundsatzes dem Ziel der Art. 39 und 41 VN-Charta – die Sicherung des Weltfriedens – dienen müssen.[662] Dem Wortlaut zufolge sind mögliche gewaltlose Sanktionen vor allem Unterbrechung bzw. Abbruch der Wirtschafts- sowie diplomatischen Beziehungen. Diese Formulierung lässt wiederum den Schluss zu, gewaltlose Sanktionen könnten nur gegen Staaten gerichtet werden. Nach herrschender Meinung ist die beispielhafte Aufzählung von Sanktionstypen in Art. 41 VN-Charta jedoch nicht abschließend.[663] In der Vergangenheit hat der Sicherheitsrat etwa auch die Errichtung internationaler Ge-

---

658 *Eick*, ZRP 2004, 200 (202); *Aston*, ZaöRV 62 (2002), 257 (280).

659 *Schulte*, Schutz individueller Rechte, S. 219 f.; *Eick*, ZRP 2004, 200 (202); vgl. die Sanktionsregime gegen Iran und Nordkorea.

660 *Dahme*, Terrorismusbekämpfung, S. 204 f.

661 So auch *Ohler*, EuR 2006, 848 (854); *Frowein*, ZaöRV 62 (2002), 879 (887); *Frowein/Krisch*, in: Simma, The Charter of the United Nations, Art. 39 Rn. 23; *Dahme*, Terrorismusbekämpfung, S. 211; i. E. auch *Schulte*, der jedoch neben der Friedensbedrohung, des Friedensbruchs und der Angriffshandlung eine Bedrohung oder Verletzung der internationalen Sicherheit als Auslöser für Maßnahmen des Kapitels VII genügen lässt, vgl. *ders.*, Schutz individueller Rechte, S. 223 ff.; dieser Ansicht wird aufgrund des eindeutigen Wortlauts des Art. 39 VN-Charta jedoch nicht gefolgt.

662 *Dahme*, Terrorismusbekämpfung, S. 213 f.

663 *Frowein/Krisch*, in: Simma, The Charter of the United Nations, Art. 41 Rn. 14; *Ohler*, EuR 2006, 848 (854); *Fischer*, in: Ipsen, Völkerrecht, § 60 Rn. 17.

richtshöfe oder die Übergangsverwaltung von bestimmten Gebieten auf Art. 41 VN-Charta gestützt.[664] Können nichtstaatliche Akteure eine Bedrohung des Weltfriedens darstellen, müssen auch konsequenterweise Sanktionen gegen diese selbst verhängt werden, da nur diese in der Lage sind, den Weltfrieden wieder herzustellen bzw. zu wahren. Maßnahmen gemäß Kapitel VII VN-Charta müssen sich an die jeweilige Gefährdungslage anpassen können, um nicht lediglich ein stumpfes Schwert des Sicherheitsrats zu sein.

Zusammenfassend ist folglich in Art. 39, 41 VN-Charta eine taugliche Kompetenzgrundlage für die Verhängung von individualgerichteten Sanktionen zur Bekämpfung des Terrorismus zu sehen.[665]

2. Die Resolutionen des Sicherheitsrats

a) Maßnahmen gegen das Al-Qaida Netzwerk und die Taliban

aa) Hintergrund

Die gegen das Al-Qaida Netzwerk und die Taliban verhängten Sanktionen wurzeln einerseits im innerafghanischen Bürgerkriegskonflikt und dabei vor allem im Erstarken der Taliban. Dabei handelt es sich um eine islamische Gruppierung, die ab Mitte der 90er Jahre mit pakistanischer Hilfe die faktische Gewalt über den Großteil Afghanistans gewinnen konnte. Der Sicherheitsrat verhängte diesbezüglich ein Waffenembargo.[666]

Andererseits zeigte sich die internationale Staatengemeinschaft besorgt über die Anwesenheit von Terroristen im Hoheitsgebiet Afghanistans und forderte insbesondere die Taliban auf, die Beherbergung sowie die Ausbildung internationaler Terroristen und Organisationen zu unterlassen.[667] Konkrete Maßnahmen gegen Terroristen wurden jedoch nicht verhängt.

bb) SR-Resolution 1267 (1999)

Einen Wendepunkt im Umgang mit Terroristen stellt die SR-Resolution 1267 (1999) dar, durch die erstmals auf terroristische Akte mit der Verhängung von Sanktionen gemäß Kapitel VII der VN-Charta reagiert wurde.

Zunächst wurde in der Resolution die Auslieferung Osama bin Ladens durch die Taliban gefordert (Ziff. 2). Sein Name tauchte hier zum ersten Mal in einer

664 *Frowein/Krisch*, in: Simma, The Charter of the United Nations, Art. 41 Rn 19 ff.

665 So auch u.a. *Ohler*, EuR 2006, 848 (854); *Kotzur*, EuGRZ 2006, 19 (22 f.); *Nettesheim*, JZ 2002, 569, (573 f.); *Dörr*, JZ 2005, 905 (915); *Dederer*, JZ 2004, 421 (422).

666 SR-Resolution 1067 (1996), Ziff. 4.

667 SR-Resolution 1193 (1998), Ziff. 15; SR-Resolution 1214 (1998), Ziff. 13.

Resolution des Sicherheitsrats auf.[668] Ferner wurde ein Start- und Landeverbote für Flugzeuge der Taliban verhängt (Ziff. 4 lit. a). Im Mittelpunkt standen jedoch die gegen die Taliban verhängten Finanzsanktionen. Gemäß Ziff. 4 lit. b sollten alle Gelder und Finanzmittel, die den Taliban gehören bzw. direkt oder indirekt ihrer Verfügungsgewalt oder der eines Unternehmens im Eigentum oder unter der Kontrolle der Taliban unterstehen, eingefroren werden. Ferner sollten diesen keine Gelder oder Finanzmittel zur Verfügung gestellt werden. Zusätzlich wurde ein Sanktionsausschuss („1267er-Ausschuss"/„Taliban-Ausschuss") eingesetzt, der die Liste der Personen und Gruppierungen erfassen sollte, auf die die restriktiven Maßnahmen Anwendung finden.[669]

Der Sicherheitsrat begründete die Maßnahmen vor allem mit der Nichtbefolgung der Forderungen an die Taliban, die Entwicklung des Terrorismus auf ihrem Hoheitsgebiet nicht weiter zu unterstützen. Dies würde eine Bedrohung des Weltfriedens und der internationalen Sicherheit darstellen. Ferner missbilligte der Sicherheitsrat, dass die Taliban Osama bin Laden weiterhin Zuflucht gewährten und es ihm und seinen Mithelfern ermöglichten, von dem durch die Taliban kontrollierten Teil Afghanistans aus, ein Netz von Ausbildungslagern für Terroristen zu betreiben und Afghanistan als Stützpunkt für die Förderung internationaler terroristischer Operationen zu benutzen.[670] Die Bekämpfung des Terrorismus wurde zum Leitmotiv der Sanktionierung und löste das Motiv der Beendigung des Afghanistankonflikts ab.[671]

Die Adressaten blieben jedoch die Taliban und somit ein territorial gebundenes *de facto*-Regime, das Terroristen auf dem Staatsgebiet Afghanistans Zuflucht gewährte.[672] Es handelt sich hierbei also um den klassischen Fall der Smart Sanctions, bei denen nur die Machthaber eines Landes sanktioniert werden sollen, um mögliche Folgen für die Zivilbevölkerung abzumildern.[673]

cc) SR-Resolution 1333 (2000)

Mit der SR-Resolution 1333 (2000) wurden ein Waffenembargo gegen Afghanistan (Ziff. 5), ein Start- und Landeverbot für Flugzeuge nach oder aus dem

668 *Dahme*, Terrorismusbekämpfung durch Wirtschaftssanktionen, S. 21.

669 SR-Resolution 1267 (1999), Ziff. 6; vgl. allgemein zu den Aufgaben der Sanktionsausschüsse: 1. Kap. B. II. 5.

670 SR-Resolution 1267 (1999), Erwägungsgründe.

671 *Schulte*, Schutz individueller Rechte, S. 40.

672 *Hörmann*, EuR 2007, 120 (124).

673 Zwar werden die Mitgliedstaaten in SR-Resolution 1267 (1999), Ziff. 5 aufgefordert „weitere Maßnahmen gegen Osama bin Laden und seine Mithelfer in Erwägung zu ziehen", allerdings handelt es sich hier lediglich um eine unverbindliche Aufforderung, die die Mitgliedstaaten nicht zu einer konkreten Umsetzung verpflichtet, sodass dies zu keinem anderen Ergebnis führt.

durch die Taliban beherrschte Gebiet Afghanistans (Ziff. 11) sowie Reisesanktionen gegen hohe Amtsträger der Taliban verhängt. Wichtigste Neuerung ist jedoch die Ausdehnung der bestehenden Finanzsanktionen auf Osama bin Laden und mit ihm verbundene Personen und Einrichtungen, namentlich derjenigen in der Organisation Al-Qaida.[674]

Unklar ist deswegen, wen die Maßnahmen treffen sollten. Das Talibanregime blieb zwar Adressat, die Finanzsanktionen richten sich jedoch nun auch unmittelbar gegen die Terroristen selbst. Es ist jedoch davon auszugehen, dass der Sicherheitsrat Al-Qaida zu diesem Zeitpunkt dem Talibanregime zurechnete. Neben rein tatsächlichen Abgrenzungsschwierigkeiten zwischen Taliban und Al-Qaida[675] wurde Osama bin Laden als wirkliches Oberhaupt und „graue Eminenz“ des Regimes in Afghanistan gesehen; so ist bekannt, dass bin Laden einen Treueid geschworen hatte, durch welchen ein förmliches Band zwischen ihm und der theokratischen Führung der Taliban entstanden war.[676] Dieses Ergebnis wird auch dadurch gestützt, dass die Sanktionen gegen Osama bin Laden und die Al-Qaida eingestellt werden sollen, sobald die Taliban den Forderungen des Sicherheitsrats nachkommen.[677]

Trotz größerer Individualisierung wurde nur der Kreis des *de facto*-Regimes weiter gezogen, womit der Staatenbezug des Sanktionsregimes blieb.[678]

dd) SR-Resolution 1390 (2002)

Der bis heute maßgebliche Rechtsakt ist SR-Resolution 1390 (2002). Diese wurde am 16. Januar 2002 verabschiedet und somit nachdem aufgrund der militärischen Intervention der internationalen Koalition im Oktober 2001 das *de facto*-Regime der Taliban zusammengebrochen war. Der Sicherheitsrat verbindet die Sanktionierung nun also nicht mehr mit einem Territorium, sondern individualisiert die betroffenen Personen und Einrichtungen unabhängig von ihrem Aufenthaltsort.[679] Die Taliban werden zwar noch ausdrücklich genannt, die

674 SR-Resolution 1333 (2000) Ziff. 8 lit. c.

675 *Schulte*, Schutz individueller Rechte, S. 42.

676 EuG, Urt. v. 21.9.2005, Rs. T-306/01, Slg. 2005, II-3533 Rn. 118 - Yusuf u. Al Barakaat; das EuG zieht ferner einer Parallele zur Sanktionierung des ehemaligen Präsidenten der BR Jugoslawien, Slobodan Milosevic, der, obwohl er nicht mehr Präsident war, den Regierungsapparat der BRJ tatsächlich kontrollierte, vgl. VO (EG) Nr. 2488/2000.

677 SR-Resolution 1333 (2000), Ziff. 23 und 24.

678 I.E. auch *Schulte*, Schutz individueller Rechte, S. 42; EuG, Urt. v. 21.9.2005, Rs. T-306/01, Slg. 2005, II-3533 Rn. 121 - Yusuf u. Al Barakaat; a.A. *Hörmann*, EuR 2007, 120 (124 f.).

679 Vgl. auch die offizielle Homepage des Sanktionsausschusses, http://www.un.org/sc/committees/1267/index.shtml (zuletzt abgerufen am 6.3.2013): „sanctions measures

Maßnahmen richten sich jedoch nicht mehr gegen ihr gestütztes Regime, sondern unmittelbar gegen Osama bin Laden, die Al-Qaida sowie mit ihnen verbundene Personen und Organisationen.[680] Die Maßnahmen mit Bezug zum Territorium Afghanistans werden aufgehoben.[681] Ziel ist daher nicht mehr, das Regime in Afghanistan zu völkerrechtskonformen Handeln zu zwingen. Die Resolution nimmt vielmehr Bezug zu den Anschlägen vom 11. September 2001 und stellt klar, dass der internationale Terrorismus als Bedrohung des Weltfriedens und der internationalen Sicherheit gesehen wird.[682] Durch die SR-Resolution 1390 (2002) wird jeglicher Bezug zwischen den zu ergreifenden Sanktionen und dem Hoheitsgebiet bzw. dem Regime eines Drittlandes aufgehoben.[683]

Inhaltlich bleiben die Finanzsanktionen bestehen, die Verpflichtung zum Einfrieren finanzieller Vermögenswerte wird jedoch auf sonstige wirtschaftliche Ressourcen erstreckt.[684]

Mit der Resolution 1452 (2002) entschied sich der Sicherheitsrat dazu, Ausnahmen vom Einfrier- und Bereitstellungsverbot nach Maßgabe des betreffenden Staates zuzulassen. Die Gründe für eine derartige Ausnahmeregelung erstrecken sich auf Grundausgaben wie Nahrungsmittel und Mieten (Ziff. 1a) sowie, nach Genehmigung des Sanktionsausschusses, auf sonstige Ausgaben zur Deckung außerordentlicher Kosten (Ziff. 1b). Weiterhin dürfen Zinsen und Erträge den eingefrorenen Konten gutgeschrieben werden (Ziff. 2).

ee) SR-Resolution 1988 (2011)

Mit der SR-Resolution 1988 (2011) beschloss der Sicherheitsrat, in Zukunft getrennte Listen für die Taliban und die Al-Qaida sowie die jeweils mit ihnen verbundenen Personen und Organisationen zu führen.[685] Anstoß hierfür gab u.a. der elfte Bericht des Monitoring Team. Darin wird vor allem darauf hingewiesen, die Taliban hätten sich in neueren Veröffentlichungen von der Philosophie der Al-Qaida distanziert und deutlich gemacht, dass sie rein nationalstaatliche Ziele verfolgten, die über die Grenzen Afghanistans nicht hinaus wirken.[686] Ferner

now apply to designated individuals and entities associated with Al-Qaida wherever located".

680 SR-Resolution 1390 (2002), Ziff. 2.

681 Aufhebung des Flugembargos, SR-Resolution 1390 (2002), Ziff. 1.

682 SR-Resolution 1390 (2002), Erwägungsgrund Nr. 4 und 9.

683 EuG, Urt. v. 21.9.2005, Rs. T-306/01, Slg. 2005, II-3533 Rn. 129 - Yusuf u. Al Barakaat; *Dahme*, Terrorismusbekämpfung durch Wirtschaftssanktionen, S. 23.

684 SR-Resolution 1390 (2002), Ziff. 2 lit. a.

685 SR-Resolution 1988 (2011), Ziff. 2.

686 Eleventh report of the Analytical Support and Sanctions Implementation Monitoring Team established pursuant to Security Council resolution 1526 (2004) and extended by

bekräftigt die Expertengruppe, dass Gespräche mit den Taliban einen wichtigen Schritt für den Frieden in Afghanistan bedeuten. Entscheidender Vorteil einer getrennten Liste ist dabei der so mögliche flexiblere Umgang mit dem Prozess des Delistings. Zuletzt hatte sich vor allem die afghanische Regierung für eine schnellere und effizientere Bearbeitung ihrer Vorschläge zur Streichung von Personen und Organisationen von der entsprechenden Liste ausgesprochen, um so einen Anreiz zur Aussöhnung mit gelisteten Taliban zu schaffen und deren Rückkehr zu bewaffneten Gefechten zu vermeiden.[687] Letztendlich soll die Taliban in den Prozess der nationalen Versöhnung mit einbezogen werden, um Frieden und Stabilität in Afghanistan zu fördern.

Das bisherige Sanktionsregime bleibt auf die Al-Qaida und mit ihr verbundene Personen und Einrichtungen anwendbar. Für die Listung der Taliban und mit ihr verbundenen Personen wird ein neuer Sanktionsausschuss eingesetzt.[688] Auch gegen die gelisteten Taliban finden Finanz- und Reisesanktionen Anwendung. Ferner wird ein Waffenembargo verhängt.

Das so „neu“ geschaffene Sanktionsregime gegen die Taliban verfügt nunmehr wieder über einen Staatenbezug, da ausdrücklich auf die Lage in Afghanistan verwiesen wird. Zu den in diesem Abschnitt betrachteten länderunabhängigen Individualsanktionen zählt streng genommen nur noch das gegen die Al-Qaida-Organisation verhängte Sanktionsregime.

b) Maßnahmen gegen sonstige Terrorverdächtige

Am 11. September 2001 erschütterte eine neue Dimension des Terrors die Welt. Der Sicherheitsrat reagierte auf die Anschläge in New York und Washington mit einer allgemeinen Resolution zur Bekämpfung des internationalen Terrorismus. Die Resolution 1373 (2001) fordert die Mitgliedstaaten auf, die Finanzierung terroristischer Handlungen zu verhüten und zu bekämpfen.[689] Gefordert wird ferner ein unverzügliches Einfrieren von Geldern, Vermögenswerten und anderen finanziellen Ressourcen von Personen und Organisationen, die einen terroristischen Akt begehen, zu begehen versuchen oder diese unterstützen sowie von Einrichtungen, die unmittelbar oder mittelbar im Eigentum oder unter der Kontrolle dieser Personen stehen und von Personen und Einrichtungen, die im Na-

---

resolution 1904 (2009) concerning Al-Qaida and the Taliban and associated individuals and entities, S/2011/245, Ziff. 17.

687 Eleventh report of the Analytical Support and Sanctions Implementation Monitoring Team established pursuant to Security Council resolution 1526 (2004) and extended by resolution 1904 (2009) concerning Al-Qaida and the Taliban and associated individuals and entities, S/2011/245, Ziff. 17.

688 SR-Resolution 1988 (2011), Ziff. 30.

689 SR-Resolution 1373 (2001), Ziff. 1 lit. a.

men oder auf Anweisung dieser Personen und Einrichtungen handeln.[690] Eine allgemeingültige Definition des „terroristischen Akts“ findet sich in der Resolution allerdings nicht.[691]

Das hiermit errichtete Sanktionsregime enthält erstmals Maßnahmen, die sich gegen Individuen richten und dabei auf einen territorialen Anknüpfungspunkt gänzlich verzichten. Im Gegensatz zur Taliban Resolution 1267 (1999) enthält die Resolution 1373 (2001) jedoch keine Liste derjenigen Personen und Gruppierungen, auf die die „Anti-Terrorismus“-Resolution Anwendung findet. Die Aufgabe der Listung bleibt den Mitgliedstaaten der VN vorbehalten und liegt somit in ihrem Ermessen. Darüber hinaus müssen die Staaten dafür Sorge tragen, dass das vorsätzliche Bereitstellen oder Sammeln von Geldern für Terrorakte sowie das Zurverfügungstellen von Vermögenswerten an Terroristen durch ihre Staatsbürger und alle anderen Personen und Einrichtungen, die ihrer Hoheitsgewalt unterstehen, unter Strafe gestellt wird.[692] Die Terrorismusfinanzierung ist als schwere Straftat nach innerstaatlichem Recht zu qualifizieren.[693]

Die Einhaltung der Verpflichtungen soll durch einen aus allen Ratsmitgliedern bestehenden, eigens eingerichteten Ausschuss des Sicherheitsrats (Counter-Terrorism-Committee) überwacht werden. Ihm haben die Mitgliedstaaten über erzielte Fortschritte zu berichten.[694]

3. Erstellen der Listen

Der größte Unterschied zwischen den beiden Sanktionsregimen ist ihr Umgang mit der Erstellung der Listen. Während die Resolution 1373 (2001) die jeweiligen Mitgliedstaaten der VN verpflichtet, die konkreten Adressaten der Einfriermaßnahmen selbst zu listen, erfolgt dies bei dem „Al-Qaida bzw. Taliban“-Sanktionsregime (Resolution 1267 [1999] und folgende) durch den Sanktionsausschuss des Sicherheitsrats. Die Mitgliedstaaten handeln folglich nur bei der Listung der sonstigen Terroristen i.S.d. Resolution 1373 (2001) autonom und sind ansonsten auf die Einhaltung der vorgefertigten Listen der VN angewiesen.[695] Die nachfolgenden Ausführungen zu den materiellen Voraussetzungen und dem Verfahren der Listung im Rahmen des „Anti-Terror“-Regimes der VN bezieht sich daher nur auf das „Al-Qaida bzw. Taliban“-Sanktionsregime.

---

690 SR-Resolution 1373 (2001), Ziff. 1 lit. c.

691 *Lavalle*, ZaöRV 67 (2007), 89 (94); *Rosand*, AJIL 97 (2003), 333 (334).

692 SR- Resolution 1373 (2001), Ziff. 1 lit. b und lit d.

693 SR-Resolution 1373 (2001), Ziff. 2 lit e.

694 SR-Resolution 1373 (2001), Ziff. 6; auch hierbei handelt es sich wieder um ein Unterorgan des Sicherheitsrats.

695 *Dahme*, Terrorismusbekämpfung durch Wirtschaftssanktionen, S. 34.

a) Materielle Voraussetzungen

Materielle Voraussetzung für die Aufnahme in die Liste des „1267er-Ausschusses" ist, dass es sich bei den betroffenen Personen um Osama bin Laden oder Mitglieder der Al-Qaida-Organisation handelt bzw. andere mit ihnen verbündete Einzelpersonen, Gruppen, Unternehmen und Institutionen.[696]

Bei der Al-Qaida-Gruppe handelt es sich um ein Terrornetzwerk, das einer besonders militanten Form der Dschihad-Ideologie anhängt.[697] Osama bin Laden, saudischer Millionär, galt bis zu seinem Tod[698] als Mitgründer und Wortführer der Al-Qaida.[699]

Schwierigkeiten bereitet vor allem das Kriterium der Verbundenheit mit Osama bin Laden oder der Al-Qaida. Der Sicherheitsrat hat sich erstmals in der SR-Resolution 1617 (2005), also erst drei Jahre nach Inkrafttreten der maßgeblichen Resolution, um eine genauere Qualifizierung bemüht. Die Konkretisierung erschöpft sich allerdings in einer Auflistung von Handlungen oder Aktivitäten, die lediglich als Indiz für eine Verbundenheit gelten. Eine genaue Definition der Tatbestandsvoraussetzungen erfolgt demnach nicht. Genannt wird u.a. Finanzierung, Planung oder Begehung von Handlungen, die durch, zusammen mit oder im Namen von bin Laden, Al-Qaida oder einer ihrer Zellen, Unterorganisationen, Splittergruppen oder Ableger begangen werden. Ferner werden die Lieferung und das Bereitstellen von Waffen, die Rekrutierung neuer Mitglieder sowie, als Auffangtatbestand, sonstige unterstützende Handlungen angeführt.[700] Die Aufzählung der entsprechenden Handlungen ist dabei nicht abschließend. Zudem ist vor allem der Auffangtatbestand so weit formuliert, dass jegliche Handlung ungeachtet ihrer Erheblichkeit, der Intention sowie des tatsächlichen Einflusses umfasst ist. Der Ermessensspielraum des Sanktionsausschusses bei der Listung ist demnach sehr weitgehend.[701] Kritisiert wurde die fehlende Konkretisierung der Listungskriterien auch von der sog. „Monitoring Group"[702], ei-

---

696 SR-Resolution 1390 (2002), Ziff. 2 i.V.m. SR-Resolution 1988 (2011), Ziff. 2.

697 Näher hierzu siehe: 3. Kap. C. I. 1. b) bb).

698 Anlässlich des Todes von Osama bin Laden am 2. Mai 2011 veröffentlichte der 1267er Ausschuss auf seiner Homepage eine Stellungnahme; in dieser heißt es u.a. dass der Name Osama bin Laden auch weiterhin auf der Terrorliste geführt wird und die Maßnahmen auf diesen Namen anwendbar bleiben, vgl. http://www.un.org/sc/committees/1267/statement.shtml (abgerufen am 2.6.2012).

699 *Schneckener*, Netzwerke des Terrors, S. 20.

700 SR-Resolution 1617 (2005), Ziff. 2.

701 Kritisch hierzu *Schulte*, Schutz individueller Rechte, S. 48 f.

702 Eingesetzt durch SR-Resolution 1333 (2000), Ziff. 15; als deren Mandat auslief, schuf der Sicherheitsrat durch die SR-Resolution 1526 (2004), Ziff. 6 das „Analytical Sup-

nem vom Sicherheitsrat eingesetzten Unterorgan, das v.a. die Umsetzung der Sanktionen überwachen sollte.[703]

Auf der Liste des neu geschaffenen Sanktionsausschusses zur Resolution 1988 (2011) finden sich nun die als Taliban bezeichneten Personen und Einrichtungen und andere mit ihnen verbundene Personen, Gruppen und Einrichtungen.[704] Als Taliban wird dabei eine Gruppe streng islamisch-sunnitischer Fundamentalisten bezeichnet, deren Ideologie vom radikal orthodoxen Islam beeinflusst wird und die sich seit 1993 zu einer politisch und militärisch aktiven Gruppe entwickelten.[705] Die SR-Resolution 1267 (1999) qualifizierte die Organisation der Taliban als „unter der Bezeichnung der Taliban bekannte afghanische Gruppierung, die sich auch Islamisches Emirat Afghanistan nennt"[706]. Für das Kriterium der Verbundenheit mit dem Talibanregime werden die gleichen Handlungen und Aktivitäten aufgelistet wie für das Al-Qaida-Sanktionsregime.[707]

b) Listung

Der Sanktionsausschuss erstellt die Listen aufgrund von Hinweisen der Mitgliedstaaten[708], die wiederum ihre Informationen von Polizei, Geheimdiensten und sonstigen öffentlichen Quellen beziehen. Die Meldungen stammen überwiegend von den USA, sodass die Listen des Sanktionsausschusses die Personenlisten des „Office of Foreign Assets Control" widerspiegeln, welches eine Unterbehörde des US-Finanzministeriums bildet und Informationen zu Geldfluss und Kontoständen außerhalb des eigenen Landes verwaltet.[709] Im Oktober 2002 sind erstmalig von Deutschland vier Personen arabischer Herkunft ge-

---

port and Sanctions Monitoring Team" (ASSMT), dessen Mandat zuletzt durch die SR-Resolution 2083 (2012), Ziff. 60 verlängert wurde.

703 Second report of the Monitoring Group established pursuant to Security Council resolution 1363 (2001) and extended by resolution 1390 (2002), S/2002/1050, Rn. 26.

704 SR-Resolution 1988 (2011), Ziff. 1.

705 *Wahl*, Individualsanktionen, S. 43.

706 SR-Resolution 1267 (1999), Ziff. 1; die Taliban wurden als Machthaber des „Islamischen Emirats von Afghanistan" nur von Saudi-Arabien, Pakistan und den Vereinigten Arabischen Emiraten anerkannt, vgl. *Wahl*, Individualsanktionen, S. 44.

707 SR-Resolution 1988 (2011), Ziff. 3.

708 Ziff. 6 lit. a der „Guidelines of the committee for the conduct of its work" (Verfahresrichtlinien) v. 7.11.2002, abrufbar im Internet unter: http://www.un.org/sc/committees/1267/pdf/1267_guidelines.pdf (Stand November 2011, zuletzt abgerufen am 6.3.2013).

709 *Biehler*, AVR 41 (2003), 169 (172).

meldet worden, u.a. einer der Angeklagten im Hamburger Terrorprozess, Monnir El Motassabeq.[710]

Widersprechen andere Mitglieder des Ausschusses nicht binnen fünf Tagen den Listungshinweisen, erfolgt die Aufnahme in die Liste. Die Überprüfbarkeit der Hinweise der Mitgliedstaaten ist aufgrund der Kürze der Zeit, die immerhin bereits von anfangs 2 auf 5 Tage erhöht wurde, eingeschränkt.[711] Bedenklich ist des Weiteren, dass die mitteilenden Staaten, falls überhaupt ein Mitgliedstaat den Hinweis hinterfragen sollte, sich oftmals darauf berufen, die Informationen stammten von den Geheimdiensten und könnten aus Gründen der nationalen Sicherheit nicht weitergegeben werden.[712]

Ein weiterer Kritikpunkt an der Listungspraxis ist, dass die SR-Resolution 1267 (1999) zu Beginn des Inkrafttretens keine Verpflichtung vorsah, die betroffenen Personen und Unternehmen über die Listung zu informieren. Erst 2005 wurde mit der SR-Resolution 1617 (2005) an die Staaten appelliert, die Betroffenen über die gegen sie verhängten Maßnahmen, die Verfahrensrichtlinien des 1267er Ausschusses und das Prozedere des „Listings und Delistings" zu informieren. Alles jedoch unter dem Vorbehalt: „to the extent possible"[713]. Ferner werden die Staaten zum ersten Mal verpflichtet, dem Ausschuss eine Falldarstellung, in der sie den von ihnen gestellten Antrag zur Aufnahme in die Liste begründen, vorzulegen.[714] Zuvor wurden die Staaten lediglich aufgefordert, nach Möglichkeit Hintergrundinformationen zu der beantragten Aufnahme zu nennen.[715] Die Pflicht zur detaillierten Fallgestaltung dient des Weiteren auch einer erleichterten Identifizierung der gelisteten Personen, wurde doch zuvor in nahezu allen Berichten der Überwachungsgruppen die fehlende Bestimmbarkeit der betroffenen Personen mangels ausreichender Identifizierungsmerkmale moniert.[716]

---

710 *Biehler*, AVR 41 (2003), 169 (172 Fn. 8); *Dahme*, Terrorismusbekämpfung durch Wirtschaftssanktionen, S. 35 Fn. 129.

711 *Dahme*, Terrorismusbekämpfung durch Wirtschaftssanktionen, S. 34; *Albin*, ZRP 2004, 71 (72).

712 *Biehler*, AVR 41 (2003), 169 (172).

713 SR-Resolution 1617 (2005), Ziff. 5.

714 SR-Resolution 1617 (2005), Ziff. 4.

715 SR-Resolution 1526 (2004), Ziff. 17; vor Inkrafttreten dieser Resolution findet sich kein Hinweis bezüglich der Nennung von Hintergrundinformationen durch die jeweiligen Staaten.

716 Vgl. u.a. Second report of the Monitoring Group established pursuant to resolution 1363 (2001) and extended by resolutions 1390 (2002) and 1455 (2003), on sanctions against Al-Qaida, the Taliban and individuals and entities associated with them, S/2003/1070, Appendix VI, Rn. 31.

Weitere Verbesserungen der Informationslage für gelistete Personen wurden durch die Resolution 1735 (2006) eingeführt: Der designierende Staat wird gebeten, bei der Vorlage des Antrags anzugeben, welche Teile der Falldarstellung für die Zwecke der Benachrichtigung der in die Liste aufzunehmenden Person oder Einrichtung veröffentlicht werden können, damit der Gelistete hierüber informiert werden kann.[717] Erfolgt eine Listung, muss der Ausschuss den Heimat- und den vermuteten Aufenthaltsstaat innerhalb von 2 Wochen informieren und die öffentlichen Daten beilegen.[718] Diese sind dann lediglich aufgefordert „im Einklang mit ihren innerstaatlichen Rechtsvorschriften und Gepflogenheiten angemessene Schritte zu unternehmen, um die in die Liste aufgenommene Person oder Einrichtung von ihrer Aufnahme in die Liste zu benachrichtigen“[719]. Durch die Resolution 1822 (2008) wird letztere Pflicht verschärft, indem von den Staaten nun ausdrücklich „verlangt“[720] wird, die Informationen weiterzuleiten. Zusätzlich soll auf der Website des Ausschusses eine Zusammenfassung der Gründe für die jeweilige Aufnahme in die Liste veröffentlicht werden.[721]

Doch selbst nach diesen Neuerungen ist weder sichergestellt, dass die Vorgaben tatsächlich eingehalten werden – hängt eine Unterrichtung doch immer noch von den innerstaatlichen Rechtsvorschriften und Gepflogenheiten ab – noch besteht nach Unterrichtung ein Anspruch auf rechtliches Gehör vor dem Sanktionsausschuss.[722] Des Weiteren liegt es immer noch in der Hand des designierenden Staates, welche Details der Fallgestaltung öffentlich gemacht werden sollen und somit, welche Informationen der Betroffene erhält.[723]

Durch die Resolution 1822 (2008) erfolgten weitere Verbesserungen der Verfahrensrechte der Betroffenen, u.a. wurde eine jährliche Überprüfungspflicht der gelisteten Namen durch den Ausschuss eingeführt.[724]

Das neue Taliban-Sanktionsregime nimmt diese entwickelten Verfahrensstandards auf.[725]

c) Delisting

Ein entsprechendes Verfahren, das auf Antrag der betroffenen Personen und Einrichtungen eine Streichung von der Liste ermöglicht, wurde erst 2002 ver-

---

717 SR-Resolution 1735 (2006) Ziff. 6.

718 SR-Resolution 1735 (2006), Ziff. 10.

719 SR-Resolution 1735 (2006), Ziff. 11.

720 SR-Resolution 1822 (2008), Ziff. 17 „demands“, anstelle von „calls upon“ in SR-Resolution 1735 (2006), Ziff. 11, vgl. auch SR-Resolution 2083 (2012), Ziff. 18.

721 SR-Resolution 1822 (2008), Ziff. 13.

722 *Wolf-Zimper*, Zielgerichtete Sanktionen, S. 59.

723 Kritisch hierzu auch *Fremuth*, VN 2009, 111 (114).

724 SR-Resolution 1822 (2008), Ziff. 25 f.

725 SR-Resolution 1988 (2011), Ziff. 11 ff.

bindlich festgelegt.[726] Ziffer 7 der Verfahrensrichtlinien des 1267er-Ausschusses sieht nunmehr vor, dass ein Delisting betroffener Personen durch den Ausschuss erfolgt. Durch Konsensentscheidung des Sanktionsausschusses besteht für gelistete Personen die Möglichkeit, von der Liste entfernt zu werden.

Ursprünglich musste die betroffene Person sich direkt an den Heimat- bzw. Aufenthaltsstaat wenden, der dann an den Staat herantrat, der die Listung initiiert hatte. Wollte der Heimatstaat das Gesuch des Betroffenen unterstützen, konnte er zusammen mit dem listenden Staat oder allein beim Sanktionskomitee das Delisting beantragen.[727]

Durch Resolution 1730 (2006) wurde eine Verwaltungsstelle, der sog. „Focal Point"[728], eingeführt, der das Delisting-Verfahren bei *allen* Sanktionsregimen vereinheitlichen sollte. Betroffene Personen konnten ihren Antrag auf Delisting an den Focal Point stellen, der den Antrag dann dem Heimat- oder Aufenthaltsstaat und dem Mitgliedstaat weiterleitete, der die Listung vorgeschlagen hatte.

Danach gab es mehrere Möglichkeiten:

(1) Wenn einer der Staaten die Petition befürwortete, informierte er den Vorsitzenden des Sanktionskomitees selbst oder durch den Focal Point, der dann das Gesuch auf die Tagesordnung des Ausschusses setzen konnte.[729]

(2) Bei Ablehnung durch einen der Staaten informierte der Focal Point die Mitglieder des Sanktionskomitees darüber und leitete die Petition an die Mitglieder des Sanktionskomitees weiter. Diese wiederum konnten dann den zuvor informierten Staaten Informationen zur Verfügung stellen, die für ein Delisting sprechen würden.[730]

(3) Erhielt der Focal Point innerhalb von drei Monaten keine Rückmeldung von den betroffenen Staaten, leitete er die Petition an das Sanktionskomitee weiter. Jedes Mitglied war danach berechtigt, nach Rücksprache mit dem Staat, der die Listung initiiert hat, das Delisting zu empfehlen. Geschah dies nicht, war der Antrag als abgelehnt zu behandeln.[731]

---

726 Vgl. Press Release SC/7571 v. 15.11.2002 bezüglich der Billigung neuer Verfahrensrichtlinien durch den Sanktionsaussschuss.

727 *Feinäugle*, ZRP 2007, 75 (77).

728 Der Focal Point ist gemäß SR-Resolution 1730 (2006) vom Generalsekretär der VN im Auftrag des Sicherheitsrats als dessen Unterorgan einzurichten.

729 Ziff. 7d vi) a der „Guidelines of the committee for the conduct of its work" (Verfahrensrichtlinien) v. 17.11.2002 (Stand 2008).

730 Ziff. 7d vi) b der „Guidelines of the committee for the conduct of its work" (Verfahrensrichtlinien) v. 17.11.2002 (Stand 2008).

731 Ziff. 7d vi) c der „Guidelines of the committee for the conduct of its work" (Verfahrensrichtlinien) v. 17.11.2002 (Stand 2008).

Im Dezember 2009 führte der Sicherheitsrat eine Ombudsperson ein, an die sich die betroffenen Personen und Einrichtungen unmittelbar wenden können.[732] Diese Ombudsperson soll anstelle des bisher zuständigen Focal Points die Prüfung der Anträge auf Delisting vornehmen.[733] Der Generalsekretär der VN soll dabei für das Amt der Ombudsperson eine „namhafte Person von hohem sittlichem Ansehen, die sich durch Unparteilichkeit und Integrität auszeichnet und über hohe Qualifikationen und Erfahrung auf einschlägigen Gebieten, wie dem Recht, den Menschenrechten, der Terrorismusbekämpfung und Sanktionen, verfügt"[734], ernennen.[735]

Die genauen Aufgaben der Ombudsperson, die durch die SR-Resolutionen 1989 (2011) und 2083 (2012) erweitert wurden, werden in einem Annex aufgeführt und dabei in drei Phasen unterteilt: Die erste viermonatige Phase bezieht sich auf die Sammlung von Informationen. Nach dem Eingang eines Streichungsantrags bestätigt die Ombudsperson dessen Erhalt, informiert den Antragsteller über das Verfahren und beantwortet etwaige Fragen. Danach leitet die Ombudsperson den Antrag weiter an den designierenden Staat, den Aufenthalts- und Heimatstaat sowie an die entsprechenden zuständigen Organe der VN. Diese sollen dann binnen vier Monaten weitere Informationen zum Streichungsantrag mitteilen. Der Antrag ist ferner dem „Monitoring Team" zuzuleiten, das alle ihm zu dem Streichungsantrag zur Verfügung stehenden Informationen weiterleiten soll. Am Ende der Informationsphase legt die Ombudsperson dem Sanktionsausschuss einen schriftlichen Bericht vor.[736]

Daran schließt sich die zweite Phase an, in der die Ombudsperson einen zweimonatigen Zeitraum des Austauschs zwischen den Staaten, dem Antragsteller, dem Monitoring Team und dem Sanktionsausschuss moderiert, an dessen Ende die Ombudsperson dem Ausschuss einen umfassenden Bericht darlegt.[737]

In der letzten Phase entscheidet der Sanktionsausschuss, ob dem Antrag stattzugeben ist. Die Ombudsperson übermittelt innerhalb von 15 Tagen dem Antragsteller sodann das Ergebnis, im Falle einer Ablehnung unter Zusendung

---

732 SR-Resolution 1904 (2009), Ziff. 20.

733 SR-Resolution 1904 (2009), Ziff. 21; für die Sanktionslisten der übrigen Sanktionsregime bleibt jedoch weiterhin der Focal Point zuständig, vgl. *Feinäugle*, ZRP 2010, 188 (S. 189 Fn. 11).

734 SR-Resolution 1904 (2009), Ziff. 20.

735 Ernannt wurde am 3.6.2010 die kanadische Juristin Kimberly Prost, die zuvor als Richterin am ICTY und als Leiterin der Rechtsabteilung des Büros der VN für Drogen- und Verbrechensbekämpfung (UNODC) tätig war, vgl. die Website des 1267er-Ausschusses: http://www.un.org/en/sc/ombudsperson/(zuletzt abgerufen am 6.3.2013).

736 SR-Resolution 1989 (2011), Annex II Nr. 1-4.

737 SR-Resolution 1989 (2011), Annex II Nr. 5-7.

des Beschlusses und gegebenenfalls der Mitteilung der vom Sanktionsausschuss bereitgestellten Gründe der Ablehnung.[738]

Die gelisteten Einzelpersonen und Unternehmen haben die Möglichkeit, sich entweder an die Ombudsperson oder den jeweiligen Aufenthalts- bzw. Heimatstaat zu wenden.[739]

Der Vorteil sowohl der Einführung des Focal Point als auch der Ombudsperson liegt darin, dass dem Antragsteller ein – in dieser Form einzigartiger – direkter und individueller Zugang zu den VN gewährt wird und sie nicht mehr vom diplomatischen Schutz ihres Heimat- bzw. Aufenthaltsstaates abhängig sind.[740] Positiv zu bewerten ist dabei, dass das Verfahren beschleunigt wurde und genaue zeitliche Angaben über die Behandlung des Antrags durch die einzelnen Verfahrensbeteiligten sowie die Weiterleitung an den Antragsteller gemacht wurden. Des Weiteren muss der Sanktionsausschuss die Gründe für eine Ablehnung weitgehend darlegen, sodass die Entscheidungsfindung transparenter wird. Dem Antragsteller wird die Möglichkeit eröffnet, in direkten Dialog mit der Ombudsperson zu treten und so seinen Standpunkt darzulegen. Allerdings fehlt die Möglichkeit, die Argumente auch dem letztlich verantwortlichen Organ, dem Sanktionsausschuss, unterbreiten zu können.[741] Während anfangs die Hauptaufgabe der Ombudsperson im Sammeln und Präsentieren von Informationen sowie der Koordinierung der einzelnen Verfahrensbeteiligten lag, wurde deren Stellung durch die SR-Resolution 1989 (2011) aufgewertet. Die Ombudsperson legte zuvor in dem Abschlussbericht an den Sanktionsausschuss nur die wichtigsten Argumente bezüglich des Streichungsantrags dar.[742] Nunmehr kann diese eine Empfehlung abgeben, ob dem Streichungsantrag stattzugeben ist. Befürwortet die Ombudsperson einen Antrag, hat der Sanktionsausschuss 60 Tage Zeit, die Beibehaltung der Maßnahmen anzuordnen, andernfalls wird der Name von der Sanktionsliste gestrichen.[743]

Der Sanktionsausschuss bleibt jedoch *iudex in causa sua:* er entscheidet letztlich über eine Streichung aus der Liste, die er zuvor selbst verfügt hat. Wei-

738 SR-Resolution 1989 (2011), Annex II Nr. 8-15.

739 Ziff. 7 lit. w der „Guidelines of the committee for the conduct of its work“ (Verfahrensrichtlinien) v. 7.11.2002 (Stand November 2011).

740 *Kirschner*, ZaöRV 2010, 585 (600); *Schulte*, Schutz individueller Rechte, S. 59.

741 *Kirschner*, ZaöRV 2010, 585 (601).

742 SR-Resolution 1904 (2009), Annex II 7 lit. c; kritisch hierzu *Krischner*, ZaöRV 2010, 585 (600).

743 SR-Resolution 1989 (2011), Ziff. 12.

terhin wird somit kein Rechtsschutz durch einen unabhängigen und unparteiischen Spruchkörper gewährt.[744]

Für die Streichung von der Liste des Taliban Sanktionsregimes gemäß SR-Resolution 1988 (2011) ist hingegen das Verfahren über die Ombudsperson nicht eröffnet. Gelistete, die ohne Fürsprache eines Mitgliedstaates die Streichung anstreben, können das Verfahren über den Focal Point in Anspruch nehmen.[745] Der Sicherheitsrat weist den Sanktionsausschuss indes an, Anträge von Personen, die die afghanische Regierung als „ausgesöhnt" erachtet, gebührend zu berücksichtigen. Als ausgesöhnt gelten die Personen, „die die von der Regierung Afghanistans und der internationalen Gemeinschaft vereinbarten Aussöhnungsbedingungen erfüllen, namentlich der Gewalt abzuschwören, keine Verbindung zu internationalen terroristischen Organisationen, einschließlich der Al-Qaida oder einer ihrer Zellen, Unterorganisationen, Splittergruppen oder Ableger, zu unterhalten und die afghanische Verfassung, einschließlich der Rechte der Frauen und der Angehörigen von Minderheiten, zu achten"[746]. Angesichts des andauernden Konflikts in Afghanistan soll für dessen friedliche politische Beilegung zeitnah über die Streichungsanträge entschieden werden. Ferner wird der Ausschuss ersucht alle Listeneinträge regelmäßig, vor allem im Hinblick auf die als ausgesöhnt geltenden Personen, verstorbene Personen und solche Einträge, die über zu wenig Identifizierungsmerkmale verfügen, zu überprüfen.[747]

An dieser Stelle sei darauf hingewiesen, dass dem Einzelnen gegen die Listung auch nicht der Klageweg eröffnet ist. Den Gelisteten nach SR-Resolution 1373 (2001) fehlt es schon an einer Rechtsbetroffenheit durch die VN-Sanktion, da die Listung durch die Mitgliedstaaten erfolgt und nicht durch die VN selbst. Anders verhält es sich beim „Al-Qaida und Taliban"-Sanktionsregime nach SR-Resolution 1988 (2011) bzw. 1267 (1999). Eine direkte Klage gegen die Resolution ist jedoch auch hier nicht möglich, da eine Klagemöglichkeit für Individuen vor dem Internationalen Gerichtshof in Den Haag in der Charta der Vereinten Nationen nicht angelegt ist (vgl. Art. 34 Abs. 1 IGH-Statut, wonach nur Staaten berechtigt sind, als Parteien vor dem Gerichtshof aufzutreten).

Darüber hinaus gibt es auch keine Möglichkeit für Mitgliedstaaten selbst, Sicherheitsratsresolutionen überprüfen und ggf. aufheben zu lassen.[748] Mangels Kompetenz kann der IGH keine Maßnahmen der anderen VN-Organe überprü-

744 *Feinäugle*, ZRP 2010, 188 (190); *Kirschner*, ZaöRV 2010, 585 (600); *Fremuth*, DÖV 2012, 81 (88).

745 SR-Resolution 1988 (2011), Ziff. 20.

746 SR-Resolution 1988 (2011), Ziff. 18.

747 SR-Resolution 1988 (2011), Ziff. 25.

748 *Klein*, AVR 30 (1992), 101 (111 f.).

fen und auch keine Entscheidungen erlassen, die den bindenden Resolutionen des Sicherheitsrats widersprechen.[749] Ungeachtet der Frage, ob eine inzidente Überprüfung von Resolutionen überhaupt zulässig wäre[750], können Staaten nur gegen andere Staaten, die wiederum der Zuständigkeit des Gerichts unterworfen sein müssen, vor den IGH ziehen.[751] Somit fehlt den VN der für die aus dem Rechtsstaatsprinzip resultierende Gewaltenteilung typische Grundsatz des „checks and balances".[752]

Im Rahmen des IPBPR existiert ein gerichtsähnlicher VN-Menschenrechtsaus- schuss, an den Betroffene sich mit der Individualbeschwerde nach Art. 1 des Fakultativprotokolls zum IPBPR gegen die Verletzung der im Pakt niedergelegten Menschenrechte wenden können. Allerdings bietet dieser im vorliegenden Fall keinen Rechtsschutz, da die Beschwerde gegen den Sicherheitsrat nicht möglich ist, sondern nur gegen Mitgliedstaaten, die ihrerseits Parteien des IPBPR und des Ersten Zusatzprotokolls sein müssen. Des Weiteren könnte der Ausschuss auch keine Entfernung von der Liste anordnen, selbst wenn er eine Verletzung der Menschenrechte feststellen würde.[753] Eine direkte Überprüfung von Resolutionen des Sicherheitsrats durch Institutionen des Völkerrechts ist daher nicht möglich.

III. Umsetzung des „Anti-Terror"-Regimes auf EU-Ebene

Auch die EU bekräftigt, dass der Terrorismus eine Gefahr für die Sicherheit und Stabilität Europas darstellt.[754] Im Folgenden werden die Rechtsakte der EU aufgezeigt, die zur Umsetzung der erörterten Resolutionen des Sicherheitsrats ergangen sind sowie die Besonderheiten des europäischen Listungsverfahrens in Umsetzung der SR-Resolution 1373 (2001) dargestellt.

---

749 *Tomuschat*, in: Zimmermann/Tomuschat/Oellers-Frahm, The Statute of the International Court of Justice, Art. 36 Rn. 17.

750 Hierzu ausführlich *Herbst*, Rechtskontrolle des UN-Sicherheitsrats, S. 387 ff., *Martenczuk*, Rechtsbindung und Rechtskontrolle, S. 87 ff.

751 Zu den Voraussetzungen des Streitverfahrens *Simma*, DRiZ 2006, 181 (182 ff.).

752 *Tomuschat*, in: Zimmermann/Tomuschat/Oellers-Frahm, The Statute of the International Court of Justice, Art. 36 Rn. 16 f.

753 Vgl. hierzu *Wolf-Zimper*, Zielgerichtete Sanktionen, S. 92.

754 Vgl. nur Pressemitteilung zur 2372. Tagung des Rats (Dok. Nr. 12330/01 v. 19.10.2001), S. 7 Punkt Nr. 1; Erklärung des Europäischen Rats über den Beitrag der GASP, einschließlich der ESVP, zur Bekämpfung des Terrorismus, Anlage V zu den Schlussfolgerungen des Europäischen Rats in Sevilla v. 21./22. 6. 2002, Dokument des Rats v. 24.10.2002 (13643/02), Rn. 1.

1. Die Rechtsakte der EU

Das Verfahren zur Verhängung individualgerichteter Sanktionen gegen den Terror gleicht dem der länderbezogenen Sanktionen und erfolgt wieder zweistufig durch einen entsprechenden Rechtsakt im Rahmen der GASP, der sodann durch den Rat umgesetzt wird (Art. 215 Abs. 2 AEUV/Art. 301 EGV).

a) Umsetzung der Maßnahmen gegen Al-Qaida und die Taliban

Nachdem die EU zuvor bereits das gegen Afghanistan verhängte Waffenembargo umgesetzt hatte[755], reagierte die Union auf die Resolution 1267 (1999) des Sicherheitsrats der VN und deren Folgeresolutionen mit den Gemeinsamen Standpunkten 1999/727/GASP, 2001/154/GASP sowie 2001/771/GASP, die inhaltlich die Vorgaben der SR-Resolutionen wiedergaben. Diese wurden 2002 zur Umsetzung der SR-Resolution 1390 (2002) durch den Gemeinsamen Standpunkt 2002/402/GASP betreffend restriktiver Maßnahmen gegen Osama bin Laden, Mitglieder der Al-Qaida-Organisation und der Taliban sowie anderer mit ihnen verbündeten Personen, Gruppen, Unternehmen und Einrichtungen aufgehoben. Neben einem Einreiseverbot (Art. 4) und einem Waffenembargo (Art. 2) wird das Einfrieren von Geldern und sonstigen Vermögenswerten oder wirtschaftlichen Ressourcen der durch den 1267er Ausschuss gelisteten Personen angeordnet (Art. 3). Darüber hinaus soll die EU dafür Sorge tragen, dass diesen Gelder, Vermögenswerte oder wirtschaftliche Ressourcen nicht zur Verfügung gestellt werden (Art. 3). Die konkrete Listung der betroffenen Personen ist dem entsprechenden Sanktionsausschuss der VN vorbehalten (Art. 1).

Eine Änderung erfolgte durch den Gemeinsamen Standpunkt 2003/140/GASP, der die durch die SR-Resolution 1452 (2002) eingeführten humanitären und sonstigen Sanktionsausnahmen auch auf die Maßnahmen gemäß Art. 3 des Gemeinsamen Standpunkts 2002/402/GASP ausweitet.

Zur Umsetzung der Vorgaben aus dem Gemeinsamen Standpunkt erließ der Rat die Verordnung (EG) Nr. 881/2002 über die Anwendung bestimmter spezifischer restriktiver Maßnahmen gegen bestimmte Personen und Organisationen, die mit Osama bin Laden, dem Al-Qaida Netzwerk und den Taliban in Verbindung stehen („Al-Qaida"-Verordnung). Art. 2 setzt die vorgegebenen Finanzsanktionen um. Des Weiteren untersagt Art. 4 die wissentliche und beabsichtigte Beteiligung an Tätigkeiten, deren Ziel oder Folge die Umgehung des Art. 2 ist. Darüber hinaus sind natürliche und juristische Personen, welche sich im Unionsgebiet aufhalten und dort ihren Sitz haben, aufgefordert, den zuständigen

755 Gemeinsamer Standpunkt 96/746/GASP, Art. 1.

Behörden[756] sowie der Kommission alle Informationen zu übermitteln, die die Einhaltung der Verordnung erleichtern würden. Beispielhaft genannt sind Informationen über gemäß Art. 2 eingefrorene Konten und Guthaben (Art. 5). Von den Mitgliedstaaten wird gefordert, dass sie wirksame, verhältnismäßige und abschreckende Sanktionen festlegen, die bei Verstößen gegen die Bestimmungen dieser Verordnung zu verhängen sind (Art. 10).

Im Anhang I ist der Verordnung schließlich eine Liste der Zielpersonen und -orga-nisationen beigefügt, auf die die Sanktionen nach Art. 2 Anwendung finden sollen. In Art. 7 der Verordnung wird die Kommission ermächtigt, aufgrund der Entscheidung des Sicherheitsrats der VN oder des Sanktionsausschusses den Anhang I zu ändern oder zu ergänzen.

Mit der Durchführungsverordnung (EU) Nr. 132/2013 vom 15. Februar 2013 ist bereits die 187. Änderung der Verordnung (EG) Nr. 881/2002 in Kraft. Die überwiegende Zahl der ändernden Rechtsakte betrifft die Aktualisierung der sich im Anhang befindenden Liste der betroffenen Personen und Vereinigungen. Bei der Listung ist die Kommission an die Beschlüsse des Sicherheitsrats und des Sanktionsausschusses gebunden und trifft daher keine autonome Entscheidung.

Zwei weitere Rechtsakte haben zu einer materiellen Änderung der Verordnung (EG) Nr. 881/2002 geführt. Mit der Verordnung (EG) Nr. 561/2003[757] wurde Art. 2a eingefügt, der Ausnahmen von den Sanktionsmaßnahmen des Art. 2 vorsieht. Die zuständigen Behörden[758] gewähren auf Antrag eine Ausnahme für Gelder und wirtschaftliche Ressourcen, die für Grundausgaben bestimmt sind, ausschließlich der Bezahlung angemessener Honorare und der Rückerstattung von Ausgaben im Zusammenhang mit der Bereitstellung rechtlicher Dienste dienen, ausschließlich der Bezahlung von Gebühren oder Kosten für die routinemäßige Verwahrung oder Verwaltung eingefrorener Gelder oder wirtschaftlicher Ressourcen dienen oder für die Deckung außerordentlicher Ausgaben erforderlich sind (Art. 2a Abs. 1 lit. a Ziff. i-iv). Eine solche Ausnahmegenehmigung muss allerdings vom 1267er Ausschuss entweder explizit gebilligt werden oder dieser erhebt innerhalb von 48 Stunden keinen Einspruch (Art. 2a Abs. 2 lit. b und lit. c).

Die größte Veränderung erfolgte durch die Verordnung (EU) Nr. 1286/2009 vom 12. Dezember 2009. Neben einigen neuen Begriffserklärungen wurden Tei-

---

756 Die zuständige deutsche Behörde ist lauf Anhang II der Verordnung (EG) Nr. 881/2002 das Bundesministerium für Wirtschaft und Technologie.

757 Die Verordnung (EG) Nr. 881/2002 dient dem Vollzug der SR-Resolution 1452 (2002) und des Gemeinsamen Standpunkts 2003/140/GASP.

758 In Deutschland handelt es sich hierbei ausweislich des Anhangs II um das Bundesamt für Wirtschaft und Ausfuhrkontrolle (BAFA).

le der Verordnung an die in jüngerer Zeit in den Verordnungen über restriktive Maßnahmen verwendeten Standardbegriffe angepasst.[759] Besonders hervorzuheben ist jedoch das durch das EuGH-Urteil in der Rechtssache *Kadi und Al Barakaat*[760] erforderlich gewordene Einfügen eines Verfahrens für die Aufnahme in die Liste, das die Wahrung der grundlegenden Verteidigungsrechte sicherstellen soll.[761]

Eine weitere Veränderung erfolgte aufgrund der Trennung zwischen der Taliban- und der Al-Qaida-Sanktionsliste, die vom Sicherheitsrat durch die Resolution 1988 (2011) vollzogen wurde. So ist das bisherige durch den Gemeinsamen Standpunkt 2002/402/GASP installierte Sanktionsregime weiterhin auf Mitglieder der Al-Qaida-Organisation und andere mit ihnen verbundene Personen, Gruppen, Unternehmen und Einrichtungen anwendbar. Mit dem Beschluss 2011/486/GASP[762] vom 1. August 2011 werden überdies restriktive Maßnahmen gegen bestimmte Personen und Organisationen angesichts der Lage in Afghanistan verhängt. Der Beschluss beinhaltet ein Waffenembargo und ein Verbot diesbezüglicher technischer und finanzieller Unterstützung (Art. 2), Reise- (Art. 3) sowie Finanzsanktionen (Art. 4). Das Verbot der technischen und finanziellen Hilfe im Zusammenhang mit dem verhängten Waffenembargo sowie die Finanzsanktionen wurden durch die Verordnung (EU) Nr. 753/2011[763] umgesetzt (vgl. Art. 2 bzw. Art. 3).

Auch auf Ebene der EU zählt zu den in diesem Kapitel betrachteten länderunabhängigen Individualsanktionen nunmehr nur noch das gegen die Al-Qaida-Organisation verhängte Sanktionsregime.

b) Umsetzung der SR-Resolution 1373 (2001)

In Reaktion auf die Anschläge des 11. September 2001 in Washington und New York kam der Europäische Rat am 21. September 2001 zu einer außerordentlichen Tagung zusammen und erklärt die Bekämpfung des Terrorismus zu einem vorrangigen Ziel der EU. In einem Aktionsplan wurde dem Kampf gegen die Finanzierung des Terrorismus eine bedeutende Rolle zugemessen.[764]

---

759 VO (EU) Nr. 1286/2009, Erwägungsgrund Nr. 13; vgl. z.B. die neue Formulierung des Haftungsausschlusses in Art. 6.

760 EuGH, Urt. v. 3.9.2008, verb. Rs. C-402/05 P u. C-415/05 P, Slg. 2008, I-6351 - Kadi u. Al Barakaat.

761 VO (EU) Nr. 1286/2009, Erwägungsgrund Nr. 4 und Art. 7a-7e; ausführlich hierzu: 4. Kap. B. III. 4.

762 Gilt aktuell in der Fassung von Durchführungsbeschluss 2013/73/GASP.

763 Gilt aktuell in der Fassung von Durchführungsverordnung (EU) Nr. 86/2013.

764 Vgl. Aktionsplan anlässlich der außerordentlichen Tagung des Europäischen Rats am 21.9.2001 in Brüssel, SN 140/01, Ziff. 5; unter: http://www.consilium.europa.eu/ueDocs/cms_Data/docs/ pressData/ de/ec/85097.pdf (zuletzt abgerufen am 6.3.2013).

Zur Umsetzung der „Anti-Terrorismus“-Resolution 1373 (2001) erließ der Rat am 27. Dezember 2001 zunächst den Gemeinsamen Standpunkt 2001/930/GASP über die Bekämpfung des Terrorismus. Fast wortgleich werden die Maßnahmen der Resolution bezüglich der Finanzierung des Terrorismus übernommen. Zum einen wird festgesetzt, dass generell die vorsätzliche Bereitstellung von Geldern zur Ausführung terroristischer Handlungen unter Strafe gestellt wird (Art. 1), zum anderen werden konkrete Finanzsanktionen gegen Personen und Körperschaften, die terroristische Handlungen begehen oder zu begehen versuchen, verhängt (Art. 2 f.). Neben weiteren allgemeinen Bestimmungen zur effektiven Terrorismusbekämpfung (Art. 4 ff.) – die aber keine konkreten Sanktionen beinhalten – wird in Art. 10 gefordert, die Bewegung von Terroristen und terroristischen Gruppen durch wirksame Grenzkontrollen zu verhindern. Die Mitgliedstaaten werden ferner verpflichtet, den einschlägigen internationalen Übereinkommen und Protokollen betreffend den Terrorismus[765] beizutreten.[766] Der Gemeinsame Standpunkt enthält jedoch keine konkrete Listung, wer von den Sanktionen betroffen sein soll.

Diesem Rechtsakt folgte der Gemeinsame Standpunkt 2001/931/GASP über spezifische, gegen bestimmte Personen und Organisationen gerichtete restriktive Maßnahmen zur Bekämpfung des Terrorismus, der wesentliche Konkretisierungen enthält. In Art. 1 Abs. 2 werden die „Personen, Vereinigungen und Körperschaften, die an terroristischen Handlungen beteiligt sind“ und somit die Betroffenen der Maßnahmen, näher umschrieben: zum einen Personen, die terroristische Handlungen begehen, versuchen zu begehen oder sich an deren Begehung beteiligen oder diese erleichtern; zum anderen Vereinigungen und Körperschaften, die unmittelbar oder mittelbar Eigentum dieser Personen sind oder unter deren Kontrolle stehen sowie die auf deren Anweisung handelnden Personen, Vereinigungen und Körperschaften. In Art. 1 Abs. 3 werden überdies die im Sinne des Standpunkts gebrauchten Begriffe „terroristische Handlung“ und „terroristische Vereinigung“ definiert.[767] Auch in diesem Standpunkt werden im Wesentlichen zwei Maßnahmen zur Bekämpfung der Finanzierung des Terrorismus angeordnet: zum einen das Gebot, Gelder und sonstige Vermögenswerte

---

765 Die betreffenden 13 im Anhang gelisteten Konventionen umfassen beispielsweise das „Übereinkommen der Vereinten Nationen zur Bekämpfung der Finanzierung des Terrorismus“ v. 9.12.1999 (New York).

766 Die Verpflichtung geht dabei über die Vorgaben der Resolution hinaus: In Ziff. 3 lit. d der SR-Resolution 1373 (2001) heißt es lediglich: (The Security Council) Calls upon all states to become parties as soon as possible to the relevant international conventions and protocols relating to terrorism, including the International Convention for the Suppression of the Financing of Terrorism of 9 December 1999.

767 Hierzu bereits: 3. Kap. C. I. 1. a).

oder wirtschaftliche Ressourcen der im Anhang aufgeführten Personen, Gruppen und Körperschaften einzufrieren (Art. 2); zum anderen das Verbot, den Zielpersonen Gelder, wirtschaftliche Ressourcen oder Finanz- oder andere damit zusammenhängende Dienstleistungen unmittelbar oder mittelbar zur Verfügung zu stellen (Art. 3).

Der Gemeinsame Standpunkt 2001/931/GASP wird dabei anders als die zuvor besprochenen länderbezogenen Finanzsanktionen neben Art. 15 EUV a.F. (Art. 29 EUV n.F.) auch auf Art. 34 EUV a.F.[768] gestützt, der dem Bereich der dritten Säule (Polizeiliche und Justizielle Zusammenarbeit in Strafsachen, PJZS) zuzuordnen war. Diese Erweiterung war aufgrund des eingefügten Art. 4 nötig, der die Mitgliedstaaten verpflichtet, in Bezug auf Ermittlungen und Verfahren gegen bestimmte Personen, Vereinigungen und Körperschaften im Wege der polizeilichen und justiziellen Zusammenarbeit in Strafsachen möglichst weitgehende Amtshilfe zu leisten.[769]

Im Anhang des Rechtsakts befindet sich eine Liste der von Art. 2, 3 und/oder 4 betroffenen Personen, Vereinigungen und Körperschaften.

Mit der Verordnung (EG) Nr. 2580/2001 über spezifische, gegen bestimmte Personen und Organisationen gerichtete Maßnahmen zur Bekämpfung des Terrorismus („Anti-Terrorismus"-Verordnung), setzt der Rat der Europäischen Gemeinschaft die Vorgaben aus dem Gemeinsamen Standpunkt 2001/931/GASP um. Neben der erneuten Postulierung eines Einfriergebots (Art. 2 Abs. 1 lit. a) und eines Bereitstellungsverbots (Art. 2 Abs. 1 lit. b), wird die bereits im Gemeinsamen Standpunkt vorgesehene Ausnahmeklausel für Ausgaben zur Deckung der Grundbedürfnisse eingefügt (Art. 5 Abs. 1). Überdies sind Ausnahmen vom Einfriergebot für Steuern innerhalb der Gemeinschaft, Versicherungsprämien und Versorgungsleistungen (Art. 5 Abs. 2) sowie spezifische Ausnahmegenehmigungen im Einzelfall (Art. 6) möglich.[770] Die in Art. 2 Abs. 3 enthaltene Darstellung der von den Finanzsanktionen betroffenen Personen entspricht im Wesentlichen der Definition der „Personen, Vereinigungen und Körperschaften, die an terroristischen Handlungen beteiligt sind", die in Art. 1 Abs. 2 des Gemeinsamen Standpunkts 2001/931/GASP zu finden ist. Zudem werden ein

---

768 Art. 34 EUV a.F. wurde im Zuge des Vertrages von Lissabon ersatzlos gestrichen; der Bereich der PJZS wurde in den AEUV übernommen und das ordentliche Gesetzgebungsverfahren eingeführt.

769 Beabsichtigt ist hierbei die Prävention und Bekämpfung von Terroranschlägen, indem die Mitgliedstaaten ihre Befugnisse aufgrund von Rechtsakten der EU und anderen für die Mitgliedstaaten bindenden internationalen Übereinkünften und Regelungen in vollem Umfang nutzen.

770 Zuständig hierfür ist ausweislich des Anhangs wiederum das Bundesamt für Wirtschaft und Ausfuhrkontrolle (BAFA).

Umgehungsverbot (Art. 3) sowie eine Zusammenarbeitspflicht und eine Informationspflicht über Angaben, die die Anwendung der Verordnung erleichtern, festgesetzt (Art. 4), die vor allem Kreditinstitute trifft. In Art. 9 werden die Mitgliedstaaten wiederum aufgefordert, Sanktionen festzulegen, die bei Verstößen gegen die Bestimmungen dieser Verordnung zu verhängen sind. Diese Sanktionen müssen wirksam, verhältnismäßig und abschreckend sein.

Im Gegensatz zur Verordnung (EG) Nr. 881/2002 wird die Liste mit den betroffenen Personen gemäß Art. 2 Abs. 3 vom Rat einstimmig erstellt, überprüft und geändert und zwar im Einklang mit dem Gemeinsamen Standpunkt 2001/931/GASP. Daher handelt es sich hierbei um eine vom Sicherheitsrat unabhängige und demnach autonome Liste der EU.

Sowohl der Gemeinsame Standpunkt 2001/931/GASP als auch die Verordnung (EG) Nr. 2580/2001 wurden mehrmals geändert.[771] Die Änderungen betrafen aber jeweils nur eine Anpassung der im Anhang gelisteten Personen, Vereinigungen und Körperschaften oder organisationsrechtliche Angleichungen. Materiellrechtlich haben sich keine Veränderungen ergeben.

c) Verfahren und Inhalt der europäischen Terrorliste

Die Aufnahmeentscheidung wird durch ein „clearing house"-Verfahren vorbereitet. Dies umfasst die Einrichtung eines ad-hoc Forums, welches in den Ratsgremien angesiedelt ist und die endgültige Entscheidung des Rats über die Listung vorbereitet, indem ein Mitgliedstaat die Aufnahme von verdächtigen Personen und Gruppierungen in die Liste beantragt, über die dann einstimmig zu beschließen ist. Das „clearing house" besteht aus Vertretern der Mitgliedstaaten, der Kommission und des Generalsekretariats des Rats.[772]

Für eine Aufnahme in die Liste fordert Art. 1 Abs. 6 des Gemeinsamen Standpunkts 2001/931/GASP, dass eine zuständige Behörde – in den meisten Fällen die Justizbehörde – gestützt auf ernsthafte und schlüssige Beweise oder Indizien, gegenüber den betreffenden Personen, Vereinigungen oder Körperschaften einen Beschluss gefasst hat. Dieser Beschluss muss die Aufnahme von Ermittlungen oder Strafverfolgung wegen einer terroristischen Handlung oder des Versuchs, eine terroristische Handlung zu begehen, daran teilzunehmen oder sie zu erleichtern oder eine Verurteilung für derartige Taten beinhalten.[773] Ebenfalls aufgenommen werden kann gemäß Art. 1 Abs. 4, wer vom Sicherheitsrat

771 Diese gelten aktuell in der Fassung von Beschluss 2012/765/GASP und Durchführungsverordnung (EU) Nr. 1250/2012.

772 *Bartelt/Zeitler*, EuZW 2003, 712 (713).

773 Wann eine Behörde als zuständige Behörde bezeichnet werden kann und welche Gestalt der von den nationalen Behörden getroffene Beschluss haben muss, vgl.: EuG v. 30.9.2009, Rs. T-341/07, Slg. 2009, II-3625 Rn. 99 ff. - Sison.

als Terrorist bezeichnet wird oder gegen den dieser Sanktionen verhängt hat. Aufgrund der weitreichenden Folgen hat der Rat zu gewährleisten, dass die Namen der gelisteten Personen mit ausreichenden Angaben versehen sind und somit eine effektive Identifizierung möglich ist (Art. 5). Um sicherzustellen, dass der Verbleib auf der Liste weiterhin gerechtfertigt ist, werden die Namen der Personen und Vereinigungen auf der Liste mindestens halbjährlich überprüft (Art. 1 Abs. 6). Soll eine Aktualisierung erfolgen, muss der Rat mit einem Gemeinsamen Standpunkt den Kreis der zu listenden Personen ändern oder ergänzen und sodann durch Beschluss die Anwendbarkeit der Verordnung (EG) Nr. 2580/2001 anpassen.[774] Die Abstimmung im Rat erfolgt jedoch meist ohne weitere Prüfung unter Übernahme der Ergebnisse aus dem *clearing house*.[775]

Nicht ausdrücklich geregelt ist, wie eine Streichung von der Liste erreicht werden kann. Es besteht – anders als auf Ebene der VN – kein besonderes Verfahren hierfür. Zwar wird die Liste, wie bemerkt, einer halbjährlichen Überprüfung unterzogen. Hierbei handelt es sich jedoch um ein rein objektives Verfahren, welches nicht das subjektive Recht des Einzelnen enthält, auf das Verfahren einwirken zu können.[776] Entscheidend ist also, ob dem Einzelnen für die Entfernung von der Liste der Klageweg offen steht, ansonsten würde er über kein subjektives Rechtsmittel gegen die Listung verfügen.[777]

Die im Anhang aufgeführte Liste des Gemeinsamen Standpunkts 2001/931/GASP beinhaltet 29 Personen und 13 Vereinigungen und Körperschaften. Darunter sind 21 E.T.A. Aktivisten und 11 europäische Gruppen, wie E.T.A. und Real IRA. In der Liste wird ausdrücklich darauf hingewiesen, dass auf diese die Finanzsanktionen keine Anwendung finden. Für diese findet lediglich gemäß Art. 4 eine verstärkte Zusammenarbeit im Bereich der polizeilichen und justiziellen Zusammenarbeit in Strafsachen (PJZS) statt. Sie werden also auch nicht in die gemeinschaftsrechtliche Liste im Anhang der Verordnung (EG) Nr. 2580/2001 aufgenommen, was die Abweichung zwischen den beiden Listen erklärt.[778]

Hintergrund hierfür ist die begrenzte Kompetenz der EG: Nach Art. 60 Abs. 1 EGV kann sie den Kapital- und Zahlungsverkehr nur mit Drittländern regeln. Die Vorschriften der GASP ermöglichen keine Kompetenz zur

---

774 Der Durchführungsbeschluss ergeht gem. Art. 2 Abs. 3 der Verordnung 2580/2001/EG.

775 *Matiss*, Terrorismusbekämpfung, S. 75.

776 *Schulte*, Schutz individueller Rechte, S. 127.

777 Vgl. hierzu: 4. Kap. B. II. 2.

778 *Schulte*, Schutz individueller Rechte, S. 122.

Gefahrenabwehr innerhalb der Mitgliedstaaten.[779] Diese müssen in diesem Bereich vielmehr nationalstaatliche Regelungen treffen.[780]

Nicht aufgenommen sind gemäß Erwägungsgrund Nr. 4 des Gemeinsamen Standpunkts 2001/931/GASP Osama bin Laden und die mit ihm assoziierten Personen und Körperschaften. Diese Personen fallen unter den Anwendungsbereich des zuvor skizzierten Gemeinsamen Standpunkts 2002/402/GASP.

Aktuell befinden sich auf der Liste des Gemeinsamen Standpunkts 2001/931/GASP 31 E.T.A. Aktivisten und 19 Organisationen, auf die nur die Maßnahmen des Art. 4 Anwendung finden.[781] Ferner sind 11 natürliche Personen und 25 Gruppen und Organisationen gelistet, auf die alle oben beschriebenen Maßnahmen Anwendung finden.[782] Alle Personen, deren Finanzen eingefroren wurden, entstammen dem arabischen Raum und sind vor allem den islamistischen Gruppierungen *al Takfir, al Hijra* und der *Hofstadgroep* zuzuordnen. Auch bei den juristischen Personen sind von den Finanzsanktionen überwiegend arabische Organisationen betroffen.[783]

2. Unterschiede zum „Al-Qaida"-Sanktionsregime der VN

Unterschiede zum „Al-Qaida"-Sanktionsregime, das durch die EU lediglich nach den Vorgaben der VN umgesetzt wurde, liegen vor allem im Verfahren der Listung und der entsprechenden Streichung von der Liste.

Die Entscheidung über die Aufnahme in die allgemeine „Anti-Terror"-Liste obliegt dem Rat. Diese Entscheidung muss einstimmig getroffen werden, sodass alle Mitglieder – immerhin 27 und daher deutlich mehr als die 15 Mitglieder des Sanktionsausschusses[784] – positiv ihr Einverständnis erteilen müssen. Ausreichend ist demnach nicht, wie beim consensus Verfahren des „Al-Qaida- bzw. Taliban"-Sanktionsre-gimes, dass einer Listung nicht von den anderen Mitgliedstaaten widersprochen wird. Folglich ergibt sich eine höhere Verfahrensschranke.[785]

Die Listung erfolgt auf der Grundlage der von den Mitgliedstaaten übermittelten Informationen über Ermittlungen und Strafverfolgungen wegen terroristi-

779 *Al-Jumaili*, NJOZ 2008, 188 (199).

780 In Deutschland erfolgte dies durch Einführung des § 6a KWG am 6.11.2003.

781 Gemeinsamer Standpunkt 2009/468/GASP, Anhang i.V.m. Beschluss 2009/1004/GASP, Art. 2.

782 Beschluss 2011/701/GASP; diese sind auch in der aktuellen Fassung der Verordnung (EG) Nr. 2580/2001 gelistet, vgl. Durchführungsverordnung (EU) Nr. 1375/2011.

783 *Al-Jumaili*, NJOZ 2008, 188 (200).

784 Vgl. zur Mitgliederzahl der Sanktionsausschüsse: 1. Kap. B. II. 5.

785 *Schulte*, Schutz individueller Rechte, S.125.

scher Handlungen. Somit geben, ähnlich wie beim „Al-Qaida"-Sanktionsregime, die Mitgliedstaaten die entscheidenden Hinweise für eine Listung. Voraussetzung für die Europäische Listung sind allerdings Ermittlungen und Strafverfolgungen wegen terroristischer Handlungen, was vom Sanktionsausschuss aufgrund der gewünschten präventiven Wirkung der Sanktionen ausdrücklich nicht gefordert wird.[786] Innerhalb der Union werden folglich höhere Anforderungen an einen Anfangsverdacht gestellt, der die Mitgliedstaaten berechtigt, eine Listung zu initiieren. An die Transparenz der Begründung der Listung werden überdies auch durch die Forderung nach genauen Informationen bzw. konkretem Aktenmaterial über die betroffenen Personen und Vereinigungen höhere Anforderungen gestellt.[787] Die VN forderten erst sechs Jahre nach Inkrafttreten der SR-Resolution 1267 (1999) eine Falldarstellung, in der die Mitgliedstaaten den von ihnen gestellten Antrag zur Aufnahme in die Liste allerdings lediglich begründen müssen.[788]

Auch in Bezug auf die für eine Listung benötigten Identifizierungsmerkmale trifft die Union eine deutlich stärkere Regelung. Der Rat hat demnach zu gewährleisten, dass die Einträge mit ausreichenden Identifizierungsmerkmalen versehen werden. Dies sei nötig, um Namensverwechslungen und dadurch die Belastung Unschuldiger zu verhindern.[789] Auf Ebene der VN werden erst seit 2003 die Mitgliedstaaten aufgefordert, Informationen zu übermitteln, die eine Identifizierung erleichtern.[790] Ausweislich des Wortlauts – „The Security Council encourages (…) all Member States to submit (..)", im Gegensatz zu „der Rat gewährleistet das ausreichende Vorhandensein von Identifizierungsmerkmalen" – sieht sich der Rat selbst verantwortlich, dass entsprechende Merkmale bei einem Listungseintrag vorhanden sind, wodurch die Regelung wiederum höhere Anforderungen an das Verfahren stellt als ihr Gegenstück auf Ebene der VN. Auch der hiermit verfolgte Zweck ist ein anderer: Soll durch die Regelung auf EU-Ebene der Schutz derjenigen, die gleiche oder ähnliche Namen tragen, si-

786 Vgl.: Ziff. 6 lit. d der „Guidelines of the committee for the conduct of its work" (Verfahrensrichtlinien) v. 7.11.2002 (Stand November 2011): „A criminal charge or conviction is not a prerequisite for listing (…)".

787 *Schulte*, Schutz individueller Rechte, S. 126.

788 SR-Resolution 1617 (2005), Ziff. 4.

789 Vgl. Gemeinsamer Standpunkt 2001/931/GASP, Art. 1 Abs. 5.

790 SR-Resolution 1455 (2003), Ziff. 4; die Forderung wurde seither in jede neue, das Sanktionsregime betreffende Resolution aufgenommen, zu Letzt in: SR-Resolution 2038 (2012) (2009), Ziff. 38.

chergestellt werden[791], steht auf Ebene der VN die Gewährleistung der Effektivität im Vordergrund.[792]

Zusammenfassend lässt sich erkennen, dass die Voraussetzungen für die Aufnahme in die „Anti-Terror"-Liste der EU weitaus höher anzusiedeln sind als für die Aufnahme in die Liste des 1267er Ausschusses. Ein entsprechendes subjektives Rechtsmittelverfahren ist anders als auf Ebene der VN jedoch nicht vorhanden.

IV. Analyse und Bewertung im Vergleich mit den länderbezogenen Sanktionsregimen

Nachstehend sollen die oben bereits für die länderbezogenen Sanktionsregime herausgearbeiteten Analysekriterien auf die individualgerichteten Sanktionen gegen den Terrorismus angewandt und die Ergebnisse verglichen werden.

1. Zielsetzung im Rahmen der europäischen Außenpolitik

Zu prüfen ist zunächst, ob auch die individualgerichteten Sanktionen gegen den Terrorismus mit den Zielen des auswärtigen Handelns der Union gemäß Art. 21 EUV n.F. übereinstimmen. Wie bereits erörtert, wird in den „Grundprinzipien für den Einsatz restriktiver Maßnahmen (Sanktionen)" explizit erwähnt, dass der Rat u.a. Sanktionen verhängt, um damit „Maßnahmen zur Bekämpfung des Terrorismus (...) zu unterstützen."[793]

Die Bekämpfung des Terrorismus lässt sich zum einen in die Kategorie der selbstbezogenen bzw. defensiven Zielsetzungen gemäß Art. 21 Abs. 2 lit. a EUV einordnen. Die Mitgliedstaaten der Union sollen vor terroristischen Anschlägen geschützt werden. So hat insbesondere auch eine Solidaritäts- und Beistandsklausel für den Fall eines Terroranschlags auf einen Mitgliedstaat Eingang in das Regelwerk des Vertrags von Lissabon gefunden (Art. 222 AEUV). Zum anderen ist der Terrorismus eine Gefahr für die internationale Sicherheit, zu deren Stärkung sich die EU gemäß ihrer nach außen wirkenden Zielsetzungen (Art. 21 Abs. 2 lit. c EUV n.F.) verpflichtet fühlt. Hinter der Bekämpfung des Terrorismus stehen daher sowohl defensive als auch nach außen gerichtete Zielvorstellungen. Sicherheit, Unversehrtheit und Unabhängigkeit der Union lassen sich in Bezug auf das Phänomen des internationalen Terrorismus durch die Stär-

791 Gemeinsamer Standpunkt 2001/931/GASP, Art. 1 Abs. 5..

792 *Schulte*, Schutz individueller Rechte, S. 126.

793 Dokument des Rats v. 7.6.2004 (10198/1/04 REV 1), Rn. 3.

kung im Inneren nicht mehr erreichen, vielmehr ist ein multilateraler Ansatz der Stärkung der internationalen Sicherheit geboten.[794]

Die Rechtsakte der länderbezogenen Sanktionsregime lassen sich im Gegensatz hierzu meist einer Zielrichtung zuordnen.[795] Dies ist vor allem der Tatsache geschuldet, dass die eine Sanktionierung auslösenden Konflikte territorial abgrenzbar sind. Die globale Wirkung des internationalen Terrorismus spiegelt sich also auch in der hinter den hierzu erlassenen Rechtsakten stehenden Zielvorstellungen wider.

Das Ziel der Bekämpfung des Terrorismus stimmt jedoch generell mit den Grundsätzen europäischer Außenpolitik gemäß Art. 21 EUV n.F. überein, sodass die Rechtsakte insoweit primärrechtskonform sind.

2. Angewandte Mittel und Verteilung

Im Zentrum der verhängten restriktiven Maßnahmen stehen Finanzsanktionen in Form eines Bereitstellungsverbots und eines Einfriergebots von Geldern und wirtschaftlichen Ressourcen. In Bezug auf das „Al-Qaida"-Sanktionsregime wurden ferner ein Waffenembargo und Reisesanktionen verhängt.[796] Auch hinsichtlich der länderbezogenen Sanktionen kommen Finanzsanktionen gegen die jeweiligen Machthaber eines Landes eine exponierte Bedeutung zu. Aufgrund der kriegerischen Auseinandersetzungen, die meist Auslöser einer Sanktionierung sind, spielen jedoch auch militärische Maßnahmen wie Waffenembargos, die Untersagung diesbezüglicher Dienstleistungen und Embargos bezüglich zu interner Repression verwendbarer Ausrüstung eine große Rolle.

Besonderes Augenmerk soll auf die von der europäischen Terrorliste betroffenen Personen und Organisationen gelegt werden. Wie bereits bemerkt, sind alle Personen, deren Finanzen eingefroren werden, dem arabischen bzw. islamistischen Raum zuzuordnen. Auch bei den gelisteten Vereinigungen und Einrichtungen sind von den Finanzsanktionen überwiegend arabische Organisationen betroffen. Dies verdeutlicht das hohe Gefahrenpotenzial, das die EU dem islamistischen Terrorismus zuschreibt.

---

794 In diesem Sinne auch *Kaufmann-Bühler*, in: Grabitz/Hilf/Nettesheim, Das Recht der EU, Art. 21 Rn. 9.

795 Vgl.: 3. Kap. B. II.

796 Zwar wird auch in Bezug auf das „Anti-Terrorismus"-Regime in Art. 10 des Gemeinsamen Standpunkts 2001/930/GASP gefordert, die Bewegung von Terroristen und terroristischen Gruppen durch wirksame Grenzkontrollen zu verhindern; eine Listung konkreter Personen erfolgt jedoch nicht.

Im Gegensatz hierzu steht der von Europol[797] jährlich veröffentlichte „EU Terrorism Situation and Trend Report (TE-SAT)"[798], der Zahlen und Fakten hinsichtlich der Entwicklung des Terrorismus innerhalb der EU enthält. Von den durch die Mitgliedstaaten berichteten 174 fehlgeschlagenen, vereitelten oder erfolgreich begangenen terroristischen Anschlägen wurde für den Berichtszeitraum 2011 kein religiös motivierter Anschlag verzeichnet.[799] 110 Terroranschläge hingegen wurden 2011 von separatistischen Bewegungen in Frankreich und Spanien verübt sowie weitere 37 Anschläge, die linken Gruppen zuzuordnen sind.[800]

Ein etwas anderes Bild zeigt sich bei der Verteilung der verschiedenen Arten von Terrorismus in Bezug auf die Anzahl der Verhaftung in Verbindung mit terroristischen Straftaten – Verdacht auf Mitgliedschaft in einer terroristischen Vereinigung, finanzielle Unterstützung von Terroristen sowie das Verüben von Anschlägen – und diesbezüglichen Verurteilungen. Von insgesamt 484 verhafteten Verdächtigen sind zwar auch an dieser Stelle überwiegend Mitglieder von separatistischen Bewegungen betroffen (247), darauf folgen jedoch bereits an zweiter Stelle Mitglieder aus religiös motivierten Gruppen (122).[801] In 346 Fällen kam es zu einem Prozess aufgrund terroristischer Straftaten, wobei auch hier, anders als noch 2008, die meisten Urteile nicht gegen Mitglieder islamistischer Bewegungen, sondern gegen Mitglieder separatistischer Bewegungen gesprochen wurden.[802]

Fraglich ist daher, ob die allein bzw. überwiegend gegen islamistische Terroristen verhängten Finanzrestriktionen aufgrund der geringen Anzahl der tatsächlich verübten Anschläge gerechtfertigt sind. Grundsätzlich stimmen diese Zahlen mit der oben bereits herausgearbeiteten präventiv orientierten Zielrichtung der Sanktionen überein. Mit den Maßnahmen zur finanziellen Austrocknung des Terrorismus sollen Terroranschläge verhindert und ferner Terrororganisationen zerschlagen werden.[803] Ein wesentlicher Punkt hierzu ist das erhöhte

---

797 Europol bezeichnet eine internationale Organisation, die die Zusammenarbeit der Polizeibehörden und der anderen Strafverfolgungsbehörden der Mitgliedstaaten institutionalisiert, vgl. Art. 88 AEUV.

798 Im Internet abrufbar unter: https://www.europol.europa.eu/content/press/eu-terrorism-situation-and-trend-report-te-sat-2012-1567 (zuletzt abgerufen am 6.3.2013).

799 EU Terrorism Situation and Trend Report 2012, S. 36..

800 EU Terrorism Situation and Trend Report 2012, S. 36.

801 EU Terrorism Situation and Trend Report 2012, S. 37.

802 EU Terrorism Situation and Trend Report 2012, S. 38; EU Terrorism Situation and Trend Report 2010, S. 16 f., im Internet abrufbar unter: https://www.europol.europa.eu /sites/default/files/publications/te-sat2011.pdf (zuletzt abgerufen am 6.3.2013).

803 *Gramlich*, in: Ehlers/Wolffgang/Lechleitner, Risikomanagement im Exportkontrollrecht, S. 135 (180 f.); vgl. bereits: 3. Kap. C. I. 2.

Gefahrenpotenzial und die große Zerstörungskraft, die von dem islamistisch motivierten Terror ausgehen. Der Trend Report für den Berichtszeitraum 2009 nennt als Beispiel den versuchten Anschlag eines Nigerianers an Bord eines US-amerikanischen Flugzeugs am 25. September 2009.[804] Die Mitgliedstaaten bezeichnen die Gefahr, die von islamistischen Terrorgruppen ausgeht, als real und ernst[805], was sich auch in der Zahl der diesbezüglichen Verurteilungen und Verhaftungen widerspiegelt. Als Grund für die Angst vor Anschlägen nennen die meisten Staaten ihre militärische Präsenz in Afghanistan und Irak, Angriffe auf EU-Bürger außerhalb der EU sowie die Tatsache, dass ca. ein Fünftel der verhafteten Verdächtigen sog. „home grown terrorists" sind, also Terroristen, die innerhalb der EU geboren sind und die Staatsangehörigkeit eines Mitgliedstaates besitzen.[806] Diese Einschätzung ist wohl auch dem Faktor geschuldet, dass der islamistische Terrorismus weltweit operiert und deshalb nicht greifbar ist, wobei die separatistischen Bewegungen, denen die meisten terroristischen Anschläge zuzuordnen sind, auf einige EU-Länder – v.a. Spanien, Frankreich und Großbritannien – begrenzt und auch ihre Ziele – Anerkennung eines eigenen Staates bzw. Unabhängigkeit – sehr konkret gefasst sind. Dass gegen diese Personen und Gruppen letztlich keine Finanzrestriktionen verhängt werden, lässt sich wie bereits bemerkt mit der fehlenden Kompetenz der EU, Vorschriften der GASP zur Gefahrenabwehr innerhalb der Mitgliedstaaten anzuwenden, erklären.[807]

3. Einhaltung der theoretischen Vorgaben der europäischen Sanktionspolitik

Die oben ausgewerteten Dokumente finden nur teilweise Anwendung auf die individualgerichteten Sanktionen gegen den Terrorismus. So sind die „Empfehlungen für den Umgang mit länderspezifischen eigenen Sanktionen der EU oder Ergänzungen der EU zu den von den Vereinten Nationen festgelegten Sanktionen"[808] ausweislich ihres Wortlauts nicht heranzuziehen. Vor allem die „Leitlinien zur Umsetzung und Evaluierung restriktiver Maßnahmen (Sanktionen) im Rahmen der Gemeinsamen Außen- und Sicherheitspolitik der EU"[809] und die „Bewährten Praktiken der EU für die wirksame Umsetzung restriktiver Maß-

804 EU Terrorism Situation and Trend Report 2010, S. 19.

805 EU Terrorism Situation and Trend Report 2010, S. 19.

806 EU Terrorism Situation and Trend Report 2010, S. 20 ff.

807 Vgl. hierzu bereits: 3. Kap. C. III. 1. c).

808 Dok. 7697/07, v. AStV am 17.4.07 gebilligt bzw. Dok. 11054/07, v. AStV am 27.6.07 gebilligt.

809 Dokument des Rats v. 15.6.2012 (11205/12).

nahmen“[810], die Vorgaben für die entsprechenden Rechtsakte setzen, sind jedoch mit Einschränkungen auf die individualgerichteten Sanktionen gegen den Terrorismus anwendbar.

a) Entwicklung und Ablauf der Sanktionsregime

Wie bereits erwähnt, ist über Entwicklung und Ablauf der Sanktionsregime wenig bekannt. Zumal beide Sanktionsregime im Wesentlichen Vorgaben des VN-Sicherheitsrats umsetzen, ist diesem hierbei die entscheidende Rolle zuzuschreiben.

Die zum Zwecke der Überwachung und Bewertung von Sanktionen geforderten Bestimmungen zum Informationsaustausch der zuständigen Behörden der Mitgliedstaaten und der Kommission haben auch in die Verordnungen der individualgerichteten Sanktionen gegen den Terror Eingang gefunden.[811] Gleiches gilt für die Regelungen, die die in den Mitgliedstaaten ansässigen natürlichen und juristischen Personen, Einrichtungen und Organisationen verpflichten, unverzüglich alle Informationen der Kommission direkt oder über die in ihrem Land zuständige Behörde bereitzustellen, die die Einhaltung der Verordnung erleichtern.[812] Ferner enthalten die Rechtsakte eine an die Mitgliedstaaten gerichtete Verpflichtung, die zuständigen Behörden der anderen Mitgliedstaaten und die Kommission über auf Antrag erteilte Genehmigungen zu informieren.[813]

Zum Zwecke der Überwachung des Sanktionsregimes sollten die jeweiligen Rechtsakte eine Ablauffrist oder eine Überprüfungsklausel beinhalten. Eine Befristung oder spezielle Kriterien, wann die Aufhebung der Sanktionsregime erfolgen kann, enthalten jedoch die Rechtsakte beider Sanktionsregime nicht. Dies steht im Gegensatz zu den länderbezogenen Sanktionsregimen, die teilweise detaillierte Kriterien für eine Aufhebung der restriktiven Maßnahmen aufweisen. Länderbezogene Sanktionen haben jedoch meist einen konkreten Konflikt als Anlass der Sanktionierung. Im Falle des „Al-Qaida“-Sanktionsregimes wäre höchstens die (unwahrscheinliche) Auflösung dieser terroristischen Vereinigungen als Anknüpfungspunkt für eine Aufhebung denkbar. Für die „Anti-

810 Dokument des Rats v. 24.4.2008 (8666/1/08 REV 1).

811 VO (EG) Nr. 2580/2001, Art. 8 bzw. VO (EG) Nr. 881/2002, Art. 8.

812 VO (EG) Nr. 2580/2001, Art. 4 bzw. VO (EG) Nr. 881/2002, Art. 5; letztere ordnet zusätzlich an, dass insbesondere die verfügbaren Informationen im Zusammenhang mit Geldern, anderen finanziellen Vermögenswerten und wirtschaftlichen Ressourcen, die während der sechs Monate vor Inkrafttreten dieser Verordnung im Eigentum oder unter Kontrolle einer der vom Sanktionsausschuss benannten und in Anhang I genannten Person standen, übermittelt werden sollen (I a).

813 VO (EG) Nr. 2580/2001, Art. 6 Abs. 2 bzw. VO (EG) Nr. 881/2002, Art. 2a Abs. 2; letztere normiert jedoch nur eine Verpflichtung die anderen Mitgliedstaaten zu informieren, nicht jedoch die Kommission.

Terrorismus"-Maßnahmen sind konkrete Überprüfungskriterien nicht vorstellbar, da Terrorismus als ein weltweites, sich ausbreitendes Phänomen betrachtet wird.

b) Rechtliche Aspekte

Auch in den individualgerichteten Sanktionsregimen gegen den Terror erfolgt in den Erwägungsgründen eine umfassende Darstellung des rechtlichen Zusammenhangs. So wird auf die entsprechenden Resolutionen des VN-Sicherheitsrats verwiesen sowie die Artikel der europäischen Verträge angegeben, auf denen die Gemeinsamen Standpunkte bzw. Verordnungen basieren.

Der sich in der neuesten Sanktionspolitik durchgesetzte Verweis, dass die Rechtsakte im Einklang mit den Grundrechten und Grundsätzen stehen, die insbesondere mit der Charta der Grundrechte der EU anerkannt wurden, findet sich nur in der Verordnung (EU) Nr. 1286/2009[814], der das „Al-Qaida"-Sanktionsregime ändert. Diese enthält ferner den, die internationalen Verpflichtungen betonenden Zusatz, dass die Verordnung die Verpflichtungen der Mitgliedstaaten im Rahmen der VN-Charta sowie den rechtlich bindenden Charakter der Resolutionen des Sicherheitsrats achtet.[815] Auch eine Anpassung der Rechtstexte des „Anti-Terrorismus"-Sanktionsregimes an die neueste Sanktionspolitik wäre wünschenswert, um die Bedeutung der Grundrechte für das Erstellen der EU-Terrorliste zu bekräftigen.

Die Rechtsinstrumente über Finanzrestriktionen müssen angemessene Ausnahmen aus humanitären Gründen und zur Deckung außergewöhnlicher Kosten enthalten, um im Einzelfall verhältnismäßig angewendet werden zu können. Bei den untersuchten Finanzsanktionen werden Ausnahmen nur in der jeweiligen Verordnung festgelegt, nicht jedoch in den Gemeinsamen Standpunkten (bzw. Beschlüssen): Für das allgemeine „Anti-Terrorismus"-Regime werden gemäß Verordnung (EG) Nr. 2580/2001 Ausnahmen von dem Einfriergebot zur Deckung der Grundbedürfnisse einer gelisteten Person oder ihrer Familienmitglieder (Art. 5 Abs. 2 Nr. 1) sowie zur Zahlung von Steuer und Pflichtversicherungen (Art. 5 Abs. 2 Nr. 2) gewährt. Ausgenommen sind ferner Zahlungen an eine gelistete Person, Körperschaft oder Gruppierung aufgrund von Verträgen, Vereinbarungen oder Verpflichtungen, die vor Inkrafttreten der Verordnung geschlossen bzw. eingegangen wurden (Art. 5 Abs. 2 Nr. 3). Gemäß Art. 6, der als Auffangtatbestand fungiert, kann eine spezifische Ausnahmegenehmigung im Einzelfall erteilt werden. Das Bereitstellungsverbot gilt nicht für die Gutschrift fälliger Zinsen auf den eingefrorenen Konten, diese Zinsen werden allerdings erneut eingefroren (Art. 5 Abs. 1).

814 VO (EU) Nr. 1286/2009, Erwägungsgrund Nr. 9.

815 VO (EU) Nr. 1286/2009, Erwägungsgrund Nr. 10.

Für das „Al-Qaida"-Sanktionsregime wurden erst 2003 Ausnahmen von den Finanzsanktionen für die Verordnung (EG) Nr. 881/2002 eingefügt.[816] Art. 2a sieht Ausnahmen für Grundausgaben (Abs. 1 lit. a Ziff. i) vor. Ferner ist eine Ausnahme möglich zur Deckung von Kosten bezüglich rechtlicher Dienste oder im Zusammenhang mit der Verwahrung oder Verwaltung eingefrorener Gelder oder wirtschaftlicher Ressourcen (Abs. 1 lit. a Ziff. iii). Auch hier findet sich ein Auffangtatbestand für Gelder und wirtschaftliche Ressourcen, die zur Deckung außerordentlicher Ausgaben erforderlich sind (Abs. 1 lit. a, Ziff iv). Ausgenommen sind eingehende Zinsen und Gutschriften auf eingefrorene Konten sowie Zahlungen, die aufgrund bereits vor dem Einfrieren der entsprechenden Konten entstandenen Verträgen, Vereinbarungen oder Verpflichtungen erfolgen (Abs. 4).

Somit ist den Anforderungen genüge getan, da sowohl Ausnahmen aus humanitären Gründen als auch zur Deckung außergewöhnlicher Kosten genehmigt werden können. Um jedoch die Anwendung zu erleichtern, sollte der Wortlaut der Ausnahmeregelungen i.S.d. in den Leitlinien festgelegten Standardformulierungen[817] vereinheitlicht werden und so auch den entsprechenden Vorschriften in den Rechtsinstrumenten der länderbezogenen Sanktionen angepasst werden.

Die Forderung, im Vorfeld müsse bereits abgewogen werden, welche Maßnahmen geeignet und verhältnismäßig sind, kann für die „Anti-Terror"-Maßnahmen nicht überprüft werden, da die Union nur die Vorgaben des Sicherheitsrats umsetzt. Eigenen Spielraum hat die Union lediglich bei der konkreten Listung der betroffenen Personen und Vereinigungen, nicht jedoch bei der Frage, welche Maßnahmen verhängt werden.

c) Listung

Das Verfahren der Listung wurde in Bezug auf die VN und die EU-Terrorliste bereits ausführlich dargestellt. An dieser Stelle soll nur noch kurz auf die Einhaltung der in den Leitlinien normierten Anforderungen an die Identifikationsmerkmale zur Verbesserung der Wirksamkeit restriktiver Maßnahmen und zur Vermeidung einer Namensverwechslung eingegangen werden. Durch die Verordnung (EU) Nr. 1286/2009, die das „Al-Qaida"-Sanktionsregime ändert, wird explizit festgelegt, dass die Liste, soweit verfügbar, Angaben zu den aufgeführten natürlichen Personen und Organisationen enthalten muss, die vom Sicherheitsrat oder dem Sanktionsausschuss übermittelt werden und zu dem Zwecke erforderlich sind, die Identität der betreffenden Personen oder Organisation zu überprüfen. Die Angaben können bei natürlichen Personen insbesondere Name, Aliasnamen, Geburtsdatum und -ort, Staatsangehörigkeit, Reisepass- und Perso-

816 Vgl. VO (EG) Nr. 561/2003.

817 Dokument des Rats v. 15.6.2012 (11205/12), Rn. 83-86.

nalausweisnummern, Steuer- und Sozialversicherungsnummer, Geschlecht, Anschrift, Funktion oder Beruf sowie das Datum der Aufnahme in die Liste umfassen.[818] Bei juristischen Personen und Organisationen sollten Name, Ort und Datum der Registrierung, Registriernummer, das Hauptgeschäft oder sonstige Informationen über Niederlassungen und das Datum der Aufnahme in die Liste genannt werden.[819] Diese Vorgaben werden in der Praxis weitgehend eingehalten.[820]

Eine derartige Aufzählung der anzugebenden Kriterien wäre auch für das „Anti-Terrorismus"-Sanktionsregime wünschenswert. In diesem Punkt sollten sich die Rechtsakte ebenfalls an die neue Sanktionspraxis anpassen. In der Praxis werden in die EU-Terrorliste Name, Geburtsdatum und -ort, Staatsangehörigkeit oder Reisepassnummer sowie die Angabe, welcher terroristischen Vereinigung die betroffenen Personen angehören, aufgenommen. Die Liste der Gruppen und Organisationen enthält nur den Namen der terroristischen Vereinigung. Anders als bei den länderbezogenen Sanktionsregimen enthält also die VN determinierte Liste eine detailliertere Angabe der Identifikationsmerkmale als die EU-Terrorliste.

Das allgemeine „Anti-Terrorismus"-Sanktionsregime enthält ferner einen Hinweis auf die Überprüfung der Namen von Personen und Vereinigungen, die in der EU-Terrorliste gelistet sind. Diese müssen mindestens alle sechs Monate überprüft werden, um sicherzustellen, dass ihr Verbleib auf der Liste nach wie vor gerechtfertigt ist.[821]

D. Zwischenresümee

Die europäische Sanktionspolitik umfasst in der Praxis zum einen länderbezogene Sanktionsregime, zum anderen nicht staatengebundene, individualgerichtete Sanktionen, die der Bekämpfung des Terrorismus dienen.

Zurzeit sind 21 länderbezogene Sanktionsregime in Kraft. Betroffen sind zwölf afrikanische (Ägypten, DR Kongo, Elfenbeinküste, Eritrea, Guinea, Guinea-Bissau Liberia, Libyen, Simbabwe, Somalia, Sudan und Tunesien), sechs asiatische (Irak, Iran, Libanon, Myanmar, Nordkorea und Syrien) sowie drei eu-

818 VO (EG) Nr. 881/2002, Art. 7d, eingefügt durch VO (EU) Nr. 1286/2009, Art. 1 Nr. 9.

819 VO (EG) Nr. 881/2002, Art. 7e, eingefügt durch VO (EU) Nr. 1286/2009, Art. 1 Nr. 9.

820 Vgl. VO (EG) Nr. 881/2002, Anhang I in der Fassung von VO (EU) Nr. 1204/2010; damit gibt die Verordnung die auch in der entsprechenden Liste der VN enthaltenen Identifikationsmerkmale wieder, vgl. http://www.un.org/sc/committees/1267/pdf/AQList.pdf (zuletzt abgerufen am 6.3.2013).

821 Gemeinsamer Standpunkt 2001/931/GASP, Art. 1 Abs. 6.

ropäische Staaten (die Staaten des ehemaligen Jugoslawien, Moldau und Weißrussland). Zehn dieser Sanktionsregime wurden von der EU autonom und daher ohne entsprechende Vorgaben des VN-Sicherheitsrats, umgesetzt. Hierbei ist zu beachten, dass alle drei innerhalb Europas installierten Sanktionsregime zu den EU-autonom verhängten Sanktionen zählen. Ferner wurden originär durch die EU gegen Ägypten, Guinea, Guinea-Bissau, Myanmar, Simbabwe, Syrien und Tunesien restriktive Maßnahmen verhängt.

Die meisten Sanktionsregime bestehen dabei aus einer Kombination aus Waffenembargo, einer diesbezüglichen Untersagung der Bereitstellung technischer Unterstützung und anderer Dienstleistungen sowie Reise- und Finanzsanktionen gegen die Machthaber des jeweiligen Landes.

Die Sanktionspolitik soll die Ziele des auswärtigen Handelns der Union gemäß Art. 21 EUV n.F. verwirklichen. Die überwiegende Zahl der an dieser Stelle untersuchten Sanktionsregime ist zur Wahrung regionalen Friedens und Stabilität und damit einhergehend zur Förderung von Menschenrechten, den Grundsätzen der Demokratie und verantwortungsvoller Staatsführung ergangen. Die hinter den einzelnen Sanktionsregimen stehende Zielsetzung ist somit den nach außen wirkenden Zielen bzw. solchen, die das Bewusstsein der Mitverantwortung für die Weltgemeinschaft widerspiegeln, wie in Art. 21 Abs. 2 lit. b, c und h EUV n.F. niedergelegt, zuzuordnen. Eine etwas andere Zielsetzung steht hinter den innerhalb Europas verhängten Sanktionsregimen. Hier dominiert die defensive Zielsetzung der Union. Sanktionen gegen osteuropäische Staaten wie Moldau und Weißrussland werden vor allem verhängt, um in angrenzenden Staaten wirtschaftliche und politische Stabilität sicherzustellen.

Der Rat hat einige Dokumente veröffentlicht, die theoretische Vorgaben beinhalten, welche Gestalt eine europäische Sanktionspolitik annehmen sollte. Besonders hervorzuheben sind hierbei die „Leitlinien zur Umsetzung und Evaluierung restriktiver Maßnahmen (Sanktionen) im Rahmen der Gemeinsamen Außen- und Sicherheitspolitik“, die der Standardisierung der Umsetzung der Maßnahmen und einer Festigung der Umsetzungsmethoden dienen. Diese Leitlinien entfalten zwar keine rechtliche Bindungswirkung, allerdings ist der Rat verpflichtet, die von ihm festgelegten Umsetzungsmethoden zur Durchführung restriktiver Maßnahmen einzuhalten (Selbstbindung des Rats). Die untersuchten länderbezogenen Embargos halten die in den Leitlinien festgelegten Vorgaben, soweit nichts anderes in den zugrundeliegenden SR-Resolutionen der VN bestimmt wird, weitgehend ein: So sind zum Zwecke der Überwachung und Bewertung der Sanktionsregime Bestimmungen zum Informationsaustausch zwischen den zuständigen Behörden der Mitgliedstaaten, der Kommission und den in den Mitgliedstaaten ansässigen natürlichen und juristischen Personen, Einrichtungen und Organisationen vorgesehen. Die EU-autonomen Sanktionsregime sind ferner auf zwölf Monate befristet. Die Rechtsakte sollen fortlaufend überprüft werden und gegebenenfalls verlängert oder geändert werden, wenn mit Ablauf der Frist die Ziele nicht erreicht wurden. Die Kriterien, die zu einer Aufhebung der restriktiven Maßnahmen führen, sind besonders präzise in den europaintern festgesetzten Sanktionsregimen festgelegt. So werden die Maßnahmen gegen Moldau hinsichtlich der Entwicklung des Transnistrien-Konflikts und die Maßnahmen gegen Weißrussland anhand von Reformen des Wahlgesetzes sowie der Durchführung demokratischer Wahlen überprüft. Des Weiteren enthalten die Sanktionsregime gemäß den Vorgaben der Leitlinien Ausnahmen für Finanz- und Reisesanktionen aus humanitären Gründen und – bei Finanzsanktionen – zur Deckung außergewöhnlicher Kosten. Die Auswahl der Maßnahmen erfolgt bei den EU-autonomen Sanktionsregimen einzelfallbezogen. So werden z.B. die Maßnahmen gegenüber Belarus und Moldau zugunsten einer diplomatischen Lösung des Konflikts ausgesetzt. Auch die Listung der betroffenen Personen und Vereinigungen erfolgt weitgehend unter Beachtung der durch die Leitlinien normierten Anforderungen an die Identifikationsmerkmale zur Verbesserung der Wirksamkeit restriktiver Maßnahmen und zur Vermeidung einer Namensverwechslung (zu denen gehören bei natürlichen Personen nach Möglichkeit Name, Aliasname, Geburtsdatum, -ort, Pass- bzw. Ausweisnummer, Anschrift und Staatsangehörigkeit).

Die VN haben ferner zur Bekämpfung der Finanzierung des Terrorismus individualgerichtete Finanzsanktionen verhängt. Dabei ist zwischen zwei „Anti-Terror"-Regimen zu differenzieren: Zum einen die Maßnahmen gegen das Al-Qaida-Netzwerk, die bis Juni 2011 auch noch auf die Taliban Anwendung fanden; zum anderen die Maßnahmen gegen sonstige Terrorverdächtige. Das erste Sanktionsregime knüpfte ursprünglich an den Bürgerkrieg Afghanistans an. Die Terrorismusbekämpfung wurde erst durch die SR-Resolution 1267 (1999) zum Leitmotiv der Sanktionierung. Der Sicherheitsrat begründet die Maßnahmen vor allem mit der Nichtbefolgung der Forderungen an die Taliban, die Entwicklung des Terrorismus auf ihrem Hoheitsgebiet nicht weiter zu unterstützen. Adressaten der Maßnahmen blieben jedoch die Taliban als territorial abgrenzbares *de facto*-Regime. Diese territoriale Gebundenheit des Sanktionsregimes wurde erst durch die SR-Resolution 1390 (2002) aufgelöst. Aufgrund der militärischen Intervention der internationalen Koalition war das *de facto*-Regime in Afghanistan zusammengebrochen. Der Sicherheitsrat richtete ab diesem Zeitpunkt die Finanzsanktionen nicht mehr gegen die Taliban als *de facto*-Regime eines Landes, sondern gegen die Taliban, Al-Qaida oder mit ihnen verbundene Personen unabhängig von ihrem Aufenthaltsort. Diese Entterritorialisierung zeigt sich auch in dem Sanktionsregime gegen sonstige Terrorverdächtige. Aus Anlass der Anschläge vom 11. September 2001 wurde die SR-Resolution 1373 (2001) erlassen, die die Mitgliedstaaten auffordert, die Finanzierung terroristischer Handlungen zu verhüten und zu bekämpfen. Die Maßnahmen beinhalten ein Einfriergebot und ein Bereitstellungsverbot für Gelder und andere wirtschaftliche Ressourcen. Adressaten sind Personen und Organisationen, die einen terroristischen Akt begehen, zu begehen versuchen oder sich an deren Begehung beteiligen bzw. diese erleichtern. Folglich wurde gänzlich auf einen territorialen Anknüpfungspunkt verzichtet.

Mit der SR-Resolution 1988 (2011) beschloss der Sicherheitsrat, die Listung von Angehörigen der Taliban und der Al-Qaida zu trennen. Ermöglicht werden soll hierdurch eine Aussöhnung zwischen der afghanischen Regierung und der Taliban, die sich selbst von der Ideologie der Al-Qaida abgrenzen und sich als lokal begrenzte Vereinigung sehen.

Die Listung der von den Finanzsanktionen betroffenen Personen und Vereinigungen obliegt dem Sicherheitsrat dabei nur für das „Taliban-" und „Al-Qaida"-Sanktionsregime. Bei den allgemeinen „Anti-Terrorismus"-Maßnahmen trifft diese Pflicht die Mitgliedstaaten. Im ersteren Fall erstellt der durch die SR-Resolution 1267 (1999) eingerichtete Sanktionsausschuss die Listen aufgrund von Hinweisen der Mitgliedstaaten. Die Verfahrensrichtlinien des Sanktionsausschusses sehen ein entsprechendes Verfahren zur Streichung von der Liste vor. Mit der SR-Resolution 1904 (2009) führte der Sicherheitsrat eine Ombudsperson ein, an die sich die betroffenen Personen und Einrichtungen wenden können. Hauptaufgabe der Ombudsperson ist das Sammeln von Informationen sowie die Koordinierung der einzelnen Verfahrensbeteiligten. Der Sanktionsausschuss bleibt jedoch *iudex in causa sua,* da letztendlich nur er über eine Streichung aus der Liste, deren Inhalt er zuvor selbst festgelegt hat, entscheidet. Somit wird auch nach der Einführung der Ombudsperson kein Rechtsschutz durch einen unabhängigen und unparteiischen Spruchkörper gewährt.

Auf Ebene der EU wurden die Maßnahmen gegen Al-Qaida und die Taliban durch den Gemeinsamen Standpunkt 2002/402/GASP und die Verordnung (EG) Nr. 881/2002 sowie die Maßnahmen gegen sonstige Terrorverdächtige durch den Gemeinsamen Standpunkt 2001/931/GASP und die Verordnung (EG) Nr. 250/2001 umgesetzt. Das erste Sanktionsregime übernimmt inhaltlich die Vorgaben des Sicherheitsrats. Die Listen der betroffenen Personen und Vereinigungen werden gemäß den Vorgaben des Sicherheitsrats und des Sanktionsausschusses erstellt. Auch die Maßnahmen gegen die sonstigen Terrorverdächtigen werden inhaltlich übernommen. Der Gemeinsame Standpunkt 2001/931/GASP enthält jedoch eine Definition der terroristischen Handlung. Unter dem Begriff wird eine vorsätzliche Handlung – abschließend aufgezählt werden u.a. Geiselnahme, Anschläge auf das Leben und Zerstörung eines Regierungsgebäudes – subsumiert, die durch ihre Art oder durch ihren Kontext ein Land oder eine internationale Organisation ernsthaft schädigen können. Subjektive Voraussetzung ist, dass diese Handlungen mit dem Ziel begangen werden, die Bevölkerung einzuschüchtern, Zwänge jeglicher Art aufzuerlegen, die politischen, verfassungsrechtlichen, wirtschaftlichen und sozialen Grundstrukturen ernsthaft zu destabilisieren oder zu zerstören.

Eine eigene Listung der betroffenen Personen auf europäischer Ebene erfolgt nur in Bezug auf das allgemeine Terrorismus-Sanktionsregime. Der Gemeinsame Standpunkt 2001/931/GASP enthält ein eigenes Listungsverfahren. Gemäß Art. 1 Abs. 4 des Gemeinsamen Standpunkts ist für eine Aufnahme auf die europäische Terrorliste nötig, dass die zuständige Behörde gegen die betroffene Person oder Vereinigung Ermittlungen oder eine Strafverfolgung wegen einer terroristischen Handlung eingeleitet hat. Um sicherzustellen, dass der Verbleib auf der Liste gerechtfertigt ist, werden die Namen der Personen und Vereinigungen auf der Liste mindestens halbjährlich überprüft. Ein besonderes Verfahren zur Streichung des Betroffenen von der Liste ist nicht vorgesehen. Die im Anhang aufgeführte Liste des Gemeinsamen Standpunkts 2001/931/GASP beinhaltet aktuell 31 E.T.A. Aktivisten und 19 europäische Gruppen, wie E.T.A. und Real IRA für die lediglich gemäß Art. 4 eine verstärkte Zusammenarbeit im Bereich der polizeilichen und justiziellen Zusammenarbeit in Strafsachen (PJZS) stattfindet. Hintergrund hierfür ist die begrenzte Kompetenz der EU: Die Vorschriften der GASP ermächtigen nicht zur Gefahrenabwehr innerhalb der Mitgliedstaaten, sodass in diesem Bereich nationalstaatliche Regelungen getroffen werden müssen. Ferner sind 11 natürliche Personen und 25 Gruppen und Organisationen gelistet, auf die jede der oben beschriebenen Maßnahmen Anwendung finden. Alle Personen, deren Finanzen eingefroren wurden, entstammen dem arabischen bzw. islamistischen Raum und sind vor allem den islamistischen Gruppierungen *al Takfir, al Hijra* und der *Hofstadgroep* zuzuordnen. Auch bei den juristischen Personen sind von den Finanzsanktionen überwiegend arabische Organisationen betroffen.

Allgemein steht hinter den individualgerichteten Finanzsanktionen gegen den Terror das Ziel, die Union vor terroristischen Anschlägen zu schützen und somit eine defensive Zielsetzung gemäß Art. 21 Abs. 2 lit. a EUV n.F. Zum anderen ist der Terrorismus ein weltweit auftretendes Phänomen und daher eine Gefahr für die internationale Sicherheit, zu deren Stärkung sich die EU gemäß ihrer nach außen wirkenden Zielsetzungen (Art. 21 Abs. 2 lit. c EUV n.F.) verpflichtet fühlt.

Für die individualgerichteten Finanzsanktionen gegen den Terror enthalten die Leitlinien des Rats ebenfalls theoretische Vorgaben, welche Gestalt die Sanktionspolitik annehmen sollte. So finden sich zum Zwecke der Überwachung und Bewertung auch hier Bestimmungen zum Informationsaustausch zwischen den zuständigen Behörden der Mitgliedstaaten, der Kommission und den in den Mitgliedstaaten ansässigen natürlichen und juristischen Personen, Einrichtungen und Organisationen. Allerdings enthalten die beiden „Anti-Terror"-Regime keine Ablauffrist oder spezielle Kriterien, wann eine Aufhebung der Maßnahmen erfolgen kann.

Die Finanzsanktionen enthalten angemessene Ausnahmen aus humanitären Gründen und zur Deckung außergewöhnlicher Kosten. Allerdings sollte eine Angleichung des Wortlauts an die länderbezogenen Finanzsanktionen erfolgen, um den Adressaten die Rechtsanwendung zu erleichtern.

Für das „Al-Qaida"-Sanktionsregime wird durch die Verordnung (EU) Nr. 1268/2009 eine Reihe von Identifikationsmerkmalen festgelegt, die ein Listeneintrag nach Möglichkeit beinhalten sollte. Ein solcher Hinweis fehlt für die von der Union erstellte Liste des allgemeinen „Anti-Terror"-Sanktionsregimes. Auch hier ist eine Angleichung der Rechtsakte an die neue Sanktionspolitik zu fordern.

Im folgenden Kapitel werden die möglichen Konsequenzen aufgezeigt, die den Normadressaten bei einem Verstoß gegen Finanzsanktionen treffen können. Dabei ergeben sich für länderbezogene wie für individualgerichtete Sanktionen die gleichen (strafrechtlichen) Konsequenzen.

4. Kapitel: Mögliche Folgen eines Verstoßes gegen Finanzsanktionen für Nichtgelistete

A. Rechtsvorschriften im nationalen Recht

Finanzsanktionen betreffen nicht nur die jeweiligen gelisteten Personen und Vereinigungen, sondern wirken sich auch auf in den Mitgliedstaaten ansässige Kreditinstitute, Finanzdienstleister und Unternehmen aus. Die vertretungsberechtigten Organe sind verpflichtet, Gelder und wirtschaftliche Ressourcen einzufrieren und den Betroffenen keine Gelder und wirtschaftliche Ressourcen zur Verfügung zu stellen. Ferner unterliegen die Organe Informationspflichten. Auch private Dritte können von dem Bereitstellungsverbot und den Informationspflichten betroffen sein.

Neben den beträchtlichen zivilrechtlichen Folgen kann ein Verstoß gegen Finanzsanktionen erhebliche strafrechtliche Konsequenzen nach sich ziehen. Die in den Verordnungen der EU verbindlich auferlegten Verhaltenspflichten werden nämlich im jeweiligen nationalen Recht von Straftatbeständen flankiert, die einen Verstoß gegen die europarechtlichen Vorschriften sanktionieren.[822]

Im Folgenden wird untersucht, welche Vorgaben das Unionsrecht diesbezüglich enthält (I.) und wie der deutsche Gesetzgeber das Gebot zur Sanktionierung von Verstößen gegen die entsprechenden Verordnungen umgesetzt hat (II.).

I. Vorgaben im Unionsrecht

In den Verordnungen der jeweiligen Sanktionsregime findet sich in etwa folgender Passus:

Die Mitgliedstaaten legen Vorschriften zu Sanktionen bei Verstößen gegen diese Verordnung fest und ergreifen alle erforderlichen Maßnahmen zur Durchsetzung der Sanktionen. Die vorgesehenen Sanktionen müssen wirksam, verhältnismäßig und abschreckend sein.[823]

---

822 Die Arbeit konzentriert sich im Folgenden auf die strafrechtlichen Konsequenzen; zu den zivilrechtlichen Folgen vgl. auch: 4. Kap. C. III. 3. a); die hier gewonnen Erkenntnisse zur Primärrechtskonformität sowie zum Anwendungsbereich der untersuchten Verordnungen sind überdies auch maßgebend für die zivilrechtlichen Konsequenzen und insofern übertragbar.

823 Vgl. nur VO (EU) Nr. 1284/2009 (Guinea), Art. 16 Abs. 1; VO (EU) Nr. 667/2010 (Eritrea), Art. 14 Abs. 1; VO (EU) Nr. 356/2010 (Somalia), Art. 15 Abs. 1.

Die Frage ist, wie diese Sanktionsvorschriften im nationalen Recht ausgestaltet sein müssen und ob in den Vorgaben der jeweiligen Verordnung eine sekundärrechtliche Anweisung zur *strafrechtlichen* Sanktionierung zu sehen ist. Detaillierte strafrechtliche Sanktionsverpflichtungen des Sekundärrechts wären jedoch dann problematisch, wenn der EU die Kompetenz zur Schaffung von Strafrechtsnormen fehlt.

1. Strafrechtliche Rechtsetzungskompetenz

Die Organe der EU können nur Regelungen treffen, wenn diese durch Primärrecht dazu ermächtigt sind (Prinzip der begrenzten Einzelermächtigung, Art. 5 Abs. 1 S. 1, Abs. 2 EUV n.F.).[824] Von besonderem Interesse ist, ob auf der Grundlage des Primärrechts supranationales Kriminalstrafrecht geschaffen werden kann. Terminologisch wird zumindest auf europäischer Ebene mit dem Begriff des Kriminalstrafrechts verbunden, dass die verhängte Sanktion zum Freiheitsentzug führen kann und ein sozialethisches Unwerturteil zum Ausdruck bringen soll.[825]

Die herrschende Meinung lehnte eine europäische Strafrechtssetzungskompetenz bis zum Inkrafttreten des Vertrags von Lissabon ab. Im Wesentlichen wurden dabei drei Argumente vorgebracht: Einerseits wurde als historisches Argument auf den Willen der „Väter" der Gründungsverträge verwiesen. Angesichts des in den 50er Jahren gescheiterten Projekts einer Europäischen Verteidigungsgemeinschaft (EVG), bei der auf die EVG Strafgewalt für ein einheitliches Militärstrafgesetzbuch übertragen werden sollte, hätten diese sich bewusst gegen eine Strafrechtssetzungskompetenz auf Gemeinschaftsebene entschieden.[826] Seit dem Vertrag von Amsterdam kam überdies ein weiteres Argument gegen eine Strafrechtssetzungskompetenz hinzu: So wurde durch den Vertrag von Amsterdam die bestehende „dritte Säule" weitgehend in das Gemeinschaftsrecht eingegliedert. Nicht eingegliedert wurde jedoch das Strafrecht. Dieses verblieb in der intergouvernemental strukturierten, mit „Polizeiliche und Justizielle Zusammenarbeit in Strafsachen" überschriebenen dritten Säule.[827] Schließlich stützte sich die ablehnende Haltung auf zwei durch den Vertrag von Amsterdam eingeführte Vorschriften, Art. 135 S. 3 und Art. 280 Abs. 4 S. 2 EGV, die beide ausdrücklich normierten, dass „die Anwendung des Straf-

---

824 Vgl. hierzu *Geiger*, in: Geiger/Khan/Kotzur, EUV/AEUV, Art. 5 Rn. 3 f.; *Bast/v. Bogdandy*, in: Grabitz/Hilf/Nettesheim, Das Recht der EU, Art. 5 Rn. 13 ff.

825 *Rosenau*, ZIS 2008, 9.

826 *Oehler*, in: FS Jeschek II, 1399 (1404).

827 Vgl. hierzu *Satzger*, Europäisierung des Strafrechts, S. 141 ff. m.w.N.

rechts der Mitgliedstaaten und ihre Strafrechtspflege (...) unberührt" bleiben soll.[828]

Diesen Argumenten gegen eine supranationale Strafrechtssetzungskompetenz wurde durch den Vertrag von Lissabon die Grundlage entzogen: Die Verträge schweigen nun nicht mehr im selben Ausmaße bezüglich Strafrechtsnormen, sondern enthalten mit Art. 82, 83 AEUV Vorschriften, die sich im Zusammenhang mit supranationalen Vorschriften mit dem Strafrecht beschäftigen. Zudem wurde die Säulenstruktur aufgehoben und die PJZS in den supranational aufgebauten AEUV eingegliedert.[829]

Durch die Änderungen des Vertrags von Lissabon steht der Union nun in einigen Bereichen eine Befugnis zur Setzung von Kriminalstrafrecht zu. Gemäß Art. 325 Abs. 4 AEUV – der den Art. 280 Abs. 4 EGV ohne nationalen Strafrechtsvorbehalt ablöst – dürfen das Europäische Parlament und der Rat alle „erforderlichen Maßnahmen" zur Verhütung und Bekämpfung von Betrügereien, die sich gegen die finanziellen Interessen der Union richten, treffen. Dies deutet darauf hin, dass mit „erforderliche Maßnahmen" auch unmittelbar anwendbare Vorschriften mit strafrechtlichem Charakter gemeint sind.[830] Gleiches gilt für Art. 33 AEUV, der Art. 135 EGV ebenfalls ohne den nationalen Strafrechtsvorbehalt ablöst. In der neuen Fassung ist die Regelung zum Schutz des Zollwesens für die Schaffung von supranationalem Strafrecht offen.[831] Möglich erscheint der Erlass von supranationalen Straftatbeständen auch gemäß Art. 79 Abs. 2 lit. c und d AEUV, der der EU gestattet, gegen illegale Einwanderung bzw. Menschenhandel vorzugehen.[832]

In den genannten Bereichen steht der EU aufgrund der Änderungen im Primärrecht zumindest dem Grunde nach eine Befugnis zur Setzung von Kriminalstrafrecht zu.[833] Die Anwendung der Kompetenz ist jedoch durch den Subsidiaritätsgrundsatz (Art. 5 Abs. 3 EUV n.F.) und den Verhältnismäßigkeitsgrundsatz

---

828 Ausführlich hierzu *Prieß/Spitzer*, in: v. d. Groeben/Schwarze, EUV/EGV, Art. 280 EGV, Rn. 103 ff.

829 Vgl. hierzu *Satzger*, Internationales und Europäisches Strafrecht, § 8 Rn. 24.

830 *Meyer*, NStZ 2009, 657 (662); *Rosenau*, ZIS 2008, 9 (16); *Fromm*, SraFO 2008, 358 (365); *Sonnenberg/Last*, Europäisches Strafrecht, Europa Thema des Wissenschaftlichen Dienstes des Bundestages – Fachbereich Europa, Nr. 18/08 (21.5.2008), S. 3; zur in den entscheidenden Punkten gleich gestalteten Norm im Verfassungsvertrag bereits *Weigand*, ZStW 116 (2004), 275 (288); *Walter*, ZStW 117 (2005), 912 (917 f.).

831 *Satzger*, Internationales und Europäisches Strafrecht, § 8 Rn. 25.

832 Vgl. zur inhaltsgleichen Norm des Verfassungsvertrags (Art. III-267 Abs. 2 lit. c und d) *Walter*, ZStW 117 (2005), 912 (918 f.); *Tiedemann*, Wirtschaftsstrafrecht BT, Rn. 36.

833 *Fromm*, StraFO 2008, 358 (365); *Rosenau*, ZIS 2008, 9 (16); *Satzger*, Internationales und Europäisches Strafrecht, § 8 Rn. 27.

(Art. 5 Abs. 4 EUV n.F.) begrenzt. Letzterer erfordert, dass die Sanktionen des Kriminalstrafrechts aufgrund der mit ihnen verbundenen stigmatisierenden Wirkung immer nur als *ultima ratio* verhängt werden dürfen.[834] Zur Wahrung des Subsidiaritätsgrundsatzes – demzufolge die Union in den Bereichen, die nicht in ihre ausschließliche Zuständigkeit fallen, nur tätig werden darf, sofern und soweit die Ziele nicht von den Mitgliedstaaten verwirklicht werden können – ist darauf zu achten, dass das Kriminalstrafrecht in besonderem Maße nationale Interessen berührt und somit hohe Anforderungen an die Erforderlichkeit einer Regelung auf Unionsebene zu stellen sind.[835] Außerhalb der beschriebenen Bereiche und somit auch für die zu untersuchenden Finanzsanktionen, fehlt der EU jedoch weiterhin die Kompetenz zur Setzung von Kriminalstrafrecht.[836]

2. Verpflichtung zur strafrechtlichen Sanktionierung aufgrund sekundärrechtlicher Anweisung

Der Wortlaut in den Verordnungen der jeweiligen Sanktionsregime „wirksame, verhältnismäßige und abschreckende Sanktionen" festzulegen, lässt zunächst einen weiten Spielraum zur Interpretation. Würde man diesen als Verpflichtung der Mitgliedstaaten zur *strafrechtlichen* Ahndung verstehen, bedeutete dies – rein formal betrachtet – keine Überschreitung der unionsrechtlichen Kompetenzen, werden doch die Strafvorschriften erst durch den nationalen Umsetzungsakt geschaffen.[837] Die Verordnung selbst begründet gerade keine strafrechtliche Verantwortung des einzelnen Bürgers, da die normierte Verpflichtung an den Mitgliedstaat gerichtet ist.[838] Bei einer solchen formalen Betrachtungsweise wäre die Aufgabe der einzelstaatlichen Parlamente allerdings auf eine formale Zu-

834 Vgl. „Manifest zur Europäischen Kriminalpolitik" der Wissenschaftlergruppe „European Criminal Policy Initiative", ZIS 2009, 697.

835 *Satzger*, Internationales und Europäisches Strafrecht, § 8 Rn. 28; ausführlich zur Bedeutung des Subsidiaritätsgrundsatzes im Strafrecht auch *Rosenau*, ZIS 2008, 9 (16 ff.); vgl. auch das Protokoll über die Anwendung der Grundsätze der Subsidiarität und der Verhältnismäßigkeit (ABl. 2007 C 306/150); dessen Art. 6 eröffnet den nationalen Parlamenten die Möglichkeit, ihre Bedenken bezüglich der Einhaltung des Subsidiaritätsgrundsatzes im Gesetzgebungsprozess einzubringen; zu der Rolle des Strafrechts in der EU und die Auswirkungen auf den deutschen Gesetzgeber hat sich auch das BVerfG in der „Lissabon Entscheidung" geäußert, vgl. hierzu *Meyer*, NStZ 2009, 657 ff.

836 *Satzger*, Internationales und Europäisches Strafrecht, § 8 Rn. 30; *Sonnenberg/Last*, Europäisches Strafrecht, Europa Thema des Wissenschaftlichen Dienstes des Bundestages – Fachbereich Europa, Nr. 18/08 (21.5.2008), S.1.

837 *Krach*, Europäisierung, S. 118.

838 *Sieber*, ZStW 103 (1991), 957 (972).

stimmung begrenzt. Die Entscheidung, welche Verstöße strafrechtliche Konsequenzen nach sich ziehen, läge nicht mehr beim nationalen, sondern beim unionsrechtlichen Gesetzgeber.[839] Da der EU jedoch in dem zu betrachtenden Bereich keine Kompetenz zur Setzung von Kriminalstrafrecht zusteht, wäre dies unionsrechtswidrig. Im Ergebnis können die Mitgliedstaaten daher durch die Verordnungen nicht verpflichtet werden, bestimmte *strafrechtliche* Sanktionen für Verstöße gegen das Unionsrecht zu schaffen. Vielmehr muss dem nationalen Gesetzgeber genug Entscheidungsspielraum verbleiben, wie er die Missachtung des Unionsrechts ahnden möchte.[840]

In der für die strafrechtliche Sanktionierung[841] von Gemeinschaftsverstößen wegweisenden Entscheidung „Griechischer Maisskandal" hat der EuGH bereits 1989 entschieden, dass den Mitgliedstaaten die Wahl der Sanktionen verbleiben muss.[842] Allerdings unterstreicht er ebenfalls die gemäß Art. 4 Abs. 3 EUV n.F. (Art. 10 EGV) bestehende Loyalitätspflicht der Mitgliedstaaten: „die Mitgliedstaaten (sind) nach Art. 5 EWG (Anm.: Art. 10 EGV/Art. 4 Abs. 3 EUV n.F.) verpflichtet, alle geeigneten Maßnahmen zu treffen, um die Geltung und die Wirksamkeit des Gemeinschaftsrechts zu gewährleisten. Dabei müssen die Mitgliedstaaten (…) darauf achten, daß Verstöße gegen das Gemeinschaftsrecht nach ähnlichen sachlichen und verfahrensrechtlichen Regeln geahndet werden wie nach Art und Schwere gleichartiger Verstöße gegen nationales Recht, wobei die Sanktion jedenfalls wirksam, verhältnismäßig und abschreckend sein muß."[843] Der EuGH konkretisiert die Loyalitätspflicht im Zusammenhang mit der Sanktionierung von Verstößen gegen Unionsrecht daher in zweifacher Weise: Zum einen werden Mindestvorgaben im Bezug auf die konkrete Ausgestaltung gemacht (wirksam, abschreckend, verhältnismäßig), zum anderen wird Gleichbehandlung gefordert, falls die Rechtsordnungen der Mitgliedstaaten Sanktionsnormen für vergleichbare innerstaatliche Verstöße vorsehen (Assimilierungspflicht).[844]

839 *Krach*, Europäisierung, S. 119.

840 *Krach*, Europäisierung, S. 121; *Tiedemann*, NJW 1993, 23 (25 f.).

841 Zu zivilrechtlichen Sanktionen für Verstöße gegen Gemeinschaftsrecht ergingen bereits früher Entscheidungen des EuGH, vgl. EuGH, Urt. v. 10.4.1984, Rs.14/83, Slg. 1984, 1891 - von Colson und Kamann./.Land Nordrhein-Westfalen; EuGH, Urt. v. 10.4.1984, Rs. 79/83, Slg. 1984, 1921 - Harz./.Deutsche Tradax GmbH.

842 EuGH, Urt. v. 21.9.1989, Rs. 68/88, Slg. 1989, 2965 Rn. 24 - Kommission./.Griechische Republik.

843 EuGH, Urt. v. 21.9.1989, Rs. 68/88, Slg. 1989, 2965 Rn. 23 f. - Kommission./.Griechische Republik.

844 Ausführlich zu den Anforderungen aus Art. 10 EGV *Satzger*, Europäisierung des Strafrechts, S. 360 ff.

In Bezug auf die unionsrechtlichen Vorgaben zur Ahndung von Verstößen gegen Finanzsanktionen ist festzuhalten, dass die Mitgliedstaaten aufgrund der in Art. 4 Abs. 3 EUV n.F. normierten Loyalitätspflicht dafür Sorge tragen müssen, Verstöße gegen das Einfriergebot bzw. das Bereitstellungsverbot abschreckend, wirksam und verhältnismäßig zu sanktionieren. Aufgrund der mangelnden Kompetenz der EU zur Setzung von Kriminalstrafrecht in dem zu untersuchenden Bereich vermögen indes weder Art. 4 Abs. 3 EUV n.F. noch die entsprechenden sekundärrechtlichen Vorgaben in den Verordnungen des jeweiligen Sanktionsregimes den Mitgliedstaaten eine strafrechtliche Sanktionsverpflichtung aufzuerlegen.[845] Der nationale Gesetzgeber muss vielmehr autonom entscheiden können, ob er einen Verstoß als Straftat oder Ordnungswidrigkeit einstuft oder einem solchen mit sonstigen Zwangsmaßnahmen begegnet.[846]

II. Umsetzung im deutschen Recht

Ein Verstoß gegen das Einfriergebot bzw. das Bereitstellungsverbot kann im deutschen Recht als Verstoß gegen außenwirtschaftsrechtliche Vorschriften vorwiegend strafrechtliche Konsequenzen nach sich ziehen. Zudem kann der Verstoß im Ordnungswidrigkeitenrecht belangt werden. Für vor allem im Außenhandel tätige Unternehmen können sich auch gewerberechtliche Konsequenzen ergeben. Als Nebenfolge drohen zuletzt der Verfall und die Einziehung der erlangten Mittel.

1. Strafrecht: § 34 Abs. 4 Nr. 2 AWG

Die strafrechtlichen Folgen für die zu untersuchenden Verstöße gegen Finanzsanktionen sind im Außenwirtschaftsgesetz (AWG) geregelt. Die maßgebliche Strafvorschrift ist § 34 Abs. 4 Nr. 2 AWG:

Mit Freiheitsstrafe von sechs Monaten bis zu fünf Jahren wird bestraft, wer einem im Bundesanzeiger veröffentlichten, unmittelbar geltenden Ausfuhr-, Einfuhr-, Durchfuhr-, Verbringungs-, Verkaufs-, Liefer-, Bereitstellungs-, Weitergabe-, Dienstleistungs-, Investitions-, Unterstützungs- oder Umgehungsverbot eines Rechtsaktes der Europäischen Gemeinschaften oder der Europäischen Union zuwiderhandelt, der der Durchführung einer vom Rat der Europäischen

845 Vgl. zu der entsprechenden unionsrechtlichen Vorgabe in Art. 9 der VO Nr. 2580/2001 („Anti-Terrorismus"-Verordnung): Stellungnahme des GAs Paolo Mengozzi v.17.5.2010, Rs. C-550/09, Rn. 50 - E und F.

846 Vgl. im Ergebnis *Tiedemann*, NJW 1993, 23 (25 f.); *Krach*, Europäisierung, S.113 ff.

Union im Bereich der Gemeinsamen Außen- und Sicherheitspolitik beschlossenen wirtschaftlichen Sanktionsmaßnahme dient.

§ 34 Abs. 4 Nr. 2 AWG legt als Tathandlung abschließend Verstöße gegen verschiedene Verbote fest. Diese Verbote müssen allerdings in einem Rechtsakt der EG oder der EU geregelt sein. Die Norm legt somit den Tatbestand nicht selbst vollständig fest, sondern verweist zur Umschreibung der pönalisierenden Handlung auf einen Rechtsakt der EU. Es handelt sich demgemäß um ein Blankettstrafgesetz. Diese Gesetzestechnik ist im Hinblick auf den im Grundgesetz normierten Bestimmtheitsgrundsatz verfassungsrechtlich bedenklich. Im Hinblick auf die erhebliche Straferwartung, die sich im Zusammenhang mit den zu untersuchenden Finanzsanktionen ergibt, ist die genaue Prüfung der Rechtmäßigkeit des § 34 Abs. 4 Nr. 2 AWG erforderlich. Erst wenn diese bejaht wird, kann sich aus § 34 Abs. 4 Nr. 2 AWG eine Strafbarkeit für einen Verstoß gegen Finanzsanktionen ergeben.

a) Systematik des Außenwirtschaftsstrafrechts

Zum besseren Verständnis des § 34 Abs. 4 Nr. 2 AWG soll der Tatbestand zunächst in den Kontext des Außenwirtschaftsstrafrechts als Teil des Nebenstrafrechts eingebettet werden.

aa) Exkurs: Grundzüge des Außenwirtschaftsrechts

Das Außenwirtschaftsstrafrecht sanktioniert Verstöße gegen das Außenwirtschaftsrecht. Unter dem Begriff Außenwirtschaftsrecht werden im Allgemeinen die Regelungen zusammengefasst, die den freien Außenwirtschaftsverkehr beschränken.[847] Der Begriff Außenwirtschaftsverkehr umfasst nach der Legaldefinition des § 1 Abs. 1 S. 1 AWG den Waren-, Dienstleistungs-, Kapital-, Zahlungs- und sonstigen Wirtschaftsverkehr mit fremden Wirtschaftsgebieten. § 1 Abs. 1 S. 1 AWG stellt dabei zudem klar, dass der Wirtschaftsverkehr mit dem Ausland frei ist. Diese Freiheit unterliegt nur den Einschränkungen, die das Gesetz enthält oder die durch Rechtsverordnung aufgrund dieses Gesetzes (AWV) vorgeschrieben werden (§ 1 Abs. 1 S. 2 AWG). Einschränkungen des Außenwirtschaftsverkehrs sind nur möglich, um zwischenstaatliche Vereinbarungen zu erfüllen (§ 5 AWG), schädigende Einwirkungen aus fremden Wirtschaftsgebieten abzuwehren (§ 6 AWG), die wesentlichen Sicherheitsinteressen der Bundesrepublik Deutschland zu gewährleisten bzw. eine Störung des friedlichen Zusammenlebens der Völker oder eine Störung der auswärtigen Beziehungen der Bundesrepublik Deutschland zu verhindern (§ 7 AWG).

847 *Wagner*, in: Joecks/Miebach, MüKo-StGB, Bd. 6/1, Vor §§ 34 ff. AWG Rn. 2.

Maßgebliche Vorschriften im deutschen Recht sind das bereits zitierte Außenwirtschaftsgesetz (AWG) und die Außenwirtschaftsverordnung (AWV). Das AWG enthält dabei wenig eigene, unmittelbar wirkende Einschränkungen. Es enthält überwiegend Blankettnormen[848], die als Ermächtigungsgrundlage für den Verordnungsgeber dienen und die erforderliche Bestimmung von Ausmaß, Inhalt und Zweck gem. Art. 80 Abs. 1 GG vornehmen.[849] Die konkreten Beschränkungen des Außenwirtschaftsverkehrs sowie die Verfahrens-, Melde-, Bußgeld- und Strafbestimmungen werden dann in der AWV umgesetzt.[850] Die AWV enthält ferner als Anlage eine Ausfuhrliste (AL), in der die Waren gelistet sind, für die die Vorschriften der AWV einen Genehmigungsvorbehalt enthalten.[851]

bb) Überblick über die geltenden Straftatbestände

Der einzige Straftatbestand im AWG, § 34, beinhaltet vier unterschiedliche Tatbestände:

Als Grundtatbestand[852] gilt § 34 Abs. 2 AWG, der einen als Vergehen ausgestalteten abstrakt-konkreten Gefährdungstatbestand enthält.[853] Es handelt sich um ein zweistufiges Delikt, das Zuwiderhandlungen gegen die Bußgeldtatbestände des § 33 Abs. 1 oder 4 zu Straftaten hochstuft, wenn diese geeignet sind, die äußere Sicherheit der Bundesrepublik Deutschland, den Völkerfrieden oder die auswärtigen Beziehungen der Bundesrepublik zu gefährden.[854] Der Anwendungsbereich des § 34 Abs. 2 AWG ist gegenüber Abs. 1 und 4 subsidiär.

§ 34 Abs. 1 AWG ist als einstufige Blankettnorm ausgestaltet, die auf die Ausfuhrliste verweist. Es handelt sich hierbei um ein abstraktes Gefährdungsdelikt, deren Zuwiderhandlungen für sich genommen bereits derart schwerwiegend sind, dass sie sich dazu eignen, die in § 34 Abs. 2 AWG genannten Rechtsgüter zu gefährden.[855]

---

848 Zur Gesetzestechnik der Verweisung und der Blankettnormen, vgl. sogleich: 4. Kap. A. b) aa).

849 *Wagner*, in: Joecks/Miebach, MüKo-StGB, Bd. 6/1, Vor §§ 34 ff. AWG Rn. 11.

850 *Wagner*, in: Joecks/Miebach, MüKo-StGB, Bd. 6/1, Vor §§ 34 ff. AWG Rn. 14.

851 *Wagner*, in: Joecks/Miebach, MüKo-StGB, Bd. 6/1, Vor §§ 34 ff. AWG Rn. 15.

852 *Wagner*, in: Joecks/Miebach, MüKo-StGB, Bd. 6/1, Vor §§ 34 ff. AWG Rn. 30.

853 BGH, NJW 1999, 2129.

854 Ausführlich zum Tatbestand des § 34 Abs. 2 AWG *Kistner*, Straftaten im AWG, S. 34 ff.; *Diemer*, in: Erbs/Kohlhaas, Strafrechtliche Nebengesetze, A 217, § 34 Rn. 13 ff.

855 Vgl. die Gesetzesbegründung in BT-Drucks. 12/1134, S. 8 f.; ausführlich zu § 34 Abs. 1 *Diemer*, in: Erbs/Kohlhaas, Strafrechtliche Nebengesetze, A 217, § 34 Rn. 8 ff.

Der hier einschlägige § 34 Abs. 4 AWG wird als „Embargotatbestand“ bezeichnet.[856] Sanktioniert werden Verstöße gegen in der AWV festgesetzte Vorschriften, die der Umsetzung einer wirtschaftlichen Sanktionsmaßnahme der VN bzw. EU dienen (Nr. 1) oder Verstöße gegen unmittelbar geltende Vorschriften der EU, die wirtschaftliche Sanktionsmaßnahmen enthalten und im Bundesanzeiger veröffentlicht werden (Nr. 2).[857]

In § 34 Abs. 5 AWG ist eine Versuchsstrafbarkeit für die eben erläuterten Tatbestände normiert.

§ 34 Abs. 6 AWG enthält vier Qualifikationstatbestände. Für den zu untersuchenden § 34 Abs. 4 Nr. 2 AWG sind jedoch nur zwei einschlägig: Mit einer Mindeststrafe von zwei Jahren wird zum einen bestraft, wer die Handlung gewerbsmäßig oder als Mitglied einer Bande begeht (§ 34 Abs. 6 Nr. 2 AWG); zum anderen, wer eine Handlung begeht, die geeignet ist, die äußere Sicherheit der Bundesrepublik Deutschland, das friedliche Zusammenleben der Völker oder die auswärtigen Beziehungen der Bundesrepublik erheblich zu gefährden (§ 34 Abs. 6 Nr. 4 AWG).

§ 34 Abs. 7 AWG stellt schließlich auch die fahrlässige Begehung der Tathandlungen nach Absatz 1, 2 und 4 unter Strafe.

b) § 34 Abs. 4 Nr. 2 AWG als Blankettstrafgesetz

§ 34 Abs. 4 Nr. 2 AWG ist als Blankettstrafgesetz ausgestaltet. Um die verfassungsrechtlichen Probleme vor allem im Zusammenhang mit Verweisungen auf Unionsrecht darstellen und bewerten zu können[858], muss zunächst der Begriff des Blankettstrafgesetzes und dessen Wirkung erläutert werden.

aa) Zum Begriff des Blankettstrafgesetzes

Ein Blankettstrafgesetz ist als Spezialfall einer Verweisung zu sehen. Verweisungsnormen sind Rechtsnormen, die den gesetzlichen Tatbestand nicht selbst vollständig umschreiben, sondern im Wege der Verweisung auf andere Vorschriften Bezug nehmen.[859] Für die folgende Untersuchung der Verfassungsmäßigkeit von Blankettstrafgesetzen sind einige Differenzierungen von Bedeutung. Innerhalb der Verweisungstechnik wird zunächst in Binnen- und Außenverweisungen unterschieden. Bei Binnenverweisungen gehören Verweisungsnorm und Verweisungsobjekt ein und demselben Gesetz an oder sind in zwei unterschied-

---

856 Vgl. u.a. *Bieneck*, NStZ 2006, 608 (609); *Wagner*, in: Joecks/Miebach, MüKo-StGB, Bd. 6/1, Vor § 34 AWG Rn. 32.

857 Ausführlich zum Tatbestand siehe: 4. Kap. C. I. und II.

858 Vgl. 4. Kap. A II 1. c).

859 *Krey*, EWR 1981, 109 (127).

lichen Gesetzen enthalten, die vom gleichen Gesetzgeber stammen.[860] Außenverweisungen charakterisieren sich entsprechend dadurch, dass Verweisungsnorm und Verweisungsobjekt von unterschiedlichen Normgebern herrühren.[861] Der zu untersuchende § 34 AWG verweist auf EU-Recht, das nicht vom nationalen Gesetzgeber, sondern von Organen der EU erlassen wird und nimmt somit eine Außenverweisung vor.

Ferner werden Verweisungen danach unterschieden, welche Fassung sie jeweils in Bezug nehmen. Statische Verweisungen nehmen auf das Verweisungsobjekt in einer ganz bestimmten Fassung Bezug, während dynamische Verweisungen auf die jeweils geltende Fassung zurückgreifen.[862] § 34 Abs. 4 Nr. 2 AWG verweist auf den jeweiligen im Bundesanzeiger veröffentlichten Rechtsakt der EU. Folglich liegt eine dynamische Verweisung vor.[863]

Enthält ein Straftatbestand eine Verweisung, spricht man dann von einem Blankettstrafgesetz[864], wenn dieser zwar die Strafandrohung festlegt, die Umschreibung des Tatbestandes jedoch in einer anderen Vorschrift (Ausfüllungsnorm/Verweisungsobjekt) vorgenommen wird.[865] Der Tatbestand des Blankettstrafgesetzes ist folglich erst in Kombination mit der Ausfüllungsnorm vollständig gebildet.[866] Als Ausfüllungsnorm können formelle Gesetze, Rechtsverordnungen, Verwaltungsvorschriften und sogar außerstaatliche Regelungen dienen.[867] Der Sinn und Zweck von Blankettstrafgesetzen liegt in der gesetzestechnischen Vereinfachung und dem Bedürfnis und der Notwendigkeit, das Strafrecht an neue Entwicklungen flexibel anpassen zu können.[868] Teilweise wird vertreten, Blankettstrafgesetze lägen nur vor, wenn Tatbestand und Strafandrohung derart voneinander getrennt sind, dass die Ergänzung der Strafdrohung von

---

860 *Satzger*, Europäisierung des Strafrechts, S. 216; *Krey*, EWR 1981, 109 (128); abweichend *Enderle*, Blankettstrafgesetze, S. 11 u. *Moll*, Blankettstrafgesetzgebung, S. 29, die nur die Verweisung innerhalb ein- und desselben Gesetzes als Binnenverweisung verstehen.

861 *Moll*, Blankettstrafgesetzgebung, S. 30; *Krey*, EWR 1981, 109 (128); *Enderle*, Blankettstrafgesetze, S. 11 m.w.N.

862 Vgl. zur Unterscheidung *Moll*, Blankettstrafgesetzgebung, S. 44 f.; *Enderle*, Blankettstrafgesetze, S. 11; jeweils m.w.N.

863 Vgl. auch *Meyer/Macke*, HRRS 2007, 445 (461).

864 Der Begriff geht auf *Binding*, Handbuch des Strafrechts, Bd. 1, 1. Auflage, Leipzig 1885, S. 180 zurück.

865 Ausführlich zur Definition *Moll*, Blankettstrafgesetzgebung, S. 46 ff.; *Enderle*, Blankettstrafgesetze, S. 80 ff.; *Tiedemann*, Wirtschaftsstrafrecht AT, Rn. 99 ff.

866 BGHSt 20, 177 (181).

867 Ausführlich hierzu *Karpen*, Verweisung, S. 90 ff.; *Enderle*, Blankettstrafgesetze, S. 12 ff.

868 *Enderle*, Blankettstrafgesetze, S. 80 f. m.w.N.

einer anderen Stelle und zu einem anderen Zeitpunkt selbständig vorgenommen wird (Blankettstrafgesetz im engeren Sinne).[869] Somit wären nur dynamische Außenverweisungen erfasst. Die andere Ansicht hingegen sieht in jeder Strafnorm, die zur Ausfüllung eines Tatbestandes auf eine andere Bestimmung verweist – einerlei, ob in statischer oder dynamischer Natur – ein Blankettstrafgesetz (im weiteren Sinn).[870] Da § 34 Abs. 4 Nr. 2 AWG als dynamische Außenverweisung auch unter das engere Begriffsverständnis fällt, stellt die Norm zweifelsfrei ein Blankettstrafgesetz dar.

Abzugrenzen sind Blankettstrafgesetze von normativen Tatbestandsmerkmalen. Vereinfacht gesagt handelt es sich bei Letzteren um Tatbestandsvoraussetzungen eines Strafgesetzes, die keiner Ergänzung, sondern nur einer Konkretisierung durch den zur Auslegung der Tatbestandsmerkmale berufenen Richter bedürfen, der sich dabei an außerhalb des Straftatbestandes niedergelegten gesetzlichen Regelungen orientieren muss.[871] Das Verweisungsobjekt eines Blankettstrafgesetzes enthält demgegenüber ein eigenständiges Ge- oder Verbot.[872] Beispielhaft für das Vorliegen eines normativen Tatbestandsmerkmals sei auf die „Fremdheit der Sache" in § 242 StGB verwiesen, die den zivilrechtlichen Eigentumsbegriff in Bezug nimmt. In der Praxis ist die Abgrenzung oft schwierig vorzunehmen und im Einzelnen stark umstritten.[873]

bb) Wirkung der Verweisung

Nach der herrschenden Inkorporationstheorie wird der in Bezug genommene Inhalt des Verweisungsobjekts Bestandteil der Verweisungsnorm.[874] Rein formal betrachtet ist das unionsrechtliche Ver-/Gebot integraler Bestandteil einer deutschen Strafvorschrift.[875] Die Verweisung dient demzufolge der Vermeidung von Wortlautwiederholungen.[876] Materiell bleibt die Ausfüllungsvorschrift jedoch eine Norm des Unionsrechts.[877] Eine andere Ansicht würde zum Ergebnis

869 BGHSt 6, 30 (40 f.).

870 *Satzger*, Europäisierung des Strafrechts, S. 218.

871 BVerfGE 78, 205 (213); *Müller-Magdeburg*, Abgrenzung, S. 13.

872 *Müller-Magdeburg*, Abgrenzung, S. 13.

873 Vgl. ausführlich hierzu *Enderle*, Blankettstrafgesetze, S. 82 ff.; *Müller-Magdeburg*, Abgrenzung, S. 162 ff.

874 *Karpen*, Verweisung, S. 32 f.; BVerfGE 26, 338 (386); BVerfGE 47, 285 (309 f.).

875 *Satzger*, Internationales und Europäisches Strafrecht, § 9 Rn. 62.

876 Der nationale Gesetzgeber darf nicht lediglich die Verordnung wiederholende innerstaatliche Vorschriften erlassen, da diese den europarechtlichen Ursprung der Verhaltensanordnung verschleiern würden und so die Gefahr einer uneinheitlichen Interpretation und Anwendung der Verordnung in den Mitgliedstaaten gegeben wäre; ausführlich hierzu *Krach*, Europäisierung, S. 180 ff.

877 Ausführlich hierzu *Satzger*, Europäisches Strafrecht, S. 230 ff.

führen, dass das Ver-/Gebot des EU-Rechts eine unterschiedliche Bedeutung hat, abhängig davon, ob es im Kontext mit dem originär europarechtlichen Rechtsakt oder der nationalen (Blankett-)Straf-norm steht. Dieses Ergebnis kann zwar nicht mit Hinweis auf die „Einheit der Rechtsordnung" abgelehnt werden[878], da das Unionsrecht und die nationale Rechtsordnung zwei autonome Verweisungen darstellen.[879] Die beiden Rechtsordnungen stehen sich jedoch nicht isoliert gegenüber, sondern sind eng miteinander verbunden. Kollisionen zwischen den Rechtsordnungen werden einerseits durch den Vorrang des Unionsrechts, andererseits durch die Loyalitätspflicht der Mitgliedstaaten gemäß Art. 4 Abs. 3 EUV n.F. aufgelöst.[880] Eine unterschiedliche Auslegung des Unionsrechts im Rahmen der Verweisung würde jedoch zu einer Rechtszersplitterung in den Mitgliedstaaten führen, die gerade angesichts des Vorrangs des Unionsrechts und Art. 4 Abs. 3 EUV n.F. unzulässig wäre. Die formal in das deutsche Strafblankett inkorporierte EU-Ausfüllungsvorschrift bleibt also materiell Unionsrecht.[881]

Von Bedeutung ist dies für die folgende Untersuchung vor allem, da sich der Inhalt des in die nationale Strafvorschrift hineinzulesenden Verweisungsobjekts nach europarechtlichen Auslegungsgrundsätzen bestimmt.[882]

c) Verfassungskonformität des § 34 Abs. 4 Nr. 2 AWG

Zu prüfen ist im Weiteren, ob die in § 34 Abs. 4 Nr. 2 AWG gewählte Gesetzestechnik mit dem Grundgesetz in Einklang steht und somit zu einer Strafbarkeit bei einem Verstoß gegen Finanzsanktionen führen kann. Die Verwendung von

878 Bei innerstaatlichen Verweisungen wird die materielle Wirkung der Verweisung dadurch begründet, dass innerhalb ein und derselben Rechtsordnung keine Normwidersprüche erzeugt werden dürfen und somit durch Blankettstrafgesetze keine zwei selbständigen Verbote (einmal durch die Blankettnorm im Strafrecht, einmal durch das Verweisungsobjekt in seinem eigenen gesetzlichen Zusammenhang) geschaffen werden sollen; vgl. *Satzger*, Europäisierung des Strafrechts, S. 220 ff.

879 Vgl. zur Eigenständigkeit der Gemeinschaftsrechtsordnung (und somit auch der Unionsrechtsordnung nach Lissabon) EuGH, Urt. v. 15.7.1964, Rs. 6/64, Slg. 1964, 1253 (1269) - Costa./.ENEL; BVerfGE 22, 293 (296).

880 Zum Verhältnis nationales Recht/EU-Recht vgl. ausführlich *Schweitzer*, Staatsrecht III, Rn. 42 ff.

881 Vgl. *Satzger*, Internationales und Europäisches Strafrecht, § 9 Rn. 64.

882 *Satzger*, Europäisches Strafrecht, S. 233; *Bieneck*, in: Müller-Gugenberger/Bieneck, Wirtschaftsstrafrecht, § 62 Rn. 22; ausführlich auch *Harms/Heine*, FS Amelung, 393 (402 ff.); zu den europäischen Auslegungsgrundsätzen vgl.: 4. Kap. C. III. 1.

Blankettstrafgesetzen bedarf vor allem in Hinblick auf den Bestimmtheitsgrundsatz[883] gemäß Art. 103 Abs. 2 GG einer eingehenden Prüfung.

Gemäß dem „Solange II-Beschluss" des BVerfG kann allerdings das unionsrechtliche Sekundärrecht grundsätzlich nicht am Maßstab des Grundgesetzes überprüft werden.[884] Dieser Einwand gilt jedoch nicht, wenn es um die Überprüfung eines deutschen Strafblanketts geht, soweit dieses unionsrechtliches Sekundärrecht in Bezug nimmt. Das EU-Verweisungsobjekt wird formal in das nationale Blankett inkorporiert und somit dessen Bestandteil (Inkorporationstheorie).[885] Das einfachrechtliche deutsche Strafblankett unterliegt aber in vollem Umfang der Überprüfung am Maßstab des Grundgesetzes, sodass dies auch für die (formal) inkorporierte Verordnung in ihrer Eigenschaft als Ausfüllungsnorm gelten muss.[886]

Eine Tat kann gemäß Art. 103 Abs. 2 GG nur bestraft werden, wenn die Strafbarkeit gesetzlich bestimmt war, bevor die Tat begangen wurde. Diesem Gebot sind zwei Zweckrichtungen[887] zu entnehmen: Zum einen soll jedermann vorhersehen können, welches Verhalten verboten und mit Strafe bedroht ist. Dieser Verpflichtung wohnt somit eine freiheitsgewährleistende Komponente inne[888], die zugleich vor willkürlicher staatlicher Reaktion schützen soll.[889] Andererseits wird gewährleistet, dass der Gesetzgeber selbst über die Strafbarkeit entscheidet (die Strafbarkeit muss *gesetzlich* bestimmt sein). Für Freiheitsentziehungen wird dies explizit in Art. 104 Abs. 1 S. 1 GG festgelegt, da demnach die Freiheit einer Person nur *aufgrund* eines *förmlichen Gesetzes* beschränkt werden darf. Art. 104 Abs. 1 S. 1 GG unterstreicht jedoch nur die bereits in Art. 103 Abs. 2 GG normierten Vorgaben und enthält kein darüber hinausgehendes Gebot.[890] Art. 103 Abs. 2 GG beinhaltet einen strengen Gesetzesvorbe-

---

883 Zu den ebenfalls zu beachtenden Aspekten der Rechtssicherheit und des Demokratieprinzips vgl. *Satzger*, Europäisierung des Strafrechts, S. 264 ff.

884 BVerfGE 73, 339 (387); etwas anderes gilt nur, wo „die Identität der geltenden Verfassungsordnung der Bundesrepublik Deutschland durch Einbruch in ihr Grundgefüge, in die sie konstituierenden Strukturen" aufgegeben würde, vgl. a.a.O. S. 375 f.

885 Vgl. bereits: 4. Kap. A. 2. b) bb).

886 *Satzger*, Europäisierung des Strafrechts, S. 237; *Moll*, Blankettstrafgesetzgebung, S. 61 f., 75 ff.; *Krey*, EWR 1981, 109 (152).

887 Vgl. u.a. BVerfGE, 45, 346 (351); 47, 109 (120); 75, 329 (341); 78, 374 (382); BVerfG wistra 2010, 396 (402 Rn. 54); *Schmidt-Aßmann*, in: Maunz/Dürig, GG, Art. 103 Abs. 2 Rn. 178 ff.; *Satzger*, Europäisierung des Strafrechts, S. 240.

888 *Satzger*, Europäisierung des Strafrechts, S. 240; *Schmidt-Aßmann*, in: Maunz/Dürig, GG, Art. 103 Abs. 2 Rn. 179.

889 *Enderle*, Blankettstrafgesetze, S. 115; *Schmahl*, in: Schmidt-Bleibtreu/Hofmann/Hopfauf, GG, Art. 103 Rn. 32.

890 *Schmidt-Aßmann*, in: Maunz/Dürig, GG, Art. 103 Abs. 2 Rn. 169.

halt, der es der Exekutive und der Judikative verwehrt, über die Voraussetzungen der Bestrafung selbst zu entschieden.[891] Insofern liegt hierin eine kompetenzwahrende Komponente[892].

aa) Freiheitsgewährleistende Komponente des Art. 103 Abs. 2 GG

Ein Straftatbestand ist nur dann hinreichend bestimmt, wenn der Adressat anhand der gesetzlichen Regelung die Strafbarkeit seines Verhaltens erkennen kann. Damit Gesetze nicht zu starr und kasuistisch konzipiert werden und folglich dem Wandel der Verhältnisse oder der Besonderheiten des Einzelfalls nicht gerecht werden können, ist dem Gesetzgeber die Verwendung von Generalklauseln und unbestimmten Begriffen sowie der Rückgriff auf andere Gesetze auch im Strafrecht zuzugestehen.[893] Ob ein Straftatbestand gesetzlich bestimmt ist i.S.v. Art. 103 Abs. 2 GG, kann zudem davon abhängen, wer Adressat der Norm ist. Richtet sich diese nur an Personen mit besonderem Fachwissen, bestehen bei der Verwendung von unbestimmten Rechtsbegriffen dann keine Bedenken, wenn davon ausgegangen werden kann, dass der Adressat aufgrund seines Fachwissens im Stande ist, den Regelungsinhalt solcher Begriffe zu verstehen und ihre konkreten Verhaltensanweisungen zu erkennen.[894]

Für Blankettstrafgesetze verlangt das BVerfG, dass sowohl die Blankettstrafnorm selbst als auch die Ausfüllungsvorschrift hinreichend bestimmt sein müssen.[895] Dies gilt auch dann, wenn es sich bei der Ausfüllungsvorschrift um Unionsrecht handelt.[896] Hinzu kommt, dass aufgrund des Wortlauts der Blankettnorm hinreichend erkennbar sein muss, auf welche Regelung Bezug genommen wird.[897] Das Verweisungsobjekt muss nicht konkret bezeichnet werden, es genügt vielmehr, wenn die Ausfüllungsnorm durch den Regelungsgegenstand beschrieben wird.[898] Der verständige Rechtsunterworfene soll in die Lage versetzt werden, grundsätzlich ohne spezielle Kenntnisse die in Bezug genommenen Rechtssätze und deren Inhalt feststellen zu können.[899] Zu bejahen

891 BVerfGE 71, 108 (114); 73, 206 (235); BVerfG wistra 2010, 396 (402 Rn. 54).

892 *Schmidt-Aßmann*, in: Maunz/Dürig, GG, Art. 103 Abs. 2 Rn. 180.

893 BVerfGE 14, 245 (251); 37, 201 (209); 48, 48, (56); 75, 329 (342 f.); BVerfG wistra 2010, 396 (402 Rn. 55).

894 BVerfGE 26, 186 (204); 48, 48 (57); BVerfG wistra 2010, 396 (402 Rn. 55)

895 BVerfG 23, 265 (270); *Schmidt-Aßmann*, in: Maunz/Dürig, GG, Art. 103 Abs. 2 Rn. 201.

896 Vgl. BVerfGE 29, 198 (209 f.); BVerfG NVwZ-RR 1992, 521 (521 f.).

897 BVerfGE 48, 48 (55); BVerfG wistra 2010, 396 (402 Rn. 56).

898 *Böse*, in: FS Krey, 7 (10); bezüglich § 21 StVG a.F.: BVerfGE 14, 245 (253); 22, 21 (25 f.); bezüglich § 366 Nr. 10 StGB a.F.: BVerfGE 23, 265 (269); bezüglich § 184 d StGB: BVerfG NVwZ 2009, 239 (239 f.).

899 BVerfGE 5, 25 (31); 8, 274 (302); 22, 330 (346).

sind diese Voraussetzungen für statische Verweisungen, sodass diese im innerstaatlichen Bereich im Hinblick auf das Bestimmtheitsgebot als weitgehend unproblematisch bewertet werden.[900] Bei einer dynamischen Verweisung wird dem Rechtsanwender zugemutet, die jeweils geltende Fassung in Bezug zu nehmen. Das ist bereits bei einer innerstaatlichen Verweisung oft mit einem erhöhten Rechtsauffindungsaufwand verbunden. Dynamische Verweisungen sind zwar nicht grundsätzlich unzulässig[901], im Einzelfall müssen aber höchste Anforderungen an die Verweisungstechnik gestellt werden, um dem Rechtsanwender die Auffindung der jeweils in Bezug genommenen (nationalen) Norm zu erleichtern.[902]

Bei einer Verweisung auf Unionsrecht ist die Rechtsfindung erschwert, wird hier doch auf eine andere, autonome Rechtsordnung verwiesen. Der Rechtsunterworfene muss unterschiedliche Publikationsorgane konsultieren und sich mit einem Regelungswerk auseinandersetzen, das nicht dem nationalen entspricht.[903] Das BVerfG hat insbesondere für die im Außenwirtschaftsgesetz (Anm.: in der bis 2006 geltenden Fassung) gewählte Regelungstechnik hervorgehoben, sie weise mit ihren Verweisungen und Weiterverweisungen auf Strafrechtsnormen eine große Streubreite und Verschachtelung der in Bezug genommenen Tatbestände auf. Soweit auf Verordnungen der EG sowie auf UN-Resolutionen verwiesen werde, könne deren maßgebender Inhalt häufig nur mit Schwierigkeiten erfasst werden.[904]

Wenn sich der Blankettnorm allerdings genau entnehmen lässt, auf welchen Unionsrechtsakt Bezug genommen wird (statische Verweisung), kann nicht von einer unzumutbaren Erschwernis der Rechtsfindung ausgegangen werden.[905] Eine statische Verweisung liegt vor allem dann vor, wenn die genaue Amtsblattfundstelle[906] im Gesetzestext veröffentlicht wird.[907] Gerade aufgrund der sehr

900 Vgl z.B.: BVerfGE 37, 201 (209); BVerfGE 14, 245 (251 f.); BGH NStZ 1984, 510 (511).

901 BVerfG wistra 2010, 396 (400 Rn. 40).

902 *Satzger*, Europäisierung des Strafrechts, S. 257; BVerfG wistra 2010, 396 (400 Rn. 40).

903 *Satzger*, Internationales und Europäisches Strafrecht, § 9 Rn. 69; *Böse*, in: FS Krey, 7 (14).

904 BVerfGE 110, 33 (63).

905 *Satzger*, Internationales und europäisches Strafrecht, § 9 Rn. 69.

906 Zu Recht weisen *Harms/Heine* darauf hin, dass mit dem gleichen Anspruch, der von dem Rechtsanwender bei einer nationalen Verweisung einen Blick in das Bundesgesetzblatt fordert, bei einer Verweisung ins Unionsrecht, das Heranziehen des Amtsblatts der EU verlangt werden kann; in Anbetracht der einschlägigen Suchmaschine im Internet, Eur-Lex (http://eur-lex.europa.eu/de/index.htm), dürfte dies sogar teilweise einfacher sein; vgl, *dies.*, FS Amelung, 393 (396 u. Fn. 14).

zahlreichen und schnellen Rechtsänderungen im Unionsrecht beinhaltet das deutsche Strafblankett jedoch häufig eine dynamische Verweisung, also einen Verweis auf das EU-Recht in der jeweils geltenden Fassung. Dynamische Verweisungen können ihrer Natur nach nicht auf bestimmte Fundstellen im Amtsblatt verweisen.[908] Bei dynamischen Verweisungen auf das komplexere Unionsrecht kann sich das Problem der Rechtsauffindung verschärfen. Allerdings gilt das EU-Recht für jeden Bürger der Union neben der nationalen Rechtsordnung und genießt im deutschen Recht Anwendungsvorrang.[909] Auch das BVerfG hat sich aufgrund der mannigfaltigen Verschränkung der beiden Rechtsordnungen für eine Gleichbehandlung von Verweisungen auf Unionsrecht und Verweisungen auf nationales Recht ausgesprochen.[910]

Im Hinblick auf die freiheitsgewährende Komponente des Art. 103 Abs. 2 GG sind folglich bei der Einzelfallbetrachtung an Verweisungen auf das Unionsrecht keine strengeren Anforderungen zu stellen als an solche auf das innerstaatliche Recht.[911]

bb) Kompetenzwahrende Komponente der Art. 103 Abs. 2, 104 Abs. 1 S. 1 GG

Art. 103 Abs.2 GG beinhaltet einen strengen Gesetzesvorbehalt, der es der Exekutive und der Judikative verwehrt, über die Voraussetzungen der Bestrafung selbst zu entscheiden.[912] Nach überwiegender Ansicht umfasst der Gesetzesbegriff des Art. 103 Abs.2 GG nicht nur Gesetze im formellen Sinne, sondern auch Gesetze im materiellen Sinne.[913] Dies ergibt sich auch im Umkehrschluss zu Art. 104 Abs. 1 S. 1 GG, der ausdrücklich ein förmliches Gesetz verlangt. Blankettstrafgesetze können somit auf Rechtsverordnungen verweisen, müssen jedoch die Voraussetzungen des Art. 80 Abs. 1 S. 2 GG beachten. Der Gesetzgeber muss folglich Sorge tragen, dass die Voraussetzungen der Strafbarkeit und die Art der Strafe für den Bürger schon aus dem Parlamentsgesetz entnehmbar

907 Vgl. z.B. § 69 Abs. 4 und 5 BNatSchG.

908 BVerfG wistra 2010, 396 (400 Rn. 43).

909 Zum Verhältnis nationales Recht/EU-Recht vgl. ausführlich *Schweitzer*, Staatsrecht III, Rn. 42 ff.

910 BVerfGE 29, 198, 209 (210).

911 *Böse*, in: FS Krey, 7 (15, 25); *Dannecker*, in: LK StGB, § 1 Rn. 159; *Harms/Heine*, in: FS Amelung (2009), 393 (396); *Nolte*, in: v. Mangoldt/Klein/Starck, GG, Art. 103 Abs. 2 Rn. 155; a.A. *Satzger*, Europäisierung des Strafrechts, S. 251 ff. und 260 f., der von einem gegenüber innerstaatlichen Verweisungen erhöhten Bestimmtheitsmaßstab ausgeht.

912 BVerfGE 71, 108 (114); 73, 206 (235); BVerfG wistra 2010, 396 (402 Rn. 54).

913 BVerfGE 14, 174 (185); 14, 245 (251); 14, 254 (257 f.); 22, 21 (25); 38, 348 (371); *Karpen*, Verweisung, S. 203.

sind und nicht erst aus der Verordnung, auf die verwiesen wird.[914] Dem Verordnungsgeber darf lediglich die Spezifizierung des Straftatbestandes überlassen werden.[915] Droht das Blankettstrafgesetz eine Freiheitsentziehung an, könnten diese Grundsätze im Hinblick auf Art. 104 Abs. 1 S. 1 GG einer Anpassung bedürfen, da hierfür ein förmliches Gesetz als Grundlage für eine Freiheitsentziehung gefordert wird. Nach der Rechtsprechung des BVerfG kann jedoch auch im Fall des Art. 104 Abs. 1 S. 1 GG der Gesetzgeber die Spezifizierung des Tatbestandes dem Verordnungsgeber überlassen, wenn in dem Parlamentsgesetz selbst bestimmt wird, was strafbar sein soll sowie Art und Maß der Strafe festgelegt wird.[916] Dieser Auslegung steht auch der Wortlaut nicht entgegen, der lediglich fordert, dass die Freiheitsstrafe *aufgrund* eines förmlichen Gesetzes erfolgt.[917]

Diese Anforderungen lassen sich sinngemäß auf den Fall übertragen, dass das Blankettstrafgesetz auf Vorschriften der EU verweist.[918] Bei fehlender Identität der Gesetzgeber bedeutet eine dynamische Verweisung allerdings eine versteckte Verlagerung von Gesetzgebungsbefugnissen.[919] Dies ist vor allem bei Blankett*straf*gesetzen problematisch, da der EU die Kompetenz zur Setzung von Strafrecht fehlt. Bei einer dynamische Verweisung kann die Union mit jeder Änderung des in Bezug genommen EU-Rechts aber zugleich über die Strafbarkeit entsprechender Verstöße entscheiden.[920] Wendet man daher die Grundsätze, die für Verweisung auf innerstaatliche Rechtsverordnungen gelten, an, bleibt die Kompetenz des nationalen Gesetzgebers weitgehend unangetastet, sofern er selbst die Reichweite der Strafandrohung festlegt und dem Unionsgesetzgeber lediglich die Konkretisierung des tatbestandlichen Verbots überlässt.[921]

cc) Konsequenzen für die Verfassungsmäßigkeit des § 34 Abs. 4 Nr. 2 AWG

Zu prüfen ist nun, wie sich die aus Art. 103 Abs. 2, 104 Abs. 1 S. 1 GG resultierenden Anforderungen an die Bestimmtheit von Blankettstrafgesetzen, die auf

---

914 BVerfG 14, 174 (185 f.); 38, 348 (371 f.); 51, 60 (70 f.); *Krey*, EWR 1981, 109 (181); BVerfG wistra 2010, 396 (402 Rn. 57).

915 BVerfGE 22, 1 (18); 51, 60 (71).; 78, 374 (382); vgl. auch *Nolte*, in: v. Mangoldt/Klein/Starck, GG, Art. 103 Abs. 2 Rn. 152.

916 BVerfGE 14, 174 (187); 14, 254 (257 f.); 22, 1 (18); 51, 60 (70 f.); 75, 329 (342); 78, 374 (383).

917 So auch *Krey*, EWR 1981, 109 (184); *Satzger*, Europäisierung des Strafrechts, S. 248.

918 BVerfG RIW/AWD 1979, 132 (133); BVerfG wistra 2010, 396 (403 Rn. 57).

919 BVerfG wistra 2010, 396 (400 Rn. 40).

920 *Dannecker*, in: LK StGB, § 1 Rn. 146; OLG Koblenz, NStZ 1989, 188 (189); OLG Stuttgart NJW 1990, 657 (658).

921 *Böse*, in: FS Krey, 7 (16).

Unionrecht verweisen, auf die Verfassungsmäßigkeit des in Frage stehenden § 34 Abs. 4 Nr. 2 AWG auswirken.

Vor allem in seiner bis 2006 geltenden Fassung wurde die Vereinbarkeit mit dem Bestimmtheitsgrundsatz bezweifelt.[922] Pauschal wurde normiert, dass derjenige bestraft wird, der „einem im Bundesgesetzblatt oder im Bundesanzeiger veröffentlichten Rechtsakt der Europäischen Gemeinschaft zur Beschränkung des Außenwirtschaftsverkehrs (...) zuwiderhandelt“[923]. Durch die Gesetzesänderung 2006[924] sind nun dem § 34 Abs. 4 Nr. 2 AWG ausdrücklich die Verbote zu entnehmen (Ausfuhrverbot, Bereitstellungsverbot etc.), deren Verletzung eine Freiheitsstrafe nach sich zieht, sodass die möglichen Tathandlungen nun bereits im Parlamentsgesetz niedergelegt sind.[925] Damit ist ferner sichergestellt, dass Verstöße marginaler Art, z.B. gegen Informationspflichten[926], nicht als Straftat verfolgt werden.[927] Auch Art und Maß der Strafbarkeit – Freiheitsstrafe von sechs Monaten bis zu fünf Jahren – gehen aus dem formellen Gesetz hervor. Das von § 34 Abs. 4 Nr. 2 AWG geschützte Rechtsgut ist die Sicherstellung dafür, dass die durch die EU beschlossenen wirtschaftlichen Sanktionsmaßnahmen eingehalten werden. Wirtschaftliche Sanktionsmaßnahmen bezwecken wiederum im weiteren Sinne das friedliche Zusammenleben der Völker, das als Schutzgut des Außenwirtschaftsgesetzes in § 7 Abs. 1 Nr. 2 AWG genannt wird. Folglich ist auch der Zweck der Bestrafung bereits im Parlamentsgesetz festgesetzt.

Dem § 34 Abs. 4 Nr. 2 AWG kann daher sowohl die Umschreibung des strafrechtlich relevanten Verhaltens, Art und Maß der Strafbarkeit sowie eine normative Wertbestimmung entnommen werden.[928] Zudem muss die jeweilige

---

922 Vgl. *Dannecker/Freitag*, ZStW 116 (2004), 796 (813 f.); *Krach*, Europäisierung, S. 224 f.

923 Zum Wortlaut des § 34 Abs. 4 AWG vor und nach dem 12. Gesetz zur Änderung des Außenwirtschaftsgesetzes vgl. *Ahlbrecht*, wistra 2007, 85 (86).

924 Vgl. hierzu bereits: 4. Kap. A. II. c) aa).

925 BT-Drs. 16/385, S. 5 f.

926 Vgl. z.B.: VO (EG) Nr. 881/2002 (Al-Qaida), Art. 5 Abs. 1; VO (EU) Nr. 667/2010 (Eritrea), Art. 10 Abs. 1.

927 Vgl. BT-Drs. 16/33, S. 13.

928 Vgl. hierzu BVerfG wistra 2010, 396 (404 Rn. 68 ff.): Das BVerfG erklärt den Straftatbestand des § 370 Abs. 1 AO i.V.m. § 12 Abs. 1 MOG vereinbar mit dem Gesetzesvorbehalt der Art. 103 Abs. 2, 104 Abs. 1 S. 1 GG; von Bedeutung ist dies u.a., da eine Verweisungskette vorliegt: § 12 Abs. 1 S. 1 MOG erklärt für Abgaben zu Marktordnungszwecken, die nach Regelungen im Sinne des § 1 Abs. 2 MOG hinsichtlich Marktordnungswaren erhoben werden, die AO und somit den Steuerstraftatbestand des Art. 370 Abs. 1 AO für anwendbar; Regelungen im Sinne des § 1 Abs. 2 MOG können u.a. Rechtsakte des Rats oder der Kommission aufgrund des EG-Vertrags sein (in der

Verordnung im Bundesanzeiger veröffentlicht werden, wodurch das zuständige Bundesamt für Wirtschaft und Ausfuhrkontrolle autonom über die strafrechtliche Bewehrung unionsrechtlicher Vorschriften entscheidet.

Ein Verstoß im Hinblick auf die kompetenzwahrende Komponente der Art. 103 Abs. 2, 104 Abs. 1 S. 1 GG ist folglich abzulehnen.

Zweifelhaft ist jedoch, ob dies auch für die freiheitsgewährleistende Komponente des Art. 103 Abs. 2 GG gilt. Es stellt sich die Frage, ob der Rechtsanwender anhand der gesetzlichen Bestimmung vorhersehen kann, welches Verhalten verboten und mit Strafe bedroht ist. Von besonderer Bedeutung bei Blankettstrafgesetzen ist dabei, dass aufgrund des Wortlauts der Blankettnorm hinreichend erkennbar sein muss, auf welche Regelung Bezug genommen wird. § 34 Abs. 4 Nr. 2 AWG verweist insofern auf im Bundesanzeiger veröffentlichte, unmittelbar geltende Rechtsakte der EG oder der EU, die der Durchführung einer vom Rat der EU im Bereich der GASP beschlossenen wirtschaftlichen Sanktionsmaßnahmen dienen. Eine Bezugnahme auf bestimmte Verordnungen, ggf. unter Angabe einer konkreten Fundstelle, erfolgt nicht. Es handelt sich folglich um eine dynamische Verweisung.

In die Beurteilung muss ebenfalls mit einfließen, dass es sich bei dem Straftatbestand des § 34 Abs. 4 Nr. 2 AWG nicht um sog. Expertenstrafrecht handelt. Zwar werden von bestimmten Verboten, z.B. Ausfuhr- und Einfuhrverboten, in der Regel nur außenwirtschaftlich tätige Unternehmen betroffen sein. Vom Bereitstellungsverbot im Zusammenhang mit Finanzsanktionen können jedoch beispielsweise auch private Dritte betroffen sein.[929]

Die Vorhersehbarkeit der Strafbarkeit für den Einzelnen ist vor allem deshalb zweifelhaft, da sich oftmals das strafbare Verhalten nicht nur aus einer Verordnung, sondern aus der Zusammenschau einer vielfach großen Anzahl von Änderungsverordnungen ergibt.[930] Neben dieser grundsätzlichen Problematik bei Verweisen auf EU-Rechtsakte tritt bei den relevanten personenbezogenen Finanzsanktionen ein weiteres Problem auf. Es handelt sich hierbei nämlich um eine doppelte dynamische Verweisung: § 34 Abs. 4 Nr. 2 AWG verweist auf die jeweilige Verordnung, welche die personenbezogenen Finanzsanktionen festlegt. Diese wiederum nimmt zur Konkretisierung, wer von den Sanktionen betroffen sein soll, Bezug auf im Anhang der Verordnungen befindliche Namens-

---

für den Rechtsstreit relevanten Fassung); in dem fraglichen Fall ging es um Abgaben, die gemäß VO (EWG) Nr. 3577/90 für Milch und Milcherzeugnisse erhoben wurden.

929 Vgl. LG Berlin, Beschluss v. 27.09.2005, 86 T 219/05, Rn. 17; vgl. auch die hierzu ergangene Entscheidung des EuGH, Urt. v. 11.10.2007, Rs. C-117/06, Slg. 2007, 8361 - Möllendorf u. Möllendorf-Niehaus.

930 *Krach*, Europäisierung, S. 225 f.

listen, die ihrerseits periodisch aktualisiert werden (müssen).[931] Bei personenbezogenen Finanzsanktionen ist jedoch von entscheidender Bedeutung, dass der Rechtsanwender feststellen kann, mit welchen Personen oder Organisationen er keine Rechtsgeschäfte tätigen darf.[932]

Hilfestellung beim Auffinden der entsprechenden Rechtsakte kann insofern das Bundesamt für Wirtschaft und Ausfuhrkontrolle (BAFA) geben. Auf dessen Homepage[933] finden sich die einschlägigen Rechtsakte der EU sowie weitere Informationstexte zu den verschiedenen länderbezogenen (jeweils unterteilt in die einzelnen Länder) und länderunabhängigen Embargomaßnahmen. Ein Hinweis darauf, wo die Rechtsakte im Bundesanzeiger veröffentlicht werden, fehlt jedoch. Für die Strafbarkeit gemäß § 34 Abs. 4 Nr. 2 AWG kommt es allerdings entscheidend darauf an, dass der Rechtsakt der EU im Bundesanzeiger zum Zwecke der Strafbewehrung veröffentlicht wird. Insofern bleibt der Normanwender auf das Durchsuchen des Bundesanzeigers verwiesen.[934]

Die Praxis der Veröffentlichung im Bundesanzeiger hat sich insofern verbessert, als bereits aus der Überschrift hervorgeht und daher auch dem Inhaltsverzeichnis zu entnehmen ist, dass die entsprechende Bekanntmachung der (Änderungs-)Ver-ordnung zur Anpassung der Strafbewehrung nach § 34 Abs. 4 Nr. 2 AWG ergeht.[935]

Um den Privatsektor bei der Durchführung von Finanzsanktionen zu unterstützen, hat die Europäische Kommission zudem 2004 eine Webseite[936] eingerichtet. Auf dieser Webseite ist eine ständig aktualisierte Liste von Personen, Gruppen und Vereinigungen, die von im Rahmen der GASP verhängten Finanz-

---

931 *Meyer/Macke*, HRRS 2007, 445 (461 und Fn. 101).

932 *Dannecker/Freitag*, ZStW 116 (2004) 797 (813).

933 http://www.ausfuhrkontrolle.info/ausfuhrkontrolle/de/embargos/index.html (zuletzt abgerufen am 6.3.2013).

934 Zum Problem der fehlenden Veröffentlichung der Fundstellen im Bundesanzeiger auf der Homepage des BAFA ausführlich *Krach*, Europäisierung, S. 226 ff.

935 Vgl. beispielsweise Bundesanzeiger Nr. 41 v. 13.3.2012 Bekanntmachung – zur Anpassung der Strafbewehrung nach § 34 Abs. 4 Nummer 2 und Abs. 6 Nummer 3b des Außenwirtschaftsgesetzes – des Anhangs der Verordnung (EU) Nr. 97/2012 der Kommission vom 6. Februar 2012 zur 164. Änderung der Verordnung (EG) Nr. 881/2002 des Rats über die Anwendung bestimmter spezifischer restriktiver Maßnahmen gegen bestimmte Personen und Organisationen, die mit dem Al-Qaida- Netzwerk in Verbindung stehen. Vom 5. März 2012; kritisch zur vorherigen Praxis ohne den Vermerk „zur Anpassung der Strafbewehrung“ *Krach*, Europäisierung, S. 228.

936 http://eeas.europa.eu/cfsp/sanctions/consol-list_en.htm (zuletzt abgerufen am 6.3.2013).

sanktionen der EU betroffen sind, veröffentlicht. Die Seite bietet zudem eine Übersicht über die geltenden restriktiven Maßnahmen.[937]

Das Amt für Veröffentlichungen der EU publiziert regelmäßig konsolidierte Fassungen der Rechtsakte über restriktive Maßnahmen im Amtsblatt und macht sie in der Datenbank zum EU-Recht[938] zugänglich. Diese konsolidierten Fassungen sollen eine Dokumentationshilfe sein, sind aber nicht rechtsverbindlich. Der Rat der EU fordert insoweit, dass aus Gründen der Klarheit und Transparenz die Annahme eines konsolidierten Textes erwogen werden sollte, sobald ein GASP-Beschluss oder eine Verordnung mindestens dreimal geändert wurde.[939]

Summa Summarum ist davon auszugehen, dass der Rechtsanwender (noch) mit zumutbarem Aufwand die unmittelbar geltenden Rechtsakte der EG oder EU, die der Durchführung einer vom Rat der EU im Bereich der GASP beschlossenen wirtschaftlichen Sanktionsmaßnahmen dienen und die in § 34 Abs. 4 Nr. 2 AWG gelisteten Verbote enthalten, auffinden kann. Somit liegt auch kein Verstoß gegen die freiheitsgewährleistende Komponente des Art. 103 Abs. 2 GG vor, da der Rechtsanwender anhand der gesetzlichen Bestimmung vorhersehen kann, welches Verhalten verboten und mit Strafe bedroht ist.

d) Tatbestand und Rechtsfolge des § 34 Abs. 4 Nr. 2 AWG

Nach der Feststellung der Verfassungsmäßigkeit des § 34 Abs. 4 Nr. 2 AWG werden im Folgenden der Tatbestand und die Rechtsfolgen der Norm beleuchtet.

aa) Die Tatbestandsvoraussetzungen im Überblick

In § 34 Abs. 4 Nr. 2 AWG sind als mögliche Tathandlungen abschließend Verstöße gegen verschiedene Verbote genannt. Diese Verbote müssen jedoch in einem unmittelbar geltenden Rechtsakt der EG oder der EU, der der Durchführung einer vom Rat der EU im Bereich der GASP beschlossenen wirtschaftlichen Sanktionsmaßnahme dient, festgelegt sein. Gegenwärtig sind in neun der zehn länderbezogenen Sanktionsregimen der EU und in allen VN determinierten länderbezogenen Sanktionsregimen, Finanzsanktionen festgelegt. Hinzu kommen die „Anti-Terror"-Regime, die Finanzsanktionen gegen Individuen und Vereinigungen losgelöst vom eventuellen Wohnsitz oder Aufenthaltsort festlegen. Die Sanktionen werden in Verordnungen und folglich in unmittelbar geltenden Rechtsakten der EU (Art. 288 Abs. 2 AEUV/Art. 249 Abs. 2 EGV) normiert.

Die Finanzsanktionen fordern, Gelder und wirtschaftliche Ressourcen der genannten Personen bzw. Vereinigungen einzufrieren und folglich mit einem

937 Dokument des Rats v. 15.6.2012 (11205/12), Rn. 24.

938 http://eur-lex.europa.eu/de/index.htm (zuletzt abgerufen am 6.3.2013).

939 Dokument des Rats v. 15.6.2012 (11205/12), Rn. 37.

umfassenden Verfügungsverbot zu belegen und verbieten zugleich, diesen Personen bzw. Vereinigungen entsprechende Gelder und wirtschaftliche Ressourcen zur Verfügung zu stellen. Diese fallen demnach unter die Tatbestandsalternative des *Bereitstellungsverbots* i.S.v. § 34 Abs. 4 Nr. 2 AWG, das insbesondere im AWG nicht legal definiert wird und sich deshalb nur aus den Verordnungstexten der EU erklären lässt.[940]

Ferner kann die Tatbestandsalternative des *Unterstützungsverbots* einschlägig sein. Auch dieser Begriff bestimmt sich nur über die einschlägigen Embargovorschriften, die oftmals ihrerseits bereits Unterstützungshandlungen für andere bestehende Verbote untersagen. Beispielhaft sei auf die Verordnung (EG) Nr. 2488/2000 betreffend Slobodan Milosevic und Personen seines Umfelds hingewiesen. Gemäß Art. 2 der Verordnung ist die wissentliche und absichtliche Teilnahme an mit den zuvor normierten Finanzsanktionen (Art. 1) in Verbindung stehenden Handlungen, deren Ziel oder Folge die Förderung dieser Handlungen ist, untersagt. Das Unterstützungsverbot ist als verselbstständigter Beihilfetatbestand zu sehen.[941] Vorteil der Verselbstständigung ist dabei, dass dieser nicht der strengen Akzessorietät der Beihilfe gemäß § 27 StGB unterliegt und somit auch der „Teilnehmer" bei nach deutschem Recht fehlender sanktionierbarer Haupttat strafbar ist.[942]

Einem größeren Anwendungsbereich unterliegt die für die Sanktionierung von Verstößen gegen Finanzsanktionen ebenfalls einschlägige Tatbestandvariante des *Umgehungsverbots*. Auch diese Variante bestimmt sich nach den jeweiligen Verordnungstexten. Die Verordnungen enthalten im Zusammenhang mit der jeweiligen Finanzsanktion das Verbot, sich wissentlich und beabsichtigt an Tätigkeiten zu beteiligen, deren Ziel oder Folge die Umgehung der Maßnahmen ist.[943] Der Umgehungstatbestand führt zu einer Vorverlagerung der Strafbarkeit im Sinne eines Fördertatbestandes. So ist eine direkte Überweisung an gelistete Personen und Vereinigungen nicht nötig; vielmehr reicht es aus, dass der Täter über Dritte das Geld auf den Weg bringt, wenn ihm bewusst ist, dass die Gelder bei der gelisteten Person oder Vereinigung ankommen. Um eine unverhältnismäßige Ausdehnung der Strafbarkeit zu vermeiden, ist eine konkrete Rechtsgefährdung von der Handlung des Täters zu fordern.[944]

---

940 *Wagner*, in: Joecks/Miebach, MüKo-StGB, Bd. 6/1, § 34 AWG Rn. 121.

941 *Wagner*, in: Joecks/Miebach, MüKo-StGB, Bd. 6/1, § 34 AWG Rn. 126.

942 *Bieneck*, in: Müller-Gugenberger, Wirtschaftsstrafrecht, § 62 Rn. 29.

943 Vgl. nur VO (EG) Nr. 1183/2005 (Kongo), Art. 2 Abs. 3; VO (EU) Nr. 667/2010 (Eritrea), Art. 4 Abs. 3; VO (EG) Nr. 2580/2001 (Terrorismus), Art. 3 Abs. 1; VO (EG) Nr. 881/2002 (Al-Qaida), Art. 4 Abs. 1.

944 Ausführlich zum Umgehungsverbot und der geforderten Einschränkung *Wagner*, in: Joecks/Miebach, MüKo-StGB, Bd. 6/1, § 34 AWG Rn. 127.

Die Verordnungen der EU (EG) können allerdings nur Verweisungsobjekt des § 34 Abs. 4 Nr. 2 AWG sein, wenn sie zur Strafbewehrung vom zuständigen Organ im Bundesanzeiger veröffentlicht worden sind.[945] Da § 34 Abs. 4 AWG nicht zu rechtswidrigen Verschiebungen von Strafrechtssetzungskompetenzen[946] führen darf, können Verstöße gegen Unionsrecht nicht automatisch strafrechtlich geahndet werden, sondern nur nach einem unabhängigen Tätigwerden nationaler Organe. Der BGH hat insoweit festgelegt, dass durch die ausdrückliche im Hinblick auf § 34 Abs. 4 AWG erfolgende Veröffentlichung der Verordnung im Bundesanzeiger das zuständige Ministerium autonom über die strafrechtliche Bewehrung der gemeinschaftsrechtlichen (Anm.: jetzt unionsrechtlichen) Vorschriften entscheidet.[947] Zuständiges deutsches Organ ist das Bundeswirtschaftsministerium.[948] Jede Änderung der entsprechenden Verordnung muss wiederum veröffentlicht werden, um sicherzustellen, dass sich die Strafbewehrung auf die jeweils aktuelle Fassung bezieht.[949]

Da es sich bei § 34 Abs. 4 Nr. 2 AWG um ein Allgemeindelikt handelt, kann grundsätzlich jeder Täter sein, der gegen die EU-Verordnungen im oben beschriebenen Sinne verstößt. Besonders häufig werden hiervon vertretungsberechtigte Organe von Kreditinstituten, Finanzdienstleistern und Unternehmen erfasst sein.[950] Vor allem gegen das Bereitstellungsverbot können aber auch Privatpersonen verstoßen.[951]

bb) Rechtsfolgen

Ein Verstoß gegen § 34 Abs. 4 AWG kann mit einer Freiheitsstrafe von sechs Monaten bis zu fünf Jahren geahndet werden. Bei fahrlässiger Begehungsweise (§ 34 Abs. 7 AWG) ist eine Freiheitsstrafe von bis zu drei Jahren oder eine Geldstrafe möglich. Werden die Voraussetzungen des Qualifikationstatbestands (§ 34 Abs. 6 Nr. 2 oder 4 AWG) erfüllt, liegt der Strafrahmen bei einer Freiheitsstrafe von nicht unter zwei Jahren.

---

945 *Diemer*, in: Erbs/Kohlhaas, Strafrechtliche Nebengesetze, A 217, § 34 Rn. 27 mit Verweis auf BGHSt 41, 127 (132); *Bieneck*, in: Müller-Gugenberger/Bieneck, Wirtschaftsstrafrecht, § 62 Rn. 23.

946 Zur (größtenteils) den Mitgliedstaaten verbliebenen Kompetenz zur Setzung von Kriminalstrafrecht vgl. bereits: 4. Kap. A. I. 1.

947 BGHSt 41, 127 (132), zur Ausfüllung der insofern vergleichbaren alten Rechtslage nach § 34 Abs. 4 AWG a.F. durch VO (EWG) Nr. 1432/92 (ehemaliges Jugoslawien); BGHSt 47, 207 (210) in Bezug auf VO (EG) Nr. 2456/96 (Irak).

948 *Diemer*, in: Erbs/Kohlhaas, Strafrechtliche Nebengesetze, A 217, § 34 Rn. 27.

949 *Wagner*, in: Joecks/Miebach, MüKo-StGB, Bd. 6/1, § 34 AWG Rn. 113.

950 *Schlarmann/Spiegel*, NJW 2007, 870 (873).

951 Vgl. hierzu: 4. Kap. C. II. 6.

2. Ordnungswidrigkeitenrecht

Neben den strafrechtlichen Folgen können Vorstandsmitgliedern bzw. Geschäftsführern eines Unternehmens gem. § 130 OWiG Bußgelder auferlegt werden.[952] Die Vorschrift bestimmt:

„Wer als Inhaber eines Betriebes oder Unternehmens vorsätzlich oder fahrlässig die Aufsichtsmaßnahmen unterlässt, die erforderlich sind, um in dem Betrieb oder Unternehmen Zuwiderhandlungen gegen Pflichten zu verhindern, die den Inhaber treffen und deren Verletzung mit Strafe oder Geldbuße bedroht ist, handelt ordnungswidrig, wenn eine solche Zuwiderhandlung begangen wird, die durch gehörige Aufsicht verhindert oder wesentlich erschwert worden wäre."

Allein fehlende Kontrollmöglichkeiten zur Vermeidung von Verstößen gegen Finanzsanktionen führen nicht zu einer Bußgeldbewährung nach § 130 Abs. 1 OWiG. Erforderlich ist vielmehr ein tatsächlicher Verstoß gegen das Einfriergebot oder das Bereitstellungsverbot, der beispielsweise durch einen unzureichend durchgeführten Abgleich der Geschäftskontakte mit den Namenslisten der EU ermöglicht oder erleichtert worden ist.[953] Gemäß § 130 Abs. 3 OWiG kann die Pflichtverletzung mit einer Geldbuße bis zu einer Million Euro geahndet werden.

Ein Verstoß gegen § 130 Abs. 1 OWiG oder die Verurteilung eines Vorstandsmitglieds bzw. Geschäftsführers eines Unternehmens wegen eines Verstoßes gegen das Außenwirtschaftsgesetz kann zudem gemäß § 30 Abs. 1, 2 OWiG zu einer Geldbuße gegen das Unternehmen selbst in Höhe von bis zu einer Million Euro führen. Wird das Straf- oder Bußgeldverfahren eingestellt, kann gegen das Unternehmen gemäß § 130 OWiG auch in einem selbständigen Verfahren eine Geldbuße verhängt werden.[954]

3. Gewerbliche Konsequenzen

Unternehmen drohen bei einem Verstoß gegen Finanzsanktionen zollrechtliche Konsequenzen: Durch die Verordnung (EG) Nr. 648/2005 wurde in den für das europäische Zollrecht maßgeblichen Zollkodex[955] das Prinzip des „zugelassenen Wirtschaftsbeteiligten" bzw. „Authorized Economic Operator (AEO)" eingeführt. Die Verordnung bezweckt einerseits, die Sicherheit der Lieferkette für die

---

952 Allgemein zur Bußgeldbewährung nach § 130 OWiG im Außenwirtschaftsrecht *John*, in: Hohmann/John, Ausfuhrrecht, Vor §§ 33, 34 AWG Rn. 61 ff.

953 Vgl. *Schlarmann/Spiegel*, NJW 2007, 870 (873).

954 Ausführlich *John*, in: Hohmann/John, Ausfuhrrecht, Vor §§ 33, 34 AWG, Rn. 95 ff.

955 VO (EWG) Nr. 2913/92 zur Festlegung des Zollkodex der Gemeinschaften (im Weiteren: EU-Zollkodex).

in das oder aus dem Zollgebiet der Union verbrachten Waren zu erhöhen.[956] Auf der anderen Seite sollen für solche Unternehmen, die die entsprechenden Kriterien erfüllen, Erleichterungen bei sicherheitsrelevanten Zollkontrollen und Vereinfachungen gemäß den Zollvorschriften gewährt werden.[957] Vor allem für Logistikunternehmen, die auf den grenzüberschreitenden Warenverkehr angewiesen sind, ist die Einstufung als AEO von erheblicher wirtschaftlicher Bedeutung.[958]

In diesem Zusammenhang hat sich in der zollrechtlichen Praxis ein weiteres Problem ergeben: Gemäß Art. 5a Abs. 2 Anstrich 4 des EU-Zollkodexes müssen Unternehmen, um ein AEO-Zertifikat zu erhalten, u.a. „gegebenenfalls angemessene Sicherheitsstandards" nachweisen. Die EU-Durchführungsverordnung fordert hierzu, der Antragsteller solle, soweit gesetzlich zulässig, in sicherheitsrelevanten Bereichen tätige Bedienstete einer Sicherheitsüberprüfung unterziehen und regelmäßig Hintergrundüberprüfungen vornehmen.[959] Die deutsche Zollverwaltung verlangt nun darüberhinausgehend vom Antragsteller, dass er seine Beschäftigten mindestens einmal im Jahr anhand der Namenslisten der Terrorismusverordnungen überprüft.[960] Diese Forderung begegnet jedoch erheblichen datenschutzrechtlichen Bedenken, statuiert § 4 Abs. 1 BDSG doch die grundsätzliche Unzulässigkeit datenschutzrechtlicher Maßnahmen, solange diese nicht nach einer anderen Rechtsnorm zulässig sind.[961] Mit Urteil vom 19. Juni 2012 hat der Bundesfinanzhof nun entschieden, dass die Forderung nach einem internen Abgleich der Beschäftigten in sicherheitsrelevanten Bereichen mit den Terrorlisten zur Bewilligung des AEO-Zertifikats nach § 32 Abs. 1 S. 1 BDSG zulässig sei.[962] Nach dieser Norm dürfen personenbezogene Daten eines Beschäftigten u.a. für Zwecke des Beschäftigungsverhältnisses genutzt werden, wenn dies für die Entscheidung über de Begründung eines Beschäftigungsverhältnisses, für dessen Durchführung oder Beendigung erforderlich ist. Dem

---

956 VO (EG) Nr. 648/2005, Erwägungsgrund Nr. 2.

957 Art. 5a Abs. 1 des EU-Zollkodex.

958 Vgl. zum Ganzen *Meyer/Macke*, HRRS 2007, 445 (459 f.); *Puschke/Hohmann*, Basiswissen Sanktionslisten, S. 43 f.; *Bartmann*, Terrorlisten, S. 113 f.

959 VO (EWG) Nr. 2454/93 (im Weiteren ZKDVO), Art. 14k Abs. 1 lit. f.

960 Dienstvorschrift des Bundesministers der Finanzen, N 31 2010 Nr. 117 v. 2.6.2010: Allgemeines Zollrecht/Änderung der Dienstvorschrift „Zugelassener Wirtschaftsbeteiligter – AEO" (E-VSF Z 0520, Absatz 253.

961 Kritisch z.B. *Däubler-Gemlin*, DuD 2011, 455 (458 ff.); *Roeder/Buhr*, BB 2011, 1333 (1335 ff.); vgl. zur Kritik auch den Datenschutzbeauftragten Peter Schaar, in dem 23. Tätigkeitsbericht zum Datenschutz für die Jahre 2009 und 2010, Nr. 13.7.

962 BFH BFH/NV 2012, 1754 (1755, Rn. 12); a.A. *Bourlanger/Urso*, ZfZ 2011, 322 (324), die eine Überprüfung der Mitarbeiter anhand der Terrorlisten nicht von Art. 14k Abs. 1 lit. f. ZKDVO gedeckt sehen.

Bundesfinanzhof zu Folge seien diese Voraussetzungen erfüllt, wenn ein Unternehmen die Erteilung eines AEO-Zertifikats begehre und hierfür eine Sicherheitsvorkehrung in Form einer Überprüfung des Personals des Unternehmens erforderlich sei. Insofern würden die personenbezogenen Daten unmittelbar für Zwecke des Beschäftigungsverhältnisses genutzt.[963] Unternehmen mit grenzüberschreitenden Wirtschaftsbeziehungen müssen daher zukünftig ein entsprechendes „Mitarbeiter-Screening“ vornehmen, wenn sie die zollrechtlichen Vorzüge des AEO-Status genießen möchten.

Letztlich können Verstöße gegen Finanzsanktionen eine Untersagung des Gewerbes wegen Unzuverlässigkeit i.S.v. § 35 Abs. 1 GewO nach sich ziehen. Gewerberechtlich unzuverlässig im Sinne der Norm handelt, wer keine Gewähr dafür bietet, dass er in Zukunft sein Gewerbe ordnungsgemäß ausüben wird.[964] Die Behörden nehmen also eine Prognose über das zukünftige Verhalten eines Gewerbetreibenden anhand einer wertenden Betrachtung von Tatsachen vor. Ein Verstoß gegen gewerberelevante öffentlich-rechtliche Verpflichtungen wie das Einfriergebot bzw. das Bereitstellungsverbot stellt für sich bereits ohne Zweifel eine solche Tatsache dar, die zur Unzuverlässigkeit gemäß § 35 Abs. 1 GewO führen kann. Erst recht muss dies gelten, wenn durch den Verstoß zusätzlich eine Strafbarkeit gemäß § 34 Abs. 4 AWG begründet wird.

Die Gewerbeuntersagung führt dabei zu einer Eintragung in das Gewerbezentralregister gemäß § 149 Abs. 2 Nr. 1 lit. b GewO. Die Eintragung im Zentralregister kann von den Behörden abgerufen werden. Dies kann vor allem für im öffentlichen Auftragswesen tätige Unternehmen zu negativen Folgen führen.[965]

4. Einziehung und Verfall

Schließlich droht als strafrechtliche Nebenfolge der Verfall gemäß § 73 StGB. Als „durch die rechtswidrige Tat erlangt“ gelten, da die Ausfuhr selbst nicht vorgenommen werden darf, alle wirtschaftlichen Vorteile, die mit der Ausführung des Auftrags zusammenhängen.[966]

---

963 BFH BFH/NV 2012, 1754 (1755, Rn. 12 f.); anders noch die Vorinstanz, vgl. FG Düsseldorf, Urt. v. 1.6.2011, 4 K 3063/10, Rn. 15; für das FG Düsseldorf ist der geforderte Abgeich mit den Terrorlisten allerdings nach § 28 Abs. 2 Nr. 2 lit. b BDSG zulässig, vgl. a.a.O., Rn. 17 f.

964 St. Rspr., vgl. u.a. BVerwGE 65, 1; *Ennuschat*, in: Tettinger/Wank/Ennuschat, GewO, § 35 Rn. 27; *Marcks*, in: Landmann/Rohmer, GewO, Bd. I, § 35 Rn. 29.

965 Ausführlich *John*, in: Hohmann/John, Ausfuhrrecht, Vor §§ 33, 34 AWG, Rn. 110 ff.; *Puschke/Hohmann*, Basiswissen Sanktionslisten, S. 43; *Bartmann*, Terrorlisten, S. 112 f.

966 *Puschke/Hohmann*, Basiswissen Sanktionslisten, S. 43.

Liegt eine Straftat nach § 34 AWG vor, können die Gegenstände, auf die sich die Tat bezieht, eingezogen werden. Gemäß § 74c StGB ist auch die Einziehung des Wertersatzes möglich, wenn der Gegenstand veräußert oder verbraucht wurde. Die Einziehung des Gegenstandes oder Wertersatzes kann auch ein Unternehmen treffen, wenn der Täter als Vertretungsberechtigter gehandelt hat (§ 75 StGB).[967]

B. Primärrechtskonformität der europäischen Verordnungen als tatbestandliche Ausfüllungsnormen

Die Frage, ob die sekundärrechtlichen Vorgaben mit dem Primärrecht der EU übereinstimmen, ist für die nationalen strafrechtlichen Sanktionen maßgebend. Da, wie gesehen, § 34 Abs. 4 Nr. 2 AWG als Blankettstrafgesetz ausgestaltet ist, „sind es die fraglichen Rechtsakte der Union, die das strafbare Verhalten zur Gänze bestimmen“[968]. Verstößt somit die Ausfüllungsnorm – also die entsprechende, das Einfriergebot und das Bereitstellungsverbot normierende Verordnung – gegen Primärrecht, kann diese nicht dazu beitragen, eine strafrechtliche Verfolgung, die an einen vermeintlichen Verstoß gegen diese Verordnung anknüpft, zu stützen.[969] Infolgedessen soll die formelle (I.) und materielle Rechtmäßigkeit (II.) der europäischen Verordnungen geprüft werden. Die Prüfung bezieht sich dabei überwiegend auf die Sanktionen gegen den Terrorismus[970], da diese von großer politischer Bedeutung sind und sich vorwiegend auf die zu untersuchenden finanziellen Maßnahmen konzentrieren. Die gewonnenen Ergebnisse können jedoch auf die Finanzsanktionen, die im Zusammenhang mit länderbezogenen Sanktionsregimen ergangen sind, übertragen werden.

In diesem Zusammenhang sei darauf hingewiesen, dass bei einem festgestellten Verstoß gegen Primärrecht, die Verordnung nicht *ipso iure* ihre Wirksamkeit verliert. Es bedarf vielmehr einer Nichtigkeits- bzw. Unanwendbarkeitserklärung des Rechtsakts durch die europäischen Gerichte.[971] Die Nichtigkeitserklärung der Verordnung muss wiederum im Bundesanzeiger publiziert werden, da jede Änderung des entsprechenden Verweisungsobjekts i.S.v.

---

967 Vgl. hierzu *Schlarmann/Spiegel*, NJW 2007, 870 (873); *Meyer/Macke*, HRRS 2007, 445 (461 f.).

968 Stellungnahme des GAs Paolo Mengozzi v.17.5.2010, Rs. C-550/09, Rn. 54 - E und F.

969 EuGH, Urt. v. 29.06.2010, Rs. C-550/09, Rn. 62 - E und F.

970 VO (EG) Nr. 881/2002, VO (EG) Nr. 2580/2001.

971 Vgl. Art. 264 Abs. 1/277 AEUV bzw. Art. 231/241 EGV.

§ 34 Abs. 4 Nr. 2 AWG veröffentlicht werden muss.[972] Die pauschalierte Verweisung des § 34 Abs. 4 Nr. 2 AWG bezieht sich dann nicht mehr auf den primärrechtswidrigen Rechtsakt der EU, sodass eine Strafbarkeit bei einem Verstoß gegen die entsprechende Verordnung ausscheidet.

I. Formelle Rechtmäßigkeit

Die formelle Rechtswidrigkeit könnte sich aus der fehlenden Verbandskompetenz der EU ergeben. Die Organe der EU werden nur tätig, soweit sie durch Primärrecht dazu ermächtigt sind (Prinzip der begrenzten Einzelermächtigung, Art. 5 Abs. 1 S. 1, Abs. 2 EUV n.F./Art. 5 EGV a.F.). Zu prüfen ist folglich, ob das Primärrecht der EU eine Kompetenz zum Erlass von individualgerichteten Finanzsanktionen eröffnet.

1. Kompetenzgrundlage der Sanktionsmaßnahmen

Die individualgerichteten Finanzsanktionen wurden bis zum Inkrafttreten des Vertrages von Lissabon, wie gesehen[973], auf Art. 60 i.V.m. Art. 301 EGV gestützt. Art. 60 EGV galt als *lex specialis* zu Art. 301 EGV um Wirtschaftsbeziehungen im Bereich des Kapital- und Zahlungsverkehrs einzuschränken. Für die näheren Voraussetzungen verwies Art. 60 EGV wiederum auf Art. 301 EGV. Gemäß Art. 301 EGV war jedoch ein Tätigwerden der Gemeinschaft nur vorgesehen, „um die Wirtschaftsbeziehungen zu einem oder mehreren dritten Ländern auszusetzen".[974] Von Art. 301 EGV waren auch gezielte Maßnahmen umfasst, die sich gegen die Machthaber oder gegen Personen oder Gruppen richteten, die mit den Eliten eines Landes verbunden waren und zwar unabhängig von ihrem Aufenthaltsort. Voraussetzung hierfür war aber, dass das auslösende Moment der Sanktion einem Drittland zugerechnet werden konnte[975] und die Sanktionen daher tatsächlich das Ziel verfolgten, die Wirtschaftsbeziehung zu einem oder mehreren Drittländern ganz oder teilweise einzuschränken.[976] Da der Begriff „Länder" sich nicht nur auf Staaten i.S.d. Völkerrechts bezog, war eine Einbeziehung von *de facto*-Regimen und Bürgerkriegsparteien, die über ein bestimm-

---

972 *Wagner*, in: Joecks/Miebach, MüKo-StGB, Bd. 6/1, § 34 AWG Rn. 113.

973 Vgl. ausführlich: 2. Kap. B I.

974 Ausführlich zu den Rechtsgrundlagen für europäische Sanktionen vgl.: 2. Kap. B. I und II.

975 *Schulte*, Schutz individueller Rechte, S. 397; *Hörmann*, EuR 2007, 120 (126 f.).

976 EuG, Urt. v. 21.9.2005, Rs. T-315/01, Slg. 2005, II-3649 Rn. 89 - Kadi; zum Ergebnis vgl. auch *Cremer*, in: Calliess/Ruffert, EUV/EGV, Art. 301 Rn. 11; *Osteneck*, in: Schwarze, EU-Kommentar, Art. 301 EGV Rn. 6.

tes Territorium herrschen, möglich.[977] Bei den „Anti-Terror"-Sanktionen ließ sich ein Staatenbezug lediglich für das „Al-Qaida- und Taliban"-Regime herstellen, allerdings nur bis zum Ende der Taliban-Herrschaft in Afghanistan. Bei dem allgemeinen „Anti-Terrorismus"-Regime fehlte ein solcher Staatenbezug gänzlich. War jedoch keine Verbindung zwischen den zu ergreifenden Sanktionen und dem Hoheitsgebiet oder dem Regime eines Drittlands vorhanden, bildete Art. 301 EGV keine ausreichende Rechtsgrundlage.[978]

Für die Verhängung von Sanktionen gegen Individuen und Vereinigungen ohne Staatenbezug wurde deshalb zusätzlich Art. 308 EGV (Art. 352 AEUV) herangezogen. Diese Vertragsabrundungskompetenz fand Anwendung, wenn im EG-Vertrag die erforderlichen Befugnisse fehlten, ein Tätigwerden der Gemeinschaft jedoch erforderlich schien, um im Rahmen des Gemeinsamen Markts ein Ziel zu verwirklichen.[979] Gegen eine Kompetenz der Gemeinschaft wurde vor allem vorgebracht, aufgrund des eindeutigen Wortlauts der Art. 60 und 301 EGV sei der Erlass von Maßnahmen gegen Privatpersonen nicht zulässig. Auch der Rückgriff auf Art. 308 EGV sei unzulässig, da die angefochtene Verordnung nicht zur Verwirklichung eines Zieles des EG-Vertrags i.S.v. Art. 2 und 3 EGV diene, sondern nur zur Verwirklichung von Zielen im Bereich der GASP, die unter den EU-Vertrag fielen.[980]

Das Problem der formellen Rechtmäßigkeit der betrachteten „Anti-Terror"-Verordnungen hat sich durch das Inkrafttreten des Vertrages von Lissabon entschärft.[981] Im Folgenden soll dennoch zuerst geprüft werden, ob sich aus der zuvor geltenden Rechtslage und somit aus Art. 301, 60 und 308 EGV eine Zuständigkeit der Gemeinschaft ergab. Zum einen kann nur so nachvollzogen werden, warum die im Vertrag von Lissabon erfolgte Normierung einer Kompetenz zum Erlass von individualgerichteten Finanzsanktionen erforderlich geworden war. Zum anderen sind die meisten der in dieser Arbeit betrachteten Sanktionsregime, insbesondere die Finanzsanktionen zur Bekämpfung des Terrorismus, auf der Grundlage des EUV bzw. EGV ergangen.

977 *Osteneck*, in: Schwarze, EU-Kommentar, Art. 301 EGV Rn. 6; *Kokott*, in: Streinz, EUV/EGV, Art. 301 Rn. 3.

978 EuG, Urt. v. 21.9.2005, Rs. T-306/01, Slg. 2005, II-3533 Rn. 129 f. - Yusuf u. Al Barakaat; EuG, Urt. v. 21.9.2005, Rs. T-315/01, Slg. 2005, II-3649 Rn. 93 f. - Kadi.

979 Vgl. hierzu bereits: 2. Kap. B. I. 3. a).

980 Vgl. das klägerische Vorbringen in: EuG, Urt. v. 21.9.2005, Rs. T-315/01, Slg. 2005, II-3649 Rn. 84 f. - Kadi; *Bartelt/Zeitler*, EuZW 2003, 712 (715).

981 Vgl.: 4. Kap. B. I. 3.

2. Rechtsprechung der europäischen Gerichte

Der IGH bietet gegen die Resolutionen des VN-Sicherheitsrats keine Rechtsschutzmöglichkeit für Individuen.[982] Auf europäischer Ebene existiert ein Individualrechtsschutz in Form der Nichtigkeitsklage gemäß Art. 263 Abs. 4 AEUV (Art. 230 Abs. 4 EGV). Natürliche und juristische Personen können demnach gegen an sie gerichtete bzw. sie unmittelbar und individuell betreffende Entscheidungen Klage erheben.

Die Überprüfbarkeit von Gemeinsamen Standpunkten durch die europäischen Gerichte war in dem Vertrag von Nizza[983], der den im Folgenden erörterten Urteilen zu Grunde liegt, beschränkt. Die Kompetenz des Gerichtshofs erstreckte sich gemäß Art. 46 EUV a.F. nämlich nicht auf die innerhalb der GASP beschlossenen Rechtsakte. Das Verbot, die Gültigkeit sekundärer Rechtsakte am Maßstab des nichtjustiziablen Unionrechts zu prüfen, galt auch für den Fall der inzidenten Prüfung.[984] Im Ergebnis führte dies dazu, dass zwar eine auf Art. 60, 301, 308 EGV gestützte Verordnung der Rechtsprechung des EuGH unterfiel. Die Fassung des GASP Beschlusses war jedoch hierfür eine Tatbestandsvoraussetzung, sodass geprüft werden musste, ob ein solcher vorlag und sein Inhalt ausreichte, um von Art. 301 EGV Gebrauch zu machen. Die Überprüfung der Rechtsgültigkeit des GASP Beschlusses unterstand jedoch nicht der Kompetenz des Gerichtshofs.[985]

Diese Sichtweise wurde damit begründet, dass die Gemeinsamen Standpunkte, die innerhalb der GASP beschlossen wurden, als außenpolitische Vereinbarungen zwischen den Mitgliedstaaten entworfen waren, dabei aber keine Rechtswirkung gegenüber Dritten entfalteten.[986] Die mangelnde gerichtliche Durchsetzung von Individualrechten im Bereich der GASP, die folglich auch nicht Teil der Abwägung und Planung der Rechtsakte der GASP waren, war demnach der Eigenart des Handelns in der 2. Säule geschuldet.[987] Diese Argumente waren jedoch in Bezug auf individualgerichtete Sanktionen nicht zutreffend, da der Rat Beschlüsse innerhalb der GASP traf, die sehr wohl erhebliche Folgen für den Einzelnen haben konnten, v.a. was die eigenständige Listung der betroffenen Personen im Rahmen des Gemeinsamen Standpunkts

982 Siehe: 3. Kap. C. II. 3. c).

983 Gültig vom 11.12.2000 bis 01.12.2009; zu den Änderungen durch den Vertrag von Lissabon siehe sogleich: 4. Kap. B. III. 5.

984 *Cremer* in: Calliess/Ruffert, EUV/EGV, Art. 46 EUV Rn. 22.

985 *Cremer* in: Calliess/Ruffert, EUV/EGV, Art. 46 EUV Rn. 23.

986 *Haltern*, JZ 2007, 772.

987 *Meyer*, ZEuS 2007, 1 (11).

2001/931/GASP betraf.[988] Die Beschlussfassung innerhalb der GASP führte somit zu einer Verkürzung der individuellen Rechtsschutzinstrumentarien.[989]

Dennoch schied aufgrund der klaren Formulierung des Art. 46 EUV a.F. eine Überprüfung der Gemeinsamen Standpunkte aus, sodass das Hauptaugenmerk der Nichtigkeitsklagen auf der Primärrechtskonformität der Verordnung (EG) Nr. 881/2002 bzw. der Verordnung (EG) Nr. 2580/2001 lag.

a) EuG

Mit der möglichen Nichtigkeit der im Zusammenhang mit der Resolution 1267 (1999) des VN-Sicherheitsrats ergangenen Verordnung (EG) Nr. 881/2002 befasst sich das Gericht Erster Instanz[990] im Rahmen seiner nahezu identischen Leitentscheidungen vom 21. September 2005 in den Rechtssachen *Kadi* sowie *Yusuf und Al Barakaat.*[991] Die Klagen wurden von dem schwedischen Staatsangehörigen *Ahmed Ali Yusuf* und dem schwedischen Unternehmen *Al Barakaat International Foundation* sowie dem in Saudi-Arabien wohnhaften *Yassin Abdullah Kadi* gegen den Rat der EU und die Kommission eingereicht. Die Kläger waren auf der Liste des Sanktionsausschusses des Sicherheitsrats verzeichnet und ungeprüft in den Anhang der EG-Verordnung übernommen worden. Sie beantragten die Verordnungen u.a. wegen fehlender Zuständigkeit der Gemeinschaft für nichtig zu erklären.[992]

Das EuG erkennt an, dass Art. 60 EGV und Art. 301 EGV für sich genommen keine ausreichende Rechtsgrundlage für Individuen ohne Drittlandsbezug

---

988 Vgl. hierzu EuGH, Urt. v. 27.2.2007, Rs. C-354/04 P, Slg. 2007, I-1579 - Gestores Pro Amnistia und Rs. C-355/04 P, Slg. 2007, I-1657 - Segi u.a.; hier hatten Vereinigungen geklagt, die aufgrund ihres Näheverhältnisses zur E.T.A. in die europäische Terrorliste des Gemeinsamen Standpunkts 2001/931/GASP aufgenommen worden waren; da auf sie jedoch nur die der dritten Säule zuzurechnende Amtshilfevorschriften (Art. 4) anwendbar waren, wurden diese nicht in die Liste der unmittelbar wirkenden Verordnung (EG) Nr. 2580/2002 aufgenommen; der EuGH entschied sich zur Überprüfung des Gemeinsamen Standpunkts, obwohl dieser gemäß Art. 46 lit. b i.V.m. Art. 35 EUV a.F. innerhalb der dritten Säue nicht der individuellen Klage zugänglich ist; der EuGH sprach sich hier für eine weite Auslegung des Art. 35 EUV a.F. aus, wenn Gemeinsame Standpunkte Rechtswirkung gegenüber Dritten erzeugen; vgl. hierzu ausführlich *Haltern*, JZ 2007, 772 ff.

989 *Meyer*, ZEuS 2007, 1 (11 f.).

990 Seit dem 1.12.2009 nur noch das Gericht, vgl. Art. 254 AEUV.

991 EuG, Urt. v. 21.9.2005, Rs. T-306/01, Slg. 2005, II-3533 - Yusuf u. Al Barakaat; EuG, Urt. v. 21.9.2005, Rs. T-315/01, Slg. 2005, II-3649 - Kadi.

992 Zum Hintergrund vgl. *Steinbarth*, ZEuS 2006, 269 (272); *Fassbender*, DÖV 2010, 333 (335).

seien.[993] Auch Art. 308 EGV könne für sich alleine keine ausreichende Rechtsgrundlage darstellen: Neben einer Lücke im EGV sei dem Wortlaut zufolge die Notwendigkeit der Verwirklichung eines der Ziele des Gemeinsamen Marktes erforderlich. Der Kampf gegen den Terrorismus und speziell die diesbezügliche Verhängung wirtschaftlicher und finanzieller Sanktionen gegen Privatpersonen und Vereinigungen könne aber mit keinem der Ziele in Verbindung gebracht werden, die Art. 2 und 3 EGV der Gemeinschaft ausdrücklich zuwiesen.[994] Art. 60 EGV und 301 EGV seien jedoch ganz besondere Bestimmungen. Sie sähen ausdrücklich vor, dass ein Tätigwerden der Gemeinschaft nicht nur zur Verwirklichung eines der im EGV festgelegten Ziele der Gemeinschaft erforderlich sein könne. Vielmehr könne die EG auch verpflichtet sein, zur Umsetzung eines der Union speziell zugewiesenen Ziels, nämlich einer gemeinsamen Außen- und Sicherheitspolitik, tätig zu werden. Insofern fungierten die Vorschriften als spezielles Bindeglied zwischen EU- und EG-Vertrag.[995] Das EuG verweist auf Art. 3 EUV, demzufolge die EU über einen einheitlichen institutionellen Rahmen verfüge, der die Kohärenz und Kontinuität der Maßnahmen zur Erreichung ihrer Ziele sicherstelle.[996] Der Rückgriff auf die ergänzende Rechtsgrundlage des Art. 308 EGV sei daher aufgrund des in Art. 3 EUV aufgestellten Kohärenzerfordernisses gerechtfertigt, wenn sich in diesem besonderen Kontext Art. 60 und 301 EGV als unzureichend erwiesen, das unter den EU-Vertrag fallende Ziel der GASP – der Kampf gegen den internationalen Terrorismus – zu verwirklichen.[997]

Somit bejaht das Gericht eine entsprechende Ermächtigung des Rats zum Erlass der Verordnung, indem er in der Gesamtschau von Art. 60, 301 und 308 EGV eine taugliche Rechtsgrundlage erblickt.[998]

Diese zunächst in den Urteilen *Kadi* sowie *Yusuf und Al Barakaat* zu der „Al-Qaida"-Verordnung vertretene Ansicht zur kompetenziellen Frage überträgt

---

993 EuG, Urt. v. 21.9.2005, Rs. T-306/01, Slg. 2005, II-3533 Rn. 130 - Yusuf u. Al Barakaat; EuG, Urt. v. 21.9.2005, Rs. T-315/01, Slg. 2005, II-3649 Rn. 97 - Kadi.

994 EuG, Urt. v. 21.9.2005, Rs. T-306/01, Slg. 2005, II-3533 Rn. 136 ff. - Yusuf u. Al Barakaat; EuG, Urt. v. 21.9.2005, Rs. T-315/01, Slg. 2005, II-3649 Rn. 98 ff. - Kadi.

995 EuG, Urt. v. 21.9.2005, Rs. T-306/01, Slg. 2005, II-3533 Rn. 159 ff. - Yusuf u. Al Barakaat; EuG, Urt. v. 21.9.2005, Rs. T-315/01, Slg. 2005, II-3649 Rn. 123 ff. - Kadi.

996 EuG, Urt. v. 21.9.2005, Rs. T-306/01, Slg. 2005, II-3533 Rn. 162 - Yusuf u. Al Barakaat; EuG, Urt. v. 21.9.2005, Rs. T-315/01, Slg. 2005, II-3649 Rn. 126 - Kadi.

997 EuG, Urt. v. 21.9.2005, Rs. T-306/01, Slg. 2005, II-3533 Rn. 164 ff. - Yusuf u. Al Barakaat; EuG, Urt. v. 21.9.2005, Rs. T-315/01, Slg. 2005, II-3649 Rn. 128 ff. - Kadi.

998 EuG, Urt. v. 21.9.2005, Rs. T-306/01, Slg. 2005, II-3533 Rn. 170 - Yusuf u. Al Barakaat; EuG, Urt. v. 21.9.2005, Rs. T-315/01, Slg. 2005, II-3649 Rn. 135 - Kadi.

das Gericht in der Entscheidung *Sison*[999] auch auf die „Anti-Terrorismus"-Verordnung.

b) EuGH

Der EuGH verwirft im September 2008 in seiner Revisionsentscheidung zu den Rechtssachen *Yusuf und Al Barakaat* sowie *Kadi*[1000] die Argumentation des Gerichts Erster Instanz.

Wie zuvor schon das EuG, sieht zwar der EuGH die Art. 60, 301 und 308 EGV in ihrer Gesamtheit als taugliche Rechtsgrundlage für den Rat zur Umsetzung von VN-Sanktionen gegen Individuen, die Begründung ist jedoch eine andere. Auch für den Gerichtshof ist den Art. 60 und 301 EGV keine taugliche Rechtsgrundlage zur Verhängung restriktiver Maßnahmen gegen Personen und Organisationen, denen jegliche Verbindung mit dem Regime eines Drittlandes fehlt, zu entnehmen.[1001] Allerdings – insofern schließt sich der Gerichtshof der Argumentation des Gerichts Erster Instanz an – sei ein Bindeglied zwischen dem mit wirtschaftlichen Sanktionen verbundenen Handeln der Gemeinschaft gemäß den Art. 60 und 301 EGV und den Zielen des EU-Vertrags geschaffen worden. Weder der Wortlaut der Normen des EGV noch dessen Systematik stützten jedoch eine Konzeption, nach der sich dieses Bindeglied auf weitere Vorschriften des EGV und daher insbesondere auf Art. 308 EGV erstrecke. Folgerichtig bedeute dies nämlich für den Anwendungsbereich des Art. 308 EGV, dass Gemeinschaftsrechtsakte erlassen werden könnten, die nicht ein Ziel der Gemeinschaft, sondern im Zusammenhang mit Art. 301 EGV eines der Ziele des EU-Vertrages im Bereich der auswärtigen Beziehungen verfolgten. Der klare und eindeutige Wortlaut des Art. 308 EGV („um im Rahmen des Gemeinsamen Marktes eines ihrer Ziele zu verwirklichen") lasse jedoch keinen Zweifel daran, dass die Norm die Ziele der GASP nicht umfasse.[1002]

Zur Begründung einer Kompetenz der Gemeinschaft greift jedoch auch der EuGH auf Art. 308 EGV zurück. Dieser Rückgriff verlange, dass sich die vorgesehene Handlung der Gemeinschaft auf den „Gemeinsamen Markt" beziehe und bezwecke, „eines ihrer Ziele" zu verwirklichen.[1003] Die streitige „Al-Qaida"-

999 EuG, Urt. v. 11.7.2007, Rs. T-47/03, Rn. 98 ff. - Sison.

1000 EuGH, Urt. v. 3.9.2008, verb. Rs. C-402/05 P u. C-415/05 P, Slg. 2008, I-6351 - Kadi u. Al Barakaat.

1001 EuGH, Urt. v. 3.9.2008, verb. Rs. C-402/05 P u. C-415/05 P, Slg. 2008, I-6351 Rn. 166 f. - Kadi u. Al Barakaat.

1002 EuGH, Urt. v. 3.9.2008, verb. Rs. C-402/05 P u. C-415/05 P, Slg. 2008, I-6351 Rn. 197 ff. - Kadi u. Al Barakaat; insofern schließt sich der EuGH dem Vorbringen des GAs an, vgl. die Schlussanträge des GA Poiares Maduro v. 16.1.2008, a.a.O., Rn. 15.

1003 EuGH, Urt. v. 3.9.2008, verb. Rs. C-402/05 P u. C-415/05 P, Slg. 2008, I-6351 Rn. 200 - Kadi u. Al Barakaat.

Verordnung verfolge, anders als das EuG angenommen habe, sehr wohl ein Ziel der Gemeinschaft. Der Gerichtshof formuliert wie folgt: „Indem die Art. 60 EG und Art. 301 EG eine Gemeinschaftsbefugnis zur Verhängung wirtschaftlicher Restriktionen vorsehen, die der Umsetzung im Rahmen der GASP beschlossener Handlungen dienen, sind sie nämlich Ausdruck eines ihnen zugrunde liegenden impliziten Ziels, nämlich, den Erlass solcher Maßnahmen durch die wirksame Nutzung eines gemeinschaftsrechtlichen Instruments zu ermöglichen."[1004]

Die Durchführung im Rahmen der GASP beschlossener wirtschaftlicher Restriktionen weise ihrer Natur nach einen Bezug zum Gemeinsamen Markt auf. Würde nämlich jeder Mitgliedstaat selbst das Einfrieren von Geldern anordnen, „könnte ein vermehrtes Auftreten solcher nationalen Maßnahmen den Gemeinsamen Markt beeinträchtigen. Solche Maßnahmen könnten insbesondere Auswirkungen auf den Handel zwischen Mitgliedstaaten haben, namentlich in Bezug auf den Kapital- und Zahlungsverkehr sowie auf die Wahrnehmung des Niederlassungsrechts durch die Wirtschaftsteilnehmer. Ferner könnten sich daraus Wettbewerbsverzerrungen ergeben (...)"[1005]. Insbesondere erteilt der EuGH damit eigenen Sanktionsregimen der Mitgliedstaaten eine klare Absage.

3. Änderungen nach Lissabon

Seit dem 1. Dezember 2009 ist der Vertrag von Lissabon in Kraft getreten. Die nunmehr maßgebende Vorschrift ist Art. 215 AEUV, die nicht nur die Wirtschafts- sondern auch die Finanzbeziehungen erfasst und somit Art. 301 und 60 EGV miteinander verschmilzt.[1006] Während Art. 215 Abs. 1 AEUV weiterhin eine Rechtsgrundlage für restriktive Maßnahmen gegen Drittländer normiert, sieht Art. 215 Abs. 2 AEUV ausdrücklich vor, dass restriktive Maßnahmen gegen natürliche und juristische Personen erlassen werden können. Der Vertrag von Lissabon normiert also eine explizite Rechtsgrundlage zum Erlass von Individualsanktionen ohne dass diesbezüglich ein Staatenbezug gefordert wird.[1007]

1004 EuGH, Urt. v. 3.9.2008, verb. Rs. C-402/05 P u. C-415/05 P, Slg. 2008, I-6351 Rn. 226 - Kadi u. Al Barakaat.

1005 EuGH, Urt. v. 3.9.2008, verb. Rs. C-402/05 P u. C-415/05 P, Slg. 2008, I-6351 Rn. 230 - Kadi u. Al Barakaat.

1006 Vgl. hierzu und zum Anwendungsbereich des an die Stelle des Art. 60 EGV getretenen Art. 75 AEUV: 2. Kap. B. II. 1.

1007 So auch *Gattini*, CMLR 46 (2009), 213 (218); *Harpaz*, Eur Foreign Aff Rev 14 (2009), 65 (74 f.).

4. Fazit

Die Argumentation des EuGH ist vorzugswürdig, da diese der bis dato vorherrschenden Säulenstruktur der Union Rechnung trägt.[1008] Während nämlich das EuG im Rahmen von Art. 308 EGV nicht mehr nur auf die Ziele der Art. 2 und 3 EGV zurückgreift, sondern auch auf Art. 2 und 11 EUV a.F., vereinheitlicht es die Zielbestimmungen der ersten und zweiten Säule.[1009] In dem vom EuGH gewählten Weg in Art. 60 und 301 EGV ein „implizites Ziel" zu sehen, liegt letztendlich ein Schluss von der Zuständigkeitsnorm auf die Aufgabe selbst.[1010] Diese Auslegung ist nachvollziehbar und die indirekte Form der Begründung insofern vertretbar, da die Zielsetzung der Gemeinschaft, internationale Sanktionsregime umsetzen zu können, darin hinreichend deutlich wird.[1011] Auch die Argumentation hinsichtlich der in Art. 308 EGV festgelegten Erforderlichkeit zum Tätigwerden der Gemeinschaft im Rahmen des Gemeinsamen Marktes ist zutreffend. Eine unterschiedliche Rechtslage in den Mitgliedstaaten könnte sich vor- und nachteilhaft auf die Wettbewerbsstellung der dort ansässigen Unternehmen auswirken. Diese sind, wie aufgezeigt, die unmittelbaren Adressaten der normierten Verhaltenspflichten und müssen das Bereitstellungsverbot bzw. Einfriergebot umsetzen.[1012]

Eine weitere Vertiefung der formellen Rechtsetzungskompetenz soll an dieser Stelle nicht vorgenommen werden, da, wie erörtert, durch den Vertrag von Lissabon eine explizite Rechtsgrundlage zur Verhängung von Individualsanktionen geschaffen wurde. Der Streit, ob in den Art. 60, 301 und 308 EGV eine taugliche Rechtsgrundlage für den Rat zur Umsetzung von VN-Sanktionen gegen Individuen gesehen werden kann, ist zumindest für die Zukunft obsolet geworden. Ferner wird aufgrund der Abschaffung der Säulenstruktur nicht mehr zwischen Zielen der Gemeinschaft und Zielen der Union unterschieden, sodass eine strikte Trennung nicht mehr geboten ist.[1013]

Summa summarum sind sowohl die „Al-Qaida"-Verordnung als auch die „Anti-Terrorismus"-Verordnung formell rechtmäßig.

1008 *Scholz*, NVwZ 2009, 287 (288).

1009 *Kotzur*, EuGRZ 2006, 19 (21); *ders.*, EuGRZ 2008, 673 (676); zustimmend auch *Rossi*, ZJS 5/2008, 551 (552).

1010 *Kotzur*, EuGRZ 2008, 673 (676); *Ohler*, EuZW 2008, 630 (631); *Spranger*, EuR 2009, 514 (521).

1011 *Ohler*, EuZW 2008, 630 (631).

1012 So auch *Ohler*, EuZW 2008, 630 (631); *Spranger*, EuR 2009, 514 (521).

1013 *Spranger*, EuR 2009, 514 (521); *Kotzur*, EuGRZ 2008, 673 (676).

II. Materielle Rechtmäßigkeit

Nach der Prüfung der formellen Rechtmäßigkeit der Verordnungen schließt sich im Folgenden die materielle Untersuchung an. Im Vordergrund stehen dabei die mögliche Verletzung von Verteidigungsrechten sowie ein Eingriff in das Eigentumsrecht der gelisteten Personen, Organisationen und Vereinigungen.

1. Rechtsquellen der EU-Grundrechte

Der Grundrechtsschutz auf der Ebene der EU lässt sich nicht, wie in den meisten Mitgliedstaaten, einem Grundrechtskatalog entnehmen, sondern basiert auf mehreren Rechtsquellen. Zu prüfen ist daher, anhand welches Prüfungsmaßstabes die nachfolgende Grundrechtsprüfung zu erfolgen hat.

a) Entwicklung des Grundrechtsschutzes in der Union

Der heute herrschende Rechtsquellenpluralismus erklärt sich vor allem aus der Entwicklung des Grundrechtsschutzes auf Ebene der EU. Ursprünglich enthielten die Gründungsverträge der Gemeinschaften diesbezüglich keine Regelung. Mit fortschreitendem Integrationsprozess und der damit einhergehenden Erkenntnis, dass auch natürliche und juristische Personen von Hoheitsakten der supranationalen Organisation in ihren Rechten betroffen sein können, wurde der Ruf nach einem Grundrechtsschutz auf europäischer Ebene laut.[1014] Die ersten Ansätze für einen umfassenden Grundrechtsschutz gehen dabei auf den EuGH zurück. Im Jahre 1969 stellt er in der Rechtssache *Stauder* fest, dass sich aus den allgemeinen Grundsätzen der Gemeinschaftsordnung Grundrechte für den Einzelnen ergeben können.[1015] Auf dieser Grundlage entwickelte der EuGH eine Vielzahl an Grundrechten.[1016] Das konkrete Ausmaß des Grundrechtsschutzes wurde dabei aus der Verfassungstradition der Mitgliedstaaten sowie aus völkerrechtlichen Verträgen zum Schutze der Menschenrechte – vor allem die Europäische Menschenrechtskonvention (EMRK) – gewonnen.[1017] Die Einbeziehung der EMRK lag nahe, da diese von allen Mitgliedstaaten ratifiziert worden war und später ausdrücklich in Art. 6 Abs. 2 EUV a.F. als rechtsverbindlich in Bezug genommen wurde.[1018]

1014 *Streinz*, in: Merten/Papier, HGR VI/1, § 151 Rn. 3.

1015 EuGH, Urt. v. 12.11.1969, Rs. 29/69, Slg. 1969, 419 Rn. 7 - Stauder.

1016 Vgl. die Übersichten bei *Beutler*, in: v.d. Groeben/Schwarze, EUV/EGV, Art. 6 EUV Rn. 76 ff.; *Schweitzer/Hummer/Obwexer*, Europarecht, Rn. 1117; zum methodischen Vorgehen des EuGH bei der Anerkennung einer Rechtsposition als Gemeinschaftsgrundrecht vgl. *Skouris*, in: Merten/Papier, HGR VI/1, § 157 Rn. 11 ff.

1017 Vgl. zur Rechtsprechung *Lenz*, EuGRZ 1993, 585 ff.; *Schilling*, EuGRZ 2000, 3 (11 ff.).

1018 *Hobe*, Europarecht, § 14 Rn. 43.

Der Europäische Rat sprach sich im Juni 1999 für eine Kodifizierung der Grundrechte aus. Mit der Ausarbeitung wurde ein besonderer Konvent unter Vorsitz des deutschen Alt-Bundespräsidenten Roman Herzog beauftragt. Nach Abschluss der Arbeiten des Konvents wurde die „Charta der Grundrechte der Europäischen Union" am 7. Dezember 2000 feierlich proklamiert.[1019] Als bloße „feierliche Proklamation" war die Charta jedoch rechtlich nicht verbindlich.[1020] Trotzdem wurde diese jedoch in der Praxis der Gemeinschaftsorgane[1021] und, nach anfänglichem Zögern, auch vom EuGH rezipiert.[1022] Auch der EGMR[1023] sowie die nationalen Gerichte verweisen auf die in der Charta enthaltenen Grundrechte.

Nachdem der Verfassungsvertrag, bei dem die Charta der Grundrechte als Teil II verbindlich in den Verfassungstext mit aufgenommen werden sollte[1024], gescheitert war, entschied man sich im Rahmen des Reformvertrags von Lissabon gegen eine unmittelbare Inkorporation der Charta in den Vertragstext des neuen EUV und AEUV. In Art. 6 Abs. 1 EUV n.F. wird jedoch nunmehr die Bindung der Union an die Charta der Grundrechte anerkannt und somit die Rechtsverbindlichkeit im Primärrecht verankert.[1025]

b) Grundrechtsschutz seit Inkrafttreten des Vertrags von Lissabon

Art. 6 EUV n.F., der eine Aussage über den Grundrechtsschutz innerhalb der EU trifft, verdeutlicht den diesbezüglich herrschenden Rechtsquellenpluralismus. Im Folgenden sollen die einzelnen Rechtsquellen aufgezeigt werden.

aa) Charta der Grundrechte der EU

Die erste Rechtsquelle stellt gemäß Art. 6 Abs. 1 EUV n.F. die nun rechtlich verbindlich gewordene Charta der Grundrechte dar. Art. 6 Abs. 1 UAbs. 1 EUV n.F. legt dabei weiter fest, dass die Charta und die Verträge gleichrangig sind. Die Charta wird demnach als primäres Unionsrecht qualifiziert. Das nachrangige

---

1019 Zur Entstehung der Grundrechte-Charta vgl. *Jarass*, EU-Grundrechte, S. 9 f.; *Niedobitek*, in: Merten/Papier, HGR VI/1, § 159 Rn. 1 ff.

1020 *Pache*, EuR 2001, 475 (485); *Niedobitek*, in: Merten/Papier, HGR VI/1, § 159 Rn. 49.

1021 Zur in der Lit. vertretenen Ansicht, die Gemeinschaftsorgane wären aufgrund einer Selbstbindung an die Charta gebunden *Alber*, EuGRZ 2001, 349 ff.; *Niedobitek*, in: Merten/Papier, HGR VI/1, § 159 Rn. 51 ff.

1022 Erstmals in EuGH, Urt. v. 27.6.2006, Rs. C-540/03, Slg. 2006, I-5769 Rn. 38 - Europäisches Parlament./.Rat.

1023 EGMR (Goodwin), NJW-RR 2004, 289 Rn. 100; EGMR (Bosphorus), EuGRZ 2007, 662 (663 Rn. 80).

1024 Vgl. hierzu *Jarass*, EU-Grundrechte, S. 10 f.; ausführlich *Niedobitek*, in: Merten/Papier, HGR VI/1, § 159 Rn. 11 ff.

1025 *Pache/Rösch*, EuR 2009, 769 (773).

Unionsrecht muss sich daher am Inhalt der Charta messen lassen.[1026] Im Kollisionsfall mit gleichrangigem Primärrecht ist ein schonender Ausgleich nach dem Grundsatz der praktischen Konkordanz herzustellen.[1027] Inhaltlich umfasst die Charta neben den klassischen Freiheitsrechten und den politischen Teilhaberechten auch wirtschaftliche und soziale Grundrechte.[1028]

Der Anwendungsbereich der Charta erstreckt sich gemäß Art. 51 Abs. 1 GRCharta auf das Verhalten der Organe, Einrichtungen und sonstigen Stellen der Union und auf die Mitgliedstaaten[1029], wenn diese zur Durchführung des Rechts der Union handeln. Zugleich wird jedoch in Abs. 2 betont, dass durch die Bestimmungen der Charta weder bestehende Aufgaben oder Zuständigkeiten der Union ausgedehnt noch neue Aufgaben und Zuständigkeiten begründet werden.

Obwohl die Charta der Grundrechte zum 1. Dezember 2009 mit Inkrafttreten des Vertrags von Lissabon verbindlich wurde, ist dies für den materiellen Gehalt des Grundrechtsschutzes in der EU wohl nur von geringer Bedeutung, da die Charta in der Sache bereits gemeinhin geltendes Recht war. Zum einen kodifizierte sie teilweise die bereits vom EuGH geschaffenen allgemeinen Grundsätze sowie eine Reihe von Rechten, die sich bereits im EGV befanden.[1030] Zum anderen entfaltete die Charta zwar vor dem Inkrafttreten des Vertrags von Lissabon als solche noch keine dem Primärrecht vergleichbare bindende Rechtswirkung, als Rechtserkenntnisquelle gab sie aber Aufschluss über die Grundrechte, die bei der Auslegung des Gemeinschaftsrechts zu beachten sind.[1031]

1026 *Geiger*, in: Geiger/Khan/Kotzur, EUV/AEUV, Art. 6 EUV Rn. 8; *Schorkopf*, in: Grabitz/Hilf/Nettesheim, Das Recht der EU, Art. 6 EUV Rn. 28; vgl. auch EuGH, Urt. v. 19.1.2010, Rs. C-555/07, Rn. 22 ff. - Kücükdeveci.

1027 *Jarass*, GRCh, Einl. Rn. 10.

1028 Bei der Ausarbeitung wurde neben der EMRK auch die Europäische Sozialcharta und die Gemeinschaftscharta der sozialen Grundrechte der Arbeitnehmer herangezogen, ausführlich hierzu *Niedobitek*, in: Merten/Papier, HGR VI/1, § 159 Rn. 37 ff.

1029 Das Protokoll Nr. 30 zum Lissabon Vertrag begrenzt die Anwendung der Charta für Polen und Großbritannien, soweit die Charta „Rechte und Grundsätze vorsieht, die in den beiden Rechtsordnungen nicht anerkannt sind"; ferner darf die Jurisdiktion der europäischen Gerichte nicht über das bestehende Maß hinaus erweitert werden, soweit es im Verfahren darum geht, die Unvereinbarkeit nationalen Rechts mit den Grundrechten der Charta festzustellen; 2009 wurde das Protokoll Nr. 30 auf die Tschechische Republik ausgeweitet, vgl. *Niedobitek*, in: Merten/Papier, HGR VI/1, § 159 Rn 25.

1030 *Jarass*, GRCh, Einl. Rn. 8; *Schorkopf*, in: Grabitz/Hilf/Nettesheim, Das Recht der EU, Art. 6 EUV Rn. 50.

1031 Schlussantrag GA Kokott v. 15.1.09, Rs. C-427/07, Slg. 2009, I-6277 Rn. 92 - Komission./.Irland; Weber, DVBl 2003, 220 (221).

bb) Grundrechtsbezogene Regelungen in den Verträgen

Durch einen Verweis auf die allgemeinen Bestimmungen des Titels VII der Charta, der auch Art. 52 Abs. 2 GRCharta umfasst, werden in Art. 6 EUV die in den Verträgen selbst enthaltenen grundrechtsbezogenen Regelungen angesprochen, die als weitere Rechtsquelle für die EU-Grundrechte zu sehen sind. Bereits der EWG-Vertrag enthielt einzelne Rechte, die als Grundrechte eingeordnet werden konnten, wie das Diskriminierungsverbot und das allgemeine Freizügigkeitsrecht. Später wurden durch die Verträge von Maastricht und Amsterdam Bürgerrechte hinzugefügt.[1032] Diese Rechte wurden in die Charta überführt und finden sich zudem teilweise auch ausführlicher im AEUV.[1033]

cc) Grundrechte aus allgemeinen Grundsätzen

Gemäß Art. 6 Abs. 3 EUV n.F. sind die Grundrechte weiterhin aus den allgemeinen Grundsätzen herzuleiten. Auch die allgemeinen Grundsätze zählen zum Primärrecht, sodass sie insofern gleichrangig neben den Gewährleistungen der Charta stehen.[1034] Wie oben erläutert, wurden und werden diese allgemeinen Grundsätze durch den EuGH entwickelt. Inhaltlich stimmen die Garantien der allgemeinen Rechtsgrundsätze und der Charta weitgehend überein.[1035] Daraus ergibt sich zum einen die Frage nach Sinn und Zweck des Art. 6 Abs. 3 EUV. Teilweise wird diese Rechtsquelle auch als veraltet und somit verzichtbar eingeordnet.[1036] Diese Ansicht übersieht jedoch, dass Art. 6 Abs. 3 EUV im Sinne eines dynamischen Grundrechtsschutzes ermöglicht, künftige Entwicklungen der EMRK und Menschenrechtsgesetzgebung der Mitgliedstaaten in das Unionsrecht einfließen zu lassen. Die Bestimmung stellt sich eindeutig gegen eine Entwicklung zum Rechtspositivismus im Rahmen des Grundrechtsschutzes der EU.[1037] Zum anderen stellt sich die Frage nach dem Verhältnis zwischen den Grundrechten aus der Charta und den Grundrechten aus den allgemeinen Grundsätzen. Art. 6 EUV normiert ein Nebeneinander der Grundrechtsquellen.

1032 *Nicolaysen*, in: Heselhaus/Nowak, Handbuch EU Grundrechte, § 1 Rn. 1, 8 ff.

1033 Vgl. u.a. das Diskriminierungsverbot (Art. 18 AEUV) sowie die Bürgerrechte (Art. 21-24 AEUV); *Jarass*, GRCh, Einl. Rn. 21; zur Abgrenzung zu den im AEUV geregelten Grundfreiheiten, vgl. *Streinz*, in: Merten/Papier, HGR VI/1, § 151 Rn. 11 ff.

1034 *Jarass*, GRCh, Einl. Rn. 32; *Pache/Rösch*, EuR 2009, 769 (772).

1035 *Geiger*, in: Geiger/Khan/Kotzur, EUV/AEUV, Art. 6 EUV Rn. 27; *Jarass*, GRCh, Einl. Rn. 31; *Pache/Rösch*, EuR 2009, 769 (785).

1036 Europäischer Konvent, Schlussbericht der Gruppe II über die Charta, CONV 254/02 v. 22.10.2002, S. 9; *Schmitz*, EuR 2004, 691 (697 f.); *Kingreen*, in: Callies/Ruffert, Verfassung der EU, Art. I-9 Rn. 13.

1037 *Schorkopf*, in: Grabitz/Hilf/Nettesheim, Das Recht der EU, Art. 6 EUV Rn. 52, 58; *Niedobitek*, in: Merten/Papier, HGR VI/1, § 159 Rn. 94.

Sie kommen daher kumulativ zum Tragen.[1038] Sachgerecht wird es in Zukunft wohl sein, die kodifizierten Grundrechte der Charta vorrangig anzuwenden. Daneben ist eine harmonisierende Auslegung der Charta-Grundrechte geboten[1039]: Die Grundrechte, die sich aus allgemeinen Rechtsgrundsätzen ergeben, und die zugehörige Rechtsprechung des EuGH sind maßgebend für die Auslegung der Charta (Charta-Präambel, Abs. 5 S. 1; Art. 53 Abs. 4 GRCharta). Nur dort, wo trotz einer solchen Auslegung das Schutzniveau der allgemeinen Rechtsgrundsätze über das der Charta hinausgeht[1040], kann auf diese unmittelbar zurückgegriffen werden.[1041] Dies bedarf jedoch einer methodisch klaren Herleitung und Begründung des allgemeinen Grundsatzes im Einzelfall.[1042]

dd) Die Bedeutung der EMRK

Die EMRK bildet gemäß Art. 6 Abs. 3 EUV n.F. eine der wichtigsten Rechtserkenntnisquellen der EU-Grundrechte. Rechtserkenntnisquellen enthalten Grundlagen, die zur Gewinnung von Rechtssätzen beitragen, während Rechtsquellen den Geltungsgrund des Rechts bilden.[1043] Die Grundrechte der EU sind somit in hohem Maße durch die EMRK geprägt. Der EMRK kommt vor allem dort eine hohe Bedeutung zu, wo sich die Grundrechtsgarantien der EMRK und der Charta überschneiden. Gemäß Art. 52 Abs. 3 S. 1 GRCharta haben die Grundrechte der Charta, soweit sie denen der EMRK entsprechen, die gleiche Bedeutung und Tragweite, die ihnen in der EMRK verliehen werden. Daraus ergibt sich insbesondere, dass der Gesetzgeber bei der Festlegung von Einschränkungen dieser Rechte die gleichen Normen einhalten muss, die in der ausführlichen Regelung der Einschränkungen in der EMRK vorgesehen sind.[1044] Offeriert das Recht der EU allerdings einen weitergehenden Schutz als die Konvention, ist dieser gemäß Art. 52 Abs. 3 S. 2 GRCharta maßgebend. Die Grundrechte der Charta und die der EMRK müssen also im Überschneidungsbereich nicht in jeder Hinsicht übereinstimmen, der gesamte Schutz der Charta darf jedoch nie geringer als der

---

1038 *Jarass*, GRCh, Einl. Rn. 32; *Geiger*, in: Geiger/Khan/Kotzur, EUV/AEUV, Art. 6 EUV Rn. 27.

1039 *Jarass*, GRCh, Einl. Rn. 33.

1040 Angenommen wird dies z.B. für die allgemeine Handlungsfreiheit; ein solches Recht fand keinen Eingang in die Charta, wurde jedoch durch den EuGH anerkannt, vgl.: EuGH, Urt. v. 21.5.1987, Rs. C-133/85, Slg. 1987, 2289 Rn. 15, 19 - Walter Rau Lebensmittelwerke u.a.

1041 *Schorkopf*, in: Grabitz/Hilf/Nettesheim, Das Recht der EU, Art. 6 EUV Rn. 56; *Jarass*, GRCh, Einl. Rn. 33.

1042 *Jarass*, GRCh, Einl. Rn. 33.

1043 *Jarass*, GRCh, Einl. Rn. 40.

1044 Charta Erläuterungen, ABl 2007 C 303/17, S. 33; ausführlich zur Auslegung des Art. 52 Abs. 3 S. 1 GRCharta *Ziegenhorn*, Einfluss der EMRK, S. 121 ff.

durch die EMRK gewährte sein.[1045] Insofern fungiert die EMRK als materieller grundrechtlicher Mindeststandard.[1046]

Von großer Bedeutung für die Auslegung der Grundrechte der EU ist dabei auch die Rechtsprechung des EGMR. Schon vor Inkrafttreten der Charta betonte der EuGH, dass der Rechtsprechung des EGMR Rechnung zu tragen sei bzw. diese berücksichtigt werden müsse.[1047]

Nach Inkrafttreten des Vertrags von Lissabon ist nunmehr in Art. 6 Abs. 2 EUV n.F. der Beitritt der EU zur EMRK vorgesehen. Allerdings steht die Konvention, wie alle völkerrechtlichen Verträge der Union, im Rang unter dem primären Recht und folglich nicht nur unter den Verträgen, sondern auch unterhalb der Charta der Grundrechte (vgl. Art. 6 Abs. 1 EUV n.F.).[1048] Die Grundrechte der Charta und die der EMRK sind dann nebeneinander von den jeweils zuständigen Organen und in den einschlägigen Verfahren anzuwenden. Von dieser durch Art. 53 GRCharta bestimmten kumulativen Anwendung ist der sich aus Art. 52 Abs. 3 GRCharta ergebende Einfluss der Konvention auf die Bedeutung und Tragweite der EU-Grundrechte zu unterscheiden.[1049] Wie Art. 6 Abs. 3 EUV feststellt, bleibt die EMRK auch nach einem Beitritt Rechtserkenntnisquelle für die Unionsgrundrechte.[1050] Durch den Beitritt soll das EU-Grundrechtsschutzsystem ergänzt werden.

c) Fazit

Für die weitere Prüfung eines möglichen Verstoßes gegen Grundrechte der EU durch die „Anti-Terrorismus“-Verordnung und die „Al-Qaida“-Verordnung ergibt sich somit folgender Prüfungsmaßstab: Vorrangig wird ein Verstoß gegen die in der Grundrechtecharta der EU kodifizierten Grundrechte geprüft. Bei der Auslegung dieser Grundrechte muss jedoch der EMRK als Rechtserkenntnis-

---

1045 Charta Erläuterungen, ABl 2007, C 303/17, S. 33; ausführlich zur Auslegung des Art. 52 Abs. 3 S. 2 GRCharta *Ziegenhorn*, Einfluss der EMRK, S. 168 ff.

1046 *Callewaert*, EuGRZ 2003, 198 (200); *Niedobitek*, in: Merten/Papier, HGR VI/1, § 159 Rn. 95.

1047 EuGH, Urt. v. 15.10.2002, verb. Rs. C-247/99 u.a., Slg. 2002, I-8375 Rn. 274 - LVM u.a.; EuGH, Urt. v. 22.10.2002, Rs. C-94/00, Slg. 2002, I-9011 Rn. 29 - Roquette Fréres SA.

1048 *Pache/Rösch*, EuR 2009, 769 (785).

1049 *Jarass*, GRCh, Einl. Rn. 64; *ders.*, EU Grundrechte, S. 20 ff.; *Schorkopf*, in: Grabitz/Hilf/Nettesheim, Das Recht der EU, Art. 6 EUV Rn. 46; *Kingreen*, in: Calliess/Ruffert, EUV/EGV, Art. 52 Rn. 37; a.A. *Borowsky*, in: Meyer, Charta, Art. 52 Rn. 30; zum unterschiedlichen Verständnis von Art. 52 Abs. 3 GRCharta vgl. *Ziegenhorn*, Einfluss der EMRK, S. 29 ff.

1050 *Schorkopf*, in: Grabitz/Hilf/Nettesheim, Das Recht der EU, Art. 6 EUV Rn. 46; *Jarass*, GRCh, Einl. Rn. 45.

quelle der EU-Grundrechte Rechnung getragen werden. Insbesondere im Überschneidungsbereich ist gemäß Art. 52 Abs. 3 S. 1 GRCharta zu beachten, dass die Grundrechte der Charta die gleiche Bedeutung und Tragweite haben, wie sie ihnen in der EMRK verliehen wird. Die Beachtung der EMRK bei der Auslegung der Charta gebietet sich auch deshalb, weil der EGMR nach einem Beitritt der Union zur EMRK unmittelbar zur Überprüfung von Hoheitsakten der Union angerufen werden kann.

Daneben ist eine harmonisierende Auslegung in Bezug auf die allgemeinen Rechtsgrundsätze geboten, die ebenfalls zu den Rechtserkenntnisquellen der EU-Grundrechte zählen. Nur wenn sich für die Prüfung der „Al-Qaida"- und der „Anti-Terrorismus"-Verordnung ergeben sollte, dass das Schutzniveau der allgemeinen Rechtsgrundsätze über das der Charta hinausgeht, muss auf diese unmittelbar zurückgegriffen werden.

2. Justiziabilität der Rechtsakte des „Al-Qaida"-Sanktionsregimes

Bevor jedoch darauf eingegangen werden kann, ob tatsächlich ein Verstoß gegen die europäischen Grundrechte vorliegt, stellt sich dir Frage nach der Justiziabilität der „Al-Qaida"-Verordnung.

a) Problemdarstellung

Die Besonderheit der „Al-Qaida"-Verordnung liegt darin, dass diese die SR-Resolution 1390 (2002) und deren Namensliste lediglich inhaltlich wiederholt. Im Gegensatz zur „Anti-Terrorismus"-Verordnung, bei der durch den VN-Sicherheitsrat gerade keine konkreten Namen vorgegeben werden, erfolgt keine eigenständige Listung durch die Organe der EU. Eine gerichtliche Überprüfung der „Al-Qaida"-Verordnung auf ihre Vereinbarkeit mit den europäischen Grundrechten würde indirekt zu einer gerichtlichen Kontrolle der SR-Resolution ebenfalls am Maßstab der europäischen Grundrechte führen.[1051]

Zentrale Frage ist also, ob und wieweit ein Rechtsakt der EU, der zur Umsetzung einer Resolution des Sicherheitsrats erlassen wurde, der Kontrolle durch die europäischen Gerichte unterliegt oder ob eine diesbezügliche Resolution die Geltendmachung von Grundrechtsverletzungen präkludiert.

Für eine gerichtliche Kontrolle spricht, dass alle Handlungen der Organe der EU, die Rechtswirkung gegenüber dem Einzelnen erzeugen, mit den EU-Verträgen und den allgemeinen Rechtsgrundsätzen, vor allem also den Grundrechten, vereinbar sein müssen.[1052] Auch die „Al-Qaida"-Verordnung ist der

1051 *Steinbarth*, ZEuS 2006, 269 (277 f.).

1052 EuGH, Urt. v. 3.9.2008, verb. Rs. C-402/05 P u. C-415/05 P, Slg. 2008, I-6351 Rn. 316 - Kadi u. Al Barakaat.

Form nach ein Rechtsakt der EU, der in die Grundrechte der gelisteten Personen, Vereinigungen und Organisationen einzugreifen vermag. Gegen eine gerichtliche Kontrolle spricht hingegen, dass zumindest der materielle Gehalt wortgetreu auf eine SR-Resolution zurückzuführen ist. Eine Überprüfung am Maßstab der europäischen Grundrechte wäre zumindest immer dann zulässig, wenn die EU zur Umsetzung der SR-Resolutionen nicht verpflichtet wäre. Die Entscheidung zur wortgleichen Übernahme der Resolution wäre dann eine selbst verantwortete und unterläge somit den Unionsgrundrechten. Würde eine solche Verpflichtung jedoch bejaht werden, müsste der Umsetzungsakt überdies Vorrang vor dem EU-Primärrecht und folglich auch den Grundrechten genießen.[1053]

Der EuGH war schon vor Inkrafttreten der „Al-Qaida"-Verordnung mit der Überprüfung von völkerrechtlich determinierten Gemeinschaftsrechtsakten konfrontiert: Im Mittelpunkt steht dabei das Urteil in der Rechtsache *Bosphorus* von 1996.[1054] In dieser Entscheidung prüfte der Gerichtshof auf Ersuchen des Obersten Gerichtshofs Irlands, ob eine Verordnung, mit der eine SR-Resolution gegen die Bundesrepublik Jugoslawien umgesetzt worden war, Grundrechte und den Grundsatz der Verhältnismäßigkeit verletzte. Konkret stand die Beschlagnahme eines jugoslawischen Flugzeugs durch die irischen Behörden gemäß Art. 8 und 9 der Verordnung (EWG) Nr. 990/93 zur Debatte.[1055] Die Beschlagnahme erfolgte zwar auf Veranlassung irischer Behörden; die der Verordnung zu Grunde liegende SR-Resolution 820 (1993) sah jedoch in Ziff. 24 die Beschlagnahme jugoslawischer Flugzeuge verpflichtend vor und gewährte insofern den Mitgliedstaaten keinen Umsetzungsspielraum.[1056] Der EuGH ging in der Entscheidung nicht auf die generelle Justiziabilität der Verordnung ein, sondern nahm kurzer Hand eine Überprüfung an den Gemeinschaftsgrundrechten vor.[1057] Da der EuGH jedoch eine Verletzung der Gemeinschaftsgrundrechte verneinte[1058], musste die Frage, ob die Verpflichtung aus der SR-Resolution den Gemeinschaftsgrundrechten vorgeht, letztlich nicht beantwortet werden.[1059] Der EuGH konnte die konkrete Entscheidung des Problems also vermeiden.[1060] Insofern

1053 *Hörmann*, AVR 44 (2006), 267 (270); *v. Arnauld*, AVR 44 (2006), 201 (205 u. 207).

1054 EuGH, Urt. v. 30.7.1996, Rs. C-84/95, Slg. 1996, I-3953 - Bosphorus.

1055 Vgl. zum Sachverhalt: EuGH (Bosphorus), EuZW 1996, 595 (595 f.).

1056 A.A. *v. Arnauld*, AVR 44 (2006), 201 (202), der davon ausgeht, dass durch die entsprechende Resolution und der Verordnung den irischen Behörden Auslegungsspielräume zugebilligt wurden.

1057 EuGH, Urt. v. 30.7.1996, Rs. C-84/95, Slg. 1996, I-3953 Rn. 19 ff. - Bosphorus.

1058 EuGH, Urt. v. 30.7.1996, Rs. C-84/95, Slg. 1996, I-3953 Rn. 26 - Bosphorus.

1059 Vgl. auch *Schulte*, Schutz individueller Rechte, S. 181; wohl auch GA Poiares Maduro in seinem Schlussantrag in der Rs. Kadi, EuGRZ 2008, 103 (107 Rn. 28).

1060 *Garbagnati Ketvel*, ICLQ 55 (2006), 77 (110 Fn. 134).

kann wohl nicht davon ausgegangen werden, dass der EuGH in seinem Urteil in der Rechtssache *Bosphorus* bereits einen Vorrang des Primärrechts vor Resolutionen des VN-Sicherheitsrats annahm.[1061]

Die *Centro-Com*-Entscheidung[1062] betraf das allgemeine Handelsembargo gegen Jugoslawien gemäß Verordnung (EWG) Nr. 1432/92, insbesondere deren in Art. 11 vorgesehene Ausnahmeregelung für Güter mit medizinischen Zwecken und Nahrung. Die Ausnahmeregelung bedurfte einer Genehmigung der zuständigen Behörden. Das Vereinigte Königreich akzeptierte aus Angst vor Umgehungen der Sanktionen keine Bewilligungen anderer EG-Mitgliedstaaten, sondern nur die von ihren eigenen Behörden erteilten Genehmigungen.[1063] Diese Behördenpraxis käme, so der EuGH, in ihrer Wirkung einer mengenmäßigen Beschränkung gleich. Folglich läge ein Verstoß gegen den allgemeinen Grundsatz der Ausfuhrfreiheit und somit gegen Primärrecht vor.[1064] Dieses gemeinschaftswidrige Verhalten könne jedoch nach Art. 234 EWG (Art. 307 EGV, Art. 351 AEUV) gerechtfertigt sein[1065], wonach Mitgliedstaaten vom Vorwurf der Vertragsverletzung befreit werden könnten, wenn sie ihren Vertragspflichten aus Altabkommen unter Verletzung des Gemeinschaftsrechts nachkommen müssten.[1066] Es sei jedoch Aufgabe des nationalen Gerichts zu prüfen, ob die fragliche Behördenpraxis tatsächlich erforderlich sei, um sicherzustellen, dass der betreffende Mitgliedstaat seine Verpflichtungen aus der Charta der VN und der Resolution 757 (1992) des VN-Sicherheitsrats erfülle.[1067] Der EuGH ging in dieser Entscheidung zwar offensichtlich davon aus, dass gemäß Art. 307 EGV (Art. 351 AEUV) ein Abweichen vom EG-Vertrag zugunsten von Verpflichtungen aus früher geschlossenen Abkommen möglich sei, ob dies auch in Bezug auf die in Rede stehende SR-Resolution gelte, wurde jedoch wiederum ausdrücklich offen gelassen.

Die Entscheidung *Ebony Maritime*[1068] hatte eine im Ermessen der Mitgliedstaaten stehende Maßnahme zum Gegenstand. Die streitige Verordnung (EWG) Nr. 990/93 gegen die Bundesrepublik Jugoslawien sah in Art. 10 ein verpflichtendes Schiffsembargo vor, überließ jedoch, genau wie die entsprechende SR-Resolution 820 (1993) in Ziff. 25, den Mitgliedstaaten die Entschei-

---

1061 A.A. *Schmahl*, EuR 2006, 566 (573 f.).

1062 EuGH, Urt. v. 14.1.1997, Rs. C.124/95, Slg. 1997, I-81 - Centro-Com.

1063 EuGH, Urt. v. 14.1.1997, Rs. C.124/95, Slg. 1997, I-81 Rn. 15 f. - Centro-Com.

1064 EuGH, Urt. v. 14.1.1997, Rs. C.124/95, Slg. 1997, I-81 Rn. 41 f., 53 - Centro-Com.

1065 Zur Bedeutung des Art. 307 EGV (Art. 351 AEU) vgl. sogleich: 4. Kap. B. III. 2. b) aa).

1066 EuGH, Urt. v. 14.1.1997, Rs. C.124/95, Slg. 1997, I-81 Rn. 55 ff. - Centro-Com.

1067 EuGH, Urt. v. 14.1.1997, Rs. C.124/95, Slg. 1997, I-81 Rn. 58 f. - Centro-Com.

1068 EuGH, Urt. v. 27.2.1997, Rs. C-177/95, Slg. 1997, I-1111 - Ebony Maritime.

dung, ob die jeweilige Ladung eingezogen werden sollte. Den auf einem italienischen Vollzugsakt fußenden Rechtsstreit wies der EuGH der nationalen Gerichtsbarkeit zu, machte dieser jedoch Vorgaben, die dem Gemeinschaftsrecht entsprangen.[1069] Für die zu entscheidende Fallkonstellation hat die Entscheidung *Ebony Maritime* jedoch wenig Auswirkung, da diese eine Ermessensentscheidung betraf und keine verbindliche Vorgabe seitens des VN-Sicherheitsrats.[1070]

Insofern stellt die sogleich erörterte Stellungnahme der europäischen Gerichte zur Justiziabilität der „Al-Qaida"-Verordnung ein Novum dar.

b) Rechtsprechung der europäischen Gerichte

aa) EuG

Das EuG äußert sich erstmals in den bereits zitierten Rechtssachen *Yusuf und Al Barakaat* sowie *Kadi* zur Justiziabilität der „Al-Qaida"-Verordnung. Zur Klärung des Umfangs der Rechtmäßigkeitskontrolle prüft das EuG zunächst das Zusammenwirken der durch die VN entstandenen Völkerrechtsordnung und der nationalen sowie gemeinschaftlichen Rechtsordnung. Die Vorrangstellung der VN-Charta vor dem innerstaatlichen Recht der Mitgliedstaaten ergebe sich aus Art. 27 WVK. Demzufolge könne sich eine Vertragspartei nicht auf ihr innerstaatliches Recht berufen, um die Nichterfüllung eines Vertrages zu rechtfertigen.[1071] Aus Art. 103 VN-Charta ergebe sich ferner ausdrücklich eine Vorrangstellung der VN-Charta gegenüber dem Völkervertragsrecht: Ein VN-Mitgliedstaat müsse demnach die Verpflichtung aus der VN-Charta auch dann erfüllen, wenn andere völkervertragliche Verpflichtungen diesen entgegenstünden. Diese Verpflichtung erstrecke sich gemäß Art. 25 VN-Charta auch auf Resolutionen des Sicherheitsrats.[1072]

Auch das Gemeinschaftsrecht trage dieser Bindungswirkung Rechnung: Gemäß Art. 307 EGV sei es den Mitgliedstaaten erlaubt, völkerrechtliche Verpflichtungen, die vor Inkrafttreten des EG-Vertrags oder, im Fall später beigetretener Staaten, vor dem Zeitpunkt ihres Beitritts geschlossen wurden, zu erfüllen.[1073] Dies gelte jedoch nur im Verhältnis der Mitgliedstaaten zu den Vereinten

---

1069 EuGH, Urt. v. 27.2.1997, Rs. C-177/95, Slg. 1997, I-1111 Rn. 37 f.– Ebony Maritime.

1070 Vgl. *Schulte*, Schutz individueller Rechte, S. 180 Fn. 1080.

1071 EuG, Urt. v. 21.9.2005, Rs. T-306/01, Slg. 2005, II-3533 Rn. 232 - Yusuf u. Al Barakaat; EuG, Urt. v. 21.9.2005, Rs. T-315/01, Slg. 2005, II-3649 Rn. 182 - Kadi.

1072 EuG, Urt. v. 21.9.2005, Rs. T-306/01, Slg. 2005, II-3533 Rn. 233 f. - Yusuf u. Al Barakaat; EuG, Urt. v. 21.9.2005, Rs. T-315/01, Slg. 2005, II-3649 Rn. 183 f. - Kadi.

1073 Für die Bundesrepublik Deutschland, die erst seit 1973 Mitglied der VN ist, sah es das Gericht als ausreichend an, dass diese bereits vor dem 1.1.1958 erklärt hatte, die Verpflichtungen aus der VN-Charta einhalten zu wollen: EuG, Urt. v. 21.9.2005, Rs. T-315/01, Slg. 2005, II-3649 Rn. 187 - Kadi.

Nationen. Für die Gemeinschaft selbst lehnt das EuG eine Bindung an die VN-Charta ab und verneint daher auch eine völkerrechtliche Verpflichtung, die Resolutionen des Sicherheitsrats gem. Art. 25 VN-Charta einzuhalten. Der Grund hierfür liege darin, „dass die Gemeinschaft weder Mitglied der UNO noch Adressatin der Resolutionen des Sicherheitsrates, noch Nachfolgerin in die Rechte und Pflichten ihrer Mitgliedstaaten im Sinne des Völkerrechts ist.“[1074] Allerdings ging das Gericht davon aus, dass sich für die Gemeinschaft aus ihrem Gründungsvertrag selbst eine Bindung an die Verpflichtungen aufgrund der VN-Charta ergebe.[1075] Eine Bindungswirkung sei somit nicht völkerrechtlich sondern europarechtlich intendiert. In seiner Begründung zog das EuG eine Parallele zur Rechtsprechung des EuGH zur Frage der Rechtstellung der EG im damaligen Allgemeinen Zoll- und Handelsabkommen (GATT 1947). Ausgangspunkt war dabei die bereits vor Abschluss der Gründungsverträge der Gemeinschaft bestehenden Verpflichtungen aus den jeweiligen Vertragswerken.[1076] Durch eine untereinander geschlossene Vereinbarung hätten die Mitgliedstaaten der Gemeinschaft nicht mehr Befugnisse übertragen können, als ihnen zustanden oder sich nicht von bestehenden Verpflichtungen lösen können. Dass dies überdies bei der Gründung der Gemeinschaft auch nicht gewollt war, ergebe sich aus Art. 224 und 234 Abs. 1 EWG (Art. 297, 307 EGV bzw. Art. 347, 351 AEUV).[1077] Soweit die Mitgliedstaaten zur Erfüllung ihrer Verpflichtungen der Gemeinschaft Befugnisse übertrügen, machten sie dadurch deutlich, dass die Gemeinschaft an die von ihnen eingegangenen Verpflichtungen gebunden sei.[1078] Im Unterschied zur heutigen Welthandelsorganisation (WTO) war die EG selbst nicht Vertragspartei des GATT 1947, sondern nur die EG-Mitgliedstaaten. Diese hatten ihre Kompetenzen im Bereich des Weltwarenhandels jedoch weitgehend aufgrund Art. 133 EGV auf die Gemeinschaft übertragen. Der EuGH hatte damals entschieden, dass somit die EG die Funktionsnach-

1074 EuG, Urt. v. 21.9.2005, Rs. T-306/01, Slg. 2005, II-3533 Rn. 242 - Yusuf u. Al Barakaat; EuG, Urt. v. 21.9.2005, Rs. T-315/01, Slg. 2005, II-3649 Rn. 192 - Kadi.

1075 EuG, Urt. v. 21.9.2005, Rs. T-306/01, Slg. 2005, II-3533 Rn. 243 - Yusuf u. Al Barakaat; EuG, Urt. v. 21.9.2005, Rs. T-315/01, Slg. 2005, II-3649 Rn. 194 - Kadi.

1076 EuG, Urt. v. 21.9.2005, Rs. T-306/01, Slg. 2005, II-3533 Rn. 244 - Yusuf u. Al Barakaat; EuG, Urt. v. 21.9.2005, Rs. T-315/01, Slg. 2005, II-3649 Rn. 194 - Kadi.

1077 EuG, Urt. v. 21.9.2005, Rs. T-315/01, Slg. 2005, II-3649 Rn. 196 - Kadi; EuG, Urt. v. 21.9.2005, Rs. T-306/01, Slg. 2005, II-3533 Rn. 246 - Yusuf und Al Barakaat, m.V.a. EuGH, Urt. v. 12.12.1972, verb. Rs. 21-24/72, Slg. 1972, 1219 Rn. 12 f. - International Fruit Company u.a.

1078 EuG, Urt. v. 21.9.2005, Rs. T-315/01, Slg. 2005, II-3649 Rn. 200 - Kadi; EuG, Urt. v. 21.9.2005, Rs. T-306/01, Slg. 2005, II-3533 Rn. 250 - Yusuf und Al Barakaat, m.V.a. EuGH, Urt. v. 12.12.1972, verb. Rs. 21-24/72, Slg. 1972, 121 Rn. 15 - International Fruit Company u.a.

folge ihrer Mitgliedstaaten im GATT 1947 übernommen hatte.[1079] Das EuG bildet eine Analogie dahingehend, dass im Hinblick auf die in Art. 301 EGV vorgenommene Zuständigkeitsverlagerung, Ähnliches für das Verhältnis zu den VN gelte: „Soweit demnach die Gemeinschaft aufgrund des EG-Vertrages Befugnisse übernommen hat, die zuvor von den Mitgliedstaaten im Anwendungsbereich der Charta der Vereinten Nationen ausgeübt wurden, ist sie an die Bestimmungen dieser Charta gebunden.“[1080]

Da die Gemeinschaftsorgane im konkreten Fall also verpflichtet waren, die Verordnungen nach Maßgabe der Sicherheitsratsresolutionen zu erlassen, verfügten sie über keinen eigenen Ermessensspielraum, insbesondere könnten sie den Inhalt der fraglichen Resolution nicht ändern.[1081] Eine Kontrolle der materiellen Rechtmäßigkeit der angefochtenen Verordnung durch das Gericht bedeute eine inzidente Rechtmäßigkeitskontrolle der entsprechenden Resolutionen. Das EuG erklärt sich deshalb für unzuständig, eine solche Überprüfung von Sicherheitsratsbeschlüssen – sei es auch nur inzident – am Maßstab von Gemeinschaftsrecht vorzunehmen.[1082]

Allerdings sieht das Gericht die Möglichkeit gegeben, eine inzidente Rechtmäßigkeitsprüfung am *ius cogens*, verstanden als internationaler *odre public*, der für alle Völkerrechtssubjekte einschließlich der Organe der VN gelte und von dem nicht abgewichen werden dürfe, vorzunehmen.[1083] Insofern verweist das Gericht auf Art. 53 WVK, wonach Verträge nichtig sind, die im Widerspruch zu einer zwingenden Norm des allgemeinen Völkerrechts (*ius cogens*) stehen; d.h. zu einer Norm, die von der internationalen Staatengemeinschaft in ihrer Gesamtheit angenommen und anerkannt wird, als eine Norm von der nicht abgewichen werden darf.[1084] Auch die VN-Charta selbst setze die Existenz zwingender völkerrechtlicher Grundsätze und insbesondere den Schutz der Grundrechte des Menschen voraus, wie sich aus der Präambel und den in Kapi-

1079 EuGH, Urt. v. 12.12.1972, verb. Rs. 21-24/72, Slg. 1972, 1219 Rn. 18 - International Fruit Company u.a.

1080 EuG, Urt. v. 21.9.2005, Rs. T-306/01, Slg. 2005, II-3533 Rn. 253 - Yusuf u. Al Barakaat; EuG, Urt. v. 21.9.2005, Rs. T-315/01, Slg. 2005, II-3649 Rn. 203 - Kadi.

1081 EuG, Urt. v. 21.9.2005, Rs. T-306/01, Slg. 2005, II-3533 Rn. 265 - Yusuf u. Al Barakaat; EuG, Urt. v. 21.9.2005, Rs. T-315/01, Slg. 2005, II-3649 Rn. 214 - Kadi.

1082 EuG, Urt. v. 21.9.2005, Rs. T-306/01, Slg. 2005, II-3533 Rn. 276 - Yusuf u. Al Barakaat; EuG, Urt. v. 21.9.2005, Rs. T-315/01, Slg. 2005, II-3649 Rn. 225 - Kadi.

1083 EuG, Urt. v. 21.9.2005, Rs. T-306/01, Slg. 2005, II-3533 Rn. 277 - Yusuf u. Al Barakaat; EuG, Urt. v. 21.9.2005, Rs. T-315/01, Slg. 2005, II-3649 Rn. 226 - Kadi.

1084 EuG, Urt. v. 21.9.2005, Rs. T-306/01, Slg. 2005, II-3533 Rn. 278 - Yusuf u. Al Barakaat; EuG, Urt. v. 21.9.2005, Rs. T-315/01, Slg. 2005, II-3649 Rn. 228 - Kadi.

tel I beschriebenen Zielen und Grundsätzen der VN-Charta ergebe.[1085] Würde dieser völkerrechtliche *ius cogens* vom Sicherheitsrat nicht eingehalten, wären die Mitgliedstaaten und folglich auch die Gemeinschaft nicht an die betreffende Resolution gebunden.[1086]

bb) Kritik an der Rechtsprechung des EuG

Die Rechtsprechung des EuG, die quasi zu einer Unterordnung der europäischen Rechtssetzung unter die rechtsverbindlichen Beschlüsse des Sicherheitsrats der VN führt, ist vielfach auf heftige Kritik gestoßen. Zweifelhaft ist bereits die angenommene Rechtspflicht zur Umsetzung der VN-Sanktionen durch die EU. Die vom Gericht bemühte Konstruktion der Funktionsnachfolge der EG in die völkerrechtlichen Verpflichtungen ihrer Mitgliedstaaten, wie in der Frage der Rechtstellung der EG innerhalb des GATT 1947 angenommen, kann nicht überzeugen.[1087] Voraussetzung hierfür wäre nämlich eine ausschließliche Zuständigkeit der EU, wie sie, bezogen auf das GATT 1947, im Bereich der Handelspolitik vorliegt. Die betroffenen Maßnahmen stammen aus dem Bereich der Außen- und Sicherheitspolitik, die größtenteils den intergouvernementalen Regeln der GASP folgt.[1088] Die Union ist nur aufgrund Art. 215 AEUV (früher Art. 60 EGV, Art. 301 EGV) berechtigt, Beschlüsse der GASP sekundärrechtlich umzusetzen. Somit fehlt es gerade einer dem GATT vergleichbaren Funktionsnachfolge, sodass die vom EuG bemühte Analogie nicht vertretbar ist.[1089] Auch aus den Bestimmungen der Gemeinschaftsverträge selbst ergibt sich nicht zwingend eine Bindung der Gemeinschaft an die VN-Charta. Art. 351 AEUV (Art. 307 EGV) verpflichtet die Gemeinschaft lediglich dazu, völkerrechtliche Übereinkünfte und die daraus resultierenden Verpflichtungen der Mitgliedstaaten unberührt zu lassen. Der vom Gericht weiter bemühte Art. 347 AEUV (Art. 297 EGV) verpflichtet wiederum lediglich die Mitgliedstaaten, zur Verhinderung negativer Auswirkungen auf den Gemeinsamen Markt durch die Erfüllung völkerrechtlicher Pflichten. Aus diesen Normen kann jedoch nicht hergeleitet werden, dass die EU selbst zur Erfüllung der Verpflichtungen tätig werden

1085 EuG, Urt. v. 21.9.2005, Rs. T-306/01, Slg. 2005, II-3533 Rn. 279 - Yusuf u. Al Barakaat; EuG, Urt. v. 21.9.2005, Rs. T-315/01, Slg. 2005, II-3649 Rn. 228 - Kadi.

1086 EuG, Urt. v. 21.9.2005, Rs. T-306/01, Slg. 2005, II-3533 Rn. 281 - Yusuf u. Al Barakaat; EuG, Urt. v. 21.9.2005, Rs. T-315/01, Slg. 2005, II-3649 Rn. 230 - Kadi.

1087 Zustimmend jedoch *v. Arnauld*, AVR 44 (2006), 201 (206); *Tietje/Hamelmann*, JuS 2006, 299 (300); wie hier *Ohler* EuR 2006, 849 (863); *Harings*, EuZW 2005 (705); *Neudorfer*, ZaöRV 69 (2009), 979 (986 f.); *Osteneck*, Umsetzung, S. 263 ff.

1088 Die GASP verbleibt auch nach dem Vertrag von Lissabon im intergouvernementalen Bereich, der Erlass von Rechtsetzungsakten bleibt ausgeschlossen (Art. 24 Abs. 1 EUV n.F.); vgl. hierzu *Lindner*, BayVBl 2008, 421 (426).

1089 Vgl. *Ohler* EuR 2006, 849 (863); *Neudorfer*, ZaöRV 69 (2009), 979 (987).

muss.[1090] Natürlich bleibt die EU aber berechtigt, im Rahmen ihrer Kompetenzen die völkerrechtlichen Verpflichtungen umzusetzen. Da bei einem Einschreiten der EU allerdings den Mitgliedstaaten eine eigene Umsetzung verwehrt bleibt, ist die EU gemäß Art. 4 Abs. 3 EUV n.F. (Art. 10 EGV) verpflichtet, so zu handeln, dass die Mitgliedstaaten ihren völkerrechtlichen Verpflichtungen gerecht werden. Insofern ergibt sich eine Bindung an die Resolutionen des Sicherheitsrats.[1091]

Selbst wenn eine Verpflichtung angenommen werden würde, sagt dies noch nichts darüber aus, ob die Gerichte die Verordnung nicht an Unionsrechten überprüfen können. Dies hängt vielmehr davon ab, welcher Rang dem Recht der VN innerhalb der EU zugemessen wird. Daher darf nur dann keine gerichtliche Überprüfung der Beschlüsse des Sicherheitsrats erfolgen, wenn dem Recht der VN innerhalb der Rechtsordnung der EU ein höherer Rang als dem Primärrecht zukommt.[1092] Dies lässt sich jedoch aus dem EU-Recht gerade nicht herleiten.[1093] Zwar haben völkerrechtliche Verträge, zu denen auch die VN-Charta zählt[1094], nach Art. 216 Abs. 2 AEUV (Art. 300 Abs. 7 EGV) Bindungswirkung und genießen Vorrang gegenüber dem sekundären Unionsrecht. Gemäß Art. 218 Abs. 11 AEUV (Art. 300 Abs. 6 EGV) müssen völkerrechtliche Verträge allerdings mit dem Primärrecht in Einklang stehen.[1095] Art. 216 ff. AEUV (Art. 300 EGV) betreffen zwar nur Abkommen, bei denen die Union Vertragspartei ist[1096] und somit gerade nicht die VN-Charta. Die Vorschrift lässt jedoch den Schluss auf einen allgemeinen Grundsatz in Bezug auf die Bindungswirkung von Völkervertragsrecht innerhalb des Unionsrechts zu.[1097]

Das EuG bleibt seiner Argumentation im Weiteren nicht treu: Einerseits verneint es eine Prüfungskompetenz und nimmt danach dennoch eine inzidente Rechtmäßigkeitskontrolle der fraglichen SR-Resolutionen am Maßstab des *ius*

1090 So auch *Schmalenbach*, JZ 2006, 349 (352); *Hörmann*, AVR (44) 2006, 267 (277 ff.); *Neudorfer*, ZaöRV 69 (2009), 979 (987).

1091 *Schmalenbach*, JZ 2006, 349 (352); *Neudorfer*, ZaöRV 69 (2009), 979 (987); im Ergebnis auch *Hörmann*, AVR (44) 2006, 267 (280); *Osteneck*, Umsetzung, S. 276.

1092 *Schmalenbach*, JZ 2006, 349 (353).

1093 So auch GA Poiares Maduro in seinem Schlussantrag in der Rs. Kadi, EuGRZ 2008, 103 (107 f. Rn. 28 ff.); a.A. *Tomuschat*, EuGRZ 2007, 1 (5 f.).

1094 Vgl. z. B. *Herdegen*, Völkerrecht, § 15 Rn. 6.

1095 *Terhechte*, in: Schwarze, EU Kommentar, Art. 218 EUV Rn. 31, 33; *Vedder*, EuR Beiheft 3/2007, 57 (85); *Kotzur*, EuR 2006, 848 (863 f.); *Schmalenbach*, JZ 2006, 349 (353) verweist ferner darauf, dass sich ein Vorrang der VN-Charta vor Primärrecht auch nicht aus Art. 307 EGV ergibt.

1096 *Mörgele*, in: Streinz, EUV/EGV, Art. 300 EGV Rn. 82; vgl. hierzu auch *Kämmerer*, EuR 2009, 114 (120).

1097 So auch der EuGH, vgl. sogleich: 4. Kap. B. III. 2. b) cc).

cogens vor.[1098] Der *ius cogens*-Ansatz hat wiederum einige Schwachstellen. Schwierig ist vor allem die Eingrenzung, was genau unter die nicht normierten, zwingenden Grundsätze des Völkerrechts fällt.[1099] Diesbezüglich fehlt jegliche Auseinandersetzung des Gerichts, wobei alleine die Zuordnung des Rechts auf Eigentum zum *ius cogens* höchst umstritten ist.[1100] Dies führt zu einer großen Rechtsunsicherheit. Letztlich nimmt das Gericht eine Prüfungskompetenz an, die auch jedes nationale Gericht für sich in Anspruch nehmen könnte, womit weltweit jeder Spruchkörper die Entscheidungen der VN am *ius cogens* überprüfen könnte.[1101] Welche Rechtszersplitterung dies zur Folge hätte, ist kaum vorstellbar. Außerdem sind neben den genauen Tatbestandsvoraussetzungen auch die Rechtsfolgen einer Verletzung des *ius cogens* unklar.[1102]

So lobenswert der Ansatz des EuG ist, die verneinte Prüfungskompetenz zu relativieren, um die Betroffenen nicht völlig rechtsschutzlos zu stellen, so diffus ist das Ergebnis. Wünschenswert wäre eine völkerrechtsfreundliche Auslegung der Gemeinschaftsgrundrechte gewesen.

cc) EuGH

In seiner Revisionsentscheidung beginnt der EuGH seine Ausführungen zur Justiziabilität der „Al-Qaida"-Verordnung mit der Feststellung, dass die Gemeinschaft eine Rechtsgemeinschaft sei, in der alle Akte der Organe einer umfassenden Kontrolle durch die Gemeinschaftsgerichte unterlägen.[1103] Die Grundrechte seien dabei Teil dieser Rechtmäßigkeitskontrolle. Maßnahmen, die mit diesen Rechten unvereinbar seien, könnten nicht als rechtens anerkannt werden.[1104] Internationale Übereinkünfte könnten weder die Verfassungsgrundsätze des EG-Vertrages noch die zu den Grundlagen der Gemeinschaft zählende Autonomie des Rechtssystems der Gemeinschaft beeinträchtigen.[1105] Das Gericht wendet aber einschränkend ein, dass sich die Rechtmäßigkeitskontrolle strikt auf

---

1098 Kritisch hierzu auch *Kämmerer*, EuR 2009, 114 (117 f.); *Haltern*, JZ 2007, 537 (540 f.); zustimmend *Steinbarth*, ZEuS 2006, 269 (281); *Tomuschat*, EuGRZ 2007, 1 (7 f.).

1099 Vgl. hierzu *Kämmerer*, EuR 2008 Beiheft 1, 65 (81); *Tietje/Hamelmann*, Jus 2006, 299 (301).

1100 Verneinend z.B. *Doehring*, Völkerrecht, Rn. 985.

1101 *Möllers*, EuR 2006, 426 (428).

1102 Zum Streitstand vgl. *Kadelbach*, Zwingendes Völkerrecht, 324 ff.

1103 EuGH, Urt. v. 3.9.2008, verb. Rs. C-402/05 P u. C-415/05 P, Slg. 2008, I-6351 Rn. 281 - Kadi u. Al Barakaat.

1104 EuGH, Urt. v. 3.9.2008, verb. Rs. C-402/05 P u. C-415/05 P, Slg. 2008, I-6351 Rn. 283 f. - Kadi u. Al Barakaat.

1105 EuGH, Urt. v. 3.9.2008, verb. Rs. C-402/05 P u. C-415/05 P, Slg. 2008, I-6351 Rn. 282 u. 285 - Kadi u. Al Barakaat.

den Gemeinschaftsrechtsakt beziehen müsse, eine Überprüfung der Rechtmäßigkeit einer SR-Resolution, auch wenn diese nur am Maßstab des *ius cogens* erfolge, sei den Gemeinschaftsgerichten verwehrt. Sollte in einem Urteil festgestellt werden, dass ein Gemeinschaftsrechtsakt zur Umsetzung einer SR-Resolution gegen Primärrecht verstoße, stelle dies nicht den grundsätzlichen völkerrechtlichen Vorrang der betreffenden Resolution in Frage.[1106] Zwar anerkennt der EuGH die inhaltliche Verbundenheit der Verordnung mit der Resolution des Sicherheitsrats, jedoch schreibe die VN-Charta kein bestimmtes Modell für die Umsetzung der Resolutionen des Sicherheitsrats nach Kapitel VII der Charta vor.[1107] Ein Vorrang der SR-Resolutionen gegenüber dem Primärrecht und somit ein Ausschluss einer Rechtmäßigkeitskontrolle der entsprechenden Verordnung anhand von Gemeinschaftsgrundrechten finde zudem keine Grundlage in den Gemeinschaftsverträgen. Art. 297 EGV (Art. 347 AEUV) und 307 EGV (Art. 351 AEUV) erlaubten zwar Abweichungen vom Primärrecht, könnten jedoch nicht so verstanden werden, dass eine Befreiung von der Beachtung der Grundlagen der Gemeinschaftsrechtsordnung, zu denen auch der Schutz der Grundrechte zähle, möglich sei.[1108] Wäre die Gemeinschaft Mitglied der VN wäre zudem Art. 300 Abs. 7 EGV (Art. 216 Abs. 2 AEUV) anwendbar, der völkerrechtlichen Verträgen zwar einen Vorrang vor Sekundärrecht einräume, nicht jedoch vor Primärrecht.[1109]

Zusammenfassend hält der EuGH in deutlicher Abweichung zu den erstinstanzlichen Urteilen fest, dass die „Kontrolle der Gültigkeit einer jeden Handlung der Gemeinschaft im Hinblick auf die Grundrechte durch den Gerichtshof nämlich als Ausdruck einer Verfassungsgarantie in einer Rechtsgemeinschaft zu betrachten (ist), einer Garantie, die sich aus dem EG-Vertrag als autonomem Rechtssystem ergibt und durch ein völkerrechtliches Abkommen nicht beeinträchtigt werden kann“[1110].

1106 EuGH, Urt. v. 3.9.2008, verb. Rs. C-402/05 P u. C-415/05 P, Slg. 2008, I-6351 Rn. 285-287 - Kadi u. Al Barakaat.

1107 EuGH, Urt. v. 3.9.2008, verb. Rs. C-402/05 P u. C-415/05 P, Slg. 2008, I-6351 Rn. 298 - Kadi u. Al Barakaat.

1108 EuGH, Urt. v. 3.9.2008, verb. Rs. C-402/05 P u. C-415/05 P, Slg. 2008, I-6351 Rn. 301-304 - Kadi u. Al Barakaat; für die generelle Bedeutung des Art. 307 EGV verweist der EuGH in Rn. 301 insoweit auf die oben besprochene Entscheidung Centro-Com, vgl. 4. Kap. B. III. 2. a).

1109 EuGH, Urt. v. 3.9.2008, verb. Rs. C-402/05 P u. C-415/05 P, Slg. 2008, I-6351 Rn. 307-309 - Kadi u. Al Barakaat.

1110 EuGH, Urt. v. 3.9.2008, verb. Rs. C-402/05 P u. C-415/05 P, Slg. 2008, I-6351 Rn. 316 - Kadi u. Al Barakaat.

Die Kommission hatte jedoch zuvor vorgetragen, der Gerichtshof dürfe nicht tätig werden, solange die betroffenen Personen oder Organisationen dank eines Mechanismus der administrativen Kontrolle, der sich in die Rechtsordnung der VN einfüge, eine akzeptable Möglichkeit hätten, gehört zu werden.[1111] Dies lehnt der EuGH mit Verweis auf das Delisting-Verfahren der VN[1112] ab: „Eine solche Nichtjustiziabilität (der EG-Verordnung), die eine erhebliche Abweichung von dem im EG-Vertrag vorgesehenen System des gerichtlichen Rechtsschutzes der Grundrechte darstellen würde, erscheint nämlich in Anbetracht dessen, dass das betreffende Verfahren der Überprüfung offenkundig nicht die Garantien eines gerichtlichen Rechtsschutzes bietet, nicht gerechtfertigt."[1113]

Im Ergebnis ist anzumerken, dass der tatsächliche Prüfungsrahmen wenig abweicht von dem des EuG, was daran liegt, dass das Gericht bei seinem *ius cogens*-Ansatz die Prüfung auf rechtliche Grundsätze, wie z.B. den Eigentumsschutz, erstreckt, ohne zu argumentieren, ob diese wirklich zu den unabdingbaren völkerrechtlichen Grundsätzen zählen.[1114]

c) Schlussfolgerung

Die Entscheidung des EuGH wurde in der Literatur viel diskutiert und rief unterschiedliche Reaktionen hervor. Auf den ersten Blick scheint der EuGH seinen eigenen Maßstäben, die er im Verhältnis zwischen nationalem Recht und Unionsrecht aufgestellt hat, untreu zu werden. Gibt nämlich eine Richtlinie den Inhalt eines nationalen Umsetzungsakts bereits so vor, dass kein Umsetzungsspielraum mehr besteht, wird dessen Rechtmäßigkeit, obwohl es sich formell um einen nationalen Rechtsakt handelt, am Gemeinschaftsrecht gemessen. Obgleich der Gemeinschaftsrechtsakt inhaltlich durch die SR-Resolution vorgegeben wird, soll nicht die Rechtsordnung des materiellen Urhebers, sondern die Rechtsordnung der umsetzenden Rechtsgemeinschaft einschlägig sein.[1115] Es mangelt jedoch an der Vergleichbarkeit der beiden Verhältnisse.[1116] Unionsrechtliches Sekundärrecht genießt in den Mitgliedstaaten Anwendungsvorrang.[1117] Im Gegensatz hierzu kommt VN-Resolutionen kein innerstaatlicher Geltungsbefehl zu.

1111 EuGH, Urt. v. 3.9.2008, verb. Rs. C-402/05 P u. C-415/05 P, Slg. 2008, I-6351 Rn. 319 - Kadi u. Al Barakaat.

1112 Vgl. hierzu bereits: 3. Kap. C. II. 3. c).

1113 EuGH, Urt. v. 3.9.2008, verb. Rs. C-402/05 P u. C-415/05 P, Slg. 2008, I-6351 Rn. 322 - Kadi u. Al Barakaat.

1114 Kritisch hierzu *Kämmerer*, EuR 2009, 114 (123 f.).

1115 Vgl. hierzu *Kämmerer*, EuR 2009, 114 (122).

1116 So auch *Neudorfer*, ZaöRV 69 (2009), 979 (995); *Hörmann*, AVR (44), 2006, 267 (296); *Sauer*, NJW 2008, 3685 (3687).

1117 EuGH, Urt. v. 15.7.1964, Rs. 6/64, Slg. 1964 1251 (1269 ff.) – Costa./.ENEL.

Positiv ist zu bewerten, dass der EuGH den Grundrechtsschutz auch bei einem so politisch brisanten Thema wie der Bekämpfung des Terrorismus in den Vordergrund stellt. So schwer die Konsequenzen eines Terroranschlags sein mögen, kann dies keine Einschränkung von Menschenrechten und Rechtsschutzstandards rechtfertigen.[1118] Allzu leichtfertig sah sich das EuG nicht in der Verantwortung. Auch gebietet der EuGH der Sichtweise Einhalt, es herrsche, v.a. mit Blick auf das Vetorecht der ständigen Mitglieder und der notwendigen Mehrheit im Sicherheitsrat, eine Vermutung zu Gunsten der Rechtmäßigkeit von Sicherheitsratsresolutionen.[1119] Denn da, wo der Sicherheitsrat *ultra vires* handelt, müssen die Menschenrechte eine Grenze setzen. Schließlich muss dieser laut Art. 24 Abs. 2 S. 1 VN-Charta im Einklang mit den Zielen und Grundsätzen der VN und daher unter Achtung der Menschenrechte und Grundfreiheiten (Art. 1 Nr. 3 VN-Charta) handeln.[1120]

Fraglich ist auch, ob sich eine Rechtmäßigkeitsvermutung im Hinblick auf die Übermacht einzelner Mitglieder des Sicherheitsrats als realitätsnah erweist.[1121] Eine andere Entscheidung hätte dazu führen können, dass über kurz oder lang das BVerfG eingegriffen hätte. Im Solange II-Urteil behielt sich Karlsruhe vor, EG-Verordnungen solange nicht zu überprüfen, wie die EG einen wirksamen Schutz der Grundrechte gewährleistet, der dem vom Grundgesetz unabdingbar gebotenen Grundrechtsschutz im Wesentlichen gleich zu achten ist.[1122] Das EuG überprüft die EG-Verordnung jedoch nur am *ius cogens,* dessen Schutzstandard weit unter dem deutschen Grundrechtsstandard liegt. Dass im potentiellen Streitfall das BVerfG ein Absinken des Grundrechtsstandards unter die Solange II-Grenze gesehen und sich deshalb eine Prüfungskompetenz zugesprochen hätte, ist zumindest denkbar.[1123] Zumal die Rechtslage nicht übersehen werden darf, die sich ergäbe, wenn Deutschland selbst die Resolutionen umgesetzt hätte: Ein Einfrieren von Geldern hätte einer Rechtsgrundlage bedurft, die, wie die konkrete Maßnahme selbst, nach Art. 1 Abs. 3 GG in vollem Umfang an den Grundrechten überprüfbar gewesen wäre.[1124] Ferner hätte ein verminderter Grundrechtsschutz auf Ebene der EU den EGMR auf den Plan rufen können,

1118 Vgl. auch *Ohler*, EuZW 2008, 630 (633); *Spranger*, EuR 2009, 514 (524); *Kotzur*, EuGRZ 2008, 673 (679).

1119 So aber *Meyer*, ZeuS 2007, 1 (30); *Herdegen*, in: Maunz/Dürig, Grundgesetz, Art. 25 Rn. 44; *Bowett*, EJIL 5 (1994), 89 (93).

1120 *Kämmerer*, EuR 2008, Beiheft 1, 65 (68); *Spranger*, EuR 2009, 514 (525).

1121 So auch *Spranger*, EuR 2009, 514 (525).

1122 BVerfGE 73, 339 (387).

1123 So auch u.a. *Kotzur*, EuGRZ 2008, 673 (680); *Sauer*, NJW 2008, 3685 (3687).

1124 Hierzu auch *Fassbender*, AöR 132 (2007), 257 (257 ff.).

schließlich behielt auch dieser sich in seiner *Bosphorus*-Entscheidung[1125] die Überprüfung von Sekundärrecht am Maßstab der EMRK vor.[1126]

Auch die befürchteten Spannungen zwischen EuGH und VN-Sicherheitsrat blieben aus: Der Geschäftsführer des „Anti-Terror"-Ausschusses der VN verwies auf die Notwendigkeit der Förderung alternativer Programme im Kampf gegen den Terrorismus.[1127] Darüber hinaus fand der vom EuGH zur Einhaltung der Verfahrensgrundsätze geforderte Datenaustausch zwischen dem Sicherheitsrat und der EU statt.[1128] Der Sicherheitsrat hat seine Informationspolitik indes stark verbessert: Die Mitgliedstaaten, die eine Aufnahme in die Liste beantragen, sind verpflichtet, eine detaillierte Falldarstellung vorzulegen und anzugeben, welcher Teil der Falldarstellung veröffentlicht werden kann.[1129] Aufgrund der Falldarstellung erstellt der Sanktionsausschuss eine Zusammenfassung der Gründe. Diese Zusammenfassung der Gründe für die Aufnahme in die Liste muss auf der Website des Sanktionsausschusses veröffentlicht werden.[1130] Nach der Aufnahme eines Namens in die Liste werden die ständigen Vertretungen der Staaten, in denen sich der Betroffene befindet bzw. dessen Staatsangehörigkeit er trägt, entsprechend benachrichtigt.[1131] Diese Staaten müssen alle durchführbaren Maßnahmen ergreifen, um die in die Liste aufgenommene Person oder Einrichtung von ihrer Aufnahme in die Liste zu benachrichtigen und der Benachrichtigung eine Kopie des veröffentlichungsfähigen Teils der Falldarstellung beilegen.[1132] Zudem muss die durch die SR-Resolution 1904 (2009) eingeführte Ombudsperson die betroffenen Personen und Einrichtungen, sofern deren Adresse bekannt ist, über den Status ihres Listeneintrags unterrichten.[1133] Dieses normierte Verfahren zeigt die Bereitschaft des Sicherheitsrats, die Listung transparenter zu gestalten und schürt die Hoffnung, dass er zur Kooperation mit dem EuGH bereit ist. Der EuGH deutet zudem an, dass ein gleichwertiger Individualrechtsschutz auf Ebene der VN eine Zurücknahme der Rechtmäßig-

---

1125 EGMR NJW 2006, 197 (202 Rn. 155) - Bosphorus.

1126 *Sauer*, NJW 2008, 3685 (3687).

1127 *Mike Smith*, Meldung in EuZW 2008, 618.

1128 Vgl. zum Informationsaustausch betreffend Herrn Kadi: EuG, Urt. v. 30.9.2010, Rs. T-85/09, Rn. 49 f. - Kadi.

1129 SR-Resolution 1735 (2006), Ziff. 5; zuletzt bekräftigt durch SR-Resolution 2083 (2012), Ziff. 11.

1130 SR-Resolution 1822 (2008), Ziff. 13; die Zusammenfassung ist im Internet abrufbar unter: http://www.un.org/sc/committees/1267/narrative.shtml (zuletzt abgerufen am 6.3.2013).

1131 SR-Resolution 1822 (2008), Ziff. 15.

1132 SR-Resolution 1822 (2008), Ziff. 17.

1133 SR-Resolution 1904 (2009), Anlage II Ziff. 15 b).

keitskontrolle bedeuten könnte.[1134] Hier zeigt sich auch die eigentliche Crux der Sanktionen: Die ursprünglich das Verhältnis von Staaten fokussierenden VN verpflichten immer öfter Individuen[1135], ohne jedoch den Individualrechtsschutz entsprechend auszubauen.[1136] Solange der Sicherheitsrat hierzu nicht bereit ist, lässt der Integrationsstatus der EU kein Grundrechtsvakuum zu.

Der Ansatz des EuGH ist jedoch auch auf Kritik gestoßen.[1137] So geht er in seiner Entscheidung davon aus, dass er keine Kompetenz habe, die SR-Resolution selbst zu überprüfen, sondern lediglich den Gemeinschaftsrechtsakt. Dies steht im Gegensatz zum EuG, das auch den Rechtsakt der VN zumindest am *ius cogens* für überprüfbar hält. Der EuGH übersieht dabei, dass die Verordnung nicht völlig losgelöst vom Völkerrecht gesehen werden kann und dass deren Überprüfung aufgrund des inhaltlichen Gleichlaufs die Gefahr birgt, inzident die Maßnahme des Sicherheitsrats zu überprüfen.[1138] Begründet wird die Ansicht des Gerichtshofs mit dem der Gemeinschaft verbleibenden Umsetzungsspielraum. Dieser Spielraum ist allerdings lediglich modaler und nicht inhaltlicher Art.[1139] Wünschenswert wäre es gewesen, der EuGH hätte sich mit der Frage beschäftigt, ob eine Maßnahme des Sicherheitsrats, die eklatant gegen Menschenrechte verstößt, generell eine Bindungswirkung gegenüber der EU entfalten kann.[1140]

Zuletzt ist noch die Frage zu klären, ob die Terrorismusbekämpfung durch das Urteil geschwächt wurde. Dies bleibt natürlich auf längere Sicht abzuwarten. Zwei Aspekte sprechen jedoch dagegen: Zum eine haben Klagen zu den Gemeinschaftsgerichten keine aufschiebende Wirkung (Art. 278 AEUV/Art. 242 EGV), sodass das Einfrieren der Gelder nur dann aufgehoben wird, wenn die Klage tatsächlich Erfolg hat. Zum anderen stützt sich der Kampf gegen die Terrorismusfinanzierung seit längerem nicht mehr nur auf das Einfrieren von Vermögenswerten. Der deutsche Gesetzgeber hat im Geldwäscherecht und Bankenaufsichtsrecht, weitgehend nach europarechtlichen Vorgaben, Präventionsmaßnahmen getroffen. Zu nennen sind u.a. die Möglichkeit der Bargeldkontrolle durch Zollbedienstete nach § 12a ZollVG, Kontensperrung nach § 6a KWG und die Kontostammdatenabfragung nach § 24c KWG

1134 EuGH, Urt. v. 3.9.2008, verb. Rs. C-402/05 P u. C-415/05 P, Slg. 2008, I-6351 Rn. 320 ff. - Kadi u. Al Barakaat.

1135 Vgl. hierzu bereits: 1. Kap. A. III. 3. b).

1136 So auch *Fremuth*, DÖV 2012, 81 (88).

1137 Zu den Stimmen, die generell von einem Vorrang des Völkerrechts vor dem Gemeinschaftsrecht ausgehen, vgl. bereits: 4. Kap. B. III. 2. bb).

1138 *Kämmerer*, EuR 2009, 114 (121).

1139 *Kämmerer*, EuR 2009, 114 (122).

1140 *Kämmerer*, EuR 2009, 114 (122).

durch die Bundesanstalt für Finanzdienstleistungsaufsicht sowie die Regelung der §§ 3 ff. GwG.[1141]

Summa summarum ist der Konflikt zwischen Grundrechtsschutz und Völkerrechtsfreundlichkeit zu Recht vom EuGH zugunsten der Rechte des Einzelnen entschieden worden.[1142]

3. Verstoß gegen das Recht auf Eigentum

Gegen die Rechtmäßigkeit der Terrorismus-Verordnungen wurde vorgebracht, das Einfrieren von Geldern stelle eine Verletzung des Rechts auf Achtung des Eigentums dar.[1143] Insbesondere wird die Verletzung des Eigentumsrecht i.V.m. mit einer Verletzung des Verhältnismäßigkeitsprinzips geltend gemacht. Die Gemeinschaftsorgane hätten bei der Aufnahme der betroffenen Personen und Organisationen in die Liste, durch die unmittelbar das Einfrieren von Geldern angeordnet wird, keine Interessenabwägung vorgenommen, die eine solche Maßnahme rechtfertigen könne.[1144]

a) Problemdarstellung

Das Eigentumsrecht wird in der Grundrechtecharta der EU durch Art. 17 geschützt:

> *„(1)[1]Jede Person hat das Recht, ihr rechtmäßig erworbenes Eigentum zu besitzen, zu nutzen, darüber zu verfügen und es zu vererben. [2]Niemandem darf sein Eigentum entzogen werden, es sei denn aus Gründen des öffentlichen Interesses in den Fällen und unter den Bedingungen, die in einem Gesetz vorgesehen sind, sowie gegen eine rechtzeitige angemessene Entschädigung für den Verlust des Eigentums. [3]Die Nutzung des Eigentums kann gesetzlich geregelt werden, soweit dies für das Wohl der Allgemeinheit erforderlich ist.*
> *(2) Geistiges Eigentum wird geschützt."*

Den Charta-Erläuterungen zufolge entspricht Art. 17 dem Recht aus Art. 1 des von allen Mitgliedstaaten ratifizierten ersten Zusatzprotokolls zur EMRK. Dementsprechend hat das Recht gemäß Art. 52 Abs. 3 GRCharta die gleiche Bedeutung und die gleiche Tragweite wie das in der EMRK garantierte Recht,

---

1141 Vgl. hierzu *Ohler*, EuZW 2008, 630 (633).

1142 So u.a. auch *Sauer*, NJW 2008, 3685 (3687 f.); *Ohler*, EuZW 2008, 630 (633); *Schmalenbach*, JZ 2009, 35 (42); *Neudorfer*, ZaöRV 69 (2009), 979 (995 f.).

1143 Vgl. klägerisches Vorbringen in EuG, Urt. v. 21.9.2005, Rs. T-306/01, Slg. 2005, II-3533 Rn. 190 - Yusuf u. Al Barakaat; EuG, Urt. v. 21.9.2005, Rs. T-315/01, Slg. 2005, II-3649 Rn. 139, 144 - Kadi; EuGH, Urt. v. 3.9.2008, verb. Rs. C-402/05 P u. C-415/05 P, Slg. 2008, I-6351 Rn. 254 - Kadi u. Al Barakaat.

1144 EuG, Urt. v. 21.9.2005, Rs. T-315/01, Slg. 2005, II-3649 Rn. 144 f. - Kadi.

wobei nicht über die in der EMRK vorgesehenen Einschränkungen hinausgegangen werden darf.[1145]

Art. 1 des ersten Zusatzprotokolls zur EMRK lautet wiederum:

„[1]Jede natürliche oder juristische Person hat das Recht auf Achtung ihres Eigentums. [2]Niemandem darf sein Eigentum entzogen werden, es sei denn, dass das öffentliche Interesse es verlangt, und nur unter den durch Gesetz und durch die allgemeinen Grundsätze des Völkerrechts vorgesehenen Bedingungen. Absatz 1 beeinträchtigt jedoch nicht das Recht des Staates, diejenigen Gesetze anzuwenden, die er für die Regelung der Benutzung des Eigentums im Einklang mit dem Allgemeininteresse oder zur Sicherung der Zahlung der Steuern oder sonstigen Abgaben oder von Geldstrafen für erforderlich hält."

Des Weiteren finden sich Ausführungen zum Schutz des Eigentums in Art. 345 AEUV (Art. 295 EGV), wonach die Eigentumsordnung in den verschiedenen Mitgliedstaaten unangetastet bleibt. Diese Regelung berührt jedoch nicht den Schutz des Eigentums nach Art. 17 GRCharta.[1146] Den Mitgliedstaaten bleibt es unbelassen, etwa durch vereinzelte Verstaatlichungen oder Privatisierungen[1147], vermögenswerte Rechtspositionen so auszugestalten, dass sie unter den Eigentumsbegriff des Art. 17 GRCharta fallen und somit der Grundrechtsschutz greift.[1148] Wie im deutschen Verfassungsrecht ist der Eigentumsschutz auf Unionsebene als normgeprägtes Recht ausgestaltet. Sein Schutzbereich kann daher inhaltlich erst durch den Gesetzgeber bestimmt werden.[1149] Die Reichweite des Eigentumsschutzes i.S.d. Art. 17 GRCharta wird demnach von den entsprechenden Vorschriften des nationalen und des Unionsrechts gemeinsam bestimmt.[1150]

aa) Schutzbereich des Eigentumsrechts

Vom *persönlichen Schutzbereich* sind zunächst alle natürlichen Personen unabhängig von ihrer Staatsangehörigkeit umfasst (Jedermann-Grundrecht).[1151] Gleiches gilt für eine Vereinigung mehrerer Personen. Obschon der Grundrechte-

1145 Charta Erläuterungen, ABl 2007 C 303/17, S. 23.

1146 *Jarass*, EU-Grundrechte, § 22 Rn. 5; *Bernsdorff*, in: Meyer, Charta, Art. 17 Rn. 4; *Kingreen*, in: Calliess/Ruffert, EUV/EGV, Art. 295 EGV Rn. 4.

1147 *Durner*, in: Merten/Papier, HGR VI/I, § 162 Rn. 40.

1148 Vgl. *Jarass*, EU-Grundrechte, § 22 Rn. 5; *Calliess*, in: Calliess/Ruffert, EUV/EGV, Art. 17 Rn. 2.

1149 *Jarass*, EU-Grundrechte, § 22 Rn. 15; *Callies*, in: Ehlers, Europäische Grundrechte, § 16,4 Rn. 14; *Bernsdorff*, in: Meyer, Charta, Art. 17 Rn. 15; *Heselhaus*, in: Heselhaus/Nowak, Handbuch EU Grundrechte, § 32 Rn. 36.

1150 *Jarass*, EU-Grundrechte, § 22 Rn.15.

1151 *Jarass*, GRCh, Art. 17 Rn. 17; *Durner*, in: Merten/Papier, HGR VI/I, § 162 Rn. 43.

charta eine Regelung im Sinne des Art. 19 Abs. 3 GG fehlt, sind vom Schutzbereich des Art. 17 Abs. 1 GRCharta auch juristische Personen umfasst. Art. 1 Abs. 1 S. 1 des ersten Zusatzprotokolls zur EMRK unterstreicht nämlich ausdrücklich, dass der Eigentumsschutz sich auch auf juristische Personen erstreckt. Gemäß Art. 52 Abs. 3 GRCharta muss folglich auch Art. 17 Abs. 1 GRCharta in diesem Sinne interpretiert werden.[1152]

Der *sachliche Schutzbereich* des Eigentumsrechts i.S.d EMRK umfasst neben dem Eigentum an beweglichen und unbeweglichen Sachen alle wohlerworbenen vermögenswerten Rechte.[1153] Auch der Eigentumsbegriff der Grundrechtecharta umfasst alle vermögenswerten Rechte, sofern der Eigentümer diese durch eigene Arbeit oder Nutzung seines Eigentums erlangt hat und diese dadurch dem Einzelnen ähnlich dem klassischen Sacheigentum zugeordnet sind.[1154] Das Vermögen als solches fällt nicht unter den Begriff des Eigentums.[1155] Der Schutzumfang des Art. 17 GRCharta bezieht sich dabei ausweislich des Wortlauts auf den Besitz, die Nutzung, die Verfügung und das Recht, Eigentumspositionen zu vererben. Nicht geschützt wird das Recht zum Eigentumserwerb, da nur das Erworbene und somit bestehende Rechte vom Schutzbereich erfasst werden.[1156] Der Eigentumserwerb selbst ist der Berufsfreiheit gem. Art. 15 GRCharta zuzuordnen.[1157] Der eingerichtete und ausgeübte Gewerbetrieb in seiner Gesamtheit wurde in der Judikatur des EuGH bisher noch nicht als Eigentumsposition i.S.d. Art. 17 GRCharta anerkannt.[1158] Der EGMR hingegen sieht beispielsweise den Kundenstamm, den sich ein Unternehmen erarbeitet

---

1152 Vgl. *Durner*, in: Merten/Papier, HGR VI/I, § 162 Rn. 15 f.; *Depenheuer*, in: Tettinger/Stern, GRCh, Art. 17 Rn. 42.

1153 *Wegener*, in: Ehlers, Europäische Grundrechte, § 5 Rn. 8; *v. Danwitz*, in: v. Danwitz/Depenheuer/Engel, Lage des Eigentums, 215 (222 ff.).

1154 *Müller-Michaels*, Eigentumsschutz in der EU, S. 37; *Penski/Elsner*, DÖV 2001, 265 (268 u. 274); *Jarass*, GRCh, Art. 17 Rn. 7; *Durner*, in: Merten/Papier, HGR VI/I, § 162 Rn. 44.

1155 *Depenheuer*, in: Tettinger/Stern, GRCh, Art. 17 Rn. 37 f.; *Müller-Michales*, Eigentumsschutz in der EU, S. 42; *Heselhaus*, in: Heselhaus/Nowak, Handbuch EU Grundrechte, § 32 Rn. 54.

1156 *Wegener*, in: Ehlers, Europäische Grundrecht, § 5 Rn. 10; vgl. hierzu: EuGH, Urt. v. 29.2.1996, verb. Rs. C-296/93 u. C-307/93, Slg. 1996, I-828 Rn. 64 - Frankreich und Irland./.Kommission.

1157 *Bernsdorff*, in: Meyer, Charta, Art. 15 Rn. 12; *Blanke*, in: Tettinger/Stern, GRCh, Art. 15 Rn. 46.

1158 *Jarass*, GRCh, Art. 17 Rn. 12; *Durner*, in: Merten/Papier, HGR VI/I, § 162 Rn. 46; auch das BVerfG hat die Frage nach dem Eigentumsschutz des eingerichteten und ausgeübten Gewerbebetriebs bisher offen gelassen, vgl. zuletzt BVerfG NVwZ 2009, 1426 (1428).

hat, als geschützt an.[1159] Insofern muss jedoch beachtet werden, dass die EMRK keinen dem Art. 15 GRCharta vergleichbaren Schutz der Berufs- und Unternehmerfreiheit kennt. Vom Eigentumsschutz umfasst wird jedenfalls die Nutzung von Produktionsanlagen[1160], wobei jedoch das Eigentum an den Anlagen, weniger das Recht am Unternehmen betroffen ist.[1161]

Für die Bewertung der Finanzsanktionen gegen den Terrorismus bedeutet dies zunächst, dass sowohl die natürlichen Personen als auch die betroffenen Vereinigungen und Organisationen sich auf den Eigentumsschutz gemäß Art. 17 GRCharta berufen können. Damit auch der sachliche Schutzbereich eröffnet ist, müssen bereits bestehende Eigentumspositionen geltend gemacht werden. Dies trifft zu, soweit die betroffenen Personen sich auf das Einfrieren von Konten oder anderen wirtschaftlichen Ressourcen berufen. Soweit jedoch das Bereitstellungsverbot in Frage steht, sind zukünftige vermögenswerte Rechte betroffen, die nicht unter den Schutz des Art. 17 GRCharta fallen.[1162] Wie gesehen, wird auch das Vermögen selbst nicht geschützt, sodass ein Erwerbsausfall nicht geltend gemacht werden kann. Da die Einfriermaßnahmen sowie das Bereitstellungsverbot die Untersagung jeglicher wirtschaftlicher Betätigung bedeuten, kann jedoch auch die Berufsausübung des Gelisteten bzw. sein Gewerbe betroffen sein. Insofern kann dann ein Verstoß gegen die Berufsfreiheit gem. Art. 15 GRCharta vorliegen.[1163]

Im Zusammenhang mit den Finanzsanktionen gegen den Terrorismus kann sich das Problem stellen, ob Eigentum, welches mittels Straftaten erlangt wurde, unter den Schutz des Art. 17 GRCharta fällt. Dieser beschränkt, anders als Art. 1 des ersten Zusatzprotokolls zur EMRK, den Schutz auf *rechtmäßig* erworbenes Eigentum. Nach überwiegender Auffassung stellt die Formulierung des Art. 17 GRCharta keine Einschränkung des Schutzbereichs gegenüber der EMRK dar. Diese wird vielmehr als Hinweis gesehen, dass nur solche Rechtspositionen, die nach dem jeweils einschlägigen Recht wirksam erworben wurden und daher dem Grundrechtsträger als Eigentum zuzuordnen sind, von

1159 EGMR (Hoerner Bank GmbH/Deutschland), NJW 2001, 1555; EGMR (Döring/Deutschland) NJW 2001, 1556 (1556 f.); EGMR (Olbertz/Deutschland) NJW 2001, 1558.

1160 EuGH, Urt. v. 19.9.1985, Rs. 172 und 226/83, Slg. 1985, 2831 Rn. 29 - Hoogovens Group BU./.Kommission.

1161 *Jarass*, GRCh, Art. 17 Rn. 12; *Heselhaus*, in: Heselhaus/Nowak, Handbuch EU Grundrechte, § 32 Rn. 42.

1162 *Jarass*, GRCh, Art. 17 Rn. 16; *Depenheuer*, in: Tettinger/Stern, GRCH, Art. 17 Rn. 22; *Cremer*, in: Grote/Marauhn, EMRK/GG, Kap. 22 Rn. 30.

1163 Vgl zur Subsumtion der Finanzsanktionen gegen den Terrorismus unter den sachlichen Schutzbereich der Eigentumsfreiheit *Matiss*, Terrorismusbekämpfung, S. 194.

Art. 17 GRCharta erfasst werden sollen.[1164] Dies ergibt sich überdies bereits aus der Normprägung der Vorschrift. Sofern die Wirksamkeit des Eigentumserwerbs nicht berührt wird, fällt auch jedes aufgrund von Straftaten erlangte oder jedenfalls aus rechtswidrigem Handeln entstandene Eigentum in den Schutzbereich.[1165]

bb) Eingriff in das Eigentumsrecht

Art. 17 GRCharta unterscheidet zwei Formen des Eingriffs in das Eigentumsrecht: zum einen die Eigentumsentziehung (Art. 17 Abs. 1 S. 2 GRCharta), zum anderen Regelungen zur Nutzung des Eigentums (Art. 17 Abs. 1 S. 3 GRCharta).

Unter einer *Eigentumsentziehung* kann, in Anlehnung der Rechtsprechung des EGMR, der volle und dauerhafte Verlust der Eigentümerstellung verstanden werden.[1166] Dies kann mittels einer formellen Enteignung durch Gesetz oder aufgrund eines Gesetzes erfolgen, die auf den Übergang der Eigentümerstellung auf den Staat oder einen Dritten und somit den vollständigen Verlust der formalen Eigentümerstellung gerichtet ist.[1167]

Nutzungsregelungen gemäß Art. 17 Abs. 1 S. 3 GRCharta sind hingegen hoheitliche Maßnahmen, die einen bestimmten Gebrauch des Eigentums gebieten oder untersagen, ohne Eigentumsentziehungen zu sein.[1168] Die Nutzungsregelung unterscheidet sich grundsätzlich von der Eigentumsentziehung dadurch, dass kein Übergang der fraglichen Rechtsposition stattfindet.[1169]

Der EuGH grenzte in seiner grundlegenden Entscheidung in der Rechtssache *Hauer* die Eigentumsentziehung von bloßen Nutzungsbeschränkungen durch die Frage ab, ob die Beeinträchtigung darauf gerichtet ist, dem Eigentümer sein Recht zu entziehen oder ob es dem Eigentümer möglich ist, über sein Gut zu verfügen und es jeder anderen, nicht untersagten Nutzung zuzuführen.[1170]

1164 *Bernsdorff*, in: Meyer, Charta, Art. 17 Rn. 16; *Jarass*, EU-Grundrecht, § 22 Rn. 7.

1165 *Durner*, in: Merten/Papier, HGR VI/I, § 162 Rn. 44; *Bernsdorff*, in: Meyer, Charta, Art. 17 Rn. 16; *Jarass*, EU-Grundrecht, § 22 Rn. 7; *Streinz*, in: ders., EUV/AEUV, Art. 17 GRCh Rn. 16; a.A. *Depenheuer*, in: Tettinger/Stern, GRCH, Art. 17 Rn. 23.

1166 Vgl. die Nachweise bei *Cremer*, in: Grote/Marauhn, EMRK/GG, Kap. 22 Rn. 87.

1167 EGMR, Urt. v. 19.12.1989, Serie A Band 169, Rn. 44 - Mellacher u.a../.Österreich; *Bernsdorff*, in: Meyer, Charta, Art. 17 Rn. 20; *Grabenwarter/Pabel*, EMRK, § 25 Rn. 9.

1168 *Bernsdorff*, in: Meyer, Charta, Art. 17 Rn. 21; *Jarass*, GRCh, Art. 17 Rn. 26; *Callies*, in: Ehlers, Europäische Grundrechte, § 16,4 Rn. 26.

1169 Vgl. *Jarass*, GRCh, Art. 17 Rn. 26, der zu Recht darauf hinweist, dass gerade die Abgrenzung zu de facto Eingriffen (hierzu sogleich) schwierig sein kann; vgl. auch *Mittelberger*, Eigentumsschutz, S. 86 ff.

1170 EuGH, Rs. 44/79, Slg. 1979, 3727 - Hauer, Rn. 19.

Zu prüfen ist, ob nach den aufgeführten Begriffserklärungen das in den Verordnungen vorgesehene Einfrieren von Konten als Enteignung oder als Nutzungsregelung zu sehen ist. Die Maßnahmen sind, ähnlich einer vom EGMR nicht als Enteignung qualifizierten vorübergehenden Beschlagnahme[1171], nicht auf den dauerhaften Verlust der Eigentümerstellung gerichtet. Hauptintention einer Sanktion ist es, den Adressaten durch die Androhung oder Zufügung von Nachteilen zur Einstellung oder Vornahme einer Handlung zu veranlassen.[1172] Wird die gewünschte Verhaltensänderung erreicht, werden die Sanktionen ausgesetzt. Auch die individualgerichteten restriktiven Maßnahmen gegen den Terrorismus fallen unter den Sanktionsbegriff.[1173] Ziel ist es, durch das Einfrieren von Konten und wirtschaftlichen Ressourcen zu verhindern, dass diese finanziellen Mittel zur Unterstützung des Terrorismus genutzt werden.[1174] Verhindert werden soll daher also der rechtswidrige Gebrauch einer Sache.[1175] Das Einfrieren von Konten ist daher insbesondere keine repressive Maßnahme, die im Sinne einer Vermögensstrafe die Enteignung der betroffenen Personen und Vereinigungen bezweckt.[1176] Da die Eigentümerstellung gerade nicht berührt werden soll,[1177] stellt sich das Einfrieren von Konten im Sinne einer präventiven Gefahrenabwehrmaßnahme als bloße Nutzungsregel dar.

Dieses Ergebnis könnte allerdings einer Korrektur bedürfen: Da die Aufnahme der betroffenen Personen, Vereinigungen und Organisationen in die Liste, anders als in manchen länderbezogenen Sanktionsregimen, zeitlich nicht begrenzt ist, wird aus dem vorübergehenden Einfrieren von Konten eine dauerhafte Suspendierung von Eigentümerrechten, die somit einer Enteignung gleichkommt.[1178] So waren bis zur per Gericht angeordneten Streichung von *Yassin*

1171 EGMR, Urt. v. 7.12.1976, Serie A Band 24, Rn. 62 - Handyside; EGMR, Urt. v. 22.2.1994 Serie A Band 281-A, Rn. 27 - Raimondo; EGMR, Urt. v. 18.7.1994, Serie A Band 293-A Rn. 38 (i.V.m. Rn. 31, 35) - Vendittelli.

1172 Vgl. hierzu bereits: 1. Kap. A. I. 1. d).

1173 Vgl. hierzu bereits: 3. Kap. C. I. 2 a).

1174 VO (EG) Nr. 2580/2001, Erwägungsgrund Nr. 2; VO (EU) Nr. 1286/2009, Erwägungsgrund Nr. 11.

1175 Vgl. EGMR, Urt. v. 24.10.1986 Serie A Band 108, Rn. 52 ff. - AGOSI; hier hatte der EGMR sogar die Anordnung des Verfalls, der sich als Rechtsfolge eines rechtswidrigen Gebrauchs von Sachen darstellt, als Nutzungsregelung qualifiziert, obwohl beim Verfall das Eigentum an der Sache dauerhaft auf den Staat übergeht.

1176 So auch der Sicherheitsrat der VN, zuletzt SR-Resolution 2083 (2012), Erwägungsgründe: „Reiterating that the measures referred to in paragraph 1 of this resolution are preventative in nature and are not reliant upon criminal standards set out under national law".

1177 Vgl. Dokument des Rats v. 24.4.2008 (8666/1/08 REV 1), Nr. 36.

1178 So wohl *Cameron*, Nordic Journal of International Law 72 Issue 2 (2003), 159 (208).

Abdullah Kadi beinahe zehn Jahre verstrichen.[1179] Auch ein längeres Einfrieren der Konten bezweckt jedoch nicht die Entziehung der Eigentümerstellung. Der Gemeinsame Standpunkt 2001/931/GASP sieht explizit eine mindestens halbjährliche Überprüfung der jeweiligen Personen, Vereinigungen und Organisationen vor, um sicherzustellen, dass der Verbleib auf der Liste nach wie vor gerechtfertigt ist.[1180] In Bezug auf die durch die VN vorgegebene Listung der „Al-Qaida"-Verordnung ist zwar in den europäischen Rechtsakten kein regelmäßiger Überprüfungsmechanismus vorgesehen[1181], allerdings können die Betroffenen einen Antrag auf Delisting durch den Sanktionsausschuss stellen.[1182] Überdies wurde in der SR-Resolution 1822 (2008) der Sanktionsausschuss angewiesen, alle gelisteten Namen dahingehend zu überprüfen, ob sie sich zu Recht auf der Liste befinden.[1183] Der Sanktionsausschuss hat daraufhin auch ein regelmäßiges Überprüfungsverfahren eingerichtet.[1184] Mag die Listung für den Einzelnen auch von recht langer Dauer sein, ist jedoch, wie auch die regelmäßigen Überprüfungsmechanismen zeigen, keine dauerhafte Eigentumsentziehung gemäß Art. 17 Abs. 1 S. 2 GRCharta intendiert. Es bleibt demnach bei der Qualifizierung als Nutzungsregelung. Eine etwaige Unverhältnismäßigkeit für den Einzelnen aufgrund der langen Dauer der Maßnahme muss erst bei der Rechtfertigung der Maßnahmen beachtet werden.

Unter den Begriff der Eigentumsentziehung fallen dem EGMR zufolge aber auch *de facto*-Enteignungen. Dabei bleibt die Eigentümerstellung formal unberührt, dem Eigentümer verbleiben aber keine wirtschaftlich sinnvollen Nutzungsmöglichkeiten mehr, sodass die *Wirkung* der Maßnahme einer formalen Enteignung gleichkommt.[1185] Diese Eingriffskategorie könnte für das Einfrieren von Konten einschlägig sein. Die Maßnahme stellt zwar formal keine Eigentumsübertragung dar, dem Betroffen wird jedoch jegliche Nutzung unmöglich gemacht. Der EGMR stellt zur Unterscheidung zwischen Nutzungsregelungen und *de facto*-Enteignungen darauf ab, ob ein begründetes Vertrauen in das Be-

---

1179 EuG, Urt. v. 30.9.2010, Rs. T-85/09, Rn. 150 - Kadi.

1180 Gemeinsamer Standpunkt 2001/931/GASP, Art. 1 Abs. 6.

1181 Zu den sich durch VO (EU) 1286/2009 ergebenden diesbezüglichen Änderungen vgl.: 4. Kap. B. III. 5.

1182 Vgl. ausführlich zum Verfahren: 3. Kap. C. II. 3. b).

1183 SR-Resolution 1822 (2008), Ziff. 25.

1184 Vgl. Committee Guidelines des 1267er Ausschusses, Stand 26.01.2011, Nr. 10; vgl auch SR-Resolution 1822 (2008), Ziff. 22.

1185 EGMR, Urt. v. 23.9.1982, Serie A Band 52, Rn. 63 - Sporrong und Lönroth; EGMR, Urt. v. 24.6.1993, Serie A Band 260-B, Rn. 45 - Papamichalopoulos; ausführlich zur de facto-Enteignung, die im Kontrast zur Rechtsprechung des BVerfG steht *Cremer*, in: Grote/Marauhn, EMRK/GG, Kap. 22 Rn. 92 ff.

stehen der Eigentümerbefugnisse bestand.[1186] Wird dies verneint, liegt auch keine *de facto*-Enteignung vor. Ein berechtigtes Vertrauen kann jedoch nur bestehen, solange der Betroffene, anders als im Fall der mit dem Terrorismus verbundenen Personen und Organisationen, keine sicherheitsgefährdende Handlung vornimmt.[1187] Des Weiteren muss bei einer *de facto*-Enteignung ein irreversibler Eigentumsverlust vorgebracht werden.[1188] Auch das ist für die Finanzsanktionen gegen den Terrorismus zu verneinen. Zur Eigentumsentziehung gibt es bislang keine konkrete Rechtsprechung des EuGH, in der eine solche bejaht worden wäre.[1189] Insofern bleibt auch offen, ob und wann eine Maßnahme der EU als *de facto*-Enteignungen eingestuft werden kann. Da der EuGH eine Enteignung von einer bloßen Nutzungsregelung unter dem Gesichtspunkt abgrenzt, ob die Beeinträchtigung des Eigentums darauf *gerichtet* ist[1190], dem Eigentümer sein Recht zu entziehen, spricht einiges für eine eher formale Sichtweise. Maßgeblich ist also die Finalität, nicht die Wirkung der Maßnahme.[1191] Im Ergebnis kann jedoch offen bleiben, ob die Kategorie der *de facto*-Enteignung im Unionsrecht anerkannt wird, da die zu bewertenden gezielten Finanzsanktionen, wie aufgezeigt, nicht unter diese Eingriffsart zu subsumieren sind.[1192]

Der EGMR erkennt eine weitere Kategorie von Eingriffen in die Eigentumsfreiheit an, die unter dem Schlagwort *„sonstige Eingriffe"* zusammengefasst werden kann.[1193] Diese liegt vor, wenn weder eine Entziehung des Eigentums noch eine Nutzungsregelung bezweckt, sondern das Eigentum auf sonstige Art und Weise beeinträchtigt wurde.[1194] Die „sonstigen Eingriffe" wurden in der Judikatur des EuGH bisher nicht aufgenommen; dieser unterscheidet vielmehr, dem Wortlaut des Art. 17 GRCharta folgend, lediglich zwischen Entziehung und

1186 EGMR, Urt. v. 18.2.1991, Serie A Band 192, Rn. 46 f. - Fredin; *Grabenwarter/Pabel*, EMRK, § 25 Rn. 11.

1187 *Matiss*, Terrorismusbekämpfung, S. 203.

1188 *v. Dannwitz*, in: v. Dannwitz/Depenheuer/Engel, Lage des Eigentums, 215 (241).

1189 *Callies*, in: Callies/Ruffert, EUV/EGV, Art. 17 Rn. 13; *ders.*, in: Ehlers, Europäische Grundrechte, § 16, 4 Rn. 29; *Matiss*, Terrorismusbekämpfung, S. 199.

1190 EuGH, Urt. v. 13.12.1979, Rs. 44/79, Slg. 1979, 3727 Rn. 19 - Hauer.

1191 *Callies*, in: Callies/Ruffert, EUV/EGV, Art. 17 Rn. 10; *Grabenwarter*, in: Bonner GG Kommentar, Anhang zu Art. 14, S. 16; für eine enge Auslegung auch *Jarass*, GRCh, Art. 17 Rn. 19; a.A. *Depenheuer*, in: Tettinger/Stern, Art. 17 Rn. 63; wohl auch *Heselhaus*, in: Heselhaus/Nowak, § 32 Rn. 68.

1192 Im Ergebnis auch *Matiss*, Terrorismusbekämpfung, S. 203 f.

1193 Wird auch als „Eingriffe der dritten Art", „Eingriffe nach der ersten Norm" und „Substanzeingriffe" bezeichnet, vgl. ausführlich *Mittelberger*, Eigentumsschutz, S. 72 ff.; *Grabenwarter/Pabel*, EMRK, § 25 Rn. 14.

1194 Vgl. *Cremer*, in: Grote/Marauhn, EMRK/GG, Kap. 22 Rn. 104; Beispiele für die diesbezügliche Judikatur des EGMR *Mittelberger*, Eigentumsschutz, S. 73 ff.

Beschränkung des Eigentums.[1195] Für das Unionsrecht ist diese dogmatisch fragwürdige Kategorie daher nicht von Bedeutung.[1196]

Summa summarum wird in Bezug auf das in den Verordnungen vorgesehene Einfrieren von Geldern von einem Eingriff in Form einer Nutzungsregelung ausgegangen.

cc) Rechtfertigung eines Eigentumseingriffs

Zu prüfen ist, ob dieser Eingriff gerechtfertigt werden kann. Das Eigentumsrecht ist nicht schrankenlos gewährleistet. Aufgrund der auch im Unionsrecht herrschenden Sozialpflichtigkeit des Eigentums[1197] kann die Nutzung des Eigentums im Einklang mit dem Allgemeininteresse geregelt werden.[1198] Art. 17 GRCharta verfügt dabei neben Art. 8 GRCharta (Schutz personenbezogener Daten) als einziges Grundrecht über eine spezifische Schrankenregelung im Wortlaut der Vorschrift selbst.[1199] Ergänzend ist zudem die allgemeine Schrankenregelung des Art. 52 Abs. 1 GRCharta anzuwenden.[1200] Der Rückgriff auf Art 52 Abs. 1 GRCharta ist auch nicht durch die Anwendbarkeit des Art. 53 Abs. 3 GRCharta gesperrt. Da Art. 17 Abs. 1 GRCharta dem Schutzgehalt des Art. 1 Abs. 2 des Ersten Zusatzprotokolls zur EMRK entspricht, muss zwar der in der Charta gewährte Eigentumsschutz gemäß Art. 53 Abs. 3 S. 1 GRCharta die gleiche Tragweite und Bedeutung haben, wie ihm in der Konvention zu Teil wird. Dies gilt insbesondere in Bezug auf die Einschränkbarkeit eines Grundrechts.[1201] Gemäß Art. 52 Abs. 3 S. 2 GRCharta findet dies jedoch nur Anwendung, wenn die Grundrechtecharta nicht den weitgehenderen Schutz bietet. In diesem Sinne ist der konkrete Gehalt eines Grundrechts unter Einbeziehung des Art. 52 Abs. 1 GRCharta zu ermitteln. Erst wenn dieser hinter dem Schutzgehalt des entsprechenden Konventionsrechts zurück-

---

1195 EuGH, Urt. v. 13.12.1979, Rs. 44/79, Slg. 1979, 3727 Rn. 19 - Hauer; *Durner*, in: Merten/Papier, HGR VI/I, § 162 Rn. 49.

1196 *Depenheuer*, in: Tettinger/Stern, GRCh, Art. 17 Rn. 49; *Heselhaus*, in: Heselhaus/Nowak, Handbuch EU Grundrechte, § 32 Rn. 42; *Durner*, in: Merten/Papier, HGR VI/I, § 162 Rn. 49.

1197 EuGH, Urt. v. 14.5.1974, Rs. 4/73, Slg. 1974, 491 Rn. 14 - Nold.

1198 EuGH, Urt. v. 13.12.1979, Rs. 44/79, Slg. 1979, 3727 Rn. 19 f. - Hauer.

1199 *Bernsdorff*, in: Meyer, Charta, Art. 17 Rn. 19; *Magiera*, DÖV 2000, 1017 (1026); *Schmitz*, JZ 2001, 833 (838).

1200 *Calliess*, in: Ehlers, Europäische Grundrechte, § 16,4 Rn. 42; *Jarass*, GRCh, Art. 17 Rn. 30; a.A. *Hilf*, in: Merten/Papier, HGR VI/1, § 164 Rn. 43.

1201 Vgl. hierzu bereits: 4. Kap. B. III. 1. b) dd).

bleibt, ist dieses heranzuziehen. Insofern fungiert Art. 53 Abs. 3 GRCharta nicht etwa als *lex specialis* zu Art. 53 Abs. 1 GRCharta.[1202]

Nutzungsregelungen sind gemäß dem Wortlaut des Art. 17 Abs. 1 S. 3 GRCharta zulässig, wenn sie aufgrund einer gesetzlichen Grundlage erfolgen und für das Wohl der Allgemeinheit erforderlich sind.

Als gesetzliche Grundlage kommen alle verbindlichen, allgemeingültigen Rechtsakte nach Art. 288 AEUV (Art. 249 EGV) in Frage.[1203] Die in Art. 17 Abs. 1 S. 3 GRCharta gewählte Formulierung, die Nutzungsregel sei zum Wohl der Allgemeinheit zulässig, wird in Art. 52 Abs. 1 GRCharta spezifiziert, wonach die Einschränkung „den von der Union anerkannten dem Gemeinwohl dienende Zielsetzungen oder den Erfordernissen des Schutzes der Rechte und Freiheiten anderer" entsprechen muss. Art. 52 Abs. 1 GRCharta fordert ferner ausdrücklich die Verhältnismäßigkeit eines Eingriffs. Die einschränkenden Maßnahmen müssen „erforderlich" sein und dem legitimen Ziel „tatsächlich entsprechen", d.h. geeignet sein. Die Erforderlichkeit verlangt, wie im deutschen Recht, dass kein milderes, gleich wirksames Mittel zur Verfügung steht.[1204] Für die Geeignetheit einer Maßnahme ist es ausreichend, wenn das verfolgte Ziel gefördert wird.[1205] Ob darüber hinaus eine dem deutschen Recht entsprechende Prüfung der Angemessenheit (Verhältnismäßigkeit i.e.S.) erforderlich ist, bleibt nach dem Wortlaut unklar. Allerdings hat der EuGH in ständiger Rechtsprechung in Bezug auf die Verhältnismäßigkeitsanforderungen festgelegt, dass „die Handlungen der Gemeinschaftsorgane nicht die Grenzen dessen überschreiten (dürfen), was zur Erreichung der mit der fraglichen Regelung zulässigerweise verfolgten Ziele geeignet und erforderlich ist. Dabei ist, wenn mehrere geeignete Maßnahmen zur Auswahl stehen, die am wenigsten belastende zu wählen; ferner müssen die verursachten Nachteile in angemessenem Verhältnis zu den angestrebten Zielen stehen"[1206]. Der Grundrechtekonvent bezweckte je-

1202 Vgl. zum Verhältnis Art. 52 Abs. 1 und Art. 52 Abs. 3 GRCharta *Hilf*, in: Merten/Papier, HGR VI/1, § 164 Rn. 48; *Jarass*, GRCh Art. 52 Rn. 25; speziell in Bezug auf das Eigentumsrecht *Heselhaus*, in: Heselhaus/Nowak, Handbuch EU Grundrechte, § 32 Rn. 58; für eine Sperrwirkung des Art. 52 Abs. 3 GRCharta hingegen *Bernsdorff*, in: Meyer, Charta, Art. 17 Rn. 19.

1203 *Heselhaus*, in: Heselhaus/Nowak, Handbuch EU Grundrechte, § 32 Rn. 78.

1204 EuGH, Urt. v. 9.3.2010, Rs. C-379/08 u. C-380/08, Rn. 86 - ERG u.a.

1205 *v. Danwitz*, in: Tettinger/Stern, GRCh, Art. 52 Rn. 40; *Sczekalla*, in: Heselhaus/Nowak, Handbuch EU Grundrechte, § 7 Rn. 45; *Jarass*, GRCharta, Art. 52 Rn. 37.

1206 EuGH, Urt. v. 5.10.1994, verb. Rs. C-133/93, C-300/93 und C-362/93, Slg. 1994, I-4863, Rn. 41 - Crispoltoni u.a.; vgl. auch EuGH, Urt. v. 5.5.1998, Rs. C-157/96, Slg. 1998, I-2211 Rn. 60 - National Farmers Union; EuGH, Urt. v. 11.7.1989, Rs. 265/87, Slg. 1989, 2237 Rn. 21 - Schräder.

doch gerade nicht, dass die Anforderungen an die Verhältnismäßigkeitsprüfung in der Charta hinter denen der Rechtsprechung zurückfallen.[1207] Insofern ist im Rahmen der Verhältnismäßigkeit eines Eingriffs in das Recht auf Eigentum eine Prüfung der Angemessenheit durchzuführen. Die eingesetzten Mittel dürfen folglich im Hinblick auf das verfolgte Ziel keinen unverhältnismäßigen, nicht tragbaren Eingriff darstellen.[1208] Die gegenläufigen Interessen sind abzuwägen und anhand sämtlicher Umstände des jeweiligen Einzelfalls ist festzustellen, ob das rechtliche Gleichgewicht zwischen diesen Interessen gewahrt ist.[1209] Je größer die Bedeutung ist, die dem verfolgten Ziel beigemessen wird, desto erheblicher dürfen die negativen Konsequenzen für den Grundrechtsträger sein.[1210] In der Vergangenheit wurde den dem europäischen Gemeinwohl dienenden Zielen meist eine größere Bedeutung zugemessen als den Interessen der Betroffenen.[1211]

Zwar gebietet Art. 17 Abs. 1 S. 3 GRCharta im Gegensatz zu Art. 17 Abs. 1 S. 2 GRCharta keine Pflicht zur Entschädigung. Unter Umständen kann die Verhältnismäßigkeit jedoch davon abhängen, ob eine Entschädigung gewährt wird.[1212]

Gemäß Art. 51 Abs. 1 GRCharta müssen Einschränkungen überdies den Wesensgehalt der Rechte und Freiheiten achten. Eine Beeinträchtigung des Wesensgehalts liegt vor, wenn grundlegende Bestandteile eines Rechts völlig missachtet werden.[1213] In Bezug auf Nutzungsregeln ist eine Verletzung des Wesens-

---

1207 *Hilf*, in: Merten/Papier, HGR VI/1, § 164 Rn. 65; vgl. auch Charta Erläuterungen, ABl. 2007 C 303/17, S. 32.

1208 EuGH, Urt. v. 17.10.1995, Rs. C-44/94, Slg. 1995, I-3115 Rn. 55 - Fishermen´s Organisations u.a.; EuGH, Urt. v. 10.7.2003, verb. Rs. 20/00 u. C-64/00, Slg. 2003, I-7411 Rn. 68 - Booker Aquaculture u.a.; EuGH, Urt. v. 12.7.2005, verb. Rs. 154/04 u. C-155/04, Slg. 2005, I-6451 Rn. 126 - Alliance for Natural Health u.a.

1209 EuGH, Urt. v. 12.6.2003, Rs. C-112/00, Slg. 2003, I-5659 Rn. 81 - Schmidberger; der EGMR spricht insoweit von einem „gerechten Ausgleich“ zwischen den Erfordernissen des Allgemeinwohls und der Wahrung der Grundrechte des Einzelnen: EGMR, Urt. v. 23.9.1982, Serie A Band 52, Rn. 69 - Sporrong und Lönroth.

1210 EuGH, Urt. v. 30.7.1996, Rs. C-84/95, Slg. 1996, I-3953 Rn. 23 - Bosphorus; EuGH, Urt. v. 13.11.2000, Rs. 317/00 P (R), Slg. 2000, I-9541 Rn. 60 - Invest Import/Export GmbH.

1211 *Bernsdorff*, in: Meyer, Charta, Art. 17 Rn. 22; *Jarass*, GRCharta, Art. 17 Rn. 35; *Calliess*, in: Ehlers, Europäische Grundrechte, § 16,4 Rn. 46.

1212 EuGH, Urt. v. 10.7.2003, verb. Rs. 20/00 u. C-64/00, Slg. 2003, I-7411 Rn. 84 f. - Booker Aquaculture u.a.; *Depenheuer*, in: Tettinger/Stern, GRCh, Art. 17 Rn. 7 f; *Jarass*, GRCh, Art. 17 Rn. 39.

1213 Vgl. EuGH, Urt. v. 23.3.2006, Rs. 408/03, Slg. 2006, I-2647 Rn. 68 - Kommission./.Belgien.

gehalts dann ausgeschlossen, wenn nur die Modalitäten der Eigentumsnutzung geregelt werden, ohne dass deren Bestand gefährdet wäre.[1214] Wenn auch die Wesensgehaltsprüfung in Art. 52 Abs. 1 GRCharta getrennt von dem Verhältnismäßigkeitsgrundsatz aufgeführt wird, ist die genaue Abgrenzung schwierig, sodass teilweise vertreten wird, der Wesentlichkeitssperre komme keine eigene Funktion zu.[1215]

Bei wirtschaftlichen Grundrechten wie der Eigentumsgarantie wird den rechtsetzenden Organen der Union meist ein großer Beurteilungsspielraum zugestanden.[1216] Die Prüfung der Verhältnismäßigkeit der gesetzgeberischen Entscheidungen durch den EuGH beschränkt sich daher regelmäßig darauf, ob den Organen beim Treffen einer solchen Entscheidung ein offensichtlicher Irrtum oder Ermessensmissbrauch unterlaufen ist oder ob sie die Grenzen ihres Spielraums offensichtlich überschritten haben.[1217] Diese Reduzierung auf eine reine Evidenzkontrolle wird zu Recht kritisiert.[1218]

Zu prüfen ist nun, ob der durch die „Al-Qaida"- und die „Anti-Terrorismus"-Verordnung erfolgte Eingriff in das Recht auf Eigentum der gelisteten Personen, Organisationen und Vereinigungen gerechtfertigt werden kann. Gemäß der soeben erörterten Vorgaben des Art. 17 Abs. 1 S. 3 GRCharta i.V.m. Art. 52 Abs. 1 GRCharta müsste die Nutzungsbeschränkung gesetzlich bestimmt sein, im Hinblick auf ein von der Union anerkanntes, dem Gemeinwohl dienenden Ziel geeignet, erforderlich und verhältnismäßig sein und dürfte den Wesensgehalt des Eigentumsrechts nicht antasten.

Da die Nutzungsregelung nicht in den Bestand des Rechts eingreift, ist der Wesensgehalt des Eigentumsrechts nicht betroffen. Der Gesetzesvorbehalt ist eingehalten, da das Einfrieren von Konten jeweils durch rechtlich verbindliche Verordnungen bestimmt wurde.[1219]

Vor allem die „Anti-Terrorismus"-Verordnung erläutert die mit den Maßnahmen verfolgten Ziele eingehend. So wird darauf verwiesen, dass der Europä-

---

1214 EuGH, Urt. v. 13.12.1994, Slg. 1994, I-5555 Rn. 24 - SMW Winzersekt.

1215 *Penski/Elsner*, DÖV 2001, 274; a.A. *v. Danwitz*, in: Tettinger/Stern, GRCh, Art. 52 Rn. 44.

1216 EuGH, Urt. v. 27.06.1989, Rs. C-113/88, Slg. 1989, 1991 Rn. 20 - Leukhardt; EuGH, Urt. v. 3.9.2008, verb. Rs. C-402/05 P u. C-415/05 P, Slg. 2008, I-6351 Rn. 360 - Kadi u. Al Barakaat; vgl. auch *Jarass*, GRCharta, Art. 17 Rn. 38; *Durner*, in: Merten/Papier, HGR VI/1, § 162 Rn. 30 u. 56.

1217 EuGH, Urt. v. 5.10.1994, Rs. C-280/93, Slg. 1994, I-4973, Rn. 90 - Bananenmarktordnung; EuGH, Urt. v. 15.4.1997, Rs. C-27/95, Slg. 1997, I-1847 Rn. 38 - Bakers of Nailsea.

1218 *Calliess*, in: Ehlers, Europäische Grundrechte, § 16,4 Rn. 47; *Heselhaus*, in: Heselhaus/Nowak, § 32 Rn. 85 ff.

1219 VO (EG) 2580/2001, Art. 2 Abs. 1 lit. a und VO (EG) 881/2002, Art. 2 Abs. 1.

ische Rat die Bekämpfung des Terrorismus zu einem der vorrangigen Ziele der EU erklärt hat. Die Verhinderung der Finanzierung des Terrorismus sei hierfür ein entscheidender Aspekt.[1220] Die „Al-Qaida"-Verordnung erwähnt die Zielsetzung der Maßnahmen nicht ausdrücklich, verweist jedoch auf die SR-Resolution 1373 (2001), die sich die Bekämpfung des Terrorismus, insbesondere der Finanzierung terroristischer Handlungen zum Ziel gesetzt hat.[1221] Die Bekämpfung des Terrorismus stellt ohne Frage ein von der Union anerkanntes Ziel dar, das dem Wohl der Allgemeinheit dient. Dass die Bekämpfung des Terrorismus ein Ziel der Union ist, lässt sich auch den in den Verträgen festgelegten Zielsetzungen entnehmen. So leistet die Union gemäß Art. 3 Abs. 5 EUV n.F. ihren Beitrag zu Frieden und Sicherheit unter den Völkern und trägt insofern zum Schutz ihrer Bürgerinnen und Bürger bei. Diese Aspekte werden überdies in den in Art. 21 Abs. 2 EUV n.F. (auch in Art. 11 EUV a.F.) normierten Zielen des auswärtigen Handelns der Union verdeutlicht.

Des Weiteren stellt sich die Frage, ob das Einfrieren von Konten zur Erreichung dieses legitimen Ziels geeignet ist. Umstritten ist dabei, inwiefern die Austrocknung der Finanzströme der terroristischen Organisationen tatsächlich der Bekämpfung des Terrorismus dient. Die Terroranschläge scheinen nämlich keinen hohen Kapitaleinsatz zu fordern. So wird geschätzt, dass die Kosten des Terroranschlags vom 11. September nicht über 2 Millionen US-Dollar, die Anschläge von Madrid nicht mehr als 10.000 US-Dollar gekostet haben.[1222] Die Terrorismusfinanzierung umfasst jedoch neben der Finanzierung von Terroranschlägen auch die Finanzierung von terroristischen Netzwerken.[1223] Für die Aufrechterhaltung terroristischer Infrastrukturen werden, auch wenn die einzelnen Aktivitäten vergleichsweise geringe Beträge verschlingen, finanzielle Mittel benötigt.[1224] Daneben wird das Austrocknen von Finanzmaßnahmen nur als Teil

---

1220 VO (EG) Nr. 2580/2001, Erwägungsgrund Nr. 1 und 2.

1221 Vgl. Erwägungsgründe und Ziff. 1 lit. a der SR-Resolution 1373 (2001).

1222 *Kilchling*, in: Gehl, Terrorismus, 87 (97); Mitteilung der Kommission an den Rat und das Europäische Parlament über die Prävention und Bekämpfung der Terrorismusfinanzierung mithilfe von Maßnahmen zur Verbesserung des Informationsaustauschs und zur Förderung der Transparenz und der Rückverfolgbarkeit von Finanztransaktionen, 20.10.04 KOM (2004), 700 endg., S. 3.

1223 Mitteilung der Kommission an den Rat und das Europäische Parlament über die Prävention und Bekämpfung der Terrorismusfinanzierung mithilfe von Maßnahmen zur Verbesserung des Informationsaustauschs und zur Förderung der Transparenz und der Rückverfolgbarkeit von Finanztransaktionen, 20.10.2004, KOM (2004), 700 endg., S. 3.

1224 Vgl. Europäische Sicherheitsstrategie – Terrorismusbekämpfung, Dokument des Rats v. 25.3.2004 (7864/04), S. 8.

eines Maßnahmenkatalogs zur Bekämpfung des Terrorismus gesehen.[1225] Da die reine Förderung des legitimen Ziels bereits ausreichend ist, kann die Geeignetheit auch insofern bejaht werden.

Überdies müsste das Einfrieren von Konten erforderlich sein. Um zu verhindern, dass einzelne Personen, Vereinigungen und Organisationen - die entweder als verbunden mit Al-Qaida gelten oder terroristische Handlungen begehen oder diese fördern - die Infrastruktur des Terrorismus sowie Anschläge weiter finanzieren können, ist jedoch kein milderes, gleich wirksames Mittel ersichtlich.

Zuletzt ist zu prüfen, ob die verursachten Nachteile in angemessenem Verhältnis zu dem angestrebten Ziel stehen. Da sich der Terrorismus als große Bedrohung nicht nur für die Zivilbevölkerung der EU-Mitgliedstaaten, sondern für die ganze Welt erwiesen hat, ist der Terrorismusbekämpfung eine große Bedeutung zuzumessen. Auf der anderen Seite wird den betroffenen Personen und Organisationen jegliches Verfügen über die eigenen Konten unmöglich gemacht, sodass das Einfrieren von Geldern den Einzelnen erheblich belastet. Zu beachten ist, dass aus rechtswidrigem Handeln entstandenes Eigentum nach der hier vertretenen Ansicht zwar in den Schutzbereich des Art. 17 Abs. 1 S. 1 GRCharta fällt, soweit das Eigentum selbst nach den jeweiligen nationalen Vorschriften rechtmäßig erworben wurde, dies jedoch bei der Rechtfertigung berücksichtigt werden muss. Der Schutz von aus rechtswidrigem Handeln entstandenem Eigentum fällt insofern geringer aus.[1226] Dieser Aspekt wird bei Personen, Vereinigungen und Organisationen, die an terroristischen Handlungen beteiligt sind, oftmals zutreffen. Ein weiterer Punkt, der für einen geringeren Eigentumsschutz spricht, ist der verringerte Vertrauensschutz. Das Vertrauen in den Bestand des Eigentums ist bei Personen, Vereinigungen und Organisationen, die sich an terroristischen Handlungen beteiligen oder diese fördern, nicht in dem gleichen Maße schutzwürdig wie bei Personen, die sich nicht selbst in die Situation versetzen, an die die belastende Maßnahme anknüpft.[1227] Ferner sind die Auswirkungen auf die betroffenen Personen dadurch abgemildert, dass sowohl die „Anti-Terrorismus"- als auch die „Al-Qaida"-Verordnung Ausnahmen vom Ein-

---

1225 Vgl. Europäische Sicherheitsstrategie – Terrorismusbekämpfung, Dokument des Rats v. 25.3.2004 (7864/04), S. 4 ff.

1226 *Jarass*, GRCharta, Art. 17 Rn. 36.

1227 Vgl. insofern EuGH, Urt. v. 17.12.1970, Rs. 11/70, Slg. 1970, 1125 Rn. 9, 15 - Internationale Handelsgesellschaft; EuGH, Urt. v. 17.12.1970 Rs. 25/70, Slg. 1970, 1161 Rn. 26, 31 - Koester u.a.; EuG, Urt. v. 14.7.1998, Rs. 119/95, Slg. 1998, II-2713 Rn. 46 - Hauer.

friergebot aus humanitären Gründen und zur Deckung außergewöhnlicher Kosten zulassen.[1228]

Grundsätzlich ist damit festzuhalten, dass die Nachteile des Einzelnen, die aus dem Einfrieren von Konten entstehen, im Hinblick auf das bedeutende Ziel der Terrorismusbekämpfung als angemessen zu werten sind.[1229] Allerdings bedarf es einer Abwägung im Einzelfall: Zum einen muss die Annahme, warum ein Konto einer bestimmten Person, Vereinigung oder Organisation eingefroren wird und daher letztlich die Zuordnung der Gelisteten zu einer terroristischen Organisation, hinreichend begründet werden.[1230] Nur wenn Letzteres zutrifft, kann die erhebliche Grundrechtseinschränkung im Hinblick auf das verfolgte Ziel gerechtfertigt werden. Zum anderen muss auch die Angemessenheit im Einzelnen gesondert abgewogen werden. Hier spielt vor allem auch die Dauer der Maßnahme eine große Rolle. Wird aus dem als vorübergehende Sicherungsmaßnahme gedachten Einfrieren von Konten eine dauerhafte Maßnahme auf unbestimmte Zeit, ohne dass die Grundlagen für den Erlass der Maßnahmen hinreichend geprüft werden, vermag dies dazu zu führen, dass die Maßnahme nicht mehr als angemessen qualifiziert werden kann.

b) Rechtsprechung der europäischen Gerichte

aa) EuG

Das EuG prüft eine Verletzung des Grundrechts auf Achtung des Eigentums durch das Einfrieren der Gelder aufgrund der grundsätzlich verneinten Justiziabilität nur anhand der zum *ius cogens* gehörenden Menschenrechte. Ein Eingriff in das Recht auf Eigentum könne jedoch nur als Verletzung des *ius cogens* angesehen werden, falls ein willkürlicher Entzug dieses Rechts vorläge.[1231] Dies lehnt das EuG im konkreten Fall aber mit folgender Begründung ab: Mit den in Frage stehenden Maßnahmen werde ein grundlegendes, im allgemeinen Interesse der Völkergemeinschaft liegendes Ziel verfolgt, nämlich der Kampf gegen den Terrorismus. Das Einfrieren von Geldern sei ferner eine Sicherungsmaßnahme, die im Unterschied zu einer Beschlagnahme nicht in die Substanz des Eigentums eingreife, sondern nur die Nutzungsmöglichkeit beeinträchtige. Des Weiteren sehe die SR-Resolution sowohl Überprüfungsmöglichkeiten, als auch

1228 Vgl. hierzu bereits: 3. Kap. C. IV. 3. b).

1229 So auch *Matiss*, Terrorismusbekämpfung, S. 218.

1230 So auch *Cameron*, Targeted Sanctions and Legal Safeguards, S. 29.

1231 EuG, Urt. v. 21.9.2005, Rs. T-306/01, Slg. 2005, II-3533 Rn. 293 - Yusuf u. Al Barakaat; EuG, Urt. v. 21.9.2005, Rs. T-315/01, Slg. 2005, II-3649 Rn. 243 - Kadi.

Befreiungsmöglichkeiten vor.[1232] Im Ergebnis lehnt das EuG also einen willkürlichen unangemessenen oder unverhältnismäßigen Eingriff in das Recht auf Eigentum ab.[1233]

bb) EuGH

Bezüglich des Rechts auf Achtung des Eigentums stellt das Gericht zunächst fest, dass das Einfrieren von Geldern, obschon die Maßnahme nicht darauf abziele, die betreffende Person zu enteignen, einen Eingriff in dieses Recht darstelle, der aufgrund seiner langen Dauer und seiner umfassenden Wirkung auch erheblich sei.[1234] Das Recht auf Eigentum gelte jedoch nicht uneingeschränkt, sondern könne zugunsten eines dem Allgemeinwohl dienenden Ziels der EG beschränkt werden, sofern der Eingriff sich nicht als unverhältnismäßig erweise.[1235] Der EuGH prüft folglich, ob der Eingriff in das Eigentumsrecht gerechtfertigt werden kann. Angesichts des grundlegenden Ziels, das mit der SR-Resolution verfolgt werde, könne das Einfrieren von Geldern und wirtschaftlichen Ressourcen der Personen, die der Sicherheitsrat als verbunden mit Osama bin Laden, Al-Qaida und den Taliban qualifiziert hat, nicht als unangemessen oder unverhältnismäßig angesehen werden.[1236] Die Verhältnismäßigkeit der Maßnahmen sei auch deshalb gewahrt, da Ausnahmetatbestände für humanitäre Zwecke vorgesehen seien, in den SR-Resolutionen eine regelmäßige Überprüfung des Sanktionsregimes vorgesehen sei und überdies ein Verfahren zur konkreten Überprüfung der Listung durch den Sanktionsausschuss zur Verfügung

1232 EuG, Urt. v. 21.9.2005, Rs. T-306/01, Slg. 2005, II-3533 Rn. 295-301 - Yusuf u. Al Barakaat; EuG, Urt. v. 21.9.2005, Rs. T-315/01, Slg. 2005, II-3649 Rn. 244-250 - Kadi.

1233 EuG, Urt. v. 21.9.2005, Rs. T-306/01, Slg. 2005, II-3533 Rn. 302 - Yusuf u. Al Barakaat; EuG, Urt. v. 21.9.2005, Rs. T-315/01, Slg. 2005, II-3649 Rn. 251 - Kadi; vgl. auch die Argumentation in den Rechtssachen EuG, Urt. v. 12.7.2006, T-253/02, Slg. 2006, II-2139 Rn. 135 f. - Ayadi und EuG, Urt. v. 12.6.2006, T-49/04, Rn. 105 f. - Hassan.

1234 EuGH, Urt. v. 3.9.2008, verb. Rs. C-402/05 P u. C-415/05 P, Slg. 2008, I-6351 Rn. 358 - Kadi u. Al Barakaat.

1235 EuGH, Urt. v. 3.9.2008, verb. Rs. C-402/05 P u. C-415/05 P, Slg. 2008, I-6351 Rn. 355 - Kadi u. Al Barakaat.

1236 EuGH, Urt. v. 3.9.2008, verb. Rs. C-402/05 P u. C-415/05 P, Slg. 2008, I-6351 Rn. 363 - Kadi u. Al Barakaat.

stünde.[1237] *Generell* sei also der durch die entsprechende Verordnung vorgenommene Eingriff in das Eigentumsrecht gerechtfertigt.[1238]

Im *konkreten Fall* könne jedoch der Eingriff in das Eigentumsrecht des Herrn Kadi nicht gerechtfertigt werden: Trotz des erheblichen Umfangs und der Dauer der Sanktionierung, sei Herrn Kadi keine Garantie gegeben worden, sein Anliegen bei der zuständigen Stelle vorbringen zu können. Es liege eine ungerechtfertigte Beschränkung seiner Eigentumsrechte vor.[1239]

cc) Rechtsprechung nach dem EuGH-Urteil

Auch nach dem EuGH-Urteil in der Rechtsache *Kadi und Al Barakaat* wurde – zumeist unter Verweis auf ebendieses Urteil – im Hinblick auf die umfassende Geltung und der effektiven Dauer der Maßnahmen, eine Eigentumsverletzung dann angenommen, wenn den Betroffenen keine Garantie gegeben wurde, ihr Anliegen den zuständigen Stellen vorzutragen.[1240]

4. Verstoß gegen Verteidigungsrechte

a) Problemdarstellung

In den entsprechenden Gerichtsverfahren machten die Kläger geltend, die Verordnungen gegen den Terrorismus würden gegen Verteidigungsrechte, insbesondere den Anspruch auf rechtliches Gehör, sowie gegen den Anspruch auf eine effektive gerichtliche Kontrolle verstoßen.[1241]

Das Recht auf einen wirksamen Rechtsbehelf ist in der Grundrechtecharta durch Art. 47 Abs. 1 und Abs. 2 gewährleistet:

1237 EuGH, Urt. v. 3.9.2008, verb. Rs. C-402/05 P u. C-415/05 P, Slg. 2008, I-6351 Rn. 364 f. - Kadi u. Al Barakaat.

1238 EuGH, Urt. v. 3.9.2008, verb. Rs. C-402/05 P u. C-415/05 P, Slg. 2008, I-6351 Rn. 366 - Kadi u. Al Barakaat.

1239 EuGH, Urt. v. 3.9.2008, verb. Rs. C-402/05 P u. C-415/05 P, Slg. 2008, I-6351 Rn. 369 f. - Kadi u. Al Barakaat.

1240 Vgl. EuG, Urt. v. 11.6.2009, Rs. T-318/01, Slg. 2009, II-1627 Rn. 91 f. - Othman; EuGH, Urt. v. 3.12.2009, verb. Rs. C-399/06 P u. C-403/06 P, Slg. 2009, I-11393, Rn. 91 ff. - Hassan u. Ayadi; EuG, Urt. v. 30.9.2010, Rs. T-85/09, Rn. 193 f. - Kadi; EuG, Urt. v. 29.9.2010, verb. Rs. T-135/06 u. T-138/06, Rn. 40 f. - Al Faqih u.a.; abgelehnt wurde eine Verletzung des Rechts auf Eigentum allerdings in: EuG, Urt. v. 7.12.2010, Rs. T-49/07, Rn. 73 f. - Fahas.

1241 Vgl. u.a. EuG, Urt. v. 21.9.2005, Rs. T-306/01, Slg. 2005, II-3533 Rn. 190- Yusuf u. Al Barakaat; EuG, Urt. v. 21.9.2005, Rs. T-315/01, Slg. 2005, II-3649 Rn. 139 - Kadi; EuG, Rs. T-228/02, Slg. 2006, II-4665 Rn. 64 - Organisation des Modjahedines du peuple d´Iran.

„Jede Person, deren durch das Recht der Union garantierte Rechte oder Freiheiten verletzt worden sind, hat das Recht, nach Maßgabe der in diesem Artikel vorgesehenen Bedingungen bei einem Gericht einen wirksamen Rechtsbehelf einzulegen.

Jede Person hat ein Recht darauf, dass ihre Sache von einem unabhängigen, unparteiischen und zuvor durch Gesetz errichteten Gericht in einem fairen Verfahren, öffentlich und innerhalb angemessener Frist verhandelt wird. Jede Person kann sich beraten, verteidigen und vertreten lassen."

Die Rechte aus Art. 47 Abs. 1 GRCharta stützen sich dabei laut der Charta-Erläuterungen[1242] auf Art. 13 EMRK:

„Jede Person, die in ihren in dieser Konvention anerkannten Rechten und Freiheiten verletzt worden ist, hat das Recht, bei einer innerstaatlichen Instanz eine wirksame Beschwerde zu erheben, auch wenn die Verletzung von Personen begangen worden ist, die in amtlicher Eigenschaft gehandelt haben."

Auf Ebene der EU soll jedoch ein umfassenderer Schutz gewährleistet werden, indem nicht nur irgendeine Beschwerde, sondern ein *gerichtlicher* Rechtsbehelf garantiert wird.[1243]

Schwieriger einzuordnen ist das geltend gemachte Recht auf Verteidigung. Die Kläger führen hierzu aus, dass sie nicht über die Gründe für die gegen sie verhängten Sanktionen informiert worden seien, ihnen die zur Last gelegten Beweise und Umstände nicht mitgeteilt worden seien und ihnen keine Gelegenheit gegeben werde, sich zu äußern.[1244] Es geht also gerade nicht um den Anspruch auf rechtliches Gehör vor *Gericht,* der sich aus dem in Art. 47 Abs. 2 GRCharta verbürgten Recht auf ein faires Verfahren ergibt.[1245] Ein über das Verteidigungsrecht im gerichtlichen Verfahren hinausgehenden Schutz bietet Art. 48 Abs. 2 GRCharta, wonach jedem *Angeklagten* dieses Recht zu gewährleisten ist. Anklage i.S.v. Art. 48 Abs. 1 GRCharta meint ein Verfahren, das auf die Verhängung einer Strafe gerichtet ist.[1246] Die zu untersuchenden Maßnahmen sind jedoch keine Sanktionen im strafrechtlichen Sinne. Zur Anwendbarkeit des Art. 48 GRCharta im Zusammenhang mit den „Anti-Terror"-

1242 Charta Erläuterungen, ABl. 2007 C 303/17, S. 29.

1243 Charta Erläuterungen, ABl. 2007 C 303/17, S. 29.

1244 Vgl. u.a. EuG, Rs. T-228/02, Slg. 2006, II-4665 Rn. 64 f. - Organisation des Modjahedines du peuple d'Iran.

1245 Vgl. zum Recht auf ein faires Verfahren gemäß Art. 47 Abs. 2 GRCharta *Jarass*, GRCh, Art. 47 Rn. 31 ff.; *Alber*, in: Tettinger/Stern, GRCh, Art. 47 Rn. 53 ff.

1246 Ausführlich zum Begriff der Anklage *Jarass*, GRCharta, Art. 48 Rn. 4 ff.; *Eser*, in: Meyer, Charta, Art. 48 Rn. 11 f.

Maßnahmen nahm auch des EuG in der Rechtssache *Fahas* Stellung[1247]: Der Beschluss zur Listung der entsprechenden Personen, Vereinigungen und Organisationen enthalte keine Feststellung dahingehend, dass tatsächlich eine Straftat begangen wurde, vielmehr sei der Beschluss „im Rahmen und zu Zwecken eines Verwaltungsverfahrens erlassen worden, das eine Sicherungsfunktion erfüllt und dessen Ziel es ist, dem Rat zu ermöglichen, die Finanzierung des Terrorismus wirksam zu bekämpfen“[1248]. Bei dem Einfrieren von Konten handele es sich auch nicht um eine Einziehung von Vermögenswerten als Erträge einer Straftat, sondern um ein vorsorgliches Einfrieren.[1249] Da die zu prüfenden Maßnahmen daher keinen strafrechtlichen Vorwurf enthalten[1250], ist das gemäß Art. 48 Abs. 2 GRCharta jedem Angeklagten gewährte Recht auf Verteidigung nicht einschlägig. Der Gerichtshof hat indessen schon früh festgehalten, dass die Gewährung rechtlichen Gehörs in allen Verfahren, die zu einer den Betroffenen beschwerenden Maßnahme führen können, ein fundamentaler Grundsatz des Gemeinschaftsrechts sei und auch dann sichergestellt werden müsse, wenn eine Regelung für das fragliche Verfahren fehle. Der Grundsatz gebiete, dass jede möglicherweise von einer Sanktion betroffene Person zu den ihr zu Last gelegten Umständen sachgerecht Stellung nehmen kann.[1251]

Das Recht auf Anhörung vor Erlass einer nachteiligen, individuellen Maßnahme im Verwaltungsverfahren ist nun in Art. 41 Abs. 2 lit. a GRCharta im Rahmen des Rechts auf eine gute Verwaltung geregelt.[1252] Fraglich ist jedoch, ob der Grundsatz auf rechtliches Gehör im Rahmen des Verwaltungsverfahrens Anwendung findet, schließlich handelt es sich bei den streitigen Verordnungen um ein Rechtsinstrument mit allgemeiner Geltung. Der Anspruch auf rechtliches Gehör bezieht sich aber gerade nicht auf allgemeinverbindliche Rechtsetzungsakte.[1253] Zwar erstreckt sich die Wirkung der Verordnung *erga omnes*, ihr ist jedoch kein rein normativer Charakter zuzusprechen. Die jeweiligen Beschlüsse, die zur konkreten Listung von Personen, Vereinigungen und Organisationen

1247 Allerdings im Zusammenhang mit einer geltend gemachten Verletzung der Unschuldsvermutung gemäß Art. 48 Abs. 1 GRCharta: EuG, Urt. v. 7.12.2010, Rs. T-49/07, Rn. 63 ff. - Fahas.

1248 EuG, Urt. v. 7.12.2010, Rs. T-49/07, Rn. 68 - Fahas.

1249 EuG, Urt. v. 7.12.2010, Rs. T-49/07, Rn. 67 - Fahas.

1250 So auch EuG, Urt. v. 7.12.2010, Rs. T-49/07, Rn. 67 - Fahas.

1251 Vgl. z.B.: EuGH, Urt. v. 13.2.1979, Rs. C-85/76, Slg. 1979, 461 Rn. 9 - Hoffmann-La Roche; EuGH, Urt. v. 29.6.1994, Rs. C-135/92, Slg. 1994, I-2885 Rn. 39 f. - Fiskano; EuGH, Urt. v. 21.0.2000, Rs. C-462/98 P, Slg. 2000, I-7183 Rn. 36 - Mediocurso.

1252 Vgl. zu der Entwicklung des Art.41 Abs. 2 lit a GRCharta - der kein Pendant in der EMRK besitzt - aus der Rechtsprechung des EuGH *Gundel*, in: Ehlers, Europäische Grundrechte, § 20 Rn. 10 f.

1253 EuGH, Urt. v. 14.10.1999, Rs. C-104/97 P, Slg. 1999, I-6983 Rn. 34 ff. - Atlanta.

führen, betreffen diese nämlich unmittelbar und individuell.[1254] Es handelt sich insofern um individuelle finanzielle Sanktionen im Rahmen eines Verwaltungsverfahrens.[1255] Folglich finden die in Art. 41 Abs. 2 GRCharta zitierten Verfahrensrechte auf die in Frage stehenden Maßnahmen Anwendung.

aa) Schutzbereich der Gewährleistungen

Der *persönliche Schutzbereich* von Art. 41 Abs. 2 und 47 Abs. 1 GRCharta ist „jeder Person" eröffnet, insofern ist er also nicht auf Unionsbürger beschränkt. Auch juristische Personen können Träger des Grundrechts sein.[1256]

Die Eröffnung des *sachlichen Schutzbereichs* des Art. 47 Abs. 1 GRCharta setzt voraus, dass der Grundrechtsträger durch die Union in seinen Rechten oder Freiheiten verletzt wurde. Gemäß den Erläuterungen zur Grundrechtecharta sind mit dem Begriff „Rechte" sämtliche durch das Unionsrecht garantierte Rechte gemeint.[1257] Umfasst sind Rechte (und Freiheiten) der Grundrechtecharta sowie alle anderen Normen des primären und sekundären Unionsrechts und der völkerrechtlichen Verträge, die die Union selbst binden.[1258] Der Begriff der Freiheiten stellt im Sinne der Charta einen Unterfall der Rechte dar.[1259] Die Rechtsverletzung kann durch Stellen der Union oder durch Stellen der Mitgliedstaaten, wenn diese Unionsrecht durchführen, erfolgen.[1260] Umstritten ist, ob der Rechtsbehelf nur gegen Maßnahmen der Exekutive oder auch der Judikative und der Legislative zulässig sein muss. Nachdem der Wortlaut des Art. 47 GRCharta hierzu keinerlei Einschränkungen vornimmt, ist von einem umfassenden Rechtsschutz auszugehen.[1261] Allerdings ist im Hinblick auf die Judikative festzuhalten, dass Art. 47 GRCharta keinen Anspruch auf eine zweite Gerichtsinstanz gibt.[1262] Da

---

1254 EuG, Urt. v. 21.9.2005, Rs. T-306/01, Slg. 2005, II-3533 Rn. 324 - Yusuf u. Al Barakaat; EuG, Urt. v. 12.12.2006, Rs. T-228/02, Slg. 2006, II-4665 Rn. 98 - Organisation des Modjahedines du peuple d'Iran.

1255 Vgl. EuG, Urt. v. 12.12.2006, Rs. T-228/02, Slg. 2006, II-4665 Rn. 94 - Organisation des Modjahedines du peuple d'Iran; EuG, Urt. v. 7.12.2010, Rs. T-49/07, Rn. 68 - Fahas.

1256 *Jarass*, GRCh, Art. 41 Rn. 11, Art. 47 Rn. 12; *Galetta/Grzeszick*, in: Tettinger/Stern, GRCh, Art. 41 Rn. 23; Alber, a.a.O., Art. 47 Rn. 9 f.

1257 Charta Erläuterungen, ABl. 2007 C 303/17, S. 29.

1258 *Eser*, in: Meyer, Charta, Art. 47 Rn. 16; *Jarass*, GRCh, Art. 47 Rn. 6.

1259 Die Unterscheidung von Rechten und Freiheiten geht auf die französische Tradition zurück, da dort der Begriff des Rechts einen engeren Anwendungsbereich umfasst und Freiheiten nicht inkludiert, dazu *Ehlers*, in: ders., Europäische Grundrechte, § 14 Rn. 29; Jarass, GRCharta, Einl. Rn. 46.

1260 *Alber*, in: Tettinger/Stern, Art. 47 Rn. 22.

1261 *Magiera*, in: Merten/Papier, HGR VI/1, § 161 Rn. 71; *Jarass*, GRCh, Art. 47 Rn. 9.

1262 *Jarass*, GRCh, Art. 47 Rn. 28.

mit dem Rechtsbehelf erst geklärt werden soll, ob die geltend gemachte Rechtsverletzung tatsächlich stattgefunden hat, muss diese, um den Schutzbereich des Art. 47 Abs. 1 GRCharta zu eröffnen, nur in vertretbarer Weise dargelegt werden (arguable claim).[1263]

Wie bereits aufgezeigt, muss der Rechtsbehelf i.S.v. Art. 47 Abs. 1 GRCharta – anders als bei Art. 13 EMRK – zu einem Gericht gehen, sei es ein Unionsgericht oder ein Gericht der Mitgliedstaaten. Als Gericht i.S.v. Art. 47 GRCharta sind nicht nur die ordentlichen Gerichte der Mitgliedstaaten zu qualifizieren, sondern auch andere ständige Einrichtungen, die justizförmig organisiert sind, durch Gesetz errichtet wurden, von der Exekutive und der Legislative unabhängig sind und bei der Ausübung ihrer Funktion weder weisungsgebunden sind, noch Rechenschaft abzulegen haben.[1264] Für die Gerichtseigenschaft i.S.v. Art. 47 Abs. 1 GRCharta ist ferner wichtig, dass die Einrichtung ein streitiges Verfahren rechtskräftig entscheiden kann.[1265] Dieses Kriterium schließt nicht aus, dass vor der gerichtlichen Beschwerde ein anderes Rechtsbehelfsverfahren, z.B. eine außergerichtliche Streitschlichtung oder ein behördliches Widerspruchsverfahren durchzuführen ist, wenn der gerichtliche Rechtsbehelf dadurch nicht unzumutbar erschwert oder ausgeschlossen wird.[1266] Art. 47 Abs. 2 GRCharta konkretisiert die Gerichtseigenschaften im Sinne der Norm. So fordert Satz 1 ausdrücklich, dass das Gericht *zuvor* durch Gesetz errichtet wurde und schließt so insbesondere Gerichte ohne gesetzliche Grundlage und für den Einzelfall gebildete ad hoc-Gerichte aus.[1267] Ferner müssen die Gerichte gemäß Art. 47 Abs. 2 S. 1 GRCharta von anderen Stellen der Union und der Mitgliedstaaten unabhängig sein. Sowohl der einzelne Richter als auch das Gericht selbst dürfen nicht an Weisungen gebunden sein.[1268] Die Richter müssen unabsetzbar bzw. ihre Amtszeit von Anfang an zeitlich begrenzt sein.[1269] Schließlich muss das Gericht unparteiisch sein (Art. 47 Abs. 2 S. 2 GRCharta). Dies verlangt vor allem von den einzelnen Richtern prinzipielle Neutralität ge-

1263 *Magiera*, in: Merten/Papier, HGR VI/1, § 161 Rn. 68; *Alber*, in: Tettinger/Stern, GRCh, Art. 47 Rn. 25; EGMR, Urt. v. 28.10.1999, Appl. Nr. 28396/95, Rn. 75 - Wille; EGMR, Urt. v. 16.2.2000, Appl. Nr. 27798/95, Rn. 88 - Amann.

1264 *Eser*, in: Meyer, Charta, Art. 47 Rn. 29; *Alber*, in: Tettinger/Stern, GRCh, Art. 47 Rn. 30, der auf die Entscheidung EuGH, Urt. v. 29.11.2001, Rs. C-17/00, Slg. 2001, I-9445 Rn.10 - De Coster verweist, in welcher der Gerichtshof Kriterien für den insofern vergleichbaren Begriff des Gerichts i.S.v. Art. 234 EGV a.F. aufstellt.

1265 *Alber*, in: Tettinger/Stern, GRCh, Art. 47 Rn. 31.

1266 *Eser*, in: Meyer, Charta, Art. 47 Rn. 11; *Jarass*, GRCh, Art. 47 Rn. 17.

1267 *Eser*, in: Meyer, Charta, Art. 47 Rn. 30; *Alber*, in: Tettinger/Stern, GRCh, Art. 47 Rn. 56.

1268 Zur Unabhängigkeit des Gerichts *Grabenwarter/Pabel*, EMRK, § 24 Rn. 32 ff.

1269 *Meyer-Ladewig*, EMRK, Art. 6 Rn. 68 f.

genüber den Verfahrensbeteiligten sowie ein sachgemäßes Urteil ohne persönliche Voreingenommenheit.[1270]

Art. 47 GRCharta verleiht das Recht auf einen *wirksamen* Rechtsbehelf. Dies umfasst den Anspruch auf ein gerichtliches Verfahren und eine gerichtliche Entscheidung.[1271] Letztere muss ausreichende Wirkung entfalten, was im Falle einer begründeten Rüge die Aufhebung oder Änderung des angegriffenen Akts, die Gewährung einer entsprechenden Entschädigung oder die Verhängung von Sanktionen erforderlich machen kann.[1272] Die Wirksamkeit eines Rechtsbehelfs setzt hingegen selbstverständlich nicht dessen Erfolg voraus.[1273]

Art. 41 GRCharta gewährt das Recht auf eine gute Verwaltung. Dem Wortlaut zufolge ist die Norm einschlägig, wenn es um Verfahren der Organe, Einrichtungen und sonstige Stellen der Union geht, nicht jedoch, wenn das Verwaltungsverfahren der Mitgliedstaaten betroffen ist. Ob die Vorschrift zumindest anwendbar ist, wenn die Mitgliedstaaten Unionsrecht durchführen, ist umstritten.[1274] Art. 41 Abs. 2 GRCharta konkretisiert das Recht auf eine gute Verwaltung, indem nicht abschließend aufgezählte Verfahrensrechte, die im Verwaltungsverfahren einzuhalten sind, ausdrücklich normiert werden. Für die zu prüfenden Verordnungen ist Art. 41 Abs. 2 lit. a GRCharta, wonach jeder Person das Recht gewährt werden muss, gehört zu werden, bevor ihr gegenüber eine für sie nachteilige, individuelle Maßnahme getroffen wird, von besonderer Relevanz. Das Recht auf Anhörung umfasst dabei mehrere Elemente: Der Betroffene ist vorab durch die Verwaltungsbehörde über die ihm zur Last gelegten Tatsachen[1275] und die ihm gegenüber geplanten Maßnahmen zu unterrichten.[1276] Sodann muss ihm das Recht gewährt werden, zu den von der Behörde angeführten Tatsachen und Umständen Stellung zu nehmen.[1277] Eine mündliche Anhörung

---

1270 *Eser*, in: Meyer, Charta, Art. 47 Rn. 33; ausführlich zur Unparteilichkeit *Grabenwarter/Pabel*, EMRK, § 24 Rn. 39 ff.

1271 *Magiera*, in: Merten/Papier, HGR VI/1, § 161 Rn. 70.

1272 *Jarass*, GRCh, Art. 47 Rn. 47; *Magiera*, in: Merten/Papier, HGR VI/1, § 161 Rn. 70.

1273 *Alber*, in: Tettinger/Stern, GRCh, Art. 47 Rn 37; *Eser*, in: Meyer, Charta, Art. 47 Rn. 19.

1274 So wohl GA Kokott, Schlussantrag v. 10.12.09, Rs. 392/08, Nr. 16 - Kommission./.Spanien; Lais, ZEuS 2002, 447 (457 ff.); *Jarass*, GRCh, Art. 41 Rn. 10.

1275 EuGH, Urt. v. 21.9.2000, Rs. C-462/98, Slg. 2000, I-7183 Rn. 43 f. - Mediocurso.

1276 EuGH, Urt. v. 23.10.1974, Rs. C-17/74, Slg. 1974, 1063 Rn. 15 - Transocean Marine Paint.

1277 EuGH, Urt. v. 9.11.1983, Rs. 322/81, Slg. 1983, 3461 Rn. 7 - Michelin; EuGH, Urt. v. 29.6.1994, Rs. C-135/92, Slg. 1994, I-2885 Rn. 40 - Fiskano; EuG, Urt. v. 14.12.2000, Rs. T-613/97, Slg. 2000, II-4055 Rn. 85 - Ufex.

muss jedoch nicht erfolgen.[1278] Schließlich hat der Betroffene einen Anspruch auf Berücksichtigung seiner Stellungnahme bei der zu treffenden Entscheidung.[1279] Art. 41 Abs. 2 lit. b GRCharta gewährt dem Einzelnen ferner ein Recht auf Zugang zu den sie betreffenden Akten. Der Anspruch umfasst alle Unterlagen der Verwaltungsstellen, die den Grundrechtsträger betreffen und unterscheidet sich somit vom allgemeinen Recht auf Dokumentenzugang in Art. 42 GRCharta.[1280] Gewährleistet wird zudem die Pflicht der Verwaltung, die Entscheidungen zu begründen (Art. 41 Abs. 2 lit. c GRCharta). Dieses Recht entspricht dem Recht auf Begründung nach Art. 296 Abs. 2 AEUV, wonach Rechtsakte der Organe der EU mit einer Begründung zu versehen sind.[1281] Die Begründungspflicht soll den Betroffenen die Wahrung ihrer Rechte gegenüber der Entscheidung ermöglichen sowie der Selbstkontrolle der handelnden Organe dienen und deren gerichtliche Kontrolle ermöglichen.[1282] Folglich übernimmt die Begründung zwei Funktionen: Zum einen muss diese die der Entscheidung zugrunde liegenden Erwägungen so klar und eindeutig erläutern, dass der Betroffene ihr die Gründe für die erlassene Maßnahme entnehmen kann. Zum anderen muss das zuständige Gericht aufgrund der Begründung seine Kontrollaufgabe wahrnehmen können.[1283]

Für die von den zu prüfenden Verordnungen betroffenen Personen, Organisationen und Vereinigungen ist sowohl der persönliche Schutzbereich von Art. 41 Abs. 2 GRCharta als auch von Art. 47 GRCharta eröffnet. Der sachliche Schutzbereich wäre eröffnet, wenn die Betroffenen darlegen können, durch die Union in ihren Rechten oder Freiheiten verletzt worden zu sein. Wie gesehen, greift das in den Verordnungen vorgesehene Einfrieren von Konten in das Eigentumsrecht ein. Möglich ist auch ein Eingriff in die unternehmerische Freiheit. Irrelevant ist, ob der Eingriff im Einzelfall gerechtfertigt werden kann, da dies erst im tatsächlichen Rechtsstreit geklärt werden kann. Für die Schutzbereichseröffnung des Art. 47 GRCharta muss die Rechtsverletzung jedoch nur in

1278 EuGH, Urt. v. 29.10.1980, verb. Rs. 209-215/78 u. 218/78, Slg. 1980, 3125 Rn. 18 - van Landewyk; EuG, Urt. v. 26.9.2002, Rs. T-199/99, Slg. 2002, II-3731 Rn. 58 - Sgaravatti Mediterranea.

1279 EuGH, Urt. v. 29.10.1980, verb. Rs. 209-215/78 u. 218/78, Slg. 1980, 3125 Rn. 31 f. - van Landewyk; EuGH, Urt. v. 7.6.1983, verb. Rs. 100-103/80, Slg. 1983, 1825 Rn. 14 - Musique Diffusion Francaise.

1280 *Magiera*, in: Meyer, Charta, Art. 41 Rn. 13.

1281 Charta Erläuterungen, ABl 2007, C 303/17, S. 28.

1282 *Kotzur*, in: Geiger/Khan/Kotzur, EUV/AEUV, Art. 296 AEUV Rn. 2; *Magiera*, in: Meyer, Charta, Art. 41 Rn. 14.

1283 EuGH, Urt. v.8.11.2001, Rs. 228/99, Slg. 2001, I-8401 Rn. 27 - Silos; EuGH, Urt. v. 6.3.2003, Rs. 41/00, Slg. 2003, I-2125 Rn. 55 - Interporc.

vertretbarer Weise dargelegt werden (arguable claim). Wie bereits aufgezeigt, ist der Verordnung kein rein normativer Charakter zuzusprechen. Die jeweiligen Beschlüsse, die zur konkreten Listung von Personen, Vereinigungen und Organisationen führen, betreffen diese nämlich unmittelbar und individuell. Es handelt sich insofern um individuelle finanzielle Sanktionen im Rahmen eines Verwaltungsverfahrens. Es kann also unentschieden bleiben, ob Art. 47 GRCharta auch einen Anspruch auf einen wirksamen Rechtsbehelf gegen Akte der Legislative gewährt. Aufgrund der Verletzung ihrer Rechte steht den Betroffenen grundsätzlich gemäß Art. 47 GRCharta das Recht zu, bei einem Gericht einen wirksamen Rechtsbehelf einzulegen.

Da die gegen die betroffenen Personen, Organisationen und Vereinigungen verhängten Maßnahmen im Rahmen eines Verwaltungsverfahrens ergehen, sind zudem die Verfahrensrechte des Art. 41 Abs. 2 GRCharta einschlägig.

Die konkrete Aufnahme in die Liste der Terrorverdächtigen erfolgt durch einen Rechtsakt in Form einer Verordnung oder eines Beschlusses, sodass zudem das Recht auf Begründung nach Art. 296 Abs. 2 AEUV zu beachten ist.

bb) Beeinträchtigung

Das Recht auf einen wirksamen Rechtsbehelf gemäß Art. 47 Abs. 1 GRCharta ist beeinträchtigt, wenn kein ausreichender Zugang zu den Gerichten gewährt wird.[1284] Eine Einschränkung der dem Einzelnen im Verwaltungsverfahren zugesprochenen Verteidigungsrechte liegt immer dann vor, wenn die in Art. 42 Abs. 2 GRCharta aufgeführten Rechte nicht gewährleistet werden. Verpflichtet ist insofern die Behörde, die gegenüber dem Bürger auftritt.[1285]

Zumindest bis zum Urteil des EuGH in der Rechtssache *Kadi und Al Barakaat* wurden den betroffenen Personen, Vereinigungen und Organisationen weder vor dem Beschluss zur Aufnahme in die entsprechenden Listen, noch nach der Veröffentlichung des Beschlusses die konkreten und spezifischen Gründe der jeweiligen Listung mitgeteilt.[1286] Auch bei der in der „Anti-Terrorismus"-Verordnung vorgesehenen halbjährlichen Überprüfung der konkreten Listung wurden den Betroffenen keine Gründe mitgeteilt, die die Aufrechterhaltung der Listung gerechtfertigt hätten.[1287] Aufgrund dieser fehlenden Information wurde

1284 *Jarass*, GRCh, Art. 47 Rn. 13.

1285 *Jarass*, GRCh, Art. 41 Rn. 18.

1286 U.a. EuGH, Urt. v. 3.9.2008, verb. Rs. C-402/05 P u. C-415/05 P, Slg. 2008, I-6351 Rn. 347 f. - Kadi u. Al Barakaat; EuGH, Urt. v. 3.12.2009, verb. Rs. C-399/06 P u. C-403/06 P, Slg. 2009, I-11393 Rn. 86 - Hassan u. Ayadi.

1287 U.a. EuG, Urt. v. 12.12.2006, Rs. T-228/02, Slg. 2006, II-4665 Rn. 94 - Organisation des Modjahedines du peuple d'Iran; EuG, Urt. v. 11.7.2007, T-47/03, Rn. 208 - Sison.

den Gelisteten auch nicht die Möglichkeit gegeben, zu den Vorwürfen Stellung zu nehmen.

Wenn die Unterrichtung der Betroffenen unterlassen wurde und somit auch keine Stellungnahme erfolgen konnte, liegt ein Verstoß gegen die in Art. 41 Abs. 2 GRCharta bzw. Art. 296 Abs. 2 AEUV normierten Verteidigungsrechte vor.

Für die Beurteilung einer Verletzung des Art. 47 Abs. 1 GRCharta ist zwischen der „Al-Qaida"- und der „Anti-Terrorismus"-Verordnung zu unterscheiden. Wie bereits erörtert, erfolgt die Listung der „Anti-Terrorismus"-Verordnung autonom durch die EU und gerade nicht durch den Sanktionsausschuss des VN-Sicherheitsrats. Daher soll ein Rechtsakt der Union selbst unmittelbar angegriffen werden. Insofern ist das Rechtsschutzsystem der Union einschlägig. Gemäß Art. 263 Abs. 4 AEUV (Art. 230 Abs. 4 EGV) kann „jede natürliche oder juristische Person (…) gegen die an sie gerichteten oder sie unmittelbar und individuell betreffenden Handlungen sowie gegen Rechtsakte mit Verordnungscharakter, die sie unmittelbar betreffen und keine Durchführungsmaßnahmen nach sich ziehen, Klage erheben." Diese Nichtigkeitsklage bietet zwar keinen Individualrechtsschutz, wie ihn beispielsweise die Verfassungsbeschwerde (Art. 93 Abs. 1 Nr. 4a GG) vorsieht, der Grundrechtsschutz gemäß Art. 263 Abs. 4 AEUV kann jedoch inzwischen als ausdifferenziert und effektiv angesehen werden.[1288]

Prinzipiell steht die Möglichkeit, Nichtigkeitsklage zu erheben, auch in Bezug auf die „Al-Qaida"-Verordnung offen. Geht man jedoch mit der vom EuG vertretenen Ansicht in den Rechtssachen *Kadi* sowie *Yusuf und Al Barakaat* von einer eingeschränkten Justiziabilität der Verordnung aus, kann mit der Nichtigkeitsklage nicht die materielle Rechtmäßigkeit der Verordnung überprüft werden.[1289] Aufgrund der bereits angeführten Kritik wird jedoch der Ansicht des EuGH gefolgt, wonach im Zuge einer Nichtigkeitsklage eine umfassende Rechtmäßigkeitskontrolle erfolgen kann.[1290] Somit ist grundsätzlich auch hier die Möglichkeit zur gerichtlichen Kontrolle der Maßnahmen der EU gegeben.

Gemäß Art. 47 GRCharta muss allerdings das Recht auf einen *wirksamen* Rechtsbehelf gewährleistet sein. Wie gesehen, muss der Rechtsbehelf also so ausgestaltet sein, dass er bei Zulässigkeit und Begründetheit zum Erfolg führen kann. Dies setzt insbesondere voraus, „dass die Betroffenen, bevor sie Klage erheben, von der Verwaltung die Begründung der (gegen sie gerichteten Ent-

---

1288 *Eser*, in: Meyer, Charta, Art. 47 Rn. 13; zur Einführung eines Individualrechtsbehelfs auf Ebene der EU vgl. *Alber*, in: Tettinger/Stern, GRCh, Art. 47 Rn. 36.

1289 Vgl. hierzu bereits: 4. Kap. B. III. 2. b) aa).

1290 Vgl. 4. Kap. B. III. 2 b) bb).

scheidung) erfahren können“[1291]. Das Recht auf wirksame gerichtliche Kontrolle setzt also die Einhaltung der Verfahrensgarantien bereits im Verwaltungsverfahren voraus.[1292]

Wie gezeigt, wurden den Betroffenen keine ausreichende Begründung der gegen sie eingeleiteten Maßnahmen mitgeteilt bzw. Akteneinsicht gewährt. Ihnen war es somit nicht möglich, einen effektiven Rechtsbehelf einzulegen, da sie nicht im Stande waren, die gegen sie erhobenen Beschuldigungen wirksam zu widerlegen. Ferner kann das Gericht selbst keine wirksame Kontrolle vornehmen, wenn ihr die einschlägigen Akten und Beweise aufgrund der Geheimhaltung der Akten nicht zugeleitet werden. Wenn also die Verfahrensrechte in Form von Akteneinsicht bzw. Begründungspflichten nicht eingehalten werden, wird das Recht auf wirksamen Rechtsschutz gemäß Art. 47 GRCharta beeinträchtigt.

cc) Rechtfertigung

Beeinträchtigungen des Rechts auf einen wirksamen Rechtsbehelf (Art. 47 GRCharta) bzw. der durch Art. 41 Abs. 2 GRCharta gewährten Verfahrensrechte können gemäß Art. 52 Abs. 1 GRCharta gerechtfertigt werden. So muss der Eingriff tatsächlich einem dem Allgemeinwohl dienenden Ziel der EU entsprechen und darf keinen im Hinblick auf den verfolgten Zweck unverhältnismäßigen, nicht tragbaren Eingriff darstellen.[1293] Ob aufgrund des Leistungscharakters der beiden Grundrechte Einschränkungen einer gesetzlichen Grundlage bedürfen, ist umstritten. Aufgrund der Ähnlichkeit der Verfahrensrechte bzw. justiziellen Grundrechte mit der Abwehrfunktion von Freiheitsgrundrechten ist dies wohl zu bejahen.[1294] Eine gesetzliche Grundlage zur Einschränkung der Grundrechte der betroffenen Personen und Einrichtungen fehlt jedoch.

Auch hier sollen die Maßnahmen der Bekämpfung des Terrorismus dienen, was unstreitig als ein von der EU anerkanntes, dem Gemeinwohl dienendes Ziel der EU zu werten ist.[1295] Zu zweifeln ist jedoch an der Erforderlichkeit der Maßnahme. Zwar mag es überzeugen, dass eine frühe Unterrichtung der Betroffenen über das beabsichtigte Einfrieren ihres Vermögens den Zweck der wirksamen Austrocknung der Finanzquellen des Terrorismus vereiteln kann, da den betrof-

1291 EuGH, Urt. v. 19.3.1991, Rs. C-249/88, Slg. 1999, I-1275 Rn. 25 - Kommission./.Belgien.

1292 *Alber*, in: Tettinger/Stern, GRCh, Art. 47 Rn. 38.

1293 Vgl. zu den Voraussetzungen des Art. 52 Abs. 1 GRCharta bereits: 4. Kap. B. III. 3. a) cc); zur Einschränkbarkeit der Verfahrensrechte: EuGH, Urt. v. 15.6.2006, Rs. 28/05, Slg. 2006, I-5431 Rn. 75 - Dokter u.a.; EuGH, Urt. v. 2.4.09, Rs. 394/07, Slg. 2009, I-2563 Rn. 29 ff. - Gambazzi.

1294 Vgl. hierzu *Jarass*, GRCh, Art. 41 Rn. 20, 23, Art. 47 Rn.15, Art. 52 Rn. 52 f.

1295 Vgl. bereits: 4. Kap. B. III. 3. a) cc).

fenen Personen und Organisationen sonst möglicherweise genug Zeit gegeben werden könnte, ihr Vermögen „beiseite zu schaffen“. Jedoch müssen die Betroffenen zumindest *nachdem* der Beschluss gefasst wurde, über die ihnen zur Last gelegten Gründe informiert werden. Zu diesem Zeitpunkt ist eine weitere Zurückhaltung der Informationen nicht mehr erforderlich zur Erreichung des legitimen Ziels.Die Einschränkung des Rechts auf Begründung und des rechtlichen Gehörs sowie die damit einhergehende Einschränkung des Rechts auf einen wirksamen Rechtsbehelf kann folglich, zumindest nach Veröffentlichung des entsprechenden Beschlusses, nicht gerechtfertigt werden.

Das Recht auf Akteneinsicht gemäß Art. 41 Abs. 2 lit. b GRCharta wird nur „unter Wahrung des berechtigten Interesses der Vertraulichkeit sowie des Berufs- und Geschäftsgeheimnisses“ gewährt. Das Interesse der Vertraulichkeit bezieht sich auf das Geheimhaltungsinteresse der Union und gegebenenfalls der Mitgliedstaaten, sodass die Vorlage interner Schriftstücke verweigert werden kann.[1296] Ferner bezieht sich die Vertraulichkeit auf die Interessen Einzelner, wie sie vor allem im Schutz personenbezogener Daten gemäß Art. 16 AEUV gewährleistet sind.[1297] Allerdings tritt das Einsichtsrecht nicht bei jedem entgegenstehenden Recht zurück. Vielmehr bedarf es einer Abwägung im Einzelfall und daher einer Verhältnismäßigkeitsprüfung.[1298]

So kann auch im Fall der „Al-Qaida“ und der „Terrorismus“-Verordnung, da die Terrorismusbekämpfung ein sensibles Thema der Sicherheitspolitik der EU sowie der Mitgliedstaaten darstellt, eine Akte dem Geheimhaltungsinteresse der EU oder der Mitgliedstaaten unterliegen. Allerdings darf nicht pauschal auf das berechtigte Interesse an der Geheimhaltung hingewiesen werden. Erforderlich ist eine Abwägung zwischen den Interessen der Betroffenen und dem sicherheitspolitischen Geheimhaltungsinteresse der EU bzw. der Mitgliedstaaten. Erst wenn letzteres überwiegt, kann das Recht auf Akteneinsicht verweigert werden.

b) Rechtsprechung der europäischen Gerichte

aa) Urteile des EuG zu der „UN-determinierten“-Liste

Grundsätzlich erkennt das EuG an, dass die Wahrung der Verteidigungsrechte, insbesondere das rechtliche Gehör, in allen Verfahren gegen eine Person, die zu einer für diese Person beschwerenden Maßnahme führen können, ein fundamen-

1296 EuG, Urt. v. 20.4.1999, verb. Rs. T-305/94, T-306/94, T-307/94, T-313/94 bis T-316/94, T-318/94, T-325/94, T-328/94, T-329/94 und T-335/94, Slg. 1999, II-931 Rn. 1015 - Limburgse Vinyl Maatschappij u.a.

1297 *Jarass*, GRCh, Art. 41 Rn. 26.

1298 *Jarass*, GRCh, Art. 41 Rn. 26; *Magiera*, in: Meyer, Charta, Art. 41 Rn. 13, mit entsprechenden Hinweisen auf die Rechtsprechung des EuGH.

taler Grundsatz des Gemeinschaftsrechts sei.[1299] Allerdings sei die Gemeinschaft verpflichtet, die Resolutionen des Sanktionsausschusses umzusetzen. Den Gemeinschaftsorganen komme demzufolge keine Möglichkeit einer Kontrolle der vom Sicherheitsrat und vom Sanktionsausschuss zugrunde gelegten Tatsachen, kein Ermessensspielraum in Bezug auf die Tatsachen und kein Beurteilungsspielraum hinsichtlich der Zweckmäßigkeit des Erlassens von Sanktionen gegenüber den betroffenen Personen, Vereinigungen und Organisationen zu. Somit fände das Prinzip des Anspruchs auf rechtliches Gehör keine Anwendung, da eine Anhörung des Betroffenen zu keiner Änderung der Listung führen könne.[1300] Auf Ebene der VN sieht das EuG das Delisting-Verfahren vor dem Sanktionsausschuss als ausreichende Möglichkeit rechtlichen Gehörs an, auch wenn diese Möglichkeit im Wesentlichen vom Ausmaß des diplomatischen Schutzes abhänge, den die Staaten ihren Staatsangehörigen bereit seien zu gewähren.[1301]

Auch das Recht auf gerichtlichen Rechtsschutz sei nicht verletzt: Grundsätzlich könnten die Betroffenen eine Nichtigkeitsklage gemäß Art. 230 EGV (Art. 263 Abs. 4 AEUV) erheben, in deren Rahmen die Zuständigkeit der Gemeinschaftsorgane, die formale Rechtmäßigkeit, die wesentlichen Formvorschriften sowie die Einhaltung des *ius cogens* überprüft werden könne.[1302] Aufgrund des zuvor festgestellten eingeschränkten Prüfungsrahmens könne nicht mittelbar die Vereinbarkeit der SR-Resolutionen mit den Gemeinschaftsgrundrechten oder die Zweckmäßigkeit bzw. Verhältnismäßigkeit der Maßnahme überprüft werden.[1303] Es läge zwar auf VN-Ebene eine Lücke im gerichtlichen Rechtsschutz des Klägers vor, da der Sicherheitsrat hierfür kein unabhängiges internationales Gericht geschaffen habe. Jedoch führe dies allein noch nicht zu einem Verstoß gegen den *ius cogens*. Sowohl in Art. 8 der Allgemeinen Erklärung der Menschenrechte als auch in Art. 14 IPBPR werde ein Recht auf Zugang zu den Gerichten anerkannt. Dies gelte aber nicht absolut, sondern es seien vielmehr bestimmte Einschränkungen als diesem Recht immanent anzusehen,

1299 EuG, Urt. v. 21.9.2005, Rs. T-306/01, Slg. 2005, II-3533 Rn. 325 - Yusuf u. Al Barakaat; EuG, Urt. v. 21.9.2005, Rs. T-315/01, Slg. 2005, II-3649 Rn. 255 - Kadi.

1300 EuG, Urt. v. 21.9.2005, Rs. T-306/01, Slg. 2005, II-3533 Rn. 328 - Yusuf u. Al Barakaat; EuG, Urt. v. 21.9.2005, Rs. T-315/01, Slg. 2005, II-3649 Rn. 258 - Kadi.

1301 EuG, Urt. v. 21.9.2005, Rs. T-306/01, Slg. 2005, II-3533 Rn. 306 ff. - Yusuf u. Al Barakaat; EuG, Urt. v. 21.9.2005, Rs. T-315/01, Slg. 2005, II-3649 Rn. 261 ff. - Kadi.

1302 EuG, Urt. v. 21.9.2005, Rs. T-306/01, Slg. 2005, II-3533 Rn. 333 ff. - Yusuf u. Al Barakaat; EuG, Urt. v. 21.9.2005, Rs. T-315/01, Slg. 2005, II-3649 Rn. 278 ff. - Kadi.

1303 EuG, Urt. v. 21.9.2005, Rs. T-306/01, Slg. 2005, II-3533 Rn. 338 f. - Yusuf u. Al Barakaat; EuG, Urt. v. 21.9.2005, Rs. T-315/01, Slg. 2005, II-3649 Rn. 283 f. - Kadi.

wie hier das Interesse an der Wahrung des Weltfriedens und der internationalen Sicherheit.[1304]

Am 12. Juli 2006 entscheidet das EuG erneut über die Rechtmäßigkeit der Verordnung (EG) Nr. 881/2002 in zwei Verfahren, denen ein ähnlicher Sachverhalt zu Grunde liegt. Das Gericht verweist bezüglich seines Prüfungsmaßstabes auf die Urteile in den Rechtssachen *Yusuf* und *Kadi* und überprüft daher die gerügten Menschenrechtsverletzungen wiederum nur am *ius cogens*.[1305] Dabei wird insbesondere versucht, die Lücke im gerichtlichen Rechtsschutz der Kläger zu schließen. Dieser Versuch beruht auf der Würdigung des EuG, dass das Einfrieren von Geldern eine „besonders drastische Maßnahme" darstelle.[1306]

Das Gericht geht in einem Dreierschritt vor: Unter Hinweis auf die Terroranschläge des 11. September 2001 wird zunächst noch einmal auf die Wichtigkeit des mit der Resolution des Sicherheitsrats verfolgten Zieles der Verhinderung terroristischer Anschläge verwiesen. Dies rechtfertige auch Personen zu schädigen, die für die Situation, die zum Erlass der Sanktionen geführt hat, nicht verantwortlich seien und negative Konsequenzen für bestimmte Wirtschaftsteilnehmer in Kauf zu nehmen.[1307] In einem weiteren Schritt vertritt das Gericht die Ansicht, dass das persönliche Leben nicht unverhältnismäßig betroffen sei: Der Kläger sei nicht daran gehindert, ein zufriedenstellendes persönliches, familiäres und gesellschaftliches Leben zu führen. Die Verwendung der eingefrorenen wirtschaftlichen Ressourcen, wie etwa eines Wohnhauses oder eines Kraftfahrzeuges, sei durch diese Rechtsakte nicht für sich genommen verboten. Ebenso verhalte es sich mit den Dingen des laufenden Verbrauchs.[1308] Im letzten Schritt versucht das EuG im vorgegebenen Rahmen geeignete Rechtsschutzmöglichkeiten zu finden und entwickelt diese schließlich aus den Leitlinien für die Arbeit des 1267er Sanktionsausschusses, welche das förmliche Delisting-Verfahren beinhalten. Die Mängel dieses Verfahrens liegen darin, dass der Betroffene vom diplomatischen Schutz seitens des Staates abhängig ist. Das EuG nimmt daher eine Verpflichtung der Mitgliedstaaten an, bei der Behandlung eines Antrags auf Streichung die Gemeinschaftsgrundrechte zu wahren. Die nationalen Stellen

1304 EuG, Urt. v. 21.9.2005, Rs. T-306/01, Slg. 2005, II-3533 Rn. 340 ff. - Yusuf u. Al Barakaat; EuG, Urt. v. 21.9.2005, Rs. T-315/01, Slg. 2005, II-3649 Rn. 285 ff. - Kadi.

1305 EuG, Urt. v. 12.7.2006, Rs. T-253/02, Slg. 2006, II-2139, Rn. 116 - Ayadi; EuG, Urt. v. 12.7.2006, Rs. T-49/04, Rn. 92 - Hassan.

1306 EuG, Urt. v. 12.7.2006, Rs. T-253/02, Slg. 2006, II-2139, Rn. 121 - Ayadi; EuG, Urt. v. 12.7.2006, Rs. T-49/04, Rn. 98 f. - Hassan.

1307 EuG, Urt. v. 12.7.2006, Rs. T-253/02, Slg. 2006, II-2139, Rn. 122 f. - Ayadi; EuG, Urt. v. 12.7.2006, Rs. T-49/04, Rn. 98 f. - Hassan.

1308 EuG, Urt. v. 12.7.2006, Rs. T-253/02, Slg. 2006, II-2139, Rn. 126 - Ayadi; EuG, Urt. v. 12.7.2006, Rs. T-49/04, Rn. 102 - Hassan.

müssten im Rahmen ihrer Ermessensentscheidung den Schwierigkeiten gebührend Rechnung tragen, die sich für die Betroffenen bei der Sicherung eines effektiven Rechtsschutzes in Bezug auf den besonderen Zusammenhang und das besondere Wesen der sie betreffenden Maßnahmen ergäben.[1309] Aufgrund der Vertraulichkeit der Informationen dürfe ein Antrag nicht schon deshalb abgelehnt werden, weil der Betroffene keine genauen Beweise zur Stützung seines Antrags beibringen könne.[1310] Die Mitgliedstaaten müssten dafür sorgen, dass das Gesuch unverzüglich auf loyale und unparteiische Art dem Sanktionsausschuss zur Überprüfung unterbreitet werde.[1311] Sollten die zuständigen nationalen Behörden dem Anspruch des Betroffenen auf Stellung eines Antrags zur Prüfung seiner Listung durch den Sanktionsausschuss nicht nachkommen, sei es Sache der nationalen Gerichte unter Anwendung des nationalen Rechts, das im Lichte des Gemeinschaftsrechts ausgelegt werden müsse, dem Betroffenen einen effektiven Rechtsschutz zu gewährleisten.[1312] Das in den Leitlinien an sich vorgesehene Streichungsverfahren sei unter Beachtung der erörterten Pflichten der Mitgliedstaaten als effektives Rechtsschutzmittel zu sehen, sodass kein Verstoß gegen den *ius cogens* vorliege.[1313]

Trotz des immer noch geringen Schutzes der Menschenrechte und der quasi nicht vorhandenen eigenständigen Rechtsschutzmöglichkeit bemüht sich das EuG letztlich, die Folgen der Kontoeinfrierung für den Einzelnen in den Vordergrund zu schieben und somit eine Einzelfallabwägung vorzunehmen.[1314]

bb) Urteile des EuG zu der „EU-autonomen"-Liste

Der Unterschied zu den vorhergehenden Sachverhalten liegt bei den folgenden Urteilen[1315] darin, dass der Rat nicht mehr nur die Vorgaben der UN-Resolutionen umsetzt, sondern von sich aus tätig wird und autonome Auswahl-

1309 EuG, Urt. v. 12.7.2006, Rs. T-253/02, Slg. 2006, II-2139, Rn. 147 - Ayadi; EuG, Urt. v. 12.7.2006, Rs. T-49/04, Rn. 117 - Hassan.

1310 EuG, Urt. v. 12.7.2006, Rs. T-253/02, Slg. 2006, II-2139, Rn. 148 - Ayadi; EuG, Urt. v. 12.7.2006, Rs. T-49/04, Rn. 118 - Hassan.

1311 EuG, Urt. v. 12.7.2006, Rs. T-253/02, Slg. 2006, II-2139, Rn. 149 - Ayadi; EuG, Urt. v. 12.7.2006, Rs. T-49/04, Rn. 119 - Hassan.

1312 EuG, Urt. v. 12.7.2006, Rs. T-253/02, Slg. 2006, II-2139, Rn. 152 - Ayadi; EuG, Urt. v. 12.7.2006, Rs. T-49/04, Rn. 121 - Hassan.

1313 EuG, Urt. v. 12.7.2006, Rs. T-253/02, Slg. 2006, II-2139, Rn. 154 f. - Ayadi; EuG, Urt. v. 12.7.2006, Rs. T-49/04, Rn. 124 f. - Hassan.

1314 Postiv wertend auch *Matiss*, Terrorismusbekämpfung, S. 252; *Steinbarth*, ZeuS 2006, 269 (281).

1315 Vgl. EuG, Urt. v. 12.12.06, Rs. T-228/02, Slg. 2006, II-4665 - Organisation des Modjahedines du peuple d'Iran (im Folgenden: OMPI); EuG, Urt. v. 11.7.07, Rs. T-47/03 - Sison; EuG, Urt. v. 11.7.07, Rs. T-327/03 - Stichting Al Aqsa.

entscheidungen trifft. Da hier also nicht aufgrund einer gebundenen Befugnis Maßnahmen ergriffen werden, sondern die Listung aufgrund einer Ermessensentscheidung der Gemeinschaft erfolgt, muss der Rat grundsätzlich die Verteidigungsrechte der Betroffenen in vollem Umfang wahren, wenn er restriktive Maßnahmen gegen die Betroffenen verhängt.[1316] Das Gericht kann sich also in dieser Konstellation nicht auf den Vorrang des Völkerrechts berufen.

Die mögliche Verletzung der Verteidigungsrechte, die Begründungspflicht und das Recht auf effektiven gerichtlichen Rechtsschutz seien, so das EuG, eng miteinander verbunden. Zum einen diene die Gewährleistung der Verteidigungsrechte der Sicherstellung der ordnungsgemäßen Ausübung des Rechts auf effektiven gerichtlichen Rechtsschutz. Zum anderen solle die Begründungspflicht gemäß Art. 253 EGV dem Gemeinschaftsrichter die Ausübung seiner Rechtmäßigkeitskontrolle ermöglichen und dem Betroffenen helfen, seine Rechte im Wissen der Gründe für die getroffenen Maßnahme zu verteidigen.[1317]

Um den genauen Umfang der den Betroffenen zustehenden Verteidigungsrechte zu eruieren, beschreibt das EuG zunächst das Verfahren, das gemäß der „Anti-Terrorismus"-Verordnung zu einer Aufnahme in die entsprechende Liste führt: Die Listung erfolge gemäß Art. 2 Abs. 3 der Verordnung Nr. 2580/2001 i.V.m. Art. 1 Abs. 4 des Gemeinsamen Standpunkts 931/2001/GASP auf der Grundlage genauer Informationen bzw. der einschlägigen Akten, aus denen sich ergebe, dass eine zuständige Behörde — gestützt auf ernsthafte und schlüssige Beweise oder Indizien — gegenüber den betreffenden Personen, Vereinigungen oder Körperschaften einen Beschluss gefasst habe, bei dem es sich um die Aufnahme von Ermittlungen oder um Strafverfolgung wegen einer terroristischen Handlung oder des Versuchs, eine terroristische Handlung zu begehen, daran teilzunehmen oder sie zu erleichtern oder um eine Verurteilung für derartige Handlungen handle. Grundsätzlich finde das Verfahren zur Listung daher auf nationaler Ebene und auf Gemeinschaftsebene statt: Zunächst müsse eine zuständige nationale Behörde, in der Regel eine Justizbehörde, einen Beschluss i.S.d. Art. 1 Abs. 4 des Gemeinsamen Standpunkts 931/2001/GASP fassen. Sodann müsse der Rat einstimmig beschließen, den Betroffenen auf die streitige Liste zu setzen. In der Folge sei der Rat mindestens einmal pro Halbjahr verpflichtet, sich zu vergewissern, dass der Verbleib des Betroffenen auf der Liste nach wie vor gerechtfertigt sei (Art. 1 Abs. 6).[1318] Die Verteidigungsrechte seien also erstmals im Rahmen des nationalen Verfahrens zu beachten, daher müsse

---

1316 EuG, Urt. v. 12.12.06, Rs. T-228/02, Slg. 2006, II-4665 Rn. 106 ff. - OMPI.

1317 EuG, Urt. v. 12.12.06, Rs. T-228/02, Slg. 2006, II-4665 Rn. 89 - OMPI; EuG, Urt. v. 11.7.07, Rs. T-47/03, Rn. 137 - Sison.

1318 EuG, Urt. v. 12.12.06, Rs. T-228/02, Slg. 2006, II-4665 Rn. 116 ff. - OMPI; EuG, Urt. v. 11.7.07, Rs. T-47/03, Rn. 163 ff. - Sison.

der Betroffene zu den ihm zur Last gelegten Umständen, auf die der entsprechende Beschluss gestützt sei, sachgerecht Stellung nehmen können. Auf Gemeinschaftsebene sei es erforderlich, dass der Rat dem Betroffenen die genauen Informationen bzw. die einschlägigen Akten mitteile, aus denen sich ergebe, dass eine zuständige Behörde eines Mitgliedstaats ihm gegenüber einen entsprechenden Beschluss gefasst habe. Der Betroffene müsse sich jedoch nicht mehr zu Zweckmäßigkeit und Begründetheit des Beschlusses äußern können, da dies im Rahmen des nationalen Verfahrens bereits erfolgt sein sollte.[1319] Dies gelte jedoch nur, wenn die betreffenden Beweise oder Indizien auch tatsächlich von der zuständigen nationalen Behörde geprüft worden seien. Stütze hingegen der Rat den Beschluss auf ihm von den Vertretern der Mitgliedstaaten übermittelte Informationen, ohne dass sie der zuständigen nationalen Behörde zur Prüfung vorgelegen hätten, so seien diese als neue zur Last gelegte Umstände anzusehen, die grundsätzlich Gegenstand einer Mitteilung und einer Anhörung auf Gemeinschaftsebene sein müssten.[1320] Im Falle eines gemäß Art. 1 Abs. 6 des Gemeinsamen Standpunkts 931/2001/GASP getroffenen Folgebeschlusses zur Aufrechterhaltung der Maßnahmen müssten dem Betroffenen die Informationen oder Akten mitgeteilt werden, die nach Ansicht des Rats die Beibehaltung der Maßnahmen rechtfertigten, sodass der Betroffene hierzu Stellung nehmen könne.[1321]

Das EuG unterstreicht jedoch auch, dass diese Verteidigungsrechte aufgrund des mit den Maßnahmen verfolgten Zwecks – die Terrorismusbekämpfung – Beschränkungen unterliegen können.[1322] Da die Finanzsanktionen zur Terrorismusbekämpfung ihrem Wesen nach einen „Überraschungseffekt" haben müssten, sei eine Mitteilung der zur Last gelegten Umstände und eine Anhörung der Betroffenen *vor* Erlass des Ausgangsbeschlusses nicht erforderlich. Um sich im Rahmen einer Klage vor dem Gericht sachgerecht verteidigen zu können, sei es jedoch erforderlich, dass dem Betroffenen gleichzeitig mit dem Erlass des Beschlusses oder so früh wie möglich im Anschluss die ihm zur Last gelegten Umstände mitgeteilt würden.[1323] Dies gelte jedoch nicht für die Folgebeschlüsse zur

1319 EuG, Urt. v. 12.12.06, Rs. T-228/02, Slg. 2006, II-4665 Rn. 120 ff. - OMPI; EuG, Urt. v. 11.7.07, Rs. T-47/03, Rn. 167 ff. - Sison.

1320 EuG, Urt. v. 12.12.06, Rs. T-228/02, Slg. 2006, II-4665 Rn. 125 - OMPI; EuG, Urt. v. 11.7.07, Rs. T-47/03, Rn. 172 - Sison.

1321 EuG, Urt. v. 12.12.06, Rs. T-228/02, Slg. 2006, II-4665 Rn. 126 - OMPI; EuG, Urt. v. 11.7.07, Rs. T-47/03, Rn. 173 - Sison.

1322 EuG, Urt. v. 12.12.06, Rs. T-228/02, Slg. 2006, II-4665 Rn. 127 - OMPI; EuG, Urt. v. 11.7.07, Rs. T-47/03, Rn. 174 - Sison.

1323 EuG, Urt. v. 12.12.06, Rs. T-228/02, Slg. 2006, II-4665 Rn. 128 f. - OMPI; EuG, Urt. v. 11.7.07, Rs. T-47/03, Rn. 175 f. - Sison.

Beibehaltung der Maßnahmen. Da hier gerade der Überraschungseffekt nicht mehr zu wahren sei, müssten die entsprechenden Informationen mitgeteilt werden und somit die Möglichkeit einer Anhörung bestehen.[1324] Allerdings könnten im Einzelfall der Mitteilung bestimmter zur Last gelegter Umstände zwingende Gründe der Sicherheit der Gemeinschaft, der Mitgliedstaaten oder der internationalen Beziehungen entgegenstehen.[1325] In den konkreten Fällen stellte das EuG jedoch jeweils einen nicht gerechtfertigten Eingriff in die Verteidigungsrechte der Kläger fest.[1326]

Überdies sei die aus Art. 253 EGV (Art. 296 AEUV) folgende Begründungspflicht im Kontext des Erlasses eines Beschlusses über das Einfrieren von Geldern nach der Verordnung (EG) 2580/2001 zu beachten.[1327] Von der Begründungspflicht sei zum einen eine individuelle und konkrete Mitteilung der Gründe, die zu dem Ausgangsbeschluss i.S.v. Art. 2 Abs. 3 der Verordnung (EG) Nr. 2580/2001 i.V.m. Art. 1 Abs. 4 des Gemeinsamen Standpunkts 2001/931/GASP geführt hätten, umfasst. Zum anderen müssten die Gründe, aus denen der Rat in Ausübung seines Ermessens annehme, dass gegen den Betroffenen eine solche Maßnahme zu verhängen sei, mitgeteilt werden. In der Begründung eines Folgebeschlusses seien zusätzlich die Gründe anzugeben, die den Rat veranlasst haben, die Maßnahmen beizubehalten.[1328] Zwar verböten sich allgemeine Begründungen, allerdings sei im Hinblick auf den Normcharakter der Verordnung zu beachten, dass zum Schutz der betroffenen Personen und Körperschaften in der im Amtsblatt veröffentlichten Fassung des Beschlusses die Angabe des Tenors und eine allgemeine Begründung ausreichend seien. Die spezifische und konkrete Begründung müsse dem Einzelnen auf einem anderen geeigneten Weg zukommen.[1329]

Auch hier sei eine Einschränkung der Begründungspflicht im Hinblick auf zwingende Gründe der Sicherheit der Gemeinschaft, ihrer Mitgliedstaaten oder

---

1324 EuG, Urt. v. 12.12.06, Rs. T-228/02, Slg. 2006, II-4665 Rn. 131 - OMPI; EuG, Urt. v. 11.7.07, Rs. T-47/03, Rn. 178 - Sison.

1325 EuG, Urt. v. 12.12.06, Rs. T-228/02, Slg. 2006, II-4665 Rn. 133 ff. - OMPI; EuG, Urt. v. 11.7.07, Rs. T-47/03, Rn. 180 ff. - Sison.

1326 EuG, Urt. v. 12.12.06, Rs. T-228/02, Slg. 2006, II-4665 Rn. 173 - OMPI; EuG, Urt. v. 11.7.07, Rs. T-47/03, Rn. 226 - Sison; EuG, Urt. v. 11.7.07, Rs. T-327/03, Rn. 65 - Stichting Al Aqsa.

1327 EuG, Urt. v. 12.12.06, Rs. T-228/02, Slg. 2006, II-4665 Rn. 109 - OMPI.

1328 EuG, Urt. v. 12.12.06, Rs. T-228/02, Slg. 2006, II-4665 Rn. 151 - OMPI; EuG, Urt. v. 11.7.07, Rs. T-47/03, Rn. 198 - Sison.

1329 EuG, Urt. v. 12.12.06, Rs. T-228/02, Slg. 2006, II-4665 Rn. 147 - OMPI; EuG, Urt. v. 11.7.07, Rs. T-47/03, Rn. 194 - Sison.

der internationalen Beziehungen im Einzelfall möglich.[1330] Das EuG verneint das Vorliegen solch zwingender Gründe in den jeweiligen Fällen und sieht somit die Begründungspflicht als verletzt an.[1331]

Das Recht auf einen gerichtlichen Rechtsschutz sei dadurch sichergestellt, dass die gelistete Person oder Organisation gegen den Beschluss über das Einfrieren von Geldern Klage beim Gericht nach Art. 230 Abs. 4 EGV erheben kann.[1332] Im Rahmen dieses Rechtsbehelfs müsse das Gericht überprüfen, ob die rechtlichen Voraussetzungen für die Anwendung der Verordnung (EG) Nr. 2580/2001 vorlägen. Dazu gehöre auch die Beurteilung der Tatsachen und Umstände, die zur Begründung herangezogen würden sowie die Prüfung der Beweismittel und Informationen, auf die sich die Beurteilung stütze und zwar ohne dass dem Gericht die Geheimhaltungsbedürftigkeit oder die Vertraulichkeit der vom Rat herangezogenen Informationen entgegengehalten werden dürfe.[1333] Dabei sei zwar anzuerkennen, dass die Verwendung von vertraulichem Material zur Gewährleistung der nationalen Sicherung unvermeidbar sein könne. Dies dürfe jedoch nicht dazu führen, dass jeglicher gerichtlicher Rechtsschutz ausgeschlossen sei.[1334] Das EuG reduziert jedoch seine Überprüfungskompetenz aufgrund des Beurteilungsspielraums des Rats auf die Einhaltung von Verfahrensvorschriften, die Begründungspflicht, die richtige Ermittlung des Sachverhalts sowie die Überprüfung der Beurteilung auf Tatsachen oder Ermessensmissbrauch.[1335]

In den konkreten Fällen sah sich das EuG selbst nach dem Schluss der mündlichen Verhandlung nicht in der Lage die Rechtmäßigkeitskontrolle durchzuführen, sodass das Recht auf einen wirksamen Rechtsbehelf verletzt sei.[1336] Für nichtig erklärt wurden aber nur die Verordnungen des Rats, durch welche

1330 EuG, Urt. v. 12.12.06, Rs. T-228/02, Slg. 2006, II-4665 Rn. 148 f. - OMPI; EuG, Urt. v. 11.7.07, Rs. T-47/03, Rn. 195 f. - Sison.

1331 EuG, Urt. v. 12.12.06, Rs. T-228/02, Slg. 2006, II-4665 Rn. 173 - OMPI; EuG, Urt. v. 11.7.07, Rs. T-47/03, Rn. 226 - Sison; EuG, Urt. v. 11.7.07, Rs. T-327/03, Rn. 60 - Stichting Al Aqsa.

1332 EuG, Urt. v. 12.12.06, Rs. T-228/02, Slg. 2006, II-4665 Rn. 152 - OMPI; EuG, Urt. v. 11.7.07, Rs. T-47/03, Rn. 199 - Sison.

1333 EuG, Urt. v. 12.12.06, Rs. T-228/02, Slg. 2006, II-4665 Rn. 154 f. - OMPI; EuG, Urt. v. 11.7.07, Rs. T-47/03, Rn. 201 f. - Sison.

1334 EuG, Urt. v. 12.12.06, Rs. T-228/02, Slg. 2006, II-4665 Rn. 156 f. - OMPI; EuG, Urt. v. 11.7.07, Rs. T-47/03, Rn. 203 f. - Sison.

1335 EuG, Urt. v. 12.12.06, Rs. T-228/02, Slg. 2006, II-4665 Rn. 159 - OMPI; EuG, Urt. v. 11.7.07, Rs. T-47/03, Rn. 206 - Sison.

1336 EuG, Urt. v. 12.12.06, Rs. T-228/02, Slg. 2006, II-4665 Rn. 172 - OMPI; EuG, Urt. v. 11.7.07, Rs. T-47/03, Rn. 225 - Sison; im Ergebnis auch: EuG, Urt. v. 11.7.2007, Rs. T-327/03, Rn. 64 - Stichting Al Aqsa.

die Kläger zu gelisteten Personen und Organisationen bestimmt wurden.[1337] Die Grundrechtskonformität der Verordnung (EG) Nr. 2580/2001 selbst stand nie zur Debatte, was den Schluss zulässt, dass das Gericht diese nicht für am Maßstab europäischer Grundrechte überprüfbar hält, sondern nur den eigenständigen Vorgang der Listung.

cc) Urteil des EuGH in der Rechtssache Kadi und Al Barakaat

In Konsequenz des veränderten Prüfungsmaßstabs nimmt der EuGH auch in Bezug auf eine mögliche Verletzung des Verteidigungsrechts in der Revisionsentscheidung *Kadi und Al Barakaat* eine gänzlich andere Haltung ein als zuvor das EuG. Der EuGH kommt zum Ergebnis, dass die Verteidigungsrechte des Rechtsmittelführers, insbesondere der Anspruch auf rechtliches Gehör nicht gewahrt worden seien. Der Rat habe weder die ihnen zur Last gelegten Umstände mitgeteilt, noch ihnen das Recht gewährt, innerhalb einer angemessenen Frist nach Anordnung der Maßnahmen, Auskunft über diese Umstände zu erhalten. Um die Effektivität der Sanktionen im Falle der Bekämpfung der Terrorismusfinanzierung, die präventiven Charakter hat, nicht zu gefährden, sei eine Vorab-Information des Betroffenen oder dessen Anhörung bei der erstmaligen Aufnahme in die Liste verzichtbar. Der bloße Hinweis auf eine Gefährdung der inneren Sicherheit könne jedoch nicht dazu führen, dass jeglicher gerichtlicher Rechtsschutz beschnitten sei.[1338] Vielmehr müsse „der Gemeinschaftsrichter im Rahmen der von ihm ausgeübten gerichtlichen Kontrolle Techniken anwenden, die es ermöglichten, die legitimen Sicherheitsinteressen in Bezug auf die Art und die Quellen der Informationen, die beim Erlass des betreffenden Rechtsakts berücksichtigt worden sind, auf der einen und das Erfordernis, dem Einzelnen hinreichende Verfahrensgarantien zu gewähren, auf der anderen Seite zum Ausgleich zu bringen“[1339]. Weder die entsprechenden Rechtsakte enthielten ein Verfahren für die Mitteilung der Umstände, die die erstmalige Aufnahme in die Liste rechtfertigten, noch habe der Rat im konkreten Fall zu einem späteren Zeitpunkt den Klägern diese Umstände mitgeteilt. Der EuGH kommt daher zu einer

---

1337 EuG, Urt. v. 12.12.06, Rs. T-228/02, Slg. 2006, II-4665 Tenor Nr. 1 - OMPI; EuG, Urt. v. 11.7.07, Rs. T-47/03, Tenor Nr. 1 - Sison; EuG, Urt. v. 11.7.07, Rs. T-327/03, Tenor Nr. 1 - Stichting Al Aqsa.

1338 EuGH, Urt. v. 3.9.2008, verb. Rs. C-402/05 P u. C-415/05 P, Slg. 2008, I-6351 Rn. 342 f. - Kadi u. Al Barakaat.

1339 EuGH, Urt. v. 3.9.2008, verb. Rs. C-402/05 P u. C-415/05 P, Slg. 2008, I-6351 Rn. 344 - Kadi u. Al Barakaat.

Verletzung der Verteidigungsrechte der Rechtsmittelführer, insbesondere des Anspruchs auf rechtliches Gehör.[1340]

Auch der EuGH weist auf den Zusammenhang zwischen den Verteidigungsrechten und dem Recht auf einen effektiven gerichtlichen Rechtsschutz hin.[1341] Da dem Rechtsmittelführer, aufgrund der unterlassenen Mitteilung der ihm zur Last gelegten Umstände, keine Möglichkeit zur zufriedenstellenden Verteidigung vor dem Unionsrichter gegeben worden sei und auch der Gerichtshof nicht in der Lage sei, die Rechtsmäßigkeit der streitigen Verordnung zu überprüfen, liege zudem ein Verstoß gegen das Grundrecht auf effektiven gerichtlichen Rechtsschutz vor.[1342]

5. Änderungen nach dem EuGH-Urteil in der Rechtssache Kadi und Al Barakaat und durch den Vertrag von Lissabon

Durch Inkrafttreten des Vertrags von Lissabon wurde die Rechtsstellung der betroffenen Personen, Organisationen und Vereinigungen verbessert. Für den Rechtsschutz im Bereich der GASP ergeben sich zwar grundsätzlich keine Veränderungen: Gemäß Art. 275 Abs. 1 AEUV ist der Gerichtshof der EU nicht zuständig für die Bestimmungen hinsichtlich der GASP und für die auf der Grundlage dieser Bestimmungen erlassenen Rechtsakte. Auf deutsches Bestreben[1343] hin wurde allerdings die Möglichkeit einer Nichtigkeitsklage (Art. 263 AEUV) im Zusammenhang mit der Überwachung der Rechtmäßigkeit von Beschlüssen über restriktive Maßnahmen gegenüber natürlichen oder juristischen Personen in Art. 275 Abs. 2 AEUV aufgenommen. Dies ist im Zusammenhang mit Art. 215 Abs. 3 AEUV und Art. 75 Abs. 2 AEUV zu sehen, wonach Rechtsakte, die Sanktionsmaßnahmen beinhalten, nunmehr auch Bestimmungen über den erforderlichen Rechtsschutz vorsehen müssen. Eine spürbare Erweiterung des Rechtsschutzes ergibt sich aus der Einführung des Art. 275 Abs. 2 AEUV jedoch nur, falls dieser so auslegt wird, dass nunmehr der Gerichtshof auch die Rechtmäßigkeit von – der Gerichtsbarkeit des EuGH an sich entzogenen –

1340 EuGH, Urt. v. 3.9.2008, verb. Rs. C-402/05 P u. C-415/05 P, Slg. 2008, I-6351 Rn. 345 ff. - Kadi u. Al Barakaat.

1341 EuGH, Urt. v. 3.9.2008, verb. Rs. C-402/05 P u. C-415/05 P, Slg. 2008, I-6351 Rn. 336 f. - Kadi u. Al Barakaat.

1342 EuGH, Urt. v. 3.9.2008, verb. Rs. C-402/05 P u. C-415/05 P, Slg. 2008, I-6351 Rn. 349, 351. - Kadi u. Al Barakaat.

1343 Denkschrift des Auswärtigen Amtes zum Vertrag von Lissabon, S. 9, abrufbar im Internet unter: http://www.auswaertiges-amt.de/cae/servlet/contentblob/358382/publication File/3093/Denkschrift-lissabon.pdf (zuletzt abgerufen am 6.3.2013).

GASP-Beschlüsse überprüfen darf.[1344] Dafür spricht, dass schon bislang die restriktiven Maßnahmen, die aufgrund des Art. 301 EGV in Form einer EG-Verordnung gegenüber natürlichen und juristischen Personen ergangen sind, durch den EuGH überprüft werden konnten. Die Neuregelung muss daher mehr als die bloße Wiederholung dieser Selbstverständlichkeit sein.[1345] Die Gewährung effektiven Rechtsschutzes wird jedoch weiterhin die Besonderheiten der GASP als einen besonders souveränitätsnahen Wirkungsbereich der Union zu beachten haben.[1346] Daher bleibt abzuwarten, inwiefern sich der Rechtsschutz für Betroffene tatsächlich verbessert.

Ein wichtiger Schritt bezüglich eines verbesserten Rechtsschutzes ist im Hinblick auf die „Al-Qaida"-Verordnung erfolgt: Am 26. Dezember 2009 trat die Verordnung (EU) Nr. 1286/2009 in Kraft. In den Erwägungsgründen heißt es, dass aufgrund des EuGH-Urteils in der Rechtssache *Kadi und Al Barakaat* die Verordnung (EG) Nr. 881/2002 geändert werde, „um ein Verfahren einzuführen, das die Wahrung der grundlegenden Verteidigungsrechte, insbesondere des Anspruchs auf rechtliches Gehör, sicherstellt"[1347]. Dieses Verfahren wird in den in die „Al-Qaida"-Verordnung eingefügten Art. 7a, b und c näher ausgestaltet: Grundsätzlich wird geregelt, dass die Kommission erst dann einen Beschluss des Sicherheitsrats der VN oder des Sanktionsausschusses umsetzt, wenn ihr vom Sanktionsausschuss eine Begründung zugeleitet wird (Art. 7a Abs. 1). Sobald die Kommission danach selbst einen Beschluss zur Aufnahme in die Liste gefasst hat, soll den Betroffenen, unter Mitteilung der vom Sanktionsausschuss übermittelten Gründe, Gelegenheit zur Stellungnahme gegeben werden (Art. 7a Abs. 2). Wird eine Stellungnahme abgegeben, soll der gefasste Beschluss von der Kommission mit Hilfe eines Ausschusses im Lichte der Stellungnahme überprüft werden (Art. 7a Abs. 3 und Art. 7b Abs. 1). Das Ergebnis der Überprüfung wird sowohl den Betroffenen als auch dem Sanktionsausschuss mitgeteilt (Art. 7a Abs. 3). Wird ein auf stichhaltigen neuen Beweisen beruhender weiterer Antrag zur Streichung des Betroffenen gestellt, führt die Kommission eine weitere Überprüfung durch (Art. 7a Abs. 4).[1348] Das gleiche Verfahren

1344 So *Regelsberger/Kugelmann*, in: Streinz, EUV/AEUV, Art. 275 Rn. 7; *Kokott*, in: Streinz, EUV/AEUV, Art. 215 Rn. 31.

1345 *Cremer*, in: Calliess/Ruffert, EUV/EGV, Art. 46 EUV Rn. 26; *Osteneck*, in: Schwarze, EU-Kommentar, Art. 301 EGV Rn. 28; *dies*., in: Schwarze, EU-Kommentar, Art. 215 AEUV Rn. 34; *Schröder*, DÖV 2009, 61 (64).

1346 *v. Danwitz*, DVBl. 2008, 537 (546).

1347 VO (EU) Nr. 1286/2009, Erwägungsgrund Nr. 4.

1348 Für die in Art. 7a Abs. 3 und Abs. 4 vorgesehene Überprüfung der Kommission wird auf das in Art. 5 und 7 des Beschlusses 1999/468/EG niedergelegte Verfahren zur Festlegung der Modalitäten für die Ausübung der der Kommission übertragenen

soll auch vor dem 3. September 2008 gelisteten Personen auf Antrag gewährt werden (Art. 7c Abs. 1-3). Den Erwägungsgründen zufolge muss bei der Überprüfung der Stellungnahmen der gewichtigen politischen Verantwortung und der Tatsache, dass es sich bei der internationalen Bekämpfung des Terrorismus um ein sensibles Thema handelt, Rechnung getragen werden.[1349] Ferner muss es der Kommission zur Ausnutzung des Überraschungseffekts möglich bleiben, einen Beschluss zu fassen, bevor die Betroffenen unterrichtet werden und somit die Gründe der Listung erst unverzüglich nach der Veröffentlichung des Beschlusses mitzuteilen.[1350]

6. Rechtsprechungsentwicklung

Zur „Anti-Terrorismus"-Verordnung sind noch weitere Urteile ergangen, die in Bezug auf den Umfang der zu gewährenden Verteidigungsrechte auf das Urteil des EuG vom 12. Dezember 2006 in der Rechtssache *Organisation des Modjahedines du peuple d'Iran* hinweisen. Im Einzelnen wird geprüft, ob die konkreten den Betroffenen übermittelten Begründungen bzw. Informationen diesen Voraussetzungen entsprechen.[1351] Insbesondere wird dabei auch überprüft, ob die zuständigen nationalen Stellen einen tauglichen Beschluss i.S.v. Art. 1 Abs. 4 des Gemeinsamen Standpunkts 2001/931/GASP gefasst haben.[1352]

Klagen gegen die „Al-Qaida"-Verordnung werden unter Hinweis auf die im Urteil des EuGH (*Kadi und Al Barakaat*) aufgestellten Grundsätze überprüft.[1353] Insbesondere wurde vom EuGH im Rechtsmittelverfahren zu der Rechtssache *Hassan und Ayadi*, entgegen des zuvor ergangenen Urteils des EuG, die Verord-

Durchführungsbefugnisse verwiesen. In dem dort geregelten Reglungsverfahren wird unter anderem die Aufgabe des die Kommission unterstützenden Ausschusses festgelegt.

1349 VO (EU) Nr. 1286/2009, Erwägungsgrund Nr. 7.

1350 VO (EU) Nr. 1286/2009, Erwägungsgrund Nr. 5.

1351 Einen Verstoß (teilweise) annehmend: EuG, Urt. v. 23.10.2008, Rs. T-256/07, Slg. 2008, II-3019 Rn. 88 ff., 176 ff. - People's Mojahedin Organization of Iran; EuG, Urt. v. 4.12.2008, Rs. T-284/08, Slg. 2008, II-3487 Rn. 37 ff. - People's Mojahedin Organization of Iran; einen Verstoß ablehnend: EuG, Urt. v. 7.12.2010, Rs. T-49/07, Rn. 50 ff. - Fahas.

1352 Vgl. EuG, Urt. v. 9.9.2010, Rs. T-348/07, Rn. 84 ff. - Stichting Al Aqsa; EuG, Urt. v. 30.9.2009, Rs. T-341/07, Slg. 2009, II-3625 Rn. 99 ff. - Sison.

1353 EuG, Urt. v. 11.6.2009, Rs. T-318/01, Slg. 2009, II-1627 Rn. 82 ff. - Othman.

nung aufgrund eines Verstoßes gegen die Verteidigungsrechte und das Recht auf Eigentum für nichtig erklärt, insofern sie die Rechtsmittelführer betrifft.[1354]

Etwas ausführlicher beschäftigte sich das EuG mit der Problematik in seinem Urteil bezüglich der wiederholten Klage von *Yassin Abdullah Kadi* am 30. September 2010. Nach dem entsprechenden EuGH-Urteil beabsichtigte die Kommission Herrn Kadi erneut im Anhang der „Al-Qaida“-Verordnung zu listen. Begründet wurde dies mit der vom Sanktionsausschuss übermittelten Zusammenfassung der Gründe für die Aufnahme in die Liste der VN. Herrn Kadi wurde die vom Sanktionsausschuss erstellte Zusammenfassung der Gründe mitgeteilt und die Möglichkeit gegeben, zu den ihm mitgeteilten Gründen Stellung zu nehmen. Nach Erhalt der Stellungnahme, in der Herr Kadi u.a. die Vorlage einschlägiger Akten und Beweise verlangte und die ihm zur Last gelegten Vorwürfe zu widerlegen versuchte, wurde dieser erneut durch die Verordnung (EG) Nr. 1190/2008 rückwirkend zum 30. Mai 2002 in die Liste aufgenommen. Erst nach Inkrafttreten der Verordnung wurde Herrn Kadi mitgeteilt, dass seine Stellungnahme zwar geprüft worden sei, diese jedoch einer erneuten Listung nicht entgegenzustehen vermöge. Insbesondere sei die Kommission nicht zur Übermittlung weiterer Beweise verpflichtet.[1355] Ungewöhnlich umfassend nimmt das EuG erneut zur Frage der Justiziabilität Stellung. So seien in „juristischen Kreisen“ Zweifel geäußert worden, ob das Urteil des EuGH mit dem Völkerrecht (Art. 25 und 103 VN-Charta) und dem EGV (Art. 297 und 307 EGV) vereinbar sei.[1356] Diese Einwände seien auch „nicht ohne Gewicht“, da der EuGH jedoch ein Grundsatzurteil fällen wollte, müsse dieser sich selbst im Rahmen künftiger Rechtssachen mit der Kritik auseinandersetzen.[1357] Das Gericht weist jedoch darauf hin, dass die vom Sanktionsausschuss geschaffenen Streichungsverfahren noch immer nicht die Garantien eines wirksamen gerichtlichen Rechtsbehelfs böten. Auch die Einrichtung des Büros der Ombudsperson[1358] ändere nichts daran, dass der Sicherheitsrat kein unabhängiges und unparteiisches Organ geschaffen habe, das über die Klagen im Einzelfall befinden könne.[1359] Im Hinblick auf den Umfang der Rechtmäßigkeitskontrolle verweist das Gericht auf die Ausführungen des entsprechenden EuGH-Urteils, insbesondere aber im Zusammenhang mit den Verteidigungsrechten auf das Urteil vom

1354 EuGH, Urt. v. 3.12.2009, Rs. C-399/06 P und C-403/06 P, Slg. 2009, I-11393 Tenor Nr. 2 und 3 - Hassan u. Ayadi.

1355 Ausführlich zur Entwicklung nach dem Urteil des EuGH: EuG, Urt. v. 30.9.2010, Rs. T-85/09, Rn. 49 ff. - Kadi.

1356 EuG, Urt. v. 30.9.2010, Rs. T-85/09, Rn. 115 - Kadi.

1357 EuG, Urt. v. 30.9.2010, Rs. T-85/09, Rn. 121 u. 123 - Kadi.

1358 Vgl. hierzu bereits: 3. Kap. C. II. 3. b).

1359 EuG, Urt. v. 30.9.2010, Rs. T-85/09, Rn. 127 f. - Kadi.

12. Dezember 2006 in der Rechtssache *Organisation des Modjahedines du peuple d'Iran*. Der EuGH habe die Argumentation des Gerichts hinsichtlich der Intensität der Rechtmäßigkeitskontrolle im letztgenannten Urteil durch die Übernahme der wesentlichen Stellen in seinen eigenen Ausführungen gebilligt und sich zu eigen machen wollen.[1360] Auf der Grundlage dieser beiden Urteile nimmt das Gericht sodann die Überprüfung der geltend gemachten Verletzung der Verteidigungsrechte und des Anspruchs auf effektiven gerichtlichen Rechtsschutz vor. Das EuG findet zum Vorgehen der Kommission deutliche Worte: Die Verteidigungsrechte des Klägers seien nur formal und dem Anschein nach gewahrt worden, denn in Wirklichkeit habe die Kommission sich streng an die Beurteilungen des Sanktionsausschuss gebunden gefühlt und hätte deshalb nie vorgehabt, diese Beurteilung im Lichte der Stellungnahme des Klägers in Frage zu stellen. Dem Kläger sei noch nicht einmal auf sein Ersuchen hin der geringste Zugang zu den ihn belastenden Beweisen gewährt worden. Insbesondere seien seine Interessen nicht gegen das Erfordernis abgewogen worden, die Vertraulichkeit der fraglichen Informationen zu schützen.[1361] Sodann zieht das Gericht eine Parallele zu vom EGMR aufgestellter Kriterien zur Gewährleistung des fairen Verfahrens.[1362] Interessanterweise lagen diesen Urteilen Strafverfahren zu Grunde, während die Kommission in ihren Erwägungsgründen der angefochtenen Verordnung (EG) Nr. 1190/2008 noch auf den präventiven Charakter der angewandten Maßnahmen hinwies.[1363] Aus der Verletzung der Verteidigungsrechte resultiere wiederum eine Verletzung des Rechts auf rechtliches Gehör.[1364] Das EuG weist ferner darauf hin, dass die Unionsorgane mangels entsprechender Garantien auf Ebene der VN für die Durchsetzung der Garantien auf Ebene der EU Sorge tragen müssten. Das Verfahren der Listung zur „Al-Qaida"-Verordnung sehe nämlich anders als die Listung zur „Anti-Terrorismus"-Verordnung kein vorgeschaltetes nationales Verfahren vor. Bei letzterem seien die Verteidigungsrechte bereits im Rahmen des nationalen Verfahrens zu gewährleisten, was von den Gerichten in den Mitgliedstaaten überprüft werden könne. So seien die Unionsorgane im Rahmen der „Anti-Terrorismus"-Verordnung von der Pflicht entbunden, zum selben Zweck auf Ebene der Union erneut Garantien vorzusehen.[1365]

1360 EuG, Urt. v. 30.9.2010, Rs. T-85/09, Rn. 138 ff. - Kadi.

1361 EuG, Urt. v. 30.9.2010, Rs. T-85/09, Rn. 171 ff. - Kadi.

1362 EuG, Urt. v. 30.9.2010, Rs. T-85/09, Rn. 167 - Kadi, m.V.a. EGMR, Urt. v. 19.2.2009, Appl. Nr.: 3455/05 - A u.a./Vereinigtes Königreich.

1363 VO (EG) Nr. 1190/2008, Erwägungsgrund Nr. 6 und 9.

1364 EuG, Urt. v. 30.9.2010, Rs. T-85/09, Rn. 181 ff. - Kadi.

1365 EuG, Urt. v. 30.9.2010, Rs. T-85/09, Rn. 186 f. - Kadi.

Die Verordnung (EG) Nr. 1190/2008 wird, soweit sie Yassin Abdullah Kadi betrifft, für nichtig erklärt.[1366]

7. Strafrechtliches Rückwirkungsverbot im Zusammenhang mit § 34 Abs. 4 AWG

Eine für diese Untersuchung interessante Konstellation im Zusammenhang mit einem Verstoß gegen Verteidigungsrechte wird im Rahmen eines vom OLG Düsseldorf eingereichten Vorabentscheidungsverfahrens nach Art. 267 AEUV behandelt.[1367]

Gegen E und F wurde in Deutschland Anklage erhoben wegen eines Verstoßes gegen Art. 2 Abs. 1 lit. b der Verordnung (EG) Nr. 2580/2001. Den Angeklagten wurde zur Last gelegt, einer im Anhang der „Anti-Terrorismus"-Verordnung gelisteten Organisation (DHKP-C) Gelder zur Verfügung gestellt zu haben. Dies sei geschehen, obwohl die Angeklagten gewusst hätten, dass diese Gelder für terroristische Aktivitäten verwendet werden sollen, was gemäß § 34 Abs. 4 Nr. 2 AWG mit einer freiheitsentziehenden strafrechtlichen Sanktion bedroht ist.[1368] Das OLG Düsseldorf legte aufgrund von Zweifeln an der Gültigkeit der Aufnahme der DHKP-C in die Liste nach Art. 2 Abs. 3 der Verordnung (EG) Nr. 2580/2001 dem EuGH u.a. die Frage vor, ob die Listung einer Organisation, die keine Klage gegen die sie betreffenden Beschlüsse erhoben habe[1369], auch dann als von Anfang an wirksam gelte, wenn die Listung unter Verstoß gegen die Verfahrensgarantien der betroffenen Organisation erfolgt sei.[1370] Hintergrund der Frage war, zu erfahren, wie sich verfahrensrechtliche Mängel bei der Listung auf ihre Anwendbarkeit als Grundlage einer Strafbarkeit nach nationalem Recht auswirken. Die Wirksamkeit der Listung ist schließlich tatbestandliche Voraussetzung einer Strafbarkeit nach § 34 Abs. 4 Nr. 4 AWG.[1371]

Der Gerichtshof stellt zunächst fest, dass die Angeklagten mangels unmittelbarer und individueller Betroffenheit nicht selbst gegen den Beschluss, der zur Aufnahme der DHKP-C in die entsprechende Liste geführt hat, vorgehen

1366 EuG, Urt. v. 30.9.2010, Rs. T-85/09, Tenor Nr. 2 - Kadi.

1367 EuGH, Urt. v. 29.06.2010, Rs. C-550/09 - E und F.

1368 Vgl. zum Sachverhalt des Vorabentscheidungsgesuchs: EuGH, Urt. v. 29.06.2010, Rs. C-550/09, Rn. 27 ff. - E und F.

1369 Wäre der Beschluss auf Antrag der betroffenen Organisation bereits für nichtig erklärt worden, könnte dieser nicht mehr zur Stützung einer Straftat gem. § 34 Abs. 4 Nr. 2 AWG herangezogen werden, vgl. zu diesem Zusammenhang bereits 4. Kap. B. I.

1370 EuGH, Urt. v. 29.06.2010, Rs. C-550/09, Rn. 30 - E und F.

1371 *Meyer*, NJW 2010, 2397.

können. Diese hätten nur die Möglichkeit im Wege des Vorabentscheidungsverfahrens gegen die Aufnahme der DHKP-C in die Liste nach Art. 2 Abs. 3 der Verordnung (EG) Nr. 2580/2001, die zur Begründung der gegen sie selbst erhobenen Anklage beiträgt, vorzugehen.[1372] Im Folgenden erklärt der EuGH die Aufnahme der DHKP-C in die Liste nach Art. 2 Abs. 3 der Verordnung (EG) Nr. 2580/2001 aufgrund eines Verstoßes gegen die Begründungspflicht gemäß Art. 296 AEUV und des Rechts auf wirksame gerichtliche Kontrolle für ungültig.[1373] Der DKHP-C war durch den Beschluss 2002/334/EG erstmals in die entsprechende Liste aufgenommen worden und hatte weder mit diesem Beschluss noch in einem der gemäß Art. 1 Abs. 6 des Gemeinsamen Standpunkts 2001/931/GASP erfolgten Folgebeschlüssen zur Aufrechterhaltung der Maßnahmen eine entsprechende Begründung erhalten.[1374] Erst mit dem Beschluss 2007/445/EG vom 28. Juni 2007 wurde im Amtsblatt der EU eine Begründung veröffentlicht. Diesbezüglich stellt der EuGH jedoch fest: „Selbst wenn man unterstellt, dass der Rat durch den Erlass des Beschlusses 2007/445 das Fehlen einer Begründung für die Aufnahme der DHKP-C in der Zeit vor dem 29. Juni 2007 heilen[1375] wollte, kann dieser Beschluss jedoch keinesfalls dazu beitragen, im Zusammenspiel mit § 34 Abs. 4 AWG eine strafrechtliche Verurteilung wegen Taten zu stützen, die den genannten Zeitraum betreffen, da sonst gegen das Verbot der Rückwirkung[1376] von Vorschriften verstoßen würde, die zu einer solchen Verurteilung führen können“[1377]. Die Aufnahme der DKKP-C in die Liste sei also ungültig und könne nicht dazu beitragen, eine strafrechtliche Verurteilung der Angeklagten für den Zeitraum vor dem 29. Juni 2007 zu begründen.[1378]

8. Fazit

Da in dieser Untersuchung mit der Ansicht des EuGH die volle Justiziabilität der Verordnungen angenommen wird, kann der vom EuG (konsequenterweise) propagierte *ius cogens*-Ansatz nicht überzeugen.

1372 EuGH, Urt. v. 29.06.2010, Rs. C-550/09, Rn. 45 ff. - E und F.

1373 EuGH, Urt. v. 29.06.2010, Rs. C-550/09, Rn. 56 f. - E und F.

1374 EuGH, Urt. v. 29.06.2010, Rs. C-550/09, Rn. 19 ff., 55 - E und F.

1375 Von der grundsätzlichen Möglichkeit der Heilung von Verstößen gegen Verteidigungsrechte, gehen die Gerichte scheinbar aus, vgl.: EuG, Urt. v. 11.6.2009, Rs. T-318/01, Slg. 2009, II-1627 Rn. 87 - Othmann; EuGH, Urt. v. 3.12.2009, Rs. C-399/06 P und C-403/06 P, Slg. 2009, I-11393 Rn. 87 - Hassan u. Ayadi.

1376 Das strafrechtliche Rückwirkungsverbot findet sich auch in Art. 49 Abs. 1 GR-Charta.

1377 EuGH, Urt. v. 29.06.2010, Rs. C-550/09, Rn. 59 - E und F.

1378 EuGH, Urt. v. 29.06.2010, Rs. C-550/09, Rn. 62 - E und F.

Im Ergebnis kommen die europäischen Gerichte zumeist im konkreten Einzelfall zu einem Verstoß gegen die Verteidigungsrechte, die sodann zu einem Eingriff in das Recht auf wirksamen Rechtsschutz führen. Einschränkend wird hinzugefügt, dass es kein Recht auf Information und Anhörung vor Erlass des entsprechenden Beschlusses gebe. Auch könne die Zurückhaltung bestimmter Informationen für die internationale Sicherheit erforderlich sein. Diese sicherheitspolitischen Einwände könnten jedoch nicht generell zu einem Ausschluss von Verfahrensrechten führen und müssten im konkreten Einzelfall überprüft werden. Eine genaue Herleitung der Verteidigungsrechte erfolgt jedoch nicht. Zumeist werden sie als allgemeiner Grundsatz des Unionsrechts vorausgesetzt.[1379]

Dieses Ergebnis stimmt mit der erörterten Verletzung der Rechte aus Art. 41 Abs. 2 GRCharta überein. Demnach fehlt es für eine unterbliebene Unterrichtung und Anhörung der Betroffenen an der Erforderlichkeit der Maßnahme. Nachdem der Beschluss zur Aufnahme in die entsprechende Liste gefasst wurde, ist eine weitere Zurückhaltung der Informationen zur Erreichung des legitimen Ziels nicht mehr erforderlich. Zwar kann das Recht auf Akteneinsicht aufgrund des Geheimhaltungsinteresses der Union oder der Mitgliedstaaten gemäß Art. 41 Abs. 2 lit. b GRCharta eingeschränkt werden. Ein pauschaler Hinweis auf das berechtigte Interesse an der Geheimhaltung ist jedoch nicht ausreichend. Erforderlich ist eine Abwägung zwischen den Interessen der Betroffenen und dem sicherheitspolitischen Geheimhaltungsinteresse der EU bzw. der Mitgliedstaaten.

Vor allem in Bezug auf die „Al-Qaida"-Verordnung ist mit dem in Verordnung (EG) Nr. 1286/2009 eingeführten Verfahren zur Wahrung der Verteidigungsrechte eine Stärkung der Rechte des Einzelnen geglückt. Allerdings hängt das dort geregelte Verfahren zur Begründung der Maßnahme und der Gewährung rechtlichen Gehörs stark von der Informationspolitik des Sanktionsausschusses ab. Die Kommission kann insofern nur die ihr vom Sanktionsausschuss übermittelte Begründung hinsichtlich der Listung weiterleiten. Welche Begründung an die Kommission weitergegeben werden kann, hängt wiederum von der Kooperationsbereitschaft der Mitgliedstaaten der VN ab, schließlich basiert die vom Sanktionsausschuss erstellte „Zusammenfassung der Gründe" auf der Falldarstellung der Mitgliedstaaten, die ferner angeben, müssen welcher Teil der Falldarstellung veröffentlicht werden kann.[1380] Die Organe der EU können ihren

1379 Vgl. EuG, Urt. v. 12.12.06, Rs. T-228/02, Slg. 2006, II-4665 Rn. 91 - OMPI; EuG, Urt. v. 21.9.2005, Rs. T-315/01, Slg. 2005, II-3649 Rn. 142 - Kadi.

1380 Vgl. SR-Resolution 1735 (2006), Ziff. 5 und SR-Resolution 1822 (2008), Ziff. 13.

Verpflichtungen in Bezug auf die Verteidigungsrechte daher nur nachkommen, wenn sie selbst über die entsprechenden Informationen verfügen.[1381]

Bezüglich der „Anti-Terrorismus"-Verordnung war das Einführen eines neuen Verfahrens nicht nötig, da das EuG in zutreffender Weise davon ausgeht, dass die Verteidigungsrechte zunächst auf nationaler Ebene eingehalten werden müssen. Dem Betroffenen müssen auf Unionsebene nur noch die Beweise bzw. Akten mitgeteilt werden, aus denen sich ergibt, dass eine zuständige Behörde eines Mitgliedstaats ihm gegenüber einen entsprechenden Beschluss gefasst hat.

Erfreulich ist vor allem die Entwicklung in der neueren Rechtsprechung des EuGH und des EuG, die den Betroffenen übermittelten Begründungen und die insofern erfolgten Stellungnahmen einzelfallbezogen zu prüfen.[1382] Nur so können die Organe zur individuellen Betrachtung gezwungen werden und sich nicht lediglich auf der Übermittlung der vom Sanktionsausschuss mitgeteilten Gründe „ausruhen".

Hinsichtlich des Anspruchs auf gerichtlichen Rechtsschutz kommen die Gerichte in überzeugender Weise zum Ergebnis, dass die fehlende Möglichkeit, sich effektiv zu verteidigen, eine Verletzung des Rechts auf wirksamen Rechtsschutz bedeutet.

Bezüglich eines Verstoßes gegen das Eigentumsrecht nimmt insbesondere der EuGH richtigerweise an, dass das Einfrieren von Geldern als bloße Nutzungsregelung im Hinblick auf das überragende Ziel der Terrorismusbekämpfung nicht für sich genommen unangemessen und unverhältnismäßig ist. Etwas befremdlich wirkt, dass sowohl der EuGH und in der Folge auch das EuG die Defizite im Rechtsschutz als Begründung für einen ungerechtfertigten Eingriff in das Eigentumsrecht sehen. Prinzipiell muss die Verletzung eines Grundrechts von der Frage getrennt werden, ob verfahrensrechtliche Grundsätze nicht eingehalten wurden. Warum hier ein Durchgriff vorliegen soll, führt der EuGH jedoch nicht weiter aus.[1383] Zwar ist diese Argumentation nicht neu; so verlangt z.B. der EGMR im Rahmen des Art. 1 des ersten Zusatzprotokolls zur EMRK, dass das Recht auf Anhörung gewahrt werden muss, damit die effektive Bekämpfung der eigentumsbeeinträchtigenden Maßnahme vor den Behörden erfolgen kann.[1384] Auch das BVerfG hat das Recht auf Eigentum nach Art. 14 GG mit dem Recht auf gerichtlichen Rechtsschutz[1385] und dem Anspruch auf ein fai-

1381 Vgl. hierzu auch *Neudorfer*, ZaöRV 69 (2009), 979 (1001 f.).

1382 Vgl. EuG, Urt. v. 7.12.2010, Rs. T-49/07, Rn. 49 ff. - Fahas; EuG, Urt. v. 30.9.2010, Rs. T-85/09, Rn. 171 ff. - Kadi.

1383 Vgl. *Kämmerer*, EuR 2009, 114 (125).

1384 EGMR, Urt. v. 21.5.2002, Appl. Nr. 28856/95, Rn. 45 - Jokela/Finnland.

1385 BVerfGE 45, 297 (333); 46, 325 (334); 49, 220 (225 ff.).

res Verfahren[1386] verknüpft. Wünschenswert wäre es jedoch gewesen, der EuGH hätte sich zur Verhältnismäßigkeit der Maßnahmen im konkreten Fall geäußert.[1387] Insbesondere die lange Dauer der Maßnahmen kann nämlich nach hier vertretener Ansicht bei einer Einzelfallabwägung zur Unverhältnismäßigkeit der Maßnahme und somit ebenfalls zur Rechtswidrigkeit führen.

III. Ergebnis der Rechtmäßigkeitsprüfung

Sowohl die „Al-Qaida"-Verordnung als auch die „Anti-Terrorismus"-Verordnung sind kompetenzgerecht ergangen. Dieses Ergebnis hinsichtlich der formellen Rechtmäßigkeit wird durch die Rechtsprechung der europäischen Gerichte gestützt, wobei der EuGH jedoch von der Begründung des EuG abweicht. Die durch den Vertrag von Lissabon eingefügten Art. 215 Abs. 2 AEUV und Art. 75 AEUV berechtigen überdies ausdrücklich zum Erlass restriktiver Maßnahmen gegen natürliche und juristische Personen sowie Gruppierungen oder nichtstaatliche Einheiten.

Seit der überzeugenden Rechtsprechungsumkehr in der Rechtssache *Kadi und Al Barakaat* durch den EuGH sind die Verordnungen in vollem Umfang an den Unionsgrundrechten zu messen. Die europäischen Gerichte prüfen daher zumeist, ob die Verteidigungsrechte, das Recht auf effektiven Rechtsschutz oder das Recht auf Eigentum verletzt wurde. Liegt ein ungerechtfertigter Verstoß vor, wird jedoch lediglich die Listung des konkreten Rechtsmittelführers für nichtig erklärt. Die Rechtmäßigkeit der Verordnungen selbst wird nicht angezweifelt.[1388]

Zusammenfassend muss zwar die Rechtmäßigkeit der Verordnungen jeweils im Einzelfall überprüft werden, grundsätzlich ist jedoch von der formellen und materiellen Rechtmäßigkeit der Verordnungen selbst auszugehen. Die Verordnungen dienen daher als taugliche Ausfüllungsvorschrift i.S.v. § 34 Abs. 4 Nr. 2 AWG. Insofern können sich bei einem Verstoß gegen das Einfriergebot bzw. Bereitstellungsverbot i.V.m. § 34 Abs. 4 Nr. 2 AWG strafrechtliche Folgen ergeben.

1386 BVerfG 49, 220 (225 ff.).

1387 So auch *Schmalenbach*, JZ 2009, 35 (40).

1388 Kritisch hierzu *Rossi*, ZJS 5/2008, 551 (553).

C. Die Tatbestandsvoraussetzungen des EU-Verweisungsobjekts

Zur Umschreibung der strafbaren Handlung verweist § 34 Abs. 4 Nr. 2 AWG auf einen Rechtsakt der EU. Unter welchen Voraussetzungen nun ein Verstoß gegen Finanzsanktionen zu einer Strafbarkeit nach nationalem Recht führen kann, bedarf daher einer Darstellung der dort normierten Vorgaben. Im Folgenden sollen das in den Verordnungen festgelegte Tatobjekt (I.) und die Tathandlungen (II.) näher bestimmt werden. Daran anschließend stellt sich die Frage, ob eine Einschränkung des Anwendungsbereichs aufgrund einer teleologischen bzw. grundrechtskonformen Auslegung der entsprechenden Verordnungen geboten ist (III.).

Auch hier sollen in Anbetracht der großen politischen Bedeutung vorrangig die sekundärrechtlichen Vorgaben der „Al-Qaida“- sowie der „Anti-Terrorismus“-Verordnung untersucht werden. Die gefundenen Ergebnisse sind wiederum auf die in den länderbezogenen Sanktionsregimen geregelten Finanzsanktionen übertragbar.

I. Tatobjekt

Die Ver- bzw. Gebote der Verordnungen beziehen sich auf Gelder und wirtschaftliche Ressourcen, im Falle der „Anti-Terrorismus“-Verordnung zusätzlich auf finanzielle Vermögenswerte. Diese Begriffe finden sich neben den in Rede stehenden Rechtsakten auch in anderen (länderbezogenen) restriktiven Maßnahmen der EU und werden in den entsprechenden Verordnungen jeweils definiert. Daneben finden sich Begriffsbestimmungen in den vom Rat erlassenen Leitlinien zur Umsetzung und Evaluierung restriktiver Maßnahmen[1389] bzw. in den bewährten Praktiken der EU für wirksame Umsetzung restriktiver Maßnahmen[1390].

1. Begriff der Gelder

Der Begriff der „Gelder“ wird in Art. 1 Nr. 1 der „Al-Qaida“-Verordnung relativ ausführlich definiert als:

„finanzielle Vermögenswerte oder wirtschaftliche Vorteile jeder Art einschließlich von – aber nicht beschränkt auf – Bargeld, Schecks, Geldforderungen, Wechsel, Geldanweisungen oder andere Zahlungsmittel, Guthaben bei Fi-

1389 Dokument des Rats v. 15.6.2012 (11205/12), Rn. 60 f.

1390 Dokument des Rats v. 24.4.2008 (8666/1/08 REV 1), Rn. 36 ff.

nanzinstituten oder anderen Einrichtungen, Guthaben auf Konten, Schulden und Schuldverschreibungen, öffentlich und privat gehandelte Wertpapiere und Schuldtitel einschließlich Aktien und Anteilen, Wertpapierzertifikate, Obligationen, Schuldscheine, Optionsscheine, Pfandbriefe, Derivate; Zinserträge, Dividenden oder andere Einkünfte oder Wertzuwächse aus Vermögenswerten; Kredite, Rechte auf Verrechnung, Bürgschaften, Vertragserfüllungsgarantien oder andere finanzielle Zusagen; Akkreditive, Konnossemente, Sicherungsübereignungen, Dokumente zur Verbriefung von Anteilen an Fondsvermögen oder anderen Finanzressourcen und jedes andere Finanzierungsinstrument für Ausfuhren".

Ausweislich des Wortlauts ist die Aufzählung der unter den Begriff der Gelder fallenden finanziellen Vermögenswerte und wirtschaftlichen Vorteile nicht abschließend. Die Definition entspricht dabei im Wesentlichen den in den Leitlinien vorgegebenen Standardformulierungen.[1391]

2. Begriff der wirtschaftlichen Ressourcen

Der Begriff der wirtschaftlichen Ressource wird in Art. 1 Nr. 2 der „Al-Qaida" - Verordnung definiert als:

„Vermögenswerte jeder Art, unabhängig davon, ob sie materiell oder immateriell und beweglich oder unbeweglich sind, die keine Gelder sind, aber für den Erwerb von Geldern, Waren oder Dienstleistungen verwendet werden können".

Auch diese Definition ist weitgehend deckungsgleich mit den in den Leitlinien vorgegebenen Standardformulierungen.[1392] Die Begriffsbestimmung umfasst dabei Vermögenswerte jeder Art und ist demgemäß sehr weit gefasst. Unter den Begriff fallen insbesondere alle Arten von Handelsgütern. Die Legaldefinition ist jedoch nicht auf körperliche Gegenstände beschränkt, sondern erfasst auch Dokumente, die einen Warenwert verkörpern oder Rechte an Waren oder Forderungen verbriefen (z.B. Lagerscheine).[1393] Allerdings erfährt diese weite Legaldefinition im letzten Halbsatz eine Einschränkung: die Vermögenswerte müssen nämlich für den Erwerb von Geldern, Waren oder Dienstleistungen verwendet werden können. Unter wirtschaftlichen Ressourcen kann folglich alles gefasst werden, was gegen Entgelt überlassen oder veräußert werden kann und nicht unter den Begriff der Gelder fällt. Dadurch soll verhindert werden,

1391 Dokument des Rats v. 15.6.2012 (11205/12), Rn. 60.

1392 Dokument des Rats v. 15.6.2012 (11205/12), Rn. 61.

1393 BAFA, Merkblatt „Länderunabhängige Embargomaßnahmen zur Terroristenbekämpfung", Stand: 28.8.2009, S. 5.

dass wirtschaftliche Ressourcen als „Parallel- oder Ersatzwährung“ gehandelt werden und somit das Einfrieren von Geldern umgangen werden kann.[1394]

3. Begriffliche Unterschiede

Art. 1 Nr. 1 der „Anti-Terrorismus“-Verordnung hingegen differenziert nicht zwischen Geldern und wirtschaftlichen Ressourcen und definiert Gelder, andere finanzielle Vermögenswerte und wirtschaftliche Ressourcen als:

„Vermögenswerte jeder Art, unabhängig davon, ob sie materiell oder immateriell und beweglich oder unbeweglich sind und wie sie erworben wurden, sowie Rechtsdokumente und Urkunden in jeder Form, auch in elektronischer oder digitaler Form, zum Nachweis des Eigentums oder der Beteiligung an diesen Vermögenswerten, unter anderem Bankkredite, Reiseschecks, Bankschecks, Zahlungsanweisungen, Anteile, Wertpapiere, Obligationen, Wechsel und Akkreditive“.

Auffallend ist hierbei zum einen, dass diese Definition „finanzielle Vermögenswerte“ als eigene Kategorie neben „Geldern“ und „wirtschaftlichen Ressourcen“ sieht, während in der „Al-Qaida“-Verordnung finanzielle Vermögenswerte zusammen mit wirtschaftlichen Vorteilen als Unterfall des (Ober-)Begriffs „Gelder“ betrachtet werden. Fraglich ist, ob sich dadurch eine unterschiedliche Regelungsreichweite ergibt. Dies ist jedoch zu verneinen: Die Definition des Begriffs „Gelder“ in der „Al-Qaida“-Verordnung ist sehr weit und umfasst somit auch finanzielle Vermögenswerte. Ferner handelt es sich dabei um das jüngere Regelwerk, das die zwischenzeitlich erfolgte Weiterentwicklung beim Erstellen von Finanzsanktionen durch differenziertere Definitionen aufnehmen konnte.[1395] Da beide Sanktionsregime „Vermögenswerte jeder Art unabhängig davon, ob sie materiell oder immateriell und beweglich oder unbeweglich sind“, umfassen, wirken sich die gesonderten Definitionen inhaltlich nicht weiter aus.[1396]

Ein weiterer Unterschied ergibt sich daraus, dass die „Anti-Terrorismus“-Verordnung in Art. 2 Abs. 2 die finanziellen Restriktionen ausdrücklich auf die Erbringung von Finanzdienstleistungen erstreckt. Ein solcher Hinweis fehlt in der „Al-Qaida“-Verordnung. Der Begriff „Finanzdienstleistungen“ wird dabei umfangreich in Art. 1 Nr. 3 der „Anti-Terrorismus“-Verordnung definiert:

„„Finanzdienstleistungen“ sind alle Dienstleistungen finanzieller Art, einschließlich aller Versicherungsdienstleistungen und versicherungsbezogenen

1394 Dokument des Rats v. 24.4.2008 (86666/1/08 REV 1), Rn. 44.

1395 *Müller-Terpitz*, K&R Beihefter 1/2011, 1 (10).

1396 *Dahme*, Terrorismusbekämpfung, S. 103.

Dienstleistungen und aller Bank- und sonstigen Finanzdienstleistungen (ausgenommen Versicherungsdienstleistungen):

Versicherungsdienstleistungen und versicherungsbezogene Dienstleistungen

i) Direktversicherung (einschließlich Mitversicherung):

A) Lebensversicherung,

B) Sachversicherung;

ii) Rückversicherung und Folgerückversicherung;

iii) Versicherungsvermittlung wie Leistungen von Versicherungsmaklern und -agenturen;

iv) Versicherungsbezogene Hilfsdienstleistungen wie Beratung, Versicherungsmathematik, Risikobewertung und Schadensregulierung.

Bank- und sonstige Finanzdienstleistungen (ausgenommen Versicherungsdienstleistungen)

v) Annahme von Spar- und sonstigen rückzahlbaren Einlagen;

vi) Ausreichung von Krediten jeder Art, einschließlich Verbraucherkredit, Hypothekenkredit, Factoring und Finanzierung von Handelsgeschäften;

vii) Finanzleasing;

viii) sämtliche Zahlungs- und Überweisungsdienstleistungen einschließlich Kredit- und Scheckkarten, Reiseschecks und Bankwechsel;

ix) Bürgschaften und Verpflichtungen;

x) Geschäfte für eigene und für Kundenrechnung an Börsen, im Schalterverkehr oder in sonstiger Form mit Folgendem:

A. Geldmarkttitel (einschließlich Schecks, Wechsel, Einlagenzertifikate),

B. Devisen,

C. derivative Instrumente, darunter Futures und Optionen,

D. Wechselkurs- und Zinstitel einschließlich Swaps, Kurssicherungsvereinbarungen,

E. begehbare Wertpapiere,

F. sonstige begehbare Titel und Finanzanlagen einschließlich ungeprägtes Gold;

xi) Beteiligung an Emissionen von Wertpapieren jeder Art einschließlich Übernahme und Platzierung von Emissionen als (öffentlicher oder privater) Finanzmakler sowie Erbringung von Dienstleistungen im Zusammenhang mit derartigen Emissionen;

xii) Geldmaklergeschäfte;

xiii) Vermögensverwaltung wie Kassenhaltung und Bestandsverwaltung, alle Formen von kollektivem Anlagemanagement, Pensionsfondsverwaltung, Depotverwahrung, Auftrags- und treuhänderische Verwaltung;

xiv) Saldenausgleichs- und Verrechnungsdienstleistungen im Zusammenhang mit Finanzanlagen einschließlich Wertpapieren, derivativen Instrumenten und sonstigen begehbaren Instrumenten;

xv) Bereitstellung und Übermittlung von Finanzinformationen, Verarbeitung von Finanzdaten und dazugehörender Datenträger von Erbringern anderer Finanzdienstleistungen;

xvi) Beratungs-, Vermittlungs- und sonstige Zusatzfinanzdienstleistungen in Bezug auf sämtliche unter den Ziffern v) bis xv) aufgeführte Tätigkeiten einschließlich Kreditauskunft und Bonitätsprüfung, Anlage- und Vermögensbestandsanalyse und -beratung, Beratung über Akquisition, Unternehmensumstrukturierung und -strategien."

Die ausweislich des Wortlautes abschließende Aufzählung umfasst verschiedenste Versicherungs- und Bankdienstleistungen. Ein ausdrückliches Verbot von Finanzdienstleistungen fehlt in der „Al-Qaida"-Verordnung. Auch hier stellt sich also die Frage, ob Finanzdienstleistungen bereits von den Begriffen „wirtschaftliche Ressource" und „Gelder" gedeckt sind. Bestimmte Finanzdienstleistungen sind begriffsnotwendig schon von dem weitreichenden Gebot des Einfrierens[1397] von Vermögenswerten umfasst, etwa das Auszahlen von Bankguthaben, Überweisungen oder die Anlage von Geldern sowie ferner die Auszahlung einer im Schadensfall zustehenden Summe durch die Versicherung.[1398] Gemäß der oben herausgearbeiteten Definition von wirtschaftlichen Ressourcen sind von diesem Begriff nicht nur körperliche Gegenstände umfasst, sodass grundsätzlich auch Dienstleistungen darunter subsumiert werden können. Allerdings bedarf es eines Vermögenswertes, der wiederum selbst für den Erwerb von Geldern, Waren oder Dienstleistungen verwendet werden kann. Dies trifft jedoch auf reine Dienstleistungen wie Versicherungsdienstleistungen oder bloßen Beratungsdienstleistungen von Banken nicht zu.[1399] Während im Geltungsbereich der „Anti-Terrorismus"-Verordnung gemäß Art. 2 Abs. 2 alle Finanzdienstleistungen untersagt sind, sind bei der „Al-Qaida"-Verordnung demnach nur die Finanzdienstleistungen verboten, die von einem Einfriergebot erfasst sind oder selbst einen Vermögenswert darstellen. Dieses Ergebnis rechtfertigt sich auch dadurch, dass die „Al-Qaida"-Verordnung zeitlich später in Kraft trat und eine Regelung bezüglich eines Verbotes von Finanzdienstleistungen nach dem Vorbild der „Anti-Terrorismus"-Verordnung hätte aufnehmen können.

1397 Hierzu sogleich: 4. Kap. C. II. 1.

1398 *Dahme*, Terrorismusbekämpfung, S. 122.

1399 *Dahme*, Terrorismusbekämpfung, S. 122.

II. Tathandlung

Mögliche Tathandlungen, die zu einer Strafbarkeit nach § 34 Abs. 4 Nr. 2 AWG führen können, sind Verstöße gegen die in den Verordnungen normierte Einfriergebote, Bereitstellungs- bzw. Umgehungsverbote.

1. Einfriergebot

Fast wortgleich bestimmen die „Al-Qaida"- und die „Anti-Terrorismus" -Verordnung, dass alle Gelder und wirtschaftlichen Ressourcen, die einer gelisteten juristischen Person, Gruppe oder Organisation gehören oder in deren Eigentum stehen oder von ihr verwahrt werden, eingefroren werden.[1400]

Die „Anti-Terrorismus"-Verordnung definiert in Fortführung einer fehlenden Differenzierung der Begriffe „Gelder" und „wirtschaftliche Ressource" auch das Einfrieren dieser Güter einheitlich:

„Einfrieren von Geldern, anderen finanziellen Vermögenswerten und wirtschaftlichen Ressourcen ist die Verhinderung jeglicher Form von Bewegungen, Transfers, Veränderungen, Verwendung von Geldmitteln und Handel mit ihnen, die deren Volumen, Beträge, Belegenheit, Eigentum, Besitz, Eigenschaften oder Zweckbestimmung verändern oder andere Veränderungen bewirken, mit denen eine Nutzung der Mittel einschließlich der Vermögensverwaltung ermöglicht wird."[1401]

Die „Al-Qaida"-Verordnung hingegen unterscheidet wiederum zwischen dem Einfrieren von Geldern und wirtschaftlichen Ressourcen:

„Einfrieren von Geldern (bezeichnet) die Verhinderung jeglicher Form von Bewegungen, Transfers, Veränderungen, Verwendung von Geldmitteln und Handel mit ihnen, die deren Volumen, Beträge, Belegenheit, Eigentum, Besitz, Eigenschaften, Zweckbestimmung verändern oder andere Veränderungen bewirken, mit denen eine Verwendung der Gelder einschließlich der Vermögensverwaltung ermöglicht wird;

Einfrieren von wirtschaftlichen Ressourcen (bezeichnet) die Verhinderung ihrer Verwendung für jeden Erwerb von Geldern, Waren oder Dienstleistungen, einschließlich von — aber nicht beschränkt auf — den Verkauf, das Vermieten oder das Verpfänden dieser Ressourcen."[1402]

1400 VO (EG) Nr. 881/2002, Art. 2 Abs. 1; VO (EG) Nr. 2580/2001, Art. 2 Abs. 1 lit a.

1401 VO (EG) Nr. 2580/2001, Art. 1 Nr. 2.

1402 VO (EG) Nr. 881/2002, Art. 1 Nr. 3 und 4.

Inhaltlich ergeben sich aus diesen unterschiedlichen Definitionen keine Abweichungen. Die Begriffsbestimmungen stellen im Kern darauf ab, dass eine Verwendung oder eine Nutzung der Vermögenswerte verhindert werden soll. Die weiteren Ausführungen enthalten nur beispielhaft aufgezählte Umschreibungen der Verwendungsmöglichkeiten.[1403]

Die Sperrwirkung geht dabei unmittelbar von der Verordnung aus. Es bedarf somit keiner gerichtlichen Anordnung des Einfrierens gegenüber dem Einzelnen. Durch die Verordnung selbst ist es den Zielpersonen verboten, über ihre Vermögenswerte zu verfügen. Darüber hinaus liegt in der Anordnung des Einfrierens von Geldern zugleich ein Gebot an Dritte, eine Verwendung der Gelder zu verhindern.[1404]

Personen, die Gelder halten oder kontrollieren, welche einer gelisteten Person gehören, können dies auch ohne Genehmigung weiterhin tun.[1405] Einer Genehmigung bedarf aber jede Verwendung dieser Gelder, einschließlich Eigentumsübertragung, Verlagerung und Veränderung, sei es durch die gelistete Person selbst oder Personen, die solche Gelder halten bzw. kontrollieren. Die Vorschriften werden nicht durch eine Miteigentümerschaft an den Geldern außer Kraft gesetzt, auch wenn das Eigentum Dritter durch die Verordnung nicht eingefroren wird.[1406] Die Einziehung von Bargeld und Geldern, die eine gelistete Person mit sich führt, erlauben die Verordnungen allerdings nicht.[1407]

Auch die Verwendung wirtschaftlicher Ressourcen, die zur Folge hat, dass die gelistete Person Gelder, Güter oder Dienstleistungen erwirbt, bedarf einer vorherigen Genehmigung. Dies gilt auch, obwohl das Eigentum Dritter wiederum nicht eingefroren wird, bei bestehender Miteigentümerschaft an der wirtschaftlichen Ressource.[1408]

2. Bereitstellungsverbot

Anders als das Einfriergebot wird das Bereitstellungsverbot in den Verordnungen nicht ausdrücklich legaldefiniert. Die Maßnahmen werden dadurch umschrieben, dass gelisteten Personen oder Vereinigung weder direkt noch indirekt

---

1403 *Dahme*, Terrorismusbekämpfung, S. 108.

1404 Vgl. zur Wirkung im Einzelnen *Dahme*, Terrorismusbekämpfung, S. 110 f.; *Giegerich*, ZVglRWiss 104 (2005), 163 (188).

1405 Dokument des Rats v. 24.4.2008 (8666/1/08 REV 1), Rn. 36.

1406 Dokument des Rats v. 24.4.2008 (8666/1/08 REV 1), Rn. 37.

1407 Dokument des Rats v. 24.4.2008 (8666/1/08 REV 1), Rn. 40; eine solche Verpflichtung kann sich jedoch aus innerstaatlichem Recht ergeben, z.B. durch Terrorismusbekämpfungs- und Geldwäschevorschriften.

1408 Dokument des Rats v. 24.4.2008 (8666/1/08 REV 1), Rn. 47.

Gelder zur Verfügung gestellt werden oder zugute kommen dürfen.[1409] Generell verboten ist es daher, einer gelisteten Person oder Vereinigung in Form einer Barzahlung für Güter und Dienstleistungen, als Schenkung, zwecks Rückzahlung von Geldern, die zuvor laut einer vertraglichen Vereinbarung gehalten wurden, oder in andere Weise Gelder bereitzustellen.[1410] Ebenso wenig dürfen gelisteten Personen und Vereinigungen direkt oder indirekt wirtschaftliche Ressourcen zur Verfügung gestellt werden oder zugute kommen, wodurch diese Personen oder Vereinigungen Gelder, Waren oder Dienstleistungen erwerben könnten.[1411]

Dem EuGH zufolge sind die Wendungen „bereitstellen“[1412] bzw. „zur Verfügung stellen“[1413] von wirtschaftlichen Ressourcen in einem weiten Sinne auszulegen: Diese beziehen sich nicht auf eine besondere rechtliche Qualifizierung, sondern erfassen vielmehr jede Handlung, die nach dem anwendbaren nationalen Recht erforderlich ist, damit eine Person *tatsächlich* die vollständige Verfügungsbefugnis in Bezug auf die betreffende Sache erlangen kann.[1414] Das Zurverfügungstellen bzw. Bereitstellen von wirtschaftlichen Ressourcen setzt daher keine Eigentumsübertragung voraus.[1415] Verboten ist es also, einer gelisteten Person oder Vereinigung wirtschaftliche Ressourcen beispielsweise durch Schenkung, Verkauf, Tausch oder Rückgabe der von einem Dritten gehaltenen oder kontrollierten wirtschaftlichen Ressourcen an einen gelisteten Eigentümer, bereitzustellen.[1416] Das Bereitstellungsverbot kommt daher einem Waren- und Dienstleistungsembargo gleich, welches sich nicht auf ein konkretes Land, sondern auf eine bestimmte Person bzw. eine bestimmte Vereinigung bezieht.[1417] Unerheblich ist, ob wirtschaftliche Ressourcen für eine Gegenleistung, die als angemessen erachtet werden kann, bereitgestellt werden. Die gelistete Person kann zwar faktisch keinen Überschuss in seinem Vermögen verzeichnen, sondern besitzt, verglichen mit dem Ausgangsvermögen, den gleichen Betrag. Ein anderes Ergebnis würde es jedoch erforderlich machen, in jedem Einzelfall zu

---

1409 VO (EG) Nr. 881/2002, Art. 2 Abs. 2; vgl. auch VO (EG) Nr. 2580/2001, Art. 2 Abs. 1 lit. b.

1410 Dokument des Rats v. 24.4.2008 (8666/1/08 REV 1), Rn. 41.

1411 VO (EG) Nr. 881/2002, Art. 2 Abs. 3; ähnlich auch VO (EG) Nr. 2580/2001, Art. 2 Abs. 1 lit. b, allerdings wieder ohne den letzten Hs („wodurch diese Personen oder Organisationen Gelder, Waren oder Dienstleistungen erwerben könnten“).

1412 VO (EG) Nr. 2580/2001, Art. 2 Abs. 1 lit. b.

1413 VO (EG) Nr. 881/2002, Art. 2 Abs. 2 und Abs.3.

1414 EuGH, Urt. v. 11.10.2007, Rs. C-117/06, Slg. 2007, 8361 Rn. 51 - Möllendorf u. Möllendorf-Niehaus.

1415 So auch *Macke*, in: Uwer, Heimlichkeit und Wahrheit, 37 (57).

1416 Dokument des Rats v. 24.4.2008 (8666/1/08 REV 1), Rn. 48.

1417 *Niestedt*, ExportManager 6/2010, 14 (15); *Dahme*, Terrorismusbekämpfung, S. 115.

ermitteln, ob ein tatsächliches wirtschaftliches Gleichgewicht zwischen den vereinbarten Leistungen besteht. Zudem würde die Gefahr einer Umgehung des genannten Verbots geschaffen und die Mitgliedstaaten vor heikle Durchsetzungsprobleme gestellt.[1418] Überdies kann selbst bei einem wirtschaftlichen Gleichgewicht der Leistungen nicht ausgeschlossen werden, dass der Vermögensgegenstand, den die gelistete Person erhält, bessere Verwertungsmöglichkeiten bietet oder bei einer späteren Verfügung über die Sache ein höherer Betrag erzielt werden kann, als für den Erwerb der Sache gezahlt wurde.[1419]

Ferner ist nicht nur das direkte, sondern auch das indirekte Zurverfügungstellen von Vermögenswerten verboten. Ein indirektes Zurverfügungstellen von Vermögenswerten liegt dann vor, wenn die Zuwendung nicht unmittelbar an die gelistete Person, sondern an einen Dritten erfolgt, aber als weitere Folge zu einer Begünstigung dieser Person führt. So etwa, wenn im Rahmen eines Drei-Personen-Verhältnisses auf Anweisung einer gelisteten Person einem Dritten Waren oder Gelder zugewandt werden und durch diese Zuwendung die Schulden der gelisteten Person beglichen werden.[1420]

Die wirtschaftliche Ressource *selbst* muss als Parallelwährung im Wirtschaftsverkehr fungieren können, sodass zwischen ihr und dem durch sie zu erwerbenden Gegenstand ein Unmittelbarkeitszusammenhang besteht.[1421] Hierfür spricht zum einen der Wortlaut des Art. 2 Abs. 3 der Verordnung (EG) Nr. 881/2002: „(gelisteten Personen, Gruppen und Organisationen dürfen keine wirtschaftlichen Ressourcen zur Verfügung gestellt werden), *wodurch* diese Personen, Gruppen und Organisationen Gelder, Waren oder Dienstleistungen erwerben könnten." Dies ergibt sich auch aus dem Gebot der Normklarheit: Aufgrund der erheblichen strafrechtlichen Folgen muss der Normadressat erkennen können, durch welche Akte des Bereitstellens wirtschaftlicher Ressourcen er gegen die Verordnungen verstößt.[1422] Dies ist jedoch nicht gewährleistet, wenn der Vermögenswert letztlich aufgrund von Verfügungsakten vieler Dritter am Ende zu einem geldwerten Äquivalent umgewandelt wird, sprich später erst die Funktion einer Ersatzwährung erhält und dies für den ursprünglichen

---

1418 EuGH, Urt. v. 11.10.2007, Rs. C-117/06, Slg. 2007, 8361 Rn. 58 - Möllendorf u. Möllendorf-Niehaus.

1419 EuGH, Urt. v. 11.10.2007, Rs. C-117/06, Slg. 2007, 8361 Rn. 59 - Möllendorf u. Möllendorf-Niehaus.

1420 BAFA, Merkblatt „Länderunabhängige Embargomaßnahmen zur Terroristenbekämpfung", Stand: 28.8.2009, S. 5 f.

1421 *Müller-Terpitz*, K&R Beihefter 1/2011, 1 (12).

1422 *Müller-Terpitz*, K&R Beihefter 1/2011, 1 (12).

Verpflichteten nicht vorhersehbar war.[1423] Daran ändert auch die Formulierung in Art. 2 Abs. 3 der Verordnung (EG) Nr. 881/2002 nichts, wonach wirtschaftliche Ressourcen weder direkt noch indirekt zur Verfügung gestellt werden dürfen. Das indirekte Zurverfügungstellen bezieht sich nämlich nicht auf die Eignung des Vermögenswertes als Ersatzwährung, sondern auf den Akt der Zurverfügungstellung der wirtschaftlichen Ressource zugunsten einer Zielperson. Diese kann daher in einem Drei-Personen-Verhältnis auch von einer dritten Person auf Anweisung des ursprünglich Verpflichteten zur Verfügung gestellt werden. Der geldwerte Vorteil muss direkt aus dem (direkt oder indirekt) zur Verfügung gestellten Vermögenswert gezogen werden, um eine strafrechtliche Verantwortung des ursprünglich Verpflichteten begründen zu können.[1424]

3. Umgehungsverbot

Sowohl die „Anti-Terrorismus"- als auch die „Al-Qaida"-Verordnung untersagen die wissentliche und beabsichtigte Beteiligung an Tätigkeiten, deren Ziel oder Folge direkt oder indirekt die Umgehung oder Förderung des Einfriergebots oder des Bereitstellungsverbots beinhaltet.[1425] Wie bereits gesehen, führt dies im strafrechtlichen Sinne zu einer Vorverlagerung der Strafbarkeit im Sinne eines Fördertatbestandes.[1426]

4. Meldepflichten

Alle natürlichen und juristischen Personen sind ferner verpflichtet, jedwede Angaben, die die Anwendung der Verordnungen erleichtern, etwa Informationen über eingefrorene Konten, den zuständigen Behörden oder der Kommission zu übermitteln.[1427] Zudem müssen Informationen darüber, dass die Bestimmungen der Verordnungen umgangen werden oder wurden, übermittelt werden.[1428] Zuständig ist laut Anhang der Verordnungen in Deutschland das Bundesministerium für Wirtschaft und Technologie. Dies stellt Banken und Unternehmen vor

1423 So wohl auch *Dahme*, Terrorismusbekämpfung, S. 116 f., die jedoch zu dieser Einschränkung nicht durch Auslegung des Wortlauts der Verordnungen, sondern erst auf Ebene der strafrechtlichen Kausalität im Rahmen von § 34 Abs. 4 Nr. 2 AWG gelangt.

1424 *Müller-Terpitz*, K&R Beihefter 1/2011, 1 (12).

1425 VO (EG) Nr. 881/2002, Art. 4 Abs. 1; vgl. auch VO (EG) Nr. 2580/2001, Art. 3 Abs. 1.

1426 Vgl.: 4. Kap. A. II. 1. c) bb).

1427 VO (EG) Nr. 881/2002, Art. 5 Abs. 1; vgl. auch VO (EG) Nr. 2580/2001, Art. 4 Abs. 1.

1428 VO (EG) Nr. 881/2002, Art. 4 Abs. 2; vgl. auch VO (EG) Nr. 2580/2001, Art. 3 Abs. 2.

die Herausforderung, verdächtige geschäftliche Kontakte und Transaktionen zu prüfen und zu melden, womit sie gleichzeitig verpflichtet sein können, genaue Hinweise zu Art und Umfang der Geschäfte weiterzugeben.[1429]

Zu beachten ist allerdings, dass ein Verstoß gegen Meldepflichten nicht zu einer strafrechtlichen Konsequenz gemäß § 34 Abs. 4 Nr. 2 AWG führt.[1430]

5. Ausnahmen

Wie bereits aufgeführt, sehen sowohl die „Anti-Terrorismus"- als auch die „Al-Qaida"-Verordnung Ausnahmen vom Einfriergebot bzw. Bereitstellungsverbot vor. Das hat zur Folge, dass die von den Ausnahmetatbeständen umfassten Handlungen keinen Verstoß gegen die jeweilige Verordnung darstellen und nicht als Tathandlung im Rahmen des § 34 Abs. 4 Nr. 2 AWG zu sehen sind. Zusammengefasst sind Ausnahmen von den Verordnungen möglich zur Deckung von Grundbedürfnissen, zur Begleichung von öffentlichen Abgaben sowie zur Bezahlung von rechtlichen Diensten.[1431]

Diese Ausnahmen bedürfen jedoch einer vorherigen Genehmigung durch die zuständigen Behörden. In Deutschland ist dies im Hinblick auf Gelder und Finanzdienstleistungen die Bundesbank sowie bezüglich wirtschaftlicher Ressourcen das Bundesamt für Wirtschaft und Ausfuhrkontrolle. Ohne eine solche Ausnahmegenehmigung dürfen Gelder und wirtschaftliche Ressourcen den betroffenen Personen und Organisationen nicht zur Verfügung gestellt werden, selbst wenn die Voraussetzungen einer Ausnahme erfüllt wären.[1432] Die Erteilung der Ausnahmegenehmigung hängt im Rahmen der „Anti-Terrorismus"-Verordnung vom Ermessen der Behörden ab. Dies ergibt sich aus dem Wortlaut der Verordnung: die zuständigen Behörden der Mitgliedstaaten *können* spezifische Genehmigungen erteilen.[1433] Auch der Wortlaut der „Al-Qaida"-Verordnung (die zuständige Behörde der Mitgliedstaaten *entscheidet…*) lässt auf einen Ermessensspielraum der nationalen Behörde schließen, allerdings kann die Ausnahmegenehmigung nur unter Konsultation des Sanktionsausschusses erteilt werden. Dieser kann binnen 48 Stunden der Ausnahmegenehmigung widersprechen und

---

1429 *Meyer/Macke*, HRRS 2007, 445 (459); zu dadurch sich ergebenden datenschutzrechtlichen Problemen vgl. *Peuser*, DuD 2006, 680 (682 ff.).

1430 Vgl. hierzu bereits: 4. Kap. A. II. 1. d) cc).

1431 Vgl. hierzu ausführlich bereits: 3. Kap. C. IV. 3. b).

1432 BAFA, Merkblatt „Länderunabhängige Embargomaßnahmen zur Terroristenbekämpfung", Stand: 28.8.2009, S. 6 und 7 f.

1433 VO (EG) Nr. 2580/2001, Art. 5 Abs. 2 und 6 Abs. 1.

muss bei Ausnahmen für die Deckung außerordentlicher Ausgaben sogar ausdrücklich zustimmen.[1434]

Zu klären bleibt, wer die Ausnahmegenehmigung beantragen kann. Während die „Anti-Terrorismus"-Verordnung hierzu keine näheren Angaben macht, spricht die „Al-Qaida"-Verordnung von einem „Antrag einer betroffenen natürlichen oder juristischen Person"[1435]. Damit sind nicht nur die Gelisteten selbst gemeint, da in Bezug auf diese ausschließlich der Terminus „die vom Sanktionsausschuss benannten und in Anhang I aufgeführten natürlichen oder juristischen Personen, Gruppen oder Organisationen"[1436] verwandt wird. Vielmehr kann jeder, der in irgendeiner Weise von den Maßnahmen betroffen ist, einen entsprechenden Antrag stellen, beispielsweise auch natürliche Personen oder Unternehmen, die den gelisteten Personen Gelder oder wirtschaftliche Ressourcen zur Verfügung stellen wollen.[1437]

III. Einschränkung des Anwendungsbereichs durch Beachtung von Auslegungsgrundsätzen

Vor allem dem Bereitstellungsverbot unterfallen viele denkbare Fallkonstellationen. Im Hinblick auf die Vermeidbarkeit von Straftaten i.S.v. § 34 Abs. 4 Nr. 2 AWG ist besonders zu beachten, dass äußerlich neutrales bzw. sozialkonformes Verhalten (z.B. der Verkauf von Handelsgütern) seine strafwürdige Natur allein aufgrund der Identität des Zuwendungs- oder Leistungsempfängers annimmt, dessen sanktionsauslösender terroristischer Hintergrund sich wiederum nur aus den europäischen Sanktionslisten ergibt.[1438] Die eigene Tatbegehung hängt also vom deliktischen Handeln eines Anderen ab.[1439] Der „Täter" wird sich somit oftmals gar nicht bewusst sein – sei es aus mangelnder Kenntnis des Umfangs des § 34 Abs. 4 Nr. 2 AWG oder aus mangelnder Kenntnis der Listung des „Geschäftspartners" – dass seine Handlung gegen eine Strafvorschrift verstößt. Insbesondere die Gefahr, den Tatbestand fahrlässig zu erfül-

---

1434 VO (EG) Nr. 881/2002, Art. 2a Abs. 1 lit. b und lit. c.

1435 VO (EG) Nr. 881/2002, Art. 2a Abs. 1 lit. a.

1436 Vgl. z.B. VO (EG) Nr. 881/2002, Art. 2 Abs. 1, 2 und 3, Art. 3, Art. 5 Abs. 1 lit. a.

1437 So auch *Müller-Terpitz*, K&R Beihefter 1/2011, 1 (12).

1438 Vgl. *Meyer/Macke*, HRRS 2007, 445 (461); Meyer, NJW 2010, 2397 (2398); zum Problem der äußerlich neutralen Handlung als Beihilfehandlung vgl. *Heine*, in: Schönke/Schröder, StGB, § 27 Rn. 10 a-c.

1439 Speziell zur Unterstützung fremder Straftaten durch das hier sehr relevante berufsbedingte Verhalten *Kudlich*, Unterstützung fremder Straftaten, S. 39 f.

len, ist vor allem für berufsbedingtes, aber auch für sonstiges an sich sozialadäquates Verhalten immens.[1440]

Möglicherweise ist daher nach Sinn und Zweck einer Bestrafung gemäß § 34 Abs. 4 Nr. 2 AWG i.V.m. Verordnung (EG) Nr. 881/2002 bzw. Verordnung (EG) Nr. 2580/2001 eine restriktive Auslegung der zur Bestrafung führenden Tatbestandsmerkmale geboten. Im Folgenden werden zunächst die Besonderheiten bei der Auslegung im Europarecht aufgezeigt, um sodann zu beleuchten, inwiefern die Anwendung dieser Auslegungsgrundsätze zu einer einschränkenden Auslegung der die Strafbarkeit begründenden Vorschriften führt.

1. Auslegungsgrundsätze im Europarecht

Einer Auslegung bedürfen grundsätzlich in Vorschriften verwendete Begriffe, die aufgrund ihrer Mehrdeutigkeit verschiedene Interpretationen zulassen.[1441] Wie bereits festgestellt, richtet sich der Inhalt des in § 34 Abs. 4 Nr. 2 AWG hineinzulesenden Verweisungsobjekts nach europarechtlichen Auslegungsgrundsätzen.[1442] Die Auslegung und Interpretation des EU-Rechts obliegt dabei gemäß Art. 19 Abs. 1 S. 2 EUV (Art. 220 EGV) dem EuGH. Aufgrund der besonderen Rechtsnatur der EU können bei der Auslegung des Unionsrechts die insbesondere in den Art. 31 ff. der Wiener Vertragsrechtskonvention statuierten völkerrechtlichen Auslegungsgrundsätze nicht uneingeschränkt Anwendung finden.[1443] In der Praxis des Gerichtshofs hat sich eine autonome unionsrechtliche Interpretationslehre mit eigenen Grundsätzen entwickelt.[1444] Prinzipiell wendet dieser die aus dem nationalen Recht bekannten Methoden der grammatikalischen, historischen, systematischen und teleologischen Auslegung an.[1445] Nach dem Gebot der einheitlichen Auslegung des Unionsrechts muss das Sekundärrecht aufgrund des Rangverhältnisses so ausgelegt werden, dass es mit Primär-

---

1440 Zur Fahrlässigkeitsstrafbarkeit in Folge berufsbedingten Verhaltens *Kudlich*, Unterstützung fremder Straftaten, S. 52 ff.

1441 *Larenz/Canaris*, Methodenlehre der Rechtswissenschaft, S. 26, 133.

1442 Vgl. hierzu bereits: 4. Kap. A. II. 1. b) bb).

1443 EuGH, Urt. v. 13.11.1964, verb. Rs. 90 u. 91/63, Slg. 1964, 1329 (1344) - Kommission./.Luxemburg u. Belgien; *Nettesheim*, in: Oppermann/Classen/Nettesheim, Europarecht, § 9 Rn. 165; *Frenz*, Handbuch Europarecht, Bd. 5, Rn. 347 m.w.N.

1444 *Schroeder*, JuS 2004, 180; *Nettesheim*, in: Oppermann/Classen/Nettesheim, Europarecht, § 9 Rn. 168; vgl. auch *Seyr*, Effet utile, S. 30 ff.; ausführlich *Buck*, Auslegungsmethoden, S. 130 ff.

1445 *Nettesheim*, in: Oppermann/Classen/Nettesheim, Europarecht, § 9 Rn. 168 ff.; *Dederichs*, EuR 2004, 345 ff.; *Wegener*, in: Calliess/Ruffert, EUV/AEUV, Art. 19 EUV Rn. 12.

recht vereinbar ist.[1446] Ansonsten gelten für das Sekundärrecht und das Primärrecht die gleichen Auslegungsgrundsätze.[1447]

Im Folgenden sollen die Besonderheiten des Unionsrechts bei den verschiedenen Auslegungsmethoden dargestellt werden, um diese danach auf die in Frage stehenden Verordnungen anwenden zu können.

a) Grammatikalische Auslegung

Wie im nationalen Recht und im Völkerrecht bildet die Untersuchung des Wortlauts den Ausgangspunkt der Inhaltsbestimmung einer Vorschrift.[1448] Dabei soll der normative und natürliche Sinn der Worte im unmittelbaren Zusammenhang des Satzes ermittelt werden.[1449]

Im Europarecht ergeben sich allerdings einige Besonderheiten. So kann aufgrund der selbstständigen Rechtsnatur des Unionsrechts eine autonome und von der nationalen Interpretation emanzipierte Auslegung erforderlich sein.[1450] Eine solche eigenständige Auslegung ermöglicht die umfassende Berücksichtigung unionsrechtlicher Ziele und gewährleistet durch eine vom nationalen Recht losgelöste Interpretation ein einheitliches Verständnis des Unionsrechts.[1451] Im Zuge der grammatikalischen Auslegung ist also zuerst festzustellen, ob ein eigenes, unionsrechtliches Verständnis für den auslegungsbedürftigen Begriff besteht.[1452] Der Gerichtshof geht dabei von einer Vermutung für eine unionsautonome Auslegung aus, sofern der europäische Gesetzgeber nicht ausdrücklich auf das nationale Recht verweist.[1453]

Die größte Besonderheit im Hinblick auf die grammatikalische Auslegung ergibt sich aufgrund der Sprachendiversität der EU. Innerhalb der Union existie-

---

1446 EuGH, Urt. v. 21.3.1991, Rs. C-314/89, Slg. 1991, I-1647 Rn. 17 - Rauh; EuGH, Urt. v. 27.1.1994, Rs. C-98/91, Slg. 1994, I-223 Rn. 9 - Herbrink; ausführlich hierzu sogleich: 4. Kap. C. III. 1. c).

1447 *Frenz*, Handbuch Europarecht, Bd. 5, Rn. 352; *Schroeder*, JuS 2004, 180 (182).

1448 *Schroeder*, JuS 2004, 180 (182); *Riesenhuber*, in: ders., Europäische Methodenlehre, § 11 Rn. 14; *Anweiler*, Auslegungsmethoden, S. 145 m.w.N.

1449 Vgl. EuGH, Urt. v. 4.2.1988, Rs. 256/85, Slg. 1988, 521 Rn. 15 u.18 - Italien./.Kommission; *Nettesheim*, in: Oppermann/Classen/Nettesheim, Europarecht, § 9 Rn. 170.

1450 Vgl. EuGH, Urt. v. 28.10.1982, Rs. 135/81, Slg. 1982, 3799 Rn. 10 - Groupement des Agences de voyages; *Buck*, Auslegungsmethoden, S. 154; *Riesenhuber*, in: ders., Europäische Methodenlehre, § 11 Rn. 4 ff.

1451 *Frenz*, Handbuch Europarecht, Bd. 5, Rn. 358; vgl. auch *Weiler*, ZEuP 2010, 861 (867).

1452 *Frenz*, Handbuch Europarecht, Bd. 5, Rn. 359; vgl. auch *Lutter*, JZ 1992, 593 (599).

1453 EuGH, Urt. v. 14.1.1982, Rs. 64/81, Slg. 1982, 13 Rn. 8 - Corman; EuGH, Urt. v. 2.4.1988, Rs. C-296/95, Slg. 1998, I-1605 Rn. 30 - EMU Tabac u.a.

ren gemäß Art. 55 Abs. 1 EUV (Art. 314 EGV) mittlerweile 23 Amtssprachen. Da die einzelnen Amtssprachen gleichrangig nebeneinander stehen[1454], kann der Wortlaut einer Norm nicht nur im Kontext einer Sprachfassung gesehen werden. Bei der Ermittlung des Wortgehalts müssen vielmehr alle Sprachfassungen miteinbezogen[1455] und miteinander verglichen werden.[1456] Weichen diese voneinander ab, ist es jedoch nicht sachgerecht i.S. eines „Mehrheitsprinzips" auf die Fassung abzustellen, die sich in der Mehrheit der Amtssprachen widerspiegelt.[1457] Hieraus kann sich lediglich eine erste Orientierungshilfe für eine sachgerechte Auslegung ergeben.[1458] Vielmehr ist dann auf den systematischen Zusammenhang bzw. insbesondere auf den Sinn und Zweck der auszulegenden Norm abzustellen.[1459]

Aufgrund der mit der Sprachendiversität verbundenen Problematik spielt die Wortlautauslegung auf Ebene der EU im Vergleich zum nationalen Recht eine geringe Rolle.[1460] Allerdings bildet der Wortlaut grundsätzlich die Grenze der Auslegung. Ist dieser unmissverständlich und eindeutig, bleibt kein Raum mehr für eine teleologische oder historische Auslegung.[1461] So bildet die Wortlautauslegung gleichzeitig die Grenze zwischen Auslegung und Rechtsfortbildung.[1462] Als Ausgangspunkt jeder Interpretation darf die Bedeutung der grammatikali-

---

1454 EuGH, Urt. v. 12.11.1969, Rs. 29/69, Slg. 1969, 419 Rn. 3 - Stauder; EuGH, Urt. v. 6.10.1982, Rs. 283/81, Slg. 1982, 3415 Rn. 18 - C.I.L.F.I.T.

1455 EuGH, Urt. v. 27.2.1997, Rs. C-177/95, Slg. 1997, I-1111 Rn. 30 - Ebony Maritime; *Weiler*, ZEuP, 861 (864).

1456 Vgl. *Seyr*, Effet utile, S. 35 ff.; aufgrund der damit verbundenen Schwierigkeiten fordert *Weiler*, ZEuP 2010, 861 (876 ff.) auf einen Sprachvergleich zu verzichten und die Wortauslegung auf die Amtssprache des jeweiligen Rechtsanwenders zu begrenzen.

1457 *Buck*, Auslegungsmethoden, S. 155 ff.; *Nettesheim*, in: Oppermann/Classen/Nettesheim, Europarecht, § 9 Rn. 171; *Seyr*, Effet utile, S. 38; vgl. auch *Anweiler*, Auslegungsmethoden, S. 153 ff.; auch der EuGH stellt darauf ab, dass bei einer Auslegung keiner Sprachfassung der Vorzug zu geben sei, vgl. Urt. v. 3.3.1977, Rs. 80/76, Slg. 1977, 425 Rn 11 und 12 - Kerry Milk.

1458 *Buck*, Auslegungsmethoden, S. 155.

1459 *Nettesheim*, in: Oppermann/Classen/Nettesheim, Europarecht, § 9 Rn. 171; *Seyr*, Der effet utile, S. 39 f.; EuGH, Urt. v. 24.10.1996, Rs. C-72/95, Slg. 1996, I-5403 Rn. 28 – Kraaijeveld u.a.; EuGH, Urt. v. 1.4.2004, Rs. C-1/02, Slg. 2004, I-3219 Rn. 25 - Borgmann; EuGH, Urt. v. 29.4.2004, Rs. C-341/01, Slg. 2004, I-4883, Rn. 64 – Plato Plastik Robert Frank.

1460 *Buck*, Auslegungsmethoden, S. 152; *Frenz*, Handbuch Europarecht, Bd. 5, Rn. 355, 370; *Riesenhuber*, in: ders., Europäische Methodenlehre, § 11 Rn. 20; *Anweiler*, Auslegungsmethoden, S. 168; a.A. *Dederichs*, EuR 2004, 345 (349 ff.).

1461 *Frenz*, Handbuch Europarecht, Bd. 5, Rn. 365; *Leisner*, EuR 2007, 689 (700).

1462 Vgl. *Neuner*, in: Riesenhuber, Europäische Methodenlehre, § 13 Rn. 2 f.; *Schroeder*, JuS 2004, 180 (184).

schen Auslegung folglich nicht unterschätzt werden, auch wenn der EuGH diese zumeist mit anderen Auslegungsmethoden kombiniert und ihr so nur eine unterstützende bzw. begrenzende Funktion zuweist.[1463]

b) Historische Auslegung

Bei der historischen Auslegung wird der Sinngehalt einer Vorschrift mit Hilfe des tatsächlichen Willens des historischen Gesetzgebers ermittelt. Der Wille des Gesetzgebers soll sich dabei aus den verfügbaren Gesetzesmaterialien sowie der Entstehungsgeschichte ergeben.[1464] Für die Auslegung des Primärrechts hat die historische Auslegung aufgrund der Unzugänglichkeit der Protokolle und Materialien zu den Vertragsverhandlungen eine sehr geringe Bedeutung.[1465]

Im Gegensatz hierzu spielt die historische Auslegung in Bezug auf das Sekundärrecht eine größere Rolle. Gemäß Art. 296 Abs. 2 AEUV (Art. 253 f. EGV) müssen alle Rechtsakte mit einer Begründung versehen werden und auf die in den Verträgen vorgesehenen Vorschläge, Initiativen, Empfehlungen, Anträge oder Stellungnahmen Bezug nehmen. Diese Materialien können für die historische Auslegung herangezogen werden. Insbesondere die Begründungserwägungen, die den Rechtstexten vorangestellt sind, geben Aufschluss über die Zielsetzungen, die der Gesetzgeber bei Erlass des Rechtsaktes verfolgt hat und können somit zur Ermittlung des Gesetzgeberwillens herangezogen werden.[1466] Da die Begründungserwägungen auch der Ermittlung des Sinn und Zwecks einer Norm dienen, können sie ebenfalls als Quelle für die teleologische Auslegung angesehen werden.[1467] Als weitere Ermittlungsmaterialien für den Willen des Gesetzgebers kommen Protokollerklärungen des Rats, der Kommission und der einzelnen Mitgliedstaaten in Frage.[1468] In der Vergangenheit wurden diese oft als wenig geeignet angesehen, da sie meist unveröffentlicht blieben.[1469] Art. 15 AEUV legt nunmehr den Grundsatz der Offenheit fest (Abs. 1)

1463 *Buck*, Auslegungsmethoden, S. 170, 176; *Seyr*, Effet utile, S. 44; *Schroeder*, JuS 2004, 180 (182).

1464 *Larenz/Canaris*, Methodenlehre der Rechtswissenschaft, S. 149 ff.; *Leisner*, EuR 2007, 689 (689 f.).

1465 *Seyr*, Effet utile, S. 76; *Schroeder*, JuS 2004, 180 (183); *Dederichs*, EuR 2004, 345 (358); *Pechstein/Drechsler*, in: Riesenhuber, Europäische Methodenlehre, § 8 Rn. 32; kritisch *Leisner*, EuR 2007, 689 (697 f.).

1466 EuGH, Urt. v. 5.3.2009, Rs. C-388/07, Slg. 2009, I-1569 Rn. 30 - Age Concern England; EuGH, Urt. v. 13.7.1989, Rs. 215/88, Slg. 1989, 2789 Rn. 30 f. - Casa Fleischhandel; *Riesenhuber*, in: ders., Europäische Methodenlehre, § 11 Rn. 33; *Seyr*, Effet utile, S. 77.

1467 *Frenz*, Handbuch Europarecht, Bd. 5, Rn. 382; *Seyr*, Effet utile, S. 79 f.

1468 *Leisner*, EuR 2007, 689 (701).

1469 Zur Kritik *Leisner*, EuR, 2007, 689 (695 f.).

und bezieht ihn ausdrücklich auf die Gesetzesberatungen und Abstimmungen im Rat (Abs. 2). Außerdem wurde ein Recht auf Zugang zu den Dokumenten der Organe, Einrichtungen und sonstigen Stellen, unabhängig der Form des Dokuments, statuiert.[1470] Diese Dokumente könnten in Zukunft bei der historischen Auslegung eine größere Rolle spielen.[1471]

Unter die historische Auslegung ist auch der Fall zu subsumieren, dass der EuGH eine Vorschrift unter Einbeziehung mit der Vorgängerbestimmung auslegt.

Der historischen Auslegung wird im Gegensatz zu den anderen Auslegungsmethoden eine eher untergeordnete Rolle zugesprochen. Zum einen werden die Begründungserwägungen meist zur Unterstützung anderer Auslegungsmethoden herangezogen, zum anderen unterliegt das Unionsrecht einer ständigen Entwicklung.[1472]

c) Systematische Auslegung

Bei der systematischen Auslegung soll von der Stellung einer Norm im Regelungsgefüge auf ihre Bedeutung geschlossen werden.[1473] So sollen Wertungswidersprüche vermieden[1474] und die Einheitlichkeit des EU-Rechts sichergestellt werden.[1475] Dieser Harmonisierungsgedanke spielt eine zentrale Rolle im europäischen Recht. So fußt die systematische Auslegung auf dem Grundgedanken, dass die Gründungsverträge ein Rechtssystem bilden, in welches sich die anderen unionsrechtlichen Vorschriften einfügen und streng miteinander verknüpft sind.[1476]

1470 Vgl. auch VO (EG) Nr. 1049/2001 des Europäischen Parlaments und des Rates über den Zugang der Öffentlichkeit zu Dokumenten des Europäischen Parlaments, des Rates und der Kommission.

1471 Vgl. auch *Frenz*, Handbuch Europarecht, Bd. 5, Rn. 378.

1472 *Nettesheim*, in: Oppermann/Classen/Nettesheim, Europarecht, § 9 Rn. 175; *Cole/Haus*, JuS 2001, 435 (436); *Anweiler*, Auslegungsmethoden, S. 263; *Buck*, Auslegungsmethoden, S. 151; *Frenz*, Handbuch Europarecht, Bd. 5, Rn. 386; a.A. *Leisner*, EuR 2007, 689 (705).

1473 *Buck*, Auslegungsmethoden, S. 177; *Riesenhuber*, in: ders., Europäische Methodenlehre, § 11 Rn. 23; *Larenz/Canaris*, Methodenlehre der Rechtswissenschaft, S. 145 ff.

1474 *Anweiler*, Auslegungsmethoden, S. 172; *Buck*, Auslegungsmethoden, S. 177.

1475 Vgl. EuGH, Urt. v. 9.3.2006, Rs. C-499/04, Slg. 2006, I-2397 Rn. 32 - Werhof; *Frenz*, Handbuch Europarecht, Bd. 5, Rn. 387; *Anweiler*, Auslegungsmethoden, S. 173.

1476 *Bredimas*, Methods of Interpretation, S. 44; *Meyer*, JURA 1994, 455 (456); *Anweiler*, Auslegungsmethoden, S. 173.

Bei der systematischen Auslegung kann zwischen einem engeren und einem weiteren Kontext unterschieden werden.[1477] Mit dem engeren Kontext ist die Berücksichtigung der gesamten Rechtsnorm[1478], der Nachbarvorschriften oder eines gesamten Abschnitts gemeint.[1479] Es ist dabei davon auszugehen, dass in allen Normen eines Kapitels und in allen Kapiteln eines Abschnittes dieselbe Materie abschließend geregelt ist.[1480] Der Inhalt einer Norm kann demgemäß durch den Rückgriff auf die anderen Normen des Kapitels bestimmt werden. Diese Auslegung kann dann wiederum der Inhaltsbestimmung der Nachbarnormen dienen. Insofern herrscht eine Wechselbeziehung zwischen den Normen.[1481] Dem Sekundärrecht kommt dabei ein hoher Grad an normativer Strukturierung zu, sodass aus der Systematik oftmals verwertbarere Schlüsse bezüglich des Inhalts einer Norm gezogen werden können als im Primärrecht.[1482] Die systematische Auslegung anhand des weiteren Kontexts meint die Beachtung entfernt liegender Bestimmungen[1483], des Gesamtzusammenhangs des Vertrages[1484] sowie den Vergleich mit den anderen Gründungsverträgen[1485].

Obwohl Normen aus anderen Teilen des Vertrags, anders als Nachbarnormen, nicht dieselbe Materie regeln wollen, müssen die beiden Normen aufgrund der Einheit des Gemeinschaftsrechts so ausgelegt werden, dass sie miteinander harmonieren.[1486]

Für das Sekundärrecht spielt vor allem der Rückgriff auf den Gesamtzusammenhang einer Richtlinie bzw. einer Verordnung eine Rolle.[1487] Für die sys-

---

1477 Begriffe wie bei *Seyr*, Effet utile, S. 46 f.; ähnlich auch *Anweiler*, Auslegungsmethoden, S. 173 ff.; *Bredimas*, Methods of Interpretation, S.43; *Buck*, Auslegungsmethoden, S. 177 ff.

1478 EuGH, Urt. v. 6.7.1988, Rs. 236/86, Slg. 1988, 3761 Rn. 25 - Dillinger Hüttenwerke; EuGH, Urt. v. 18.4.1989, Rs. 358/87, Slg. 1989, 891 Rn. 27 - Drewes./.Bezirksregierung Lüneburg.

1479 EuGH, Urt. v. 15.6.1978, Rs. 149/77, Slg. 1978, 1365 Rn. 15 - Defrenne./.Sabena; EuGH, Urt. v. 15.7.1964, Rs. 6/64, Slg. 1964, 1253 (1275) - Costa./.ENEL

1480 *Anweiler*, Auslegungsmethoden, S. 173 f.; *Seyr*, Effet utile, S. 46.

1481 *Bleckmann/Pieper*, in: Dauses, Handbuch des EU-Wirtschaftsrechts, B. I. Rn. 31.

1482 *Buck*, Auslegungsmethoden, S. 179 ff.; *Seyr*, Effet utile, S. 47.

1483 EuGH, Urt. v. 15.6.1978, Rs. 149/77, Slg. 1978, 1365 Rn. 16/18 - Defrenne./.Sabena.

1484 Vgl.: EuGH, Urt. v. 31.3.1971, Rs. 22/70, Slg. 1971, 263, Rn. 12 ff. - Kommission./.Rat; EuGH, Urt. v. 7.2.1979, Rs. 136/78, Slg. 1979, 437 Rn. 15 - Auer; EuGH, Urt. v. 27.10.1982, verb. Rs. 35 u. 36/82, Slg. 1982 3723 Rn. 13 ff. - Morson.

1485 Vgl. EuGH, Urt. v. 21.2.1972, Rs. 6/72, Slg. 1973, 215 Rn. 22 f. - Continental Can; EuGH, Urt. v. 12.1.1984, Rs. 266/82, Slg. 1984, 1 Rn. 5 - Turner./.Kommission.

1486 *Anweiler*, Auslegungsmethoden, S. 177 f.

1487 *Anweiler*, Auslegungsmethoden, S. 181 f.; *Seyr*, Effet utile, S. 48 f.; vgl. EuGH, Urt. v. 6.12.2001; Rs. C-269/99, Slg. 2001, I-9517 Rn. 40 - Kühne.

tematische Auslegung können auch unverbindliche Rechtsakte wie Programme und Erläuterungen herangezogen werden.[1488]

Eine wichtige Unterkategorie der systematischen Auslegung stellt die primärrechtskonforme Auslegung des sekundären Unionsrechts dar.[1489] Diese besagt, dass bei mehreren Auslegungsvarianten einer Vorschrift des Sekundärrechts derjenigen der Vorzug zu geben ist, bei der diese mit dem Primärrecht im Einklang steht.[1490] Die Norm des Primärrechts dient dabei der Sinnermittlung der abgeleiteten Norm.[1491] Im Gegensatz zu den anderen Fällen der systematischen Auslegung werden Vorschriften miteinander verglichen, die hierarchisch nicht auf einer Stufe stehen. Aus diesem Grund wird auch von „vertikaler Systematik" gesprochen.[1492] Das Gebot der primärrechtskonformen Auslegung bezieht sich auf das gesamte Sekundärrecht.[1493] Da die EU Grundrechtecharta und die Verträge seit Inkrafttreten des Vertrages von Lissabon gemäß Art. 6 Abs. 1 UAbs. 1 EUV n.F. gleichrangig sind, ist die Charta als primäres Unionsrecht zu werten.[1494] Infolgedessen muss auch eine grundrechtskonforme Auslegung des Sekundärrechts erfolgen. Das abgeleitete Unionsrecht war indessen auch zuvor an den allgemeinen Rechtsgrundsätzen zu messen[1495], zu denen auch die Grundrechte zählten. Somit hat die grundrechtskonforme Auslegung bereits früher Eingang in die Rechtsprechung des EuGH gefunden.[1496]

1488 *Buck*, Auslegungsmethoden, S. 191 ff.; *Frenz*, Handbuch Europarecht, Bd. 5, Rn. 399 f.

1489 *Frenz*, Handbuch Europarecht, Bd. 5, Rn. 405; *Seyr*, Effet utile, S. 50; ausführlich zur primärrechtskonformen Auslegung des Sekundärrechts *Leible/Domröse*, in: Riesenhuber, Europäische Methodenlehre, § 9.

1490 EuGH, Urt. v. 21.3.1991, Rs. C-314/89, Slg. 1991, I-1647 Rn. 17 - Rauh; EuGH, Urt. v. 27.1.1994, Rs. C-98/91, Slg. 1994, I-223 Rn. 9 - Herbrink.

1491 *Frenz*, Handbuch Europarecht, Bd. 5, Rn. 407.

1492 *Müller/Christensen*, Juristische Methodik Bd. II, Rn. 53; *Frenz*, Handbuch Europarecht, Bd. 5, Rn. 405.

1493 *Leible/Domröse*, in: Riesenhuber, Europäische Methodenlehre, § 9 Rn. 8.

1494 Vgl. hierzu bereits: 4. Kap. B. III. 1. b) aa).

1495 Vgl. z.B. Grundsatz der Vertrauensschutzes: EuGH, Urt. v. 27.1.1994, Rs. C-98/91, Slg. 1994, I-223 Rn. 9 – Herbrink; EuGH, Urt. v. 28.1.1999, Rs. C-181/96, Slg. 1999, I-399 Rn. 19 - Wilkins; Grundsatz der Rechtssicherheit: EuGH, Urt. v. 1.4.2004, Rs. C-1/02, Slg. 2004, I-3219 Rn. 30 - Borgmann.

1496 Vgl. u.a. EuGH, Urt. v. 21.9.1989, verb. Rs. 46/87 u. 277/88, Slg. 1989, 2859, Rn. 12 f. - Hoechst.

Der EuGH greift in seinen Urteilen oft auf die systematische Auslegung zurück, sodass dieser eine große Bedeutung zuzumessen ist.[1497] Da das Verständnis einer Norm in Bezug auf den entsprechenden Regelungszusammenhang meist nur unter Berücksichtigung des Sinn und Zwecks des Regelungsganzen ermittelt werden kann, ist die systematische Auslegung dabei eng mit der teleologischen Auslegung verbunden.[1498]

d) Teleologische Auslegung

Bei der teleologischen Auslegungsmethode ist eine Norm so auszulegen, dass dem erkennbaren Zweck und dem Grundgedanken einer Regelung optimal Rechnung getragen wird.[1499] Im Mittelpunkt stehen demnach Sinn und Zweck einer Vorschrift. Die teleologische Exegese entfernt sich bisweilen vom Wortlaut einer Norm, um die Bedeutung einer Vorschrift zweckmäßig zu erschließen. Allerdings bilden Wortlaut und Systematik auch im Europarecht die Grenze der teleologischen Auslegung.[1500]

Die Ziele der gesamten Unionsrechtsordnung ergeben sich aus Art. 3 EUV n.F. (Art. 2 EGV, Art. 2 EUV a.F.) sowie der Präambel der Verträge. Insbesondere die allgemeinen Vertragsziele dienen der Ermittlung des Sinn und Zwecks anderer Vorschriften des Unionsrechts, da sie hierarchisch an oberster Stelle stehen und die Aufgaben der Union beschreiben.[1501] Der EuGH versucht meist das Ziel der konkreten Einzelbestimmung herauszuarbeiten. Dabei greift er häufig auf die einem Kapitel zugrundeliegende generelle Regel zurück und untersucht, wie die Einzelbestimmung ausgelegt werden muss, um diesem Regelungsziel zu entsprechen.[1502] Dabei soll die Gewinnung der speziellen Zielsetzung nicht im Widerspruch zu den allgemeinen Zielen stehen.[1503] Zur Bestimmung des *telos* von Normen des Sekundärrechts greift der EuGH insbesondere auf die Begründungserwägungen, die gemäß Art. 296 AEUV Bestandteil eines

1497 *Bleckmann/Pieper*, in: Dauses, EU-Wirtschaftsrecht, B. I., Rn. 30; *Brown/Kennedy*, The Court of Justice, S. 334; *Seyr*, Effet utile, S. 54 f.; a.A. *Schroeder*, JuS 2004, 180 (183).

1498 Vgl. EuGH, Urt. v. 28.2.1980, Rs. 67/79 , Slg. 1980, 535 Rn. 7 f. - Fellinger; *Riesenhuber*, in: ders., Europäische Methodenlehre, § 11 Rn. 25; *Colneric*, ZEuP 2005, 225 (227); zum Primärrecht *Buck*, Auslegungsmethoden, S. 201.

1499 *Larenz/Canaris*, Methodenlehre der Rechtswissenschaft, S. 153.

1500 *Borchardt*, in: Schulze/Zuleeg/Kadelbach, Europarecht, § 15 Rn. 48.

1501 EuGH, Urt. v. 4.4..1974, Rs. 67/73, Slg. 1974, 359 Rn. 17/23 - Kommission./.Frankreich.

1502 *Bleckmann/Pieper*, in: Dauses, EU-Wirtschaftsrecht, B. I Rn. 24.

1503 *Seyr*, Effet utile, S. 65.

Rechtsakts sein müssen, zurück.[1504] Ferner können andere Bestimmungen des gleichen Rechtsakts der Sinnermittlung dienen.[1505]

Im Rahmen der teleologischen Auslegung haben sich im Europarecht durch die Rechtsprechung des EuGH besondere Formen herausgebildet. Eine wichtige Ausprägung der teleologischen Auslegung ist die Orientierung an der „praktischen Wirksamkeit", dem *effet utile* einer Rechtsnorm.[1506] Demzufolge müssen Bestimmungen des Primär- und Sekundärrechts dahingehend ausgelegt werden, dass die Verwirklichung der Vertragsziele und die Funktionsfähigkeit der Gemeinschaft sichergestellt ist.[1507] Die Auslegung nach dem *effet utile* fragt danach, wie eine bereits festgestellte ratio praktisch verwirklicht werden kann.[1508] Eine weitere wichtige Ausprägung der teleologischen Auslegung stellt deren dynamische Ausrichtung dar.[1509] Demnach ist derjenigen Auslegung der Vorzug zu geben, die am ehesten zum Gelingen der fortschreitenden Integration beiträgt und somit die Union stärkt.[1510] Das Unionsrecht muss dem wirtschaftlichen, sozialen und politischen Wandel Sorge tragen und ist somit durch seine Zweckbestimmung auf einen entsprechenden Fortschritt ausgerichtet.[1511] Aufgrund nachträglicher Entwicklungen kann auch bei unverändertem Wortlaut, soweit er dies zulässt, eine andere Auslegung erforderlich erscheinen.[1512]

Im Vergleich zu den anderen Auslegungsmethoden nimmt die teleologische Exegese zur Auslegung des Unionsrechts die größte Bedeutung ein.[1513] Da der

---

1504 EuGH, Urt. v. 28.6.1990, Rs. C-80/89, Slg. 1990, I-2659 Rn. 23 - Behn Verpackungsbedarf; EuGH, Urt. v. 6.10.1981, Rs. 246/80, Slg. 1981, 2311 Rn. 23 - Broekmeulen; *Bleckmann/Pieper*, in: Dauses, EU-Wirtschaftsrecht, B I. Rn. 26.

1505 EuGH, Urt. v. 7.5.2009, Rs. C-553/07, Slg. 2009, I-3889 Rn. 45 f. - Rijkeboer.

1506 Die Auslegung nach dem effet utile wird von der herrschenden Lehre als Unterfall der teleologischen Exegese gesehen, vgl. *Buck*, Auslegungsmethoden, S. 208; *Anweiler*, Auslegungsmethoden, S. 219; *Bredimas*, Methods of Interpretation, S. 77; *Potacs*, EuR 2009, 465 (469); a.A. *Seyr*, Effet utile, S. 272 ff., der insofern von einer „sechsten Auslegungsmethode" spricht.

1507 *Mayer*, in: Grabitz/Hilf/Nettesheim, Das Recht der EU, Art. 19 Rn. 57; vgl. EuGH, Urt. v. 21.21991, verb. Rs. C-143/88 u. C-92/89, Slg. 1991, I-415 Rn. 30 - Süderdithmarschen; EuGH, Urt. v. 6.10.1981, Rs. 246/80, Slg. 1981, 2311 Rn. 16 - Broekmeulen; ausführlich zum Begriff *Potacs*, EuR 2009, 465 (466 ff.).

1508 *Buerstedde*, Juristische Methodik, S. 77.

1509 Vgl. EuGH, Urt. v. 6.10.1982, Rs. 283/81, Slg. 1982, 3415 Rn. 20 - C.I.L.F.I.T.

1510 *Buck*, Auslegungsmethoden, S. 214.

1511 *Schroeder*, JuS 2004, 180 (186).

1512 *Riesenhuber*, in: ders., Europäische Methodenlehre, § 11 Rn. 43

1513 *Schroeder*, JuS 2005, 180 (183); *Lutter*, JZ 1992, 593 (602); *Oppermann/Classen/Nettesheim*, Europarecht, § 9 Rn. 176; *Frenz*, Handbuch Europarecht, Bd. 5, Rn. 409.

Gerichtshof in hohem Maße auf die teleologische Auslegung zurückgreift, ist diese für die Rechtsprechung prägend.[1514]

Wie bereits angedeutet, besteht ein enger Zusammenhang zwischen der teleologischen und der systematischen Auslegung.[1515] Die Frage nach dem *telos* einer Norm dient nicht nur der Bedeutungsermittlung einer spezifischen Norm, sondern auch der Vereinheitlichung der unionsrechtlichen Rechtsordnung.[1516] Somit ist Ziel der teleologischen Auslegung, wie auch bei der systematischen Auslegung, Wertungswidersprüche innerhalb der Unionsrechtsordnung zu vermeiden.[1517] Allerdings steht bei der teleologischen Interpretationsmethode der Sinn und Zweck einer Norm, nicht deren Anordnung im Vordergrund.[1518] Auch der EuGH grenzt die beiden Methoden nicht immer scharf voneinander ab[1519] und begründet oftmals die Ergebnisse in wichtigen Entscheidungen – wie die unmittelbare Wirkung von Richtlinien oder den Vorrang des Gemeinschaftsrechts – sowohl mit teleologischen als auch mit systematischen Erwägungen.[1520]

2. Teleologische Reduzierung des Bereitstellungsverbots am Beispiel der Rechtsprechung

Zu untersuchen ist nun, inwiefern die Anwendung der soeben erläuterten europäischen Auslegungsgrundsätze zu einer restriktiven Auslegung derjenigen Vorschriften der „Al-Qaida"- sowie der „Anti-Terrorismus"-Verordnung führen kann, die eine Strafbarkeit gemäß § 34 Abs. 4 Nr. 2 AWG begründen.

Zur Auslegung des in Art. 2 Abs. 2 der „Al-Qaida"-Verordnung normierten Bereitstellungsverbots ist jüngst im Rahmen eines Vorabentscheidungsverfahrens ein Urteil des EuGH ergangen.

a) Sachverhalt

Im Ausgangsverfahren hatten M u.a., bei denen es sich um Ehefrauen von gelisteten Personen handelt, die mit diesen und ihren Kindern in Großbritannien zusammenleben, gegen das britische Finanzministerium (im Folgenden: Treasury) geklagt. Das Treasury war der Auffassung, dass die Zahlung von Leistungen der sozialen Sicherheit oder Sozialhilfe wie Einkommenssteuerunterstützung,

---

1514 *Bleckmann/Pieper*, in: Dauses, EU-Wirtschaftsrecht, B. I. Rn. 15; *Anweiler*, Auslegungsmethoden, S. 199; *Buck*, Auslegungsmethoden, S. 221; *Schroeder*, GK Europarecht, § 5 Rn. 2.

1515 Vgl. bereits: 4. Kap. C. III. 1. c).

1516 *Buck*, Auslegungsmethoden, S. 204.

1517 *Lutter*, JZ 1992, 593 (595).

1518 *Frenz*, Handbuch Europarecht, Bd. 5, Rn. 417.

1519 *Anweiler*, Auslegungsmethoden, S. 201; *Seyr*, Effet utile, S. 74.

1520 Vgl. *Bieber/Epiney/Haag*, Die Europäische Union, § 9 Rn.17 m.w.N.

Behindertengeld, Familiengeld und Wohngeld unter das Bereitstellungsverbot des Art. 2 Abs. 2 der Verordnung (EG) Nr. 881/2002 falle. Da diese Gelder zur Deckung der Grundausgaben des Haushalts bestimmt sein könnten, z.B. zum Kauf von Lebensmitteln, dem auch die gelisteten Personen angehören, würden sie diesen Personen indirekt zugutekommen. Die Zahlungen könnten also nur dann erfolgen, wenn eine Ausnahmegenehmigung gemäß Art. 2a der entsprechenden Verordnung erteilt werde. Das Treasury erteilte verschiedenen Behörden in der Folge diesbezügliche Genehmigungen, die allerdings mit strikten Auflagen, wie beispielsweise einer monatlichen Abrechnung, verbunden waren.[1521] Nachdem M u.a. in den ersten beiden Instanzen mit ihren Klagen gegen dieses Vorgehen gescheitert waren, stellte das angerufene House of Lords die Gebotenheit dieser Praxis in Frage und legte dem EuGH folgende Frage vor:

„Findet Art. 2 Abs. 2 der Verordnung (EG) Nr. 881/2002 auf staatliche Leistungen der sozialen Sicherheit oder Sozialhilfe an den Ehegatten einer aufgeführten Person allein deshalb Anwendung, weil der Ehegatte mit der benannten Person zusammenlebt und einen Teil des Geldes zur Bezahlung von Waren und Dienstleistungen verwendet wird oder könnte, die die benannte Person konsumieren wird oder die ihr zugutekommen werden?“[1522]

b) Argumentation des Gerichts

Der EuGH beginnt seine Prüfung mit der Wortlautauslegung und betont dabei, dass ein Vergleich der verschiedenen Sprachfassungen der Bestimmung erforderlich sei. Ausgangspunkt ist dabei die englische Sprachfassung, auf die sich das Treasury gestützt hatte. Dort heißt es: „No funds shall be made available, directly or indirectly, to, or for the benefit of (designated persons)“, wonach also Gelder den genannten Personen weder direkt noch indirekt oder zu ihren Gunsten zur Verfügung gestellt werden dürfen. Das Treasury hatte die Formulierung so ausgelegt, dass die Bestimmung anwendbar ist, wenn Gelder einer anderen Person als der Gelisteten zur Verfügung gestellt werden, diese aber daraus, wie beim Bereitstellen von sozialen Leistungen an den betreffenden Haushalt, einen Nutzen ziehen könnten. Abweichend hiervon sind jedoch beispielsweise die spanische, französische und portugiesische Fassung formuliert, wonach es zusätzlich zum direkten oder indirekten Zurverfügungstellen auch verboten ist, die Gelder „zu Gunsten“ einer benannten Person „zu verwenden“. Der Nutzen für die betroffenen Personen aus den Geldern oder wirtschaftlichen Ressourcen knüpft also nicht an das Zurverfügungstellen, sondern an die Verwendung an. Insbesondere bezieht sich die Formulierung „direkt“ oder „indirekt“ auf das Zurverfügungstellen und nicht auf das Verwenden. Nach diesem Wortlaut wären

1521 Zum Sachverhalt vgl. EuGH, Urt. v. 29.4.2010, Rs. C-340/08, Rn. 23 ff. - M u.a.

1522 EuGH, Urt. v. 29.4.2010, Rs. C-340/08, Rn. 32 - M u.a.

durch das Zurverfügungstellen der Sozialleistungen an die Ehefrauen, diese Gelder gerade nicht „zu Gunsten“ einer gelisteten Person „verwendet“ worden, da ausschließlich die Ehefrauen die Gelder zu Gunsten der betroffenen Personen verwenden. Ein indirektes Verwenden ist aber gemäß dem Wortlaut nicht ausreichend. Die deutsche Fassung verbietet wiederum, dass Gelder dieser Person „zugutekommen“.[1523] Zusätzlich greift der EuGH auf den Wortlaut der SR-Resolution 1390 (2002) zurück, die der entsprechenden Verordnung zu Grunde liegt. Aber auch hier ließen die unterschiedlichen Sprachfassungen keine eindeutige Wortauslegung zu.[1524]

Aufgrund der voneinander abweichenden Sprachfassungen, die keine einheitliche Auslegung ermöglichen, müsse daher auf die systematische und die teleologische Auslegungsmethode zurückgegriffen werden.[1525] Unter Verweis auf Urteile in den Rechtssachen *Möllendorf und Möllendorf-Niehuus*[1526] sowie *Kadi und Al Barakaat* sieht der EuGH das Ziel des Bereitstellungsverbots darin, Personen am Zugriff auf wirtschaftliche Ressourcen und Finanzmittel gleich welcher Art zu hindern, die sie zur Unterstützung terroristischer Tätigkeiten einsetzen könnten.[1527] Dieses Ergebnis spiegle sich auch im Wortlaut der in Art. 1 Nr. 2 der Verordnung (EG) Nr. 881/2002 normierten Definition des Begriffs der wirtschaftlichen Ressource wider, da die entsprechenden Vermögenswerte für den Erwerb von Geldern, Waren oder Dienstleistungen geeignet sein müssten. Dies sei so zu verstehen, dass die Verbote der Verordnung nur auf solche Vermögenswerte Anwendung fänden, die in Gelder, Waren oder Dienstleistungen umgewandelt werden können, die geeignet sind, für die Unterstützung terroristischer Tätigkeiten eingesetzt zu werden. Zwar fehle diese Einschränkung in Bezug auf die Definition des Begriffs „Gelder“. In den Bestimmungen gehe es jedoch speziell um Gelder, die von den betroffenen Personen für die Unterstützung terroristischer Handlungen zweckentfremdet werden könnten. In dem vorliegenden Rechtsstreit hätten die betreffenden Ehefrauen die finanziellen Mittel allerdings nicht, anstatt sie zur Bestreitung der Grundausgaben ihres Haushalts zu verwenden, an die gelisteten Personen weitergegeben. Die Gelder seien daher gerade nicht zweckentfremdet worden. Es sei jedoch abwegig, dass der Nutzen, den die gelisteten Personen aus den von den Ehefrauen mit Hilfe der Sozialhilfe erworbenen Sachleistungen indirekt ziehen könnten, in Finanzmittel umgewandelt werden könne, die das mit der Verordnung verfolgte Ziel vereitel-

1523 Zur Wortlautauslegung der Verordnung vgl. EuGH, Urt. v. 29.4.2010, Rs. C-340/08, Rn. 33-43 - M u.a.

1524 EuGH, Urt. v. 29.4.2010, Rs. C-340/08, Rn. 45-48 - M u.a.

1525 EuGH, Urt. v. 29.4.2010, Rs. C-340/08, Rn. 44 und 49 - M u.a.

1526 Vgl. hierzu sogleich: 4. Kap C III 3 a).

1527 EuGH, Urt. v. 29.4.2010, Rs. C-340/08, Rn. 52-54 - M u.a.

ten. Die fraglichen Leistungen seien vielmehr so bemessen, dass nur die notwendigsten Bedürfnisse der Empfänger abgedeckt werden könnten.[1528]

Eine Bestimmung des Sekundärrechts müsse ferner so ausgelegt werden, dass sie mit den allgemeinen Bestimmungen des Gemeinschaftsrechts vereinbar sei. Der Grundsatz der Rechtssicherheit verlange, dass eine Verordnung, auch im Hinblick auf eine mögliche Strafbarkeit bei Zuwiderhandlungen, klar und bestimmt sei, damit die Betroffenen und auch Dritte ihre Rechte und Pflichten eindeutig erkennen könnten. Werde nun das Bereitstellungsverbot in einer andern Weise ausgelegt, entstehe insbesondere bei Drei-Personen-Verhältnissen, bei denen Vermögenswerte einer anderen Person als der Gelisteten direkt oder indirekt zur Verfügung gestellt würden, eine erhebliche Rechtsunsicherheit.[1529]

Die Auslegung widerspreche auch nicht Art. 2a der Verordnung, der eine Ausnahme für Grundausgaben von einer entsprechenden Genehmigung abhängig mache. Die Ausnahmeregelung greife nämlich nur, wenn die Gelder direkt oder indirekt einer gelisteten Person zur Verfügung gestellt würden, nicht einem Dritten, da dann die gelistete Person selbst über die Verwendung der Gelder entscheiden könne.[1530]

Art. 2 Abs. 2 der Verordnung (EG) Nr. 881/2002 sei daher auf die erörterte Fallkonstellation nicht anwendbar.[1531]

c) Schlussfolgerung

Der Gerichtshof nimmt zunächst eine Wortlautauslegung vor, die jedoch aufgrund der verschiedenen Sprachfassungen keine einheitliche Auslegung ermöglicht. Sodann versucht der EuGH die vorgelegte Frage mit Hilfe einer teleologischen Auslegung des Bereitstellungsverbots zu beantworten. Dabei knüpft er an die zuvor erörterte Definition[1532] der wirtschaftlichen Ressource an, wonach die Vermögenswerte für den Erwerb von Geldern, Waren oder Dienstleistungen verwendbar sein müssen. Da somit nur Vermögenswerte als wirtschaftliche Ressource bezeichnet werden können, die als Parallelwährung geeignet sind, erfährt der Anwendungsbereich des Begriffs eine weitere Einschränkung: Vermögenswerte, die sich lediglich für die persönliche Verwendung oder den persönlichen Verbrauch eignen (z.B. Wohnen im eigenen Haus, Fahren mit dem eigenen Auto) und daher von einer gelisteten Person nicht benutzt werden können, Gelder, Güter oder Dienstleistungen zu erwerben, werden von der Definition des Beg-

1528 Vgl. zur teleologischen Auslegung EuGH, Urt. v. 29.4.2010, Rs. C-340/08, Rn. 52-63 - M u.a.

1529 EuGH, Urt. v. 29.4.2010, Rs. C-340/08, Rn. 64-66 - M u.a.

1530 EuGH, Urt. v. 29.4.2010, Rs. C-340/08, Rn. 70 f. - M u.a.

1531 EuGH, Urt. v. 29.4.2010, Rs. C-340/08, Rn. 74 - M u.a.

1532 Vgl. bereits: 4. Kap. C. I. 2.

riffs „wirtschaftliche Ressource“ nicht erfasst. Somit fallen diese Vermögenswerte auch nicht unter den Anwendungsbereich des Bereitstellungsverbots.[1533] Entsprechend wird etwa die häusliche Versorgung mit Gas, Strom, Wasser und Telefon nicht durch die Verordnungen verboten, da diesen Leistungen lediglich Verbrauchscharakter zukommt.[1534] Etwas anderes gilt jedoch, wenn die Verwendung der wirtschaftlichen Ressource einer wirtschaftlichen Aktivität gleichkommt und so dazu führt, dass die gelistete Person Gelder, Güter oder Dienstleistungen erwirbt (z.B. Vermietung des eigenen Hauses).[1535]

Dieses Ergebnis stützt sich nicht nur auf den Wortlaut, sondern insbesondere auch auf den *telos* der Norm. Laut EuGH soll der Zugriff von Personen auf wirtschaftliche Ressourcen und Finanzmittel gleich welcher Art, die sie zur Unterstützung terroristischer Tätigkeiten einsetzen könnten, verhindert werden. Letztlich ist das Ziel beider Verordnungen, dem Terrorismus die ökonomischen und finanziellen Grundlagen zu entziehen, um so weitere terroristische Akte zu verhindern bzw. deren Ausführung zu erschweren. Um dieses Ziel zu erreichen, muss nicht nur das Zurverfügungstellen von Geldern, sondern auch von Vermögenswerten, die als Ersatzwährung fungieren können, abgewendet werden. Besteht jedoch, wie beim persönlichen Verbrauch von Vermögenswerten, diese Umgehungsgefahr nicht, bedarf es keiner Sanktionierung der betreffenden Person, so dass der Anwendungsbereich teleologisch reduziert werden muss.[1536] So kommt der EuGH auch zutreffend zu dem Ergebnis, dass die mittels der knapp bemessenen Sozialhilfe erworbenen Sachleistungen nicht dazu geeignet sind, für die Unterstützung terroristischer Aktivitäten eingesetzt zu werden und somit das Ziel der Verordnung nicht vereiteln können.

Des Weiteren stellt sich die Frage, ob diese Einschränkung auch für die „Anti-Terrorismus“-Verordnung gilt. In der dort aufgeführten Definition fehlt nämlich der Hinweis, dass die Vermögenswerte nur dann wirtschaftliche Ressourcen i.S.d. Verordnung sind, wenn diese für den Erwerb von Geldern, Waren oder Dienstleistungen verwendet werden können. Beide Verordnungen verfolgen jedoch das gleiche Ziel, nämlich die Finanzierung terroristischer Aktivitäten zu bekämpfen.[1537] Eignet sich ein Vermögenswert jedoch nicht zum Erwerb von

---

1533 Dokument des Rats v. 24.4.2008 (8666/1/08 REV 1), Rn. 45; BAFA, Merkblatt „Länderunabhängige Embargomaßnahmen zur Terroristenbekämpfung“, Stand: 28.8.2009, S. 5; *Müller-Terpitz*, K&R Beihefter 1/2011, 1 (10); im Ergebnis wohl auch *Meyer/Macke*, HRRS 2007, 445 (458).

1534 Dokument des Rats v. 24.4.2008 (8666/1/08 REV 1), Rn. 51.

1535 Dokument des Rats v. 24.4.2008 (8666/1/08 REV 1), Rn. 46.

1536 So auch *Müller-Terpitz*, K&R Beihefter 1/2011, 1 (10).

1537 VO (EG) Nr. 2580/2001, Erwägungsgrund Nr. 2; VO (EU) Nr. 1286/2009, Erwägungsgrund Nr. 11.

Geldern, Waren oder Dienstleistungen, kann er nicht als Ersatzwährung eingesetzt werden. Wo eine solche Umgehungsgefahr nicht gegeben ist, sondern der Vermögenswert vielmehr zum persönlichen Verbrauch genutzt wird, wäre ein hierauf bezogenes Einfriergebot bzw. Bereitstellungsverbot nicht mit der Zielsetzung der Sanktionierung vereinbar.[1538] Auch wichtige behördliche Stellungnahmen, in denen die verhängten restriktiven Maßnahmen inhaltlich ausgelegt werden, gehen von einem inhaltlichen Gleichlauf der Begriffe „Gelder" und „wirtschaftliche Ressourcen" in beiden Verordnungen aus.[1539] Es ist also davon auszugehen, dass sich die Einschränkung des Begriffs „wirtschaftliche Ressource", wonach der Vermögenswert als Ersatzwährung fungieren können muss, auch auf die „Anti-Terrorismus"-Verordnung erstreckt.[1540]

Summa summarum lässt sich festhalten, dass das Bereitstellen von Vermögenswerten, die dem persönlichen Verbrauch oder der persönlichen Verwendung dienen, kraft der Verordnung nicht verboten ist und deshalb auch keiner Genehmigung bedarf.[1541] Das Bereitstellen solcher Güter kann folglich nicht zu einer Bestrafung nach § 34 Abs. 4 Nr. 2 AWG führen.

3. Grundrechtskonforme Auslegung

Auch nach dieser grundsätzlichen teleologischen Reduzierung des Anwendungsbereichs des Bereitstellungsverbots unterfallen weiterhin viele denkbare, äußerlich neutrale bzw. berufsbedingte Handlungen dem Einfriergebot- bzw. Bereitstellungsverbot und sind somit gemäß § 34 Abs. 4 Nr. 2 AWG strafbar. Nach einer allgemeinen Darstellung möglicher vom Anwendungsbereich umfasster Verhaltensweisen, sollen drei besonders betroffene Wirtschaftszweige näher betrachtet werden. Im Anschluss soll anhand dieser Beispiele die Frage aufgeworfen werden, ob eine grundrechtskonforme Auslegung[1542] des Bereitstellungsverbots geboten ist.

1538 *Müller-Terpitz*, K&R Beihefter 1/2011, 1 (10 f.).

1539 Dokument des Rats v. 24.4.2008 (8666/1/08 REV 1), Rn. 36 ff.; BAFA, Merkblatt „Länderunabhängige Embargomaßnahmen zur Terroristenbekämpfung", Stand: 28.8.2009, S. 7.

1540 So auch *Müller-Terpitz*, K&R Beihefter 1/2011, 1 (11).

1541 Dokument des Rats v. 24.4.2008 (8666/1/08 REV 1), Rn. 48; auch das Einfrieren von Vermögenswerten, die dem persönlichen Verbrauch oder der persönlichen Verwendung dienen ist „weder wünschenswert noch wird (dies) angestrebt", a.a.O., Rn. 44; ohne nähere Begründung auch *Bartmann*, Terrorlisten, S. 80.

1542 Zur dogmatischen Einordnung der grundrechtskonformen Auslegung vgl. bereits.: 4. Kap. C. III. 1. c).

a) Vom Anwendungsbereich umfasste Verhaltensweisen

Häufig wird die Tatsache vernachlässigt, dass auch private Dritte vom Bereitstellungsverbot betroffen sein können. Am deutlichsten zeigt sich dies in der vom EuGH entschiedenen Rechtssache *Möllendorf und Möllendorf-Niehaus.*[1543] Dieser Rechtsstreit war dem EuGH im Wege eines Vorabentscheidungsverfahrens durch das Kammergericht Berlin vorgelegt worden. Die zwei Klägerinnen hatten mit notariellem Vertrag ein bebautes Grundstück an drei Käufer verkauft. Nach Abschluss des Kaufvertrags, aber vor der Umschreibung des Eigentums im Grundbuch war einer der drei Käufer in die Liste der „Al-Qaida"-Verordnung aufgenommen worden. Das Grundbuchamt weigerte sich daraufhin, unter Berufung auf Art. 2 Abs. 3 der Verordnung (EG) Nr. 881/2002, die Eigentumsumschreibung im Grundbuch vorzunehmen.[1544] Der EuGH stellte fest, dass ein bebautes Grundstück eine wirtschaftliche Ressource i.S.d. Verordnung darstelle und eine Eigentumsumschreibung im Grundbuch unter das Bereitstellungsverbot falle.[1545] Somit können auch private Dritte eine Tathandlung begehen, die zu einer Straftat nach § 34 Abs. 4 Nr. 2 AWG führen kann.

Vor diesem Hintergrund kann sich auch die Rückabwicklung eines solchen Vertrags schwierig gestalten. Da der Kaufpreis in der Rechtssache *Möllendorf und Möllendorf-Niehaus* bereits bezahlt war, könnte die Verpflichtung bestehen, den Kaufpreis an die Käufer zurückzuerstatten.[1546] Dies führt zu der generellen Frage der zivilrechtlichen Folgen des Bereitstellungsverbots. Grundsätzlich unterfällt dem Bereitstellungsverbot nur die Verschaffung der tatsächlichen Verfügungsgewalt. Der bloße Vertragsabschluss kann nämlich nicht als wirtschaftliche Ressource gesehen werden, wenn die Erfüllung dem Verkäufer aufgrund der Verordnung untersagt ist.[1547] Im deutschen Zivilrecht ist demnach das Erfüllungsgeschäft gemäß § 134 BGB nichtig. Richtet sich jedoch ein gesetzliches Verbot gegen das Erfüllungsgeschäft, so erfasst die Nichtigkeit grundsätzlich auch das Verpflichtungsgeschäft.[1548] Für das aus den EU-Verordnungen resultierende Bereitstellungsverbot rechtfertigt sich dieses Ergebnis auch dadurch, dass

1543 EuGH, Urt. v. 11.10.2007, Rs. C-117/06, Slg. 2007, 8361 - Möllendorf u. Möllendorf-Niehaus.

1544 Zur Vorgeschichte des Rechtsstreits vgl. EuGH, Urt. v. 11.10.2007, Rs. C-117/06, Slg. 2007, 8361 Rn. 22 ff. - Möllendorf u. Möllendorf-Niehaus.

1545 EuGH, Urt. v. 11.10.2007, Rs. C-117/06, Slg. 2007, 8361 Rn. 46 u. 60 - Möllendorf u. Möllendorf-Niehaus.

1546 Zu den Problemen der Rückabwicklung im Falle Möllendorf u. Möllendorf-Niehaus vgl. *Schmucker*, DNotZ 2008, 695 ff.; *Usinger*, DNotZ 2008, 884 ff.

1547 *Dahme*, Terrorismusbekämpfung, S. 118.

1548 *Armbrüster*, in: Säcker/Rixecker, MüKo-BGB, Bd. 1, § 134 Rn. 9; *Ellenberger*, in: Palandt, BGB, § 134 Rn. 13; *Jauernig*, in: ders., BGB, § 134 Rn. 16.

die dem Abstraktionsprinzip geschuldete, unterschiedliche rechtliche Betrachtung zwischen Erfüllungs- und Verpflichtungsgeschäft ein speziell dem deutschen Rechtskreis anhaftendes Rechtsprinzip ist. Eine solche Unterscheidung dürfte daher den „Anti-Terror"-Verordnungen fremd sein.[1549] Vielmehr macht der Gerichtshof deutlich, dass der Terminus „zur Verfügung stellen" in einem weiten Sinn zu verstehen sei: Dieser beziehe sich gerade nicht auf eine besondere rechtliche Qualifizierung, sondern erfasse *jede Handlung*, die nach dem anwendbaren nationalen Recht erforderlich sei, damit eine Person tatsächlich die vollständige Verfügungsbefugnis in Bezug auf die betreffende Sache erlange.[1550] Für das deutsche Zivilrecht folgt daraus, dass sowohl das Verpflichtungsgeschäft, das auf die Übertragung eines Vermögensgegenstandes gerichtet ist, als auch dessen Vollzug auf dinglicher und realer Ebene (Übereignung und Besitzübertragung) unwirksam sind.[1551]

Besonders betroffen sind jedoch Unternehmen, die im Rahmen ihrer alltäglichen Geschäftstätigkeit mit den Finanzsanktionen in Berührung kommen können. Banken und Finanzdienstleister sind dabei die primären Adressaten des Einfriergebots. Diese Pflicht bedeutet beispielsweise keine Buchungen zu Gunsten oder zu Lasten der entsprechenden Konten durchzuführen und Wertpapierdepots oder Einlagen nicht zum Gegenstand von Finanztransaktionen zu machen.[1552] Die Einhaltung dieser Aufgabe wird durch die Bundesanstalt für Finanzdienstleistung kontrolliert (vgl. § 6a KWG).

Vom Bereitstellungsverbot sind überdies alle weiteren Unternehmen betroffen. Aufgrund des weiten Begriffs der wirtschaftlichen Ressource unterfallen dem Bereitstellungsverbot sämtliche Handelsgüter, die für den Erwerb von Geldern, Waren oder Dienstleistungen verwendet werden können. Dies bedeutet, dass nicht nur das Bereitstellen von Industrie- und Großhandelsgütern, sondern auch von Einzelhandelsartikel unzulässig ist.[1553] Aber nicht nur im Verkauf muss das Bereitstellungsverbot beachtet werden. Im Bereich des Einkaufs von Waren verstoßen alle Erwerbsgeschäfte mit den gelisteten Personen und Organisationen gegen das Bereitstellungsverbot.[1554] Ferner ist es im Servicebereich unzulässig, bereits verkaufte Ware von gelisteten Personen, etwa aufgrund von Mängeln, zurückzunehmen. Die damit entstehende Verpflichtung zur Erstattung

---

1549 *Schmucker*, DNotZ 2008, 695 (697); i.E. auch *Usinger*, DNotZ 2008, 884 (884 f.).

1550 EuGH, Urt. v. 11.10.2007, Rs. C-117/06, Slg. 2007, 8361 Rn. 51 - Möllendorf u. Möllendorf-Niehaus.

1551 *Schmucker*, DNotZ 2008, 695 (697).

1552 *Meyer/Macke*, HRRS 2007, 445 (458).

1553 *Schlarmann/Spiegel*, NJW 2007, 870 (871).

1554 *Schlarmann/Spiegel*, NJW 2007, 870 (872).

des Kaufpreises fällt wiederum unter das Bereitstellungsverbot.[1555] Überdies können die in der „Al-Qaida“- und der „Anti-Terrorismus“-Verordnung statuierten Verbote im Arbeitsverhältnis eine Rolle spielen. Zwar verstößt die Beschäftigung einer gelisteten Person nicht gegen das Bereitstellungsverbot[1556], dafür aber die Lohnzahlung. Da eine Eigentümerübertragung nicht erfolgen muss, sondern die tatsächliche Verfügungsgewalt ausreicht, fallen auch das Zurverfügungstellen eines Dienstwagens, eines Diensthandys oder der unmittelbare Besitz von Gerätschaften unter das Bereitstellungsverbot.[1557]

Aufgrund der aufgezeigten hohen Relevanz des Bereitstellungsverbots für mögliche strafrechtliche Folgen, soll sich die folgende Darstellung auf diese Tatvariante konzentrieren.

b) Ausgewählte betroffene Unternehmenszweige

Im Folgenden sollen ausgewählte Unternehmenszweige dargestellt werden, bei denen sich die Umsetzung des Bereitstellungsverbots in der Praxis als ausnehmend schwierig herausgestellt hat.

aa) Einzelhandel

Besonders umstritten ist die Anwendung des Bereitstellungsverbots im Zusammenhang mit dem Verkauf von Einzelhandelsartikeln.[1558] Der Begriff Einzelhandel meint den Absatz von Waren und sonstigen Leistungen an Letztverbraucher.[1559]

Unzweifelhaft ist die durch einen Kaufvertrag gemäß § 433 Abs. 1 S. 1 BGB entstehende Verpflichtung, dem Käufer die vertragsgegenständliche Sache zu übergeben, vom Bereitstellungsverbot umfasst. Güter zur persönlichen Verwendung oder zum persönlichen Verbrauch unterfallen im Lichte der obigen Rechtsprechung nicht dem Anwendungsbereich. Eine darauf gerichtete Subsumtion erweist sich jedoch im Einzelhandel als problematisch. Während sich Lebensmittel oder Kosmetikartikel noch recht eindeutig den entsprechenden Gütern zuordnen lassen, trifft dies für elektronische Artikel wie Handys und TV-Geräte oder Luxusgüter wie Schmuckstücke nicht ohne weite-

---

1555 *Schlarmann/Spiegel*, NJW 2007, 870 (872).

1556 *Meyer/Macke*, HRRS 2007, 445 (459); unzutreffend daher *Bongers*, ArbRAktuell 2009, 81, der davon ausgeht, dass bereits der Abschluss eines Arbeitsverhältnisses unter das Bereitstellungsverbot fällt; ausführlich zur Anwendung der Verordnungen im Arbeitsrecht *Reif*, Auswirkungen von Sanktionslisten im Arbeitsrecht.

1557 *Meyer/Macke*, HRRS 2007, 445 (459).

1558 Vgl. nur *Meyer/Macke*, HRRS 2007, 445 (458); *Meyer*, in: Uwer, Heimlichkeit und Wahrheit, 37 (56); *Schlarmann/Spiegel*, NJW 2007, 870 (871).

1559 http://wirtschaftslexikon.gabler.de/Archiv/56427/einzelhandel-v3.html (zuletzt abgerufen am 6.3.2013).

res zu, da fraglich erscheint, ob diese allein der persönlichen Verwendung dienen. Je größer der Wert eines Gegenstands ist, desto höher ist die Wahrscheinlichkeit, dass der Gegenstand zum Erwerb von Geldern, Waren oder Dienstleistungen verwendet werden kann. Dann wiederum könnte das Zurverfügungstellen dieser Gegenstände das Ziel der „Anti-Terror“-Maßnahmen vereiteln. Angesichts der oftmals geringen Kostenintensität eines Terroranschlags[1560], können auch an den finanziellen Wert des Gegenstands keine allzu hohen Anforderungen gestellt werden. Sollen also, abgesehen von reinen Verbrauchsgütern wie Lebensmittel oder Strom, auch alle Einzelhandelsartikel unter das Bereitstellungsverbot fallen, führt dies zu erheblichen Konsequenzen für den einzelnen Unternehmer. Schließlich wäre er stets verpflichtet, um einer Strafbarkeit gemäß § 34 Abs. 4 Nr. 2 AWG zu entgehen, vor Übergabe der Ware die Identität des Kunden zu überprüfen. Findet diese, wie beim klassischen stationären Handel[1561], im Ladengeschäft statt, müsste der Unternehmer von seinem Kunden mithin spätestens an der Kasse die Vorlage eines Personalausweises fordern und anschließend einen Abgleich mit den Terrorlisten durchführen. Ein solches Vorgehen erscheint angesichts des Massencharakters von Kaufgeschäften im Einzelhandel schlicht impraktikabel.

Anders muss wohl die Lage beim Versandhandel bewertet werden. Dort müssen die Kunden bei der Bestellung der Waren ihre Daten, einschließlich Name und Vorname, im Internet oder telefonisch angeben. Hier dürfte es dem einzelnen Unternehmer leichter fallen, eine entsprechende Identitätsprüfung vorzunehmen. Gleicht der Unternehmer die vom Kunden zur Verfügung gestellten Daten mit den Sanktionslisten ab, kann er sich zumindest hinsichtlich einer objektiven Sorgfaltspflichtverletzung im Rahmen des Fahrlässigkeitsdelikts exkulpieren. Bezüglich des Sorgfaltsmaßstabs dürfte nicht zu fordern sein, dass der Kunde seine Identität – beispielsweise vor Annahme der Ware – durch das Vorzeigen eines Lichtbildausweises bestätigt.

bb)Cash-and-Carry-Großhandel

Die Ergebnisse bezüglich des Einzelhandels als anonymes Massengeschäft können nur zum Teil auf den Großhandel Anwendung finden. Der Begriff Großhandel umfasst den Absatz von Waren und sonstigen Leistungen an Wiederverkäu-

---

1560 Siehe bereits: 4. Kap. B. III. 3. a) cc).

1561 Das Gleiche gilt für den sog. ambulanten Handel, bei dem der Handel nicht an festen Standorten stattfindet (z.B. Märkte, Haustürgeschäfte); aufgrund der geringen Bedeutung ist dieser bei der weiteren Untersuchung jedoch zu vernachlässigen; zu den Begriffen vgl.: http://wirtschaftslexikon.gabler.de/Archiv/56465/ambulanter-handel-v3.html (zuletzt abgerufen am 6.3.2013).

fer, Weiterverarbeiter, gewerbliche Verwerter oder Großverbraucher.[1562] Grob unterschieden wird dabei zum einen nach dem jeweiligen angebotenen Sortiment zwischen Spezialgroßhandel, der nur eine Warenart anbietet und Sortimentsgroßhandel, zu dessen Angebot mehrere Warenarten zählen. Zum anderen kann nach der Belieferungsform unterschieden werden. Im Zustellgroßhandel werden die verkauften Waren den Kunden mit eigenen Fahrzeugen oder durch Frachtführer geliefert. Beim Abholgroßhandel werden die Waren vom Kunden beim Großhändler abgeholt.[1563]

In der Regel erfolgt das Kaufgeschäft im Großhandel nicht wie im Ladengeschäft anonymisiert. Vielmehr geben die Kunden ihre Identität bei der Bestellung an. Ähnlich wie zuvor beim Versandhandel erläutert, kann hier also in der Regel ein Abgleich mit den Sanktionslisten erfolgen. Da die im Großhandel zur Verfügung gestellten Waren nicht dem persönlichen Verbrauch dienen und meist von erheblichem Wert sind, stellen sie wirtschaftliche Ressourcen im Sinne der Verordnungen dar.

Eine besondere Belieferungsform zeigt der sog. „Cash-and-Carry-Großhandel" (CC) bzw. „Selbstbedienungsgroßhandel". Dabei handelt es sich um eine Betriebsform des Großhandels, die durch das Angebot eines großen Sortiments von Konsumgütern nach dem Prinzip der Selbstbedienung gekennzeichnet ist. Der Käufer (Einzelhändler, Großverbraucher und sonstige gewerbliche Verwender) sucht die Ware selbst aus, geht zur Kasse und leistet Barzahlung. Zudem wird der Transport von den Kunden selbst übernommen.[1564] Für diese Betriebsform ergeben sich ähnliche Probleme wie beim stationären Einzelhandel: Auch hier müssten die entsprechenden Unternehmen die Identität der Kunden an der Kasse überprüfen und anschließend einen Abgleich mit den Terrorlisten durchführen. Zwar wird die im Einzelhandel vorherrschende Anonymisierung dadurch unterbrochen, dass die Kunden sich vor dem Kauf einer bestimmten Ware bei dem jeweiligen Cash-and-Carry-Großmarkt registrieren lassen müssen, um ihre unternehmerische Tätigkeit nachzuweisen. Meist wird dann eine Kundenkarte ausgestellt, die bei jedem Kauf an der Kasse erneut vorgezeigt werden muss. Die so entstehende Kundenkartei muss in regelmäßigen Abständen mit den Sanktionslisten abgeglichen werden. Allerdings müsste bei jeder Übergabe der Ware an der Kasse erneut geprüft werden, ob der Karteninhaber tatsächlich mit dem Käufer übereinstimmt. Nur so könnte wirksam im Vorfeld

---

1562 http://wirtschaftslexikon.gabler.de/Archiv/54071/grosshandel-v4.html (zuletzt abgerufen am 6.3.2013).

1563 *Müller-Hagedorn/Toporowski*, Handelsbetriebe, S. 8.

1564 Zur Definition vgl. http://wirtschaftslexikon.gabler.de/Archiv/56417/cash-and-carry-grosshandel-v3.html (zuletzt abgerufen am 6.3.2013); *Dichtl/Issing*, Vahlens Großes Wirtschaftslexikon, Bd. 1, Stichwort Cash-and-Carry-Handel, S. 373.

überprüft werden, ob der Käufer auf den Sanktionslisten der EU gelistet ist. Dabei wäre wiederum die Vorlage eines Lichtbildausweises notwendig. Insofern ergeben sich die gleichen Praktikabilitätsprobleme wie beim stationären Einzelhandel.

cc) Spedition

Die Frage, ob eine Geschäftshandlung vom Bereitstellungsverbot umfasst ist, stellt sich auch für den Unternehmenszweig der Spedition. Ihre Beantwortung erweist sich jedenfalls als nicht unproblematisch. Gemäß §§ 453 Abs. 1, 454 HGB ist der Spediteur verpflichtet, die Versendung des Gutes zu besorgen. Er organisiert demnach die Beförderung und schließt die hierzu erforderlichen Verträge.[1565] Die Pflicht zur Organisation der Beförderung umfasst dabei vor allem die Bestimmung des Beförderungsmittels und der Beförderungswege (§ 454 Abs. 1 Nr. 1 HGB), die Auswahl ausführender Unternehmer, den Abschluss der für die Versendung erforderlichen Fracht-, Lager- und Speditionsverträge (§ 454 Abs. 2 Nr. 2 HGB) sowie die Sicherung von Schadensersatzansprüchen des Versenders (§ 454 Abs. 2 Nr. 3 HGB).

Durch den Speditionsvertrag entsteht ein Vertragsverhältnis zwischen dem Spediteur und dem Versender. Dieses Vertragsverhältnis wird als handelsrechtlicher Sonderfall des Geschäftsbesorgungsvertrags (§ 675 BGB) qualifiziert.[1566] In Bezug auf das zu untersuchende Bereitstellungsverbot könnte eine Pflicht des Spediteurs zur Prüfung bestehen, ob der Auftraggeber auf den Sanktionslisten geführt wird. Dafür müsste die Organisation der Beförderung ein Vermögenswert im Sinne der entsprechenden Verordnungen sein. Wie gesehen, sind vom Begriff der wirtschaftlichen Ressource nicht nur körperliche Gegenstände umfasst[1567], sodass grundsätzlich auch eine Geschäftsbesorgung darunter subsumiert werden kann. Um dem *telos* der Vorschrift gerecht zu werden, muss der entsprechende Vermögenswert seinerseits zum Erwerb von Geldern, Waren oder Dienstleistungen verwendet werden können. Der Zugriff von Personen auf wirtschaftliche Ressourcen und Finanzmittel gleich welcher Art, die zur Unterstützung terroristischer Tätigkeiten eingesetzt werden könnten, soll verhindert werden.[1568] Über eine reine Organisationssteuerung, beispielsweise die Auswahl der Frachtführer oder der Beförderungswege, kann dieses Ziel nicht erreicht werden. Auch der konkrete Abschluss eines Fracht- oder Lagervertrags für den Versen-

1565 Zum Begriff des Speditionsgeschäfts vgl. *Merkt*, in: Baumbach/Hopt, HGB, § 453 Rn. 1; *Koller*, in: Koller/Roth/Morck, HGB, §§ 453-466 Rn. 1.

1566 *Bydlinski*, in: Schmidt, MüKo-HGB, Bd. 7, § 453 Rn. 18; *Merkt*, in: Baumbach/Hopt, HGB, § 453 Rn. 5; *Koller*, TransportR, § 453 HGB Rn. 37.

1567 Vgl.: 4. Kap. C. I 3.

1568 Vgl.: 4. Kap C II 2 c).

der ist kein entsprechender Vermögenswert, da das Verpflichtungsgeschäft allein nie eine wirtschaftliche Ressource im Sinne der einschlägigen Verordnungen darstellt. Die Besorgung der Versendung eines Gutes kann somit nicht als „Parallelwährung“ eingesetzt werden. Da der Spediteur gemäß § 453 Abs. 1 HGB seinem Auftraggeber „nur“ die Organisation der Beförderung und keine weiteren Vermögenswerte schuldet, fällt das Vertragsverhältnis zwischen Versender und Spediteur nicht unter das Bereitstellungsverbot.

Ein weiteres Vertragsverhältnis kann zwischen dem Spediteur und dem Frachtführer entstehen. Schließt der Spediteur allerdings die Verträge im Namen des Versenders ab, vgl. § 453 Abs. 3 Var. 2 HGB, kommt ein Vertragsverhältnis allein zwischen dem Frachtführer und dem Versender zustande. In der Regel handelt der Spediteur jedoch im eigenen Namen.[1569] Gemäß § 407 Abs. 2 HGB ist er dann verpflichtet, dem Absender die vereinbarte Fracht zu zahlen. Diese Zahlung erfüllt die Voraussetzungen des Bereitstellungsverbots. Insofern ist der Spediteur mithin verpflichtet, zu überprüfen, ob der Frachtführer, mit dem er kontrahieren möchte, auf den EU-Sanktionslisten geführt wird. Tut er dies nicht, erfüllt er die objektiven Tatbestandsvoraussetzungen des § 34 Abs. 4 Nr. 2 AWG.

Geht man vom gegenwärtigen Regelfall im Wirtschaftsverkehr aus, übernimmt der Spediteur auch die Verpflichtung zur Versendung der Ware.[1570] Möglich ist dies durch Selbsteintritt gemäß § 458 HGB oder durch Abschluss eines Speditionsvertrags zu festen Kosten gemäß § 459 HGB.[1571] In diesen Fällen ist der Spediteur wie ein Frachtführer zu behandeln.[1572] Der Spediteur ist dann gemäß § 407 Abs. 1 HGB verpflichtet, die vom Versender angewiesene Ware an den Bestimmungsort zu befördern und dort an den Empfänger abzuliefern. Dabei stellt sich die Frage, ob durch die Ablieferung beim Empfänger die Voraussetzungen des Bereitstellungsverbots erfüllt sind. Grundsätzlich wird der Empfänger nicht Vertragspartei. Vertragspartner bleiben alleine der Spediteur und

1569 *Bydlinski*, in: Schmidt, MüKo-HGB, Bd. 7, § 453 Rn. 109.

1570 *Koller*, in: Koller/Roth/Morck, HGB, §§ 453-466 Rn. 2; *Bydlinski*, in: Schmidt, MüKo-HGB, Bd. 7, § 458 Rn. 3, § 459 Rn. 1.

1571 Der Selbsteintritt gemäß § 458 HGB erlaubt dem Spediteur, statt auf Rechnung des Versenders einen Vertrag mit einem Frachtführer zu schließen, auf eigene Rechnung selbst den Transport zu übernehmen oder diesen von Dritten auf eigene Rechnung vornehmen zu lassen; eine besondere Form des Selbsteintritts stellt die Sammelladungsspedition i.S.v. § 460 BGB dar, bei welcher der Spediteur befugt ist, mehrere Aufträge zu sammeln und die Waren der verschiedenen Versender zusammen zu transportieren; bei der Spedition zu festen Kosten gemäß § 459 HGB wird ein bestimmter Betrag vereinbart, der sowohl die Organisation der Beförderung als auch den Transport selbst einschließt.

1572 *Merkt*, in: Baumbach/Hopt, HGB, § 458 Rn. 1.

der Versender.[1573] Wie bereits dargestellt, erfordert das „Bereitstellen“ keine besondere rechtliche Qualifizierung, sondern erfasst vielmehr jede Handlung, die nach dem anwendbaren nationalen Recht erforderlich ist, damit eine Person *tatsächlich* die vollständige Verfügungsbefugnis in Bezug auf die betreffende Sache erlangt.[1574] Entscheidend ist also die Erlangung der tatsächlichen Sachherrschaft. Dies wird jedoch gerade durch eine Handlung des Spediteurs gewährleistet, wenn dieser die Ware dem Empfänger abliefert. Somit ist die Übergabe der Ware an den Empfänger vom Wortlaut des Bereitstellungsverbots umfasst. Weitere Voraussetzung ist, dass die Ware eine wirtschaftliche Ressource im Sinne der entsprechenden Verordnung darstellt. Dies dürfte jedoch der Regelfall sein, da nur selten ein Vermögenswert betroffen sein wird, der ausschließlich dem persönlichen Verbrauch oder der persönlichen Verwendung dient.

Übernimmt der Spediteur also auch die Versendung der Ware, muss er prüfen, ob der Empfänger auf den Sanktionslisten der EU gelistet ist. Nur so vermag er mögliche strafrechtliche Konsequenzen abzuwenden. Dies kann sich jedoch in der Praxis als äußerst schwierig erweisen. Da gerade keine vertraglichen Beziehungen bestehen, ist dem Spediteur in vielen Fällen die Identität des Empfängers nicht genau bekannt. Häufig wird ihm lediglich die Lieferadresse durch den Versender mitgeteilt. Wer dem Spediteur hier eine zusätzliche Prüfpflicht auferlegen will, würde verkennen, dass im Speditionsgewerbe der Zeitfaktor eine exponierte Rolle spielt: Transportaufträge werden in der Regel telefonisch, per Fax oder online aufgegeben und sind dann kurzfristig zu erfüllen.[1575]

c) Ausgleich am Maßstab der Unternehmerfreiheit

Angesichts der hohen Belastung, die die Beachtung des Bereitstellungsverbots mit sich bringen würde, soll geprüft werden, ob in diesen Fällen – also für den Einzelhandel, den Cash-and-Carry-Großhandel und im Verhältnis zwischen Spediteur und Warenempfänger – eine grundrechtskonforme Auslegung des Bereitstellungsverbots zu einer restriktiven Anwendung führen muss. Im Anschluss daran soll versucht werden, eine allgemein praktikable Einschränkung des Verbots anhand dieses Maßstabs zu finden.

1573 Es entsteht jedoch ein echter Vertrag zugunsten Dritter gemäß § 328 BGB, siehe *Merkt*, in: Baumbach/Hopt, HGB, § 407 Rn. 15 f.

1574 EuGH, Urt. v. 11.10.2007, Rs. C-117/06, Slg. 2007, 8361 Rn. 51 - Möllendorf u. Möllendorf-Niehaus.

1575 Vgl. zu den aufgeführten praktischen Umsetzungsproblemen: Leitfaden Deutscher Speditions- und Logistikverband: Compliance, Auswirkungen der EG-Antiterrorismusverordnung auf Speditions- und Logistikunternehmen, S. 9.

aa) Abgrenzung zwischen Berufs- und Unternehmerfreiheit

Die wirtschaftliche Tätigkeit wird in der EU-Grundrechtecharta außer im Rahmen der Eigentumsfreiheit durch die Berufsfreiheit gemäß Art. 15 GRCharta und die unternehmerische Freiheit gemäß Art. 16 GRCharta geschützt.[1576] Zu untersuchen ist daher, ob die vorzunehmende grundrechtskonforme Auslegung anhand des Art. 15 oder des Art. 16 GRCharta erfolgen muss.

Das Grundrecht der Berufsfreiheit gemäß Art. 15 GRCharta hat seinen Ursprung in der Rechtsprechung des EuGH, die sich nach dem wegweisenden Urteil in der Rechtssache *Nold*[1577] im Jahre 1974 stetig weiter entwickelte. In der EMRK hingegen ist kein eigenes Grundrecht der Berufsfreiheit anerkannt.[1578] Der Gerichtshof war dabei in seiner Begrifflichkeit uneinheitlich. So wurde die Berufsfreiheit häufig als „Handelsfreiheit"[1579] oder „Freiheit der wirtschaftlichen Betätigung"[1580] bezeichnet, ohne dass inhaltliche Unterschiede erkennbar wären. In der Sache selbst prüfte der EuGH die jeweiligen Eingriffe immer an den zur Berufsfreiheit entwickelten Maßstäben.[1581] Der Gerichtshof verstand die Berufsfreiheit in einem weiten Sinne und gestaltete sie als umfassende wirtschaftliche Betätigungsfreiheit aus.[1582] In der Grundrechtecharta finden sich nun zwei Grundrechte – die Berufsfreiheit und die unternehmerische Freiheit. Den Charta-Erläuterungen zufolge stützt sich die Aufnahme eines eigenständigen Artikels zum Schutz der unternehmerischen Freiheit in die GRCharta ausdrücklich auf die Rechtsprechung des EuGH, in der die Freiheit eine Wirtschafts- oder Geschäftstätigkeit auszuüben und die Vertragsfreiheit bereits als allgemeine Rechtsgrundsätze anerkannt waren.[1583] Dieser Hinweis verdeutlicht, dass diese eigenständige Regelung keine Abkehr von der dargestellten Rechtsprechung des EuGH ist, wonach die wirtschaftliche Betätigungsfreiheit, die Vertragsfreiheit

---

1576 *Frenz*, Handbuch Europarecht, Bd. 4, Rn. 2494; *Durner*, in: Merten/Papier, HGR, Bd. VI/I, § 162 Rn. 9.

1577 EuGH, Urt. v. 14.5.1974, Rs. 4/73, Slg. 1974, 491 - Nold, v.a. Rn. 12 ff.

1578 Vgl. hierzu *Wegener*, in: Ehlers, Europäische Grundrechte, § 5 Rn. 1 und 61.

1579 EuGH, Urt. v. 14.5.1974, Rs. 4/73, Slg. 1974, 491 Rn. 14 - Nold; EuGH, Urt. v. 7.2.1985, Rs. 240/83, Slg. 1985, 531 Rn. 9 - ADBHU.

1580 EuGH, Urt. v. 21.3.1991, Rs. C-359/89, Slg. 1991, I-1677 Rn. 15 - SAFA.

1581 *Schwier*, Unternehmerische Freiheit, S. 142.

1582 *Schwarze*, EuZW 2001, 517 (519).

1583 Charta Erläuterungen, ABl. 2007 C 303/17, S. 23; verwiesen wird für die Freiheit, eine Wirtschafts-oder Geschäftstätigkeit auszuüben auf: EuGH, Urt. v. 14.5.1974, Rs. 4/73, Slg. 1974, 491 Rn. 14 - Nold; EuGH, Urt. v. 27.9.1979, Rs. 230/78, Slg. 1979, 2749 Rn. 20 und 31 - S.p.A. Eridania u.a.; für die Vertragsfreiheit auf EuGH, Urt. v. 16.1.1979, Rs. 151/78, Slg. 1979, 1 Rn. 19 - Sukkerfabriken Nykoebing; EuGH, Urt. v. 5.10.1999, Rs. 240/97, Slg. 1999, I-6571 Rn. 99 - Spanien./.Kommission.

und die Wettbewerbsfreiheit in einem Kontext mit dem Grundrecht der Berufsfreiheit stehen.

Verschiedene wirtschaftliche Aspekte der Unternehmerfreiheit sind weiterhin integraler Bestandteil der Berufsfreiheit, sodass Art. 15 und 16 GRCharta bei entsprechenden Fallkonstellationen nebeneinander anwendbar sein können (Idealkonkurrenz).[1584] Trotzdem stellt sich die Frage nach der grundsätzlichen Abgrenzung der beiden Grundrechte. Leicht vorzunehmen ist diese Abgrenzung für Arbeitnehmer: Da der Unternehmerbegriff eine *selbstständige* Tätigkeit voraussetzt[1585], ist für diese nur der Schutzbereich des Art. 15 GRCharta eröffnet. Eine Abgrenzung des Anwendungsbereichs der beiden Grundrechte ist lediglich bei einer selbstständigen Berufstätigkeit nötig. Vertreten wird dabei, der Anwendungsbereich des Art. 15 GRCharta sei generell auf Arbeitnehmer beschränkt und deshalb auf selbstständige Tätigkeiten nicht anwendbar.[1586] Da der EuGH das Grundrecht der Berufsfreiheit allerdings ausschließlich anhand von Fallkonstellationen entwickelte, bei denen ein Eingriff in Grundrechte durch selbstständige Berufstätige geltend gemacht wurde, ist diese Unterscheidung abzulehnen.[1587] Vorzugswürdig ist daher eine Abgrenzung, die die inhaltlichen Besonderheiten der beiden Grundrechte widerspiegelt. So trägt Art. 15 GRCharta der Erkenntnis Rechnung, dass die Erwerbstätigkeit zur Sicherung des Lebensunterhalts als Bestandteil der Entwicklung der Persönlichkeit eines Menschen beiträgt.[1588] Diese „Persönlichkeitsgebundenheit" unterscheidet letztlich die Berufsfreiheit von der unternehmerischen Freiheit: „Soweit die (eingreifende) Maßnahme schwerpunktmäßig Aspekte der beruflichen Betätigung betrifft, bei denen das Kriterium der „Persönlichkeitsentfaltung" durch den wirtschaftlichen und unternehmerischen Gesamtkontext weitestgehend in den Hintergrund gedrängt wurde, ist eine alleinige Prüfung der Maßnahme an Art. 16 EuGRC angezeigt."[1589]

1584 *Bernsdorff*, in: Meyer, Charta, Art. 15 Rn. 12; *Schwier*, Unternehmerische Freiheit, S. 143 u. Fn. 499; *Rengeling/Szczekalla*, Grundrechte in der EU, Rn. 780; a.A. *Jarass*, GRCh, Art. 16 Rn. 4.

1585 Zum Begriff, vgl. sogleich: 4. Kap. C. III. 3. c) bb).

1586 *Jarass*, GRCh, Art. 15 Rn. 4; *Ruffert*, in: Calliess/Ruffert, EUV/AEUV, Art. 15 Rn. 4.

1587 Zur Zuordnung selbstständiger Tätigkeit zum Begriff des Berufes gemäß Art. 15 GRCharta *Schwier*, Unternehmerische Freiheit, S. 133; *Frenz*, Handbuch Europarecht, Bd. IV Rn. 2516; *Günter*, Berufsfreiheit und Eigentum, S. 18; *Wunderlich*, Grundrecht der Berufsfreiheit, S. 111.

1588 *Bernsdorff*, in: Meyer, Charta, Art. 15 Rn. 1; vgl. grundlegend BVerfGE 7, 377 (397).

1589 *Schwier*, Unternehmerische Freiheit, S. 146; i. Erg. auch *Streinz*, in: ders., EUV/AEUV, Art. 15 GR-Charta Rn. 7; vgl. auch *Bernsdorff*, in: Meyer, Charta, Art. 16 Rn. 10.

Die zu untersuchenden Sachverhalte werden meist in die Grundrechte eines Unternehmers[1590] eingreifen. Das Bereitstellungsverbot betrifft dabei weniger die Ausformung der Persönlichkeit der betroffenen Unternehmer, sondern die wirtschaftliche Betätigungsfreiheit selbst. Folglich ist Art. 16 GRCharta anzuwenden. Daher soll eine grundrechtskonforme Auslegung der Verordnungen in Bezug auf die unternehmerische Freiheit anhand von Art. 16 GRCharta erfolgen. Sollte jedoch kein Unternehmen i.S.v. Art. 16 GRCharta vorliegen und deshalb der persönliche Schutzbereich nicht eröffnet sein, ist insofern die von Art. 15 GRCharta geschützte Berufsausübungsfreiheit[1591] betroffen. Die im Folgenden entwickelten Grundsätze sind demnach, aufgrund des weitgehenden inhaltlichen Gleichlaufs der Grundrechte, entsprechend zu übertragen.

bb) Schutzbereich der unternehmerischen Freiheit (Art. 16 GRCharta)

Im Gegensatz zu Art. 15 GRCharta und Art. 17 GRCharta, die ausdrücklich als Jedermanns-Grundrecht ausgestaltet sind („Jede Person"), ist der *persönliche Schutzbereich* dem Wortlaut des Art. 16 GRCharta nicht zu entnehmen. Da Art. 16 GRCharta sich jedoch aus der Berufsfreiheit entwickelt hat und nicht hinter deren Schutzstandard zurückfallen soll, ist auch Art. 16 GRCharta als Jedermanns-Grundrecht zu werten.[1592] Neben natürlichen Personen sind auch juristische Personen sowie Personenvereinigungen vom Schutzbereich umfasst. Zwar fehlt in der Grundrechtecharta eine mit Art. 19 Abs. 3 GG vergleichbare Norm. Allerdings entwickelte der EuGH den Inhalt der Wirtschaftsgrundrechte gerade anhand von Fällen, in denen juristische Personen die Verletzung ihrer Rechte geltend machten. Diese müssen daher ebenfalls vom persönlichen Schutzbereich des Art. 16 GRCharta erfasst sein.[1593] Auch Drittstaatenangehörige und Staatenlose sind in den persönlichen Anwendungsbereich des Art. 16 GRCharta miteinbezogen.[1594] Allerdings nur unter Beachtung des expliziten Vorbehalts des Unionsrechts, demzufolge sie sich zwar auf Art. 16 GRCharta berufen können, nicht aber auf die ausschließlich den Unions-

---

1590 Zum Begriff vgl. sogleich: 4. Kap. C. III. 2. b) bb).

1591 Auch der EuGH unterscheidet, gleich dem BVerfG, zwischen Berufswahl und Berufsausübung; da hier nur das „Wie" der beruflichen Tätigkeit und nicht das „Ob" betroffen ist, liegt eine Berufsausübungsregel vor; zur Abgrenzung *Frenz*, Handbuch Europarecht, Bd. IV, Rn. 2547 ff.

1592 *Frenz*, Handbuch Europarecht, Bd. IV, Rn. 2670; *Blanke*, in: Tettinger/Stern, Art. 16 Rn. 15.

1593 *Bernsdorff*, in: Meyer, Charta, Art. 16 Rn. 16; *Durner*, in: Merten/Papier, HGR, Bd. VI/1, § 162 Rn. 36; *Frenz*, Handbuch Europarecht, Bd. IV, Rn. 2671.

1594 *Bernsdorff*, in: Meyer, Charta, Art. 16 Rn. 17; *Frenz*, Handbuch Europarecht, Bd. IV, Rn. 2675.

bürgern zukommenden Grundfreiheiten[1595]. Umstritten ist, ob auch Unternehmen des öffentlichen Rechts in den Anwendungsbereich des Art. 16 GRCharta fallen. Im deutschen Verfassungsrecht wird dies unter Hinweis auf das „Konfusionsargument“ abgelehnt: Hinter juristischen Personen des öffentlichen Rechts steht zumeist der Staat, der jedoch Grundrechtsverpflichteter ist und nicht zugleich grundrechtsberechtigt sein kann.[1596] Im Unionsrecht kann diese Konfliktlage aufgrund der Trennung der unionsrechtlichen und mitgliedstaatlichen Hoheitsgewalt nicht entstehen. Vielmehr sind juristische Personen des öffentlichen Rechts im Wettbewerb auf Unionsebene grundsätzlich den gleichen Regeln wie juristische Personen des Privatrechts unterworfen und den gleichen Eingriffen in ihre Rechtsposition durch die Union ausgesetzt.[1597] Die unternehmerische Freiheit gemäß Art. 16 GRCharta muss daher auf private und öffentliche Unternehmen gleichermaßen anwendbar sein.[1598]

Der *sachliche Anwendungsbereich* des Art. 16 GRCharta setzt seinem Wortlaut zufolge eine „unternehmerische Betätigung“ voraus. Angelehnt an den Unternehmensbegriff im unionsrechtlichen Wettbewerbsrecht[1599] wird unternehmerisch tätig, wer „selbständig und dauerhaft eine anbietende Tätigkeit am Markt gegen Entgelt erbringt“[1600]. Da ein Unternehmen die organisatorisch-wirtschaftliche Einheit sachlicher und personeller Mittel bezeichnet und demnach kein Rechtssubjekt darstellt[1601], ist das Recht der unternehmerischen Freiheit dem Unternehmensträger zuzuweisen. Grundrechtsberechtigt ist daher diejenige natürliche oder juristische Person, die das Unternehmen betreibt.[1602] Die unternehmerische Freiheit umfasst jede Wirtschafts- oder Geschäftstätigkeit und ist folglich in einem weiten Sinne zu verstehen.[1603] Der Gerichtshof hat in seiner Rechtsprechung überdies einzelne geschützte Aktivitäten herausgebildet, die sich auf die Aufnahme und Beendigung der unternehmerischen Betätigung so-

---

1595 Zum Problem vgl. *Schwier*, Unternehmerische Freiheit, S. 197 f.

1596 H.M., vgl. etwa BVerfGE 21, 362 (368 ff.).

1597 *Wunderlich*, Grundrecht der Berufsfreiheit, S. 122.

1598 So auch *Bernsdorff*, in: Meyer, Charta, Art. 16 Rn. 16; *Frenz*, Handbuch Europarecht, Bd. IV, Rn. 2673 f.; *Schwier*, Unternehmerische Freiheit, S. 207 f.; a.A. *Blanke*, in: Tettinger/Stern, GRCh, Art. 16 Rn. 16.

1599 Vgl. hierzu *Blanke*, in: Tettinger/Stern, GRCh, Art. 16 Rn. 10; *Bernsdorff*, in: Meyer, Charta, Art. 16 Rn. 10a.

1600 *Frenz*, Handbuch Europarecht, Bd. IV, Rn. 2687; zur Definition vgl. auch *Bernsdorff*, in: Meyer, Charta, Art. 16 Rn. 10a; *Jarass*, GRCh, Art. 16 Rn. 7.

1601 *Brox/Henssler*, Handelsrecht, Rn. 123.

1602 *Frenz*, Handbuch Europarecht, Bd. IV, Rn. 2688.

1603 *Frenz*, Handbuch Europarecht, Bd. IV, Rn. 2691; vgl. auch *Bernsdorff*, in: Meyer, Charta, Art. 16 Rn. 11.

wie alle Aspekte ihrer Durchführung beziehen.[1604] Für das zu untersuchende Bereitstellungsverbot ist vor allem die vom EuGH als besondere Ausprägung der Vertragsfreiheit anerkannte „freie Wahl des Geschäftspartners“[1605] von Bedeutung. Jeder Unternehmer kann folglich nach seinem Belieben einen Vertragspartner aussuchen. Die Vertragsfreiheit umfasst ferner die Freiheit der Vertragsgestaltung, d.h. die freie Gestaltung und Änderung der Vertragsinhalte.[1606]

Summa summarum fallen die zu untersuchenden Sachverhalte somit in den persönlichen und sachlichen Schutzbereich des Art. 16 GRCharta.

cc) Beeinträchtigung

Ein Eingriff in Art. 16 GRCharta liegt dann vor, wenn der Grundrechtsverpflichtete eine Regelung trifft, die für den Grundrechtsinhaber im Hinblick auf unternehmerische Tätigkeiten einen Nachteil bezweckt oder mit einem solchen unmittelbar verbunden ist.[1607]

Zu prüfen ist im Folgenden, ob in dem durch die „Anti-Terror“-Verordnungen festgesetzten Bereitstellungsverbot, wonach gelisteten Personen und Vereinigungen keine Gelder oder wirtschaftliche Ressourcen zur Verfügung gestellt werden oder zugute kommen dürfen, ein Eingriff in die unternehmerische Freiheit zu sehen ist.

Nach der hier vertretenen Auffassung stellt der bloße Vertragsabschluss keine wirtschaftliche Ressource dar, wenn die Erfüllung dem Verkäufer aufgrund der Verordnung untersagt ist. Jedoch sind sowohl das Erfüllungs- als auch das Verpflichtungsgeschäft nichtig gemäß § 134 BGB. Da ein nichtiges Verpflichtungsgeschäft auch den jeweiligen Geschäftspartner nicht bindet, ist ein solches dem Unternehmen nicht von Nutzen. Aufgrund des Bereitstellungsverbots kann daher *de facto* mit den gelisteten Personen und Vereinigungen kein Kaufvertrag geschlossen werden.[1608] Darin ist ein Eingriff in die als Bestandteil der Vertragsfreiheit zu gewährleistende „freie Wahl des Geschäftspartners“ zu sehen, da mit den gelisteten Personen und Vereinigungen keinerlei auf Austausch von Waren oder Geldern gerichtete Geschäftsbeziehungen eingegangen werden dürfen. Dies gilt in Anbetracht der relevanten Sachverhalte für die im Einzelhandel tätigen

---

1604 *Jarass*, GRCh, Art. 16 Rn. 9; ausführlich zu den geschützten Teilaspekten *Schwier*, Unternehmerische Freiheit, S. 91 ff.

1605 EuGH, Urt. v. 10.7.1991, verb. Rs. C-90/90 u. C-91/90, Slg. 1991, I-3617 Rn. 13 - Jean Neu u.a.

1606 EuGH, Urt. v. 5.10.1999, Rs. C-240/97, Slg. 1999, I-6571 Rn. 99 - Spanien./.Kommission.

1607 EuGH, Urt. v. 28.4.1998, Rs. C-200/96, Slg. 1998, I-1953 Rn. 28 - Metronome Musik; *Jarass*, GRCh, Art. 16 Rn. 12; *Frenz*, Handbuch Europarecht, Bd. IV, Rn. 2734.

1608 Vgl. hierzu bereits: 4. Kap. C. II. 6.

Unternehmen und die Cash-and-Carry-Großmärkte. Da vom sachlichen Schutzbereich des Art. 16 GRCharta jede Wirtschafts- und Geschäftstätigkeit erfasst ist, greift auch ein generelles Verbot, den Geschäftspartnern Ware zur Verfügung zu stellen, in die Rechte der Unternehmen ein. Dies findet im Verhältnis zwischen Spediteur und Empfänger Anwendung. Der Empfänger ist zwar kein Geschäftspartner des Spediteurs, es ist letzterem jedoch untersagt, dem Empfänger die Ware auszuliefern und auf diese Weise den Auftrag zu erfüllen. Somit wird mittelbar in das Vertragsverhältnis zwischen Spediteur und Versender eingegriffen, da der Auftrag letztlich nicht ausgeführt werden kann.

Eine weitere Einschränkung für die unternehmerische Tätigkeit ergibt sich aus der Tatsache, dass die Unternehmen Vorkehrungen treffen müssen, um Verstöße gegen das Bereitstellungsverbot zu vermeiden und so den daraus resultierenden Sanktionen zu entgehen.

Die Schaffung dieser Nachteile für die unternehmerische Tätigkeit wird zwar von den „Anti-Terror"-Verordnungen nicht bezweckt, sie sind jedoch unmittelbar durch diese bedingt.

dd) Ausgleich

Die obigen Ausführungen haben ergeben, dass durch das Bereitstellungsverbot in die unternehmerische Freiheit gemäß Art. 16 GRCharta eingegriffen wird. Zu prüfen ist nunmehr, ob diese Eingriffe gerechtfertigt werden können oder ob das Bereitstellungsverbot grundrechtskonform ausgelegt werden muss und folglich keine Anwendung auf die betrachteten Sachverhalte findet.

In einem ersten Schritt ist dabei zu klären, ob das Grundrecht der unternehmerischen Freiheit schrankenlos gewährt wird. Den Erläuterungen zur Grundrechtecharta ist zu entnehmen, dass Art. 16 GRCharta gemäß Art. 52 Abs. 1 GRCharta eingeschränkt werden kann.[1609] Ferner unterliegt Art. 16 GRCharta einer immanenten Beschränkung: dem Wortlaut zufolge ist die unternehmerische Freiheit nämlich nur „nach dem Unionsrecht und den einzelstaatlichen Rechtsvorschriften und Gepflogenheiten anerkannt". Die herrschende Meinung sieht darin eine zusätzliche Schranke neben der Generalklausel des Art. 52 Abs. 1 GRCharta.[1610] Die Ansicht, die in dem Verweis auf das „Unionsrecht" bzw. die „einzelstaatlichen Rechtsvorschriften und Gepflogenheiten" eine Begrenzung des Schutzbereichs sieht[1611], ist abzulehnen. Der durch Art. 16 GRCharta gewährte Schutz würde sonst hinter den Umfang der durch die Rechtsprechung des EuGH ausgestalteten Unternehmerfreiheit zurück blei-

1609 Charta Erläuterungen, ABl. 2007 C 303/17, S. 23.

1610 U.a. *Bernsdorff*, in: Meyer, Charta, Art. 16 Rn. 15; *Rengeling*, DVBl. 2004, 453 (459); *Grabenwarter*, DVBl. 2001, 1 (5).

1611 *Blanke*, in: Tettinger/Stern, GRCh, Art. 16 Rn. 2.

ben.[1612] Zu hinterfragen ist allerdings die tatsächliche Bedeutung dieser zusätzlichen Schranke. Zum einen geht der Verweis auf das Unionsrecht nicht über den ohnehin in Art. 52 Abs. 1 GRCharta enthaltenen Gesetzesvorbehalt hinaus, der jedenfalls eine Einschränkung aufgrund von primärem und sekundärem Unionsrecht zulässt.[1613] Zum anderen kann auch der Verweis auf „einzelstaatliche Rechtsvorschriften und Gepflogenheiten" nicht so verstanden werden, dass durch mitgliedstaatliche Regelungen das Schutzniveau des Art. 16 GRCharta abgesenkt werden kann. Ein solches Verständnis würde nämlich den bis zur Entstehung der Charta existierenden Schutz für Unternehmen als Teilaspekt der Berufsfreiheit, die eine derartige immanente Beschränkung auch nach der Kodifizierung der Charta nicht kennt, stark einschränken. Insofern soll der Verweis auf das nationale Recht lediglich sicherstellen, dass die Anerkennung der unternehmerischen Freiheit die wirtschaftslenkenden Maßnahmen der einzelnen Mitgliedstaaten unberührt lässt.[1614] Der immanenten Schranke des Art. 16 GRCharta kommt folglich neben der allgemeinen Schrankenbestimmung des Art. 52 Abs. 1 GRCharta kaum eigenständige Bedeutung zu, sodass die weitere Untersuchung sich auf die Tatbestandsmerkmale des Art. 52 Abs. 1 GRCharta beschränken kann.

Eingriffe in die unternehmerische Freiheit bedürfen demnach einer gesetzlichen Grundlage, die einen zulässigen Zweck verfolgen und dem Verhältnismäßigkeitsgrundsatz entsprechen muss.[1615] Dem Gesetzesvorbehalt wurde durch die unmittelbar geltenden „Anti-Terror"-Verordnungen genüge getan. Wie bereits erläutert, verfolgt das Bereitstellungsverbot das dem Gemeinwohl dienende Ziel, den Zugriff von Personen auf wirtschaftliche Ressourcen und Finanzmittel gleich welcher Art, die sie zur Unterstützung terroristischer Tätigkeiten einsetzen könnten, zu verhindern.

Im Rahmen der zu untersuchenden Fallkonstellationen stellt sich vor allem die Frage nach der Verhältnismäßigkeit des Bereitstellungsverbots. Dieses müsste also im Hinblick auf das verfolgte Ziel geeignet, erforderlich und angemessen sein. Keine Bedenken bestehen bezüglich der Geeignetheit der Maßnahme, da insofern die bloße Förderung des verfolgten Ziels ausreichend ist.[1616]

1612 *Jarass*, GRCh, Art. 16 Rn. 18; ausführlich zur Kritik auch *Schwier*, Unternehmerische Freiheit, S. 260 ff.

1613 *Schwier*, Unternehmerische Freiheit, S. 266 f.

1614 *Schwier*, Unternehmerische Freiheit, S. 267 ff.

1615 Zu den Voraussetzungen des Art. 52 Abs. 1 GRCharta vgl. bereits: 4. Kap. B. III. 3. a) cc).

1616 *v. Danwitz*, in: Tettinger/Stern, GRCh, Art. 52 Rn. 40; *Sczekalla*, in: Heselhaus/Nowak, Handbuch EU Grundrechte, § 7 Rn. 45; *Jarass*, GRCharta, Art. 52 Rn. 37.

Indem das Bereitstellungsverbot im Handel *de facto* bedeutet, dass die Händler keine Verträge mit den gelisteten Personen und Vereinigungen abschließen dürfen, die Gelder, Waren oder andere Vermögenswerte zum Gegenstand haben, wird den Betroffenen der Zugriff auf diese Güter zumindest erschwert. In Bezug auf das Verhältnis zwischen Spediteur und Empfänger, in dem gerade kein Vertragsverhältnis besteht, wird der Zugriff auf die entsprechenden Güter dadurch erschwert, dass diese den Betroffenen nicht mehr übergeben werden dürfen. Das Verbot ist daher geeignet, den verfolgten Zweck zu fördern.

Die Maßnahme müsste zudem erforderlich sein. Es dürfte also bei gleicher Wirksamkeit kein milderes Mittel zur Verfügung stehen. Auch dieses Erfordernis dürfe hier in aller Regel erfüllt sein. Soll nämlich der Zugriff der gelisteten Personen und Vereinigungen auf Gelder und andere Vermögenswerte gänzlich verhindert werden, so ist kein milderes Mittel ersichtlich als ein vollständiges auch den Handel mit einbeziehendes Verfügungsverbot.

Problematisch erscheint jedoch, ob die Maßnahme in einem angemessenen Verhältnis zu dem intendierten Zweck steht. Die fragliche Beeinträchtigung darf im Hinblick auf das verfolgte Gemeinwohlziel nicht außer Verhältnis stehen. Die gegenläufigen Interessen sind miteinander abzuwägen, um festzustellen, ob das rechtliche Gleichgewicht zwischen den Interessen gewahrt ist.[1617] Für die Abwägung ist im Einzelnen entscheidend, welche Bedeutung dem verfolgten Ziel zuzumessen ist sowie der Nutzen, den der entsprechende Eingriff zur Erreichung des Ziels leistet. Ferner sind die Intensität und das Gewicht der Grundrechtsbeeinträchtigung entscheidend.[1618] Nimmt man diese Abwägungskriterien zur Hand, ist zunächst festzustellen, dass dem verfolgten Ziel der Terrorismusbekämpfung eine überragende Bedeutung zuzumessen ist. Allerdings ist kritisch zu hinterfragen, welchen Nutzen ein Bereitstellungsverbot in den genannten Wirtschaftszweigen zur Erreichung des Ziels hat. Letztlich soll verhindert werden, dass die gelisteten Personen und Vereinigungen über finanzielle Mittel verfügen, die zur Unterstützung von Anschlägen oder anderweitigen terroristischen Aktivitäten genutzt werden können. Wie gesehen, müssen aufgrund einer teleologischen Auslegung Vermögenswerte, die dem persönlichen Verbrauch oder der persönlichen Verwendung dienen, aus dem Anwendungsbereich ausgenommen werden, da diese nicht als Ersatzwährung zur Finanzierung terroristischer Aktivitäten verwendet werden können.[1619] Auch für alltägliche Einzelhandelsartikel oder Waren, die in einem Cash-and-Carry-Großmarkt bezogen werden

1617 EuGH, Urt. v. 12.6.2003, Rs. C-112/00, Slg. 2003, I-5659 Rn. 81 - Schmidberger.

1618 *Koch*, Verhältnismäßigkeit, S. 223 ff., mit Hinweisen auf die Rechtsprechung des EuGH.

1619 Vgl.: 4. Kap. III. 2. a) cc).

können, ist dies zumindest fraglich. Da terroristische Anschläge meist mit einem nur geringen finanziellen Aufwand verbunden sind, kann dies jedoch nicht pauschal verneint werden. Ausschlaggebendes Kriterium zur Beurteilung der Angemessenheit ist demnach die Betrachtung der Auswirkung der Maßnahme auf den einzelnen Grundrechtsträger.[1620]

Eingangs wurden bereits die sich aus dem Bereitstellungsverbot ergebenden praktischen Probleme für den stationären Einzelhandel angedeutet. Letztlich würde dies nämlich zu einer Identitätskontrolle jedes einzelnen Kunden führen. Das Unternehmen müsste also dafür Sorge tragen, dass vor der Übergabe der Ware, die typischerweise an der Kasse stattfindet, der entsprechende Mitarbeiter sich den Ausweis des Kunden zeigen lässt und sodann einen Abgleich mit den Daten der „Anti-Terror"-Listen vornimmt. Andernfalls setzen sich die vertretungsberechtigten Organe des Unternehmens dem Risiko einer Strafbarkeit gemäß § 34 Abs. 4 Nr. 2 AWG aus. Die Implementierung einer entsprechenden Praxis in das Alltagsgeschäft erscheint indes schlicht impraktikabel. Soll ein Chaos an den Kassen verhindert werden, müssten die personellen und technischen Ressourcen immens aufgestockt werden. Aber auch dann dürfte der Kassiervorgang ein Maß an Zeit in Anspruch nehmen, das ein kundenverträgliches Tagesgeschäft unmöglich machen würde. Die Unternehmen wären zudem bei dem ganzen Vorgang auf eine freiwillige Identitätskontrolle angewiesen, da eine rechtliche Verpflichtung nicht besteht. Insofern müsste das Unternehmen einen Verkauf von Waren an Kunden, die sich nicht ausweisen möchten, ablehnen.

Ähnliches gilt für den Cash-and-Carry-Großhandel. Zwar ist hier die Überprüfung der registrierten Kunden im Vorfeld einer konkreten Kaufhandlung den betroffenen Unternehmen zumutbar. Allerdings müsste, um die Verwirklichung des Tatbestandes des § 34 Abs. 4 Nr. 2 AWG zu vermeiden, der jeweilige Kunde vor der tatsächlichen, meist an der Kasse stattfindenden Übergabe der Ware erneut mittels Vorlage eines Lichtbildausweises auf seine Identität überprüft werden, was den Geschäftsgegenstand des Cash-and-Carry-Großhandels als schnelles Selbstbedienungssystem ebenfalls ad absurdum führen würde.

Im Verhältnis zwischen Spediteur und Empfänger würde die uneingeschränkte Anwendung des Bereitstellungsverbots schließlich bedeuten, dass der Spediteur die Identität des Empfängers kontrollieren muss, obwohl zu diesem keine vertragliche Beziehung besteht. Er wäre zur Überprüfung der Daten einer Person gezwungen, die er sich nicht selbst als Geschäftspartner ausgesucht hat. Um dieser Verpflichtung nachkommen zu können, müsste er den Versender der

---

1620 Zum Problem, dass die Frage der individuellen Zumutbarkeit vom EuGH zu Gunsten einer rein objektiven Betrachtung von Zweck und Mittel häufig vernachlässigt wird *Koch*, Verhältnismäßigkeit, S. 229 f.; *v. Danwitz*, EWS 2003, 399 f.

Ware bei Auftragsübermittlung um die genaue Angabe der Identität des Empfängers bitten. Insofern müsste er auf die Mithilfe seines eigentlichen Geschäftspartners vertrauen. Eine schnelle und einfache Auftragsdurchführung würde dem Spediteur erschwert.

Ferner ist zu beachten, dass durch die bereits beschriebene Verweisungstechnik der genaue Inhalt des Bereitstellungsverbots oft nur schwer zu ermitteln ist. Zunächst muss die Verordnung in der Fassung der jeweils geltenden Änderungsverordnung herangezogen werden, welche die personenbezogenen Finanzsanktionen festlegt. Diese wiederum nimmt zur Konkretisierung, wer von den Sanktionen betroffen sein soll, Bezug auf im Anhang der Verordnungen befindliche Namenslisten, die ihrerseits ständig aktualisiert werden. Zwar ist diese Verweisungstechnik nach hier vertretener Auffassung (noch) bestimmt genug i.S.v. Art. 103 Abs. 2 GG. Im Rahmen der Angemessenheit des Bereitstellungsverbots muss dies jedoch erneut in Ansatz gebracht werden. Dem Unternehmer wird dadurch nämlich zugemutet, dass er die im Bundesanzeiger veröffentlichten ständigen Änderungen der Sanktionslisten beim Identitätsabgleich berücksichtigt. Stellt man sich den Zahlungsvorgang im Einzelhandel oder beim Cash-and-Carry-Großmarkt vor, scheidet dadurch ein manueller Abgleich der Listen bereits aus. Möglich wäre demnach allein ein Abgleich mittels einer ständig aktualisierten Software, zu der jeder Mitarbeiter, der an der Übergabe der Ware beteiligt ist, Zugang haben und diese bedienen können muss.

Summa summarum führen die Anforderungen an die Einhaltung des Bereitstellungsverbots zu einer Belastung der Unternehmensträger und somit der Grundrechtsberechtigten, die auch im Hinblick auf den fraglichen zu erwartenden Nutzen außer Verhältnis zum erstrebten Ziel steht.[1621] Eine grundrechtskonforme Auslegung des Bereitstellungsverbots ergibt, dass der Austausch von Waren durch den Unternehmer im stationären Einzelhandel[1622] und im Selbstbedienungsgroßhandel nicht erfasst ist. Auch im Verhältnis zwischen Spediteur und Warenempfänger findet das Verbot keine Anwendung.

d) Allgemeiner Lösungsansatz

Letztlich handelt es sich bei den erörterten Unternehmenszweigen lediglich um eine exemplarische Aufzählung. Es lassen sich etliche weitere Beispiele finden, bei denen die Umsetzung des Bereitstellungsverbots impraktikabel ist. Daher stellt sich die Frage, ob allgemein gültige Kriterien gefunden werden können,

---

1621 Ähnlich *Schlarmann/Spiegel*, NJW 2007, 870 (872).

1622 A.A *Bartmann*, Terrorlisten, S. 84 ff., die eine Fahrlässigkeitsstrafbarkeit erst an der fehlenden objektiven Zumutbarkeit scheitern lassen will, a.a.O., S. 86; dieser Ansatz erscheint bedenklich, da eine diesbezügliche Prüfung immer von Wertungsgesichtspunkten im Einzelfall abhängt.

wann eine grundrechtskonforme Auslegung des Verbots zu einer restriktiven Anwendung führen muss.

Die ersten beiden Beispiele (die Bereitstellung von Waren im Einzelhandel und im Selbstbedienungsgroßhandel) haben gemein, dass dem Unternehmer eigentlich gleichgültig ist, wer sein Geschäftspartner ist. Infolgedessen erfolgt keine genaue Identitätserfassung vor Abschluss des Kaufvertrags und somit vor Übergabe der Ware. Dies wird in der Regel für Bargeschäfte des täglichen Lebens zutreffen, die von beiden Seiten sofort erfüllt werden. Unzweifelhaft liegt ein solches Geschäft beim dargestellten Kauf in Warenhäusern vor, wenn es sich dabei um wertvollere Ware[1623], wie beispielsweise elektronische Geräte oder Möbelstücke, handelt. Aber auch bei häufig auftretenden Handelsgeschäften, wie einem Einkauf bei einem Selbstbedienungsgroßhandel, spielt die Identität des Geschäftspartners für den Veräußerer eine untergeordnete Rolle. Im Allgemeinen wird immer dann das Interesse an der genauen Identität des Geschäftspartners zurücktreten, wenn es sich um ein übliches „Massengeschäft" handelt. Bei dem aufgezeigten Verhältnis zwischen Spediteur und Warenempfänger zeigt sich ein weiteres Problem: Hier ist der Spediteur bzw. Frachtführer zur Übergabe einer Ware an einen Empfänger verpflichtet, der nicht sein Vertragspartner ist. Auch in diesem Fall ist dem Unternehmer die Identität seines Gegenübers gleichgültig.

Im Ergebnis muss stets eine einzelfallbezogene Abwägung erfolgen. Ist dem Unternehmer dabei aufgrund einer berechtigten Interessenlage gleichgültig, wer sein Geschäftspartner ist und wird daher auch dessen Identität nicht erfasst, ist dies als Indiz dafür zu werten, dass aufgrund einer grundrechtskonformen Auslegung das Bereitstellungsverbot restriktiv angewendet werden muss.

4. Fazit

Das in den „Anti-Terror"-Verordnungen festgelegte Bereitstellungsverbot muss in Anbetracht der drohenden strafrechtlichen Konsequenzen gemäß § 34 Abs. 4 Nr. 2 AWG restriktiv ausgelegt werden. Der EuGH nimmt eine Auslegung nach Sinn und Zweck des Bereitstellungsverbots vor und kommt so zu dem Ergebnis, dass das Verbot nur auf solche Vermögenswerte Anwendung findet, die in Gelder, Waren oder Dienstleistungen umgewandelt werden können, welche geeignet sind, für die Unterstützung terroristischer Tätigkeiten eingesetzt zu werden. Ausgenommen sind demnach Vermögenswerte, die dem persönlichen Verbrauch oder der persönlichen Verwendung dienen.

1623 Bei Vermögenswerten zum persönlichen Gebrauch findet das Bereitstellungsverbot bereits aufgrund einer teleologischen Auslegung keine Anwendung, vgl. 4. Kap. C. III. 2.

Zudem ist eine grundrechtskonforme Auslegung des Bereitstellungsverbots geboten. Durch die Maßnahme kann derart schwer in das Grundrecht der Unternehmerfreiheit (Art. 16 GRCharta) eingegriffen werden, dass die Mittel-Zweck-Relation, auch im Hinblick auf den zu erwarteten Nutzen, zugunsten des einzelnen Grundrechtsträgers ausfallen muss. Das Bereitstellungsverbot kann in manchen Unternehmenszweigen mit so gravierenden Umsetzungsproblemen verbunden sein, dass der einzelne Grundrechtsträger unverhältnismäßig belastet würde. Dies ist im Allgemeinen dann der Fall, wenn dem Unternehmer aufgrund einer berechtigten Interessenlage die Identität seines Geschäftspartners gleichgültig ist und er diese folglich auch nicht erfasst. Eine solch berechtigte Interessenlage liegt beispielsweise beim Austausch von Waren im stationären Einzelhandel und im Selbstbedienungsgroßhandel sowie im Verhältnis zwischen Spediteur und Warenempfänger vor.

Die restriktive Auslegung des Bereitstellungsverbots führt zu einer Einschränkung des in § 34 Abs. 4 Nr. 2 AWG i.V.m. der entsprechenden Verordnung normierten objektiven Tatbestands, sodass die in diesem Abschnitt dargestellten Verhaltensweisen nicht zu einer Strafbarkeit führen.

D. Maßnahmen zur Vermeidung von Strafbarkeiten

Auch nach der hier vertretenen Ansicht der gebotenen Einschränkung des Anwendungsbereichs des Bereitstellungsverbots ist das Strafbarkeitsrisiko allenfalls verringert. Ein Ausschluss des Strafbarkeitsrisikos ist folglich nur durch die Einhaltung der Vorgaben aus den Verordnungen möglich. Doch wie kann dies in der unternehmerischen Praxis gewährleistet werden? Überwiegend wird dabei fahrlässiges Handeln zu einer Tatbestandsverwirklichung gemäß § 34 Abs. 4 Nr. 2 AWG (i.V.m. § 34 Abs. 7 AWG) führen. Ein fahrlässiger Verstoß liegt nur dann vor, wenn der Handelnde aufgrund der objektiven Umstände bei Anwendung der im Verkehr erforderlichen und aufgrund seiner subjektiven Kenntnisse und Fähigkeiten möglichen Sorgfalt die Tatbestandsverwirklichung als mögliche Folge seines Tuns hätte vorhersehen und vermeiden können.[1624]

Im Folgenden wird erörtert, welche Maßnahmen in einem Unternehmen getroffen werden müssen, um eine Sorgfaltspflichtverletzung und somit den Fahrlässigkeitsvorwurf zu vermeiden. Natürlich kann die Notwendigkeit, die entsprechenden Maßnahmen einzuleiten, je nach Größe des Unternehmens und der Art der Geschäftskontakte variieren.

1624 *Lackner/Kühl*, StGB, § 15 Rn. 35 ff.; *Sternberg-Lieben*, in: Schönke/Schröder, StGB, § 15 Rn. 120 ff.

I. Betriebliche Organisationsstruktur

Grundsätzlich obliegt der Geschäftsleitung, d.h. der Geschäftsführung in Form des gesetzlich vorgesehenen vertretungsberechtigten Organs, die Pflicht zur Überwachung und Organisation der Geschäftsabläufe des Unternehmens. Diese muss alle zumutbaren Organisationsmaßnahmen treffen, die ausreichend sicherstellen, dass Verstöße gegen das Außenwirtschaftsgesetz vermieden werden. Nur durch den Nachweis einer funktionierenden Organisation und der Wahrnehmung entsprechender Maßnahmen kann im Zweifelsfall eine Exkulpation in Anbetracht einer persönlichen strafrechtlichen Konsequenz erfolgen.[1625] Empfehlenswert ist die Benennung von organisatorischen Einheiten und Personen, welche konkrete Prüf- und Überwachungsaufgaben im Bereich der Sanktionslisten wahrnehmen. Je nach Größe des Unternehmens empfiehlt sich die Ernennung eines Ausfuhrverantwortlichen. Der Geschäftsleitung obliegen weiterhin die bedarfsgerechte Aus- und Weiterbildung sowie die stichprobenartige Überprüfung der Vorgänge. Die ergriffenen Organisationsmaßnahmen sind zu dokumentieren, damit etwa im Fall einer Außenwirtschaftsprüfung gemäß § 44 AWG eine Überprüfung möglich ist.[1626]

II. Überprüfung von Geschäftsprozessen

Um eine Bereitstellung von wirtschaftlichen Ressourcen mit gelisteten Personen zu vermeiden, muss vor der Durchführung von Geschäften ein Datenabgleich mit den auf den Namenslisten aufgeführten Personen und Unternehmen durchgeführt werden.[1627] Auch im Hinblick darauf, dass gemäß § 34 Abs. 6 AWG bestimmte Vorbereitungshandlungen strafbar sein können, ist eine Identitätsprüfung zum frühestmöglichen Zeitpunkt geboten.[1628] Die Überprüfung ist nicht nur bei der Geschäftsaufnahme mit Neukunden, sondern, angesichts fortwährender Listenänderungen, auch beim bestehenden Kundenstamm durchzuführen.[1629] Diese Vorgaben gelten ferner im Bereich des Einkaufs von Waren und Leistungen. Auch die Daten der Lieferanten müssen abgeglichen werden, da auch diesen wirtschaftliche Ressourcen in Form einer Vergütung zur Verfügung gestellt

1625 *Puschke/Hohmann*, Basiswissen Sanktionslisten, S. 56 f.; vgl. *Meyer/Macke*, HRRS 2007, 445 (463).

1626 *Puschke/Hohmann*, Basiswissen Sanktionslisten, S. 58 ff.

1627 *Schlarmann/Spiegel*, NJW 2007, 870 (874); *Meyer/Macke*, HRRS 2007, 445 (462).

1628 *Puschke/Hohmann*, Basiswissen Sanktionslisten, S. 70.

1629 *Puschke/Hohmann*, Basiswissen Sanktionslisten, S. 72, 74.

werden.[1630] Soll dem Kunden im Rahmen von Garantie- oder Serviceleistungen der Kaufpreis erstattet werden o.ä., muss auch hier eine Überprüfung stattfinden.[1631] Die Überprüfungspflichten eines Unternehmens treten jedoch nicht nur im Verhältnis zu Geschäftskontakten nach außen auf, auch das Auszahlen von Arbeitslohn an Mitarbeiter verstößt gegen das Bereitstellungsverbot. Vor der Einstellung eines Mitarbeiters müssen also seine Daten überprüft werden, bei bereits angestellten Mitarbeitern muss dies in regelmäßigen Abständen erfolgen.[1632]

Liegt nach der Überprüfung ein Treffer vor, muss dies entsprechend vermerkt und die entsprechenden Behörden informiert werden. Diese können auch Auskunft erteilen, wenn Zweifel entstehen, ob tatsächlich ein Treffer vorliegt.[1633]

Der Überprüfungspflicht kann wohl am effektivsten nachgekommen werden, indem entsprechende Softwaresysteme implementiert werden, die einen periodischen Abgleich mit den aktuellen Ausgaben des Amtsblatts der EU, in dem die geänderten Listen veröffentlicht werden, ermöglichen. Zwar ist die Implementierung von EDV -Systemen rechtlich nicht zwingend geboten; betrachtet man jedoch den erheblichen Umfang der Namenslisten, die schnellen Änderungen der Listen sowie die unterschiedlichen Schreibweisen der Namen der Gelisteten und die Verwendung zahlreicher Aliasnamen, so stellt sich eine lediglich manuelle Überprüfung im Einzelfall im Alltag eines Unternehmens als unmöglich dar.[1634] Zahlreiche Anbieter bieten mittlerweile die entsprechende Software an, die meist die Prüfung von Kunden-, Lieferanten- und Personaldaten mit den Sanktionslisten sowie die Protokollierung des Prüfvorgangs umfassen.[1635] Ohne eine entsprechende Speicherung der durchgeführten Prüfmaßnahmen kann nämlich im Ernstfall eine Exkulpation nur schwerlich gelingen.[1636]

1630 *Puschke/Hohmann*, Basiswissen Sanktionslisten, S. 75; *Schlarmann/Spiegel*, NJW 2007, 870 (875).

1631 *Puschke/Hohmann*, Basiswissen Sanktionslisten, S. 77; *Schlarmann/Spiegel*, NJW 2007, 870 (875).

1632 *Schlarmann/Spiegel*, NJW 2007, 870 (875); ausführlich auch zum Thema Leiharbeitsnehmer *Puschke/Hohmann*, Basiswissen Sanktionslisten, S. 78 f.

1633 *Bartmann*, Terrorlisten, S. 119.

1634 *Puschke/Hohmann*, Basiswissen Sanktionslisten, S. 85 f.; so auch *Bartmann*, Terrorlisten, S. 118.

1635 Ausführlich zu den fachlichen und technischen Anforderungen an eine Software zur Sanktionslistenüberprüfung vgl. *Puschke/Hohmann*, Basiswissen Sanktionslisten, S. 88 ff.

1636 Vgl. auch *Bartmann*, Terrorlisten, S. 119.

E. Zwischenresümee

In den jeweiligen Verordnungen, sowohl der länderbezogenen als auch der „Anti-Terror"-Sanktionsregime, verpflichtet die EU die Mitgliedstaaten dazu, einen Verstoß gegen die Bestimmungen mit wirksamen, verhältnismäßigen und abschreckenden Sanktionen zu bestrafen. Im deutschen Recht zieht ein solcher Verstoß vor allem strafrechtliche Konsequenzen nach sich. Maßgebliche Strafvorschrift für die Sanktionierung einer Zuwiderhandlung gegen Finanzsanktionen ist hierbei § 34 Abs. 4 Nr. 2 AWG. Die Vorschrift legt als Tathandlung abschließend Verstöße gegen verschiedene Verbote fest. Diese Verbote müssen wiederum in einem unmittelbar geltenden Rechtsakt der EG oder EU, der der Durchführung einer vom Rat der EU im Bereich der GASP beschlossenen wirtschaftlichen Sanktionsmaßnahme dient, normiert sein. § 34 Abs. 4 Nr. 2 AWG ist demnach ein Blankettstrafgesetz, d.h. ein Straftatbestand, der zwar die Strafandrohung selbst festlegt, die Umschreibung des Tatbestandes jedoch in einer anderen Vorschrift (Ausfüllungsnorm bzw. Verweisungsobjekt) vornimmt. Hinsichtlich dieser Gesetzestechnik bestehen Bedenken bezüglich ihrer Vereinbarkeit mit der freiheitsgewährleistenden Komponente des Art. 103 Abs. 2 GG, die vorgibt, dass der Rechtsanwender anhand der gesetzlichen Bestimmung vorhersehen können muss, welches Verhalten verboten und mit Strafe bedroht ist. Bei Blankettstrafgesetzen muss bereits aus dem Wortlaut der Blankettnorm deutlich werden, auf welche Regelung Bezug genommen wird. § 34 Abs. 4 Nr. 2 AWG bereitet insofern Schwierigkeiten, als es sich hierbei um eine dynamische Außenverweisung handelt, da auf den jeweiligen im Bundesanzeiger veröffentlichten Rechtsakt der EU Bezug genommen wird. Demnach wird gerade nicht auf bestimmte Verordnungen, ggf. unter Angabe einer konkreten Fundstelle, verwiesen. Bei personenbezogenen Finanzsanktionen ist die Vorhersehbarkeit der Strafbarkeit zudem dadurch erschwert, dass hierbei eine doppelt dynamische Verweisung vorliegt: § 34 Abs. 4 Nr. 2 AWG verweist auf die jeweilige Verordnung, die Finanzsanktionen enthält. Diese bezieht sich wiederum zur Konkretisierung, wer von den Sanktionen betroffen sein soll, auf im Anhang der Verordnung befindliche Namenslisten, die ihrerseits periodisch aktualisiert werden. Für den Rechtsanwender ist jedoch gerade entscheidend, mit welchen Personen oder Organisationen er keine Geschäfte tätigen darf. Hilfestellung bietet zum einen das BAFA, auf dessen Homepage die einschlägigen Rechtsakte der EU veröffentlicht werden. Ferner hat die Europäische Kommission 2004 eine Webseite eingerichtet, auf der eine ständig aktualisierte, konsolidierte Liste der Personen und Organisationen, die von Finanzsanktionen betroffen sind, sowie eine Übersicht der geltenden restriktiven Maßnahmen veröffentlicht ist. Auch das Amt für Veröffentlichungen der EU macht regelmäßig konsolidierte Fassungen der entsprechenden Rechtsakte auf der Datenbank zum EU-Recht zugänglich. Somit kann von einem (noch) zumutbaren Aufwand für den Rechtsanwender beim Auffinden des jeweils geltenden Verweisungsobjekts ausgegangen werden. § 34 Abs. 4 Nr. 2 AWG wird folglich dem in Art. 103 Abs. 2 GG normierten Bestimmtheitsgrundsatz gerecht.

Aufgrund der Ausgestaltung des § 34 Abs. 4 Nr. 2 AWG als Blankettstrafgesetz bestimmen die in Bezug genommenen Rechtsakte der Union das Ausmaß des strafbaren Verhaltens. Von Bedeutung für die nationale strafrechtliche Sanktion ist demnach auch, ob die sekundärrechtliche Bestimmung – d.h. bei Finanzsanktionen das Einfriergebot bzw. das Bereitstellungsverbot – gegen Primärrecht verstößt. Wird dies bejaht, kann die entsprechende Ausfüllungsvorschrift nicht dazu beitragen, eine strafrechtliche Verfolgung, die an einen vermeintlichen Verstoß gegen diese Verordnung anknüpft, zu stützen.

Im Vordergrund der vorgenommenen Untersuchung steht dabei die materielle Rechtmäßigkeit der Verordnungen. Als vorrangige Rechtsquelle für den Grundrechtsschutz innerhalb der EU wurde hierfür die Charta der Grundrechte der EU herangezogen. Bei der Prüfung der materiellen Rechtmäßigkeit ergibt sich hinsichtlich der „Al-Qaida"-Verordnung eine Besonderheit, da diese inhaltlich lediglich die Vorgaben der entsprechenden SR-Resolution übernimmt und im Gegensatz zur „Anti-Terrorismus"-Verordnung keine eigenständige Listung erfolgt. Zentrale Frage ist also, ob und wieweit ein Rechtsakt der EU, der zur Umsetzung einer Resolution des Sicherheitsrats erlassen wurde, sich an den europäischen Grundrechten messen lassen muss und mithin der Kontrolle durch die europäischen Gerichte unterliegt. Das EuG ging davon aus, dass die Gemeinschaftsorgane verpflichtet gewesen seien, die Verordnung nach Maßgabe der Sicherheitsresolution zu erlassen, so dass sie über keinen eigenen Ermessensspielraum verfügten. Insbesondere könnten sie den Inhalt der SR-Resolution nicht ändern. Eine Kontrolle der materiellen Rechtmäßigkeit der fraglichen Verordnung durch die Gerichte bedeute somit eine inzidente Rechtmäßigkeitskontrolle der hinter ihnen stehenden SR-Resolutionen. Zu Recht lehnt der EuGH einen solchen Vorrang der SR-Resolutionen gegenüber dem Primärrecht ab und erklärt die „Al-Qaida"-Verordnung sehr wohl für am Maßstab der Grundrechte der EU überprüfbar.

Das Einfrieren von Konten oder anderen wirtschaftlichen Ressourcen stellt einen Eingriff in das Recht auf Eigentum i.S.v. Art. 17 GRCharta in Form einer Nutzungsregelung dar. Bei der Prüfung, ob ein solcher Eingriff gerechtfertigt werden kann, ist insbesondere abzuwägen, ob das gewählte Mittel im Hinblick auf das verfolgte Ziel einen unverhältnismäßigen, nicht tragbaren Eingriff darstellt. Dem Ziel der Finanzsanktionen, nämlich der Terrorismusbekämpfung, ist dabei eine überragende Bedeutung zuzumessen. Zwar belastet das Einfrieren von Konten oder wirtschaftlichen Ressourcen die betroffenen Personen und Organisationen erheblich, allerdings ist deren Vertrauen in den Bestand ihres Eigentums im Hinblick auf ihre Beteiligung an terroristischen Handlungen weniger schutzwürdig. In den entsprechenden Verordnungen sind Ausnahmen vom Einfriergebot aus humanitären Gründen und zur Deckung außergewöhnlicher Kosten vorgesehen. Die daraus resultierende grundsätzliche Verhältnismäßigkeit des Eingriffs bedarf allerdings immer einer Abwägung im Einzelfall. Insbesondere darf das als vorübergehende Sicherungsmaßnahme gedachte Einfrieren von Konten keine dauerhafte Maßnahme auf unbestimmte Zeit werden, ohne dass die Grundlagen für den Erlass überprüft werden. Auch der EuGH geht von der generellen Verhältnismäßigkeit des in der entsprechenden Verordnung vorgenommenen Eingriffs in das Eigentumsrecht aus. Im konkreten Rechtstreit liege jedoch ein ungerechtfertigter Eingriff in das Eigentumsrecht vor: Trotz des erheblichen Umfangs und der Dauer der Sanktionierung sei dem Kläger keine Garantie gegeben worden, sein Anliegen bei der zuständigen Stelle vorbringen zu können. Der EuGH verknüpft somit Aspekte des Eigentumsschutzes mit dem Anspruch auf rechtliches Gehör.

Insofern den betroffenen Personen und Organisationen weder vor dem Beschluss zur Aufnahme in die entsprechenden Listen noch nach der Veröffentlichung des Beschlusses die konkreten und spezifischen Gründe der jeweiligen Listung mitgeteilt werden und ihnen demnach auch keine Möglichkeit gegeben wird, zu den Vorwürfen Stellung zu nehmen, liegt ein Verstoß gegen die in Art. 41 Abs. 2 GRCharta normierten Verfahrensrechte vor. Ein solcher Verstoß führt ebenfalls zu einem Eingriff in das Recht auf einen wirksamen Rechtsbehelf gemäß Art. 47 GRCharta. Der Rechtsbehelf muss so ausgestaltet sein, dass er bei Zulässigkeit und Begründetheit zum Erfolg führen kann. Dies setzt insbesondere voraus, dass den Betroffenen die Begründung der gegen sie gerichteten Entscheidung von der Verwaltung mitgeteilt wird. Das Recht auf wirksame gerichtliche Kontrolle setzt also die Einhaltung der Verfahrensgarantien bereits im Verwaltungsverfahren voraus.

Der Eingriff kann mangels Erforderlichkeit der Maßnahme auch nicht gerechtfertigt werden. Zwar mag eine frühe Benachrichtigung der Betroffenen über das beabsichtigte Einfrieren ihres Vermögens den Zweck der wirksamen Austrocknung der Finanzquellen des Terrorismus vereiteln. Nachdem ein solcher Beschluss jedoch bereits gefasst ist, ist eine weitere Zurückhaltung der zur Last gelegten Gründe nicht mehr erforderlich. Auch die europäischen Gerichte betonen, dass sicherheitspolitische Einwände nicht generell zu einem Ausschluss von Verfahrensrechten führen dürfen und nehmen eine konkrete Abwägung im Einzelfall vor. In Folge dieser Rechtsprechung sieht die „Al-Qaida“-Verordnung nun ein Verfahren zur Wahrung der Verteidigungsrechte vor.

Die Rechtmäßigkeit der Verordnungen muss daher zwar jeweils im Einzelfall überprüft werden, grundsätzlich ist jedoch von der formellen und materiellen Rechtmäßigkeit der Verordnungen auszugehen. Die Verordnungen dienen folglich als taugliche Ausfüllungsvorschrift i.S.v. § 34 Abs. 4 Nr. 2 AWG.

Die Tatbestandsvoraussetzungen, an die § 34 Abs. 4 Nr. 2 AWG seine strafrechtlichen Konsequenzen knüpft, ergeben sich aus den in Bezug genommenen Rechtsakten der EU. Tatobjekt bei Finanzsanktionen können sowohl Gelder als auch wirtschaftliche Ressourcen sein. Beide Begriffe werden in den jeweiligen Verordnungen legaldefiniert und umfassen nahezu alle Vermögenswerte. Zu beachten ist jedoch, dass ein Vermögenswert nur dann eine wirtschaftliche Ressource im Sinne der Verordnung darstellt, wenn er für den Erwerb von Geldern, Waren oder Dienstleistungen verwendet werden kann. Dadurch soll verhindert werden, dass wirtschaftliche Ressourcen als „Parallel- oder Ersatzwährung" gehandelt werden können. Mögliche Tathandlungen, die zu einer Strafbarkeit nach § 34 Abs. 4 Nr. 2 AWG führen, sind Verstöße gegen die in den Verordnungen normierten Einfriergebote, Bereitstellungs- und Umgehungsverbote. Von überragender Bedeutung ist dabei das Bereitstellungsverbot, wonach gelisteten Personen oder Organisationen weder direkt noch indirekt Gelder oder wirtschaftliche Ressourcen zur Verfügung gestellt werden oder zugute kommen dürfen. Die Folgen vor allem für Unternehmer sind groß. Äußerlich neutrales Verhalten wie der Austausch von Handelsgütern erhält seine strafwürdige Natur allein aufgrund der Identität des Zuwendungs- oder Leistungsempfängers, dessen sanktionsauslösender terroristischer Hintergrund sich wiederum nur aus den europäischen Sanktionslisten ergibt. Da vor allem die Gefahr besteht, gegen § 34 Abs. 4 Nr. 2 AWG fahrlässig zu verstoßen, ist nach Sinn und Zweck einer Bestrafung eine restriktive Auslegung der Tatbestandsmerkmale geboten.

Der EuGH hat jüngst im Rahmen eines Vorabentscheidungsverfahrens das in der „Al-Qaida"-Verordnung normierte Bereitstellungsverbot teleologisch reduziert. Das Bereitstellungsverbot soll nur auf die Vermögenswerte Anwendung finden, die in Gelder, Waren oder Dienstleistungen umgewandelt werden können, die geeignet sind, für die Unterstützung terroristischer Tätigkeiten eingesetzt zu werden. Vermögenswerte, die sich lediglich für die persönliche Verwendung oder für den persönlichen Verbrauch eignen, sind demzufolge nicht vom Verbot umfasst.

Zu einer weiteren Einschränkung des Anwendungsbereichs führt eine grundrechtskonforme Auslegung des Bereitstellungsverbots. Durch das Verbot wird in die durch Art. 16 GRCharta geschützte Unternehmerfreiheit eingegriffen. Ein solcher Eingriff kann nur gerechtfertigt werden, wenn er im Hinblick auf das verfolgte Ziel geeignet, erforderlich und angemessen ist. Zwar ist das mit den „Anti-Terror"-Verordnungen verfolgte Gemeinwohlziel der Terrorismusbekämpfung von herausragender Bedeutung; allerdings muss auch dann die getroffene Maßnahme im Hinblick auf den einzelnen Grundrechtsträger verhältnismäßig sein. Letzteres ist zu verneinen, wenn die konkrete Umsetzung für den Gewerbetreibenden derart impraktikabel ist, dass der zu erwartende Nutzen zum erstrebten Ziel außer Verhältnis steht. Solch gravierende Umsetzungsprobleme können sich beispielsweise beim Austausch von Waren im Einzelhandel ergeben. Hier müsste der Einzelhändler dafür Sorge tragen, dass spätestens an der Kasse der entsprechende Mitarbeiter sich den Personalausweis des Kunden zeigen lässt und sodann einen Abgleich mit den Daten der „Anti-Terror"-Listen vornimmt. Ein solches Vorgehen erscheint angesichts des Massencharakters von Kaufgeschäften im Einzelhandel schlicht impraktikabel. Gemeinhin wird der einzelne Unternehmer immer dann vor gravierenden Umsetzungsproblemen stehen, wenn diesem aufgrund einer berechtigten Interessenlage gleichgültig ist, wer sein Geschäftspartner ist und er daher auch dessen Identität vor Übergabe der Ware nicht erfasst. Dies ist in der Regel bei Bargeschäften des täglichen Lebens, die von beiden Seiten sofort erfüllt werden, wie beim Kauf in Warenhäusern oder bei häufig auftretenden Handelsgeschäften, anzunehmen. Im Ergebnis muss zwar immer eine Abwägung im Einzelfall erfolgen. Die soeben beschriebene Interessenlage ist allerdings als Indiz dafür zu werten, dass für solche Verhaltensweisen eine grundrechtskonforme Auslegung zu einer restriktiven Anwendung des Bereitstellungsverbots führen muss.

Auch nach der hier vertretenen Ansicht, wonach eine Einschränkung des Anwendungsbereichs des Bereitstellungsverbots geboten ist, bleibt für die betroffenen Unternehmer die Gefahr groß, die Tatbestandsmerkmale des § 34 Abs. 4 Nr. 2 AWG zumindest fahrlässig zu verwirklichen. Um daher die Vorgaben der Verordnung einhalten zu können, muss vor allem eine regelmäßige Überprüfung laufender Geschäftsprozesse anhand der entsprechenden Namenslisten vorgenommen werden.

5. Kapitel: Zusammenfassung und Schlussbetrachtung

A. Wesentliche Ergebnisse der Arbeit

Der Begriff der Sanktion ist weder im Völker- noch im Europarecht verbindlich definiert. Im Rahmen der GASP werden damit Maßnahmen bezeichnet, die dazu dienen, die diplomatischen oder wirtschaftlichen Beziehungen zu einem oder mehreren Drittländern auszusetzen, einzuschränken oder vollständig einzustellen. Sie zielen dabei darauf ab, eine Änderung bei bestimmten Handlungen oder Politiken von Regierungen betroffener Drittländer, nichtstaatlichen Einrichtungen oder natürlichen sowie juristischen Personen, die die Rechtsstaatlichkeit oder die demokratischen Grundsätze nicht achten, herbeizuführen.

Von besonders großer Bedeutung sind aufgrund der möglichen weitreichenden Folgen in der Praxis Wirtschaftssanktionen. Darunter sind Zwangsmaßnahmen zu verstehen, die das Verhalten eines anderen Staates beeinflussen sollen, indem in die internationalen Wirtschaftsbeziehungen eingegriffen wird. Wirtschaftssanktionen sind dabei nicht innenpolitisch, sondern primär außenpolitisch motiviert: die Schwächung der Wirtschaft des anderen Staates soll dessen Schwächung im Rahmen der internationalen Machtbeziehungen erzeugen. Die wichtigste Form der Wirtschaftssanktion ist das (Handels-)Embargo. Zusätzlich zu den Merkmalen des Sanktionsbegriffs kommt bei einem Embargo hinzu, dass der sanktionierende Staat ein Verbot aufstellt, meist in Form eines innerstaatlichen Gesetzes, das sich an die seiner Regelungshoheit unterworfenen natürlichen und juristischen Personen wendet. Die wichtigsten Unterformen des Embargos sind das Warenembargo, das den Im- und Export von Erzeugnissen, Rohstoffen und Technologien regelt und das Kapitalembargo, welches den Verkehr von Geldern und anderen Finanzmitteln betrifft.

Neben den Wirtschaftssanktionen kommen diplomatische Sanktionen, meist durch eine Verringerung oder Schließung von Vertretungen oder die Aussetzung bilateraler Besuche, und kulturelle Sanktionen in Betracht. Oftmals werden ferner Reisesanktionen verhängt. Den betroffenen Angehörigen eines Landes wird dabei die Einreise in das Gebiet des sanktionierenden Staates untersagt.

Die erste Sanktion der EG erging 1982 gegen die UdSSR in Form einer Reduzierung der Importe. Seither stellen Sanktionen bzw. repressive Maßnahmen auch auf Ebene der EU ein wichtiges außenpolitisches Druckmittel dar, durch welches die Politik oder die Verhaltensweise des Adressaten so verändert werden soll, dass sie mit den in Art. 21 EUV n.F. normierten Zielen der GASP im Einklang steht. Die für die europäische Sanktionspolitik wichtigsten Ziele gemäß Art. 21 Abs. 2 EUV n.F. sind zum einen die Wahrung des Friedens und die Stärkung der internationalen Sicherheit, zum anderen die Entwicklung und Stärkung von Werten wie Demokratie, Rechtsstaatlichkeit und Menschenrechten. Art. 21 Abs. 1 EUV n.F. fordert ferner, dass die Union sich im Rahmen der VN für multilaterale Lösungen bei gemeinsamen Problemen einsetzt. Für die Effektivität eines Sanktionsregimes ist aufgrund der Vielzahl der Mitglieder der VN eine Kooperation zwischen den beiden internationalen Organisationen zwingend. Die VN verhängen Wirtschaftssanktionen im Rahmen des Kapitel VII der VN-Charta. Demnach muss der Sicherheitsrat zunächst einen Bruch oder eine Bedrohung des Friedens i.S.v. Art. 39 VN-Charta feststellen, um daraufhin nach seinem Ermessen eine der in Art. 39 ff. VN-Charta normierten Maßnahmen treffen zu können. Rechtsgrundlage für die Verhängung von Wirtschaftssanktionen ist Art. 41 VN-Charta.

Sanktionen können umfassend in Form eines Abbruchs sämtlicher wirtschaftlicher bzw. diplomatischer Beziehungen oder partiell in Form einer nur teilweisen Beschränkung dieser Beziehungen erfolgen. Umfassende Sanktionen haben aufgrund der deutlichen Verschlechterung der Wirtschaftslage eines Landes verheerende Folgen für die Zivilbevölkerung und sind deshalb häufig kritisiert worden. Seit Ende der 90er Jahre haben sich daher vor allem gezielte Sanktionen („Targeted Sanctions" bzw. „Smart Sanctions") durchgesetzt. Diese wenden sich nicht abstrakt gegen einen Staat, es sollen vielmehr nur gezielt diejenigen zur Rechenschaft gezogen werden, die für den Friedensbruch verantwortlich sind. Den wichtigsten Fall der Smart Sanctions stellen die Finanz- und Reisesanktionen gegen die Führungseliten eines Landes dar. Aber auch Waffenembargos sind unter diese Kategorie zu subsumieren. Diese werden zwar nicht direkt gegen die Führungseliten eines Landes verhängt, treffen diese faktisch aber besonders, da sie den Streitkräften die militärischen Mittel entziehen. Letztlich spricht für die Verhängung von Smart Sanctions die konsequente Anwendung des Verhältnismäßigkeitsprinzips: Sie sind gegenüber den umfassenden Sanktionen als milderes und wohl auch effektiveres Mittel zur Verwirklichung des Ziels, Druck auf die Machthaber eines Staates auszuüben, einzustufen.

Zusammenfassend sollen im Folgenden die eingangs gestellten Forschungsfragen der vorliegenden Untersuchung beantwortet werden:

- Ist die EU völkerrechtlich und europarechtlich berechtigt, außenpolitisch motivierte Sanktionen zu verhängen?

Bei der Frage, ob die EU völkerrechtlich berechtigt ist, außenpolitisch motivierte Sanktionen zu verhängen, ist zwischen Sanktionen, die lediglich eine Resolution des Sicherheitsrats der VN umsetzen oder diese erweitern und Sanktionen, die originär durch die Union verhängt werden, zu unterscheiden. Zwar sind nach Art. 25 VN-Charta nur die Mitgliedstaaten an die Beschlüsse des Sicherheitsrats gebunden. Gemäß Art. 48 Abs. 2 VN-Charta können diese Beschlüsse jedoch auch durch geeignete Maßnahmen internationaler Organisationen durchgeführt werden. Somit kann die EU unzweifelhaft anstelle der Mitgliedstaaten Sanktionen der VN umsetzen. Dabei kommt dem Beschluss des Sicherheitsrats „konstitutive Legalisierungswirkung" zu, sodass dieser auch völkerrechtswidrige Maßnahmen gegenüber dem Adressaten rechtfertigen kann.

Diese Legalisierungswirkung kann bei durch die EU autonom verhängten Sanktionen nicht zur Rechtfertigung völkerrechtswidriger Sanktionen führen. Auch die EU ist aber an die allgemeinen Regeln des Völkerrechts gebunden. Sanktionen der EU müssen demzufolge im Einklang mit dem Völkerrecht stehen. Möglich scheint ein Verstoß gegen das völkergewohnheitsrechtlich anerkannte Gewaltverbot. Die herrschende Meinung subsumiert unter den Begriff „Gewalt" jedoch lediglich militärische Gewalt, sodass das Gewaltverbot auf „wirtschaftliche Aggression" in Form von Sanktionen keine Anwendung findet. Abzulehnen ist weiterhin ein Verstoß gegen das Interventionsverbot, wonach ein Eingriff in Angelegenheiten, die ihrem Wesen nach zu den inneren Zuständigkeiten eines Staates gehören, untersagt ist. Eine völkerrechtswidrige Intervention liegt in Abgrenzung zu zulässigem wirtschaftlichen Druck nur dann vor, wenn durch wirtschaftlichen Zwang die Entscheidungsfreiheit des betroffenen Staates so erheblich eingeschränkt wird, dass die freie Ausübung seiner souveränen Rechte verhindert wird und seine Entscheidungsfindung sich dem Willen des Urhebers der Zwangsmaßnahme unterordnet. Nach neuerer Sanktionspolitik werden allerdings typischerweise keine umfassenden, sondern partielle, gegen die Eliten eines Landes gerichtete Sanktionen verhängt. Zudem sind an die allein durch die EU verhängten Sanktionen vergleichsweise wenige Staaten gebunden. Wirtschaftssanktionen werden demnach kaum derart in die Entscheidungsfreiheit eines Staates eingreifen, dass eine völkerrechtswidrige Intervention vorliegt.Ein Eingriff in privates Eigentum könnte sich aus der Tatsache ergeben, dass durch Wirtschaftssanktionen die Erfüllung laufender Verträge untersagt werden kann. Benutzungsbeschränkungen des Eigentums zum Erhalt der öffentlichen Sicherheit stellen nach allgemeinem Völkerrecht jedoch keine entschädigungspflichtige Enteignung dar. Da der Adressat von Wirtschaftssanktionen meist zur Beendigung eines völkerrechtswidrigen Verhaltens veranlasst und so die Geltung des Völkerrechts durchgesetzt werden soll, dienen diese zumindest der äußeren Sicherheit eines Staates.

Neben diesen allgemeinen völkerrechtlichen Grundsätzen muss die EU Regeln des Vertragsvölkerrechts einhalten. Wirtschaftssanktionen, die den zwischenstaatlichen Handel unterbinden, können sowohl gegen das Meistbegünstigungsprinzip als auch gegen das Verbot mengenmäßiger Ausfuhrbeschränkungen gemäß Art. I Abs. 1 GATT bzw. Art. XI ff. GATT verstoßen. Allerdings greift insoweit die „security exception“-Klausel des Art. XXI (b) Abs. III GATT. Diese erlaubt den Vertragsstaaten bei einer ernsten Krise in den internationalen Beziehungen, von jeglicher Vorschrift der GATT abzuweichen. Ob eine solche Krise anzunehmen ist, steht dabei im Ermessen des jeweiligen Vertragsstaates, sodass die Kriterien der „security exception“-Klausel bei der Verhängung von Wirtschaftssanktionen in vielen Fällen gegeben sein werden.

In der Regel wird demnach auch die EU-autonome Sanktionierung nicht gegen das Völkerrecht verstoßen und daher als völkerrechtskonforme Retorsion zulässig sein. Sollten die Maßnahmen im Einzelfall völkerrechtswidrig erfolgen, bedeutet dies jedoch noch nicht, dass die Maßnahme unzulässig ist. Ein solcher Verstoß kann nämlich unter Anwendung des Repressalienrechts oder des Rechts auf Selbstverteidigung (Art. 51 Abs. 1 VN-Charta) gerechtfertigt sein.

Geht ein Sanktionsbeschluss der EU inhaltlich über die vom Sicherheitsrat verhängten Sanktionen hinaus, stellt sich die Frage, ob dieser die sanktionsauslösende Situation abschließend regeln wollte und somit eine Rechtfertigung völkerrechtswidriger Maßnahmen der EU nicht möglich ist. Würde eine Sperrwirkung bejaht werden, könnte jede vom Sicherheitsrat getroffene Maßnahme eine weitergehende wirtschaftliche Sanktionierung verhindern. Gerade im Zusammenhang mit der enormen wirtschaftlichen Rolle der EU und der damit bestehenden Möglichkeit, Druck auf den Aggressor auszuüben, hätte dies unbillige Ergebnisse zur Folge. Eine uneingeschränkte Sperrwirkung der Beschlüsse des Sicherheitsrats gegenüber weitergehenden Maßnahmen der EU ist daher abzulehnen. Die EU muss jedoch dabei stets die Zielsetzung der durch den Sicherheitsrat der VN ergriffenen Maßnahmen beachten.

Die europarechtliche Berechtigung zur Verhängung von Wirtschaftssanktionen hängt davon ab, ob das Primärrecht den Organen der EU eine entsprechende Kompetenz zuweist. Vor dem Inkrafttreten des Vertrags von Lissabon war Art. 301 EGV einschlägig, wonach die Wirtschaftsbeziehungen zu einem oder mehreren Drittländern eingeschränkt oder vollständig eingestellt werden konnten. Art. 60 Abs. 1 EGV begründete zusätzlich eine Kompetenz zum Erlass der notwendigen Sofortmaßnahmen auf dem Gebiet des Kapital- und Zahlungsverkehrs. Durch den Vertrag von Lissabon wurde der Anwendungsbereich beider Normen zusammengefasst. Art. 215 Abs. 1 AEUV ermöglicht nun die Aussetzung, Einschränkung oder Einstellung der Wirtschafts- und Finanzbeziehungen zu einem oder mehreren Drittländern. Im Gegensatz zur alten Rechtslage, wonach gegen einzelne Personen Wirtschaftssanktionen nur verhängt werden konnten, wenn das auslösende Moment einer Sanktion einem Drittland zugeordnet werden konnte, normiert Art. 215 Abs. 2 AEUV nunmehr ausdrücklich, dass auch natürliche und juristische Personen sowie nichtstaatliche Einheiten Adressaten restriktiver Maßnahmen sein können. Ein Drittlandsbezug ist also nicht mehr erforderlich. Art. 215 AEUV sieht wie seine Vorgängernorm ein zweistufiges Verfahren vor: Zunächst muss ein einstimmiger Beschluss im Rahmen der GASP erfolgen, der die Aussetzung, Einschränkung oder vollständige Einstellung der Wirtschafts- und Finanzbeziehungen zu einem oder mehreren Drittländern vorsieht. Dieser Beschluss wird sodann durch den Rat mit qualifizierter Mehrheit auf gemeinsamen Vorschlag des Hohen Vertreters der Union für Außen- und Sicherheitspolitik und der Kommission – in der Regel in Form einer Verordnung – umgesetzt. Dieses Vorgehen spiegelt die Tatsache wider, dass Sanktionen grundsätzlich außenpolitisch motiviert sind und somit dem intergouvernementalen Bereich der EU zuzurechnen sind. Die Initiative zur Ergreifung von restriktiven Maßnahmen soll demnach diesem Bereich obliegen. Der im Rahmen der GASP gefällte Beschluss verpflichtet dabei den Rat bzw. die Kommission, die geforderten Maßnahmen durchzuführen, um die Kohärenz zwischen dem außenpolitischen und dem außenwirtschaftlichen Vorgehen der Union sicherzustellen.

Im Rahmen des Art. 215 AEUV kann die EU auch ein Waffenembargo verhängen. Tatsächlich wurden jedoch alle restriktiven Maßnahmen betreffend Waffen und Kriegsmaterial ausschließlich durch einen GASP-Beschluss verhängt und aufgrund von Ausfuhrkontrollvorschriften der Mitgliedstaaten durchgeführt. Zwar fällt der Handel mit Industrieerzeugnissen in den ausschließlichen Zuständigkeitsbereich der Union, wodurch einem gemeinsamen Vorgehen der Mitgliedstaaten innerhalb der GASP die Kollisionsklausel des Art. 40 EUV n.F. entgegenstehen könnte. Die Mitgliedstaaten sind jedoch gemäß Art. 346 Abs. 1 lit. b AEUV berechtigt, eigene Embargos im Zusammenhang mit militärischer Ware zu verhängen.

Reisesanktionen können jedoch nicht auf Art. 215 AEUV gestützt werden, da dieser die Einschränkung von Wirtschafts- bzw. Finanzbeziehungen fordert. In der Praxis werden Reisesanktionen lediglich in den GASP-Beschluss aufgenommen und sind von den Mitgliedstaaten selbst umzusetzen.

Die Union ist zur Verhängung von restriktiven Maßnahmen ausschließlich zuständig (Art. 3 Abs. 1 lit. e AEUV). Die Mitgliedstaaten können nur bei Eingreifen des Art. 347 AEUV eigene Sanktionen verhängen. Diese vertragliche Ausnahmeklausel ist insbesondere dann einschlägig, wenn entweder kein GASP-Beschluss ergangen ist oder einer der in Art. 347 AEUV normierten Fälle erst nach Erlass des GASP-Beschlusses eingetreten ist.

– Wie sieht die konkrete Sanktionspraxis der EU aus?

Derzeit sind 21 länderbezogene Sanktionsregime in Kraft. Hiervon sind zwölf gegen afrikanische (Ägypten, DR Kongo, Elfenbeinküste, Eritrea, Guinea, Guinea Bissau, Liberia, Libyen, Simbabwe, Somalia, Sudan und Tunesien), sechs gegen asiatische (Irak, Iran, Libanon, Myanmar, Nordkorea und Syrien) sowie drei gegen europäische Staaten (die Staaten des ehemaligen Jugoslawien, Moldau und Weißrussland) gerichtet. Hiervon wurden zehn Sanktionsregime von der EU autonom, also ohne entsprechende Vorgaben des VN-Sicherheitsrats, umgesetzt. Alle drei innerhalb Europas installierten Sanktionsregime zählen zu den EU-autonom verhängten Sanktionen. Zudem wurden originär durch die EU gegen Ägypten, Guinea, Guinea-Bissau, Myanmar, Simbabwe, Syrien und Tunesien restriktive Maßnahmen verhängt.

Meist beinhalten die Sanktionsregime eine Kombination aus einem Waffenembargo, einer diesbezüglichen Untersagung der Bereitstellung technischer Unterstützung und anderer Dienstleistungen sowie Reise- und Finanzsanktionen gegen die Machthaber des jeweiligen Landes. Die meisten der untersuchten Sanktionsregime sollen dazu dienen, regionalen Frieden und Stabilität zu wahren sowie Menschenrechte, Demokratie und verantwortungsvolle Staatsführung zu fördern. Diese Zielsetzung ist somit den nach außen wirkenden Zielen bzw. solchen, die das Bewusstsein der Mitverantwortung für die Weltgemeinschaft widerspiegeln, wie in Art. 21 Abs. 2 lit. b, lit. c und lit. h EUV n.F. niedergelegt, zuzuordnen. Im Gegensatz hierzu werden mit den innerhalb Europas verhängten Sanktionsregimen häufig defensive Ziele verfolgt. Sanktionen gegen osteuropäische Staaten wie Moldau und Weißrussland werden insbesondere verhängt, um in angrenzenden Staaten wirtschaftliche und politische Stabilität sicherzustellen. Die EU kann jedoch aufgrund dieser regionalen Akzentuierung nicht als Organisation mit rein regionalen Interessen bezeichnet werden. Mit Blick auf das Engagement bezüglich der Förderung von Menschenrechten in Afrika und Asien, kommt der EU vielmehr ein globaler Charakter zu. Eine besondere Gruppe bilden dabei die gegen Ägypten und Tunesien verhängten Sanktionsregime. Hier versucht die EU, den in beiden Ländern vollzogenen Sturz des alten Regimes durch Finanzsanktionen gegen die ehemaligen Machthaber zu unterstützen, um die demokratische Entwicklung dieser Länder zu fördern.

Zur Frage, welche konkrete Gestalt die europäische Sanktionspolitik annehmen soll, hat der Rat der EU einige Dokumente veröffentlicht. Von besonderer Bedeutung sind die 2003 angenommenen und regelmäßig aktualisierten „Leitlinien zur Umsetzung und Evaluierung restriktiver Maßnahmen (Sanktionen) im Rahmen der Gemeinsamen Außen- und Sicherheitspolitik". Zwar sind diese Leitlinien rechtlich nicht verbindlich, allerdings ist der Rat verpflichtet, die von ihm festgesetzten Umsetzungsmethoden zur Durchführung restriktiver Maßnahmen auch einzuhalten. Insoweit ist eine Selbstbindung des Rats anzunehmen. Die Leitlinien umfassen insbesondere Vorgaben zum Ablauf eines Sanktionsregimes, fassen rechtliche Fragen zusammen und beinhalten Empfehlungen für das Erstellen der Listen, welche die von den Sanktionen betroffenen Personen und Organisationen beinhalten. Ferner sind den Leitlinien Standardformulierungen und Definitionen, die in Rechtsakten zur Umsetzung restriktiver Maßnahmen verwendet werden sollen, zu entnehmen. Die untersuchten länderbezogenen Sanktionsregime erfüllen weitgehend die in den Leitlinien geregelten Vorgaben, soweit nichts anderes in den zu Grunde liegenden SR-Resolutionen der VN bestimmt wird. So sind zum Zwecke der Überwachung und Bewertung der Sanktionsregime in den jeweiligen Verordnungen Bestimmungen zum Informationsaustausch zwischen den zuständigen Behörden der Mitgliedstaaten, der Kommission und den in den Mitgliedstaaten ansässigen natürlichen und juristischen Personen, Einrichtungen und Organisationen vorgesehen. Insbesondere sind die Mitgliedstaaten angehalten, die zuständigen Behörden anderer Mitgliedstaaten und die Kommission über die Anwendung von Ausnahmeregelungen zu informieren. Zur Unterstützung der Mitgliedstaaten bei der Um- und Durchsetzung der restriktiven Maßnahmen wurde ferner ein spezielles Ratsgremium gebildet, das mit dem Erfahrungsaustausch und der Entwicklung „vorbildlicher Praktiken" bezüglich der Durchführung und Anwendung restriktiver Maßnahmen beauftragt ist. Da Sinn und Zweck einer Sanktionierung die Verhaltensänderung des betroffenen Ziellandes ist, fordern die Leitlinien, dass die Rechtsakte der GASP eine Ablauffrist oder eine Überprüfungsklausel enthalten sollen, um dem Rat zu ermöglichen, die Entwicklung der Lage zu verfolgen und die Sanktionen bei einer positiven Entwicklung gegebenenfalls aufzuheben. Da die Union bezüglich der durch die VN verhängten Sanktionsregime insofern an die Vorgaben des Sicherheitsrats gebunden ist, enthalten die entsprechenden Rechtsakte der EU in der Praxis lediglich einen Hinweis, dass eine Überprüfung, Änderung oder Aufhebung im Einklang mit den einschlägigen Beschlüssen des Sicherheitsrats der VN erfolgt. Die EU-autonomen Sanktionsregime hingegen sind jeweils auf zwölf Monate befristet. In den Rechtsakten wird zudem normiert, dass eine fortlaufende Überprüfung erfolgen muss und Sanktionsregime gegebenenfalls verlängert oder geändert werden, wenn bei Ablauf der Frist die Ziele nicht erreicht wurden. Die Kriterien, die zu einer Aufhebung der restriktiven Maßnahmen führen, sind besonders präzise in den europaintern festgesetzten Sanktionsregimen festgelegt. So werden die Maßnahmen gegen Moldau hinsichtlich der Entwicklung des Transnistrien-Konflikts und die Maßnahmen gegen Weißrussland anhand von Reformen des Wahlgesetzes sowie der Durchführung demokratischer Wahlen überprüft.

Auch die in den Leitlinien normierten rechtlichen Aspekte, die ein Sanktionsregime beachten muss, werden weitgehend eingehalten. So erfolgt im Interesse von Klarheit und Transparenz vor der inhaltlichen Darstellung eines Rechtsakts eine Darstellung des rechtlichen Zusammenhangs. Hierfür werden die einschlägigen Bestimmungen des EUV bzw. AEUV sowie die zuvor ergangenen Rechtsakte der Union und die relevanten Resolutionen des VN-Sicherheitsrats aufgeführt. Die Sanktionsregime enthalten überdies Ausnahmen für Finanz- und Reisesanktionen aus humanitären Gründen und – bei Finanzsanktionen – zur Deckung außergewöhnlicher Kosten.

Die Leitlinien widmen sich ferner der Frage, wie die Listung betroffener Personen und Organisationen erfolgen soll. Zur Verbesserung der Wirksamkeit restriktiver Maßnahmen und zur Vermeidung einer Namensverwechslung sollen möglichst viele Identifikationsmerkmale in den entsprechenden Listen veröffentlicht werden. In der Praxis werden bei natürlichen Personen nach Möglichkeit Name, Aliasname, Geburtsdatum, -ort, Pass- bzw. Ausweisnummer, Anschrift und Staatsangehörigkeit, bei juristischen Personen und Einrichtungen Name, Ort des Hauptsitzes, Ort der Registrierung und Registernummer veröffentlicht. Zudem werden die Gründe für die Aufnahme in die Liste genannt. Meist beinhaltet dies die Nennung der Funktion im jeweiligen Regime. Vom Ausschuss der ständigen Vertreter wurden in diesem Zusammenhang Empfehlungen an den Rat für die Aufnahme in oder die Streichung aus Listen, die die eigenen länderspezifischen Sanktionen der EU oder Ergänzungen der EU zu von den VN festgelegten Sanktionen betreffen, veröffentlicht.

– Welche Bedeutung haben Sanktionen im Kampf gegen den internationalen Terrorismus?

Neben den länderbezogenen Sanktionsregimen setzen sowohl die VN als auch die EU im Kampf gegen den internationalen Terrorismus Sanktionen ein. Im Vordergrund stehen dabei Finanzsanktionen, mit deren Hilfe die Finanzquellen terroristischer Vereinigungen ausgetrocknet werden sollen. Zum einen wurden in diesem Zusammenhang Maßnahmen gegen das Al-Qaida Netzwerk, die bis Juni 2011 auch noch auf die Taliban Anwendung fanden, zum anderen Maßnahmen gegen sonstige Terrorverdächtige verhängt.

Das erste Sanktionsregime erging ursprünglich aufgrund des Bürgerkriegs in Afghanistan. Die Terrorismusbekämpfung wurde erst durch die SR-Resolution 1267 (1999) zum Anknüpfungspunkt der Sanktionierung. Der Sicherheitsrat begründete die Maßnahmen vor allem mit der Nichtbefolgung der Forderung an die Taliban, die Entwicklung des Terrorismus auf ihrem Hoheitsgebiet nicht weiter zu unterstützen. Adressaten der Maßnahmen blieben jedoch die Taliban und somit ein territorial abgrenzbares *de facto*-Regime. Aufgrund der militärischen Intervention der internationalen Koalition zerbrach 2002 das *de facto*-Regime in Afghanistan. Der Sicherheitsrat richtete infolgedessen mit der SR-Resolution 1390 (2002) die Finanzsanktionen nicht mehr gegen die Taliban als *de facto*-Regime eines Landes, sondern gegen die Taliban, Al-Qaida oder mit ihnen verbundenen Personen unabhängig von ihrem Aufenthaltsort. Durch die SR-Resolution 1988 (2011) beschloss der Sicherheitsrat, die Listung von Angehörigen der Taliban und der Al-Qaida zu trennen. Durch diese Trennung soll eine Aussöhnung zwischen der afghanischen Regierung und der Taliban, die sich selbst von der Ideologie der Al-Qaida distanzieren und sich als lokal begrenzte Vereinigung sehen, ermöglicht werden.

Auch das Sanktionsregime gegen sonstige Terrorverdächtige verzichtet gänzlich auf einen territorialen Anknüpfungspunkt. Aufgrund der Anschläge vom 11. September 2001 wurde die SR-Resolution 1373 (2001) erlassen, die die Mitgliedstaaten auffordert, die Finanzierung terroristischer Handlungen zu verhüten und zu bekämpfen. Die Maßnahmen beinhalten ein Einfriergebot und ein Bereitstellungsverbot gegenüber Personen und Organisationen, die einen terroristischen Akt begehen, zu begehen versuchen oder sich an deren Begehung beteiligen bzw. diese erleichtern.

Auf Ebene der EU wurden die Maßnahmen gegen Al-Qaida und die Taliban durch den Gemeinsamen Standpunkt 2002/402/GASP und die Verordnung (EG) Nr. 881/2002 sowie die Maßnahmen gegen sonstige Terrorverdächtige durch den Gemeinsamen Standpunkt 2001/931/GASP und die Verordnung (EG) Nr. 250/2001 inhaltlich übernommen. Während in Bezug auf ersteres Sanktionsregime die Listen der betroffenen Personen und Vereinigungen nach den Vorgaben des Sicherheitsrats bzw. des Sanktionsausschusses erstellt werden, erfolgt im Rahmen des allgemeinen Terrorregimes eine Listung durch den Rat der EU. Gemäß Art. 1 Abs. 4 des Gemeinsamen Standpunkts 2001/931/GASP setzt die Aufnahme auf die europäische Terrorliste voraus, dass die zuständige Behörde gegen die betroffene Person oder Vereinigung Ermittlungen oder eine Strafverfolgung wegen einer terroristischen Handlung eingeleitet hat. Die Namen der Personen und Vereinigungen auf der Liste werden mindestens halbjährlich überprüft, um sicherzustellen, dass der Verbleib auf der Liste gerechtfertigt ist. Die im Anhang aufgeführte Liste beinhaltet aktuell 31 E.T.A. Aktivisten und 19 europäische Gruppen, wie E.T.A. und Real IRA für die lediglich gemäß Art. 4 eine verstärkte Zusammenarbeit im Bereich der polizeilichen und justiziellen Zusammenarbeit in Strafsachen (PJZS) stattfindet. Hintergrund hierfür ist die begrenzte Kompetenz der EU: Die Vorschriften der GASP ermöglichen keine Kompetenz zur Gefahrenabwehr innerhalb der Mitgliedstaaten, sodass in diesem Bereich nationalstaatliche Regelungen getroffen werden müssen. Ferner sind 11 natürliche Personen und 25 Gruppen und Organisationen gelistet, auf die zusätzlich Finanzsanktionen Anwendung finden. Die meisten betroffenen Personen und Vereinigungen entstammen dem arabischen Raum und sind vor allem den islamistischen Gruppierungen *al Takfir, al Hijra* und der *Hofstadgroep* zuzuordnen. Dies steht im Gegensatz zu dem von Europol jährlich veröffentlichten „EU Terrorism Situation and Trend Report", der für das Jahr 2011 von 174 registrierten Terroranschlägen keinen Anschlag innerhalb Europas mit religiös motiviertem Hintergrund, allerdings 110 mit separatistischen Motiven verzeichnet. Der islamistische Terror operiert jedoch weltweit. Von ihm gehen ein enormes Gefahrenpotenzial und eine gewaltige Zerstörungskraft aus, sodass die Mitgliedstaaten sich in besonderem Maße bedroht fühlen und der Sicherheitsgedanke bei der Verhängung von Sanktionen gegen islamistische Terroristen dominiert.

– Sind die in diesem Zusammenhang ergangenen Finanzsanktionen mit dem Primärrecht vereinbar?

Aufgrund der großen politischen Bedeutung stehen die im Rahmen der Terrorismusbekämpfung verhängten Finanzsanktionen im Vordergrund der vorgenommenen Untersuchung.

Die Frage, ob – wie in der Rechtsprechung bis dato angenommen – in den Art. 60, 301, 308 EGV eine taugliche Rechtsgrundlage zur Verhängung von Individualsanktionen lag, ist mit dem Inkrafttreten des Vertrags von Lissabon für die Zukunft obsolet geworden. Art. 215 Abs. 2 AEUV normiert nunmehr ausdrücklich, dass restriktive Maßnahmen auch gegen natürliche und juristische Personen erlassen werden können, ohne dazu einen irgendwie gearteten Staatenbezug zu fordern.

Von großer Relevanz ist jedoch weiterhin die Frage nach der materiellen Rechtmäßigkeit der Verordnungen. Als vorrangige Rechtsquelle für den Grundrechtsschutz innerhalb der EU ist hierfür die Charta der Grundrechte der EU heranzuziehen. Bei der Prüfung der materiellen Rechtmäßigkeit ist hinsichtlich der „Al-Qaida"-Verordnung zu beachten, dass diese inhaltlich lediglich die Vorgaben der entsprechenden SR-Resolution übernimmt und im Gegensatz zur „Anti-Terrorismus"-Verordnung keine eigenständige Listung erfolgt. Von zentraler Bedeutung ist also, ob und wieweit ein Rechtsakt der EU, der zur Umsetzung einer Resolution des Sicherheitsrats erlassen wurde, sich an den europäischen Grundrechten messen lassen muss und mithin der Kontrolle durch die europäischen Gerichte unterliegt. Nach Auffassung des EuG seien die Gemeinschaftsorgane verpflichtet gewesen, die Verordnung nach Maßgabe der Resolution des Sicherheitsrats zu erlassen, sodass sie über keinen eigenen Ermessensspielraum verfügten, insbesondere könnten sie den Inhalt der SR-Resolution nicht ändern. Eine Kontrolle der materiellen Rechtmäßigkeit der fraglichen Verordnung durch die Gerichte bedeute somit eine inzidente Rechtmäßigkeitskontrolle der hinter ihnen stehenden SR-Resolutionen. Eine Überprüfung sei nur am Maßstab zwingender Normen des allgemeinen Völkerrechts (*ius cogens*) möglich. Zu Recht lehnte der EuGH in seiner Grundsatzentscheidung in der Rechtssache *Kadi und Al Barakaat* einen solchen Vorrang der SR-Resolutionen gegenüber dem Primärrecht ab und erklärt die „Al-Qaida"-Verordnung sehr wohl für am Maßstab der Grundrechte der EU überprüfbar.

Das Einfrieren von Konten oder anderen wirtschaftlichen Ressourcen greift in das Recht auf Eigentum i.S.v. Art. 17 GRCharta ein. Der sich ergebende Eingriff kann als Nutzungsregelung gewertet werden. Da sich das Bereitstellungsverbot lediglich auf zukünftige vermögenswerte Rechte bezieht, die nicht vom Eigentumsschutz des Art. 17 GRCharta umfasst sind, ist diesbezüglich ein Eingriff abzulehnen. Im Rahmen der Rechtfertigung des Eigentumseingriffs in Bezug auf das Einfriergebot ist insbesondere abzuwägen, ob das gewählte Mittel im Hinblick auf das verfolgte Ziel einen unverhältnismäßigen, nicht tragbaren Eingriff darstellt. Das Ziel der Finanzsanktionen, nämlich die Terrorismusbekämpfung, ist dabei von besonders großer Bedeutung. Das Einfrieren von Konten oder wirtschaftlichen Ressourcen stellt für die betroffenen Personen und Organisationen eine erhebliche Belastung dar, allerdings ist deren Vertrauen in den Bestand ihres Eigentums im Hinblick auf ihre Beteiligung an terroristischen Handlungen weniger schutzwürdig. Die Auswirkungen auf den Einzelnen sind ferner dadurch abgemildert, dass in den entsprechenden Verordnungen Ausnahmen vom Einfriergebot aus humanitären Gründen und zur Deckung außergewöhnlicher Kosten vorgesehen sind. Die sich so ergebende grundsätzliche Verhältnismäßigkeit des Eingriffs bedarf allerdings immer einer Abwägung im Einzelfall. Zum einen muss hierfür hinreichend begründet werden, warum das Konto einer bestimmten Person eingefroren wird und somit letztlich die Zugehörigkeit zu einer terroristischen Vereinigung dargelegt werden. Nur dann kann die erhebliche Grundrechtseinschränkung im Hinblick auf das verfolgte Ziel gerechtfertigt werden. Eine weitere wichtige Rolle für die Prüfung der Angemessenheit der Maßnahmen spielt die zeitliche Komponente. So darf das als vorübergehende Sicherungsmaßnahme gedachte Einfrieren von Konten keine dauerhafte Maßnahme auf unbestimmte Zeit werden, ohne dass die Grundlagen für den Erlass überprüft werden. Auch der EuGH bejaht die generelle Verhältnismäßigkeit des in der entsprechenden Verordnung vorgenommenen Eingriffs in das Eigentumsrecht. Im konkreten Rechtsstreit liege jedoch eine ungerechtfertigte Beschränkung des Eigentumsrecht vor: Trotz des erheblichen Umfangs und der Dauer der Sanktionierung sei dem Kläger keine Garantie gegeben worden, sein Anliegen bei der zuständigen Stelle vorbringen zu können. Der EuGH verknüpft also Aspekte des Eigentumsschutzes mit dem Anspruch auf rechtliches Gehör.

Ferner liegt ein Verstoß gegen die in Art. 41 Abs. 2 GRCharta normierten Verfahrensrechte vor, wenn den betroffenen Personen und Organisationen weder vor dem Beschluss zur Aufnahme in die entsprechenden Listen, noch nach der Veröffentlichung des Beschlusses die konkreten und spezifischen Gründe der jeweiligen Listung mitgeteilt werden. Insbesondere wird ihnen dann auch die Möglichkeit genommen, zu den Vorwürfen Stellung zu nehmen. Ein solcher Verstoß führt ebenfalls zu einem Eingriff in das Recht auf einen wirksamen Rechtsbehelf gemäß Art. 47 GRCharta. Zwar bleibt es den Betroffenen unbenommen, gegen die Listung mit einer Nichtigkeitsklage gemäß Art. 263 Abs. 4 AEUV vorzugehen. Art. 47 GRCharta gewährt allerdings das Recht auf einen *wirksamen* Rechtsbehelf. Dieser setzt zentral voraus, dass den Betroffenen von der Verwaltung die Gründe der gegen sie gerichteten Entscheidung mitgeteilt werden, um die Möglichkeit einer effektiven Verteidigung zu gewährleisten. Das Recht auf einen wirksamen Rechtsbehelf gemäß Art. 47 GRCharta umfasst somit als „Vorstufe“ die Einhaltung der Verfahrensrechte bereits im Verwaltungsverfahren. Ein solcher Eingriff kann mangels Erforderlichkeit der Maßnahme auch nicht gerechtfertigt werden. Ein frühes Informieren der Betroffenen über das beabsichtigte Einfrieren ihres Vermögens kann mitunter den Zweck der Maßnahme, nämlich die wirksame Austrocknung der Finanzquellen des Terrorismus, vereiteln. Liegt ein solcher Beschluss jedoch bereits vor, ist eine weitere Zurückhaltung der zur Last gelegten Gründe nicht mehr erforderlich. Auch die europäischen Gerichte betonen, dass zwischen den legitimen Sicherheitsinteressen und den Verfahrensgarantien der Betroffenen im Einzelfall ein Ausgleich gefunden werden muss. In keinem Fall dürfe jeglicher gerichtlicher Rechtsschutz mit dem bloßen Verweis auf die innere Sicherheit beschnitten werden. In Folge dieser Rechtsprechung sieht die „Al-Qaida“-Verordnung in den Art. 7a-c nun ein detailliertes Verfahren zur Wahrung der Verteidigungsrechte vor. Geregelt ist unter anderem, dass den Betroffenen, unter Mitteilung der vom Sanktionsausschuss übermittelten Gründe, Gelegenheit zur Stellungnahme gegeben werden muss, nachdem die Kommission einen Beschluss zur Aufnahme in die Liste gefasst hat.

Die Rechtmäßigkeit der Verordnungen muss demzufolge zwar jeweils im Einzelfall überprüft werden, grundsätzlich ist jedoch von der formellen und materiellen Rechtmäßigkeit der Verordnungen auszugehen.

– Wie ist die in den Rechtsakten der EU festgelegte Sanktionierung von Verstößen gegen die entsprechenden restriktiven Maßnahmen im deutschen Recht umgesetzt?

In den jeweiligen Verordnungen, sowohl der länderbezogenen als auch der „Anti-Terror"-Sanktionsregime, verpflichtet die EU die Mitgliedstaaten dazu, Verstöße gegen die Bestimmungen mit wirksamen, verhältnismäßigen und abschreckenden Sanktionen zu ahnden. Im deutschen Recht zieht ein solcher Verstoß vor allem strafrechtliche Konsequenzen nach sich. Maßgebliche Strafvorschrift für die Sanktionierung einer Zuwiderhandlung gegen Finanzsanktionen ist hierbei § 34 Abs. 4 Nr. 2 AWG. Mit Freiheitsstrafe von sechs Monaten bis zu fünf Jahren wird demnach bestraft, wer einem im Bundesanzeiger veröffentlichten, unmittelbar geltenden Ausfuhr-, Einfuhr-, Durchfuhr-, Verbringungs-, Verkaufs-, Liefer-, Bereitstellungs-, Weitergabe-, Dienstleistungs-, Investitions-, Unterstützungs- oder Umgehungsverbot eines Rechtsakts der EG oder der EU zuwiderhandelt, der der Durchführung einer vom Rat der EU im Bereich der GASP beschlossenen wirtschaftlichen Sanktionsmaßnahme dient. Da § 34 Abs. 4 Nr. 2 AWG zwar die Strafandrohung selbst festlegt, die Umschreibung des Tatbestands jedoch in einer anderen Vorschrift (Ausfüllungsnorm bzw. Verweisungsobjekt) erfolgt, liegt ein Blankettstrafgesetz vor. Hinsichtlich dieser Gesetzestechnik bestehen Bedenken bezüglich ihrer Vereinbarkeit mit dem Bestimmtheitsgrundsatz des Grundgesetzes. Gemäß Art. 103 Abs. 2 GG muss der Rechtsanwender anhand der gesetzlichen Bestimmung vorhersehen können, welches Verhalten verboten und mit Strafe bedroht ist. Bei Blankettstrafgesetzen muss bereits aus dem Wortlaut der Blankettnorm selbst deutlich werden, auf welche Regelung Bezug genommen wird. § 34 Abs. 4 Nr. 2 AWG verweist auf den jeweiligen, im Bundesanzeiger veröffentlichten Rechtsakt der EU und daher nicht auf bestimmte Verordnungen gegebenenfalls unter Angabe einer konkreten Fundstelle. Insofern liegt eine dynamische Außenverweisung vor. Bei personenbezogenen Finanzsanktionen wird die Vorhersehbarkeit der Strafbarkeit ferner durch eine doppelt dynamische Verweisung erschwert: § 34 Abs. 4 Nr. 2 AWG verweist auf die jeweilige Verordnung, die Finanzsanktionen enthält. Diese bezieht sich wiederum zur Konkretisierung, wer von den Sanktionen betroffen sein soll, auf im Anhang der Verordnung befindliche Namenslisten, die ihrerseits periodisch aktualisiert werden. Maßgeblich für den Rechtsanwender ist jedoch gerade, mit welchen Personen oder Organisationen er keine Geschäfte tätigen darf. Hilfestellung beim Auffinden der jeweils geltenden Verordnung bietet zum einen das BAFA, auf dessen Homepage die einschlägigen Rechtsakte der EU veröffentlicht werden. Zum anderen hat die Europäische Kommission 2004 eine Webseite eingerichtet, auf der eine ständig aktualisierte, konsolidierte Liste der

Personen und Organisationen, die von Finanzsanktionen betroffen sind sowie eine Übersicht der geltenden restriktiven Maßnahmen veröffentlicht ist. Auch das Amt für Veröffentlichungen der EU macht regelmäßig konsolidierte Fassungen der entsprechenden Rechtsakte auf der Datenbank zum EU-Recht zugänglich. Somit kann der Rechtsanwender (noch) mit zumutbarem Aufwand den Inhalt der Ausfüllungsvorschrift des § 34 Abs. 4 Nr. 2 AWG eruieren, sodass vorhersehbar ist, welches Verhalten verboten und mit Strafe bedroht ist. Der Bestimmtheitsgrundsatz des Art. 103 Abs. 2 GG wird folglich nicht verletzt.

Gemäß § 130 Abs. 1 OWiG drohen den Vorstandsmitgliedern bzw. Geschäftsführern eines Unternehmens bei einem unzureichend durchgeführten Abgleich der Geschäftskontakte mit den Namenslisten der EU ferner Bußgelder. Überdies können auf ein Unternehmen gewerbliche Konsequenzen zukommen. So kann die seit 2008 vorgenommene Einstufung als „zugelassener Wirtschaftsbeteiligter (ZWB)", mit der nach dem EU-Zollkodex bevorzugte Abfertigungsmodalitäten innerhalb der EU verbunden sind, gefährdet sein. Im schlimmsten Fall ist die gänzliche Untersagung des Gewerbes gemäß § 35 Abs. 1 GewO möglich.

– Muss der Anwendungsbereich von Bereitstellungsverboten im Hinblick auf die strafrechtlichen Folgen restriktiv ausgelegt werden?

Mögliche Tathandlungen, die zu einer Strafbarkeit nach § 34 Abs. 4 Nr. 2 AWG führen können, sind Verstöße gegen die in den Rechtakten der EG bzw. EU normierten Einfriergebote, Bereitstellungs- und Umgehungsverbote. Die weitreichendsten Folgen sind mit dem Bereitstellungsverbot verbunden, wonach gelisteten Personen oder Organisationen weder direkt noch indirekt Gelder oder wirtschaftliche Ressourcen zur Verfügung gestellt werden oder zugute kommen dürfen. Besonders betroffen sind hiervon Gewerbetreibende, da dem Bereitstellungsverbot der Ein- und Verkauf sämtlicher Handelsgüter unterfällt. Äußerlich neutrales Verhalten, wie der Verkauf von Waren, erhält seine strafwürdige Natur folglich allein aufgrund der Identität des Zuwendungs- oder Leistungsempfängers, dessen sanktionsauslösender terroristischer Hintergrund sich wiederum nur aus den europäischen Sanktionslisten ergibt. Der „Täter" wird sich aus mangelnder Kenntnis des Umfangs des § 34 Abs. 4 Nr. 2 AWG oder aus mangelnder Kenntnis der Listung des Geschäftspartners oftmals nicht bewusst sein, dass sein Verhalten den objektiven Tatbestand einer Strafvorschrift erfüllt. Da somit vor allem die Grenze zur Fahrlässigkeitsstrafbarkeit leicht überschritten werden kann, ist eine restriktive Auslegung der zur Bestrafung führenden Tatbestandsmerkmale geboten. Eine Einschränkung ergibt sich bereits aus der in den jeweiligen Verordnungen vorgenommenen Legaldefinition der wirtschaftlichen Ressource. Ein Vermögenswert stellt nämlich nur dann eine wirtschaftliche Ressource im Sinne der Verordnungen dar, wenn er für den Erwerb von Geldern, Waren oder Dienstleistungen verwendet werden kann. Unter den Begriff fallen daher alle Güter, die gegen Entgelt überlassen oder veräußert werden können und nicht unter den Begriff Gelder fallen. Dadurch soll verhindert werden, dass wirtschaftliche Ressourcen als „Parallel- oder Ersatzwährung" gehandelt werden können und so das Einfrieren von Geldern umgangen werden kann.

Aber auch nach dieser inhaltlichen Einschränkung findet das Bereitstellungsverbot einen großen Anwendungsbereich. Der EuGH hat jüngst im Rahmen eines Vorabentscheidungsverfahrens das in der „Al-Qaida"-Verordnung normierte Bereitstellungsverbot teleologisch reduziert. Sinn und Zweck des Verbots sei, den Zugriff von Personen auf wirtschaftliche Ressourcen und Finanzmittel gleich welcher Art, die zur Unterstützung terroristischer Tätigkeiten eingesetzt werden könnten, zu verhindern. Um diesem Ziel gerecht zu werden, müsse nicht nur das Zurverfügungstellen von Geldern, sondern auch von Vermögenswerten, die als Ersatzwährung fungieren können, unterbunden werden. Bestehe diese Umgehungsgefahr allerdings nicht, bedürfe es keiner Sanktionierung der betroffenen Personen. Insbesondere sind nach dieser teleologischen Auslegung Vermögenswerte, die dem persönlichen Verbrauch oder der persönlichen Verwendung dienen, nicht vom Verbot umfasst. Das Bereitstellen dieser Güter ist folglich nicht untersagt und kann nicht zu einer Bestrafung gemäß § 34 Abs. 4 Nr. 2 AWG führen. Wo jedoch die Grenze zu ziehen ist, welche Güter der rein persönlichen Verwendung und welche zur Finanzierung eines Terroranschlags dienen können, ist im Einzelfall schwierig. Je höher der Wert des Gegenstands ist, desto mehr deutet auf letztere Alternative hin. Angesichts der oftmals geringen Kosten eines Terroranschlags, ist jedoch auch diesem Kriterium keine allzu hohe Bedeutung zuzumessen.

Der Anwendungsbereich des Bereitstellungsverbots wird jedoch durch einen weiteren Aspekt begrenzt. Durch das Verbot wird den einzelnen Gewerbetreibenden jegliche, auf Austausch von Waren und Geldern gerichtete Vertragsaufnahme mit den gelisteten Personen und Vereinigungen *de facto* untersagt. Somit wird in die durch Art. 16 GRCharta gewährte Unternehmerfreiheit eingegriffen. Kritisch zu bewerten ist die Verhältnismäßigkeit des Verbots. Die fragliche Beeinträchtigung dürfte im Hinblick auf das verfolgte Gemeinwohlziel nicht außer Verhältnis stehen. Dies kann jedoch dann der Fall sein, wenn der einzelne Gewerbetreibende in der Praxis vor gravierenden Umsetzungsproblemen steht. Dies wird gemeinhin zu bejahen sein, wenn dem Unternehmer aufgrund einer berechtigten Interessenlage gleichgültig ist, wer sein Geschäftspartner ist und er daher auch dessen Identität vor Übergabe der Ware nicht erfasst. Meist ist dies bei Bargeschäften des täglichen Lebens, die von beiden Seiten sofort erfüllt werden, anzunehmen. Beispielhaft kann hierfür der stationäre Einzelhandel sowie der Cash-and-Carry-Großhandel aufgezählt werden. Hier müsste der Unternehmer nämlich dafür Sorge tragen, dass spätestens an der Kasse der entsprechende Mitarbeiter sich den Ausweis des Kunden zeigen lässt und sodann einen Abgleich mit den Daten der „Anti-Terror"-Listen vornimmt. Im schnelllebigen Alltagsgeschäft des Einzelhandels und bei massenhaft auftretenden Handelsgeschäften scheint eine solche Vorgehensweise schlicht impraktikabel.

Im Einzelfall ist daher anhand der oben genannten Kriterien immer zu prüfen, ob eine grundrechtskonforme Auslegung dazu führen muss, dass eine auf den Austausch von Waren gerichtete unternehmerische Handlung vom Anwendungsbereich des Bereitstellungsverbots ausgenommen ist. Da diese somit den Tatbestand des § 34 Abs. 4 Nr. 2 AWG nicht erfüllt, sind an solche Verhaltensweisen keine strafrechtlichen Folgen geknüpft.

B. Wertende Schlussbetrachtung

Als Völkerrechtssubjekt ist die EU an das im Völkergewohnheitsrecht anerkannte Gewaltverbot gebunden. Will die EU daher auf Verstöße gegen Menschenrechte, Rechtsstaatlichkeit oder demokratische Grundsätze „strafend" reagieren, bleibt ihr als außenpolitisch schärfstes Schwert lediglich die Verhängung von Sanktionen. Von dieser Möglichkeit macht die EU mit zunehmender Häufigkeit regen Gebrauch. Zwar sollen Sanktionen letztlich eine rechtstaatliche und friedliche Weltordnung und somit das wichtigste außenpolitische Ziel überhaupt fördern. Die tatsächliche Umsetzung der restriktiven Maßnahmen ist jedoch in der Praxis auf zahlreiche Probleme gestoßen, frei nach dem Motto: „gut gemeint ist nicht immer gut gemacht". Beachtet man, in welch kurzen Zeitabständen neue Sanktionsregime verhängt bzw. bereits bestehende erweitert werden, drängt sich doch die Frage auf, ob die EU dem eigentlichen Grundgedanken der Sanktionen noch Rechnung trägt. Durch Androhung oder Zufügung von Nachteilen soll der Betroffene zur Einstellung oder Vornahme einer Handlung veranlasst werden. Bereits im Anhang der länderbezogenen Sanktionsregime finden sich oft seitenlange Listen, der von den Maßnahmen betroffenen Personen und Vereinigungen. Hinzu kommen die Sanktionslisten der „Anti-Terror"-Verordnungen. Nur schwerlich kann der Überblick behalten werden, gegen wen und mit welchem Ziel die restriktiven Maßnahmen verhängt wurden. Die EU wird sich in Zukunft positionieren müssen, ob sie mit der Verhängung von Sanktionen „nur" ein politisches Zeichen des „Missfallens" setzen will oder ob sie diese im Sinne eines tatsächlich effektiven Mittels zur Lösung außenpolitischer Krisen einsetzen möchte. In letzterem Fall wird man einen maßvolleren Umgang mit der Verhängung von Sanktionen in Erwägung ziehen müssen.

Zur Verwirklichung effektiver Sanktionsmechanismen muss vor allem die praktische Bedeutung der individualgerichteten Sanktionen, darunter insbesondere der Finanzsanktionen, hinterfragt werden. Die normierten Einfriergebote bzw. Bereitstellungsverbote richten sich direkt an die Unionsbürger. Als Adressaten der Maßnahmen sind sie mithin verpflichtet, diese im täglichen (Geschäfts-)Leben umzusetzen. Tun sie es nicht, drohen ihnen erhebliche strafrechtliche Konsequenzen. Bei der praktischen Umsetzung zeigt sich die Crux der finanziellen Individualsanktionen: Embargos werden meist immer noch als länderbezogene Im- und Exportverbote wahrgenommen. Demzufolge werden sie dem klassischen Außenwirtschaftsverkehr zugeschrieben und finden außerhalb der in diesem Bereich tätigen Unternehmen nur geringe Beachtung. Dass jedoch jeder Händler unabhängig von seinem Warenangebot oder Kundenkreis zur Einhaltung der Verordnung verpflichtet ist, wird in der Praxis kaum wahrgenommen.[1637] Insbesondere Unternehmen, die nur Kundenkontakte innerhalb ihres Staatsgebiets oder der EU pflegen, verkennen diese Verpflichtung. Hierzu trägt innerhalb der Bundesrepublik auch bei, dass die maßgeblichen Straftatbestände, die einen Verstoß gegen die entsprechenden Verordnungen normieren, im Außenwirtschaftsgesetz geregelt sind. Ein Gesetz, mit dem sich maßgeblich Unternehmen konfrontiert sehen, die Waffen, Rüstungsgüter oder sog. „Dual-use"-Güter vertreiben. Betriebe in anderen Geschäftsbereichen werden mit dieser Regelung nicht vertraut sein. Aufgrund der mangelnden Umsetzung hat das Bereitstellungsverbot in seiner jetzigen Ausgestaltung kaum praktische Bedeutung erlangt.

Im Ergebnis wäre es wünschenswert, der Sanktionspolitik der EU eine neue Identität zu geben, die sich streng am jeweiligen Ziel der Maßnahmen orientiert. Im Vordergrund muss dabei die praktische Wirksamkeit der Sanktionen stehen. Vor allem individualgerichtete (Finanz-)Sanktionen, die gänzlich auf einen Staatenbezug verzichten, haben sich als schwer umsetzbar erwiesen. Insofern ist zu erwägen, wieder zu den „klassischen" länderbezogenen Sanktionsregimen zurückzukehren, die sich vornehmlich auf Im- und Exportverbote kritischer Güter beschränken. Auch Finanzsanktionen, insbesondere das Einfrieren von Konten, sowie Einreiseverbote können sich als wirksam erweisen, wenn sich diese Maß-

---

1637 So verkennt selbst die Bundesministerin der Justiz a.D. die sich vor allem aus den Terrorismusverordnungen ergebenden Konsequenzen für Unternehmer, indem sie annimmt, die Terrorismusverordnungen bräuchten außerhalb der unter 4. Kap. A. II. 3. besprochenen zollrechtlichen Folgen „die Unternehmen mit internationaler Wirtschaftstätigkeit und deren Beschäftigte in Deutschland nicht besonders zu bekümmern", *Däubler-Gmelin*, DuD 2011, 455 (456).

nahmen auf die Herrschaftseliten eines Landes konzentrieren. Dies kann freilich nur für die EU-autonomen Sanktionsregime gelten. Wenn die EU die Resolutionen des VN-Sicherheitsrats in Unionsrecht transferiert, bleibt ihr diesbezüglich lediglich ein geringer Umsetzungsspielraum. Insofern muss zunächst ein Umdenken auf Ebene der VN erfolgen. Eine rein nationale Umsetzung der Sanktionsregime der VN ist aufgrund der Nachteile, die sich durch eine unterschiedliche Rechtslage in den einzelnen Mitgliedstaaten der EU für die dort ansässigen Unternehmen ergäben, abzulehnen.

Möchte die EU daher zukünftig nicht lediglich als „Sanktionsfabrik“[1638] gelten, wird sie sich um eine neue strategische Ausrichtung der außenpolitisch motivierten Sanktionen in diesem Sinne bemühen müssen.

1638 Vgl. hierzu den pointierten Artikel von *Martin Winter*: Die Sanktionsfabrik, SZ v. 3.4.2012, S. 7.

Literaturverzeichnis

Ahlbrecht, Heiko, § 34 Abs. 4 AWG – vom Verbrechenstatbestand zum Vergehen, auch rückwirkend, wistra 2007, S. 85-88

Alber, Siegbert, Die Selbstbindung der europäischen Organe an die Europäische Charta der Grundrechte, EuGRZ 2001, S. 349-353

Albin, Silke, Rechtsschutzlücken bei der Terrorbekämpfung im Völkerrecht, ZRP 2004, S. 71-73

Al-Jumaili, Diana, Stationen im Kampf gegen die Terrorismusfinanzierung – NY-Brüssel-Berlin, NJOZ 2008, S. 188-211

Annacker, Claudia, Part Two of the International Law Commission´s Draft Articles on State Responsibility, GYIL 37 (1994), S. 206-253

Anweiler, Jochen, Die Auslegungsmethoden des Gerichtshofs der Europäischen Gemeinschaft, Frankfurt a. Main u.a. 1997

Appleton, Barry, Regulatory Takings: The International Law Perspective, New York University Environmental Law Journal Vol. 11 (2002), S. 35-48

Arnauld, Andreas von, UN-Sanktionen und gemeinschaftsrechtlicher Grundrechtsschutz, Die "Soweit-Rechtsprechung" des Europäischen Gerichts Erster Instanz, AVR 44 (2006), S. 201-216

Aston, Jurij Daniel, Die Bekämpfung abstrakter Gefahren für den Weltfrieden durch legislative Maßnahmen des Sicherheitsrats – Resolution 1373 (2001) im Kontext, ZaöRV 62 (2002), S. 257-291

Bartelt, Sandra/Zeitler, Helge Elisabeth, „Intelligente Sanktionen“ zur Terrorismusbekämpfung in der EU, EuZW 2003, S. 712-717

Bartmann, Julia, Terrorlisten, Ebenenübergreifende Sanktionsregime zur Bekämpfung der Terrorismusfinanzierung, Stuttgart u.a. 2011

Bauer, Andreas F., Effektivität und Legitimität, Die Entwicklung der Friedenssicherung durch Zwang nach Kapitel VII der Charta der Vereinten Nationen unter besonderer Berücksichtigung der neueren Praxis des Sicherheitsrats, Berlin 1996

Baumbach, Adolf/Hopt, Klaus J., Handelsgesetzbuch, 35. Auflage, München 2012

Ben Jelloun, Tahar, Arabischer Frühling, Vom Wiedererlangen der arabischen Würde, Berlin 2011

Bernhardt, Rudolf (Hrsg.), Encyclopedia of Public International Law, Vol. II 1995 u. Vol. IV 2000, Amsterdam u.a.

Bessler, Manuel/Garfield, Richard/Mc Hugh, Gerard, Sanctions Assessment Handbook, Assessing the Humanitarian Implications of Sanctions, 2004, unter: http://www.seco.admin.ch/themen/00513/00620/00639/00641/ index.html?lang=de (zuletzt abgerufen am 6.3.2013)

Bieber, Roland/Epiney, Astrid/Haag, Marcel, Die Europäische Union, Europarecht und Politik, 10. Auflage, Baden-Baden 2013

Biehler, Gernot, Individuelle Sanktionen der Vereinten Nationen und Grundrechte, AVR 41 (2003), S. 169-181

Bieneck, Klaus, Die Außenwirtschaftsstrafrechts-Novelle, Ein Überblick über die wichtigsten Neuerungen des 12. Gesetzes zur Änderung des Außenwirtschaftsgesetzes und der Außenwirtschaftsverordnung vom 28.3.2006, NStZ 2006, S. 608-614

Bierstecker, Thomas/Eckert, Sue E./Romaniuk, Peter/Halegua, Aaron/Reid, Natalie, Targeted financial sanctions- a manual for design and implementation (2001), unter: http://www.seco.admin.ch/themen/00513/00620/00639/00641/index.html?lang=de (zuletzt abgerufen am 6.3.2013)

Binding, Karl, Handbuch des Strafrechts, Band 1, 1. Auflage, Leipzig 1885

Birkhäuser, Noah, Sanktionen des Sicherheitsrats der Vereinten Nationen gegen Individuen, Bern u.a. 2007

Bleckmann, Albert, Gedanken zur Repressalie, in: Münch, Ingo von (Hrsg.), Staatsrecht-Völkerrecht-Europarecht, Festschrift für Hans-Jürgen Schlochauer, Berlin/New York 1981, S. 193-213

Bleckmann, Albert, Zur Rechtmäßigkeit der EG-Sanktionen gegen Argentinien nach allgemeinem Völkerrecht und dem Recht der Europäischen Gemeinschaft, Saarbrücken 1982

Bockslaff, Klaus, Das völkerrechtliche Interventionsverbot als Schranke außenpolitisch motivierter Handelsbeschränkungen, Berlin 1987

Bongers, Frank, Mitarbeiterdatenscreening zur Terrorismusbekämpfung, ArbRAktuell 2009, S. 81

Böse, Martin, Verweisungen auf das Gemeinschaftsrecht und das Bestimmtheitsgebot (Art. 103 Abs. 2 GG), in: Amelung, Knut/Günther, Hans-Ludwig/ Kühne, Hans-Heiner (Hrsg.), Festschrift für Volker Krey, Stuttgart 2010, S. 7-25

Boulanger, Fabienne/Urso, Mario, Zulässigkeit der Verbindung der UN/EU-Terrorlisten mit den AEO-Voraussetzungen?, Anmerkung zum Urteil FG Düsseldorf vom 1.6.2011, S. 322-324

Bowett, Derek, Reprisals involving recourse to armed force, AJIL 66 (1972), S. 1-36

Bowett, Derek, The Impact of Security Council Decisions on Dispute Settlement Procedures, EJIL 5 (1994), S. 89-101

Brandl, Ulrike, Die Umsetzung der Sanktionsresolutionen des Sicherheitsrats in der EU, AVR 38 (2000), S. 376-396

Bredimas, Anna, Methods of Interpretation and Community Law, Amsterdam 1978

Breyer, Silvia, Die gezielten Sanktionen des UN-Sicherheitsrates und ihre Implementierung in die europäische Union, Wien 2010

Brodowski, Dominik, Strafrechtsrelevante Entwicklungen in der Europäischen Union – ein Überblick, ZIS 12/2010, S. 749-760

Brown, L. Neville/Kennedy, Tom, The Court of Justice of the European Communities, 5. Auflage, London 2000

Brox, Hans/Henssler, Martin, Handelsrecht, 21. Auflage, München 2011

Bruha, Thomas, Gewaltverbot und humanitäres Völkerrecht nach dem 11. September 2001, AVR 40 (2002), S. 383-421

Bryde, Brun-Otto, Die Intervention mit wirtschaftlichen Mitteln, in: Münch, Ingo von (Hrsg.), Staatsrecht-Völkerrecht-Europarecht, Festschrift für Hans-Jürgen Schlochauer, Berlin/New York 1981, S. 227-245

Brzoska, Michael, Design and implementation of arms embargos and travel and aviation related sanctions, Results of the Bonn-Berlin Process, Bonn 2001

Brzoska, Michael, Sanktionen als Instrument der europäischen Außen- und Sicherheitspolitik, in: Mutz, Reinhard/Schoch, Bruno/Hauswedell, Corinna/Hippler, Jochen/Ratsch, Ulrich (Hrsg.), Friedensgutachten 2006, Berlin 2006, S. 246-255

Buck, Carsten, Über die Auslegungsmethoden des Gerichtshofs der Europäischen Gemeinschaft, Frankfurt a. Main u.a. 1998

Buerstedde, Wolfgang, Juristische Methodik des Europäischen Gemeinschaftsrechts, Ein Leitfaden, Baden-Baden 2006

Callewaert, Johan, Die EMRK und die EU-Grundrechte, Bestandsaufnahme einer Harmonisierung auf halbem Weg, EuGRZ 2003, S. 198-206

Calliess, Christian, Eigentumsgrundrecht, in: Ehlers, Dirk (Hrsg.), Europäische Grundrechte und Grundfreiheiten, 3. Auflage, Berlin 2009, § 16.4

Calliess, Christian/Ruffert, Matthias (Hrsg.), EUV/EGV, Das Verfassungsrecht der Europäischen Union mit Europäischer Grundrechtecharta, Kommentar, 3. Auflage, München 2007

Calliess, Christian/Ruffert, Matthias (Hrsg.), Verfassung der Europäischen Union, Kommentierung der Grundlagenbestimmungen (Teil I), München 2006

Calliess, Christian/Ruffert, Matthias (Hrsg.), EUV/AEUV, Das Verfassungsrecht der Europäischen Union mit Europäischer Grundrechtecharta, Kommentar, 4. Auflage, München 2011

Cameron, Iain, Targeted Sanctions and Legal Safeguards, Uppsala 2002

Cameron, Iain, UN Targeted Sanctions, Legal Safeguards and the European Convention on Human Rights, Nordic Journal of International Law 72 Issue 2 (2003), S. 159-214

Cole, Mark D./Haus, Florian C., Dienstleistungsfreiheit brutto oder netto? Probleme der europäischen Sprachenvielfalt am Beispiel der EG-Fernsehrichtlinie – EuGH, Slg. 1999, I-7599, JuS 2001, S. 435-440

Colneric, Ninon, Auslegung des Gemeinschaftsrechts und gemeinschaftsrechtskonforme Auslegung, ZEuP 2005, S. 225-516

Conlon, Paul, United Nations Sanctions Management: A Case Study of the Iraq Sanction Committee, 1990-1994, Ardsley (NY) 2000

Cortright, David/Lopez, George A., Sanctions and the search for security, Boulder/London 2002

Cortright, David/Lopez, George A., The Sanctions Decade. Assessing UN Strategies in the 1990s, Boulder/London 2000

Creifelds, Carl, Rechtswörterbuch, 20. Auflage, München 2011

Dahm, Georg/Delbrück, Jost/Wolfrum, Rüdiger (Hrsg.), Völkerrecht, Band I/3: Die Formen des völkerrechtlichen Handelns; Die inhaltliche Ordnung der internationalen Gemeinschaft, 2. Auflage, Berlin 2002

Dahme, Gudrun, Terrorismusbekämpfung durch Wirtschaftssanktionen, Witten 2007

Dannecker, Gerhard/Freitag, Robert, Zur neueren europäischen und deutschen Strafgesetzgebung im Recht der Außenwirtschaft und der Finanzsanktionen, ZStW 116 (2004), S. 797-818

Danwitz, Thomas von, Aktuelle Fragen der Grundrechte, des Umwelt- und Rechtsschutzes in der Europäischen Union, DVBl 2008, S. 537-546

Danwitz, Thomas von, Der Grundsatz der Verhältnismäßigkeit im Gemeinschaftsrecht, EWS 2003, S. 393-402

Danwitz, Thomas von, Eigentumsschutz in Europa und im Wirtschaftsvölkerrecht, in: Danwitz, Thomas von/Depenheuer, Otto/Engel, Christoph (Hrsg.), Bericht zur Lage des Eigentums, Berlin/Heidelberg 2002, S. 217-318

Daoudi, M.S./Dajani, M.S., Economic Sanctions, London u.a.1983

Däubler-Gmelin, Herta, AEO-Zertifizierung, Terrorlisten und Mitarbeiterscreening, DuD 2011, S. 455-460

Dauses, Manfred A., Handbuch des EU-Wirtschaftsrechts, München, Loseblatt, Stand: 31. Ergänzungslieferung 2012

Dederer, Hans-Georg, Krieg gegen den Terror, JZ 2004, S. 421-431

Dederichs, Mariele, Die Methodik des Gerichtshofes der Europäischen Gemeinschaften, EuR 2004, S. 345-359

Delbrück, Jost (Hrsg.), The Future of International Law Enforcement, New Scenarios – New law?, Proceedings of an International Symposium of the Kiel Institute of International Law, March 25 to 27, 1992, Berlin 1993

Delbrück, Jost, International Economic Sanctions and Third States, AVR 30 (1992), S. 86-100

Dichtl, Erwin/Issing, Otmar (Hrsg.), Vahlens Großes Wirtschaftslexikon, Band 1 (A-K), 2. Auflage, München 1993

Dicke, Detlev Christian, Die Intervention mit wirtschaftlichen Mitteln im Völkerrecht, Baden-Baden 1978

Doehring, Karl, Völkerrecht, Ein Lehrbuch, 2. Auflage, Heidelberg 2004

Dolzer, Rudolf/Graßhof, Karin/Kahl, Wolfgang/Waldhoff, Christian (Hrsg.), Bonner Kommentar zum Grundgesetz, Loseblatt, Heidelberg, Stand: 160. Ergänzungslieferung 2013

Dörr, Oliver, Privatisierung des Völkerrechts, JZ 2005, S. 905-916

Durner, Wolfgang, Wirtschaftliche Grundrechte, in: Merten, Detlef/Papier, Hans-Jürgen (Hrsg.), Handbuch der Grundrechte in Deutschland und Europa, Band VI/1, Europäische Grundrechte I, Heidelberg 2010, § 162

Ehlers, Dirk, Allgemeine Lehren der Unionsgrundrechte, in: Ehlers, Dirk (Hrsg.), Europäische Grundrechte und Grundfreiheiten, 3. Auflage, Berlin 2009, § 14

Eick, Christophe, „Präemption", „Prävention" und die Weiterentwicklung des Völkerrechts, ZRP 2004, S. 200-203

Eitel, Tono, Reform of the United Nations Sanctions Regime, in: Schorlemer, Sabine von (Hrsg.), Praxishandbuch UNO: die Vereinten Nationen im Lichte globaler Herausforderungen, Berlin u.a. 2003, S. 707-714

Enderle, Bettina, Blankettstrafgesetze, Verfassungs- und strafrechtliche Probleme von Wirtschaftsstraftatbeständen, Frankfurt a. Main u.a. 2000

Endruweit, Günter/Trommsdorff, Gisela (Hrsg.), Wörterbuch der Soziologie, 2. Auflage, Stuttgart 2002

Epping, Volker, Die Zulässigkeit von Embargomaßnahmen, in: Heintze, Hans-Joachim (Hrsg.), Von der Koexistenz zur Kooperation: Völkerrecht in der Periode der Ost-West Annäherung Ende der 80er Jahre, Bochum 1992, S. 89-115

Erbs, Georg/Kohlhaas, Max (Hrsg.), Strafrechtliche Nebengesetze, München, Loseblatt, Stand: 191. . Ergänzungslieferung 2012

Eriksson, Mikael, EU Sanctions – Three cases of targeted sanctions, in: Wallensteen, Peter/Staibano, Carina (Hrsg.), International Sanctions – Between Words and Wars in the Global System, London/New York 2005, S. 108-125

Fassbender, Bardo, Art. 19 Abs. 4 GG als Garantie innerstaatlichen Rechtsschutzes gegen Individualsanktionen des UN-Sicherheitsrates, AöR 132 (2007), S. 257-286

Fassbender, Bardo, Triepel in Luxemburg, DÖV 2010, S. 333-341

Feinäugle, Clemens A., Die Terrorlistenlisten des Sicherheitsrates – Endlich Rechtsschutz des Einzelnen gegen die Vereinten Nationen?, ZRP 2007, S. 75-78

Feinäugle, Clemens A., Individualrechtsschutz gegen Terroristenlistung? Ein kritischer Blick auf die „Ombudsperson" in der neuen Resolution 1904 (2009) des Sicherheitsrates der Vereinten Nationen, ZRP 2010, S. 188-190

Fischer Weltalmanach 2010, Frankfurt a. Main 2010

Fleck, Dieter, Zur Rolle des einzelnen im Völkerrecht, in: Ipsen, Knut/Raap, Christian/Stein, Torsten/Steinkamm, Armin A. (Hrsg.), Wehrrecht und Friedenssicherung, Festschrift für Klaus Dau, Neuwied/Kriftel 1999, S. 73-86

Fremuth, Michael Lysander, Ein Prozess ...: Zum Ausgleich zwischen der effektiven Bekämpfung des Terrorismus und der Beachtung der Menschenrechte in der Sanktionspraxis des Sicherheitsrates, DÖV 2012, S. 81-89

Fremuth, Michael Lysander, Private im Fadenkreuz des Sicherheitsrats, Zu der Terrorliste des UN-Sicherheitsrats, weißen Rittern und verpassten Chancen, VN 2009, S. 111-116

Frenz, Walter, Handbuch Europarecht, Band 4: Europäische Grundrechte, Berlin/Heidelberg, 2009

Frenz, Walter, Handbuch Europarecht, Band 5: Wirkungen und Rechtsschutz, Berlin/Heidelberg 2010

Fromm, Ingo E., Neue supranationale Strafrechtsordnung zum Schutz der finanziellen Interessen der EG? Wird durch den Lissabonner Vertrag eine partielle kriminalstrafrechtliche Rechtsetzungsbefugnis eingeführt?, StraFo 2008, S. 358-365

Frowein, Jochen Abraham, Der Terrorismus als Herausforderung für das Völkerrecht, ZaöRV 62 (2002), S. 879-905

Frowein, Jochen Abraham, Legal Consequences for International Law Enforcement in Case of Security Council Inaction, in: Delbrück, Jost (Hrsg.), The Future of International Law Enforcement, New Scenarios – New law?, Proceedings of an International Symposium of the Kiel Institute of International Law, March 25 to 27, 1992, Berlin 1993, S. 111-124

Garbagnati Ketvel, Maria-Gisella, The Jurisdiction of the European Court of Justice in respect of the common foreign and security policy, ICLQ 55 (2006), S. 77-120

Garcon, Gérardine, Handelsembargen der Europäischen Union auf dem Gebiet des Warenverkehrs gegenüber Drittstaaten, Baden-Baden 1997

Gareis, Sven Bernhard/Varwick, Johannes (Hrsg.), Die Vereinten Nationen, Aufgaben, Instrumente und Reformen, 3. Auflage, Bonn 2003

Gattini, Andrea, Joined Cases C-402/05 P & 415/05 P, Yassin Abdullah Kadi, Al Barakaat International Foundation v. Council and Commission, judgment of the Grand Chamber of 3 September 2008, nyr., CMLR 46 (2009), S. 213-239

Geiger, Rudolf/Khan, Daniel-Erasmus/Kotzur, Markus, EUV/AEUV, Vertrag über die Europäische Union und Vertrag über die Arbeitsweise der Europäischen Union, Kommentar, 5. Auflage, München 2010

Giegerich, Thomas, Verantwortlichkeit und Haftung für Akte internationaler und supranationaler Organisationen, ZVglRWiss 104 (2005), S. 163-191

Gornig, Gilbert, Die völkerrechtliche Zulässigkeit eines Handelsembargos, JZ 1990, S. 113-123

Grabenwarter, Christoph, Die Charta der Grundrechte für die Europäische Union, DVBl. 2001, S. 1-13

Grabenwarter, Christoph/Pabel, Katharina, Europäische Menschenrechtskonvention, Ein Studienbuch, 5. Auflage, München 2012

Grabitz, Eberhard/Hilf, Meinhard/Nettesheim, Martin (Hrsg.), Das Recht der Europäischen Union, Band I und II, Loseblatt, München, Stand: 48. Ergänzungslieferung 2012

Gramlich, Ludwig, Finanzsanktionen zur Terrorismusbekämpfung: Rechtliches Neuland im Umfeld der Exportkontrolle, in: Ehlers, Dirk/Wolffgang, Hans-Michael/Lechleitner, Marc (Hrsg.), Risikomanagement im Exportkontrollrecht, Tagungsband zum 8. Münsteraner Außenwirtschaftsrechtstag 2003, Heidelberg 2004, S. 135-186

von der Groeben, Hans/Schwarze, Jürgen (Hrsg.), Kommentar zum Vertrag über die Europäische Union und zur Gründung der Europäischen Gemeinschaft, 6. Auflage, Baden-Baden 2004

Grote, Rainer/Marauhn, Thilo (Hrsg.), EMRK/GG, Konkordanzkommentar zum europäischen und deutschen Grundrechtsschutz, Tübingen 2006

Gunaratna, Rohan, Inside Al Qaeda – Global Network of Terror, 2. Auflage, London 2003

Gundel, Jörg, Justiz- und Verfahrensgrundrechte, in: Ehlers, Dirk (Hrsg.), Europäische Grundrechte und Grundfreiheiten, 3. Auflage, Berlin 2009, § 20

Günter, Johannes, Berufsfreiheit und Eigentum in der Europäischen Union, Eine rechtsvergleichende Studie, Heidelberg 1998

Hahn, Michael J., Die einseitige Aussetzung von GATT-Verpflichtungen als Repressalie, Berlin u.a. 1996

Haltern, Ulrich, Gemeinschaftsgrundrechte und Antiterrormaßnahmen der UNO, JZ 2007, S. 537-547

Haltern, Ulrich, Rechtsschutz in der dritten Säule der EU, JZ 2007, S. 772-778

Haratsch, Andreas/Koenig, Christian/Pechstein, Matthias, Europarecht, Nach dem Vertrag von Lissabon, 7. Auflage, Tübingen 2010

Harings, Lothar, Die EG als Rechtsgemeinschaft (?) - EuG versagt Individualrechtsschutz, EuZW 2005, S. 705

Harms, Monika/Heine, Sonja, EG-Verordnung und Blankettgesetz – Zum Verhältnis von Gemeinschaftsrecht und nationalem Strafrecht, in: Böse, Martin/Sternberg-Lieben, Detlev (Hrsg.), Grundlagen des Straf- und Strafverfahrensrechts, Festschrift für Knut Amelung zum 70. Geburtstag, Berlin 2009

Harpaz, Guy, Judicial Review by the European Court of Justice of UN „Smart Sanctions" Against Terror in the Kadi Dispute, European Foreign Affairs Review 14 (2009), S. 65-88

Hasse, Rolf, Theorie und Politik des Embargos, Köln 1973

Herbst, Jochen, Rechtskontrolle des UN-Sicherheitsrates, Frankfurt a. Main u.a. 1999

Herdegen, Matthias, Der Sicherheitsrat und die autoritative Konkretisierung des VII. Kapitels der VN-Charta, in: Beyerlin, Ulrich/Bothe, Michael/Hofmann, Rainer/Petersmann, Ernst-Ulrich (Hrsg.), Recht zwischen Umbruch und Bewahrung, Festschrift für Rudolf Bernhardt, Berlin u.a. 1995, S. 103-119

Herdegen, Matthias, Internationales Wirtschaftsrecht, Ein Studienbuch, 9. Auflage, München 2011

Herdegen, Matthias, Völkerrecht, 11. Auflage, München 2012

Hertwig, Jana, Die Europäische Union und die Bekämpfung der Verbreitung von Massenvernichtungswaffen – Theorie und Praxis der europäischen Nichtverbreitungsstrategie, Frankfurt a. Main 2010

Heselhaus, F. Sebastian M., Eigentumsgrundrecht, in: ders./Nowak, Carsten (Hrsg.), Handbuch der Europäischen Grundrechte, München 2006, § 32

Hilf, Meinhard, Die Schranken der EU-Grundrechte, in: Merten, Detlef/Papier, Hans-Jürgen (Hrsg.), Handbuch der Grundrechte in Deutschland und Europa, Band VI/1, Europäische Grundrechte I, Heidelberg 2010, § 164

Hobe, Stephan, Europarecht, 7.. Auflage, München 2012

Hobe, Stephan, Individuals and Groups as Global Actors. The Denationalization of International Transactions, in: Hofmann, Rainer (Hrsg.), Non-State Actors as new Subjects of International Law, International Law – From the Traditional State Order Towards the Law of the Global Community, Berlin 1999

Hoffmeister, Frank, Die Bindung der Europäischen Gemeinschaft an das Völkergewohnheitsrecht der Verträge, EWS 1998, S. 365-371

Hohmann, Harald/John, Klaus, Kommentar zum Ausfuhrrecht, mit EG-Dual-Use-Verordnung, EG-Ausfuhrverordnungen, Außenwirtschaftsgesetz, Außenwirtschaftsverordnung, Kriegswaffenkontrollgesetz, München 2002

Höhne, Markus Virgil, Konfliktporträt Somalia, vom 04.10.2001, unter: http://www.bpb.de/ themen/SMLQ7U.html (zuletzt abgerufen am 6.3.2013)

Hörmann, Saskia, Die Befugnis der EG zur Umsetzung von Resolutionen des UN-Sicherheitsrates zur Bekämpfung des internationalen Terrorismus, EuR 2007, S. 120-133

Hübner, Frank Philipp, Terrorismusbekämpfung als Aufgabe der Europäischen Union, 2009

Hummer, Waldemar, Das griechische Embargo, in: Due, Ole/Lutter, Marcus/Schwarze, Jürgen (Hrsg.), Festschrift für Ulrich Everling, Baden-Baden 1995, S. 511-540

Ipsen, Knut, Völkerrecht, 5. Auflage, München 2004

Jarass, Hans D., EU-Grundrechte, Ein Studien- und Handbuch, München 2005

Jarass, Hans. D., Charta der Grundrechte der Europäischen Union, unter Einbeziehung der vom EuGH entwickelten Grundrechte und der Grundrechtsregelungen der Verträge, Kommentar, München 2010

Jauernig, Othmar (Hrsg.), Bürgerliches Gesetzbuch, Kommentar, 14. Auflage, München 2011

Joecks, Wolfgang/Miebach, Klaus (Hrsg.), Münchner Kommentar zum Strafgesetzbuch, Bd. 6/1: Nebenstrafrecht II, München 2010

de Jonge Oudraat, Chantal, UN Sanction Regimes and Violent Conflict, in: Crocker, Chester A./Hampson, Fen Osler/Aall Pamela, Turbulent Peace, The Challenges of Managing International Conflict, Washington D.C. 2001, S. 323 - 352.

Kadelbach, Stefan, Zwingendes Völkerrecht, Berlin 1992

Kämmerer, Jörn Axel, Das Urteil des Europäischen Gerichtshofs im Fall „Kadi"- Ein Triumph der Rechtsstaatlichkeit?, EuR 2009, S. 114-130

Kämmerer, Jörn Axel, Die Urteile „Kadi“ und „Yusuf“ des EuG und ihre Folgen, EuR 2008 Beiheft 1, S. 65-87
Karpen, Hans-Ulrich, Die Verweisung als Mittel der Gesetzgebungstechnik, Berlin 1970
Kilchling, Michael, Rechtliche Instrumente zur Bekämpfung der Terrorismusfinanzierung im internationalen Vergleich, in: Gehl, Günther (Hrsg.), Terrorismus - Krieg des 21. Jahrhunderts?, Weimar 2006
Kirschner, Adele F., Security Council Resolution 1904 (2009): A Significant Step in the Evolution of the Al-Quaida and Taliban Sanctions Regime?, ZaöRV 2010, S. 585-607
Kißler, Klaus-Peter, Die Zulässigkeit von Wirtschaftssanktionen der Europäischen Gemeinschaft gegenüber Drittstaaten, Frankfurt a. Main 1984
Kistner, Tanja, Straftaten im Außenwirtschaftsgesetz, Systematik, Rechtsgut und Auslegung des § 34 II AWG, Witten 2008
Klein, Eckart, Sanctions by International Organizations and Economic Communities, AVR 30 (1992), S. 101-113
Klein, Eckart, Völkerrechtliche Aspekte des Golfkonflikts 1990/91, AVR 29 (1991), S. 421-435
Koch, Oliver, Der Grundsatz der Verhältnismäßigkeit in der Rechtsprechung des Gerichtshofs der Europäischen Gemeinschaften, Berlin 2003
Koller, Ingo, Transportrecht, Kommentar zu Spedition, Gütertransport und Lagergeschäft, 7. Auflage, München 2010
Koller, Ingo/Roth, Wulf-Henning/Morck, Winfried, Handelsgesetzbuch, 7. Auflage, München 2011
Kotzur, Markus, Eine Bewährungsprobe für die europäische Grundrechtsgemeinschaft/ Rs. Yusuf in EuGRZ 2005, 592 ff., EuGRZ 2006, S. 19-26
Kotzur, Markus, Kooperativer Grundrechtsschutz in der Völkergemeinschaft, EuGRZ 2008, S. 673-680
Krach, Torsten, Die Europäisierung des nationalen Außenwirtschaftsstrafrechts, Analytische Darstellung und kritische Würdigung des gemeinschaftsrechtlich beeinflussten Außenwirtschaftsstrafrechts unter besonderer Berücksichtigung der Straftatbestände des § 34 AWG, Regensburg 2005
Krenzler, Horst G./Schneider, Henning C., Die gemeinsame Außen- und Sicherheitspolitik der Europäischen Union – Zur Frage der Kohärenz –, EuR 1994, S. 144-161
Kreutz, Joakim, Hard Measures by a Soft Power? Sanctions Policy of the European Union, BICC Papers 2006
Krey, Volker, Zur Verweisung auf EWG-Verordnungen in Blankettstrafgesetzen am Beispiel der Entwürfe eines Dritten und Vierten Gesetzes zur Ände-

rung des Weingesetzes, Schriftenreihe zum europäischen Weinrecht (EWR), 1981, S. 109-201

Krumpholz, Ursina, Das Verbot von Boykott-Erklärungen, NJW 1993, S. 113-114

Kudlich, Hans, Die Unterstützung fremder Straftaten durch berufsbedingtes Verhalten, Berlin 2004

Kulessa, Manfred/Starck, Dorothee, Frieden durch Sanktionen? Empfehlungen für die deutsche UN-Politik, Policy Paper der Stiftung Entwicklung und Frieden, Bonn 1997

Lackner, Karl/Kühl, Kristian, Strafgesetzbuch, Kommentar, 27. Auflage, München 2011

Lais, Martina, Das Recht auf eine gute Verwaltung unter besonderer Berücksichtigung der Rechtsprechung des Europäischen Gerichtshofs, ZEuS 2002, S. 447-482

Landmann, Robert von/Rohmer, Gustav, Gewerbeordnung, Band I, Loseblatt, München, Stand: 61. Ergänzungslieferung 2012

Lapidoth, Ruth, Some Reflections on the Law and Practice Concerning the Imposition of Sanctions by the Security Council, AVR 30 (1992), S. 114-127

Larenz, Karl/Canaris, Claus-Wilhelm, Methodenlehre der Rechtswissenschaft, 3. Auflage, Berlin/Heidelberg 1995

Lavalle, Roberto, A Politicized and Poorly Conceived Notion Crying Out for Clarification: The Alleged Need for a Universally Agreed Definition of Terrorism, ZaöRV 67 (2007), S. 89-117

Leible, Stefan/Domröse, Ronny, Die primärrechtskonforme Auslegung, in: Riesenhuber, Karl (Hrsg.), Europäische Methodenlehre, Handbuch für Ausbildung und Praxis, 2. Auflage, Berlin/New York 2010, § 9

Leisner, Walter Georg, Die subjektiv-historische Auslegung des Gemeinschaftsrechts, Der "Wille des Gesetzgebers" in der Judikatur des EuGH, EuR 2007, S. 689-706

Lenz, Carl Otto, Der europäische Grundrechtsstandard in der Rechtsprechung des Europäischen Gerichtshofes, EuGRZ 1993, S. 585-589

Lenz, Carl Otto/Borchardt, Klaus-Dieter (Hrsg.), EU-Verträge, Kommentar, EUV, AEUV, GRCh, 6. Auflage, Köln 2012

Lindemeyer, Bernd, Schiffsembargo und Handelsembargo, Baden-Baden 1975

Lindner, Josef Franz, Der Vertrag von Lissabon zur Reform der Europäischen Union, BayVBl. 2008, S. 421-433

Linsi, Christian, Gegenmaßnahmen in der Form des Embargos zur Durchsetzung elementarer Völkerrechtsverpflichtungen in der schweizerischen Aussenpolitik, Basel u.a. 1994

Lutter, Marcus, Die Auslegung angeglichenen Rechts, JZ 1992, S. 593-607

Macke, Julia, Die Terrorlisten der Vereinten Nationen und der Europäischen Union, in: Uwer, Thomas (Hrsg.), Heimlichkeit und Wahrheit, Band 32 der Schriftenreihe der Strafverteidigervereinigungen, 32. Strafverteidigertag, München 2008, Berlin 2010

Magiera, Siegfried, Die Grundrechtecharta der Europäischen Union, DÖV 2000, S. 1017-1026

Mangoldt, Hermann von/Klein, Friedrich/Starck, Christian (Hrsg.), Kommentar zum Grundgesetz, Band III, 6. Auflage, München 2010

Martenczuk, Bernd, Rechtsbindung und Rechtskontrolle – Die Überprüfung nichtmilitärischer Zwangsmaßnahmen durch den Internationalen Gerichtshof, Berlin 1996

Matiss, Claudia, Terrorismusbekämpfung und menschenrechtlicher Eigentumsschutz, Jena 2009

Maunz, Theodor/Dürig, Günther/Herzog, Roman/Scholz, Rupert/Herdegen, Matthias/ Klein, Hans (Hrsg.), Grundgesetz, Kommentar, Loseblatt, München, Stand: 66. Ergänzungslieferung 2012

Meng, Werner, Die Kompetenz der EWG zur Verhängung von Wirtschaftssanktionen gegen Drittländer, ZaöRV 42 (1982), S. 780-803

Meng, Werner, Wirtschaftssanktionen und staatliche Jurisdiktion – Grauzonen im Völkerrecht, ZaöRV 57 (1997), S. 269-327

Menge, Hermann, Langenscheidts Taschenwörterbuch Latein, 48. Auflage, Berlin/München 1998

Meyer, Frank, Die Lissabon-Entscheidung des BVerfG und das Strafrecht, NStZ 2009, S. 657-663

Meyer, Frank, Globale Terrorbekämpfung und nationales Nebenstrafrecht, NJW 2010, S. 2397-2399

Meyer, Frank, Lost in Complexity – Gedanken zum Rechtsschutz gegen Smart Sanctions in der EU, ZEuS 2007, S. 1-69

Meyer, Frank/Macke, Julia, Rechtliche Auswirkungen der Terroristenliste im deutschen Recht, HRRS 2007, S. 445-465

Meyer, Jürgen (Hrsg.), Charta der Grundrechte der Europäischen Union, 3. Auflage, Baden-Baden 2011

Meyer, Peter, Die Grundsätze der Auslegung im Europäischen Gemeinschaftsrecht, JURA 1994, S. 455-458

Meyer-Ladewig, Jens, Europäische Menschenrechtskonvention, Handkommentar, 3. Auflage, Baden-Baden 2011

Mittelberger, Philipp, Der Eigentumsschutz nach Art. 1 des Ersten Zusatzprotokolls zur EMRK im Lichte der Rechtsprechung der Strassburger Organe, Bern 2000
Moll, Dietmar, Europäisches Strafrecht durch nationale Blankettstrafgesetzgebung? Eine Untersuchung zur strafrechtskonstituierenden Wirkung des EG-Rechts unter besonderer Berücksichtigung der allgemeinen verfassungsrechtlichen Anforderungen an Blankettverweisungen, Göttingen 1998
Möllers, Christoph, Das EuG konstitutionalisiert die Vereinten Nationen, EuR 2006, S. 426-431
Müller, Friedrich/Christensen, Ralph, Juristische Methodik Bd. II, Europarecht, 2. Auflage, Berlin 2007
Müller-Gugenberger, Christian/Bieneck, Klaus, Wirtschaftsstrafrecht, Handbuch des Wirtschaftsstraf- und Ordnungswidrigkeitenrecht, 5. Auflage, Köln 2011
Müller-Hagedorn, Lothar/Toporowski, Waldemar, Arbeitspapier Nr. 19: Handelsbetriebe, Arbeitspapiere des Seminars für Allgemeine Betriebswirtschaftslehre, Handel und Distribution der Universität zu Köln, Köln 2006
Müller-Magdeburg, Cornelia, Die Abgrenzung von Tatbestandsirrtum und Verbotsirrtum bei Blankettnormen, Aachen 1999
Müller-Michaels, Olaf, Grundrechtlicher Eigentumsschutz in der Europäischen Union, Berlin 1997
Müller-Terpitz, Ralf, „Smart Sanctions“ versus Pressefreiheit, Staatenunabhängige Embargomaßnahmen im Antiterrorkampf und ihren Auswirkungen auf die Presse, K&R Beihefter 1/2011, S. 1-28

Nettesheim, Martin, Das kommunitäre Völkerrecht, JZ 2002, S. 569-578
Neudorfer, Sonja, Antiterrormaßnahmen der Vereinten Nationen und Grundrechtsschutz in der Union – Die Zuständigkeit der Gemeinschaftsgerichte zur Kontrolle gemeinschaftsrechtlicher Umsetzungsakte von UN-Maßnahmen gegen die Taliban und Al Quaida, ZaöRV 69 (2009), S. 979-1006
Neumann, Nicola C., Internationale Handelsembargos und privatrechtliche Verträge, Baden-Baden 2001
Neuner, Jörg, Die Rechtsfortbildung, in: Riesenhuber, Karl (Hrsg.), Europäische Methodenlehre, Handbuch für Ausbildung und Praxis, 2. Auflage, Berlin/New York 2010, § 13
Neuss, Jobst Joachim, Handelsembargos zwischen Völkerrecht und IPR, München 1989

Nicolaysen, Gert, Historische Entwicklungslinien des Grundrechtsschutzes in der EU, in: Heselhaus, F. Sebastian M./Nowak, Carsten (Hrsg.), Handbuch der Europäischen Grundrechte, München 2006, § 1

Niedobitek, Matthias, Entwicklung und allgemeine Grundsätze, in: Merten, Detlef/Papier, Hans-Jürgen (Hrsg.), Handbuch der Grundrechte in Deutschland und Europa, Band VI/1, Europäische Grundrechte I, Heidelberg 2010, § 159

Niestedt, Marian, Iran-Sanktionen erschweren Finanzierungen, ExportManager 6/2010, S. 14-16

Oehler, Dietrich, Fragen zum Strafrecht der Europäischen Gemeinschaft, in: Vogler, Theo (Hrsg.), Festschrift für Hans Heinrich Jeschek zum 70. Geburtstag, Band II, Berlin 1985, S. 1399-1410

Oetjen, Dirk, Möglichkeiten und Grenzen von UN-Sanktionen (nichtmilitärische Zwangsmaßnahmen) zur Friedenssicherung und friedlichen Streitbeteiligung, Arbeitspapiere zu Problemen der Internationalen Politik und der Entwicklungsländerforschung, Nr. 45/2006, unter: http://www.gsi.uni-muenchen.de/forschung/forsch_zentr /forschung_3_welt/arbeitspapier/index.html (zuletzt abgerufen am 6.3.2013)

Oette, Lutz, A Decade of Sanctions against Iraq: Never Again! The End of Unlimited sanctions in the Recent Practice of the UN Security Council, EJIL 13 (2002), S. 93-103

Oette, Lutz, Die Vereinbarkeit der vom Sicherheitsrat nach Kapitel VII der VN-Charta verhängten Wirtschaftssanktionen mit den Menschenrechten und dem humanitären Völkerrecht, Frankfurt a. Main u.a. 2003

Ohler, Christoph, Gemeinschaftsrechtlicher Rechtsschutz gegen personengerichtete Sanktionen des UN Sicherheitsrates, EuZW 2008, S. 630-633

Ohler, Christoph, Verhängung von Smart Sanctions durch den UN-Sicherheitsrat, EuR 2006, S. 848-865

Oppermann, Thomas/Classen, Claus Dieter/Nettesheim, Martin, Europarecht, Ein Studienbuch, 5. Auflage, München 2011

Osteneck, Kathrin, Die Umsetzung von UN-Wirtschaftssanktionen durch die Europäische Gemeinschaft, Berlin u.a. 2004

Osteneck, Kathrin, Die völkerrechtliche Verpflichtung der EG zur Umsetzung von UN-Sanktionen, ZEuS 1998, S. 103-132

Pache, Eckhard, Die Europäische Grundrechtscharta – kein Rückschritt für den Grundrechtsschutz in Europa? EuR 2001, S. 475-494

Pache, Eckhard/Rösch, Franziska, Die neue Grundrechtsordnung der EU nach dem Vertrag von Lissabon, EuR 2009, S. 769-790
Palandt, Otto (Hrsg.), Bürgerliches Gesetzbuch, 71. Auflage, München 2012
Paust, Jordan J./Blaustein, Albert P., The Arab oil weapon- a threat to international peace, AJIL 68 (1974), S. 410-439
Pechstein, Matthias/Drechsler, Carola, Die Auslegung und Fortbildung des Primärrechts, in: Riesenhuber, Karl (Hrsg.), Europäische Methodenlehre, Handbuch für Ausbildung und Praxis, 2. Auflage, Berlin/New York 2010, § 8
Penski, Ulrich/Elsner, Bernd Roland, Eigentumsgewährleistung und Berufsfreiheit als Gemeinschaftsgrundrechte in der Rechtsprechung des Europäischen Gerichtshofs, DÖV 2001, S. 265-275
Petersmann, Ernst Ulrich, Darf die EG das Völkerrecht ignorieren?, EuZW 1997, S. 325-331
Petersmann, Ernst Ulrich, Internationale Wirtschaftssanktionen als Problem des Völkerrechts und des Europarechts, ZVglRWiss 80 (1981), S. 1-28
Peuser, Anton, EU-Verordnungen zur Terrorismusbekämpfung in Unternehmen, Zur Umsetzung der EU-Verordnungen 881/2002/EG und 2580/2001/EG in Deutschland, DuD 2006, S. 680-684
Portela, Clara, Where and why does the EU impose Sanctions?, Politique europeénnee 3/ 2005, S. 83-111
Potacs, Michael, Effet utile als Auslegungsgrundsatz, EuR 2009, S. 465-488
Puschke, Marcus/Hohmann, Harald, Basiswissen Sanktionslisten, Hintergrund und Praxis der Integration von Sanktionslisten in Ihre Geschäftsprozesse, Köln 2008

Raif, Alexander, Auswirkungen von Sanktionslisten auf das Arbeitsverhältnis, Am Beispiel der Antiterrorismusverordnungen (EG) Nr. 2580/2001 und (EG) Nr. 881/2002, Hamburg 2010
Reger, Markus, Konfliktporträt Birma, vom 01.11.2011, unter http://www.bpb.de /themen/9VNLY1.html (zuletzt abgerufen am 6.3.2013)
Rengeling, Hans-Werner, Die wirtschaftsbezogenen Grundrechte in der Europäischen Grundrechtecharta, DVBl. 2004, S. 453-464
Rengeling, Hans-Werner/Szczekalla, Peter, Grundrechte in der Europäischen Union, Charta der Grundrechte und Allgemeine Rechtsgrundsätze, Köln u.a. 2004
Ress, Hans-Konrad, Das Handelsembargo, Berlin u.a. 2000
Richardson, Louise, Was Terroristen wollen, Die Ursachen der Gewalt und wie wir sie bekämpfen können, Bonn 2007

Riesenhuber, Karl, Die Auslegung, in: ders. (Hrsg.), Europäische Methodenlehre, Handbuch für Ausbildung und Praxis, 2. Auflage, Berlin/New York 2010, § 11

Roeder, Jan-Jacob/Buhr, Martina S., Die unterschätzte Pflicht zum Terrorlistenscreening von Mitarbeitern, S. 1333-1338

Roeder, Jan-Jacob/Buhr, Martina S., Tatsächlich unterschätzt: Die Pflicht zum Terrorlistenscreening von Mitarbeitern – Fortführung des ersten Aufsatzteils zum Anti-Terror-Screening aus BB 2011, 1333 –, BB 2012, S. 193-197

Rosand, Eric, Security Council Resolution 1373, The Counter-Terrorism Committee, and The Fight Against Terrorism, AJIL 97 (2003), S. 333-341

Rosenau, Henning, Zur Europäisierung des Strafrechts, Vom Schutz finanzieller Interessen der EG zu einem gemeineuropäischen Strafgesetzbuch?, ZIS 2008, S. 9-19

Rossi, Matthias, Entscheidungsanmerkung zu EuGH, Urt. v. 3.9.2008, verb. Rs. C-402/05 P und C-415/05, ZJS 5/2008, S. 551-553

Säcker, Franz Jürgen/Rixecker, Roland (Hrsg.), Münchner Kommentar zum Bürgerlichen Recht, Bd. 1 (§§ 1-240): Einleitung und Allgemeiner Teil, 6. Auflage, München 2012

Satzger, Helmut, Die Europäisierung des Strafrechts, Eine Untersuchung zum Einfluß des Europäischen Gemeinschaftsrechts auf das deutsche Strafrecht, Köln u.a. 2001

Satzger, Helmut, Internationales und Europäisches Strafrecht, Strafanwendungsrecht/Europäisches Straf- und Strafverfahrensrecht/Völkerstrafrecht, 5. Auflage, Baden-Baden 2011

Sauer, Heiko, Rechtsschutz gegen völkerrechtsdeterminiertes Gemeinschaftsrecht? – Die Terroristenliste vor dem EuGH, NJW 2008, S. 3685-3688

Schadtle, Kai, Das völkerrechtliche Gewaltverbot und seine Ausnahmen, JURA 2009, S. 686-695

Schenck, Dedo von, Das Problem der Beteiligung der Bundesrepublik Deutschland an Sanktionen der Vereinten Nationen, besonders im Falle Rhodesiens, ZaöRV 29 (1969), S. 257-315

Schilling, Theodor, Bestand und allgemeine Lehren der bürgerschützenden allgemeinen Rechtsgrundsätze des Gemeinschaftsrechts, EuGRZ 2000, S. 3-43

Schindler, Dietrich, Die Vereinten Nationen nach fünfzig Jahren, Aspekte ihrer Entwicklung, ZfSR 1995, S. 237-256

Schlarmann, Hans/Spiegel, Jan-Peter, Terror und kein Ende, Konsequenzen der EG Verordnung zur Bekämpfung des internationalen Terrorismus für in Deutschland tätige Unternehmen, NJW 2007, S. 870-875

Schmahl, Stefanie, Das Verfahren nach dem VII. Kapitel der UN-Satzung unter besonderer Berücksichtigung des zweiten Golfkrieges 1990/91, in: Seidl-Hohenveldern, Ignaz (Hrsg.), Vereinte Nationen, Menschenrechte und Sicherheitspolitik – Völkerrechtliche Fragen zu internationalen Konfliktbegrenzungen, Köln u.a. 1994, S. 153-196

Schmahl, Stefanie, Effektiver Rechtsschutz gegen „targeted sanctions" des UN-Sicherheitsrats? EuR 2006, S. 566-576

Schmalenbach, Kirsten, Bedingt kooperationsbereit: Der Kontrollanspruch des EuGH bei gezielten Sanktionen der Vereinten Nationen, JZ 2009, S. 35-43

Schmalenbach, Kirsten, Normentheorie vs. Terrorismus: Der Vorrang des UN-Rechts vor EU-Recht, JZ 2006, S. 349-353

Schmidt, Karsten (Hrsg.), Münchner Kommentar zum Handelsgesetzbuch, Bd. 7: Transportrecht, 2. Auflage, München 2009

Schmidt-Bleibtreu, Bruno/Hofmann, Hans/Hopfauf, Axel (Hrsg.), Kommentar zum Grundgesetz, 12. Auflage, Köln 2011

Schmitz, Thomas, Die EU-Grundrechtecharta aus grundrechtsdogmatischer und grundrechtstheoretischer Sicht, JZ 2001, S. 833-843

Schmitz, Thomas, Die Grundrechtecharta als Teil der Verfassung der Europäischen Union, EuR 2004, S. 691-713

Schmucker, Andrea, Anm. zu EuGH, Urteil vom 11. 10. 2007 - Rs. C-117/06, DNotZ 2008, S. 695-703

Schneckener, Ulrich, Netzwerke des Terrors – Charakter und Strukturen des transnationalen Terrorismus, SWP-Studie, 2002

Schneider, Henning C., Wirtschaftssanktionen, Berlin 1999

Scholz, Oliver, Die Durchsetzung von Zwangsmaßnahmen nach Art. 41 der Satzung der Vereinten Nationen, insbesondere mit militärischen Mitteln, Frankfurt a. Main u.a. 1998

Scholz, Tobias B., Die „Antiterrorliste" des Sicherheitsrats der Vereinten Nationen, NVwZ 2009, S. 287-289

Schönke, Adolf/Schröder, Horst, Strafgesetzbuch, Kommentar, 28. Auflage, München 2010

Schröder, Meinhard, Neuerungen im Rechtsschutz der Europäischen Union durch den Vertrag von Lissabon, DÖV 2009, S. 61-66

Schroeder, Werner, Die Auslegung des EU-Rechts, JuS 2004, S. 180-186

Schulte, Dominik, Der Schutz individueller Rechte gegen Terrorlisten – internationale, europäische und nationale Menschenrechtsstandards im Spannungsverhältnis zwischen effektiver Terrorismusbekämpfung und notwendigem Individualrechtsschutz, Baden-Baden 2010

Schulze, Reiner/Zuleeg, Manfred/Kadelbach, Stefan (Hrsg.), Europarecht, Handbuch für die deutsche Rechtspraxis, 2. Auflage, Baden-Baden 2010

Schwarze, Jürgen (Hrsg.), EU-Kommentar, 2. Auflage, Baden-Baden 2008

Schwarze, Jürgen (Hrsg.), EU-Kommentar, 3. Auflage, Baden-Baden 2012

Schwarze, Jürgen, Der Grundrechtsschutz für Unternehmen in der Europäischen Grundrechtecharta, EuZW 2001, S. 517-524

Schweitzer, Michael, GASP und dauernde Neutralität Österreichs, in: Due, Ole/Lutter, Marcus/Schwarze, Jürgen (Hrsg.), Festschrift für Ulrich Everling, Baden-Baden 1995, S. 1379-1391

Schweitzer, Michael, Staatsrecht III, Staatsrecht, Völkerrecht, Europarecht, 10. Auflage, Heidelberg u.a. 2010

Schweitzer, Michael/Hummer, Waldemar/Obwexer, Walter, Europarecht, Das Recht der Europäischen Union, Wien 2007

Schwier, Henning, Der Schutz der „Unternehmerischen Freiheit“ nach Artikel 16 der Charta der Grundrechte der Europäischen Union, Eine Darstellung der tatsächlichen Reichweite und Intensität der grundrechtlichen Gewährleistung aus rechtsvergleichender Perspektive, Frankfurt a. Main 2008

Sczekalla, Peter, Grundrechtliche Schutzbereiche und Schrankensystematik, in: Heselhaus, F. Sebastian M./Nowak, Carsten (Hrsg.), Handbuch der Europäischen Grundrechte, München 2006, § 7

Seidl-Hohenveldern (Hrsg.), Lexikon des Rechts/Völkerrecht, 3. Auflage, Neuwied/Kriftel 2001

Seyr, Sibylle, Der effet utile in der Rechtsprechung des EuGH, Berlin 2008

Sieber, Ulrich, Europäische Einigung und Europäisches Strafrecht, ZStW 103 (1991), S. 957-979

Simma, Bruno, Der Internationale Gerichtshof, DRiZ 2006, S. 181-184

Simma, Bruno (Hrsg.), The Charter of the United Nations, 2. Auflage, Oxford u.a. 2002

Skouris, Vassilios, Methoden der Grundrechtsgewinnung in der Europäischen Union, in: Merten, Detlef/Papier, Hans-Jürgen (Hrsg.), Handbuch der Grundrechte in Deutschland und Europa, Band VI/1, Europäische Grundrechte I, Heidelberg 2010, § 157

Sonnenberg, Sebastian/Last, Christina, Europäisches Strafrecht, Europa Thema des Wissenschaftlichen Dienstes des Bundestages – Fachbereich Europa, Nr. 18/08 v. 21.5.2008

Spranger, Tade Matthias, Europäischer Grundrechtsschutz im Kontext vernetzter Rechtsordnungen, EuR 2009, S. 514-527

Stein, Torsten, Außenpolitisch motivierte (Wirtschafts-)Sanktionen der Europäischen Union – nach wie vor eine rechtliche Grauzone?, in: Beyerlin, Ulrich/Bothe, Michael/Hofmann, Rainer/Petersmann, Ernst-Ulrich (Hrsg.), Recht zwischen Umbruch und Bewahrung, Festschrift für Rudolf Bernhardt, Berlin u.a. 1995

Stein, Torsten, International Measures Against Terrorism, AVR 30 (1992), S. 38-54

Steinbarth, Sebastian, Individualrechtsschutz gegen Maßnahmen der EG zur Bekämpfung des internationalen Terrorismus – Die Entscheidungen des EuG in den Rs. „Yusuf u.a." sowie „Kadi", ZEuS 2006, S. 269-285

Stenger, Gernot, Das Handelsembargo im Außenwirtschaftsrecht, Praxis und Zulässigkeit, Gießen 1988

Streinz, Rudolf, Europarecht, 9. Auflage, Heidelberg u.a. 2012

Streinz, Rudolf (Hrsg.), EUV/AEUV, Vertrag über die Europäische Union und Vertrag über die Arbeitsweise der Europäischen Union, 2. Auflage, München 2012

Streinz, Rudolf (Hrsg.), EUV/EGV, Vertrag über die Europäische Union und Vertrag zur Gründung der Europäischen Gemeinschaft, 1. Auflage, München 2003

Streinz, Rudolf, Grundrechte und Grundfreiheiten, in: Merten, Detlef/Papier, Hans-Jürgen (Hrsg.), Handbuch der Grundrechte in Deutschland und Europa, Band VI/1, Europäische Grundrechte I, Heidelberg 2010, § 151

Tamm, Ingrid J., Dangerous Appetites: Human Rights Activism and Conflict Commodities, Human Rights Quaterly, Heft 3/2004, S. 687-704

Tettinger, Peter J./Stern, Klaus, Kölner Gemeinschaftskommentar zur Europäischen Grundrechte-Charta, München 2006

Tettinger, Peter J./Wank, Rolf/Ennuschat, Jörg, Gewerbeordnung, Kommentar, 8. Auflage, München 2011

Thun-Hohenstein, Christoph, Handelsbeschränkungen durch UN-Beschlüsse und Ratsbeschlüsse im Rahmen der Gemeinsamen Außen-und Sicherheitspolitik, ihre Wirkungen für die EG und Österreich, ZfRV 1996, S. 238-245

Tiedemann, Klaus, Europäisches Gemeinschaftsrecht und Strafrecht, NJW 1993, S. 23-31

Tiedemann, Klaus, Wirtschaftsstrafrecht, Besonderer Teil, 3. Auflage, München 2011

Tiedemann, Klaus, Wirtschaftsstrafrecht, Einführung und Allgemeiner Teil, 3. Auflage, München 2010

Tietje, Christian/Hamelmann, Sandy, Gezielte Finanzsanktionen der Vereinten Nationen im Spannungsverhältnis zum Gemeinschaftsrecht und zu den Menschenrechten –EuG, BeckRs 2005, 70 726, JuS 2006, S. 299-302

Tomuschat, Christian, Repressalie und Retorsion – Zu einigen Aspekten ihrer innerstaatlichen Durchführung, ZaöRV 33 (1973), S. 179-222

Tomuschat, Christian, Die Europäische Union und ihre völkerrechtliche Bindung, EuGRZ 2007, S. 1-12

Tomuschat, Christian, Die Internationale Gemeinschaft, AVR 33 (1995), S. 1-20

Usinger, Wolfgang, Abschluss und Rückabwicklung von Grundstückskaufverträgen mit gelisteten Personen – Erwiderung zum Beitrag von Schmucker, DNotZ 2008, 695, DNotZ 2008, S. 884-887

Vedder, Christoph, Die Außenbeziehungen der EU und die Mitgliedstaaten: Kompetenzen, gemischte Abkommen, völkerrechtliche Verantwortlichkeit und Wirkungen des Völkerrechts, EuR 2007 Beiheft 3, S. 57-91

Vedder, Christoph/Heintschel von Heinegg, Wolff (Hrsg.), Europäischer Verfassungsvertrag, 1. Auflage, Baden-Baden 2007

Verdross, Alfred/Simma, Bruno, Universelles Völkerrecht, Theorie und Praxis, 3. Auflage, Berlin 1984

Vitzthum, Wolfgang Graf (Hrsg.), Völkerrecht, 5. Auflage, Berlin/New York 2010

de Vries, Anthonius W./Hazelet Hadewych, The EU as a new actor on the sanctions scene, in: Wallensteen, Peter/Staibano, Carina (Hrsg.), International Sanctions – Between Words and Wars in the Global System, London/New York 2005, S. 95-107

Wagner, Markus, Die wirtschaftlichen Maßnahmen des Sicherheitsrates nach dem 11. September 2001 im völkerrechtlichen Kontext – Von Wirtschaftssanktionen zur Wirtschaftsgesetzgebung?, ZaöRV 2003, S. 879-920

Wahl, Katja, Rechtsschutz gegen Individualsanktionen der UN am Beispiel der Finanzsanktionen des Taliban Sanktionsregimes, Münster u.a. 2009

Wallensteen, Peter/Staibano, Carina/Erikson, Mikael, Making Targeted Sanctions Effective- Guidelines for the Implementation of UN Policy Options, Uppsala 2003

Walter, Tonio, Inwieweit erlaubt die Europäische Verfassung ein europäisches Strafgesetz?, ZStW 117 (2005), S. 912-933

Weber, Albrecht, Einheit und Vielfalt der europäischen Grundrechtsordnung(en) – Zur Inkorporation der Grundechtscharta in einen europäischen Verfassungsvertrag –, DVBl. 2003, S. 220-227

Wegener, Bernhard W., Wirtschaftsgrundrechte, in: Ehlers, Dirk (Hrsg.), Europäische Grundrechte und Grundfreiheiten, 3. Auflage, Berlin 2009, § 5

Weigend, Thomas, Der Entwurf einer Europäischen Verfassung und das Strafrecht, ZStW 116 (2004), S. 275-303

Weiler, Frank, Grammatikalische Auslegung des vielsprachigen Unionsrechts, ZEuP 2010, S. 861-880

Werthes, Sascha, Probleme und Perspektiven von Sanktionen als politisches Instrument der Vereinten Nationen, Münster u.a. 2003

Wolfers, Arnold, Discord and Collaboration, Essays on International Politics, Baltimore 1962

Wolfrum, Rüdiger (Hrsg.), Handbuch Vereinte Nationen, 2. Auflage, München 1991

Wolf-Zimper, Gesine, Zielgerichtete Sanktionen des Sicherheitsrates der Vereinten Nationen und effektiver Rechtsschutz, Frankfurt a. Main u.a. 2009

Wunderlich, Nina, Das Grundrecht der Berufsfreiheit im Europäischen Gemeinschaftsrecht, Der Schutz der Wirtschaftsteilnehmer gegenüber Eingriffen der Gemeinschaft in ihre berufliche Freiheit, Baden-Baden 2000

Zeleny, Klaus, Zur Verhängung von Wirtschaftssanktionen durch die EU, ZÖR 52 (1997), S. 197-232

Zemanek, Karl, The Unilateral Enforcement of International Obligations, ZaöRV 1987, S. 32-43

Ziegenhorn, Gero, Der Einfluss der EMRK im Recht der EU-Grundrechtecharta, Genuin chartarechtlicher Grundrechtsschutz gemäß Art. 52 Abs. 3 GRCh, Berlin 2009

Zimmermann, Andreas/Tomuschat, Christian/Oellers-Frahm, Karin (Hrsg.), The Statute of the International Court of Justice, Oxford 2006

Studien und Materialien zum Öffentlichen Recht

Herausgegeben von Herbert Bethge

Band 1 Hans-Georg Kamann: Die Mitwirkung der Parlamente der Mitgliedstaaten an der europäischen Gesetzgebung. National-parlamentarische Beeinflussung und Kontrolle der Regierungsvertreter im Rat der Europäischen Union im Spannungsfeld von Demokratie und Funktionsfähigkeit des gemeinschaftlichen Entscheidungsverfahrens. 1997.

Band 2 Gerhard Spieß: Der Grundrechtsverzicht. 1997.

Band 3 Stefan Hepach: Der Grundrechtsstatus der Landesmedienanstalten. 1997.

Band 4 Michael Fraas: Sicherheitsrat der Vereinten Nationen und Internationaler Gerichtshof. Die Rechtmäßigkeitsprüfung von Beschlüssen des Sicherheitsrats der Vereinten Nationen im Rahmen des VII. Kapitels der Charta durch den Internationalen Gerichtshof. 1998.

Band 5 Friedrich Loschelder: Die Durchsetzbarkeit von Weisungen in der Bundesauftragsverwaltung. 1998.

Band 6 Gunila Dieterich: Rechtsschutz der deutschen Bundesländer vor dem Bundesverfassungsgericht in Angelegenheiten der Europäischen Union. 1998.

Band 7 Wolfgang Weiß: Die Personenverkehrsfreiheiten von Staatsangehörigen assoziierter Staaten in der EU. Eine vergleichende Analyse der Assoziationsabkommen. 1998.

Band 8 Christian Bamberger: Verfassungswerte als Schranken vorbehaltloser Freiheitsgrundrechte. Vom Verfassungs- zum Gegenseitigkeitsvorbehalt. 1999.

Band 9 Andreas Rohde: Freier Kapitalverkehr in der Europäischen Gemeinschaft. 1999.

Band 10 Herbert Bethge: Rechtsberatung im privaten Rundfunk. Rechtsgutachten, erstattet auf Ansuchen von SAT 1, unter Mitwirkung von Christian von Coelln. 2000.

Band 11 Marcel Vachek: Das Religionsrecht der Europäischen Union im Spannungsfeld zwischen mitgliedstaatlichen Kompetenzreservaten und Art. 9 EMRK. 2000.

Band 12 Kerstin Ebock: Der Schutz grundlegender Menschenrechte durch kollektive Zwangsmaßnahmen der Staatengemeinschaft. Vom Interventionsverbot zur Pflicht zur humanitären Intervention? 2000.

Band 13 Christiane Gucht: Das Zensurverbot im Gefüge der grundrechtlichen Eingriffskautelen. 2000.

Band 14 Markus Ruttig: Der Einfluß des EG-Beihilferechts auf die Gebührenfinanzierung der öffentlich-rechtlichen Rundfunkanstalten. 2001.

Band 15 Jochen Murach: Die Haftung der öffentlichen Hand im Verwaltungsschuldrecht. 2002.

Band 16 Holger Schäfer: Die ungeschriebenen Freiheitsrechte in der schweizerischen Bundesverfassung von 1874 im Vergleich mit dem Grundgesetz. 2002.

Band 17 Alexander Glos: Die deutsche Berufsfreiheit und die europäischen Grundfreiheiten. Ein Strukturvergleich. 2003.

Band 18 Georg Blasberg: Verfassungsgerichte als Ersatzgesetzgeber. Entscheidungsaussprüche bei Normenkontrollen von Bundesverfassungsgericht und Corte Costituzionale. 2003.

Band 19 Artur Müller-Wewel: Souveränitätskonzepte im geltenden Völkerrecht. 2003.

Band 20 Helmut Wirner: Kommunale Wohnungsunternehmen als öffentliche Auftraggeber im Sinne der EG-Vergaberichtlinien. 2003.

Band 21 Christian Abt: Die Mitwirkung der deutschen Bundesländer bei völkervertraglichen Handlungen im Rahmen der Europäischen Union. 2003.

Band 22 Wolfram Wormuth: Die Bedeutung des Europarechts für die Entwicklung des Völkerrechts. 2004.

Band 23 Sonja Rademacher: Diskriminierungsverbot und „Gleichstellungsauftrag“. Zur Auslegung des Art. 3 Abs. 2 Satz 2 GG. 2004.

Band 24 Thomas Lennarz: Die Rechtsprechung des Europäischen Gerichtshofs und des Gerichts erster Instanz zu prozessualen Fragen des Verfügungsgrundsatzes und der Fristen. 2004.

Band 25 Florian Niewöhner: Elektronische Benutzerführungssysteme und chancengerechter Zugang zum digitalen Fernsehen. Eine Untersuchung unter besonderer Berücksichtigung der Position des öffentlich-rechtlichen Rundfunks. 2004.

Band 26 Oliver Glück: § 24c KWG und das Recht auf informationelle Selbstbestimmung. Eine Untersuchung der Verfassungsmäßigkeit des automatisierten Abrufs von Kontoinformationen. 2005.

Band 27 Siegfried Kwanka: Die Einwirkungen des Europarechts auf den vorläufigen Rechtsschutz im nationalen Verwaltungsprozess. 2006.

Band 28 Christian von Coelln: Spielräume des Gesetzgebers für die Erweiterung des Zugangs der Zeitungsverlage zum Rundfunk in Bayern. Rechtsgutachten, erstattet auf Ansuchen des Verbandes Bayerischer Zeitungsverleger e.V. 2006.

Band 29 Christoph Schultes: Die verfassungsändernde Volksgesetzgebung in Bayern. Eine Untersuchung zur Revision der Bayerischen Verfassung durch Volksbegehren und Volksentscheid. 2006.

Band 30 Kai Thum: Einfachgesetzliche Präzisierung des verfassungsrechtlichen Funktionsauftrags des öffentlich-rechtlichen Rundfunks. Zugleich ein Beitrag zur Dogmatik der Rundfunkfreiheit. 2007.

Band 31 Stefan Remmert: Wirtschaftssanktionen zum Schutz der Menschenrechte. Zur Frage ihrer Vereinbarkeit mit dem allgemeinen Zoll- und Handelsabkommen (GATT). 2008.

Band 32 Anna-Mirjam Frey: Die Romanfigur wider Willen. 2008.

Band 33 Eva Maria Schimpfhauser: Das Gewaltmonopol des Staates als Grenze der Privatisierung von Staatsaufgaben. Dargestellt am Beispiel des Strafvollzuges. 2009.

Band 34 Torben Frank: Der Schutz von Unternehmensgeheimnissen im Öffentlichen Recht. 2009.

Band 35 Katja Gößling: Der Aufenthaltsstatus von ausländischen Arbeitnehmern in der Bundesrepublik Deutschland. Gemeinschaftsrechtliche Vorgaben und ihre Umsetzung in das nationale Recht. 2009.

Band 36 Daniel Ferdinand Kendziur: Neue Wege für den Rechtsschutz Privater gegen die Wirtschaftstätigkeit der öffentlichen Hand. 2009.

Band 37 Cathrin I. Mächtle: Bildungsspezifische Implikationen des allgemeinen Diskriminierungsverbots und der Freizügigkeit. 2010.

Band 38 Johanna Dittmann: Privatrechtliche Diskriminierungsverbote aus verfassungsrechtlicher Sicht. Eine Untersuchung unter besonderer Berücksichtigung des Allgemeinen Gleichbehandlungsgesetzes. 2010.

Band 39 Angela Streibel: Rassendiskriminierung als Eingriff in das allgemeine Persönlichkeitsrecht. 2010.

Band 40 Katja Arnold: Die grundrechtliche Schutzbereichsbegrenzung. 2011.

Band 41 Christian Hümmer: Die Bundeswehr im Innern. Reichweite und Grenzen von Artikel 35 Absatz 2 Satz 2 GG und Artikel 35 Absatz 3 Satz 1 GG und deren Verhältnis zu Artikel 87a GG und Artikel 91 GG. 2011.

Band 42 Susanne Pech: Außenpolitisch motivierte Sanktionen der EU. 2013.

www.peterlang.de

www.ingramcontent.com/pod-product-compliance
Ingram Content Group UK Ltd.
Pitfield, Milton Keynes, MK11 3LW, UK
UKHW021829290926
8980IPUK00004B/335